PAUL VALÉRY
WERKE

Frankfurter Ausgabe
in 7 Bänden

Herausgegeben von
Jürgen Schmidt-Radefeldt

PAUL VALÉRY
7

ZUR ZEITGESCHICHTE UND POLITIK

Herausgegeben von
Jürgen Schmidt-Radefeldt

Insel Verlag

Erste Auflage 1995

Nachweise zu den einzelnen Texten
am Schluß des Bandes
Druck: MZ-Verlagsdruckerei GmbH, Memmingen
Printed in Germany

ZUR KRISE DES EUROPÄISCHEN GEISTES

EINE METHODISCHE EROBERUNG

Gegen 1895 begann England empfindlich zu werden für den Druck der deutschen Macht auf die wesentlichen Punkte seines Wirtschaftskörpers und seines Reiches.

Bis dahin war es sich nicht bewußt, in der Ausübung seiner Lebensfunktionen durch einen Konkurrenten der elften Stunde bedroht zu sein, der nach Ort wie Zeit sehr ungünstig lag. Tarde venientibus ossa[1]*, hätte es sich gesagt, falls es sich etwas gesagt hätte.*

Aber es genügt nicht, eine Insel zu sein, Steinkohle zu haben, dazu Traditionen der Politik und Seefahrt, einen einfachen und unbezähmbaren Willen, eine ungeheure, direkt und indirekt abhängige Kundschaft, eine imponierende Sicherheit im Begehren und in den Zielen. Die Sicherheit hat eine Art Trägheit zur Folge. Der englische Geist verbessert stets ohne Zögern, was ihm schlecht *erscheint, aber er widerstrebt lange, etwas an dem zu ändern, was* gut *war und ihn noch befriedigt. Dieser englische Wesenszug gründet vielleicht in der gewohnheitsmäßigen, bisher von der Geschichte bekräftigten Gewißheit, man werde Muße genug haben, um eine Gefahr zu gewahren und ihr zu begegnen, dank dem Meergraben und der ihn überwachenden Flotten.*

Aber in einer ganz von den Wissenschaften durchwirkten Zeit beständiger technischer Umwälzung, wo nichts dem Neuerungswillen, dem Taumel der Steigerung von Genauigkeit und Macht entgeht, wo das höchste Gut Beständigkeit sich nur noch bei geschwächten Völkern findet, genügt es nicht, im Sein zu verharren.

Die Engländer vor dreißig Jahren realisierten *nicht – wie sie sagen –, was alles Disziplin, Berechnung, peinliche und unbegrenzte Analyse und besser als die ihre angewandte Tatkraft ihnen auf sämtlichen Gebieten bereiten würden.*

Die Offenbarung kam ihnen aus einer Artikelreihe, die 1895 in der New Review *erschien, einer (seither eingegangenen) Zeitschrift, die der gute alte Dichter William Henley herausgab. Diese Artikel stammten von E. E. Williams, und der Titel, den er über die Samm-*

lung setzte, schlug ein. Durch eine berühmte bill *wurden die drei Worte* Made in Germany *gesetzlich festgelegt*[2]*; sie nisteten sich sogleich in den englischen Köpfen ein, wo sie ständig wirkten bis zum 11. November 1918.*

Es gab Überraschung, Aufregung, Entrüstung, als Williams diese Sammlung sehr eingehender Studien herausgab, welche die verschiedenen Gebiete von Industrie und Handel untersuchten und auf jedem das Eindringen und den erschreckenden Fortschritt des Konkurrenten anschaulich machten.

Henley hatte den wunderlichen Einfall, einen sehr jungen, vorübergehend in London weilenden Franzosen, der ihm empfohlen war, zu ersuchen, in seiner New Review *eine Art von »philosophischer« Schlußfolgerung*[3] *aus dem rein auf Beobachtung und Aufreihung bezeichnender Einzelheiten beruhenden Werk von Williams zu ziehen. Dieser junge Franzose, der bis dahin nur an ganz anderes gedacht hatte, fühlte sich recht verlegen vor einer Aufgabe, die anzunehmen ihm einige gute Gründe rieten, während die Vernunft allein verlangte, er solle sie lassen. Die Gründe hatten an Zahl das Übergewicht. Er improvisierte, was er vermochte und was hier vorliegt.*

Im Lauf des letzten Krieges wurde dieser Essay im Mercure de France *wieder abgedruckt (1915).*

P. V.

Man hat sich aufgeregt, man hat es fast als Skandal aufgenommen. Ein beunruhigenderes Deutschland enthüllt sich. Die Engländer lesen *Made in Germany* von E. E. Williams; die Franzosen sollten *Le danger allemand* von Maurice Schwob[4] lesen.

Vordem eine Festung und eine Schule: jetzt entdeckt man dort eine ungeheure Werkanlage, enorme Docks. Man ahnt auch, daß Festung, Fabrik, Schule untereinander verbunden sind und nur verschiedene Aspekte des gleichen, festgefügten Deutschlands ausmachen. Man erfährt, daß die militärischen Siege, durch die sich diese Nation gegründet hat, wenig sind, verglichen mit den wirtschaftlichen Siegen, die sie bereits erringt; schon sind ihr manche Märkte in der Welt enger zugehörig als die Gebiete, die sie ihrem Heer verdankt.

Sodann gewahrt man, daß die eine wie die andere Eroberung von ein und demselben System bewirkt wurden. Die donnernde und die leise überlagern sich. Man begreift, daß Deutschland sich auf Industrie und Handel verlegt hat wie vorher aufs Militär: besonnen und entschlossen. Man spürt, daß es kein Mittel ausließ. Will man sich diese neue und phantasielose Größe erklären, so stelle man sich vor: beständigen Fleiß; genaueste Untersuchung der Quellen des Reichtums und unermüdliche Herstellung der Mittel, ihn hervorzubringen; peinliche Topographie der begünstigten Plätze und günstigen Verbindungswege; und, vor allem, *vollständigen Gehorsam, eine Unterordnung sämtlicher Momente* unter irgendeinen einfachen, ausschließlichen, gewaltigen Gedanken – der strategisch ist durch seine Form, wirtschaftlich durch sein Ziel, wissenschaftlich durch seine tiefgreifende Vorbereitung und seinen Geltungsbereich. So wirkt die Gesamtheit der deutschen Unternehmungen auf uns ein. Wendet man sich dann zum Sichtbaren und Greifbaren, zu Akten, diplomatischen Berichten, amtlichen Statistiken, so kann man nach der Majestät der großen Linien bequem die Vollendung im einzelnen bewundern, kann man es genießen, zu wissen, auf welche Weise – als man alles, was zu kennen möglich war, kannte, alles Vorauszusehende voraussah, als der Wohlstand erzeugende Mechanismus bestimmt war – eine sanfte oder rohe, allgemeine, unablässige Einwirkung aller Punkte Deutschlands auf alle Punkte der Welt ausgriff, um das Höchstmaß von Reichtümern von allen Punkten der Welt nach allen Punkten Deutschlands *zurückkommen* zu lassen.

Dieses Wirken ist nicht wie bei uns eine Summe individueller, immer unabhängiger, oft entgegengesetzter Unternehmungen, die blind geschützt werden vom Staat, der seinen Einfluß unter sie verzettelt und nicht die eine unterstützen kann, ohne eine andere zu schwächen – es ist eine mächtige Gewalt, die wie die Gewässer bald mit Sturz und Stoß, bald mit unwiderstehlichem Einsickern vorgeht. Eine natürliche Disziplin eint das individuelle deutsche Wirken dem des ganzen Landes und ordnet die Sonderinteressen derart, daß sie sich zusammenfügen und gegenseitig verstärken, anstatt sich gegenseitig zu vermindern und zu behindern. Das geht bis zur Abschaffung jeder Konkurrenz unter Deutschen, sobald der Fremde – der Feind – zugegen ist.

Dann kommt es zu aufrichtiger Eintracht, zu gegenseitigen nützlichen Opfern, zu einem Wettkampf an Tatkraft und Geschicklichkeit um den gemeinsamen Sieg, was außer dem Sieg eine auffallende Verbundenheit unter den wetteifernden Industrien und den verschiedenen »Waffengattungen« der Wirtschaftsarmee des Vaterlands[5] zur Folge hat. Wir kämpfen gegen diese Armee wie wilde Banden gegen eine organisierte Truppe.

Dieses Wirken geschieht nicht, wie bei uns, aufs Geratewohl. Es ist wissenschaftlich. Alle Wissenszweige müssen ihm dienen. Es wird von einer umsichtigen Psychologie gelenkt, und in der Folge setzt sie sich nicht nur durch, es gelingt ihr Besseres: sie macht sich unentbehrlich. Der Kunde Deutschlands soll den deutschen Händler, ja selbst die deutschen Wechsel segnen. Sogar ein Freund, ein Propagandist soll der Kunde werden – diese Berechnung ist von tiefer Eleganz. Man kennt diesen Kunden genau. Dieser Kunde, der sich frei glaubt und ganz harmlos lebt, wird durchforscht, ohne daß er es weiß, ohne daß man ihn berührt. Er wird eingeordnet, wird bestimmt im Rahmen seiner Stadt, seiner Provinz, seines Landes. Man weiß, was er ißt, was er trinkt, was er raucht und wie er zahlt. Man denkt über seine Wünsche nach. In Hamburg oder Nürnberg hat vielleicht irgendwer Kurven gezeichnet, welche die Nutzbarmachung seiner kleinsten Schrullen, seiner winzigsten Bedürfnisse darstellen. Er, der so persönlich, so traulich zu leben meint, er sähe sich dort untergegangen in der Zahl: inmitten von Tausenden anderer Persönlichkeiten, die denselben Likör, denselben Kleiderstoff *vorziehen* wie er. Denn man weiß dort mehr über sein eigenes Land als er. Man kennt den Mechanismus seines Daseins besser als er: was er zum Leben braucht und zu ein bißchen Erheiterung des Lebens. Man weiß um seine Eitelkeit und daß er von Luxusdingen träumt und sie zu teuer findet. Man wird also das Gewünschte herstellen, Champagner aus Äpfeln, Parfüms aus allem, was es gibt. Der Kunde ahnt nicht, wie viele Chemiker an ihn denken. Man wird ihm genau das herstellen, was zugleich seinem Geldbeutel, seinem Wunsch, seinen Gewohnheiten entgegenkommt; man wird für ihn etwas von mittlerer Vollkommenheit schaffen. Durch unterwürfige Erbötigkeit gegenüber seinem vielfältigen Verlangen wird man sich seiner bemächtigen.

Um dieses fabelhafte Produkt hervorzubringen, das zugleich billig und prachtvoll, leicht beschaffbar, der Tradition oder der Mode angepaßt ist, wimmelt ein ganzes Volk von Gelehrten in den zahllosen Abteilungen der Industrie. Kein Ding, wofür es nicht einen wohlfeileren Ersatz fände. Kein neuer Stoff, wofür es nicht Verwendung wüßte, keine Wissenschaft, für die es nicht die industrielle Nutzung entdeckte. In wenigen Jahren hat sich Deutschland mit Fabriken, Geleisen, Kanälen überzogen. Seine Flotte, die ebenfalls erst entstanden ist, hat sich bereits zum zweiten Rang erhoben. Sie hat wunderbare Schiffe, ständig belegte Werften, Docks, ungeheure Binnenhäfen. Sie hat erstaunliche Reisende, deren Nachrichten und Ausbeute der Diplomatie und der Wissenschaft würdig sind. Sie hat in allen Gegenden Agenturen, Handelsverbände, welche die Agenturen unterhalten, Vereinigungen von Transportgesellschaften, die den Handel der Kaufleute unterstützen.

Die Bücher, die ich anführte, enthalten die Einzelheiten dieses gigantischen *Geschäfts*. Sie führen uns in die Fabriken und auf die Märkte. Sie stellen Zahlen zusammen, die uns verwundern. In einem Zug rollen sie eine Folge von Jahren ab, und mittels dieser plötzlichen Aufhebung der Zeit zeigen sie mit einem Mal das phantastische Wachstum des deutschen Daseins ... Der Eindruck, den man erhält, ist so stark, daß er Mutmaßungen über die Zukunft nahelegt. Der Geist läßt sich nicht aufhalten beim letzten von Statistik und Rechenschaftsbericht erfaßten Jahr. Er sieht *automatisch* eine noch weitere Ausdehnung voraus – er stellt sich eine Folge vor, einen Stillstand, einen Sturz, einen Verfall ... Auch wenn ihn die Tatsachen im Stich lassen, geht er weiter und folgt irgendeinem Eigengesetz.

Hier beginnt nun die rein spekulative Forschung, die rein gedankliche Fragestellung. An dieser Stelle wird, wer sich den von mir erwähnten Untersuchungen zugewandt hat, nicht verfehlen, in jenen Erscheinungen der deutschen Expansion nach einem Anzeichen von Allgemeinerem zu suchen. Nun kommt der Augenblick für die *Ideen*, die Vergleiche, die Entwürfe von Theorien. All jene Anstrengungen, Listen, öffentlichen Arbeiten, jene Machenschaften, jene geduldig gelenkten Unternehmungen und ihre Ergebnisse müssen, scheint mir, in uns – neben unserer nationalen Bitterkeit – die besondere Bewunderung erwecken, die uns immer ein wirksamer Mechanismus, ein beabsichtigter und von Überlegung zu Überlegung auf dem sichersten Weg erreichter Erfolg abnötigt. Die Gewißheit einer Folge hat etwas Berauschendes – wenn diese als das Ergebnis eines durchdachten Handelns sich einstellt. Im vorliegenden Fall ist dieses Handeln etwas Allgemeines, das tiefer reicht als alle Mißgeschicke und vereinzelten Fehlrechnungen.

So sehe ich in dem deutschen Erfolg vor allem den einer *Methode.* Die Methodik, *sie* erregt meine Bewunderung. Nehmen wir an, ein gewöhnlicher Mensch mache sich an eine schwierige, bedeutende, aber mögliche Aufgabe. Setzen wir bei ihm keinerlei *Genie*, keinen unerwarteten Glücksfund, keinerlei Erleuchtung voraus – sondern nur ein unerschöpfliches Verlangen, ein beständiges Wollen, einen mittleren Verstand, aber ein unbegrenztes Vertrauen in den Verstand. *Dieser Mensch wird das Notwendige tun.* Er wird ohne Leidenschaft überlegen, er wird »so vollständige Zählungen, so ins Allgemeine reichende Untersuchungen« vornehmen, daß alle Sachen und Tatsachen ihm dienen können und schließlich in seine persönliche Berechnung eingehen. Es gibt nichts, was ihm nicht günstig oder ungünstig erschiene und was er nicht brauchen oder unwirksam machen könnte. Nichts Gleichgültiges. Er beobachtet auch den Lauf der Geschehnisse, ihr *Gefälle.* Er wird zählen, einordnen, dann setzt das Handeln ein. Dieselbe Umsicht. Dann der Sieg ... Aber dieser Mann hätte zuviel zu tun. Nun ein ganzes Volk. Jedes Einzelgebiet wird von Hunderten von Menschen bevölkert. Jeder Versuch wird von der gesamten Masse unterstützt – und diese Masse ist von Natur diszipliniert. Hier verschwindet das soziale Laster der Intelligenz: die Disziplinlosigkeit. Bleibt ein wunderbares Werkzeug: die disziplinierte Intelligenz. Und die ist nicht mehr bloß ein Werkzeug.

Ich habe als Beispiel einen gewöhnlichen Menschen genommen, um die fast unpersönliche Macht der methodischen Eroberung hervorzuheben und um die Würdigung der großen Weisheit zu empfehlen, die darin besteht, daß man nicht über das Seltene, den überraschenden Zufall grübelt.

Es gibt also endlich eine Nation, die auf dem Gebiet der Wirtschaft das Experiment der lückenlosen Vernünftigkeit, das heißt der Methodik machte, und das Experiment gelingt ihr nicht übel. Es zeigt, daß die wichtigsten Erscheinungen des Lebens als Grundlage und Stoff zu folgerechten Kombinationen dienen können. Sie stehen nicht über menschlicher Berechnung. Man kann sie erfassen. Nur Deutschland allein konnte dieses System einführen. Dort ist es nicht neu, nicht überraschend, sondern organisch. Es hat nur den Gegenstand gewechselt. Zuerst wurde Preußen methodisch geschaffen. Dann hat es das heutige Deutschland geschaffen. Das System war zunächst politisch und militärisch. Nachdem es seinen Zweck erfüllt hatte, wurde es ohne Schwierigkeit wirtschaftlich, rein durch Anwendung seiner selbst. Das moderne Deutschland bewahrt und vertieft dieses System, dem es die Entstehung verdankt.

Hat man *Le danger allemand* oder *Made in Germany* gelesen und wendet das noch heiße und erregte Denken zur militärischen Geschichte Preußens von Friedrich dem Großen bis Marschall von Moltke, so kann man sich dem Eindruck der Ähnlichkeit mit der Idee des von mir erwähnten Systems nicht entziehen. Man wird einsehen, wie wenig Übertreibung die voraufgehenden Ausführungen enthalten. Da wie dort wird man eine gleichartige Entwicklung finden: *vollkommene Vorbereitungen*, eine im allgemeinen genügende Ausführung – und immer Ergebnisse. Ich stelle fest, daß einzelne dieser Ergebnisse, die an sich ungünstig waren, sich schließlich zum Guten wandten, denn sie alle wurden in der Folge aufs peinlichste ausgewertet – und sogar eine Niederlage gab Erfahrung her als ein *Mindestmaß von Gewinn.* Dieses Vorgehen war die Regel, darum hebe ich es hervor.

Man dringe nun ins einzelne des preußischen Militärsystems ein, und man wird immer leichter die Hauptmerkmale der »Methode« erkennen. Im Vorwalten des strategischen Denkens muß man sie suchen. Die Taktik ist Sache der einzelnen; sie ist mit allen Wechselfällen des Krieges verbunden. Aber die Erforschung der Zukunft, die so weit als möglich gespannte Voraussicht, die wohlabgewogenen Wahrscheinlichkeiten, alles, was es braucht, um den Zufall zu schwächen, die Abenteuer auszuschalten: dies sind die beachtlichen Eigenschaften der militärischen Methode »Made in Germany«. Selbst der Krieg soll nicht mehr bloß nach dem Belieben der Ereignisse oder der Leidenschaften ausbrechen, aufhören, fortdauern. Er wird mittels der Vernunft geführt werden: um einen Konkurrenten kleinzumachen, um Häfen zu erlangen... Es wird sich um eine Unternehmung der Großindustrie handeln, mit ihrer finanziellen Organisation, ihrem Kapital, ihrer Schuldentilgung, ihren Versicherungen – und vor allem mit ihren Aktionären, denn die Kriegsentschädigungen und die eroberten Milliarden werden über den ganzen deutschen Boden ausgeschüttet werden und mit ihnen neue Kanäle, neue Tunnels, neue Universitäten bezahlt: was bewirkt, daß man sich erholt und in weit größerem Stil wieder von vorn beginnt.

Im Kampfgebiet – sei der Kampf nun wirtschaftlich oder militärisch – beherrscht eine Art allgemeiner Lehrsatz das methodische, das heißt das deutsche Vorgehen. Dieser Grundsatz ist wahrlich einfach. Er ist ein armseliger logischer Schluß, also fast nichts. Er lautet: »In jedem Fall ist der Sieger stärker als der Besiegte.« Diese Tautologie soll die Liebhaber des Kampfes mit gleichen Waffen zum Nachdenken bewegen, denn man kann es auch so ausdrücken: »Es gibt niemals gleiche Waffen.« Die Gleichheit der Kämpfenden ist eine alte *höhere* Vorstellung, ein unverständlicher Aberglaube ... Aus dem erwähnten Grundsatz läßt sich sogleich die praktische Regel für alle Kämpfe ableiten: *Es gilt, die Ungleichheit zu organisieren*. Auf militärischem Gebiet wird man also die vollkommenste Armee, den schnellsten Marsch, das günstigste Gelände usw. anstreben – aber von all diesen Mitteln ist das sicherste, faßlichste die Zahl, das heißt die mathematisch erkennbare Ungleichheit, die tatsächlich unbesiegbar ist, wenn das Mehr ausreicht, wenn hinter einer Heeresspitze eine unerschöpfliche Tiefe von Reserven, von Landwehr und Landsturm[6] besteht. Auf dem Gebiet der Wirtschaft wird die Ungleichheit auf Unterbietung beruhen. Das zu lösende – und in den meisten Fällen gelöste – Problem wird das sein: immer ein wohlfeileres Produkt herstellen zu können als das *bekämpfte*. Die Wissenschaft, Transportkombinationen, Fälschungen lassen sich dazu verwenden. Dort, wo die Feldherrnkunst mit vereinten Heeren schlüge, die Stärke der Bataillone in die Waagschale würfe, geht die Handelskunst mit dem kleinsten Preis vor, der wie die größte Zahl dort wirkt, den Widerstand bricht und den Gegner unfehlbar verjagt.

Die Organisation des militärischen Übergewichts ist das Werk des Großen Generalstabs. In der Schöpfung dieser berühmten Büros enthüllt sich das glanzvollste Beispiel der Methodik. Sie sind eigentliche Siegesfabriken. Dort findet man: die rationellste geistige Arbeitsteilung; die Aufmerksamkeit von Spezialisten beständig auf die Veränderung der geringsten nutzbaren Umstände gerichtet; *die Ausdehnung dieser Forschung auf Gebiete, die den technischen Fächern zunächst scheinbar fernliegen*; die Ausweitung der Militärwissenschaft bis zur großen Politik – bis zur Wirtschaft –, denn »der Krieg wird auf allen Gebieten geführt«. Die Methode wird streng auf alle Länder angewandt. Jede Gegend wird von jeder Wissenschaft total durchforscht. Von der Geologie, welche die Natur des Bodens und dessen Schätze, den Anbau, die Verbindungswege, die natürlichen Verteidigungsmöglichkeiten feststellt, geht das bis zur Geschichte, welche die Grundlagen der psychologischen und politischen Kenntnis liefert, über die inneren Uneinigkeiten, die einheimische Gedankenwelt unterrichtet. Alle Länder werden solcherart klassifiziert, genau bestimmt. Sie werden zurückgeführt auf Gruppen von Abstraktionen, wie sie allen Berechnungen eignen; und diese großen Fetzen Erde, die so komplizierte Gesamtheiten sind, worauf so verschiedenartige Einzelwesen wimmeln, wo die Sitten derart unveränderlich scheinen, werden zu *Gegenständen des Denkens, zu verwendbaren Größen*, zu geeichten Gewichten, die man vergleichen kann, von denen man weiß, daß sie auf der Waage des Krieges schwerer oder leichter werden wiegen müssen. Jede Nation wird nun als eine Maschine betrachtet, die militärische Kraft erzeugt und nach Belieben der Kenner angeschlossen oder weggelassen werden kann oder sich ändert.

Dieselben so allgemeinen Ansichten beim wirtschaftlichen Generalstab. Verfolgen wir die Darlegung auf diesem Gebiet der Unternehmung. Die Parallele läßt sich aufrechterhalten.

Nach derselben Methode wurden Werkzeuge von unvergleichlicher Mächtigkeit und Genauigkeit geschaffen, ohne welche die Arbeit der Armee unfruchtbar wäre. So der Nachrichtendienst. Man denkt bisweilen, daß militärische und wirtschaftliche Nachrichten oft von denselben Agenturen stammen. Die Einheit der Methode legt diese Annahme nahe. Gerade weil Methode besteht, ist die wirtschaftliche Auskunft für die Militärs sehr wertvoll – ist auch bisweilen eine militärische Nachricht gewissen Industriellen von Wert. Von gleicher zwiefacher Wichtigkeit ist das Transportwesen. Die rasche Mobilisierung, die nötig ist, um das Vorhandensein der wirksamen Zahl auf dem Schlachtfeld sicherzustellen, erfordert genaueste Pläne für die Geschwindigkeit und Verteilung der Transporte. Die Bedingungen der Sicherheit, des Wetters, der Verpflegung werden in ihren geringsten Einzelheiten erwogen und erörtert. Auf ihnen beruht der künftige Feldzug.

Der deutsche Handel genießt, wie die Armee, den Dienst einer durchdachten Organisation des Verkehrswesens. Wie die Truppen möglichst zahlreich zur Stelle sein müssen, so die Gebrauchsgüter mit möglichst geringen Kosten. Tausend Sondervereinbarungen, Erleichterungen aller Art, wechselseitige Opfer gewährleisten diese wirtschaftliche Mobilisierung. Je näher man das Gesamt des vom Großen Generalstab errichteten strategischen Systems studiert, um so deutlicher gewahrt man in dem Produktions- und Transportsystem, das die deutsche Nation sich zulegte, eine andere Form des gleichen Bestrebens, und um so eher ist man geneigt, eine einheitliche Unternehmung anzunehmen, deren Mittel verschiedenartig sind, deren Erfolg *regelmäßig* eintritt, deren Ziel klar, einfach, gewaltig ist. Die rohe und selbstgewisse Macht schreitet vor, weil sie nichts ausläßt, weil sie alle Schwierigkeiten aufteilt, um dann ihr ganzes Gewicht gegen jedes Einzelteil wenden zu können. Sie erscheint im Frieden schrecklicher als im Krieg.

Marschall von Moltke verkörpert das System. Er war dessen Lenker und Beispiel.[7] Es scheint, daß es seine tiefste Absicht war, nicht als Unentbehrlicher zu sterben. Das unterscheidet ihn von den früheren großen Generälen. Es ist das einzige, was er erfunden hat. Er war vor allem ein Mann, ein Mann des Vertrauens, der Ingenieur der deutschen Sicherheit und Stärke. Der absurde Hang zum Wunderbaren, der die gesamte Kriegsgeschichte verklärt, erfaßt ihn nicht. Er verdient eine besondere Art von Bewunderung. Die Elemente seines Erfolgs sind bei Friedrich, bei Napoleon und in dem an Neuem ergiebigen Sezessionskrieg. Überallher nimmt er das Seine, seine Methode nämlich, und er findet sie stets dort, wo der Sieg eine pünktlich reife Frucht scheint. In seinem Innersten ist eine kleine Zahl von beinahe grobschlächtigen Ideen, übersinnlichen, moralischen oder politischen – von jenen Ideen, durch die ihr Inhaber so gefährlich wird für die andern, so geschlossen und unfähig, Neues oder sublime Veränderungen in sich hervorzubringen. Aber er hatte sich über alles unterrichtet. An der Schwelle des Alters geht er zur Tat über, nachdem er ganz Europa gesehen, die Armeen beurteilt, als Liebhaber die Kriege seiner Zeit durchdacht hat – besser als jene sogar, die sie führten. Dieser Mann wird Stratege. Er macht reinen Tisch mit den militärischen Vorstellungen der Epoche. Einzig die wissenschaftlichen Ideen und die materiellen Fortschritte dieser Zeit verwendet er. Er verbindet sie mit dem Besten der älteren Strategie, das heißt mit dem überzeitlich Zweckmäßigen im Krieg. Im Gebrauch der Eisenbahnen sieht er die Steigerung der berühmten Schnellmärsche Napoleons. Er greift zurück und vervollkommnet die Ausnützung sämtlicher Ressourcen in Feindesland. Er macht Krieg, wo es nötig ist; er terrorisiert die Bewohner, um den Mut der Allgemeinheit zu brechen. Er vervielfacht die Informationsmittel, hört auf die Kundgebungen der öffentlichen Meinung, der Finanz, auf Gerüchte, Zeitungen, auf die Stimmung der Neutralen ... Er ist ohne Leidenschaft, ohne Genie, ganz in seinen Papieren. Das Schlachtfeld ist nicht sein Schlachtfeld: man muß ihn sich vorstellen, wie er in einem Zimmer einer eroberten kleinen Stadt mit seinem getreuen Generalstab arbeitet. Voller Fleiß behebt er die Rückschläge und die durch das Mißgeschick *anderer* verursachten Risse. Eine Gestalt ohne Mund und völlig verhalten ist er, eine Bastei. Einmal jedoch, 1870, wirft er seine trockene Perücke in die Luft, als er eine Depesche empfängt.

Dieses Einzelleben bietet eine umfassende Lehre. Sie entspricht genau dem, was wir vom heutigen Deutschland wissen: was an diesem Geist *persönlich* – das heißt systematisch – ist, läßt sich dort bis in die sozialistischen Organisationen hinein verfolgen. Für jenen eisigen Helden ist *der eigentliche Feind der Zufall.* Dem ist er auf den Fersen, seine Kraft beruht einzig in der Methodik. Das führt zu einer merkwürdigen Einsicht. Die Methode verlangt vom einzelnen echte Mittelmäßigkeit, oder vielmehr eine auf die elementarsten Gaben beschränkte Größe, auf Geduld und eine wahllose, begeisterungslose, allem zugewandte Aufmerksamkeit. Und gewaltige Arbeitskraft. Dies vorausgesetzt, erhält man ein Wesen, das mit jedem höheren Menschen jederzeit und unfehlbar fertig wird. Dieser letztere wird zunächst sehen, wie seine Gedanken triumphieren, dann mit ironischer Bestimmtheit eingeschränkt, dann umgemodelt und vervollkommnet werden, gemäß einer fehlerlosen, Glied an Glied kettenden Logik. Der Mensch zweiten Ranges zieht aus den Erfahrungen von Menschen wie Napoleon, Lee, Sherman die sichersten Regeln. Ihre Taten unterwirft er einer unerschütterlichen wissenschaftlichen Kritik. Er versagt es sich, auf sich selber abzustellen, was ihn stärker macht als die großen Erfinder. Methodisch weist er unvermutet auftauchende Hilfsmittel und regellose Glücksfälle zurück. Die Zeit, die alle Möglichkeiten verbraucht und das bedrohlich Überlegene entkräftet: die Zeit trägt ihn. Und schließlich: *er stirbt nicht*; nach ihm werden ganz sicher weitere Zweitrangige vorhanden sein, die seiner Laufbahn nachstreben, da sie ihnen am ehesten entspricht und sie am höchsten trägt. Nach seinem Abgang bleibt sich alles gleich – was eine große Kraft für die Nation bedeutet.

Diese Erwägungen können dazu dienen, die Verteilung der Menschen und ihrer Fähigkeiten in der modernen Nation zu erklären. Das gegenwärtige Deutschland zeigt Überlegenheit, was praktische Resultate und das Gesamte seiner Unternehmungen betrifft. Doch es scheint, der Einzelwert der Kräfte sei mittelmäßig, unveränderlich, übrigens dem Wachstum des Ganzen unbedingt förderlich. In dieser Hinsicht sind die heroischen Zeiten vorbei: man hat sie entschieden abgeschlossen. Gelegentlich dienen sie noch als Reklame und erscheinen in zweckbedachten Redewendungen, aber dadurch rücken sie noch ferner. Die großen Philosophen sind tot, große Gelehrte kommen nicht mehr vor.* An ihre Stelle trat eine Wissenschaft ohne Namen, die eilig, ohne Allgemeinkritik, ohne neue Theorien ist, aber fruchtbar an Erfinderpatenten. Von allem, was höhere Geister erschlossen, behält man bloß, was man nachahmen kann – und was in der Nachahmung die Hilfsmittel der mittelmäßigen Nachfolger *vervielfacht*.

Nun aber doch zu etwas Neuem! Die Nation handelt in genauem Zusammenspiel als ein Ganzes. Alle einander widerstrebenden Kräfte richten sich aus und wenden sich nach außen. Die Unternehmungen der Nation erfolgen sukzessiv, bei jeder hilft jeder nach besten Kräften. Die Gesellschaftsklassen, die verschiedenen Berufe rücken abwechselnd an die wichtigste Stelle. In der Geschichte dieses Jahrhunderts scheint Deutschland sich nach einem sorgfältig erwogenen Plan zu richten. Jeder Schritt erhöht seine Stellung. Ein ehrgeiziges Ziel nach dem andern erreichte das Land, indem es

* Dieser Satz ist zu streichen; Männer wie Einstein, Planck usw. erweisen seine Unrichtigkeit, d.h. Ungerechtigkeit (1925).

sich schuf; das Gleichmaß dieses Fortschritts verleiht jedem dieser Versuche einen Anschein von Künstlichkeit. Zum Beispiel *macht* es sich seinen Besitzstand mit genau treffenden Kriegsschlägen. Dann erlegt es Europa diesen bewaffneten Frieden auf, den alle andern Staaten für unnormal halten. Dann bringt es Industrie und Handel auf Kriegsstand. Dann baut es gleichzeitig die Kriegs- und die Handelsflotte. Dann tut es sich plötzlich um nach Kolonien ... Die bekannte Geschichte mit den Karolinen schien, wie manch andere deutsche Unternehmung, ein Blitzschlag. Dabei handelt es sich um eine Nebensache in einem großen Plan. In die gleiche Gattung gehört die staubaufwirbelnde Depesche des Kaisers an den Präsidenten Krüger. England und die Welt regen sich auf. Man gewahrt nun, daß Transvaal schon weitgehend germanisiert ist; man erinnert sich der Absichten des Barons von Marschall auf die Delagoa Bai und Beira: eine umfassend angelegte Arbeit tritt in Erscheinung.* Und die erwähnten Bücher haben ebenfalls schlagartig die gewaltige Entwicklung des Reichs enthüllt, die die erste Frucht ist des vorbedachten, gegen den Reichtum der ganzen Welt geführten Krieges.[8]

Man darf sich nicht verhehlen, daß für die alten, höheren Völker der Krieg immer schwieriger wird. Der Krieg ist heute solcher Art, daß gerade die Eigenschaften, die bei ihnen als ihrem Dasein wohlentsprechend galten und denen sie zur Hauptsache ihre Größe verdanken, zu Ursachen der Unterlegenheit werden. So werden zu Behinderungen im Kampf: die Gewohnheit, jedes Erzeugnis möglichst vollkommen zu schaffen, die Ermutigung des wirtschaftlichen Wettkampfes im Innern, die Verbesserung der Lage des Arbeiters ... Aber die Fragestellung reicht noch weiter.

* Im Januar 1896 sang man am Kap:
»Strange German faces passing to and fro
What have you come for? We should like to know!
Looking mysterious as you join the train,
Say, now, you Ulans, shall we meet again?«
[»Ihr fremden deutschen Gesichter, die ihr hier herumgeht, mit welcher Absicht kamt ihr? Das möchten wir wissen. Undurchdringlich ist euer Blick, wenn ihr in den Zug steigt; sagt nun, ihr Ulanen, werden wir uns wieder treffen?«]

Deutschland verdankt alles einer Sache, die gewissen Temperamenten das Widerwärtigste der Welt ist – namentlich den Engländern und Franzosen. Es ist die *Disziplin*. Man darf sie nicht geringschätzen. Übrigens hat sie einen andern Namen: im Geistigen nennt sie sich *Methode*, und mit diesem Namen habe ich sie schon oft bezeichnet. Ein Engländer oder ein Franzose kann eine Methode erfinden. Beide haben es bewiesen. Sie können sich einer Disziplin unterwerfen; das ist gleichfalls erwiesen. Aber stets werden sie etwas anderes vorziehen. Ihnen bedeutet sie einen Notbehelf für den Augenblick oder ein Opfer. Für einen Deutschen ist sie das Leben selbst. Es zeigt sich zudem, daß Deutschland als Nation ein Neugebilde ist. Alle Völker nun, die den Rang großer Nationen erreichen oder zu einer Zeit zurückgewinnen, wo schon ältere, ausgebildetere große Nationen ihre Stelle haben, neigen dazu, übereilt das nachzuahmen, was die älteren Nationen Jahrhunderte an Erfahrung kostete, und organisieren sich nach einer vorbedachten Methode durch – so wie ja auch jede planmäßig ausgedachte Stadt immer nach einem geometrischen Schema gebaut wird. Deutschland, Italien, Japan sind solche Nationen, deren Aufbau sehr spät wiederaufgenommen wurde, und zwar nach einem wissenschaftlichen Begriff, dessen Brauchbarkeit vom Stand der Analyse nachbarlichen Wohlstandes und der zeitgenössischen Fortschritte bestimmt wurde. Auch Rußland wäre ein Beispiel dafür, wenn die ungeheure Ausdehnung seines Gebietes nicht hinderlich wäre für die rasche Durchführung eines Gesamtplans.

In Deutschland findet man also einen Nationalcharakter, der von Natur aus geeignet ist zur Arbeitsplanung wie zur Arbeitsteilung, und einen neuen Staat, der die älteren einholen und dann überflügeln wollte. Im gesamten muß man zugeben, daß die an diese Aufgabe gewandte Energie und Folgerichtigkeit ungewöhnlich sind.

Ich habe versucht, die Anlage dieser großen Unternehmung aufzuzeigen, indem ich ihre militärische Seite mit der wirtschaftlichen verglich; zum selben Schluß aber wäre man mit Beispielen aus andern Gebieten gelangt. Ebensogut hätte ich die deutsche Wissenschaft anführen können. Auch bei ihr herrscht der Grundsatz der Aufteilung, der Einteilung, der den Gegenständen der Erkenntnis auferlegten Disziplin. Auch bei ihr vervielfachen wunderbare Hilfsmittel den Ertrag: Laboratorien, von denen eines spezialisierter ist als das andere, unabsehbare Literaturnachweise, Unterricht in *omni re scibili*[9], Menschen, die für ihr ganzes Dasein in der Tiefe kaum noch wahrnehmbarer Probleme vergessen sind – das alles bildet eine nationale Wissenschaft, die mit dem sie großzügig unterhaltenden Land völlig solidarisch ist.

So können wir diese Frage der Methode auf abstrakte Weise betrachten. Wird dieser Begriff angeführt, so denkt jeder gleich an eine Art Rezept oder praktische Anleitung, um von einem gegebenen zu einem vorbestimmten andern Zustand zu gelangen. Jeder sieht darin das Ausklammern gewisser Versuchsweisen und das strikte Befolgen gewisser Vorschriften, die man ein für allemal durch einen grundlegenden, als hinreichend beurteilten Denkakt übernahm.[10] Und es ist notwendig, daß jedermann von der Macht eines solchen Vorgangs durchdrungen sei. Es ist leicht zu zeigen, daß durch Verfahren dieser Art die Zufälle einer Unternehmung auf ein Mindestmaß eingeschränkt werden. Die Überraschungen sind vorausgesehen. Eine brauchbare Methode enthält eine Antwort auf jeden möglichen Fall, und diese Antwort wird sowenig wie möglich vom plötzlichen Auftreten eines Ereignisses oder Problems beeinflußt. Doch von all ihren Eigenschaften sind folgende die interessantesten: eine gutgebaute Methode verringert die Anstrengungen des Erfinders um vieles. Sie ermöglicht, daß die Forschungen sich vermehrend aneinanderschließen. Beispiel: Ein Industrieller will ein bestimmtes Land mit einem gewissen Erzeugnis beliefern. Statt die Form des Gegenstandes zu *erfinden*, erkundigt er sich. Diese Form wird ihm *gegeben* durch den Geschmack des künftigen Kunden. Er wendet sich darauf an Gelehrte, die er bezahlt, um wissenschaftlich die Entwicklungskosten herabzusetzen usw. Ist schließlich das Produkt hergestellt, befördert, verkauft, so wird man beobachten, wie es nacheinander fast alle menschlichen Wissensgebiete in Anspruch nahm und jedem das entlehnte, was nötig war, um die relative Befriedigung des Kunden wie die absolute des Fabrikanten zu erreichen. Nichts Einfacheres als dieses Vorgehen, das indessen fast nur in Deutschland uneingeschränkt und peinlich genau angewandt wird. Es geht, wie man sieht, darum, sich streng nach der Natur der Dinge zu richten und nichts auszulassen. Es ist eine Frage der Logik. Man muß das Notwendige tun; doch während der unmethodische Fabrikant in einen Trugschluß und ein trügerisches Geschäft gerät, wenn er, sagen wir, versichert, jede gute Ware müsse sich verkaufen, folglich ... usw. ..., wird ein anderer, gewitzterer, Logik und Geschäft vereinen, indem er die Bestimmung, was ein *gutes* Produkt sei, nicht der Ungewißheit und dem Zufall überläßt. Er wird hingehen und sie im Herzen des Kunden lesen.

In Deutschland sind übrigens diese so genauen Verfahren leichter anzuwenden als in jedem andern Land. Ich habe von Disziplin gesprochen. Sie ist dort angeboren, und es ist ihre Stärke, die Stellung der Menschen und ihren gesamten Wirkungskreis festzulegen. Im Heer wie anderswo handelt es sich darum, daß jeder alles, was er kann, tun könne. Das läßt sich nur durch Zwang erreichen, und die jedem *a priori* auferlegte Beschränkung wird im Hinblick auf die Höchstleistung des einzelnen bemessen. Muß ein Soldat im Glied bleiben, so darum, weil er vereinzelt weniger wirksam handelt. Eine Bande von tausend Mann ist weit weniger stark als ein Bataillon von fünfhundert. Die auffallendste Erscheinung in der so streng geordneten, bis ins einzelste durchdachten deutschen Armee ist die künstliche Züchtung der begrenzten Initiative. Der Soldat wie der Hauptmann *müssen* ausführen, was ihnen in diesem oder jenem Augenblick des Gefechts angezeigt scheint: es gibt da eine Art von überlegter Einschränkung der Freiheiten, die abgestuft jedem Grad zugemessen sind. Die Ergebnisse der Disziplin sind denen der Methode ähnlich. Sie vervielfacht die Einzelkräfte. Für jeden besondern Fall bietet sie eine einfache und sichere Lösung. Sie erlegt den unbedingten Zwang auf, an alles überhaupt Denkbare zu denken. Sie verlangt einzig Gehorsam und *nie etwas Außerordentliches*. Sie beschränkt die Rolle des Zufalls.

Der Leser hat mich vielleicht der Übertreibung bezichtigt. Darauf werde ich antworten: Wenn die Dinge, auch in Deutschland, sich nicht genau so verhalten, wie ich es dargestellt habe, so werden sie sich künftig so verhalten. Ich werde auch sagen, daß ich nur Allbekanntes miteinander verglich und Schlüsse zog. Der Leser wird vielleicht Verlegenheit und Unbehagen verspürt haben, wie er mich dieser für alle Phantasie unheilvollen, insgesamt so düsteren Methode eine zermalmende Übermacht zuschreiben sah. Dennoch werde ich ihm meine Meinung nicht vorenthalten. Ich glaube, daß wir erst am Anfang der Methodik stehen. Ich möchte deren mögliche, wenn man will mußmaßliche Rolle aufzeigen. Wir sahen sie triumphieren auf den Gebieten: Politik, Militär, Wirtschaft, Wissenschaft ... Der Leser hat sich auf das Gebiet des Geistes geflüchtet. Gern stellt er sich vor, daß die Metaphysik, die Künste, die Literatur und die höchsten Gefilde der Wissenschaft unangetastet bleiben und gesichert durch die Außergewöhnlichkeit der Menschen, die sich dort Ruhm erwerben, und der Menschen, die sich davon betören lassen. Die wissenschaftliche Methodik zum Beispiel verbürgt dem Gelehrten noch nicht die Erfindung einer Theorie, die Schöpfung eines neuen Weltbildes. Zweifellos vermehrt sie seine Aussichten dazu. Sie begnügt sich mit der Verfügung über das *bereits* Gefundene. Eine Idee jedoch naht auf unerforschten Wegen und im Gefolge nichtgelenkter Geschehnisse. Aus vielen Erscheinungen hat man Theorien gezogen, aber es fehlt uns noch die Theorie der Theorie. In Literatur und Kunst finden wir denselben Anschein von Spontaneität, dasselbe Dunkel um den Ursprung, denselben Mangel an allgemeinen Verfahren. Die Gesetzlichkeiten der Auswahl, der Substitution, der Assoziation bleiben von der Erkenntnis geflissentlich ausgeschlossen. Trotzdem wette ich, daß im Innern all derer, die irgend etwas mit Ausdauer treiben, irgendeine Methode sich bildet und wächst. Alle großen Schöpfer von Ideen und Formen haben sich, scheint mir, eigener Methoden bedient. Damit will ich sagen, daß gerade ihre Stärke und ihre Meisterschaft bedingt sind von der Anwendung gewisser *Gewohnheiten* und gewisser Begriffe, die ihr ganzes Denken disziplinieren. Merkwürdig:

gerade die Erscheinungen dieser inneren Methode nennen wir ihre *Persönlichkeit.* Es macht übrigens wenig aus, ob diese Methode bewußt sei oder nicht ... Da zeigt sich denn die Möglichkeit einer bedeutenden Untersuchung und eines Buches, das in Wirklichkeit noch nie geschrieben wurde: *Die Kunst des Denkens.* Die ersten Schöpfer der formalen Logik haben zweifellos dieses Ziel verfolgt, allein es gelang ihnen nur, ein Werkzeug zu entdecken, mit dem sich etwas wunderbar suchen, nicht aber finden ließ.[11]

Nehmen wir an, dieses Buch sei geschrieben. Und ich sehe keinen Grund, daß es nicht geschrieben werde. Nehmen wir an, so man will, daß mehrere der großen Geister, von denen ich sprach, nach der Anwendung ihnen vertrauter Methoden zum Bewußtsein derselben gelangten (das kam vor) und sie im Rahmen der Sprachmöglichkeiten mitteilten. Man sähe dann auf geistigem Gebiet dieselben Verfahren Platz greifen, die Deutschland auf das Leben der Gesellschaft anwendet. Man sähe in der Literatur methodisches Zusammenwirken mit Arbeitsteilung und allem übrigen. Balzac hat es versucht. Man sähe, wie der Künstler seine Arbeit unmittelbar auf jeden einzelnen Sinn, jede psychologische Notwendigkeit seines Publikums einstellt und den Menschen geradewegs aufs Korn nimmt. Wagner hat es getan.[12]

Aber durch ein solches Werk gelangte dieses wunderliche Gesetz zum Äußersten seiner Geltung, wonach das Genie für ... die andern zur Welt kommt. Schön, genial ist man nur für die andern. Japan muß denken, Europa sei für Japan gemacht worden. Und kraft einer von Deutschland bereits angestellten Überlegung sähe man zweifellos den endgültigen Triumph alles Mittelmäßigen auf Erden. Die auf alles ausgedehnte Methode würde zu einer gewaltigen Einsparung an höheren Menschen führen. Welch sonderbares Ergebnis, wenn die Ergebnisse dieser Neuordnung der Dinge in jeder Hinsicht vollkommener, ergiebiger, angenehmer wären als die heutigen.

Indessen – ich weiß nicht. Ich lasse nur einige Folgerungen abspulen.

[1896/1924]

DIE KRISE DES GEISTES

ERSTER BRIEF

Wir Kulturvölker, wir wissen jetzt, daß wir sterblich sind.[1]

Wir hatten gehört von ganzen Welten, die verschwunden sind, von Reichen, plötzlich vom Abgrund verschlungen mit allen ihren Menschen und all ihren Werkzeugen; hinabgesunken bis auf den unerforschbaren Grund der Jahrhunderte, samt ihren Göttern und ihren Gesetzen, ihren Akademien und ihren reinen und angewandten Wissenschaften; samt ihren Grammatiken und Wörterbüchern; samt ihren Klassikern, Romantikern und Symbolisten; samt ihren Kritikern und deren Kritikern. Wohl wußten wir, daß der ganze Erdboden aus Asche ist, daß Asche etwas bedeutet. In den Tiefen der Geschichte gewahrten wir Phantome riesiger Schiffe, einst befrachtet mit Reichtum und Geist. Wir vermochten nicht, sie zu zählen. Aber diese Katastrophen kümmerten uns letzten Endes nicht.

Elam, *Ninive*, *Babylon* waren nur klangvolle Namen, und der völlige Untergang dieser Welten hatte für uns geradeso wenig Bedeutung wie ihr Dasein. Aber *Frankreich*, *England*, *Rußland* könnten ebenso klangvolle Namen sein. Auch *Lusitania*[2] ist ein klangvolles Wort. Und wir sehen jetzt, daß der Abgrund der Geschichte Raum hat für alle. Wir fühlen, daß eine Kultur genau so hinfällig ist wie ein einzelnes Leben. Die Umstände, welche die Werke von Keats und Baudelaire vernichten könnten gleich denen Menanders, sind nicht mehr ganz unfaßbar: sie sind das Tagesgespräch.

Damit nicht genug. Die bittere Erkenntnis ist noch umfassender. Nicht genug, daß unsere Generation durch eigene Erfahrung hat lernen müssen, wie das Schönste und das Ehrwürdigste, das Gewaltigste und das Bestgeordnete *durch bloßen Zufall* dem Untergang verfallen kann; sie hat gesehen, wie in der Welt des Denkens, des Gemeinverstandes und des Gefühls das Unerwartetste in Erscheinung tritt, wie das Widersinnigste sich jäh verwirklicht, das Gewisseste zuschanden wird.

Nur ein Beispiel: die großen Vorzüge der Deutschen haben mehr Unglück verschuldet, als je der Müßiggang Laster gezeugt hat. Wir haben gesehen, mit eigenen Augen gesehen, wie die gewissenhafteste Arbeit, die gründlichste Bildung, die ernsteste Zucht und Bemühung grauenvollen Zwecken dienen mußten.

Soviel Schreckliches wäre nicht möglich gewesen ohne so vorzügliche Eigenschaften. Es bedurfte zweifellos vielen Wissens, um in so kurzer Zeit so viele Menschen zu töten, so viele Güter zu verschwenden, so viele Städte zu vernichten; aber nicht weniger bedurfte es dazu *moralischer Kräfte.* Wissenschaft und Pflicht, seid auch ihr nun verdächtig?

So ist die Stadt des Geistes, Persepolis, nicht minder verheert als die des Reichtums, Susa. Nicht alles ist untergegangen, aber alles hat den Untergang gefühlt.

Ein Schauer ohnegleichen hat Europa bis ins Mark durchbebt. Es hat in allen seinen Nervenzentren empfunden, daß es sich nicht mehr erkennt, daß es aufgehört hat, sich selbst zu gleichen, daß es das Bewußtsein seiner selbst verliert – ein Bewußtsein, erworben in Jahrhunderten noch erträglicher Leiden, durch Tausende von Menschen hohen Ranges, durch zahllose Glücksfälle geographischer, ethnischer, geschichtlicher Art.

Aber in diesem Augenblick ist wie zu einer verzweifelten Verteidigung seines innersten Seins und Besitzes die Gesamtheit seiner Erinnerungen vor ihm noch einmal dunkel emporgestiegen. Seine großen Männer und seine großen Bücher tauchten wirr durcheinander vor ihm auf. Nie hat man so viel, nie so leidenschaftlich gelesen wie während des Krieges: fragt nur die Buchhändler. Nie hat man so viel, nie so innig gebetet: fragt nur die Priester. All die Retter, die Gründer, Schutzheiligen, Märtyrer, Helden wurden heraufbeschworen, die Patres patriae, die heiligen Heldinnen, die Nationaldichter ...

Und in dieser geistigen Verwirrung, unter dem Druck dieser Angst durchlebte das gebildete Europa fieberhaft seine zahllosen Gedanken noch einmal: die verschiedensten Dogmen, Philosophien, Ideale; die dreihundert Deutungen der Welt, die tausend Auffassungen des Christentums, Dutzende von Positivismen: das ganze Spektrum des geistigen Lichts entfaltete seine unvereinbaren Farben und beleuchtete mit einem seltsam widerspruchsvollen Schein den Todeskampf der europäischen Seele. Indes die Erfinder fieberhaft in ihren Mappen, in den Annalen früherer Kriege nach Mitteln suchten, um die Stacheldrähte zu zerreißen, die Unterseeboote zu überlisten oder den Flug der Luftschiffe zu lähmen, nahm die Seele gleichzeitig Zuflucht zu allen Zauberformeln, die sie nur wußte, erwog sie ernsthaft die seltsamsten Prophezeiungen; im gesamten Register der Erinnerungen, der Taten von einst, der urväterlichen Riten suchte sie nach Schutz oder Wahrzeichen oder Trost. Dies sind die bekannten Folgen von Angstzuständen, die wirren Anstrengungen des Gehirns, das vom Wirklichen zum Wahn, vom Wahn zurück zum Wirklichen getrieben wird, ratlos wie eine Ratte in der Falle ...

Die militärische Krise ist vielleicht zu Ende. Die wirtschaftliche Krise ist in voller Stärke sichtbar; aber die geistige Krise, die heimlicher ist und ihrem Wesen nach die täuschendsten Formen annimmt (spielt sie sich doch im eigensten Bereich der Täuschung ab), sie läßt nur schwer ihren wirklichen Grad, ihr *Stadium* erkennen.

Wer vermag zu sagen, was in Literatur, Philosophie, Ästhetik morgen noch lebendig sein wird? Noch weiß niemand, welche Gedanken und welche Worte man auf die Verlustliste setzen, was an Neuem man verkünden wird.

Noch bleibt freilich die Hoffnung und singt schüchtern:

Et cum vorandi vicerit libidinem,
Late triumphet imperator Spiritus.[3]

Doch die Hoffnung ist nichts als das Mißtrauen des Einzelwesens gegenüber der allzu bestimmten Voraussicht des Geistes. Sie legt uns nahe, daß jedes dem Leben feindliche Urteil *notwendig* ein Irrtum des Geistes *sein müsse.* Jedoch die Tatsachen sind eindeutig und unerbittlich. Tausende von jungen Schriftstellern und Künstlern sind tot. Der Glaube an eine europäische Kultur ist dahin; daß die Erkenntnis nichts, gar nichts zu retten vermag, ist erwiesen; die sittlichen Ansprüche der Wissenschaft sind tödlich getroffen, sie ist gleichsam entehrt durch die Grausamkeit ihrer praktischen Anwendung; der Idealismus, der nur mit Mühe gesiegt hat, ist tief verwundet und büßt für seine Träume; der Realismus enttäuscht, geschlagen, mit allen Verbrechen und Verfehlungen belastet; Begierde und Verzicht gleichermaßen zum Spott geworden; die Bekenntnisse nicht nach Lagern geschieden, Kreuz gegen Kreuz, Halbmond gegen Halbmond; und sogar die Skeptiker, aus aller Fassung gebracht durch so plötzliche, so heftige, so bestürzende Ereignisse, welche mit unsern Gedanken ihr Spiel treiben wie die Katze mit der Maus – die Skeptiker bezweifeln ihre eigenen Zweifel, verfallen ihnen von neuem, bezweifeln sie wieder, und sind nicht mehr imstande, sich der eigenen geistigen Kraft zu bedienen.

Das Schwanken des Schiffs war so stark, daß auch die am sichersten aufgehängten Lampen erloschen.

Was der Krise des Geistes ihre Tiefe und ihren Ernst gibt, das ist der Zustand, in dem sie den Kranken getroffen hat.

Ich habe weder die Zeit noch die Kraft, den geistigen Zustand des Europa von 1914 zu bestimmen. Und wer würde ein Bild dieses Zustands zu entwerfen wagen? Der Gegenstand ist ein ungeheurer; er erfordert umfassendstes Wissen, unendliche Kenntnisse. Übrigens ist angesichts eines so vielfältigen Ganzen die Schwierigkeit, sich auch die nächste Vergangenheit zu vergegenwärtigen, durchaus vergleichbar derjenigen, auch nur die nächste Zukunft vorauszubestimmen; es ist vielmehr genau dieselbe. Der Prophet ist hier in der gleichen Verlegenheit wie der Historiker. Überlassen wir sie ihrem Schicksal.

Aber ich brauche für den Augenblick nichts weiter als die ganz allgemeine Erinnerung an das, was vor Beginn des Kriegs die Köpfe beschäftigte, an die Forschungen, denen man nachging, die Werke, die man veröffentlichte.

Sehe ich also von allen Einzelheiten ab und beschränke mich auf einen raschen Eindruck und auf jene *Gesamtwirkung*, welche sich aus einer Augenblickswahrnehmung instinktiv ergibt, so sehe ich – *nichts*! – Freilich ein Nichts von unerschöpflichem Reichtum.

Die Physiker lehren uns, daß unser Auge in der Weißglut eines Schmelzofens, wenn es sie ertrüge – nichts sehen würde. Keinerlei ungleichartige Helligkeit bleibt und bezeichnet die Punkte des Raums. Diese gewaltige gefangene Kraft ergibt schließlich Unsichtbarkeit, unterschiedslose Gleichartigkeit. Doch eine Gleichartigkeit solcher Art ist nichts anderes als das völlige *Chaos*.

Und aus was allem ergab sich dieses Chaos unseres geistigen Europa? – Daraus, daß in allen gebildeten Köpfen die einander unähnlichsten Gedanken, die einander entgegengesetztesten Lebens- und Erkenntnisprinzipien ungehindert nebeneinander lebten. Das ist es, was ein *modernes* Zeitalter kennzeichnet.

Ich würde dazu neigen, den Begriff des Modernen allgemeiner zu fassen und dieses Wort auf eine bestimmte Lebensweise anzuwenden, es nicht bloß mit *zeitgenössisch* gleichzusetzen. Gibt es nicht in der Geschichte Orte und Zeiten, in die *wir Modernen* uns einfügen könnten, ohne den Einklang allzusehr zu stören und ohne als unendlich seltsame, unendlich auffällige Wesen, ohne als anstößig, fremd, anpassungsunfähig zu erscheinen? Wo unser Erscheinen am wenigsten Aufsehen erregen würde, dort sind wir wie zu Hause. Zweifellos, daß wir im Rom Trajans und im Alexandrien der Ptolemäer leichter untertauchen könnten als an so manchen anderen, zeitlich weniger fernen Stätten, die aber mehr auf eine einzige, einheitliche Sitte gestellt und auf eine einzige Rasse, eine einzige Kultur, ein einziges Lebenssystem eingeschworen sind.

Nun wohl, das Europa von 1914 war vielleicht bis an die Grenzen einer solchen Modernität gelangt. Jeder Kopf von Rang war ein Treffpunkt aller Weltanschauungen; jeder Denker eine Weltausstellung der Gedanken. Es gab Werke des Geistes, deren Reichtum an Gegensätzen und einander widersprechenden Impulsen an die wahnwitzigen Lichteffekte der Großstädte der Zeit denken ließ, welche die Augen quälen und ermüden. Wie vieler Dinge, wie vieler Werke, Berechnungen, geplünderter Jahrhunderte, welcher Summe verschiedenster Lebensäußerungen bedurfte es, damit dieser Taumel möglich und zum Ausdruck höchster Weisheit, zum Triumph der Menschheit erhoben wurde?

In manchen Büchern jener Zeit – und keineswegs in den mittelmäßigsten – findet man ganz mühelos: eine Einwirkung des russischen Balletts – ein wenig vom düstern Stil Pascals – viele Impressionen Goncourtscher Art – etwas von Nietzsche – etwas von Rimbaud – gewisse Effekte, die vom Umgang mit Malern herrühren – zuweilen etwas vom Ton wissenschaftlicher Werke – das Ganze irgendwie, schwer bestimmbar, britisch angehaucht! ... Stellen wir nebenbei fest, daß sich in jedem einzelnen Bestandteil dieser Mischung noch viele andere *Körper* finden ließen. Unnötig, nach ihnen zu forschen: das hieße wiederholen, was ich eben über die Moderne gesagt habe, und hieße die ganze Geistesgeschichte Europas schreiben.

Und jetzt – auf einem ungeheuren Erdwall[4] von Helsingör, der von Basel bis Köln reicht, der an die Dünen von Nieuwpoort, an die Sümpfe der Somme, an die Kreidefelsen der Champagne und den Granit des Elsaß grenzt, erschaut der europäische Hamlet Millionen Gespenster.

Aber er ist ein sehr intellektueller Hamlet. Er meditiert über Sein und Nichtsein der Wahrheiten. Die Geister, die ihm erscheinen, sind – alle Probleme, um die wir streiten; unsere Ruhmestitel, für ihn sind sie Gewissensqualen; er erliegt unter der Last der Erfindungen, Kenntnisse, Methoden und Bücher, unfähig, darauf zu verzichten, außerstande, sich dieser grenzenlosen Tätigkeit neu hinzugeben. Er denkt des Verdrusses, das Vergangene wiederzubeginnen, des Wahns, immer wieder Neues zu wollen. Er schwankt zwischen beiden Abgründen, denn zwei Gefahren hören nicht auf, die Welt zu bedrohen: Ordnung und Chaos.

Greift er nach einem Schädel, so ist es ein erlauchter Schädel. – *Whose was it?* – Der da war *Lionardo*, der den fliegenden

Menschen ersann. Ach, der fliegende Mensch hat nicht gerade den Absichten seines Erfinders gedient: In unsern Tagen hat der Mensch, der »auf dem Rücken seines großen Schwans« fliegt (*il grande uccello sopra del dosso del suo magnio cecero*)[5], bekanntlich andere Aufgaben als die, Schnee von den Gipfeln der Berge zu holen, um ihn an Tagen der Hitze auf die Straßen der Städte zu streuen ... Und der da ist der *Leibnizens*, der vom Weltfrieden träumte. Und der da war *Kant*; *Kant zeugte Hegel, dieser zeugte Marx, dieser zeugte – wen?*

Hamlet ist sehr unschlüssig, was tun mit allen diesen Schädeln. Soll er sie preisgeben? ... Wird er dann nicht aufhören, er selbst zu sein? Sein unheimlich hellsichtiger Geist erwägt den Übergang vom Krieg zum Frieden. Dieser Übergang ist noch dunkler, noch gefahrvoller als der vom Frieden zum Krieg; alle Völker stehen ratlos davor. »Und ich«, spricht er zu sich, »ich, Europas Intellekt, was wird mein Schicksal sein? ... Und was ist der Friede? *Der Friede ist vielleicht jener Stand der Dinge, in dem die angeborene Feindschaft der Menschen gegeneinander sich durch Schöpfungen kundgibt, statt sich durch Zerstörung zu äußern wie im Krieg.* Er ist die Zeit schöpferischer Zusammenarbeit, kämpfenden Schaffens. Und ich selbst, bin ich nicht des Schaffens müde? Habe ich nicht meine Begierde nach kühnsten Versuchen erschöpft? Habe ich nicht mit den subtilsten Mischungen Mißbrauch getrieben? Gilt es, meinen schweren Pflichten und meinem transzendenten Streben zu entsagen? Soll ich mich der Strömung überlassen und handeln wie Polonius, der jetzt eine große Zeitung herausgibt? wie Laertes, der irgendwo Flieger ist? wie Rosenkrantz, der unter russischem Decknamen ich weiß nicht was treibt?

– Fahrt hin, Gespenster! Die Welt bedarf euer nicht mehr. Noch meiner. Die Welt, die ihrem Hang zu unseliger Verstandesschärfe den Namen ›Fortschritt‹ gibt, trachtet, die Güter des Lebens mit den Vorteilen des Todes zu verbinden. Noch herrscht in manchem Unsicherheit. Ein wenig Geduld, und alles wird sich aufklären; schließlich wird vor unseren Augen das Wunder einer Tiergesellschaft entstehen, ein vollkommener und endgültiger Ameisenhaufen.«

Ich sagte Ihnen letztes Mal, der Friede sei jene Art von Krieg, deren Verlauf Handlungen schöpferischer Liebe mit sich bringt: also ist er vielfältiger und dunkler als der eigentliche Krieg, wie das Leben tiefer und dunkler ist als der Tod.

Doch der Anfang und die Verwirklichung des Friedens sind dunkler als der Friede selbst, wie die Zeugung und der Ursprung des Lebens geheimnisvoller sind als das Sich-Betätigen des fertigen und lebensfähigen Geschöpfs.

Heute ist uns allen die Empfindung dieses Geheimnisses als unmittelbarste Erfahrung gegenwärtig; zweifellos fühlen einige Menschen, daß ihr eigenes Ich tatsächlich teilhat an diesem Geheimnis; vielleicht gibt es einen, dessen Empfinden so klar, so fein, so reich ist, daß er künftige Phasen unserer Entwicklung, die wir noch nicht erreicht haben, in sich wahrzunehmen vermag.

Ich ziele nicht so weit. Mich interessieren die Dinge dieser Welt nur vom Intellekt her; alles nur in bezug auf den Intellekt. Bacon würde sagen, dieser Intellekt sei ein *Idol.* Zugegeben, aber ich kenne kein besseres.[6]

Ich denke also an die Verwirklichung des Friedens, soweit sie den Intellekt und die Angelegenheiten des Intellekts betrifft. Dieser Gesichtspunkt ist falsch, da er den Geist von allen andern Tätigkeiten sondert; aber diese Abstraktion und diese Fälschung sind unvermeidlich: jeder Gesichtspunkt[7] fälscht.

Eine erste Überlegung. Die Idee der Kultur, der Intelligenz, des Meisterwerks steht für uns in einem Zusammenhang – so alt, daß wir nur selten an ihn zurückdenken – mit der Idee Europa.

Die anderen Weltteile hatten wohl bewundernswerte Kulturen, Dichter hohen Ranges, Baumeister und auch Gelehrte. Aber kein anderer Teil der Erde besaß diese seltsame *physische* Eigenschaft: intensivste *Ausstrahlungskraft* verbunden mit intensivstem Absorptionsvermögen.

Alles kam nach Europa, und alles kam von Europa. Oder fast alles.[8]

Nun stellt der heutige Tag uns vor eine Frage von höchster Wichtigkeit: Wird Europa seinen Vorrang auf allen Gebieten behaupten?

Wird Europa das werden, *was es in Wirklichkeit ist*: ein kleines Vorgebirge des asiatischen Festlands?[9]

Oder aber wird Europa bleiben, *was es scheinbar ist*: der kostbarste Teil unserer Erde, die Krone unseres Planeten, das Gehirn eines umfänglichen Körpers?

Man erlaube mir, um die ganze Unerbittlichkeit dieser Alternative begreiflich zu machen, hier eine Art von grundlegendem Theorem zu entwickeln.

Man betrachte einen Globus und darauf die Gesamtheit der bewohnbaren Welt. Diese Gesamtheit zerfällt in Regionen, jede dieser Regionen weist eine bestimmte Bevölkerungsdichte auf, eine bestimmte Art Menschen. Jeder dieser Regionen entspricht ferner ein natürlicher Reichtum – das Land ist mehr oder weniger fruchtbar, der Boden birgt größere oder geringere Schätze, die Bewässerung ist ungleich, der Verkehr leicht oder schwer zu bewerkstelligen usw.

Alle diese Merkmale ermöglichen uns zu jeder Zeit, diese Regionen einzuordnen, so daß zu jeder Zeit *die Beschaffenheit der belebten Erde als ein System von Verschiedenheiten zwischen den bewohnten Regionen ihrer Oberfläche dargestellt werden kann.*

In jedem Augenblick wird die *Geschichte* des nächsten Augenblicks von dieser tatsächlichen Verschiedenheit bestimmt.

Untersuchen wir jetzt nicht diese theoretische Rangordnung, sondern jene, die noch gestern Wirklichkeit war. Wir sehen etwas höchst Merkwürdiges, das uns längst selbstverständlich geworden ist: Dieses kleine Europa nimmt seit Jahrhunderten die erste Stelle in dieser Rangordnung ein. Trotz seiner geringen Ausdehnung und obgleich der Reichtum seines Bodens kein außergewöhnlicher ist, beherrscht es das Gesamtbild. Durch welches Wunder? – Zweifellos muß das Wunder in der Art seiner Bevölkerung begründet sein. Diese Art muß die geringere Zahl der Menschen, der Quadratkilometer, der Erztonnen, die Europa zugeteilt sind, aufwiegen. Man lege in die eine Waagschale Indien, in die andere England. Und siehe: die Schale mit dem kleineren Gewicht sinkt!

Welch erstaunliche Störung des Gleichgewichts! Aber die weiteren Folgen sind noch erstaunlicher: *sie lassen uns nämlich eine wachsende Veränderung im umgekehrten Sinne voraussehen.*

Wir haben soeben angedeutet, daß die Art der Menschen bestimmend gewesen sein muß für den Vorrang Europas. Ich kann diese Art nicht im einzelnen analysieren; aber ein rascher Überblick ergibt, daß unersättlicher Tätigkeitsdrang, glühende und rein sachliche Neugier, die glückliche Verbindung von Phantasie und logischer Strenge, Skepsis ohne Pessimismus, Mystik ohne Resignation – die spezifisch wirksamen Kräfte der europäischen Psyche sind.

Ein einziges Beispiel dafür, doch ein Beispiel ersten Rangs und von allerhöchster Bedeutung: Griechenland – denn man muß die gesamten Ufer des Mittelmeers zu Europa rechnen: Smyrna und Alexandrien gehören ebenso dazu wie Athen und Marseille –, Griechenland hat die Geometrie begründet. Es war dies ein wahnwitziges Unternehmen: selbst die *Möglichkeit* dieser Tollkühnheit ist noch heute *umstritten.*

Was war erforderlich, um diese phantastische Schöpfung zu verwirklichen? – Man bedenke, daß sie weder Ägyptern noch Chinesen, weder Chaldäern noch Indern geglückt ist. Man bedenke, daß es ein höchst spannendes Abenteuer war, eine Eroberung, tausendmal wertvoller und unbedingt weit dichterischer als die des Goldenen Vlieses. Es gibt kein Widderfell, das dem goldenen Schenkel des Pythagoras an Wert gleichkäme.

Ein solches Unternehmen erforderte Gaben, die gemeinhin unvereinbar sind. Es verlangte Argonauten des Geistes, unerschrockene Piloten, die sich weder in ihre Gedanken verfingen noch durch Eindrücke ablenken ließen. Weder die Unsicherheit der Voraussetzungen, auf die sie sich stützten, noch die überfeinen oder unabsehbaren Folgerungen, denen sie nachgingen, vermochten sie zu beirren. Sie waren gleich weit entfernt vom ewig unbeständigen Neger wie vom in sich versunkenen Fakir. Sie haben die so schwierige, so unwahrscheinliche Anpassung der Alltagssprache an das reine Denken bewerkstelligt; die Analyse vielfach zusammengesetzter Bewegungs- und Sehvorgänge; die Übereinstimmung dieser Vorgänge mit Eigentümlichkeiten der Sprache und der Grammatik; sie stützten sich auf das Wort, damit es sie, die Sehend-Blinden, durch den Raum führe ... Und dieser Raum selbst wurde von Jahrhundert zu Jahrhundert eine immer reichere, immer erstaunlichere Schöpfung, in dem Maß, in dem das Denken seiner selbst Herr wurde, in dem es tiefer der wunderbaren Vernunft und dem ursprünglichen Scharfsinn vertraute, die es zuerst mit unvergleichlichen Werkzeugen versehen hatten: mit Definitionen, Axiomen, Hilfssätzen, Theoremen, Problemen, Porismen usw. ...

Man würde ein ganzes Buch brauchen, um nach Gebühr davon zu reden. Ich wollte nur mit wenigen Worten eine der eigensten Taten des europäischen Genius genauer bezeichnen. Das Beispiel führt mich von selbst zu meinem Hauptthema zurück.

Meine Behauptung war, daß jene Ungleichheit, die sich so lange zugunsten Europas ausgewirkt hat, *kraft ihrer eigenen Weiterentwicklung* zu einer Ungleichheit im entgegengesetzten Sinne werden müsse. Das war es, was ich mit dem anspruchsvollen Namen eines grundlegenden Theorems bezeichnete.

Wie läßt sich diese Behauptung begründen? – Ich bleibe beim gleichen Beispiel: bei der Geometrie der Griechen, und bitte den Leser, die Auswirkungen dieser Wissenschaft durch die Zeiten mit mir zu betrachten. Man sieht, wie sie nach und nach, so langsam wie sicher, solchen Einfluß gewinnt, daß alle Forschungen, alle erworbenen Erfahrungen sich unwiderstehlich ihrer strengen Haltung nähern, ihrer strengen Sparsamkeit im »Stofflichen«, ihrer schematischen Allgemeingültigkeit, ihren verfeinerten Methoden und jener unendlichen Vorsicht, die ihr vermessenste Kühnheiten erlaubt ... Die moderne Wissenschaft ist aus dieser Schule großen Stils hervorgegangen.

Aber da sie, einmal vorhanden, sich bewährt hatte und durch ihre technischen Anwendungen belohnt war, wurde die Wissenschaft zu einem Machtmittel, zu einem sehr realen Mittel der Herrschaft, zur Mehrerin des Reichtums, zu einem

Werkzeug, alle Schätze des Planeten auszubeuten[10] – und damit hört sie auf, »Selbstzweck« und künstlerische Tätigkeit zu sein. Das Wissen, das bisher ein Eigenwert war, wird zu einem Tauschwert. Die Nützlichkeit des Wissens macht es zur *Ware*, die nicht mehr für einige auserwählte Liebhaber, sondern für alle Welt begehrenswert ist.

Diese Ware wird in immer handlicheren oder genießbareren Formen hergestellt; sie findet immer zahlreichere Abnehmer; sie wird ein Handelsobjekt, kurz etwas, das sich so ziemlich überall nachahmen und erzeugen läßt.

Das Ergebnis: die Ungleichheit, die zwischen den Gebieten der Erde in bezug auf Technik, angewandte Wissenschaften, Werkzeuge von Krieg oder Frieden bestanden hat – eine Ungleichheit, auf der Europas Vorherrschaft beruhte –, wird nach und nach immer geringer.

Demnach *verändert sich die Rangordnung der bewohnten Regionen unserer Erde insofern, als von jetzt ab die äußere Größe als solche, die statistischen Elemente, die zahlenmäßigen Werte – Bevölkerung, Oberfläche, Rohstoffe – schließlich allein ausschlaggebend werden für jene Einteilung der Weltzonen.*

Ferner: Die Waage, die sich, obwohl wir *scheinbar* leichter wogen, auf unsere Seite neigte, beginnt mit uns unmerklich zu steigen – gleichsam als hätten wir törichterweise das geheimnisvolle Mehrgewicht, das bei uns lag, in die andere Schale hinübergleiten lassen. *Durch unsere Unbesonnenheit sind die Kräfte den Massen proportional geworden!*

Diese neuauftretende Erscheinung kann übrigens jener andern verglichen werden, die innerhalb jeder Nation zu beobachten ist und in der Ausbreitung der Bildung, in der Zulassung immer zahlreicherer Gruppen von Individuen zur Bildung besteht.

Wollte man den Versuch machen vorauszusehen, ob eine solche Ausbreitung notwendig eine *Wertminderung* zur Folge haben müsse oder nicht, so hieße das ein verlockend vielseitiges Problem der geistigen Physik in Angriff nehmen.

Der Reiz dieses Problems für einen spekulativen Geist liegt einerseits in seiner Ähnlichkeit mit der physikalischen Tatsache der Ausbreitung – andererseits im plötzlichen Umschlagen der Ähnlichkeit in einen tiefen Unterschied, der fühlbar wird, sobald man bedenkt, daß es sich nicht um *Moleküle* handelt, sondern um *Menschen.*

Fällt ein Tropfen Wein in Wasser, so färbt er es kaum; er wird zum rosigen Hauch und löst sich auf. Dies die physikalische Tatsache. Doch angenommen, man sähe kurz nach dieser Verflüchtigung und neuen Klärung, wie in diesem Gefäß, das scheinbar nur mehr *reines* Wasser enthielt, da und dort Tropfen von dunklem, *reinem* Wein sich bilden, wie würde man da erstaunen ...

Dieses Wunder von Kana ist in der geistigen und sozialen Physik nicht unmöglich. Es heißt *Genie* und steht in genauem Gegensatz zu jener Ausbreitung.

Wir sprachen noch eben von einer wunderlichen Waage, die sich im umgekehrten Verhältnis zum Gewicht bewegte. Jetzt sehen wir eine Flüssigkeit wie von selbst aus einem Stoff in einen andern, von inniger Verbindung zu scharfer Sonderung übergehen ... Solche paradoxen Gleichnisse veranschaulichen aufs einfachste und sinnfälligste, was jenes Element in der Welt bedeutet, das man seit fünf- oder zehntausend Jahren – *Geist* nennt.

– Aber der europäische Geist – oder zumindest das, was er an Wertvollstem birgt –, ist er einer unbeschränkten Ausbreitung fähig? Erscheinungen wie die Ausbeutung unseres Planeten, die Angleichung der Techniken und die allgemeine Demokratisierung, die für Europa eine *deminutio capitis* voraussehen lassen, muß man sie als unwiderrufliche Entscheidungen des Schicksals hinnehmen? Oder bleibt uns irgendeine Freiheit *gegenüber* dieser bedrohlichen Verschwörung der Dinge?

Indem man nach dieser Freiheit strebt, schafft man sie vielleicht schon. Doch eine solche Untersuchung erfordert, daß man für eine Weile von der Betrachtung der allgemeinen Zusammenhänge abläßt und den Widerstreit des Einzellebens mit dem der Gesellschaft innerhalb des denkenden Individuums erforscht.

NOTIZ
(oder DER EUROPÄER)[11]

Das Gewitter ist vorüber, und doch sind wir unruhig und ängstlich, als ob der Sturm erst ausbrechen wollte. Fast alle menschlichen Dinge sind furchtbar ungewiß. Wir denken an das Entschwundene. Wir sind selbst fast vernichtet worden von dem, was vernichtet ist. Wir wissen nicht, was kommen wird, und müssen es darum fürchten. Wir erhoffen Unklares, befürchten Bestimmtes. Unsere Befürchtungen sind unendlich viel deutlicher als unsere Hoffnungen. Wir bekennen, daß die Freude am Leben dahin ist, daß der Überfluß hinter uns liegt, aber Verwirrung und Zweifel sind in uns und mit uns. Nirgends ein denkender Kopf – so scharfsinnig, so gebildet er sein mag –, der sich schmeicheln könnte, über den Dingen zu stehen, diesen Dunkelheiten zu entgehen und die wahrscheinliche Dauer der Periode abzumessen, in der die lebenswichtigen Wechselbeziehungen der Menschheit gestört sein werden.

Wir sind eine sehr unglückliche Generation, der bestimmt ist, ihr Auftreten im Leben mit jenen ungeheuren und furchtbaren Ereignissen zusammenfallen zu sehen, deren Nachhall nun unser ganzes Dasein erfüllen wird.

Man kann sagen, daß alle wesentlichen Dinge dieser Welt durch den Krieg, genauer, durch die Folgen des Kriegs, in Mitleidenschaft gezogen worden sind: die Abnützung hat Tieferes angefressen als die erneuerungsfähigen Teile unseres Wesens. Denken Sie daran, welche Verwirrung, Stockung, Entschlußlosigkeit und starke Beunruhigung sich der Wirtschaft und Politik der Staaten, ja selbst des Lebens der Individuen bemächtigt hat. *Aber unter diesen verletzten Dingen befindet sich auch der Geist.* Der Geist ist wahrlich grausam verletzt. Bittere Klage erhebt er in den Herzen der geistigen Menschen. Sein Schicksal erscheint ihm traurig. Tief zweifelt er an sich selbst.

Was ist nun eigentlich dieser Geist? Inwiefern kann er durch den gegenwärtigen Zustand der Welt berührt, geschlagen, verkleinert, gedemütigt werden? Woher diese erbarmungswürdige Hinfälligkeit der geistigen Dinge, diese Niedergeschlagenheit und Angst der geistigen Menschen? Davon wollen wir heute sprechen.

Der Mensch ist dieses besondere Geschöpf, dieses merkwürdige Lebewesen, das sich von allen anderen Lebewesen abgesondert hat und sich über sie erhebt durch seine – *Träume*. Durch die Tiefe, Stärke, Mannigfaltigkeit und durch die Verknüpfung seiner *Träume*! Durch deren ungeheure Wirkungen, die so weit gehen, daß sie nicht nur die Natur des Menschen verändern, sondern auch die Natur, die ihn umgibt und die er unermüdlich mit seinen Träumen zu bewältigen sucht.

Ich möchte sagen, daß der Mensch unaufhörlich und notwendig *dem, was ist*, entgegengesetzt ist durch die Sorge um *das, was nicht ist*! Und daß er durch Arbeit oder auch durch Genie erzeugt, was seinen Träumen die Kraft und Genauigkeit eben der Wirklichkeit gibt und was andererseits dieser Wirklichkeit immer größere Veränderungen aufzwingt, die sie seinen Träumen annähert.

Die übrigen Lebewesen werden ja nur durch äußere Veränderungen angetrieben und verwandelt. Sie passen sich an, das heißt: sie geben ihre äußere Form preis, um die wirklich wesentlichen Merkmale ihres Daseins zu erhalten, und setzen sich so mit ihrer Umwelt ins Gleichgewicht.

Denn sie haben, soviel ich weiß, nicht die Gewohnheit, aus eigenem Antrieb dieses Gleichgewicht zu brechen, zum Beispiel ohne Grund, ohne Zwang und äußere Notwendigkeit das Klima, an das sie gewöhnt sind, zu verlassen. Sie suchen blind ihr Wohl und kennen nicht den Stachel dieses Besserhabenwollens, das der Feind des Guten ist und uns manchmal dazu führt, dem Schlimmsten uns auszusetzen.

Aber der Mensch hat etwas in sich, das ihn befähigt, fortwährend das Gleichgewicht mit seiner Umwelt zu stören, und das ihn notwendig mit dem unzufrieden macht, was ihn eben noch befriedigte. Er ist in jedem Augenblick ein anderer als er selbst. Er formt nicht etwa ein *geschlossenes System* von Bedürfnis und Bedürfnisbefriedigung. Er zieht aus seiner Befriedigung ich weiß nicht welchen Überschuß an Kraft, der seine

Zufriedenheit immer wieder aufhebt. Kaum sind seine Notdurft und sein Hunger gestillt, so regt sich in seinem Innersten etwas, beunruhigt ihn, erleuchtet ihn, befiehlt ihm, stachelt ihn an, bewegt ihn geheimnisvoll. Und dies ist der Geist, der Geist bewaffnet mit seinen unerschöpflichen Fragen ...

Er fragt unaufhörlich in uns: Wer, was, wo, wann, warum, wie, wodurch?[12] Er setzt die Vergangenheit der Gegenwart entgegen, die Zukunft der Vergangenheit, das Mögliche dem Wirklichen, das Bild der Tatsache. Er ist in einem: das Fördernde und Hindernde, das Aufbauende und Zerstörende, der Zufall und die Berechnung; er ist also eigentlich das, was nicht ist, das Werkzeug dessen, was nicht ist. Er ist, mit einem Wort, vor allem der geheimnisvolle Autor jener Ideenträume, von denen ich sprach ...

Welche Träume träumte nun der Mensch? ... Und welche wurden Wirklichkeit? Und wie sind sie es geworden?

Befragen wir uns selbst, und sehen wir uns um. Betrachten wir eine Stadt, oder besser blättern wir, wie es der Zufall will, in einigen Büchern, noch besser: beobachten wir die unmittelbarsten Regungen unseres Herzens ...

Wir wünschen, wir hegen Gefallen daran, uns die seltsamsten Dinge vorzustellen, und diese Wünsche sind uralt, und es scheint, als würde der Mensch niemals auf solches Wünschen verzichten ... Lesen Sie *das erste Buch Mosis* wieder. Schon der Eingang der Heiligen Schrift, die ersten Schritte im Paradies lassen den Traum der Erkenntnis, den Traum der Unsterblichkeit erstehen. Die herrlichen Früchte des Lebensbaumes und des Baumes der Erkenntnis ziehen uns immer noch an. Einige Seiten weiter werden Sie, in der gleichen Bibel, den Traum einer völlig geeinten Menschheit finden, die am Bau eines gewaltigen Turmes zusammenarbeitet. »Es hatte aber alle Welt einerlei Zunge und Sprache ...« Wir träumen diesen Traum noch immer.[13]

Sie werden dort auch die seltsame Geschichte jenes Propheten finden, der, von einem Fisch verschlungen, in den Tiefen des Meeres leben konnte ...

Bei den Griechen gibt es Helden, die sich Flugwerkzeuge bauen. Andere können wilde Tiere zähmen, ihr geheimnisvolles Wort versetzt Berge, läßt Steine sich bewegen und vollbringt durch eine Art wundersamer Telemechanik die Erbauung von Tempeln ...

In die Ferne wirken; Gold machen; Metalle verwandeln; den Tod besiegen; die Zukunft voraussagen; sich in Regionen bewegen können, die der menschlichen Spezies versagt sind; von einem Ende der Welt zum andern sprechen, hören, sehen; zu den Sternen fliegen; das Perpetuum mobile erfinden und was weiß ich noch alles – wir haben schon so viele Träume geträumt, daß ihre Liste unendlich werden würde. Aber alle diese Träume bilden zusammen ein merkwürdiges *Programm*, dessen Abwicklung im engsten Zusammenhang mit der Geschichte der Menschheit zu stehen scheint.

Alle Pläne einer materiellen oder geistigen Eroberung und Beherrschung der Welt sind darin enthalten. Alles, was wir *Zivilisation*, *Fortschritt*, *Wissen*, *Kunst*, *Kultur* nennen, bezieht sich auf dieses merkwürdige Traumgebilde, ja hängt geradezu von ihm ab. Man kann sagen, diese Träume stellen alle gegebenen Bedingungen unseres endlichen Daseins in Frage. *Wir sind eine zoologische Art, die von sich aus strebt, ihren Daseinsbereich zu variieren*, und man könnte eine systematisch geordnete Tafel aufstellen, in der jeder Traum daraufhin betrachtet würde, gegen welche ursprüngliche Bedingung unseres Lebens er sich richtet. Da gibt es Träume, die sich gegen die Bewegungsgesetze erheben, solche, die die Schwere, die Zeit, den Raum überwinden. Das Allgegenwärtigsein, die Prophetie, die Verjüngung, alles dies ist geträumt worden und wird – sogar unter wissenschaftlichen Namen – heute noch geträumt.

Es gibt Träume gegen das Robert Mayersche und gegen das Carnotsche Prinzip. Solche gegen die physiologischen Gesetze, andere gegen die ethnischen Bedingungen. Die Gleichheit der Rassen zum Beispiel, der ewige Friede sind Träume dieser Art ... Nehmen wir an, wir hätten die Tabelle aufgestellt und schauten sie an. Wir wären sogleich versucht, sie durch eine Tabelle der Verwirklichung zu ergänzen. Neben jedem Traum würden wir verzeichnen, was zu seiner Verwirklichung geschah. Wenn wir zum Beispiel in der einen Kolonne den Wunsch zu fliegen und den Namen des Ikarus eingetragen haben, so werden wir in die Kolonne »Erreichtes« die berühmten Namen Leonardo, Ader, Wright und die ihrer Nachfolger einsetzen. Ich könnte diese Beispiele noch vermehren, das wäre ein Spiel, aber wir haben nicht Zeit zu spielen. Im übrigen müßte man gleicherweise eine Tabelle der *Enttäuschungen*, der nicht verwirklichten Träume, aufstellen. Die einen davon – die Quadratur des Kreises, die freie Erzeugung von Energie usw. – sind endgültig erledigt, die anderen gehören noch zu unseren wenigstens nicht unvernünftigen Hoffnungen.

Aber wenden wir uns zurück zu unserer Liste der *Verwirklichungen*, denn auf diese vor allem wollte ich Ihre Aufmerksamkeit lenken.

Wir können bei der Betrachtung dieser Liste, die höchst ehrenwert ist, die folgende Beobachtung machen:

Die meisten, die überraschendsten, die fruchtbarsten dieser Verwirklichungen wurden durch einen ziemlich kleinen Teil der Menschheit und auf einem im Verhältnis zur ganzen bewohnten Erde winzigen Raum erreicht.

Europa ist dieser bevorzugte Ort gewesen; der Europäer, der europäische Geist der Vollbringer dieser Wunder.

Was ist nun dieses Europa? Es ist gleichsam ein Kap der alten Welt, ein westlicher Ausläufer Asiens. Von Natur blickt es nach Westen, im Süden grenzt es an ein ruhmreiches Meer, dessen Rolle – dessen Funktion, sollte ich sagen – bei der geschichtlichen Entfaltung dieses europäischen Geistes, von dem wir handeln, erstaunlich wirksam geworden ist. Alle Völker, die an seine Küsten kamen, haben sich durchdrungen; sie haben Waren und Hiebe getauscht, haben Häfen und Kolonien gegründet, in denen nicht nur Handelsgüter, sondern auch Religionen, Sprachen, Sitten, technische Errungenschaften ausgetauscht wurden. Ja, schon lange ehe Europa das uns bekannte Aussehen annahm, hatte sich im östlichen Bekken des Mittelmeeres eine Art Voreuropa entwickelt. Ägypten, Phönizien waren sozusagen Vorformen der Kultur, für die wir uns entschieden haben. Danach kamen die Griechen, die Römer, die Araber, die iberischen Völker. Rings um diese funkelnden und salzigen Gewässer meint man die gewaltigsten

Götter und Menschen dieser Welt versammelt zu sehen: Horus, Isis und Osiris, Astarte und die Kabiren; Pallas, Poseidon, Minerva, Neptun und ihresgleichen sind Bewerber um die Herrschaft dieses Meeres, dessen Wogen ebenso die seltsamen Gedanken eines Paulus getragen haben, wie sie die Träume und Berechnungen Bonapartes wiegten ...

Aber an diese Küsten, an denen sich schon so viele Völker bekriegt, vermischt und belehrt hatten, kamen im Laufe der Zeit noch andere Völker, angezogen durch den Glanz des Himmels, durch die Schönheit und die besondere Kraft des Lebens unter der Sonne. Die Kelten, die Slawen, die germanischen Völker verspürten den Zauber dieses vornehmsten der Meere. Eine unwiderstehliche Art von *Tropismus* nach dem Süden, die jahrhundertelang anhielt, hat also das Mittelmeer mit seiner wunderbaren Form zum Gegenstand allgemeiner Begierde und zum Schauplatz größter menschlicher Kraftentfaltung werden lassen. Politik und Ökonomie, Religion und Kunst als intellektuelle Leistungen waren rings um jenes Binnenmeer zu Hause oder wurden – so scheint es – wenigstens dort geboren. Dort ist man den Phänomenen nahe, die zur Bildung des heutigen Europa geführt haben, dort kann man in einer gewissen Epoche auch die Teilung der Menschheit in zwei immer weiter auseinandertretende Gruppen wahrnehmen. Die eine, die den größten Teil des Weltalls einnimmt, verharrt seither gleichsam unbeweglich in ihren Gewohnheiten, Erkenntnissen und in ihrer praktischen Macht; sie schreitet nicht mehr oder nur unmerklich fort.

Die andere ist einer dauernden Unruhe und einem fortwährenden Forschungstrieb verfallen. Der Gedankenaustausch geschieht hier täglich tausendfach, die allerverschiedensten Probleme regen sich in ihrem Schoß; die Mittel, zu leben und sich zu entfalten, und die Wissensstoffe häufen sich hier von Jahrhundert zu Jahrhundert mit einer außerordentlichen Geschwindigkeit an. Bald wird der Unterschied an Wissen und Macht zwischen ihr und dem Rest der Welt so groß, daß dadurch eine Störung des Gleichgewichts verursacht wird. Europa bricht über seine Grenzen aus und macht sich daran, die Erde zu erobern. Die Zivilisation nimmt die

Invasion der Frühzeit wieder auf, indem sie ihre Richtung umkehrt. Schließlich besitzt Europa auf seinem eigenen Boden das Höchstmaß an Lebenskraft, an geistiger Tiefe, an Ehrgeiz und Reichtum.

Dieses triumphierende Europa, das aus dem Austausch aller geistigen und materiellen Güter, aus der freiwilligen und unfreiwilligen Zusammenarbeit der Rassen, aus dem Wettstreit der Religionen, der Systeme, der Interessen – *und zwar auf einem sehr begrenzten Gebiet* – entstanden ist, erscheint mir ebenso belebt wie ein Markt, an den alle guten und kostbaren Dinge herangebracht werden, an dem sie verglichen und besprochen werden und von Hand zu Hand gehen. Wie eine Börse, an der Dogmen, Ideen, Entdeckungen, die verschiedensten Lehren *in Umlauf gesetzt* und *notiert* werden, steigen und fallen und Gegenstand der schärfsten Kritik wie der blindesten Vernarrtheit sind. Bald wird dieser Markt aus den entferntesten Plätzen in Überfluß beschickt. Auf der einen Seite senden die neuen Staaten Amerikas, Ozeaniens und Afrikas und die alten Reiche des Fernen Ostens ihre Rohmaterialien, um sie der erstaunlichen Verarbeitung zuzuführen, die allein Europa zu leisten imstande ist. Auf der andern Seite speisen die Erkenntnisse, Philosophien und Religionen des alten Asiens die immer hungrigen Geister, die Europa mit jeder Generation hervorbringt, und diese mächtige Maschine setzt die mehr oder minder seltsamen Gedanken des Orients um, indem sie ihre Tiefe prüft und die nützlichen Teile herauszieht.

Unser Europa, das mit einem Markt am Mittelmeer beginnt, wird so zur ungeheuren Fabrik im eigentlichen Sinne, zur Transformationsmaschine, zu einer geistigen Verarbeitungsanlage ohnegleichen. Diese intellektuelle Maschine empfängt von allen Seiten geistige Stoffe und leitet sie an ihre unzähligen Organe weiter. Die einen ergreifen mit Hoffnung und Gier alles, was neu ist, den Wert bei weitem überschätzend, die andern widerstehen, setzen dem Neuen die Kraft und Festigkeit der vorhandenen Werte entgegen. Ein labiles Gleichgewicht muß unaufhörlich zwischen Altem und Neuem hergestellt werden, aber ein immer schärfer werdender kritischer Sinn greift die eine oder die andere Richtung an, prüft erbarmungslos die schon angeeigneten und favorisierten Ideen, untersucht und erwägt rücksichtslos die Tendenzen, die jeweils zum Ausgleich geführt haben.

Unser Denken muß sich entwickeln und muß sich erhalten. Es schreitet zwar nur fort, indem es in die Extreme ausschweift, aber es erhält sich auch nur in den Mittellagen. Die extreme Ordnung, der reine Automatismus, wäre sein Verderben; die gänzliche Auflösung würde es vielleicht noch rascher zum Abgrund führen.

Allmählich baut sich dieses Europa auf wie eine ungeheure Stadt. Es hat seine Museen, seine Gärten, seine Ateliers, Laboratorien und Salons. Es besitzt Venedig, Oxford, Sevilla, Rom und Paris. Da gibt es Kunststädte, Städte der Wissenschaft, Städte, die Arbeit und Vergnügen vereinen. Europa ist so klein, daß man es in einer sehr kurzen, bald völlig unbedeutenden Zeit durchmessen kann. Aber es ist groß genug, um sämtliche Klimate, die verschiedensten Landschaften, die eigenartigsten Kulturen zu enthalten. Vom physikalischen Standpunkt aus ist es ein Meisterwerk an Temperierung und Häufung von günstigen Lebensbedingungen. Und hier wurde der Mensch zum Europäer. Sie werden mich entschuldigen, wenn ich diesen Worten »Europa« und »Europäer« eine etwas mehr als geographisch-historische Bedeutung, nämlich eine gewissermaßen *funktionelle*, verleihe. Ich möchte in Gedanken die Sprache fast ein wenig mißbrauchen und sagen: *Europa* ist eine Art System. Auf besonders günstigem Boden, bei größter Verschiedenheit des Menschenmaterials, im Laufe einer äußerst bewegten und lebendigen Geschichte wurde es gebildet, und das Produkt dieser zusammentreffenden Umstände heißt Europäer.

Wir müssen diese Figur in bezug auf die einfacheren Typen der Menschheit uns näher ansehen. Dieser Europäer ist eine Art Ungeheuer. Er besitzt ein überladenes, allzu gepflegtes Gedächtnis, einen maßlosen Ehrgeiz, eine Gier nach Wissen und nach unbegrenztem Reichtum. Da er meistens einer Nation angehört, die zu ihrer Stunde mehr oder minder die Welt beherrscht hat und noch heute von ihrem Cäsar, Karl V. oder Napoleon träumt, so schlummern in ihm ein Stolz, eine Hoffnung und eine Sehnsucht, die immer von neuem erwachen können. Da er einer Zeit, einem Kontinent angehört, die schon so viele wunderbare Erfindungen und glückliche Taten gesehen haben, gibt es für ihn weder eine wissenschaftliche Eroberung noch eine Unternehmung, die er nicht träumen könnte. Er lebt in großartigen Erinnerungen und maßlosen Hoffnungen befangen, und wenn es ihn einmal ankommt, in Pessimismus zu verfallen, so denkt er sich zum Trotz, daß ja der Pessimismus einige erstklassige Werke geschaffen hat. Anstatt ins geistige Nichts zu versinken, schafft er aus seiner Verzweiflung noch ein Lied. Ja, mitunter schöpft er einen furchtbaren und harten Willen aus ihr, ein paradoxes, auf Menschen- und Lebensverachtung aufgebautes Motiv zum Handeln.

Aber wer ist nun Europäer?

Ich wage hier unter vielen Vorbehalten und unter den unendlichen Bedenken, die man haben muß, wenn man das, was exakter Forschung kaum zugänglich ist, auf einen vorläufigen Ausdruck bringen will ... ich wage es, eine Definition zu versuchen. Es ist keine logische Definition, die ich vor Ihnen entwickeln will; es ist nur eine Sichtweise, ein Standpunkt, wobei bemerkt werden muß, daß es eine Menge anderer Standpunkte gibt, die nicht mehr und nicht weniger Berechtigung haben.

Also: ich betrachte als Europäer alle Völker, die im Laufe der Geschichte folgende drei Einwirkungen erlitten haben:

Erstens die römische. Überall wo das Römische Reich geherrscht hat, überall wo es seine Macht zeigte, ja überall wo es nur der Gegenstand allgemeiner Furcht, Bewunderung oder Sehnsucht gewesen war, überall wo das römische Schwert sein Gewicht hat fühlen lassen, überall wo die Erhabenheit der Gesetze und Einrichtungen, wo das Auftreten und die Würde des römischen Verwaltungskörpers anerkannt, nachgeahmt, mitunter sogar bizarr nachgeäfft worden sind – überall dort lebt etwas Europäisches. Rom ist das ewige Vorbild des organisierten und stabilen Machtstaats.

Ich kenne die Gründe für diesen großen Triumph nicht. Es

ist auch unnütz, sie jetzt zu erörtern, wie es müßig ist, sich zu fragen, was aus diesem Europa geworden wäre, wäre es nicht römisch geworden.

Uns ist allein die Tatsache wichtig: die Tatsache der erstaunlich dauerhaften Einprägung, die jene Macht in so vielen Rassen und Generationen zurückgelassen hat; jene abergläubische und doch in ihren Handlungen vernünftige Macht, die, von einem juristischen, militärischen, religiösen und formalistischen Geist eigentümlich durchdrungen, zum ersten Mal besiegten Völkern die Wohltaten der Großzügigkeit und der ausgezeichneten Verwaltung aufgedrängt hat.

Alsdann folgt das Christentum. Sie wissen, wie es sich nach und nach gerade im Bereich der römischen Eroberung ausgebreitet hat. Wenn man die Neue Welt ausnimmt, die nur christianisiert wurde, soweit Christen sie bevölkerten, und Rußland, das das römische Recht und das Reich Cäsars zum größten Teil nicht gekannt hat, so sieht man, daß die Ausbreitung der christlichen Religion noch heute mit derjenigen des kaiserlich römischen Machtbereichs nahezu gänzlich zusammenfällt. Diese beiden so verschiedenen Eroberungen haben indessen eine gewisse Ähnlichkeit miteinander, die uns wichtig ist. Die Politik der Römer, die immer geschmeidiger und erfinderischer wurde und deren Geschmeidigkeit und Entgegenkommen noch mit der Schwächung der zentralen Macht, das heißt mit dem übermäßigen Umfang und der zunehmenden Heterogenität des Kaiserreichs wuchs, brachte in das System der Völkerbeherrschung durch ein einzelnes Volk eine höchst bemerkenswerte Neuerung.

Ähnlich wie die »Urbs«[14] fast alle Bekenntnisse, Kulte und Götter in ihren Mauern zuließ, scheute sich – des Ansehens, das sich an den römischen Namen knüpfte, bewußt – die kaiserliche Regierung nicht, die römische Staatsangehörigkeit, den Titel und die Rechte eines *civis romanus* an Menschen der verschiedensten Rassen und Sprachen zu vergeben. So hörten durch den Willen dieses selben Rom die Götter auf, an einen Volksstamm, an eine Gegend, einen Berg oder Tempel, an eine Stadt gebunden zu sein, und wurden universell, gleichsam allen gemein; und auf der anderen Seite traten Sprache,

Rasse, die Eigenschaft als Sieger oder Besiegter, Eroberer oder Unterworfener zurück hinter einem rechtlich und politisch einheitlich geregelten Stand, der für niemanden sonst zugänglich war. Der Kaiser selbst konnte Gallier, Sarmate, Syrer sein und konnte gänzlich fremden Göttern opfern. Das ist eine unerhörte politische Neuerung.

Das Christentum seinerseits, obgleich eine der wenigen Religionen, die in Rom übel angesehen waren, geht durch Petri Wort von seinen jüdischen Ursprüngen aus auf die Heiden aller Rassen über. Es verleiht ihnen durch die Taufe die neue Würde des Christen wie Rom seinen früheren Feinden die römische Bürgerschaft. Es breitet sich langsam im Bereich der lateinischen Macht aus und schmiegt sich den Formen des Kaiserreichs an. Es übernimmt sogar die Einteilungen der römischen Verwaltung (*Civitas* bedeutet im fünften Jahrhundert Bischofsstadt). Es übernimmt alles, was es kann, von Rom und verlegt dorthin und nicht etwa nach Jerusalem seine Hauptstadt. Es entleiht ihm seine Sprache. Derselbe Mann aus Bordeaux, der römischer Bürger, sogar Magistrat sein kann, vermag auch Bischof der neuen Religion zu werden. Derselbe *Gallier*, der kaiserlicher Präfekt ist, schreibt in reinem *Latein* schöne Hymnen zum Ruhme jenes Gottessohns, der, als *Jude* geboren, Untertan des Herodes war. Hier haben wir einen nahezu vollendeten Europäer. Ein allgemeines Recht und überall einen Gott. Das gleiche Recht und einen Gott. Ein einziger Richter in der Zeit und einer in der Ewigkeit.

Aber während die römische Eroberung nur den politischen Menschen erfaßt und die Geister nur in ihren äußeren Gewohnheiten regiert hatte, zielt und reicht das Christentum mehr und mehr in die Tiefe des Gewissens.

Ich will gar nicht erst versuchen, die außerordentlichen Veränderungen zu ermessen, die die christliche Religion in diesem Gewissen, *das notwendig universell gestaltet werden mußte*, bewirkt hat. Ich will auch nicht versuchen, Ihnen auseinanderzusetzen, wie die Form des Europäers dadurch einzigartig beeinflußt wurde. Ich bin gezwungen, mich nur auf der Oberfläche der Dinge zu bewegen, und im übrigen sind die Wirkungen des Christentums ja wohlbekannt.

Ich erinnere Sie lediglich an einige Merkmale seines Wirkens: es brachte zunächst eine *subjektive* Moral und betonte vor allem die Einheit der Moral. Diese neue Einheit setzte es neben die juristische Einheit, die das römische Recht gebracht hatte; später versuchte man von beiden Seiten die Gebote durch Analyse zu vereinen.

Gehen wir weiter.

Die neue Religion gebot die Selbstprüfung. Man kann sagen, daß sie die abendländische Menschheit jenes innere Leben erst erkennen ließ, das die Hindus in ihrer Weise seit Jahrhunderten führten und das die Mystiker Alexandriens ebenfalls auf ihre Weise erkannt, empfunden und vertieft hatten.

Das Christentum stellte dem Geist die feinsten, wichtigsten und fruchtbarsten Probleme. Ob es sich um den Wert der geschichtlichen Zeugnisse handelt, um Textkritik, um Quellen und Sicherheiten der Erkenntnis, ob um Unterscheidung von Vernunft und Glauben, um ihren Gegensatz, um den Gegensatz zwischen Glaube, Handlungen und Werken; ob es sich um Freiheit, Knechtschaft oder Gnade handelt, um geistige oder materielle Vorherrschaft, um ihren wechselseitigen Kampf, ob um die Gleichheit der Menschen, um die Lebensbedingungen der Frauen, was weiß ich noch alles ... immer erzieht das Christentum, regt an, läßt Millionen Geister während einer Reihe von Jahrhunderten handeln und reagieren.

Indessen, noch sind wir keine vollständigen Europäer. Es fehlt noch etwas an unserem Wesen; es fehlt darin noch ein wunderbarer Zug, dem wir zwar nicht das Gefühl für staatliche Ordnung, die Liebe zur Gemeinschaft, die Verehrung der irdischen Gerechtigkeit verdanken, auch nicht die Tiefe unserer Seele, die absolute Idealität und den Sinn für eine ewige Gerechtigkeit; es fehlt uns noch diese feine und mächtige Kraft, der wir das Beste unserer Intelligenz, die Klarheit und Schärfe unseres Denkens wie die Klarheit, Reinheit und *Vornehmheit* unserer Kunst und Literatur verdanken; diese *Tugenden* kamen uns von Griechenland.

Wir müssen bei dieser Gelegenheit noch einmal die Rolle

des römischen Kaiserreichs würdigen. Es hat erobert, um erobert zu werden. Durchdrungen von Griechenland, durchdrungen vom Christentum, hat es ihnen beiden ein riesiges organisiertes und pazifiertes Wirkungsfeld dargeboten. Es hat den Boden vorbereitet und die Gußform gestaltet, in die die christliche Idee und das griechische Denken einfließen und sich so seltsam vermischen sollten.

Was wir Griechenland verdanken, hat uns vielleicht am tiefsten von der übrigen Menschheit geschieden. Wir verdanken ihm die Strenge unseres Geistes, das erhabene Vorbild der Vollkommenheit auf allen Gebieten. Wir verdanken ihm eine Methode des Denkens, die dahin strebt, alle Dinge auf den Menschen, und zwar auf den vollkommenen Menschen zu beziehen. So wird der Mensch sich selber zum *Bezugssystem*, in das die Dingwelt zuletzt sich einordnen muß. Er muß alle Teile seines Wesens entwickeln und sie in einer Harmonie – so klar, so sichtbar wie möglich – zusammenhalten. Er muß seinen Körper wie seinen Geist entwickeln. Was den Geist selber anbelangt, so wird der Mensch sich gegen seine Auswüchse, seine Träumereien, seine vagen Gebilde und reinen Einbildungen durch peinliche Kritik und Analyse seiner Urteile zur Wehr setzen, ferner durch eine vernünftige Verteilung seiner Funktionen und durch einen bewußten Formwillen.

Aus dieser intellektuellen Strenge ging notwendig die Wissenschaft hervor: unsere moderne Wissenschaft, das heißt, das charakteristischste Produkt, der unbestrittene und persönlichste Ruhm unseres europäischen Geistes. Europa ist vor allem die Schöpferin der Wissenschaften. Künste gab es in allen Ländern, wahrhafte Wissenschaft nur in Europa.

Ohne Zweifel gab es vor Griechenland, in Ägypten und Chaldäa, eine Art Wissenschaft. Sie zeitigte vielleicht gewisse bemerkenswerte Resultate. Aber es war eine *unreine* Wissenschaft, die zum Teil mit handwerklicher Technik zusammenfiel und doch wieder höchst unwissenschaftliche Vorurteile zuließ. Die Beobachtung war immer da. Vernunftschlüsse sind immer angewandt worden. Aber diese wesentlichen Elemente haben nur Wert und regelmäßigen Erfolg, wenn keine anderen Faktoren ihren Gebrauch stören. Um unsere Wissenschaft aufzubauen, mußte ihr ein verhältnismäßig vollkommenes Modell vorliegen, ein erstes Werk als Ideal vorschweben, das schon alle Genauigkeiten, alle Sicherheiten, Schönheiten, Festigkeiten aufwies und ein für allemal den Begriff Wissenschaft als freistehendes Gebäude festlegte, das vor jeder anderen Sorge als der, es zu erbauen, bewahrt sein mußte.

Die griechische Geometrie war dieses unverwüstliche Modell. Sie war es nicht nur für jedes Erkennen, das auf Vollkommenheit hinzielte, sondern sie war zudem unvergleichliches Modell für die typischsten Eigenschaften des europäischen Intellekts. Ich denke niemals an die klassische Kunst, ohne die Vorstellung der griechischen Geometrie zu haben. Der Aufbau dieser Geometrie hat die ungewöhnlichsten und im allgemeinen unverträglichsten Gaben verlangt. Die Menschen, die sie geschaffen haben, waren harte und eindringliche Arbeiter, tiefe Denker, aber zugleich feinsinnige Künstler mit einem wunderbaren Gefühl für Vollkommenheit.

Denken Sie an das Feingefühl und an den Willen, den sie besitzen mußten, um die so schwierige, so *unwahrscheinliche* Anpassung der Umgangssprache an das präzise Denken durchzuführen. Denken Sie an die Untersuchungen, die sie an den sehr komplizierten motorischen und visuellen Vorgängen angestellt haben, und wie herrlich sie diese mit den grammatikalischen und sprachlichen Eigentümlichkeiten in Einklang brachten. Sie haben sich der Sprache und ihren Zusammensetzungen überlassen, um diese Vorgänge in den Raum zu überführen. Ohne Zweifel ist der Raum inzwischen zu einer Mehrheit von Räumen geworden; ohne Zweifel hat man ihn einzigartig bereichert, und ohne Zweifel hat diese Geometrie, die damals so unerbittlich streng erschien, viele Fehler in ihrem Kristall erkennen lassen. Wir haben sie so sehr unter die Lupe genommen, daß wir heute da, wo die Griechen ein Axiom sahen, deren ein Dutzend zählen.

Wir wissen, daß man jedem der Sätze, die sie aufgestellt haben, einige andere unterschieben und eine zusammenhängende, manchmal physikalisch verwertbare Geometrie erreichen kann.

Aber denken Sie an das Neue, das diese fast feierliche Form bedeutete, die in ihren allgemeinen Umrissen so schön, so rein war. Denken Sie an jene prachtvolle Einteilung der Phasen des Denkens, an jene wunderbare Ordnung, in der jeder Akt der Vernunft seinen genauen Platz hat und sauber vom andern getrennt ist; dies alles erinnert an die Struktur eines Tempels, an eine statische Maschine, deren Teile in ihren Funktionen sichtbar sind.

Das Auge betrachtet Lasten und Stützen, die einzelnen Teile der Lasten und die Masse in ihrer Gleichgewichtslage. Das Auge verteilt und beherrscht mühelos diese aufgetürmten Massen, deren Ausmaß und Gewicht noch zu ihrer Rolle im Ganzen stimmen. Die Säulen, Kapitelle, Architrave, Gesimse und ihre Untereinteilungen, die Ornamente, die sich abheben, ohne je aus dem Rahmen und aus dem Verhältnis zum Ganzen zu treten, lassen mich an die Glieder der reinen Wissenschaft denken, wie sie die Griechen ersonnen haben: *Definitionen*, *Axiome*, *Hypothesen*, *Theoreme*, *Schlüsse*, *Sätze*, *Probleme*... das heißt an den sichtbar gewordenen Mechanismus des Geistes, ja an die Architektonik der vollständig umrissenen Intelligenz – an einen Tempel, der, durch das Wort im Raume aufgerichtet, ins Unendliche sich erheben kann.

Derart stellen sich mir die drei wesentlichen Bedingungen dar, die mir einen wahren Europäer zu bestimmen scheinen, als einen Menschen, in dem der europäische Geist in seinem vollen Umfang wohnen kann. Überall wo die Namen Cäsar, Gajus, Trajan, Vergil, überall wo die Namen Moses und Paulus, überall wo die Namen Aristoteles, Plato, Euklid Bedeutung und entsprechendes Ansehen haben – dort ist Europa. Jede Rasse und jedes Land, das nacheinander romanisiert und christianisiert und der geistigen Strenge der Griechen unterworfen wurde, ist vollkommen europäisch.

Man findet auch solche Länder, die nur eine oder zwei dieser Einprägungen empfangen haben.

Es gibt also einen Wesenszug, der, gänzlich unabhängig von Rasse, Sprache und Nationalität, die Länder West- und Mitteleuropas verbindet und sie einander unaufhörlich angleicht.

Die Anzahl der Begriffe und Denkweisen, die ihnen gemeinsam sind, ist viel größer als die Zahl der Begriffe, die wir mit einem Araber oder Chinesen gemeinsam haben …

Auf dem Erdball existiert also ein Gebiet, das sich von allen anderen unter humanitärem Gesichtspunkt tief unterscheidet. In allen Machtfragen und Fragen der wissenschaftlichen Erkenntnis wiegt Europa noch heute viel schwerer als die übrige Welt. Vielmehr nicht Europa, sondern der europäische Geist, dessen großartige Schöpfung Amerika ist.[15]

Überall, wo der europäische Geist herrscht, sieht man ein Maximum an *Bedürfnissen*, ein Maximum an *Arbeit*, *Kapital*, *Leistung*, *Ehrgeiz*, *Macht* und ein Maximum an *Veränderung der äußeren Natur*, ein Maximum der *Wechselbeziehungen* und *-wirkungen* auftreten.

Das Gesamt dieser Maxima ist Europa oder Abbild Europas.

Auf der anderen Seite sind die Bedingungen dieser Gestaltung und dieser erstaunlichen Ungleichheit offensichtlich an die Fähigkeiten der Individuen, an die Qualität des durchschnittlichen *Homo Europaeus* gebunden. Es ist also auffallend, daß der Mensch Europas weder durch Rasse noch durch Sprache, noch durch Bräuche bestimmt wird, sondern durch seine Wünsche und die Weite seines Wollens … Usw.

[1919/1922]

ÜBER DIE KRISE DER INTELLIGENZ

Es kommt vor, daß jemand vor die Frage gestellt wird, ob eine *Krise der Intelligenz* eingetreten ist, ob die Welt verdummt, ob es eine Unlust an der Kultur gibt – ob *die freien Berufe* verkümmern, ihrem Ende entgegensehen, ihre Kräfte schwinden fühlen, ob ihre Reihen sich lichten, ihr Ansehen sich immer mehr verringert, ob ihre Daseinsbedingungen immer undankbarer, bedrängter und eingeengter werden …

Da aber dergleichen Fragen diesem Jemand, dem sie bis dahin ganz fernlagen, überraschend kommen, muß er sich in seinem Inneren ihnen zukehren, aus dem Schlaf seiner bisherigen Gedanken erwachen und die Augen seines Geistes, nämlich die Worte, blank reiben.

Krise? fragt er sich zuerst – was ist das eigentlich: eine Krise? Werden wir uns über diesen Begriff schlüssig! – Krise ist der Übergang von einer bestimmten Ordnung des Verrichtens zu einer anderen; ein Übergang, der an gewissen Zeichen oder Symptomen spürbar wird. Während einer Krise scheint die Zeit ihr Wesen zu verändern; die Zeitdauer wird auf andere Weise wahrgenommen als beim normalen Stand der Dinge: statt den Beharrungszustand zu messen, mißt sie die Veränderung. Voraussetzung jeder Krise ist die Intervention neuer »Ursachen«, die ein labiles oder stabiles Gleichgewicht, das vordem bestand, erschüttern.

Und wie läßt sich auf den Begriff *Intelligenz* die Idee einer Krise, die man sich so mit ein paar Worten ins Rechte gedacht hat, abstellen?

Wir leben in sehr unbestimmten und sehr groben Grundbegriffen, die zudem von uns leben. Was wir wissen, das wissen wir durch praktisches Handhaben all dessen, was wir nicht wissen.

So notwendig, ja hinreichend im raschen Hin und Her des Gedankenaustauschs diese unvollkommenen und unentbehrlichen Begriffe auch sein mögen, so ist doch nicht einer darunter, der es ertrüge, für sich betrachtet zu werden. Sobald der Blick auf ihnen verweilt, entdeckt er an ihnen alsbald eine wirre Vielfalt von Beispielen und Verwendungsmöglichkeiten, die auf einen Nenner zu bringen uns niemals glückt. Was im Fluge deutlich war und so lebensunmittelbar *verstanden* wurde, verdunkelt sich, wenn man es fixiert; was einfach war, zersetzt sich; was mit uns war, ist gegen uns. Eine winzige Drehung an einer geheimnisvollen Schraube verstellt das Mikroskop unseres Bewußtseins, erhöht durch anhaltende Wirkung die Vergrößerung unserer Aufmerksamkeit, reicht hin, um unser inneres Dilemma hervortreten zu lassen.

Man beharre zum Beispiel nur im geringsten auf Wörtern wie *Zeit*, *Weltall*, *Rasse*, *Form*, *Natur*, *Poesie* usw. – so wird man gewahr, wie sie sich unabsehbar aufspalten und nicht mehr zu bewältigen sind. Eben noch waren sie taugliche Mittel der Verständigung; jetzt werden sie zu ebensoviel Anlässen, uns in die Irre zu führen. Sie waren unmerklich eins mit unseren Plänen, unserem Tun, wie Glieder, die so schmiegsam sind, daß man sie vergißt; die einfache Überlegung macht sie sperrig und verwandelt sie in Hindernisse und Widerstände. Man könnte wirklich meinen, daß Worte in der Bewegung und in einem gemeinten Zusammenhang etwas völlig anderes sind, als wenn sie untätig und für sich allein dastehen.

Diese allgemeine und so auffällige Beschaffenheit unserer Denkwerkzeuge erzeugt nahezu unser ganzes geistiges Leben in Philosophie, Moral, Literatur und Politik, eine Lebensbetätigung, heißt das, die denkbar müßig sein mag, die aber auch denkbar dienlich für die Ausbildung von Feingefühl, Tiefsinn und geistgemäßem Vorgehen ist. Unsere Begeisterungen, unsere Zwistigkeiten hängen unmittelbar von den Mängeln unserer Sprache ab; ihre Unsicherheiten begünstigen die Abweichungen, die Unterscheidungen, die Einwendungen und das ganze tastende Vorgehen geistiger Kämpfer. Sie hindert auf glückliche Weise die Geister, je zur Ruhe zu kommen ... Man gelangt, wenn man die Geschichte befragt, zu dem Schluß, daß ein Streit, der keinen Ausgang hat, ein Streit ohne Bedeutung ist.

Intelligenz ist einer jener Begriffe, die ihren nachdrücklichen Wert erst durch andere Begriffe empfangen, mit denen sie im Diskurs verbunden und kontrastiert werden. Man kontrastiert sie zuweilen mit dem Gefühl, zuweilen mit dem Gedächtnis, manchmal auch mit dem Instinkt und manchmal mit der Dummheit. Bald ist sie eine Fähigkeit, bald nur ein Grad dieser Fähigkeit. Manchmal nimmt man sie als das *Ganze* des Geistes selbst und überträgt auf sie die vage Summe all seiner geistigen Eigenschaften.

Seit ein paar Jahren hat dieses Wort, das schon an der Last mehrerer recht verschiedenartiger Vorstellungen zu tragen hatte, auf dem Ansteckungsweg, wie das in der Sprache nicht selten vorkommt, einen neuen und ganz abseitigen Bedeutungswert angenommen. Ich halte es nicht für begrüßenswert, daß man den Namen *Intelligenz* auf eine soziale Klasse von Individuen ausgedehnt hat und so das russische *Intelligenzija*[1] übersetzt.

Krise der Intelligenz kann demnach verstanden werden als Veränderung einer gewissen Fähigkeit bei allen Menschen; oder auch nur bei denen, die dafür am stärksten begabt sind oder es doch zumindest *sein sollten*; oder auch als Krise der gesamten durchschnittlichen Geistesfähigkeiten; oder auch als Krise des *Wertes* und der Einschätzung dieses Vermögens in der derzeitigen oder künftigen Gesellschaft. Schließlich kann man sie auch, indem man den neuen aus Rußland stammenden Wortsinn berücksichtigt, als eine Krise auffassen, die sich auf eine Klasse von Personen erstreckt, die sich im Hinblick auf soziale Stellung, Zahl oder Existenzbedingungen ihrer Vertreter betroffen fühlt.

Man müßte herausbringen, welche unter diesen »Intelligenzen« verschiedener Definition als gefährdet gelten soll.

Der Befragte stellt alsbald fünf oder sechs Möglichkeiten fest. Er hat das Gefühl, daß er nur ein bißchen tiefer zu dringen braucht, um neue heraufzubeschwören. Er wird von Gesichtspunkt zu Gesichtspunkt, von Krise zu Krise irren – Krise einer *Fähigkeit*, Krise eines *Wertes*, Krise einer *Klasse.*

I. Von der Intelligenz als Fähigkeit

Zunächst gilt es zu bedenken, ob der Mensch im Begriff ist, dümmer, leichtgläubiger, schwächer an Geist zu werden, ob eine Krise der Auffassungs- oder der Erfindungskraft vorliegt ... Aber wer setzt ihn davon in Kenntnis? Wo finden sich Anhaltspunkte für diese Veränderung des geistigen Vermögens? Und wenn diese Veränderung vorhanden wäre: wer wäre befugt, sich auf sie zu berufen?

Diese seltsame Frage weckt jedoch immerhin allerlei Ideen. Hier zum Beispiel eine Art von Problem, das ich vortrage, wie es mir eben einfällt. Auf die Lösung kommt es nicht an.

Es wäre nachzuprüfen, auf welche Weise das moderne Leben, das heißt der verbindliche Apparat dieses Lebens, die Gewohnheiten, die er uns beibringt, verändernd einwirken können einerseits auf die Physiologie unseres Geistes, auf unsere Wahrnehmungen jedweder Art und vor allem darauf, was wir aus unseren Wahrnehmungen machen oder was in uns aus ihnen wird, sowie andererseits auf den Ort und die Rolle des Geistes selbst beim derzeitigen Zustand der Gattung Mensch.

Es wäre unter anderem zu untersuchen, wieweit sich die Mittel entwickelt haben, die den Geist in steigendem Maße bei seinen schwierigsten Leistungen entlasten: die Arten der Fixierung, die das Gedächtnis erleichtern; die staunenswerten Maschinen, die dem Kopf Rechenarbeit ersparen; die Symbole und die Methoden, die eine ganze Wissenschaft in einige wenige Zeichen einzufangen erlauben; die wunderbaren Hilfsmittel, die man sich geschaffen hat, um *sichtbar* zu machen, was man früher *verständlich* machen mußte, die unmittelbare Aufnahme der Bilder und ihre beliebige Wiedergabe, ihrer Reihenfolge, sogar der Gesetzlichkeit ihrer Wiedergabe und was nicht noch alles! Man könnte sich fragen, ob so viele Hilfen, so viele mächtige Bundesgenossen nicht allmählich den Grad unserer Aufmerksamkeit und die geistige Arbeitsfähigkeit im Hinblick auf Stetigkeit oder gegliederten Fortgang beim Durchschnittsmenschen herabsetzen.

Betrachten wir nur unsere Kunst! Man klagt darüber, daß man keinen Stil hat. Man tröstet sich damit, daß unsere Nachkommen schon einen an uns entdecken werden …

Aber wie sollte man sich wohl einen *Stil* schaffen, das heißt, wie sollte es möglich sein, zu einem beständigen Typus, zu einer allgemeinverbindlichen Bauweise und Ornamentik zu gelangen (die immer nur die Frucht recht langwieriger Erfahrungen sind, aufgrund einer Beharrungskraft in Geschmack, Bedürfnissen und Mitteln), wenn die Ungeduld, die Geschwindigkeit der Ausführung, die jähen Veränderungen in der Technik die Werke beschleunigt vorantreiben und wenn seit einem Jahrhundert an alle Erzeugnisse von jederlei Art in erster Linie der Anspruch der *Neuartigkeit* gestellt wird?

Und woher stammt letzten Endes diese Forderung nach Neuartigkeit? … Wir werden gleich darauf zurückkommen. Überlassen wir es den Fragen, sich selbsttätig zu vervielfachen.

Ungeduld, sagte ich … Dahin, ihr unendlich langsamen Werke, die Kathedrale, an der dreihundert Jahre gebaut wurde, deren nicht enden wollendes Wachstum sich wunderlich zusammenfand mit den immer neuen Veränderungen und Verschwendungen, denen sie nachzustreben und die sie hoch oben gleichsam hervorzutreiben schien. Dahin die Malerei, Summen aus lichtdurchlässigem Farbauftrag, der sich in hellen und auch dünnen Schichten niederschlug, wobei zwischen einer Schicht und der nächsten Wochen vergingen, ganz ohne Rücksicht auf *Genie*! Dahin die Vollkommenheiten der Sprache, literarische Meditationen, Forschungen, die ein Werk auf die gleiche Ebene mit kostbaren Gegenständen und mit Präzisionsinstrumenten hoben … Jetzt stehen wir im *Augenblicklichen*, preisgegeben den Wirkungen des Schocks und des Kontrasts, beinahe gezwungen, nur nach dem zu greifen, was einen zufälligen Reiz blitzhaft erleuchtet oder die Ursache dieses Reizes. Wir suchen und schätzen die *Skizze*, den *Entwurf*, die erste *Kladde*. Der Begriff der *Vollendung* selbst ist nahezu erloschen.

Denn die Zeit ist vorbei, in der es auf Zeit nicht ankam. Der heutige Mensch betreibt so gut wie nichts mehr, was sich nicht abkürzen läßt. Wartenkönnen und Beständigkeit fallen unserer Epoche lästig, die sich ihrer Aufgabe mit großem Aufwand an *Energie* zu entledigen sucht.

Wo diese Energie ins Spiel und zum Einsatz kommt, ist *das Maschinelle* gefordert, und das Maschinelle ist der eigentliche Herrscher unseres Zeitalters. Es gilt zu sehen, welchen Preis wir für seine ungeheuren Dienste entrichten, in welcher Münze sich die Intelligenz freikauft und ob dieser Zuwachs an Macht, Präzision und Geschwindigkeit nicht auf den Menschen, der nach ihm verlangt und ihn der Natur abringt, Rückwirkungen hat.

Es widerfährt dem modernen Menschen, daß er durch Anzahl und Größe seiner Mittel niedergeschlagen wird. Unsere Zivilisation neigt dazu, uns ein ganzes System von Wunderdingen, wie es aus der gemeinsamen, begeisterten Leistung einer recht beträchtlichen Anzahl großer und einer Menge kleiner Menschen hervorgegangen ist, unentbehrlich zu machen. Jeder von uns erfährt die Wohltaten, trägt die Last, empfängt die Summe dieses jahrhundertealten Kapitals an Wahrheiten und gespeicherten Verfahrensweisen. Keiner von uns ist imstande, sich dieser gewaltigen Erbschaft zu entschlagen, keiner von uns imstande, sie zu tragen. Es gibt keinen Menschen, der dieses zermalmende Ganze auch nur mit dem Blick zu umfassen vermöchte. Darum wird die Lösung politischer, militärischer und wirtschaftlicher Probleme so schwierig, werden die Staatenlenker so selten, geht es bei Mißgriffen im einzelnen so gar nicht um Nebensächlichkeiten. Wir gewärtigen das Verschwinden des *Menschen, der vollkommen sein konnte*, wie das des Menschen, der sich in seinem materiellen Lebensunterhalt selber genügte. Beträchtliche Verringerung an Autonomie, Niedergang des Gefühls zu beherrschen, im Verhältnis dazu immer größeres Vertrauen in die Zusammenarbeit usw.

Die Maschine herrscht. Das menschliche Leben ist auf starre Weise an sie gekettet, es unterliegt dem schaurig exakten Willen von Mechanismen. Diese Schöpfungen des Menschen sind anspruchsvoll. Zur Zeit wirken sie auf ihre Schöpfer zurück und modeln sie nach ihrem Vorbild. Sie benötigen gutgedrillte Menschen; sie tilgen nach und nach die Unterschiede zwischen ihnen und passen sie ihren geregelten Funktionsmechanismen an, machen sie der Einförmigkeit ihrer Verrichtungsart gefügig. Sie erschaffen so eine Menschheit zu ihrem Gebrauch, geradezu nach ihrem Bilde.[2]

Zwischen der Maschine und uns besteht so etwas wie ein Pakt, vergleichbar etwa jenen furchtbaren Bündnissen, die das Nervensystem mit den subtilen Dämonen aus der Klasse der Rauschgifte eingeht. Je nützlicher uns die Maschine erscheint, um so mehr wird sie es; je mehr sie es wird, um so *unvollständiger* werden wir, um so weniger fähig, auf sie zu verzichten. Es gibt eine Umkehrung des Nützlichkeitsprinzips.

Vielleicht aber sind die fürchterlichsten Maschinen nicht jene, die rollen, die fahren, die Materie oder Energie leiten oder umformen. Es gibt andere mechanische Gebilde, die nicht aus Kupfer oder Stahl, die vielmehr aus einseitig spezialisierten Individuen verfertigt sind: Organisationen, Verwaltungsmaschinen, die nach dem Vorbild dessen konstruiert sind, *was am Geist unpersönlich ist.*

Die Zivilisation bemißt sich nach dem Grad der Vervielfältigung und der Wucherung dieser Organisationen. Man kann in ihnen gewaltige Lebewesen erblicken, deren Wahrnehmungsfähigkeit roh, deren Bewußtsein kaum ausgebildet ist, die aber dafür mit allen elementaren und dauerhaften Funktionen eines übermäßig vergrößerten Nervensystems über Gebühr ausgestattet sind. Alles, was Beziehung, Übermittlung, Konvention, Gegenseitigkeit angeht, erscheint bei ihnen im monströsen Maßstab eines *Menschen qua Zelle.*[3] Sie sind im Besitz eines unbegrenzten Gedächtnisses, das freilich so leicht zerreißt wie eine Papierfaser. Ihm entnehmen sie alle ihre Reflexe, die in tabellarischer Aufstellung Gesetz, Verordnungen, Statuten, Präzedenzfälle umfassen. Diesen Maschinen entgeht kein Sterblicher; sie vereinnahmen ihn in ihre Struktur und machen aus ihm einen Gegenstand ihrer Maßnahmen, ein beliebiges Teilchen ihres Kreislaufs. Leben und Tod, Vergnügen und Arbeit des Menschen sind als Einzelposten, Mittel und Vorfälle eingegliedert in den Wirkungsbereich dieser Lebewesen, deren Herrschaftsmacht allenfalls durch die Kriege, die sie miteinander führen, Einbuße erleidet.

Jeder von uns ist ein Teil eines dieser Systeme oder gehört vielmehr immer mehreren verschiedenartigen Systemen an; und jedem von ihnen überläßt er ein Stück seines Selbst, wie er andererseits jedem von ihnen ein Stück seiner gesellschaftlichen Bestimmung und seiner Daseinsberechtigung entlehnt. Wir sind alle Bürger, Soldaten, Steuerpflichtige, Menschen eines bestimmten Berufs, Anhänger irgendeiner bestimmten Partei, Kinder einer bestimmten Religion, Mitglieder einer Organisation, eines Clubs.

Einer Sache angehören ... ist ein bemerkenswerter Ausdruck. Das beständige Durchsieben und analytische Zersetzen der menschlichen Gesamtmasse, wobei man immer genauer und peinlicher verfährt, hat uns in gewisser Beziehung zu wohldefinierten Einheiten gemacht. Als solche sind wir nur noch Objekte der Spekulation, regelrechte *Sachen*. Hier kann ich nicht umhin, schonungslos Worte zu gebrauchen und mit Entsetzen festzustellen, daß die *Verantwortungslosigkeit*, die gegenseitige *Austauschbarkeit* und *Abhängigkeit*, die *Gleichförmigkeit* in den Sitten, im Benehmen, ja sogar in den Träumen das menschliche Geschlecht ergreifen. Scheinen doch schon die Geschlechter sich nur noch aufgrund anatomischer Merkmale voneinander zu unterscheiden!

Damit nicht genug. Die moderne Welt ist eine Welt, die auf die immer wirksamere und ständig tiefer dringende Ausbeutung natürlicher Kraftquellen ausgeht. Nicht nur, daß sie diese erforscht und sie verbraucht, um den ständigen Lebenserfordernissen zu genügen: sie vergeudet sie und geht in ihrer Vergeudung so weit, daß sie *nie dagewesene Bedürfnisse* (ja sogar solche, auf die man nie verfallen wäre) *neu erfindet* – insofern die Mittel zur Befriedigung dieser Bedürfnisse vorhanden sind –;

was ungefähr dasselbe ist, wie wenn man aufgrund der Erfindung irgendeiner Substanz ihren Eigenschaften entsprechend die Krankheit erfinden wollte, der sie Heilung bringen, den Durst, den sie stillen soll ...

Und so frönt der Mensch dem Rausch der Verschwendung. Er treibt Mißbrauch der Geschwindigkeit, des Lichts, Mißbrauch von Stärkungs-, Betäubungs- und Anregungsmitteln; Mißbrauch der Ballung von Eindrücken; Mißbrauch der Abwechslung, Mißbrauch von Resonanzen, Mißbrauch von Erleichterungen; Mißbrauch von Wundern; Mißbrauch von jenen unheimlichen Mitteln des *Loslassens* oder der *Entfesselung*, wo aufgrund technischer Kunstfertigkeit die unermeßliche Wirkung vom Fingerdruck eines Kindes abhängt. Jedes Leben in heutiger Zeit ist von diesen Mißbräuchen unauflöslich durchsetzt. Unser Körpersystem, das immer neuen physikalischen und chemischen Erfahrungen ausgesetzt ist, stellt sich auf diese Kräfte, diese Rhythmen ein wie auf ein schleichendes Gift, das man ihm verabfolgt. Es gewöhnt sich an ihr Gift; nicht lange, und es schreit nach ihm und findet die Dosis jeden Tag unzureichender. Zur Zeit Ronsards[4] begnügte sich das Auge mit einer Kerze: die Gelehrten jener Zeit, die gern bei Nacht arbeiteten, lasen – und was für Schmöker! –, schrieben mühelos bei einem kärglich flackernden Lichtschein. Dazu braucht es heute zwanzig, fünfzig, hundert *Kerzen*! Was unser zentrales Empfindungsorgan angeht – den Sinn nämlich für die Spanne zwischen Wunsch und Wunscherfüllung, der nichts anderes ist als der Sinn für Zeitdauer und der sich ehemals mit der Geschwindigkeit von Pferden oder des Windes zufriedengab –, so dünken ihn heute bereits die *Schnellzüge* zu langsam, und die elektrische Nachrichtenübermittlung bringt ihn vor Ungeduld um.

Sogar nach Ereignissen hungert man wie nach leiblicher Nahrung. Wenn nicht heute morgen irgendwo in der Welt ein Unglück passiert ist, stellt sich ein Gefühl der Leere ein. – »Heute steht aber auch gar nichts in der Zeitung«, hört man sagen.

Damit haben wir den Beweis. Wir sind vergiftet.

Jetzt müßte man alle diese Bemerkungen zusammenfassen, müßte sie auf die Idee, die wir von der *Intelligenz als Fähigkeit* haben, beziehen und sich fragen, ob dieser Zustand von heftigen und pausenlosen Erregungen, von verhüllten Gewaltsamkeiten, von Härten im Namen der Nützlichkeit, von systematischen Überrumpelungen und überorganisierten Erleichterungen und Genüssen nicht zu einer anhaltenden Deformierung des Geistes führen muß, indem er ja gewisse Eigenschaften ablegt und andere annimmt – und ob nicht im besonderen gerade jene Gaben, die ihn nach diesen *Fortschritten* haben trachten lassen, gleichsam im Zuge ihrer Verwirklichung und ihrer Fehlentwicklung Einbuße erleiden und durch die Wirkungen, deren Ursache sie selber sind, im Range sinken, durch deren praktische Betätigung der Erschöpfung entgegengehen.

Doch ziehen wir keine Schlußfolgerungen ... Besser, man nimmt sich seine Gedanken ein wenig vor und denkt sie noch einmal durch. Ich habe bereits gesagt, es handle sich nicht darum, dergleichen Probleme zu lösen. Bevor ich mich jedoch von ihnen abwende, möchte ich nur noch ein paar der Ideen, die ich im Vorübergehen geweckt hatte, stärker herausarbeiten.

Ich habe von einer Art *Vergiftung durch die Energie* gesprochen. Im Zusammenhang damit steht, was man *Vergiftung durch die Hast* nennen könnte.

Ich weiß nicht, wer vor etwa dreißig Jahren auf das weltgeschichtliche kritische Phänomen aufmerksam gemacht hat, das im Verlust des »*freien Bodens*«[5] besteht. Gemeint ist die inzwischen abgeschlossene Inbesitznahme der bewohnbaren Ländereien durch organisierte Nationen, die Unmöglichkeit, sich ohne Waffengewalt auszudehnen, die Aufhebung herrenlosen Gutes. Sogar die unbewohnbaren Gebiete sind heute in das Eigentumsrecht einbezogen und mit Beschlag belegt; England zum Beispiel (und natürlich gerade England) hat seine Hand auf das antarktische Festland gelegt; ein paar tausend Jahre weiter, und das Vorrücken der Äquinoktien wird ihm ein Anlaß sein, sich zu seiner vorausschauenden Politik zu beglückwünschen. Aber ich sprach nur vergleichshalber vom »freien Boden«. Auf die *freie Zeit* wollte ich eigentlich hinaus. Allerdings will ich nicht sosehr auf das hinaus, was man gewöhnlich unter »Freizeit« versteht. Dem Anschein nach gibt es noch Freizeit; ja sie kämpft sogar vermittels gesetzlicher Maßnahmen und mechanischer Perfektionierung gegen die Besitzergreifung durch Arbeitsstunden. Ich will vielmehr sagen, daß die innere Freizeit, die Muße, verlorengeht. Wir sind im Begriff, jenen wesentlichen Frieden in der Tiefe unseres Seins zu verlieren, jene durch nichts zu ersetzende Weltentrücktheit, in der die zartesten Lebenselemente sich erquicken und wieder zu sich kommen. Sie schwimmen in völligem Vergessen; sie reinigen sich vom Vergangenen, vom Zukünftigen, von dem scharfen und drückenden Bewußtsein, von der impliziten und wirren Anwesenheit drohender Verpflichtungen und versteckter Erwartungen. Keine Sorge, kein Morgen, kein innerer Zwang; statt dessen schenkt sich uns etwas wie die Ruhe im Reinzustand und gibt das Leben seiner ursprünglichen Freiheit zurück; nun beschäftigt es sich allein mit sich selber, ledig seiner Pflichten gegenüber dem Wissen und entlastet von der Sorge des Erinnerns und von allen dräuenden Phantomen des Möglichen. Dies ist es, was durch die Härte, die Spannung und Überstürzung unseres Daseins zerstört und verschwendet wird … Die fortschreitende Zunahme von Schlaflosigkeit ist beachtlich und hält genau Schritt mit allen anderen »Fortschritten«. Geistige Ermüdung und Zerrüttung nehmen zuweilen solche Formen an, daß man sich auf kindliche Weise nach Tahiti, nach den Paradiesen eines schlichten und müßigen Lebens zurücksehnt, nach pflanzenhaften und ungeprägten Daseinsformen, wie sie uns nie beschieden waren. Die Naturvölker kennen nicht die Notwendigkeit einer genau festgelegten Zeiteinteilung. Für die Menschen der Antike gab es weder Minuten noch Sekunden; demgegenüber sind heute unsere Bewegungen auf solcherlei Bruchteile eingestellt. Die Zehntel-, die Hundertstelsekunde sind in gewissen praktischen Bereichen keine nebensächlichen Größen mehr. Die Verallgemeinerung des Maschinellen hat diese zunehmende Präzisierung gefordert.

Sie hat sich unserer Menschenart derart aufgedrängt, daß man jede Äußerung des Geistes in unserer Zeit mit dem Vorhandensein und dem Anwachsen ihrer Herrschaft in Verbindung setzen kann.

Von den Intelligenzen unserer Zeit verbrauchen sich die einen darin, der Maschine zu dienen, die anderen darin, sie zu konstruieren, und andere wiederum, eine noch mächtigere zu ersinnen oder zu planen; schließlich erschöpft sich eine letzte Kategorie von Geistern darin, alles daranzusetzen, der Herrschaft durch die Maschine zu entrinnen. Diese widerspenstigen Intelligenzen gewahren zu ihrem Entsetzen, wie an die Stelle jenes allseitigen, selbstgesetzlichen Ganzen, das beim Menschen ehemals die Seele war, eine Art niederer *Daimon* tritt, der nach nichts anderem als nach Zusammenarbeit und Zusammenschluß verlangt, der in der Abhängigkeit zur Ruhe kommen, sein Glück in einem geschlossenen System finden will, einem System, das sich um so enger in sich selber einschließt, je genauer es vom Menschen auf den Menschen zugeschnitten sein wird. *Aber hier sind wir bei einer neuen Definition des Menschen.*

Alles, was heute die Geister verstörend heimsucht, deutet darauf hin, daß im Bereich der Vorstellung, die wir von uns selber haben, große Veränderungen im Gange sind.

II. Von der Intelligenz als Klasse

Befassen wir uns kurz mit dem, was ich die *Intelligenz als Klasse* nennen möchte.

Jedermann fühlt durchaus, daß es so etwas wie eine Sippe gibt, die sich durch ein besonderes Verhältnis zum Geist unterscheidet. Keiner jedoch kann von ihr eine vollständige, einfache und endgültige Beschreibung liefern. Es gilt, einen sozialen Nebelfleck aufzulösen. Doch handelt es sich in diesem Falle um einen jener verschwommenen Nebelflecke, die, je länger man den Blick auf sie heftet, in ihren Umrissen um so stärker zerfließen, ihre festen Formen einbüßen oder sich der Beobachtung entziehen. Und doch bleibt ein Etwas, das man weder mit der allgemeinen Gestalt in Einklang bringen noch von ihr abziehen kann. Diese Spezies jedoch beklagt sich; also muß es sie geben.

Intellektuelle, Künstler, Angehörige der verschiedenen freien Berufe ... von diesen sind die einen für das animalische Leben der Gesellschaft von nicht geringem Nutzen, die anderen von keinerlei Nutzen (und unter diesen letzteren sind vielleicht die wertvollsten jene, die das Ansehen unserer Art ein wenig erhöhen und ihr zu der Illusion verhelfen, daß sie erkenne, fortschreite, schöpferisch sei, der Natur trotze). Es kommt heutzutage vor, daß von einer Herabsetzung des Wertes dieser Menschen gesprochen wird, von einem Absinken ihres Ansehens, von ihrer Ausrottung durch nackte Entbehrung. In der Tat ist ihr Dasein innig verknüpft mit einer Kultur und einer Überlieferung, die beide infolge der gegenwärtig stattfindenden Umwälzung der Dinge auf unserem Erdball von einem unbekannten Schicksal bedroht sind.

Unsere Zivilisation nimmt die Struktur und Eigenschaften der Maschine an oder neigt jedenfalls dazu, wie ich eben gezeigt habe. Die Maschine duldet nicht, daß ihr Reich nicht alles umfaßt und daß es noch Wesen gibt, die abseits von ihrer Leistung, außerhalb ihres Funktionsapparats stehen. Auf der anderen Seite kann sie sich nicht mit Daseinsformen abfinden, denen in ihrem Aktionsbereich keine Bestimmung zufällt; die ihr wesentlich innewohnende Exaktheit kann das Unbestimmte sowenig hinnehmen wie das Launenhafte im sozialen Gefüge; ihr geregelter Ablauf ist unvereinbar mit den ungeregelten Situationen. *Sie kann nicht zulassen, daß jemand übrigbleibt, dessen Rolle und dessen Existenzbedingungen nicht genau definiert sind.* Sie ist bestrebt, die ihrer Ansicht nach unbestimmten Individuen auszuschalten und die anderen einzureihen – ohne Rücksicht auf die Vergangenheit, ja sogar auf die Zukunft der Menschengattung.

Sie hat zunächst bei den unvollkommen organisierten Völkerschaften, die es noch auf Erden gab, angesetzt. Ein Gesetz (das mit jenem urtümlichen Gesetz zusammenwirkt, wonach die Not und das Gefühl der Stärke angreiferische Triebhandlungen auszulösen pflegen) verlangt außerdem, daß eine Angriffshandlung unfehlbar von dem Höherorganisierten gegen den Minderorganisierten vorgetragen wird.

Die Maschine – das heißt die westliche Welt – hatte keine andere Wahl: sie mußte sich eines Tages jener undefinierten – manchmal auch *inkommensurablen* – Menschen bemächtigen, auf die sie in ihrem eigenen Inneren stieß.

Wir sehen uns also einem Angriff auf die unbestimmbare Masse gegenüber, entsprungen aus dem Willen und der Notwendigkeit zu *bestimmen.* Steuergesetze, Wirtschaftsgesetze, Reglementierung der Arbeit, vor allem aber tiefgreifende Veränderungen der Technik: alles wird aufgeboten, um dieses in ihr lebende Volk von Unbestimmbaren und *angeborenen Einzelgängern* abzuzählen, anzugleichen, zu nivellieren, einzugliedern und auszurichten; was den einen Teil der Intellektuellen ausmacht – der andere Teil, der sich leichter aufsaugen läßt, muß überdies neu bestimmt und neu klassifiziert werden.

Einige Bemerkungen werden das eben Gesagte vielleicht noch deutlicher machen.

Die Gesellschaft konnte immer nur auf indirekte Weise einem Dichter, einem Theoretiker, einem künstlerisch Schaffenden, dessen Werk langsam und in die Tiefe wächst, den Lebensunterhalt sichern. Sie ernennt sie zum Schein gelegentlich zu Staatsdienern, nominell zu Beamten, Professoren, Konservatoren, Bibliothekaren. Aber die Körperschaften führen Klage; das bißchen Verfügungsfreiheit eines Ministers verringert sich immer mehr und mehr: die Maschine läßt immer weniger *Spielraum.*

Die Maschine will und kann nichts anderes kennen als »Berufsmenschen«.[6]

Wie ist es anzustellen, alles auf den Berufsmenschen abzustellen?

Wieviel tappende Versuche, als man sich daranmachte, die Wesenszüge der »Spezialisten des Geistes« zu bestimmen! Jeder bedient sich des Geistes, den er hat. Ein Handwerker bedient sich *in bezug auf sich* seines Geistes, genausogut wie irgendein anderer: Philosoph oder Mathematiker. Wenn seine Reden uns ungeschlacht oder allzu simpel anmuten, so findet er unsere demgegenüber befremdend oder sinnlos; und jeder von uns ist Handwerker für einen anderen.

Wie sollte es auch anders sein? Übrigens irgendwann träumt jeder Mensch einmal, oder er betrinkt sich, oder er tut beides; und in seinem Traum wie in seiner Trunkenheit macht ihn das Schwelgen in seinen Traumbildern, macht ihn die Freiheit ihrer *zwecklosen* Spielfiguren zu einem Shakespeare, in einem Ausmaß, das weder bekannt noch erkennbar ist. Dieser Handwerker, der von der Müdigkeit oder vom Alkohol getroffen wurde, wird zu einer Bühne begnadeter Geister.

Aber, wird man sagen, *er weiß damit doch nichts anzufangen.*

Heißt das aber etwas anderes, als daß er in bezug auf uns ein Handwerker, dagegen in bezug auf sich ein Shakespeare ist? Er brauchte nur, wenn er aufwacht, den Namen Shakespeare zu kennen und mit dem Begriff von Literatur vertraut zu sein. Um den Erfinder in sich weiß er nicht.

Und wer würde wagen, der Kategorie der Intellektuellen eine Wahrsagerin, einen Zeremonienmeister, einen Jahrmarktsnarren zuzurechnen oder nicht?

Wer möchte behaupten, daß im Kopf des einen mehr Geist aufgebraucht wird als im Kopf eines anderen? Daß man, um zu lehren, mehr Kenntnisse braucht, als um kaufmännisch zu spekulieren oder eine Industrie zu begründen?

Man muß sich schon dazu entschließen können, in Beispielen herumzuplanschen. Und Planschen heißt manchmal auch, zwei, drei Tropfen Licht aufscheinen zu lassen.

In Fragen, die ihrem Wesen nach unklar sind, und zwar für jedermann, ist es – glaube ich – durchaus erlaubt, wenn nicht gar zu loben, die Versuche, die unvollendeten Ansätze, selbst verworfene und widerlegte Gedankengänge ungeschönt preiszugeben.

Mir sind hie und da sehr überraschende Definitionen des Intellektuellen vorgekommen. Einige davon zielten dahin, den

Buchhalter aufzunehmen, den Dichter hingegen auszumerzen. Es gibt auch solche, die, strenggenommen, nicht umhinkönnten, auch jene schönen Rechenmaschinen mit einzubeziehen, jene Maschinen zur *Quadrierung* von Kurven nicht auszulassen, die so vielen Gehirnen überlegen sind.

Diese Rechenmaschinen, die mir gerade einfallen, bringen mich auf einen Gedankengang, den ich im Vorbeigehen festhalten will.

Es gibt geistige Tätigkeiten, die infolge des Fortschritts technischer Verfahren eine *Rang*verschiebung erleiden können. Je genauer diese Verfahren werden, je mehr sich der Beruf im Laufe der Zeit in der Handhabung aufzählbarer Mittel erschöpft, wie sie bei Untersuchungen des Einzelfalls jeweils angezeigt sind, um so mehr büßt der persönliche Wert des Berufsträgers an Bedeutung ein. Bekannt ist, welche Rolle individuelle Geschicklichkeit und geheime Methoden auf einer Menge von Gebieten spielen. Der Fortschritt aber, von dem ich sprach, neigt dazu, die Ergebnisse von diesen besonderen Eigenschaften unabhängig zu machen.

Wenn beispielsweise die Medizin eines Tages dahin käme, in der Diagnose und entsprechend in der Therapie einen Grad der Genauigkeit zu erreichen, dem zufolge die Tätigkeit des praktizierenden Arztes in nichts weiter bestände als in einer Abfolge wohldefinierter und im voraus regulierter Handgriffe, so würde aus dem Arzt ein unpersönliches Vollzugsorgan der Heilwissenschaft, so ginge er voll und ganz jenes *Zaubers* verlustig, der mit der Ungewißheit seiner Kunst zusammenhängt und mit jener individuellen Magie, die er nach unserer unerschütterlichen Überzeugung mit eingibt; er würde damit dicht in die Nähe des Apothekers rücken, der bis jetzt ein wenig tiefer gestellt ist als er, weil seine Verrichtungen *wissenschaftlicher* sind und auf einer Waage vorgenommen werden.

Man könnte der verzwickten Terminologie der Rechtssprache einen Begriff entlehnen und sagen, daß es unter den Intellektuellen *fungible*[7] Vertreter gibt und andere, die es nicht sind.

Die ersten hat die Maschine bereits erfaßt, oder es fehlt nicht mehr viel daran; sie sind wechselseitig austauschbar und können beliebig füreinander eintreten.

In Wahrheit gibt es keinen Menschen, der absolut austauschbar wäre; wenn es um Menschen geht, dann ist dies nur bis zu einem gewissen Grad möglich.

Diejenigen, die überhaupt nicht durch einen anderen ersetzt werden können – und zwar deshalb, weil es an ihrer Stelle keinen *anderen* gibt –, sind dieselben, die für ihre Notwendigkeit keinen unanfechtbaren Beweis antreten können. Mithin sind also auch im Volk der Intellektuellen zwei auffallende Kategorien zu beobachten: *Intellektuelle, die zu etwas nütze sind*, und *Intellektuelle, die zu nichts nütze sind*. Für das tägliche Brot des Menschen, für seine Kleidung, für das Dach über seinem Kopf und für seine körperlichen Leiden können weder Dante noch Poussin, noch Malebranche aufkommen. Umgekehrt haben Brot, Kleidung, Obdach und das übrige im allgemeinen die Neigung, sich diesen Menschen zu versagen. Eine bestehende Unterhaltspflicht läßt sich auch den größten Männern gegenüber kaum anders rechtfertigen als durch *Phrasen* ...

Dieses Problem der *Intelligenz als Klasse* stammt bei weitem nicht erst von heute. Nur das aktuelle Stadium, wie man sich auszudrücken pflegt, in das es eingetreten ist, macht es in diesem Maße dringlich, dringlicher als je zuvor. Aber neu ist es darum keinesfalls.

Seine Geschichte ist leicht zusammenzufassen.

Daß es geboten oder notwendig ist, dem Geist in Gestalt gewisser Menschen einen bestimmten Platz im gesellschaftlichen Gefüge einzuräumen – diese Einsicht hat von jeher mit einer Schwierigkeit zu kämpfen gehabt, die im Wesen der Sache liegt und an sich unüberwindlich ist. Diese Schwierigkeit ist nicht allein in der Wahl der Definition begründet, sondern des weiteren in dem Erfordernis, ein unumgängliches Urteil über die *Qualität* zu fällen. Bei jedem derartigen Versuch stolpert man über die unlösbare Frage nach der *Bestimmung des Besten*. Man könnte in wissenschaftlichem Jargon von einer *Aristometrie* sprechen.

Wenn alle Welt auf jeweils angemessene Art vom Geist Gebrauch macht, so muß man sich zunächst darüber klarwerden, daß es eine Art von geistiger Tätigkeit gibt, durch die sich eine gewisse Menschenklasse besonders hervorhebt; und überdies muß der Wert dieser Art von Tätigkeit in Anschlag gebracht oder abgeleugnet werden, das heißt der Wert dessen, was sie leistet, wie auch der noch unabgeschlossene Versuch.

Auch ein schlechter Maurer bleibt immer noch ein Maurer. Ein schlechter Mechaniker bleibt Mechaniker. Jedoch ein angehender Künstler, ein Gelehrter, der von den anderen nicht als solcher anerkannt wird, ein Philosoph, der nicht weiß, daß er ein Philosoph ist, ein Dichter, der nur in seinen Augen Dichter ist: was sind sie?

Und was sind ein Künstler, ein Gelehrter, ein Philosoph, ein Dichter in ihrem geheimen Vorbereitungsstadium und in ihrem in Rätsel gehüllten Wartestand?

Descartes fängt im 48. Lebensjahr an zu veröffentlichen; Johann Sebastian Bach mit etwa fünfzig. Bis dahin ist der eine pensionierter Militär; der andere Kantor an einer Kirche ... Zwei Männer, die schließlich jene Werke hervorbringen, die bis zum Augenblick ihres glanzvollen Aufstrahlens sicherlich nur deshalb daseinsmöglich waren, *weil ihrer Epoche die Genauigkeit der sozialen Einstufung fehlte.*

Ich muß über die Geschichte dieses Problems jedoch noch einige Worte hinzufügen.

Schon seit unvordenklicher Zeit hat man diesem Problem eine einfache, praktische, ja brutale Lösung zudiktiert.

Sie besteht darin, Intelligenz mit Schulgelehrsamkeit gleichzusetzen. Je mehr ein Land von seiner ursprünglichen Gestalt bewahrt, je *stationärer* es sich verhält, um so mehr Betonung liegt auf dem nachweislichen Studiengang, wenn dieser nicht sogar das einzige Kriterium liefert.

Die *Intelligenz als Klasse* ist in solchem Falle die Klasse der Studierten; für das Studium liefern die Zeugnisurkunden den greifbaren Beleg. Aus Mandarinen, Schreibern[8], Doktoren, Lizentiaten setzt sich die intellektuelle Klasse zusammen, die somit aufs klarste (*nämlich materiell erkennbar*) bestimmt ist und sehr leicht zählbar wird. Dieses System ist, was Erhaltung und Weitergabe des Wissens angeht, vortrefflich; unzureichend, wenn nicht gar von Übel, was den Zuwachs an Wissen betrifft. Auch kommt es vor, daß der sichtbare Beleg dauerhafter ist als das, wofür er steht, nämlich für den Eifer, Wissensdrang, das geistige Vermögen des Beleginhabers, der auf solche Weise in die Kaste der Gebildeten eingereiht wird.[9]

Unter den Nachteilen des Systems ist die Versteifung des Menschen in seiner Ursprungshaltung zu nennen. Wie ich höre, besteht in Amerika noch die Möglichkeit, in jedem Lebensalter die Laufbahn zu wechseln, vom *freien* Beruf zur *Hand*arbeit überzugehen und umgekehrt.

Von dieser Anschauung, die schon so alt und so bequem ist, kommt man ohne Mühe auf den modernen Begriff der *freien Berufe.*

Wie es scheint, sind das die Berufe, die einem freien Menschen anstehen.

Ein freier Mensch sollte nicht von der Arbeit seiner Hände leben. Der freie Beruf trat in Gegensatz zur Handarbeit. Nun gebraucht aber ein Chirurg seine Hände, wenn auch in Handschuhen. Der Pianist lebt von seinen Fingern; Maler und Bildhauer versuchen von ihnen zu leben. Alle diese Berufstätigen wurden früher als Handwerker betrachtet. Veronese, als Zeuge von dem Venezianer Inquisitionstribunal befragt, gibt als Beruf zur Antwort: *Sono lavoratore!*[10]

In unserer Zeit ist ein tiefgreifender Wandel eingetreten. Der Chirurg wird nicht mehr mit dem Barbier, der Künstler nicht mehr mit dem Handwerker verwechselt, und die soziale Hierarchie, die auf der Wertschätzung, auf dem unterstellten Adelsgrad von Berufen beruht, hat sich verschoben. Die Chirurgie ist auf einen bei weitem ehrenvolleren Platz gelangt als viele Berufe, bei denen die Hände nur zum Schreiben dienen.

Man sieht, wie viele Fragen, auf die es keine Antwort gibt, der bloße Versuch aufwirft, sich eine deutliche Vorstellung davon zu machen, welchen Platz in der modernen Welt die Intellektuellen einnehmen oder jene, die überlieferungsgemäß als solche gelten ...

Sooft man der Schwierigkeit zu Leibe rückt, holt sie unversehens zum Gegenschlag aus. Indessen gilt es, bevor man darangeht, einen Übelstand einzuschätzen und seine Symptome zu beschreiben, zunächst die Opfer ausfindig zu machen. Es hat sich gezeigt, daß ich vergeblich bemüht war, den Intellektuellen zu umschreiben und eindeutige Merkmale des freien Berufs aufzuspüren.

Diese Art von Untersuchungen ist manchmal so unterhaltsam wie ein Gesellschaftsspiel. Sie bergen alle Unabsehbarkeit des Unerwarteten. Das überraschende Moment bezieht recht eigentlich seine Spannung aus der Tatsache, mit der ich mich an einer früheren Stelle befaßt habe: eine neue Gesellschaft ertappt eine alte Gesellschaft *in flagranti*, eine machtvollere und straffere Organisation richtet ihren Angriff wider eine weniger starke und lockerer gefügte Organisation. Die Analyse verirrt sich in der Vielschichtigkeit der Beziehungen und Unterscheidungen, die sie notgedrungen feststellen oder einführen muß, will sie dergleichen Konflikte in den Griff bekommen. Mag sie auch im tiefsten überzeugt sein, daß alle moralischen und politischen Spekulationen gebrechlich und hinfällig sind, so entgeht ihr doch nicht das Ernste und fast Ergreifende dieses *kritischen* Durcheinanders, dem gegenüber sie zu keiner Bestimmung gelangt. Wissen wir denn, ob nicht eines Tages Brot – und was sonst zum Leben gehört – diesen Menschen verweigert wird, deren Verschwinden von der Bildfläche weder die Brotbäckerei noch die sonstige Produktion gefährden würde? Man sähe zuallererst den Untergang all jener, die mit verschränkten Armen sich nicht verteidigen können. Alle übrigen würden folgen, oder sie würden aufgrund steigender Not ihren Aufgaben nachgehen oder auf sie zurückkommen, und diese fortschreitende Ausrottung würde dann vom Gesichtspunkt eines höchsten Beobachters in der Wirklichkeit die positive Rangordnung echter Bedürfnisse, wie sie die einfachste Form menschlichen Daseins diktiert, zum Vorschein bringen.

[1925]

DIE POLITIK DES GEISTES

Unser höchstes Gut

Ich habe mir vorgenommen, Ihnen die Unordnung vor Augen zu führen, in der wir leben. Ich werde versuchen, Ihnen die Reaktion des Geistes zu zeigen, der diese Unordnung feststellt, die Rückwendung, die er auf sich selbst vollzieht, nachdem er seine Macht und seine Ohnmacht ermessen hat, wenn er sich befragt und versucht, sich das Chaos vorzustellen, von dem seine Natur verlangt, daß er sich ihm entgegenstellt.

Aber das Bild eines Chaos ist selbst ein Chaos. Mein erster Gesichtspunkt ist daher die Unordnung: an sie bitte ich Sie zu denken. Das bedarf einer gewissen Anstrengung; wir haben uns schließlich aufs innigste an sie gewöhnt, wir leben in ihr, wir atmen sie ein, wir schüren sie, und gelegentlich wird sie ein regelrechtes Bedürfnis für uns. Wir finden sie um uns wie in uns, in der Zeitung, in unserem Tagesablauf, in unserem Verhalten, in unseren Vergnügungen und bis hinein in unser Wissen. Sie belebt uns, und das, was wir geschaffen haben, reißt uns schließlich mit sich, dorthin, wo wir uns nicht auskennen und wohin wir nicht haben gehen wollen.

Dieser gegenwärtige Zustand, der unser Werk ist, leitet notwendig eine gewisse Zukunft ein, aber eine Zukunft, die wir uns ganz unmöglich vorstellen können, und das ist eine große Neuheit. Sie entspringt der Neuartigkeit der Gegenwart, in der wir leben. Wir können aus der Vergangenheit kein Licht mehr borgen, kein wahrscheinliches Bild der Zukunft, weil wir einige Jahrzehnte hindurch einen Zustand geschaffen, bewirkt, organisiert haben auf Kosten der Vergangenheit (das heißt, indem wir sie zerstört, widerlegt, von Grund auf verändert haben), einen Zustand, dessen auffallendste Züge erstmalig auftreten und ohne Beispiel sind.

Nie hat es eine so vollständige und schnelle Umwandlung gegeben: die Erde ist völlig erkundet, erforscht, industriell nutzbar gemacht, ich möchte gar sagen, völlig angeeignet; die fernsten Ereignisse sind bereits im selben Augenblick überall bekannt; unsere Ideen und unsere Macht über die Materie, über Raum und Zeit werden ganz anders begriffen und genutzt, als sie es bisher wurden. Wo wäre denn der Denker, der Philosoph, der Historiker, und sei es der tiefste, scharfsinnigste und gelehrteste, der auch nur die geringste Prophezeiung wagte? Wo wäre der Politiker und Wirtschaftler, dem wir Vertrauen schenkten, nachdem sie so viele Fehler begangen haben? Wir wissen nicht einmal mehr deutlich zwischen Krieg und Frieden zu unterscheiden, zwischen Überfluß und Mangel, Sieg und Niederlage ... Und unsere Wirtschaft schwankt jeden Augenblick zwischen grenzenloser Entwicklung der *Symbolik* des *Tausches* und einer ganz unverhofften Rückkehr zum ursprünglichen System, zum System der Wilden, zum Tauschhandel.

Wenn ich zuweilen an diesen Zustand der Dinge und der Menschen denke, der zugleich so glänzend und so finster ist, so tatkräftig und so armselig, erinnere ich mich eines Eindrucks, den ich einst auf dem Meer empfunden habe. Es traf sich vor einigen Jahren, daß ich eine Fahrt mit einem Geschwader machte.[1] Das Geschwader, das aus Toulon ausgelaufen war und Kurs auf Brest nahm, geriet am hellichten Tage in den Gewässern der Ile de Sein, die von Felsen übersät sind, in eine Nebelbank: sechs Kreuzer, etwa dreißig leichtere Schiffe, Unterseeboote, alle plötzlich geblendet und auf der Stelle stehend, inmitten von Klippen dem Wind und den Strömungen ausgeliefert. Der geringste Aufprall hätte diese schwimmenden Festungen, die mit Artillerie bestückt waren, *zum Umdrehen gezwungen*; der Eindruck war faszinierend: diese großen Schiffe, die mit mächtigen Maschinen versehen, mit Leuten bemannt waren, die über Kenntnisse, Mut und Disziplin verfügten, ausgerüstet mit allem, was die moderne Technik an Kraft und Präzision bieten kann, waren plötzlich von einer Benommenheit zur Ohnmacht verurteilt, zu einem ziemlich beklommenen Abwarten wegen ein wenig Dunst, der sich auf dem Meer gebildet hatte.

Dieser Kontrast ist wohl vergleichbar dem, den unsere Epoche uns darbietet: wir sind blind, ohnmächtig, ganz mit Kenntnissen ausgerüstet und mit Kräften überladen in einer Welt, die wir eingerichtet und organisiert haben und deren unentwirrbare Komplexität wir gegenwärtig fürchten. Der Geist versucht, diese Verwirrung zu beschleunigen, versucht vorauszusehen, was aus ihm wird, in dem Chaos kaum spürbare Strömungen zu unterscheiden, Linien, deren mögliche Überschneidungen die Ereignisse von morgen sein werden.

Teils versucht er zu bewahren, was ihm wesentlich scheint von dem, was einmal war, von dem, was er kennt, und von dem er annimmt, daß das zivilisierte Leben es nicht entbehren kann. Teils entschließt er sich, reinen Tisch zu machen, ein neues System des menschlichen Universums zu entwerfen.

Andererseits ist es nötig, daß dieser Geist an sich denkt, an seine Existenzbedingungen (die auch Wachstumsbedingungen sind), an die Gefahren, die seine Tugenden, seine Kräfte, seine Güter bedrohen: an seine Freiheit, seine Entfaltung, seine Tiefe. Das sind die beiden Besorgnisse, deren Prüfung diese ziemlich vage und geheimnisvolle Bezeichnung *Politik des Geistes* nahelegen möchte.

Ich möchte Ihnen nur zeigen, daß diese Fragen in der Tat bestehen. Es geht nicht darum, in die Tiefe zu steigen; es geht nicht einmal darum, so zu tun, als umrisse ich scharf ein Thema von ungeheurer Weite, das, weit davon entfernt, sich durch Nachdenken zu vereinfachen und aufzuhellen, nur immer komplexer und trüber wird, je länger man den Blick darauf richtet. Wenn man auch nur oberflächlich alle Tätigkeitsbereiche erforscht, alle Bereiche menschlichen Könnens und Wissens, bemerkt man in beiden die Züge kritischen Geistes: Wirtschaftskrise, Wissenschaftskrise, Krise in der Literatur und den Künsten, Krise der politischen Freiheit, Krise in den Sitten ... Ich werde mich nicht auf Einzelheiten einlassen. Ich werde Sie ganz einfach auf einen der bemerkenswertesten Züge dieses Zustandes hinweisen: *Die moderne Welt hat trotz all ihrer Macht, und obwohl sie im Besitz eines bewunderungswürdigen technischen Kapitals und vollkommen von positiven Methoden durch-*

drungen ist, sich dennoch weder eine Politik noch eine Moral, noch ein Ideal, noch bürgerliche oder strafrechtliche Gesetze schaffen können, die in Harmonie wären mit den Lebensweisen, die sie hervorgebracht hat, und schon gar nicht mit den Denkweisen, die die weltweite Ausstrahlung und die Entwicklung eines bestimmten wissenschaftlichen Geistes allmählich allen Menschen auferlegen.

Heute gibt jedermann, der mehr oder weniger von den kritischen Arbeiten, die die Fundamente der Wissenschaften erneuert, die Besonderheiten der Sprachen, die Ursprünge der Einrichtungen und Formen des sozialen Lebens erhellt haben, zu, daß es keine Begriffe, keine Prinzipien oder, wie man früher sagte, keine *Wahrheit* gibt, die nicht der Überprüfung, der Änderung, der Umgestaltung unterworfen wäre; keine Tätigkeit, die noch dem Herkommen entspräche, kein Gesetz, sei es geschrieben oder nicht, das nur noch annähernd Geltung hätte.

Jedermann gibt stillschweigend zu, daß der *Mensch*, um den es in den verfassungsmäßigen und bürgerlichen Gesetzen geht, den, der doch der Handlanger der Spekulationen und Manöver der Politik ist – der *Bürger*, *Wähler*, *Kandidat*, *Steuerzahler*, jeder, *der der Rechtsprechung untersteht* –, vielleicht nicht mehr ganz der Mensch ist, den die zeitgenössischen Ideen der Biologie oder Psychologie, ja sogar der Psychiatrie zu definieren gestatten. Daraus entspringt ein seltsamer Kontrast, ein eigenartiger Zwiespalt unserer Urteile. Wir sehen dieselben Individuen als verantwortlich und unverantwortlich an, wir halten sie manchmal für unverantwortlich und behandeln sie als verantwortlich je nach der Fiktion, die wir uns im Augenblick zu eigen machen, je nachdem ob wir uns im juristischen oder im objektiven Zustand unserer Denkfähigkeit befinden. Ebenso findet man in vielen Nachdenklichen Gläubigkeit neben Atheismus, Anarchie in den Gefühlen und irgendeine Vorstellung von Ordnung in den Meinungen. Die meisten von uns werden über dasselbe Thema mehrere Thesen bereit haben, die sich in ihren Urteilen ohne Schwierigkeit austauschen lassen, und zwar zur selben Zeit, je nach der Erregung, in der sie sich im Moment befinden.

Das sind Anzeichen einer gewissen *kritischen Phase*, das heißt einer inneren Unordnung, die die Koexistenz der Widersprüche in unseren Ideen und die Inkonsequenzen unserer Handlungen definieren. Unser Geist ist also voller Tendenzen und Gedanken, die einander nicht kennen; und wenn man das *Alter* der Zivilisationen messen darf an der Zahl der Widersprüche, die sie anhäufen, an der Zahl der miteinander unverträglichen Gewohnheiten und Meinungen, die in ihm aufeinandertreffen und einander abschwächen durch die Vielfalt der Philosophien und Ästhetiken, die in denselben Köpfen nebeneinander existieren, muß man zugeben, daß unsere Zivilisation eine der ältesten ist. Findet man nicht in jedem Augenblick in ein und derselben Familie mehrere praktizierte Religionen, mehrere vermischte Rassen, mehrere politische Ansichten und in ein und denselben Individuen einen ganzen Schatz von latenten Widersprüchen?

Ein *moderner Mensch*, und darin ist er modern, lebt vertraut mit einer Fülle von Widersprüchen, die sich im Halbdunkel seines Denkens eingerichtet haben und abwechselnd die Bühne betreten. Das ist nicht alles: diese inneren Widersprüche oder diese antagonistischen Koexistenzen in unserer Mitte spüren wir im allgemeinen kaum, und wir bedenken nur selten, daß sie nicht immer existiert haben. Es genügte indes, daß wir uns daran erinnern, daß Toleranz, Freiheit der Konfessionen und Meinungen etwas sind, was sich erst sehr spät eingestellt hat, sie ließen sich erst denken und konnten Gesetze und Sitten erst in einer fortgeschrittenen Epoche durchdringen, als die Geister immer reicher und schwächer wurden durch den Austausch ihrer Differenzen. Die Intoleranz dagegen wäre eine fürchterliche Tugend *reiner* Zeiten …

Ich habe bei dieser Eigenart ein wenig verweilt, denn ich sehe in ihr das Wesen der Moderne. Ich sehe in ihr auch eine der Ursachen dieser großen Schwierigkeit oder vielmehr dieser Unmöglichkeit, die gegenwärtige Welt auf einen Nenner zu bringen und nach einem einzigen Maßstab darzustellen. Man kann über dieses Thema kaum vernünftig denken, ohne sich zu verlieren. Und es ist ziemlich vergeblich, Mutmaßungen anzustellen über das, was kommen wird nach diesem Zustand allgemeiner Verwirrung, indem man sich auf historische Kenntnisse stützt. Ich sagte Ihnen bereits, daß die Fülle und Bedeutung der Neuerungen, die in so wenigen Jahren in die Welt der Menschen eingeführt worden sind, fast jede Möglichkeit beseitigt hat, miteinander zu vergleichen, was vor fünfzig Jahren geschah und was heute geschieht. Wir haben Kräfte geweckt, Mittel gefunden, Gewohnheiten angenommen, die ganz anders sind und die wir nicht vorausgesehen haben. Wir haben Werte vernichtet, Ideen zersetzt, Gefühle zerstört, die unerschütterlich schienen, weil sie zwanzig Jahrhunderten von wechselnden Schicksalsschlägen widerstanden haben, und wir haben, um einen so neuartigen Zustand der Dinge auszudrücken, nur uralte Begriffe.

Kurz, wir befinden uns mitten in einer Verwirrung der gesellschaftlichen Systeme, des Wortmaterials und der Mythen jeglicher Art, die wir vorfanden, übernommen haben: Bedingungen geistiger Herkunft, völlig künstliche Bedingungen, die übrigens äußerst unsicher sind, denn sie stehen unter dem Einfluß jüngster Hervorbringungen des Intellekts, die immer zahlreicher werden. So sind wir denn einer Verwirrung ausgesetzt *von grenzenloser Hoffnung, die durch unerhörte Errungenschaften gerechtfertigt ist*, und *ungeheurer Enttäuschungen* oder *Vorahnungen von Verhängnissen*, die die unvermeidliche Wirkung von Zusammenbrüchen und unerhörten Katastrophen sind.

Nicht erst seit heute noch seit gestern beschäftigt mich diese Frage. Ich werde Ihnen nicht vortragen, was ich 1895* darüber schrieb, aber etwas von dem, was ich 1919, einige Monate nach dem Ende des Krieges, über dasselbe Thema schrieb:

»... Wir Kulturvölker, wir wissen jetzt, daß wir sterblich sind; wir hatten von Welten gehört, die völlig verschwunden, von Reichen, die mit all ihren Menschen und Geräten auf den unerforschlichen Grund der Jahrhunderte abgesunken sind mit all ihren Göttern und Gesetzen, ihren Akademien und Wörterbüchern, ihren Klassikern, ihren Romantikern und

* »Eine methodische Eroberung.«

Symbolisten, ihren Kritikern und den Kritikern ihrer Kritiker ...

Wir wußten wohl, daß die ganze sichtbare Erde aus Asche besteht, daß diese Asche etwas bedeutet; durch die Dunkelheit der Geschichte nahmen wir die Schatten ungeheurer Schiffe wahr, die mit Geist und Reichtümern beladen waren; wir konnten sie nicht zählen.

Aber trotz allem gingen uns diese Schiffbrüche nichts an; Ninive, Babylon waren schöne unbestimmte Namen, und der völlige Untergang dieser Welten hatte für uns ebensowenig Bedeutung wie ihr Dasein.

Wir sehen jetzt, daß der Abgrund der Geschichte groß genug ist für die ganze Welt. Wir spüren jetzt, daß eine Zivilisation ebenso zerbrechlich ist wie ein Leben. Die Umstände, die die Werke von Keats und Baudelaire einmal so vergessen lassen würden wie die Werke Menanders, sind gar nicht mehr unvorstellbar: sie kündigen sich bereits in den Zeitungen an.

Das ist nicht alles. Die schmerzhafte Lektion ist noch viel komplexer: es hat unserer Generation nicht genügt, aus eigener Anschauung zu erfahren, wie vergänglich durch bloßen Zufall die schönsten und ältesten Dinge, die großartigsten und aufs beste geordneten sind; sie hat im Reiche des Denkens, der Vernunft und des Gefühls außerordentliche Erscheinungen auftreten sehen, schroffe Verwirklichungen von Paradoxen, brutale Enttäuschungen der Gewißheit.

So wurde das geistige Persepolis nicht weniger verheert als das materielle Susa. Nicht alles ist verlorengegangen, aber jedermann spürte, es hätte verlorengehen können. Ein ungewöhnlicher Schauder fuhr Europa durchs Mark, es empfand in allen Denkzentren, daß es sich nicht mehr erkannte, daß es aufhörte, sich zu gleichen, daß es das Bewußtsein verlieren würde, das es im Laufe von Jahrhunderten ertragbarer Unglücksfälle durch Tausende von Menschen ersten Ranges, durch unzählbare geographische, völkische, historische Glücksfälle erworben hatte. Mit einem Mal kam ihm wie durch eine verzweifelte Verteidigung seines Wesens und seines physiologischen Besitzes seine ganze Erinnerung verworren zurück. Seine großen Männer und seine großen Bücher tauchten wieder in wirrem Wechsel vor ihm auf. Niemals hat man weder so viel noch so leidenschaftlich gelesen wie im Krieg: fragen Sie die Buchhändler. Niemals hat man so viel und so innig gebetet: fragen Sie die Priester.

Man hat alle Nothelfer, alle Stifter, alle Schutzpatrone, alle Märtyrer, alle Helden, die Väter der Vaterländer, die heiligen Heldinnen, alle Nationaldichter angerufen; und in derselben geistigen Unordnung, unter dem Druck derselben Angst hat das kultivierte Europa die schnelle Belebung jener unzähligen Gedanken erlebt: Dogmen, Philosophien, Ideale unterschiedlichster Art; die dreihundert verschiedenen Arten, die Welt zu erklären, die tausendundeinen feinen Unterscheidungen des Christentums, die zwei Dutzend Positivismen; das ganze Spektrum des intellektuellen Lichts hat seine unverträglichen Farben ausgebreitet und mit seltsamer Beleuchtung den Todeskampf der europäischen Seele erhellt. Während die Erfinder fieberhaft in ihren Abbildungen, in den Annalen früherer Kriege Mittel suchten, den Stacheldraht zu beseitigen, die Unterseeboote auszuschalten oder die Flugzeuge abzulenken, sprach die Seele auf einmal alle Zaubersprüche, die sie kannte, versenkte sie sich in die bizarrsten Prophetien.

Sie suchte Zuflüchte, Hinweise, Tröstungen in dem ganzen Register der Erinnerungen, vergangenen Verhaltensweisen, urväterlichen Haltungen.

Und das sind bekannte Äußerungen der Angst, diese wirren Unternehmungen des Gehirns, die vom Wirklichen zum Alptraum laufen und von da aus zum Wirklichen zurück, außer sich wie eine Ratte, die in eine Falle gegangen ist.

Die militärische Krise ist vielleicht beendet; die Wirtschaftskrise zeigt sich in ihrer ganzen Härte.

Aber die geistige Krise, die viel subtiler ist und die ihrer Natur nach den trügerischsten Anschein annimmt (da sie sich im eigentlichen Reiche der Verschleierung abspielt), diese Krise läßt sich nur schwer in ihrem eigentlichen Zentrum fassen, in ihrer *Phase.*

Niemand kann sagen, was morgen tot oder lebendig sein wird in der Literatur, der Philosophie, der Ästhetik; niemand weiß, welche Ideen und welche Ausdrucksmittel auf der Verlustliste stehen werden, welche Neuheiten man ausrufen wird.

Gewiß, die Hoffnung bleibt uns, aber die Hoffnung ist nur das Mißtrauen des Seins gegen präzise Prognosen seines Geistes. Sie flüstert uns ein, daß jede ungünstige Schlußfolgerung bezüglich des Seins ein Irrtum ihres Geistes *sein muß*. Die Tatsachen dagegen sind klar und unerbittlich: Tausende von jungen Schriftstellern und jungen Künstlern sind tot; es stellt sich die verlorene Illusion von einer europäischen Kultur ein und der Beweis der Ohnmacht der Erkenntnis, zu retten, was auch immer es sei; die Wissenschaft ist in ihrem moralischen Ehrgeiz tödlich getroffen und gleichsam entehrt durch die Grausamkeit ihrer Anwendung; der Idealismus ist kaum Sieger zu nennen, er ist tödlich verletzt, da er sich verantwortlich sieht für seine Träume; der Realismus enttäuscht, geschlagen, erdrückt von Verbrechen und Fehlern; die Begierde und der Verzicht gleichermaßen verhöhnt, die Glaubenseinstellungen verwirrt: Kreuz gegen Kreuz, Halbmond gegen Halbmond; es gibt Skeptiker, die von den so plötzlichen, so heftigen, so erregenden Ereignissen aus dem Sattel geworfen sind und die mit unseren Gedanken spielen wie die Katze mit der Maus: die Skeptiker verlieren ihre Zweifel, finden sie wieder, verlieren sie erneut und wissen sich der Denkbewegungen ihres Geistes nicht mehr zu bedienen.

Das Schwanken des Schiffes war so stark, daß auch die am sichersten aufgehängten Lampen schließlich erloschen ...«*

Seit 1919 haben sich die Dinge nicht sonderlich verändert, und ich glaube, daß die Seiten, die ich damals geschrieben habe, noch ziemlich genau die gegenwärtige Ungewißheit und Angst wiedergeben. Aber jetzt muß ich das Bild der Unordnung und diese Zusammensetzung des Chaos vervollständigen, indem ich Ihnen dasjenige vorstelle, das es feststellt und speist, dasjenige, das es weder ertragen noch verneinen kann, dasjenige, das sich seinem Wesen nach immer gegen sich selbst richtet. Es handelt sich um den *Geist*.

* »Die Krise des Geistes.«

Unter diesem Namen Geist verstehe ich nicht eine metaphysische Wesenheit; ich verstehe hier darunter ganz einfach ein *Umformungsvermögen*[2], das wir isolieren, von allen anderen unterscheiden können, indem wir einfach gewisse Wirkungen um uns her betrachten, gewisse Veränderungen der Umwelt, die wir nur einer Tätigkeit zuschreiben können, die sehr verschieden ist von den bekannten Energien der Natur; denn dieses Vermögen besteht vielmehr darin, die Energien, die uns gegeben sind, einander entgegenzusetzen oder sie zu verbinden.

Dieses Entgegensetzen oder Zusammenzwingen ist so beschaffen, daß daraus entweder ein Zeitgewinn oder ein Haushalten mit unseren eigenen Kräften entspringt oder auch ein Anwachsen der Macht, der Genauigkeit oder der Freiheit oder unserer Lebensdauer. Sie sehen, es gibt eine Art, den Geist zu definieren, die keinerlei Metaphysik ins Spiel bringt, sondern die diesem Wort den untadeligen Sinn einer Feststellung verleiht, die aus ihm in gewisser Weise das Symbol eines Ganzen von völlig objektiven Beobachtungen macht.

Einige dieser Umformungen, die dieses Vermögen bewirkt, betreffen einen höheren Bereich. Der Geist verlegt sich nicht nur darauf, Instinkte und notwendige Bedürfnisse zu befriedigen, sondern übt sich auch darin, über unsere Sensibilität zu spekulieren. Gibt es eine wunderbarere Umformung als die, die sich im Dichter vollzieht oder im Musiker, wenn sie ihre seelischen Regungen bis hin zu ihrer Traurigkeit und Verzweiflung in Werke umsetzen, in Gedichte, in musikalische Kompositionen, in Mittel, ihr ganzes Empfindungsleben auf dem Umwege technischer Kunstfertigkeiten zu erhalten und zu verbreiten? Und wie er seine Schmerzen in Werke umzusetzen vermag, so hat der Geist die Muße des Menschen in Spiele umzusetzen gewußt. Er verwandelt das naive Staunen des Menschen in Neugier, in Leidenschaft des Erkennens. Das Vergnügen an Kombinationen führt ihn dazu, völlig abstrakte Wissenschaften zu errichten. Die ersten Geometer waren zweifellos Männer, denen ihre Berechnungen und Figuren Zerstreuung verschafften und die überhaupt nicht daran dachten, daß die Resultate ihres strengen Zeitvertreibs eines Tages zu etwas nütze sein würden: das System der Welt zu erhellen und die Gesetze der Natur zu erforschen.

Ebenso hat durch eine einzigartige Ausbeutung der Hilfsquellen dieses umformenden Geistes selbst die Angst erstaunliche Werke hervorbringen können. Die Angst hat die Tempel errichtet, die Angst hat sich schließlich in diese wunderbaren Gebete aus Stein verwandelt, in Gebäude von großartiger Bedeutung, die vielleicht der höchste menschliche Ausdruck von Schönheit und Wille sind. So hat der Geist aus seelischen Regungen, Muße und Träumen höchste Werte geschaffen; er ist ein wirklicher Stein der Weisen, eine verwandelnde Wirkkraft aller materiellen und seelischen Dinge.

Dieser Wesenszug, den ich gewählt habe, um den Geist zu definieren, diese Beispiele, die ich soeben gegeben habe, erlauben mir also zu sagen, daß der Geist des Menschen ihn in ein *Abenteuer* gestürzt hat, ein Abenteuer von einer Art, das alle Kräfte aufbietet, sich mehr und mehr von den ursprünglichen Bedingungen des Lebens zu entfernen, als wäre die Menschheit begabt mit einem paradoxen Instinkt, der dem Verhalten aller anderen Instinkte ganz zuwiderläuft, die vielmehr darauf abzielen, das Lebewesen immerfort auf denselben Punkt und auf denselben Zustand zurückzuführen.

Er ist es, dieser seltsame Instinkt, der darauf zielt, in gewisser Weise die Umwelt unseres Daseins umzuarbeiten, uns Tätigkeiten zu verschaffen, die zuweilen äußerst entfernt sind von denen, die uns die bloße Sorge um unser animalisches Leben auferlegt; er schafft neue Bedürfnisse, er vermehrt die künstlichen Bedürfnisse, er führt neben den natürlichen Bedürfnissen, von denen ich sprach, neben einigen Antrieben vitaler Notwendigkeit (Instinkt bedeutet *Antrieb*) eine Fülle anderer Impulse ein. Er hat insbesondere dieses so merkwürdige Bedürfnis hervorgebracht, die Erfahrungen zu kapitalisieren, zusammenzufassen, festzulegen, daraus Gedankengebäude zu errichten und sie sogar über die Gegenwart hinauszutreiben, als wollte er das Leben dort erfassen, wo es noch nicht ist, es von dort zurückholen, wo es nicht mehr ist.

Erlauben Sie mir, Sie nebenher auf eine der außerordentlichsten Erfindungen der Menschheit hinzuweisen (ich füge hinzu, daß sie nicht erst von heute stammt). Ich denke ganz einfach an die Erfindung der *Vergangenheit* und der *Zukunft*. Das sind keineswegs natürliche Begriffe: der natürliche Mensch lebt im Augenblick wie das Tier. Je näher ein Mensch der Natur steht, desto weniger formen sich in ihm Vergangenheit und Zukunft. Das Tier empfindet sein Dasein zweifellos nur zwischen einem Minimum von Vergangenheit und einem Minimum von Zukunft: das wenige, dessen es an Vergangenheit und Zukunft bedarf, um sein Verlangen dauern zu lassen bis hin zu der Empfindung, die es befriedigt, oder der Empfindung des Bedürfnisses bis zu dem Akt, der es erfüllt. Seine Erlebnisdauer ist eingeschränkt auf Spannungs- oder Handlungsintervalle, die als Ursprung den Eindruck einer Erregung und als Ziel eine nahe organische Antwort haben. Gewiß können verschiedene Zwischenfälle sich zwischen die Grenzen seiner Erlebnisdauer schieben; aber immer wieder wird *auf kürzestem Wege* die gereizte Sensibilität den Akt hervorrufen, der sie befriedigt.

Anders ist es beim Menschen: der Mensch, *der die Zeit hervorbringt*, konstruiert nicht nur durch eine Anhäufung, durch eine imaginäre Verallgemeinerung des Augenblicks, durch eine Art Mißbrauch Perspektiven diesseits und jenseits der Reaktionsintervalle, sondern er *lebt sogar nur wenig* in ebendiesem Augenblick. Er richtet sich hauptsächlich in der Vergangenheit oder Zukunft ein. Er hält sich nur in der Gegenwart auf, wenn er von der Empfindung davon gezwungen wird: sei es Lust oder Schmerz. Man kann von ihm sagen, *daß ihm unendlich das fehlt, was nicht da ist.* Das ist eine Bedingung, die ganz und gar nicht tierhaft, die ganz künstlich ist, weil sie letztlich für das Dasein nicht unbedingt nötig ist. Gewiß kann diese Entfaltung der »Zeit« ihm oft nützlich sein. Aber diese Nützlichkeit ist der Natur in gewisser Weise entgegengesetzt. Die Natur kümmert sich nicht um Individuen. Wenn der Mensch sein Dasein verlängert oder erleichtert, handelt er *gegen die Natur*, und sein Tun gehört zu dem, was den *Geist* dem *Leben* entgegensetzt.

Nun, die geistige Tätigkeit des Voraussehens ist eins der wesentlichen Fundamente der Zivilisation. Voraussehen ist zugleich Ursprung und Mittel aller Unternehmungen, ob groß oder klein. Es ist auch das mutmaßliche Fundament der Politik. Es ist, kurzum, im menschlichen Leben ein psychisches Element, das unabtrennbar von seiner Organisation geworden ist. Ein äußerer Beobachter der Menschheit sähe also den Menschen meistens ohne sichtbares Objekt seines Tuns handeln, als wäre ihm eine andere Welt gegenwärtig, als gehorchte er dem Einfluß unsichtbarer Dinge oder verborgener Wesen. *Morgen* ist eine verborgene Macht. Hier einige Beispiele … Die Voraussicht ist gleichsam die Seele all dieser unerklärlichen Bewegungen für den Beobachter, von dem ich sprach und der darauf beschränkt wäre, nur das zu sehen, was er sieht.

Mehr noch: der Mensch hat nicht nur die Fähigkeit erworben, sich vom Augenblick abzulösen und sich dadurch gegen sich selbst zu wenden, sondern er hat zugleich damit eine bemerkenswerte Fähigkeit erworben, wenn sie auch in verschiedenen Menschen ungleich entwickelt ist. Er hat in unterschiedlichen Graden das *Bewußtsein seiner selbst* erworben, dieses Bewußtsein, das bewirkt, daß, wenn er sich für Momente *von allem löst, was ist*, er sich sogar von seiner Person loslösen kann; das *Ich* kann zuweilen seine eigene Person als ein fast fremdes Objekt betrachten. Der Mensch kann sich beobachten (oder glaubt es zumindest); er kann sich kritisieren, er kann sich beherrschen; das ist eine ursprüngliche Schöpfung, ein Versuch, das zu schaffen, was ich den *Geist des Geistes* zu nennen wage.

Fügen wir dieser summarischen Beschreibung des Geistes, verstanden in dem Sinne, den ich Ihnen genannt habe, diesen unmittelbaren Bemerkungen, dieser Erschaffung der *Zeit*, dieser Erschaffung des *reinen Ichs*, dieses Ichs, das sich sogar der Identität entgegensetzt, sogar der Erinnerung, der Personalität des Subjekts; fügen wir dem den Begriff dessen hinzu, was der Mensch an Reichstem in sich hat erkennen können: die Universalität, die er zu besitzen glaubt und von der sein ganzes spekulatives Leben abhängt, sein ganzes philosophisches oder wissenschaftliches oder ästhetisches Leben. Selbst im praktischen Bereich erfordert die Ausdehnung seiner Tätigkeit und seiner Begierden, erfordern die Gelegenheiten, die es zu ergreifen gilt, die Partie, die man zu spielen, der Weg, den man einzuschlagen hat, die Vorsichtsmaßregeln, die es zu beachten gilt, all das erfordert eine Erwerbung, eine Einübung, eine Gymnastik des *Möglichen*. Das Mögliche ist eine Art Vermögen.

Der Mensch spekuliert: er entwirft Vorhaben, er stellt Theorien auf. Was ist denn eine Theorie, wenn nicht der *Gebrauch des Möglichen*? Die Voraussicht, von der ich soeben zu Ihnen sprach, ist sie nicht eine beachtliche Anwendung dieser Fähigkeit? Aber es gibt eine besondere Art von Voraussicht, die ich nebenher andeuten muß: Der Geist versucht nicht nur im Bereich der Phänomene und der äußeren Ereignisse vorauszusehen, er bemüht sich auch, sich selbst vorauszusehen, sein eigenes Wirken zu überholen. Er bemüht sich, alle Konsequenzen der Gelegenheiten auszuschöpfen, die seine Aufmerksamkeit versammelt, und ihr Gesetz zu erfassen. Es liegt nämlich im Geist ein gewisser Abscheu (ich möchte sagen eine *Phobie*) der *Wiederholung. Was sich in uns wiederholt, gehört niemals dem Geist an.* Der Geist legt es darauf an, sich niemals zu wiederholen; ihm widerstrebt es, zweimal dasselbe zu sagen, wenn es ihm auch zufälligerweise geschieht, daß er sich wiederholt. Er legt es vielmehr immer darauf an, das Gesetz einer Abfolge zu finden, die vorausgesehene Wiederholung zu beherrschen, zu übersteigen und in gewissem Sinne auszuschöpfen. Er neigt dazu, die Unzahl der Elemente, die er identifiziert, auf eine *Formel* zu reduzieren. Die Mathematik ist im Grunde und zum größten Teil eine Wissenschaft der reinen Wiederholung. Sie faßt die Wiederholung zusammen, deren Mechanismus sie begriffen hat.

So scheint der Geist sogar das Verfahren des organischen Lebens zu verabscheuen und zu fliehen, das ja die Wiederholung elementarer Akte fordert, von der der lebenswichtige Austausch abhängt. *Wir beruhen auf der Wiederkehr einiger reflexhafter Akte* ... Das Bewußtsein dagegen enthält einen Willen zur Besonderheit, zur Einmaligkeit der Augenblicke. Es neigt dazu, den besonderen Fall in einem allgemeinen Gesetz aufzuheben, die Wiederholung in der Formel, die Abweichungen in den mittleren und in den großen Zahlen. Dadurch also setzt sich der Geist dem Ablauf des Lebensmechanismus entgegen.

Leben ist, wohlgemerkt, trotz der sehr verbreiteten Ansicht, trotz des Eindrucks, den uns die Zeitungen, Theaterstücke und Romane machen wollen, *Leben* ist im Grunde eine ziemlich eintönige Angelegenheit. Zu Unrecht sagt man von einem Theaterstück, einem Buch, es sei *lebendig*, wenn es ziemlich ungeordnet ist, wenn es Unvorhergesehenes bietet, Spontanes, Aufsehenerregendes, Wirkungen, die uns erregen ... Das sind nur oberflächliche Merkmale, Schwankungen der Sensibilität; aber der Kern dieser Äußerlichkeiten, die Substanz dieser Akzidenzien ist ein System von Perioden oder Zyklen, von Umformungen, die sich außerhalb unseres Bewußtseins vollziehen und im allgemeinen im Schatten unserer Sensibilität.

Im Geist bringen das Gedächtnis, die Gewohnheiten, die Automatismen jeglicher Art dieses tiefe und gleichbleibende Leben zur Darstellung; aber die unendliche Vielfalt der äußeren Umstände findet in ihm Hilfsquellen höherer Ordnung, denn seine Sache ist es, Veränderungen hervorzurufen. Dadurch entfaltet er in einem immer weiteren Bereich das fundamentale Gesetz der Sensibilität (oder zumindest das, was ich für ihr fundamentales Gesetz halte), nämlich in das lebendige System ein Element von etwas ständig Bevorstehendem einzuführen, von einer ständig drohenden Unbeständigkeit.

Unsere Sensibilität bewirkt, daß sie in uns in jedem Augenblick jene Art von Schlummer unterbricht, die sich mit der grauen Monotonie der Funktionen des Lebens abfinden würde. Wir müssen in jedem Augenblick durch irgendwelche Unregelmäßigkeiten, durch irgendwelche Ereignisse unserer Umwelt, irgendwelche Veränderungen in unserem physiologischen Ablauf geschüttelt, gewarnt, geweckt werden; und wir haben Organe, wir besitzen ein ganzes spezialisiertes System, das uns unvermutet und sehr häufig an das *Neue* erinnert, das uns dazu drängt, die Anpassung zu suchen, die dem Umstand, der Haltung, dem Tun, der Ortsveränderung oder

der Formveränderung entspricht, die die Wirkungen der Neuheit zunichte machen oder verstärken. Dieses System ist das unserer Sinne.

Der Geist entlehnt also von der Sensibilität, die ihm ihre Zündfunken zukommen läßt, diesen Charakter notwendiger Unbeständigkeit, der sein Umwandlungsvermögen in Gang setzt.

Das friedlich schlafende Tier vernimmt ein ungewöhnliches Geräusch, das ist das *Ereignis*. Es spitzt die Ohren, reckt den Hals; Unruhe packt es; das *Umwandlungsvermögen* erstreckt sich auf seinen ganzen Körper, es richtet sich auf seinen Pfoten auf; sein Ohr bestimmt es, und es flüchtet. *Dazu war nur ein schwaches Geräusch nötig*. Ebenso wird der Geist, der auf Phänomene sehr aufmerksam ist, ein Geist, bei dem die Gewohnheit die Sensibilität nicht geschwächt hat, geweckt, *gefangen* von einem banalen Ereignis (wie dem Fall eines Gegenstandes); intellektuelle Unruhe ergreift ihn und teilt sich dem ganzen virtuellen System von Problemen und Bedingungen mit... Newton verweilt zwanzig Jahre lang im Wald seiner Kombinationen ...

Weitere Bemerkung: durch die Tätigkeit, die der Geist weckt, durch die Veränderung, die er den Dingen aufzwingt, die ihn umgeben (handle es sich dabei um die materielle Natur oder um lebende Wesen), drängt er diesen Wesen, dieser Natur genau dieselben Eigenschaften auf, die er in sich erkennt. Haben Sie bemerkt, daß all unsere Erfindungen abzielen auf das Haushalten mit unseren Kräften, die Sparsamkeit der Wiederholungen (wie ich Ihnen sagte): sei es, um unseren Körper weit von dem natürlichen Zustand zu entfernen, um ihm Geschwindigkeiten aufzuerlegen, deren Größenordnung sich immer mehr der Geschwindigkeit der Wahrnehmungen und der Begriffe des Geistes annähert?

Man sagte früher oft: »Schnell wie der Gedanke.« Geschwindigkeit schien das Wesen der Wahrnehmungen zu sein. Aber wir kennen heute eine ganze Menge von Geschwindigkeiten, die weit größer sind. In der Zeit, die zwischen dem Erblicken eines Gegenstandes und der Erinnerung, die er auslöst, oder der Erkenntnis eines Objekts verstreicht, hat das

Licht Tausende von Kilometern zurückgelegt, unser Weg aber erst drei Meter auf der Straße. Das Denken scheint sich also zu bemühen, das Mittel zu finden, die Dinge ebenso schnell zu bewegen wie sich selbst. Ebendas ist ein Einfluß der funktionalen Eigenheiten oder Wesenszüge des Denkens auf die Richtung der Erfindungen.

Aber mein Thema besteht nicht nur darin, den Geist zu charakterisieren; es besteht vor allem darin, Ihnen zu zeigen, was er aus der Welt gemacht und wie er insbesondere die moderne gesellschaftliche Welt gestaltet hat, deren Ordnung und Unordnung gleichermaßen das Werk dieses Geistes sind. Eingetaucht in das menschliche Universum, findet sich der Geist von anderen Geistern umgeben; jeder ist gleichsam das Zentrum eines Volkes von Gleichen, er ist *einzigartig*, und er ist dennoch nichts als irgendeine Einheit dieser unbestimmten Anzahl; *er ist zugleich unvergleichlich und doch beliebig*. Seine Beziehungen zu den übrigen Wesen gehören zu seinen wichtigsten Beschäftigungen. Diese Beziehungen haben teil an dem Widerspruch, den ich Ihnen soeben angedeutet habe. Einesteils setzt sich der Geist der Vielzahl gegenüber: er will er selbst sein; er will sich sogar grenzenlos auf den Bereich erstrecken, wo das *Ich Herr ist*. Andererseits ist er gezwungen, eine soziale Welt anzuerkennen, ein Universum aus Willenszentren, menschlichen Hoffnungen, die einander begrenzen, deren Ordnung er aber teils zu vollenden, teils zu zerstören sucht.

Der Geist verabscheut die Gruppenbildungen; er liebt nicht die Parteiungen, er fühlt sich beeinträchtigt durch die Übereinstimmung der Geister; es scheint ihm vielmehr, daß er etwas gewinnt, wenn er nicht in Übereinstimmung mit ihnen ist. Ein Mensch, der es nötig hat, wie seinesgleichen zu denken, hat vielleicht *weniger Geist* als der, dem Gleichförmigkeit zuwider ist. Übrigens weiß man sehr wohl, daß jede Übereinstimmung unbeständig ist. Man weiß, daß auf alle Gruppierungen Spaltung lauert: Schismen, Einwände, Unterscheidungen sind für den Geist Akte der Vitalität, die sich unweigerlich nach abgesprochener Übereinkunft einstellen.

Der Geist gewinnt also im Hintergedanken seine Freiheit wieder, er lehnt sich sogar gegen die Tatsachen auf, gegen die Gewißheit; er ist der Rebell par excellence, selbst wenn er Ordnung stiftet. Er hat nämlich *das, was ist*, als eine Unordnung begriffen, der er ein Ende setzen muß. Die politische Bühne liefert ihm unendlichen Stoff.

Alle Politik schließt irgendeine Idee vom Menschen ein. Man mag die politischen Ziele noch so sehr beschränken, man mag sich noch so schlicht fassen, so grob wie nur möglich, so enthält doch alle Politik eine Idee des Menschen und des Geistes und eine Vorstellung der Welt. Wie ich nun angedeutet habe, ist in der modernen Welt die Distanz zwischen der Idee vom Menschen, die Wissenschaft und Philosophie bieten, und der, die sich die Gesetzgebungen und politischen, moralischen und sozialen Begriffe zu eigen machen, in ständigem Wachsen begriffen. Zwischen ihnen liegt bereits ein Abgrund ...

Übertrüge man in präzise wissenschaftliche Fachausdrücke die Dinge sozialer und moralischer Ordnung, so würde das Mißverhältnis zwischen diesen Ideen hervortreten: die eine erschiene als das Produkt neuester objektiver Forschungen, die sich auf *überprüfbare* Elemente gründen (das ist ja der genaue Sinn des Wortes *wissenschaftlich*); die andere stellte sich heraus als unbestimmter, verworrener Begriff, in den sehr alte Glaubensvorstellungen, Gewohnheiten aller Altersstufen, tausend Jahre alte Abstraktionen, wirtschaftliche und politische Erfahrungen verschiedener Völker, mehr oder minder verehrungswürdige Gefühle auf bizarre Weise einbezogen und miteinander verbunden sind. Ein Beispiel: wollte man auf die politische Ordnung die Vorstellungen vom Menschen anwenden, die uns die zeitgenössischen wissenschaftlichen Lehrmeinungen anbieten, so würde das Leben für die meisten von uns wahrscheinlich unerträglich werden. Es würde eine allgemeine Auflehnung des Gefühls geben gegen die strenge Anwendung der rationalsten Hervorbringungen. Man würde nämlich dahin kommen, daß man jedes Individuum klassifizierte und in den intimsten Bereich seiner

Existenz eindränge. Man würde gewisse mit Fehlern behaftete und behinderte Wesen unterdrücken oder verstümmeln.*

Ich weiß nicht, ob der Mensch jemals einwilligen wird, sich einer so rein rationalen Organisation zu beugen, aber ich habe dieses übertriebene Beispiel nur gewählt, um den auffälligen Kontrast zu zeigen, der bereits zwischen den miteinander konkurrierenden und koexistierenden Auffassungen in unserem Geiste besteht, jede von ihnen mit ihren eigenen Kräften begabt, die sich auf Tradition oder Fortschritt berufen. Es gibt da übrigens eine große Neuheit: diese Antinomie zwischen dem wissenschaftlich *Wahren* und dem politisch *Wirklichen*. Diesen Zwiespalt hat es nicht immer gegeben. Es gab Epochen, in denen die Auffassungen vom Menschen, die man bei den verwaltenden Beamten, dem Staatsmann, in den Gesetzen, in den Sitten und die die Philosophie der Zeit formulierte, nicht widersprüchlich waren.

Bevor ich mit einem letzten Strich das Bild dieser Zusammenhanglosigkeit, die ich Ihnen beschrieb, vollende, werde ich Ihnen noch einmal einige Seiten desselben Essays vorlesen, von dem bereits die Rede war. Darin habe ich in Form eines Monologs den Zustand des europäischen Geistes angesichts seiner eigenen Verwirrung zusammengefaßt.

»... Und jetzt – auf einer ungeheuren Terrasse, die von Basel bis Köln reicht, von den Sandstränden Nieuwpoorts bis zu den Sümpfen der Somme, von den Kreidehügeln der Champagne bis zu den Granitfelsen des Elsaß, erschaut der europäische Hamlet Millionen Gespenster. Aber es ist ein intellektueller Hamlet, er denkt nach über das Leben und den Tod von Wahrheiten. Seine Phantome sind alle die Gegenstände unserer Kontroversen, seine Gewissensbisse alle Ehrentitel unseres Ruhms.

Auf ihm lastet das Gewicht der Entdeckungen, der Erkenntnisse, und er ist unfähig, dieser unbegrenzten Tätigkeiten Herr zu werden; er denkt an den Überdruß, die Vergan-

* Eine kürzlich im Ausland erlassene Gesetzgebung, die diese Voraussicht verwirklicht hat, schreibt Maßnahmen dieser systematischen Strenge vor.

genheit auf sich nehmen zu müssen, an den Wahnsinn, immerfort Neues zu wollen.

Er schwankt über diesen beiden Abgründen, denn zwei Gefahren bedrohen immerfort die Welt: die Ordnung und die Unordnung.

Wenn er einen Totenschädel aufhebt, ist es ein berühmter Schädel: dieser hier war einst Leonardo da Vinci, der den fliegenden Menschen ersann; aber der fliegende Mensch hat nicht genau den Absichten des Erfinders gedient. Wir wissen, daß der fliegende Mensch unserer Tage ›auf dem Rücken seines großen Schwans‹ anderes tut, als Schnee herabzutragen vom Gipfel der Berge, um ihn an heißen Tagen auf das Pflaster der Städte zu streuen.

Und dieser andere Schädel ist der von Leibniz, der den allgemeinen Frieden erträumte.

Hamlet weiß nicht recht, was er mit diesen Schädeln anfangen soll, doch wenn er sie wegwirft, wird er dann noch er selbst sein? ... Sein Geist, der furchtbar hellsichtig ist, betrachtet den Übergang von Krieg zu Frieden: dieser Übergang ist dunkler, gefährlicher als der Übergang von Frieden zu Krieg; alle Völker sind von ihm verunsichert ...

Und ich, sagt er zu sich, ich, der europäische Intellekt, was wird aus mir, und was ist eigentlich der Friede? ... Der Friede ist vielleicht der Zustand der Dinge, in dem die Feindseligkeit der Menschen untereinander sich durch Schöpfungen manifestiert, statt in Zerstörung überzugehen, wie im Krieg.

Er ist die Zeit einer schöpferischen Konkurrenz und des Kampfes der Produktionen; aber ich, bin ich nicht des Produzierens müde? ... Habe ich nicht das Verlangen nach äußersten Versuchen erschöpft, und habe ich nicht Mißbrauch getrieben mit kunstvollen Mischungen? ... Muß ich meine schwierigen Pflichten und meine übersinnlichen Ambitionen aufgeben? ... Muß ich der Strömung folgen und es tun wie Polonius, der jetzt eine große Zeitung herausgibt; wie Laertes, der irgendwo in der Luftfahrt steckt; wie Rosenkrantz, der irgendwas unter russischem Namen tut? ... Adieu, ihr Phantome, die Welt braucht weder euch noch mich.

Die Welt, die eine verhängnisvolle Tendenz zur Präzision

auf den Namen Fortschritt tauft, sucht mit den Wohltaten des Lebens die Vorteile des Todes zu verbinden.

Zwar herrscht immer noch ein gewisses Durcheinander; aber nur noch kurze Zeit, und alles wird sich aufhellen, wir werden das Wunder einer Tiergesellschaft erscheinen sehen, einen vollkommenen und endgültigen Ameisenhaufen ...«*

Ich habe Ihnen vorhin gesagt, der Geist sei charakterisiert durch ein Vermögen der Umformung, deren Tendenz darin besteht, die ursprünglichen und tierhaften Bedingungen der Menschheit zu verändern, und daß er dahin gelangt sei, sich eine ganze Welt zu konstruieren, die ganz verschieden von der ursprünglich gegebenen ist. Es ist also nicht erstaunlich, daß er sich einer Fülle von Rätseln ausgesetzt sieht, die sich aus den Antagonismen und Kontrasten ergeben, die notwendigerweise das Resultat der Entwicklungen sind, von denen ich sprach, verglichen mit der fundamentalen Natur des Menschen, der Natur seines Ursprungs. Neben den wirklichen Rätseln, die uns von den Dingen aufgegeben sind, finden wir weitere Rätsel, die uns von unseren eigenen Werken aufgegeben sind, von unseren angehäuften Schöpfungen.

Ein großer Teil der gegenwärtigen Schwierigkeiten entspringt dem kraftvollen Überleben einer Art Mystik oder Mythologie, die immer weniger mit den Tatsachen übereinstimmen, deren man sich aber nicht zu entledigen weiß. In jedem Augenblick empfindet man diese tote Last und ihre Notwendigkeit. In uns spielt sich ein Kampf ab zwischen der *Vergangenheit*, die von dieser Mythologie vertreten wird, und einem gewissen *Übermorgen*, das uns zu schaffen macht. Nie ist der Kampf zwischen Abend und Morgen so heftig gewesen wie heute. Sie finden zweifellos schwache Abbilder davon, *Vorfiguren*, zum Beispiel am Ende der Antike, zu Beginn des Christentums, im Augenblick der Renaissance, zur Zeit der Französischen Revolution.

Aber die Skala der Phänomene hat sich auf eigenartige Weise verändert. Je weiter wir voranschreiten, desto mehr ver-

* »Die Krise des Geistes.«

spürt man das wachsende Intervall, das hervortritt zwischen den zwei Aspekten der Tätigkeit des Geistes, seinem Aspekt der Umformung und seinem Aspekt der Erhaltung.

Ich sage gleich, daß die ganze soziale Struktur sich auf das *Fürwahrhalten* oder auf das *Vertrauen* gründet. Alle Macht richtet sich ein auf diesen psychologischen Eigenschaften. Man kann sagen, daß die *soziale Welt*, die *rechtliche Welt*, die *politische Welt* im Grunde *mythische Welten* sind, das heißt Welten, deren Gesetze, Grundlagen, Beziehungen, die sie konstituieren, nicht Gegebenheiten sind, die sich der Beobachtung der Dinge darbieten durch Feststellung, direkte Wahrnehmung; sondern daß sie vielmehr von uns ihre Existenz, ihre Macht, ihre Einwirkung und Gegenwirkung erhalten; und diese Existenz und *dieses Wirken sind um so mächtiger, je weniger wir wissen, daß sie von uns stammen, aus unserem Geist.*

Dem menschlichen Wort glauben, sei es gesprochen oder geschrieben, ist dem Menschen ebenso unentbehrlich wie der Festigkeit des Erdbodens vertrauen. Gewiß zweifeln wir gelegentlich daran, aber wir können nur in bestimmten Fällen daran zweifeln.

Der Eid, der Kredit, der Vertrag, die Unterschrift, die Beziehungen, die sie voraussetzen, die Existenz der Vergangenheit, die Ahnung der Zukunft, die Belehrungen, die wir empfangen, die Vorhaben, die wir entwerfen, all das ist völlig mythischer Natur, und zwar in dem Sinne, daß all das auf der Grundeigenschaft unseres Geistes beruht, *Dinge, die NUR AUS DEM GEISTE stammen, nicht wie Dinge des Geistes zu behandeln.*

Nun, der wesentliche Charakter dieses unentbehrlichen Mythischen ist folgender: es erlaubt die *Ungleichheit* im Tausch, den Austausch von Worten oder Geschriebenem gegen Ware, Austausch von *da hast du es* gegen *du wirst es bekommen*; Austausch von Gegenwärtigem und Gewissem gegen Zukünftiges und Ungewisses; Austausch – und das ist noch bemerkenswerter – des Vertrauens gegen den Gehorsam, der Begeisterung gegen den Verzicht und das Opfer, des Gefühls gegen die Tat.

Kurz, Austausch des Gegenwärtigen, des Spürbaren, des Abwägbaren, des Wirklichen gegen imaginierte Vorteile.

Aber der Hang zum Positiven, ein Fortschritt, der uns, wie Sie wissen, auferlegt ist durch die immer dichtere Organisation einer Welt, in der meßbare Größen immer mehr vorherrschen, in der die *vagen Dinge* ihr Vages immer mehr spüren lassen, dieser Fortschritt greift die alten Fundamente der sozialen Ordnung an.

Man muß gestehen, daß die größten Geister diesen Einsturz beschleunigt haben (Voltaire zum Beispiel). Sogar in den Wissenschaften ist die Aufgabe der Kritik seltsam dringend und fruchtbar geworden. Die größten Geister sind immer Skeptiker. Dennoch glauben sie an etwas: *sie glauben an alles, was sie größer machen kann.* Das ist zum Beispiel der Fall bei Napoleon, der an einen Stern glaubte, das heißt an sich selbst. Nun, nicht an die allgemeinen Überzeugungen glauben heißt offensichtlich an sich glauben, und oftmals nur an sich ...

Um aber diese Darstellung des *treuhänderischen Lebens*[3] der Welt und ihrer Struktur, die auf dem Glauben an den Menschen und an das Morgen beruht, und um Sie die ganze wirkliche Bedeutung des Imaginären empfinden zu lassen, möchte ich Ihnen zeigen, wie selbst die *Macht*, die man für eine Wirkung der Kraft hält, wesentlich ein geistiger Wert ist.

Die Staatsmacht ist nur so stark, wie man ihr zuerkennt; selbst die brutalste ist auf den Glauben gegründet. *Man unterstellt ihr, als müsse sie an jedem Ort und zu jedem Zeitpunkt die Macht tätig werden lassen, die sie in Wirklichkeit nur an einem Ort und zu einem bestimmten Zeitpunkt verausgabt.* Kurz, jede Macht ist in genau derselben Lage wie ein Kreditinstitut, dessen Existenz auf der bloßen Wahrscheinlichkeit beruht (die übrigens sehr groß ist), daß nicht alle Kunden am gleichen Tage ihre Spareinlagen zurückfordern. *Wäre irgendeine Macht gezwungen, in jedem Augenblick ihre wirklichen Kräfte an allen Punkten ihres Reiches einzusetzen, so wäre diese Kraft an allen Punkten nahezu Null ...*

Bedenken Sie auch (und das ist eine noch interessantere Betrachtung), daß, *wenn alle Menschen gleichermaßen aufgeklärt, gleichermaßen kritisch und vor allem gleichermaßen mutig wären, jegliche Gesellschaft unmöglich wäre! ...*

Vertrauen und Leichtgläubigkeit, intellektuelle Ungleichheit und die Angst in ihren tausend Formen sind ihr gleichermaßen unentbehrlich. Zu diesen wesentlichen Elementen kommen Begierde und Eitelkeit – und andere Eigenschaften –, die die Bedingungen, die psychischen Komplemente dieser Grundlagen der Gesellschaft und der Politik sind.

Aber ich möchte Ihnen eine packende (wenn auch rein phantastische) Schilderung dieser *Treuhänderstruktur* geben, die dem ganzen Gebäude der Zivilisation zugrunde liegt und die das Werk des Geistes ist.

Nehmen Sie einmal an (und diese Annahme stammt nicht von mir, sie stammt, glaube ich, von einem englischen oder amerikanischen Schriftsteller, dessen Namen ich vergessen, dessen Buch ich nicht gelesen habe; ich entnehme ihm nur die Idee, die ich vor langer Zeit in einer Zusammenfassung gefunden habe) ... der Autor, um den es geht, nimmt an, daß eine Art geheimnisvoller Krankheit alles Papier, das es auf der Welt gibt, befällt und schnell zerstört. Es gibt keinen Schutz und kein Gegenmittel, es ist unmöglich, das Mittel zu finden, das die Bakterien vernichten könnte, oder sich dem physikalisch-chemischen Phänomen entgegenzustellen, das die Zellulose angreift. Das unbekannte Nagetier dringt in Schubfächer und Truhen ein und zermahlt den Inhalt unserer Brieftaschen und Bibliotheken zu Staub; alles, was je geschrieben wurde, zerfällt.

Sie wissen, daß Papier die Rolle eines Speichers und eines Leiters spielt; es leitet nicht nur von einem Menschen zum anderen, sondern auch von einer Zeit in die andere, *ein sehr vielseitiger Auftrag der Zuverlässigkeit und Glaubwürdigkeit.*

Stellen Sie sich vor, alles Papier sei verschwunden: Banknoten, Diplome, Verträge, Akten, Gesetzbücher, Gedichte, Zeitungen usw. Sogleich wäre alles gesellschaftliche Leben vernichtet, und aus dieser Ruine der Vergangenheit sähe man die Zukunft erstehen, das Virtuelle und das Mögliche, die *reine Wirklichkeit*.

Jeder fühlt sich sofort auf die unmittelbare Sphäre von Wahrnehmen und Tun reduziert; Zukunft und Vergangenheit jedes einzelnen werden ungeheuerlich zusammengedrängt; wir werden beschränkt auf den Umkreis unserer Sinne und unseres unmittelbaren Tuns.

Das ist ein einfaches Beispiel, um die ungeheure Rolle zu begreifen, die die Überlieferung des (geschriebenen) Wortes spielt. Nichts läßt besser die Zerbrechlichkeit der organisierten Welt und die *Geistigkeit* der gesellschaftlichen Welt begreifen als diese phantastische Hypothese.

Aber ich stelle noch eine weitere Hypothese auf, die viel weniger phantastisch ist und die also viel beeindruckender sein müßte: anstelle dieser Zersetzung, dieser Krankheit, dieser Schwindsucht des Papiers, das das schwache Unterpfand so vieler Dinge ist, stellen Sie sich jetzt vor, daß das *Unterpfand dieses Unterpfands* zerbricht: der Glaube, das Vertrauen, der Kredit, die wir diesem Papier gewähren und die seinen ganzen Wert ausmachen. Die Tatsache hat sich bereits ereignet, aber noch nie auf diese weltweite Weise, die wir ihr unglücklicherweise in unseren Tagen zuschreiben müssen.[4] Wir sind nicht mehr bei der Hypothese. Wir haben gesehen, wie feierlich geschlossene Verträge mit Füßen getreten wurden, daß andere von Tag zu Tag ihre Kraft verlieren; wir sehen, daß Staaten, *alle Staaten* ihren Verpflichtungen nicht nachkommen, daß sie ihre Unterschrift widerrufen, daß sie ihren Gläubigern den Schrecken der Leere entgegenhalten.

Wir haben erlebt, daß Gesetzgeber gezwungen waren, Privatleute von den Verpflichtungen zu entbinden, die private Verträge ihnen auferlegten.

Ich wage sogar etwas sehr Seltsames zu sagen, daß nämlich das *Gold* nicht mehr im vollen Besitz seines uralten und mythischen Herrschaftsrechtes ist; dieses Gold, das in seinem sehr schweren und kostbaren Atom das Vertrauen im Reinzustand schien! ...

Es handelt sich also um eine allgemeine Krise der Werte. Nichts kann sich ihr entziehen, weder im wirtschaftlichen noch im moralischen Bereich. Selbst die Freiheit kommt außer Mode. Die *fortgeschrittensten* Parteien, die sie vor fünfzig Jahren wütend forderten, verneinen und verstümmeln sie heute! ... Diese Krise erstreckt sich auf alles: die Wissenschaften, den *Code civil*, die Mechanik Newtons, die diplomatischen Gepflogenheiten, alles ist von ihr betroffen. Ich weiß nicht einmal, ob die Liebe nicht auf dem Wege ist, ganz anders gewertet zu werden, als sie es vor einem halben Dutzend von Jahrhunderten war ...

Kurz, Krise des Vertrauens, Krise der Grundbegriffe, es ist eine regelrechte Krise der menschlichen Beziehungen, das heißt eine Krise der Werte, die wir von den Vorfahren übernommen und vorgefunden haben.

Das ist noch nicht alles; wir müssen jetzt (und damit werde ich schließen) eine Krise des Geistes selbst ins Auge fassen. Ich lasse die beispiellose Krise der Wissenschaften beiseite, die jetzt daran zu verzweifeln scheinen, ihr altes Ideal der Vereinheitlichung und Erklärung des Universums zu bewahren. Das Universum löst sich auf, verliert jede Hoffnung auf ein einzigartiges Bild. Die Welt des äußerst Kleinen scheint seltsam verschieden zu sein von der, die sie durch ihre Zusammenballung bildet. Selbst die Identität der Körper geht darin verloren, und ich werde auch nicht von der Krise des Determinismus sprechen, das heißt von der Kausalität ...

Aber ich fasse die Gefahren ins Auge, die sehr ernsthaft die Existenz der höheren Werte des Geistes bedrohen.

Es ist klar, daß man sich einen fast glücklichen Zustand der Menschheit denken kann; zumindest einen stabilen Zustand, befriedet, organisiert, bequem (ich sage nicht, daß wir dem sehr nahe wären); aber man kann sich diesen Zustand vorstellen und sich gleichzeitig vorstellen, daß er sich mit einer sehr lauen intellektuellen Temperatur abfände: im allgemeinen *haben glückliche Völker keinen Geist*. Sie brauchen ihn nicht sonderlich.

Wenn also die Welt einem gewissen Weg folgt, den sie bereits beschritten hat, muß man schon heute *die Bedingungen, unter denen das und dank deren wir das, was wir am meisten bewundern, was bisher an Bewunderungswürdigstem hervorgebracht worden ist, seine Wirkungen hat ausüben können, gleichsam auf dem Wege des Verschwindens betrachten.*

Alles stimmt darin überein, die Chancen dessen, was es an

Edelstem und Schönstem geben könnte oder vielmehr hätte geben können, zu vermindern. Wie ist das möglich?

Ich stelle zunächst ganz einfach fest, daß sich bei uns eine Verminderung, eine allgemeine Abnahme der Sensibilität vollzogen hat. Wir Modernen sind sehr wenig sensibel. Der moderne Mensch hat stumpfe Sinne, er erträgt den Lärm, den Sie zur Genüge kennen, er erträgt ekelerregende Gerüche, grelle, irrsinnig scharfe und wechselnde Beleuchtung, er ist ständigen Vibrationen ausgesetzt; er bedarf brutaler Erregungsmittel, schriller Töne, infernalischer Getränke, kurzer, tierischer Regungen.

Er erträgt die Zusammenhanglosigkeit, er lebt in geistiger Unordnung. Andererseits wird diese Tätigkeit des Geistes, der wir alles verdanken, uns zuweilen zu leicht gemacht. Die koordinierte geistige Arbeit wird heutzutage von sehr mächtigen Mitteln unterstützt, die sie leichter machen, zuweilen so weit gehen, daß sie sie abschaffen. Man hat Symbole geschaffen, es gibt Maschinen, die die Aufmerksamkeit überflüssig werden lassen, die von der geduldigen und schwierigen Arbeit dispensieren; je weiter wir voranschreiten, desto mehr häufen sich die Methoden der Symbolisierung und der Abkürzung. *Sie zielen darauf ab, die Mühe des Nachdenkens abzuschaffen.*

Schließlich laufen die Bedingungen des modernen Lebens unausweichlich, unerbittlich darauf hinaus, die Individuen gleichzumachen, die Charaktere zu vereinheitlichen; und unglücklicher- und notwendigerweise *tendiert der Durchschnitt dazu, sich auf den niedrigsten Typus zu reduzieren.*

Weitere Gefahr: ich stelle fest, daß die Leichtgläubigkeit und Naivität auf dem Wege zu beunruhigender Entwicklung sind. Ich beobachte seit einigen Jahren eine Anzahl von Arten des Aberglaubens, die vor zwanzig Jahren in Frankreich noch nicht existierten und die allmählich bis in die Salons Eingang finden. Man erlebt, daß Personen von hohem Rang Tische rücken und Geister beschwören. Übrigens ist mir der auffallendste Zug der Gegenwart die *Nichtigkeit*; ohne Gefahr zu laufen, zu streng zu sein, kann ich sagen: wir sind gespalten in Nichtigkeit und Unruhe. Wir haben die schönsten Spielzeuge, die der Mensch je besessen hat: wir haben das Auto, wir haben das Jo-Jo, wir haben den Rundfunk und das Kino; wir haben alles, was geniale Leistung hat hervorbringen können, um mit Lichtgeschwindigkeit Dinge zu übermitteln, die nicht immer von höchster Qualität sind. Was für eine Fülle von Zerstreuungen! Niemals gab es so viele Spielzeuge! Niemals gab es so viel Erschreckendes!

Und schließlich: was für Pflichten! Pflichten, die sich sogar im Komfort verstecken! Pflichten, die die Bequemlichkeit, die Sorge um den nächsten Tag von einem Tag auf den anderen vermehren, denn die immer perfektere Organisation des Lebens fängt uns in einem immer enger werdenden Netz von Regeln und Zwängen, von denen wir viele gar nicht empfinden! Wir sind uns gar nicht bewußt, wem wir alles gehorchen. Das Telephon klingelt, wir laufen hin[5]; die Stunde schlägt, die Abmachung drängt uns ... Bedenken Sie, was für die Bildung des Geistes die festen Arbeitszeiten, die Anfahrwege, die wachsenden Anforderungen der Hygiene bis hin zu den Anforderungen der Rechtschreibung, die es früher nicht gab, bis hin zu den Fußgängerüberwegen bedeuten ... Alles erteilt uns Befehle, alles drängt uns zur Eile, alles schreibt uns vor, was wir zu tun haben, und alles schreibt uns vor, es automatisch zu tun. Die Erforschung der Reflexe wird heutzutage zum Hauptforschungsgebiet.

Nicht erst die Mode hat eine Disziplinierung der Phantasie eingeführt, *eine Regelung der Nachahmung*, die die Eintagsästhetik verborgenen wirtschaftlichen Kombinationen unterwirft ...

Schließlich sind wir in jeder Weise von einer geheimen, aber spürbaren Reglementierung beengt und beherrscht, die sich auf alles erstreckt, und wir sind verwirrt durch eine Zusammenhanglosigkeit von Reizen, die uns verfolgt und *die wir schließlich brauchen.*

Sind das nicht abscheuliche Bedingungen für eine höchste Produktion von Werken, vergleichbar jenen, die die Menschheit in den vergangenen Jahrhunderten hervorgebracht hat? Wir haben die Muße, *reif zu werden*, verloren, und wenn wir Künstler in uns selbst zurückkehren, finden wir in uns nicht mehr jene Kraft der früheren Schöpfer des Schönen: die Absicht zu dauern. Unter den vielen Arten absterbenden Glaubens, von denen ich sprach, gibt es eine, die bereits verschwunden ist: es ist der Glaube an die Nachwelt und deren Urteil.

Damit wären wir am Ende unseres Überblicks über die Unordnung, den ich sehr flüchtig habe anstellen müssen und den ich – wie sich aus der Sache ergibt – nicht habe ordnen können. Vielleicht erwarten Sie von mir eine Schlußfolgerung? Wir mögen es, daß das Stück gut ausgeht oder zumindest einen Schluß hat. Was den letzten Punkt angeht, so werden Sie sofort zufrieden sein. Was den anderen betrifft, so wiederhole ich Ihnen, daß gerade die Unmöglichkeit, zu einem Abschluß zu kommen, mein Thema ist. Das Bedürfnis, zu einem Abschluß zu kommen, ist so mächtig in uns, daß wir es unwiderstehlich und ganz unsinnig auf die Geschichte und die Politik übertragen. Wir zerlegen den Ablauf der Dinge in wohlgeordnete Tragödien, wir wollen, daß ein beendeter Krieg eine klar abgeschlossene Sache sei. Ich brauche Ihnen nicht zu sagen, daß dieses Gefühl unglücklicherweise illusorisch ist. Wir glauben auch, daß eine Revolution eine klare Lösung sei, und wir wissen, daß auch das nicht genau stimmt. Das sind grobe Vereinfachungen der Dinge …

Der einzige Abschluß einer Studie wie diese, eines Blickes auf das Chaos, der einzige, den eine Studie dieser Art wünschen läßt, wäre eine Vorausschau oder eine Vorahnung irgendeiner Zukunft. Doch ich verabscheue Prophetien. Vor einiger Zeit bat man mich, Mutmaßungen anzustellen über das Leben und über das, was es meiner Meinung nach in fünfzig Jahren sein könnte. Als ich die Schultern zuckte, setzte der Fragesteller seine Anforderungen herab; er senkte den Preis und sagte mir: »Und wo werden wir denn in zwanzig Jahren sein?« Ich antwortete ihm: »Wir gehen rückwärts in die Zukunft …«[6], und ich fügte hinzu: »Was konnte man im Jahre 1882, im Jahre 1892 von dem voraussehen, was sich seitdem ereignet hat? Im Jahre 1882, also vor fünfzig Jahren, konnte man unmöglich die Ereignisse und Entdeckungen vorausahnen, die das Gesicht der Welt gründlich verändert haben.« Und ich fügte noch hinzu: »Mein Herr, hätten Sie im Jahre 1882 vorausgesehen, daß Sie im Jahre 1932, um eine Straße in Paris zu überqueren, sich den Schutz eines Kleinkindes von sechs Monaten erbitten müssen, um den Fußgängerstreifen mit Hilfe eines Kindes zu überschreiten? ...« Er antwortete mir: »Das hätte *auch ich* nicht vorausgesehen.«

Kurz, es wird immer eitler und sogar immer gefährlicher, sich auf gestern und vorgestern zu stützen, um Voraussagen zu machen; aber es bleibt weise – und das ist mein letztes Wort –, sich auf alles oder doch fast alles gefaßt zu machen. Wir müssen in unserem Geiste und in unserem Herzen den Willen zur Klarsicht bewahren, die Unbestechlichkeit des Geistes, das Gefühl für Größe und Risiko des außerordentlichen Abenteuers, auf das sich die Menschheit, die sich vielleicht maßlos von ihren ersten und natürlichen Bedingungen entfernt hat, eingelassen hat, um ich weiß nicht wohin zu gehen.

[1932]

BILANZ DER INTELLIGENZ

Vor etwas mehr als zwei Jahren hatte ich die Ehre, von dieser selben Stelle aus zu Ihnen über etwas zu sprechen, das ich *Politik des Geistes* nannte. Vielleicht ist es Ihnen noch gegenwärtig, daß ich unter diesem (nicht besonders prägnanten) Titel meiner Besorgnis über den gegenwärtigen Zustand der Dinge in dieser Welt Ausdruck gab und die Vorgänge befragte, deren Urheber und deren Zeugen wir sind, wobei ich mich nicht so sehr um ihren politischen oder wirtschaftlichen Charakter kümmerte als vielmehr um den Zustand, in den sie die Dinge des Geistes versetzen. Ich bin ausführlich (vielleicht allzu ausführlich) auf diesen kritischen Zustand eingegangen, und ich sagte Ihnen im wesentlichen, daß derzeit auf sämtlichen Gebieten eine Verwirrung herrscht, deren Ende nicht absehbar ist. Wir stoßen darauf um uns her ebenso wie in uns selbst, in unserem Alltag, in unserem Verhalten, in den Zeitungen, in unseren Vergnügungen und selbst noch in unserem Wissen. Sprunghaftigkeit, hastiges Unterbrechen, überraschende Ablenkung machen allenthalben unsere Daseinsbedingungen aus. Bei vielen Individuen ist geradezu eine Sucht danach entstanden, und sie nähren sich im Geistigen gewissermaßen nur mehr von plötzlichen Abschweifungen und ständig wechselnden Reizen. »Sensationell« und »beeindruckend« charakterisieren als Schlagworte die ganze Epoche. Wir ertragen keine Dauer mehr. Wir können die Langeweile nicht mehr fruchtbar machen. Unsere Natur hat einen Horror vor der Leere – jener Leere, in die die Geister von ehedem ihre Ideale einzuzeichnen verstanden, ihre Ideen im Sinne Platons. In diesem Zustand, den ich als »chaotisch« bezeichnet habe, wirkt sich die Akkumulation der vom Menschen erarbeiteten Werke aus. Wohl deutet er auf eine gewisse Zukunft voraus, doch entzieht sich diese Zukunft weitgehend genauerer Vorstellung; und unter all den vielen Neuheiten wiegt diese fast am schwersten. Wir können aus dem, was wir wissen, keinerlei Umrisse einer Zukunft mehr ableiten, auf die wir mit einiger Gewißheit bauen dürften.

In der Tat haben wir in ein paar Jahrzehnten so viel zu Lasten der Vergangenheit abgerissen und neu errichtet, haben sie abgestoßen, zersetzt, haben die Ideen, die Methoden, die Institutionen, die sie uns überliefert hatte, so stark umgeordnet, daß die Gegenwart uns nun wie etwas Beispielloses, noch nie Dagewesenes entgegentritt. Wir sehen die Vergangenheit nicht mehr, wie ein Sohn seinen Vater sieht, von dem er sich etwas abschauen kann, sondern wie ein fertiger Mann ein Kind sieht ... Manchmal würden wir die Größten unter unseren Vorfahren am liebsten kurz ins Leben zurückrufen, um ihnen einiges vorzuführen und uns an ihrem Erstaunen zu ergötzen.

Oft mache ich mir den Spaß und denke mir aus, wie ich die eine oder die andere unserer großen Gestalten aus früherer Zeit wieder lebendig werden lasse. Ich biete mich ihr als Führer durch Paris an; ich höre sie, wie sie mich mit Fragen bedrängt, wie sie in erstaunte Rufe ausbricht; und ich spüre dabei, durch diesen einfachen Kniff, der mich dazu zwingt, das Alltäglich-Selbstverständliche mit Erstaunen zu sehen, wie ungeheuer verschieden doch durch den Lauf der Zeiten das Vorgestern vom Heute geworden ist. Recht bald allerdings gerate ich bei meiner Bärenführerrolle in Verlegenheit. Was müßte man auch alles wissen, um einem auferstandenen Descartes oder Napoleon unsere gegenwärtige Daseinsordnung zu verdeutlichen, um ihm verständlich zu machen, wie wir eigentlich unter so seltsamen Bedingungen zu leben vermögen, in einer Umwelt, die ihnen sicherlich recht bedrohlich, ja feindselig vorkommen muß. Diese Verlegenheit ist das Maß für den eingetretenen Wandel.

Ich kann die Fragen dieses alle Erwartungen übertreffenden Wandels hier nur streifen, durch den die Welt so tiefgreifend verändert worden ist, daß sie binnen weniger Jahre für den Beobachter, der sie noch ganz anders erlebt hat, kaum mehr wiederzuerkennen ist. Ich will nur hervorheben, wie wenig Zeit doch erforderlich war, um solch gewaltige Veränderungen zu bewirken, und ich möchte Ihre Gedanken vor allem ein wenig bei den Hauptursachen für diese plötzliche Mutation verweilen lassen. Ich denke an all die neuen, vollkommen neuen, staunenswert neuen Tatsachen, die seit Beginn des vorigen Jahrhunderts ans Licht getreten sind.

Bis dahin hatte die Wissenschaft ihre Untersuchungen nur an bekannten, *immer schon und unmittelbar spürbaren* Phänomenen vorgenommen. Gewiß hatte sich die Vorstellung vom Universum nachhaltig verändert, gleichzeitig und in Verbindung damit auch die Auffassung von Wissenschaft selbst; doch waren die beobachtbaren Phänomene einerseits, die Möglichkeiten zur Einwirkung seitens des Menschen andererseits nicht sehr stark vermehrt worden. Im Jahre 1800 nun (glaube ich) eröffnet die Entdeckung des elektrischen Stroms mittels der bewundernswerten Erfindung der Batterie diese Ära der neuen Tatsachen, die das Aussehen der Erde verändern. Es ist durchaus nicht überflüssig, bei diesem Datum innezuhalten und sich klarzumachen, daß ja seit dieser Revolution erst einhundertfünfunddreißig Jahre vergangen sind. Sie kennen die erstaunliche Folgeentwicklung: den gesamten Bereich der Elektrodynamik und des Elektromagnetismus, der sich der leidenschaftlichen Neugier der Wissenschaftler auftat, die immer zahlreicher werdenden Anwendungen davon, die Beziehungen zwischen Elektrizität und Licht, die theoretischen Konsequenzen, die sich daraus ergeben; die Strahlung schließlich, deren Erkundung unsere sämtlichen physikalischen Kenntnisse, ja unsere Denkgewohnheiten überhaupt in Frage gestellt hat.

Halten Sie sich jetzt aber vor Augen, wieviel dieser radikal neuen, unmöglich vorherzusehenden Tatsachen in weniger als anderthalb Jahrhunderten uns geistig überrascht haben, vom elektrischen Strom bis zu den Röntgenstrahlen und den verschiedenen anderen Strahlungen, die seit Curie entdeckt werden; fügen Sie dem noch die ungezählten Anwendungen hinzu, vom Fernschreiber bis zum Fernseher[1], und Sie werden sich beim Nachdenken über dies noch völlig unberührte

Neue, das sich der menschlichen Welt da auftat (und dessen Wachstum ohne Grenzen zu sein scheint), bewußt werden, *welche Anpassungsleistung damit einer Spezies zugemutet wird, die seit unvordenklicher Zeit in die Betrachtung und Nutzung der unmittelbar beobachtbaren, immer gleichen Phänomene beschlossen war.*

Ich will Ihnen hier eine kleine Geschichte vortragen, um den Gedanken, auf den es mir ankommt, besser herauszuarbeiten, nämlich den Eintritt des Menschengeschlechts in einen Abschnitt seiner Geschichte, in dem jegliche Vorhersage, aus dem einzigen Grund, daß sie Vorhersage ist, auch schon zur Fehlerquelle, zu einem verdächtigen Produkt unseres Geistes wird.

Denken Sie sich also einmal, die größten Naturforscher, die bis zum Ausgang des 18. Jahrhunderts existiert haben, Archimedes und Newton, Galilei und Descartes, wären versammelt an einem Ort in der Unterwelt und ein Abgesandter der Erde überbrächte ihnen einen Dynamo, den sie in aller Ruhe untersuchen sollten.[2] Sie bekommen gesagt, dieser Apparat diene den oben lebenden Menschen jetzt zur Erzeugung von Bewegung, von Licht oder von Wärme. Sie sehen ihn sich an; sie drehen an dem beweglichen Teil der Maschine. Sie lassen sie auseinandernehmen, untersuchen und sämtliche Bestandteile vermessen. Sie tun mithin alles, was sie können … Doch der Stromfluß ist ihnen nicht bekannt, sie wissen nichts von Induktion; sie haben gerade einmal eine Vorstellung von mechanischen Transformationen. »Wozu sollen diese aufgewikkelten Drähte sein?« fragen sie. Schließlich müssen sie ihre Ratlosigkeit eingestehen. Somit versagt das versammelte menschliche Wissen und alles Genie bei dem Versuch, das Geheimnis dieses mysteriösen Objekts zu ergründen und die neue Tatsache zu erahnen, die durch Volta eingeführt und durch Ampère, Ørsted, Faraday und die anderen ergänzt wurde …

(Wir wollen hier jedoch nicht die Feststellung übergehen, daß all diese großen Leute, die sich außerstande erklärten, den in die Unterwelt geratenen Dynamo zu verstehen, genau dasselbe taten wie wir, wenn wir ein Gehirn untersuchen, es wägen, sezieren, in feine Schichten zersägen und die fixierten Lamellen histologisch untersuchen. Dieser natürliche Transformator bleibt uns unerklärlich ...)[3]

Sie haben auch bemerkt, daß ich für mein Dynamo-Beispiel Geister erster Größe gewählt habe, die vollkommen hilflos, radikal unfähig waren, sich einen Apparat zu erklären, dessen Gebrauch heutzutage so vielen geläufig und im übrigen ja auch für das Leben in der Gesellschaft unentbehrlich geworden ist. Wir haben mithin das Privileg – oder das hochinteressante Unglück –, einem tiefgreifenden, schnellen, unaufhaltsamen Wandel in sämtlichen Bedingtheiten des menschlichen Handelns beizuwohnen.

Glauben Sie nur nicht, daß die Menschen vor uns im Laufe ihres Lebens ebenso spürbare und einschneidende Veränderungen hätten miterleben können. Einer meiner Freunde mokierte sich vor gut vierzig Jahren mir gegenüber einmal über den Ausdruck »Übergangszeit«[4] und meinte, das sei doch ein absurdes Klischee. »Alle Zeiten sind Übergangszeiten«, sagte er. Ich nahm daraufhin ein Stück Zucker (denn es war nach dem Essen), hielt es ihm hin, tat es dann in meine Kaffeetasse und sagte zu ihm:

»Denken Sie nicht, dieses Stück Zucker, das so lange ziemlich ungestört in der Zuckerdose lag, verspürt nun Empfindungen ganz neuer Art? Ist es nicht im Augenblick in einer Phase begriffen, die es mit Recht als ›Übergang‹ bezeichnen kann? Denken Sie nicht, eine Frau, die ein Kind erwartet, fühlt sich doch in einem sehr anderen Zustand gegenüber vorher und kann diese Zeit ihres Daseins eine Übergangszeit nennen? Ich hoffe es jedenfalls für sie und für das Baby.«

Und heute nun sage ich:

»Denken Sie nicht, ein Mensch, der beispielsweise die Jahre von 1872 bis 1890 erlebt hätte und dann anschließend die Jahre von 1890 bis 1935, der hätte zwischen diesen beiden Abschnitten seines Lebens keinen Unterschied in der Gangart verspürt?«[5]

Ich will Ihnen nicht erneut all das aufzählen, was da seit dreißig Jahren so stark verändert, gewandelt, entstellt wurde, denn ich habe Ihnen ja vor zwei Jahren bereits das Wesentliche aus der Liste der Transformationen aufgezeigt. Ich will nur, um meine Gedanken von damals zusammenzufassen und das heute zu behandelnde Thema anzugehen – ich will Ihnen nur sagen, daß man vor dreißig Jahren etwa noch die Dinge dieser Welt *unter historischem Aspekt* prüfen konnte, das heißt, nach allgemeiner Auffassung ließ sich in der damaligen Gegenwart noch die Fortsetzung und Weiterentwicklung der Ereignisse erblicken, die in der Zeit davor stattgefunden hatten. Im allgemeinen Verständnis herrschte noch Kontinuität. Man fand ohne große Schwierigkeiten Modelle, Beispiele, Präzedenzfälle, Gründe in den Dokumenten, den hinterlassenen Erinnerungen oder den Geschichtswerken. Das galt generell; und von einigen Neuheiten im industriellen Bereich abgesehen ließen sich sämtliche Bestandteile der Zivilisation mühelos mit der Vergangenheit verknüpfen. Doch in den dreißig oder vierzig Jahren, die wir jetzt durchlebt haben, ist auf sämtlichen Gebieten allzu viel des Neuen aufgetreten. Zu viele Überraschungen, zu viele Schöpfungen, zu viele Zerstörungen, zu viele plötzliche, gewaltige Entwicklungen haben mit großer Heftigkeit jene geistige Tradition, jene Stetigkeit, von der ich sprach, unterbrochen. Und jeden Tag zahlreicher sind völlig unerwartete, nie dagewesene Probleme von allen Seiten her auf uns eingestürmt, sei es in der Politik, sei es in den Künsten oder den Wissenschaften; in sämtlichen menschlichen Angelegenheiten sind die Karten gründlich durcheinandergemischt worden. *Der Mensch findet sich von einer Menge Fragen bedrängt, an die bislang noch nie ein Mensch gedacht hat*, Philosoph, Gelehrter oder wer auch immer; alle Welt ist wie überrumpelt. *Jeder einzelne gehört zwei Zeitaltern an.*

In älterer Zeit hatte man an Neuem kaum je anderes erlebt als Lösungen für Probleme oder Antworten auf Fragen, die schon uralt, ja unvordenklich waren. Doch unser Neues besteht jetzt in der Unerhörtheit der Fragen selbst, nicht nur der Lösungen; in den Formulierungen, nicht nur den Antworten.

Daher denn auch der allgemeine Eindruck von Ohnmacht und Zusammenhanglosigkeit, der in unserem Denken vorherrscht, der dort jenen angstvollen Zustand ausprägt, an den wir uns nicht gewöhnen, für den wir aber auch kein Ende absehen können. Einerseits eine Vergangenheit, die nicht abgetan oder vergessen ist, doch eine Vergangenheit, der wir kaum etwas entnehmen können, das uns Orientierung für die Gegenwart und Vorstellungshilfe für die Zukunft böte. Andererseits eine Zukunft ohne klare Umrisse. Wir sind Tag für Tag irgendeiner neuen Erfindung ausgeliefert, irgendeinem Vorfall oder Zufall, sei es im Materiellen oder im Geistigen.

Es genügt, eine Sammlung von nur ein paar Monate alten Zeitungen in die Hand zu nehmen, um zu sehen, wie beharrlich die Vorhersagen auch der kompetentesten Leute in kürzester Frist von den Ereignissen durchkreuzt werden. Ist es allzu gewagt, wenn ich hinzufüge, ein kompetenter Mensch ist ein Mensch, der sich irrt, jedoch nach allen Regeln der Kunst? Ich muß an jenen Hirntrust[6] denken, der in Amerika zusammengerufen wurde und der nach mehreren Wochen, noch immer diskutierend, auseinanderging.

Allenthalben gewahren wir weltweit nur Ansätze, Pläne, Experimente, Versuche, Herumstümpern in allen Kategorien.

Rußland, Deutschland, Italien, die Vereinigten Staaten gleichen großen Laboratorien, in denen Forschungen von bislang unbekannten Ausmaßen vor sich gehen; in denen man einen neuen Menschen herzustellen sucht, eine neue Ökonomie, neue Sitten, ein neues Leben, ja sogar neue Religionen. Und desgleichen in den Wissenschaften, in den Künsten und allen menschlichen Dingen.

Doch angesichts dieses einerseits so beängstigenden, andererseits so aufregenden Zustands stellt sich die Frage nach der menschlichen Intelligenz; die Frage nach der Intelligenz, ihren Grenzen, ihrer Bewahrung, ihrer wahrscheinlichen Zukunft stellt sich ihr selbst und erscheint ihr als die entscheidende Frage des Augenblicks.

Tatsächlich sind ja die Unübersichtlichkeit, von der ich sprach, und die Schwierigkeiten, auf die ich hinwies, nur die offensichtlichen Folgen der intensiven geistigen Entwicklung, welche die Welt verwandelt hat. Am Ursprung dieser Krise stehen der Kapitalismus der Ideen[7] und Kenntnisse und die

Arbeiterbewegung des tätigen Geistes. Mühelos entdecken wir an der Wurzel der politischen und wirtschaftlichen Vorgänge unserer Zeit Gedanken, Forschungen, Überlegungen, geistige Arbeit. Ein einziges Beispiel: die Einführung der Hygiene in Japan hat bewirkt, daß die Bevölkerung dieses Reiches sich in fünfunddreißig Jahren verdoppelt hat! Einige wenige Begriffe haben in fünfmal sieben Jahren einen ungeheuren politischen Druck erzeugt.

So hat die Tätigkeit des Geistes in furiosem Ausgreifen und blindem Hingerissensein konkrete Mittel von größter Wirksamkeit geschaffen und damit ganz enorme Vorgänge im Weltmaßstab ausgelöst, und diese Veränderungen der menschlichen Lebenswelt drängen sich plan- und ordnungslos auf, vor allem aber ohne Rücksicht auf die lebende Natur, auf die Langsamkeit ihrer Anpassung und Entwicklung, auf ihre ursprünglichen Grenzen. Man kann sagen, *alles, was wir wissen* – und das bedeutet auch: *alles, was wir können* –, hat sich am Ende gegen das gestellt, *was wir sind*.

Und nun stehen wir vor einer Frage: nämlich ob diese gewaltig veränderte Welt, die durch so viel so unklug eingesetzte Macht so schrecklich verstört ist, endlich vernünftige Statuten erhalten kann, rasch zu einem erträglichen Gleichgewichtszustand zurückfinden, vielmehr überhaupt dorthin finden kann. Mit anderen Worten, kann der Geist uns aus der Lage herausführen, in die er uns gebracht hat? (Halten wir fest, daß das Wort *vernünftig*, das ich soeben gebraucht habe, im Grunde gleichbedeutend mit *rasch* ist, denn ein Gleichgewicht wird sich mit Sicherheit wieder einstellen, wie auch nach dem Untergang des Römischen Reiches sich ein Gleichgewicht wieder eingestellt hat, doch hat dies mehrere Jahrhunderte in Anspruch genommen. Es hat sich *über die Tatsachen* wieder eingestellt, während meine Frage ist, ob der Geist durch unmittelbares und sofortiges Handeln in der Lage sein wird, *vernünftig*, und das heißt auch *rasch*, binnen weniger Jahre, ein Gleichgewicht zustande zu bringen.)

Meine ganze Frage läuft also auf dies hinaus: ob der menschliche Geist wird überwinden können, was der menschliche

Geist gemacht hat? Ob der menschliche Verstand zunächst wird die Welt retten können und dann sich selbst? Eine Art Prüfung dessen, was der Geist gegenwärtig taugt, was er in Kürze noch taugen wird, was sein wahrscheinlicher Wert sein wird, ist also Gegenstand des Problems, das ich mir stelle – und das ich nicht lösen werde.

Nein, erwarten Sie bitte nicht von mir, daß ich auch nur im Traum daran dächte, es zu lösen! Davon kann keine Rede sein. Ich schmeichle mir nicht einmal, es vollständig oder klar oder eindeutig formulieren zu können. Je häufiger sich diese Frage bei mir eingestellt hat, desto mehr sah ich, wie kompliziert sie ist. Ohne also vereinfachen zu wollen, was alles andere als einfach ist, ohne aufhellen zu wollen, was gerade erst Licht bringen soll und in sich völlig dunkel ist, will ich doch versuchen, Ihnen einen Eindruck von der Frage selbst zu geben; und um dieses Ziel zu erreichen, wird es wohl genügen, so hoffe ich, Ihnen die Art und Weise vorzuführen, wie das moderne Leben, das Leben der großen Mehrzahl der Menschen mit deren Geist umgeht, wie es ihn traktiert, stimuliert und strapaziert. Ich meine, das moderne Leben behandelt alles Geistige so, daß man mit Fug und Recht sich große Sorgen um die Bewahrung des geistigen Wertebereichs machen kann.

Die Bedingungen, unter denen der Geist arbeitet, haben in der Tat dasselbe Schicksal erlitten wie alle übrigen menschlichen Dinge, das heißt, sie haben teil an der allgemeinen Intensivierung und Beschleunigung der Austauschvorgänge und leiden unter der Zusammenhanglosigkeit, dem phantastischen Schillern der Ereignisse. Ich gestehe Ihnen, daß ich so entsetzt bin von gewissen Symptomen der Abnahme und des Verfalls, die ich im allgemeinen Gang von Erzeugung und Verbrauch des Geistigen feststelle (oder festzustellen glaube), daß ich manches Mal an der Zukunft verzweifeln möchte! Ich entschuldige mich dafür (und beschuldige mich doch selbst zugleich), daß ich bisweilen dahinträumend die Intelligenz des Menschen und all das, wodurch sich der Mensch von der tierischen Linie absetzt, eines Tages verkümmern und die Menschheit unmerklich in einen instinkthaften Zustand, bis zur Fahrigkeit und Belanglosigkeit des Affen, zurücksinken sehe. Sie würde nach und nach einer Gleichgültigkeit, einer Achtlosigkeit, einer Instabilität verfallen, wie manches am Geschmack, am Verhalten und Bestreben der gegenwärtigen Welt diese schon kundtut oder jedenfalls zu befürchten Anlaß gibt. Und ich sage mir dann (ohne allzu große Überzeugung):

»Die ganze Menschheitsgeschichte, insofern sie das Denken manifestiert, war vielleicht nur etwas wie eine Krise, ein abwegiger Trieb, vergleichbar einer jener plötzlichen Veränderungen, die sich in der Natur beobachten lassen und die auf ebenso unerklärliche Weise wieder verschwinden, wie sie aufgetreten sind. Es hat instabile Gattungen gegeben und monströse Gebilde an Größe, an Kraft und Kompliziertheit, und sie haben nicht überdauert. Wer weiß denn, ob nicht unsere ganze Kultur nur eine Hypertrophie ist, ein unhaltbarer Auswuchs, der in nur ein bis zwei Jahrhunderten hervorgetrieben wurde und nun wieder zurückschrumpft?«[8]

Sicher ist dies ein weit übertriebener Gedanke, den ich hier auch nur vorbringe, um Ihnen unter etwas vergröberten Zügen spürbar zu machen, wie sehr man um das Schicksal des Intellekts besorgt sein kann. Doch ist es nur allzu leicht, diese Befürchtungen zu rechtfertigen. Um Ihnen den realen Kern davon vorzuführen, wird es genügen, auf ein paar Punkte zu deuten, einige der dunklen Punkte am Horizont des Geistes.

Beginnen wir mit der Untersuchung jenes Vermögens, das grundlegend ist und das zu Unrecht der Intelligenz gegenübergestellt wird, für die sie im Gegenteil die tatsächliche Antriebskraft darstellt: ich meine die Sensibilität. Ist die Sensibilität des modernen Menschen durch die augenblicklichen Lebensumstände aufs stärkste gefährdet und hat es den Anschein, in Zukunft solle mit dieser Sensibilität nur immer noch roher umgesprungen werden, so sind wir zu der Annahme genötigt, die Intelligenz werde durch die Beschädigung der Sensibilität zutiefst in Mitleidenschaft gezogen. Wie aber kommt es zu dieser Beschädigung?

Unsere moderne Welt ist völlig mit der immer wirksameren, immer gründlicheren Ausbeutung der natürlichen Energien beschäftigt. Nicht genug damit, daß sie sie aufsucht und verbraucht, um die konstanten Bedürfnisse des Lebens zu befriedigen, sie verschwendet sie auch, und sie hält sich selbst zur Verschwendung an, bis hin zur Weckung bisher völlig unbekannter (ja völlig unvorstellbarer) Bedürfnisse, ausgehend von den zur Stillung dieser nie dagewesenen Bedürfnisse eingesetzten Mitteln.[9] Beim Stand unserer industriellen Zivilisation nimmt sich alles so aus, als würde man erst eine bestimmte Substanz entwickeln, um danach eine deren Eigenschaften entsprechende Krankheit zu erfinden, zu deren Heilung sie eingesetzt werden, einen Durst, den sie stillen, einen Schmerz, den sie abstellen kann. Man impft uns mithin – zum Zwecke der Bereicherung – Wünsche und Neigungen ein, die in unserem tieferen physiologischen Leben gar keine Wurzeln haben, vielmehr das Ergebnis vorsätzlich betriebener psychischer oder sensorischer Erregungen sind. Der moderne Mensch berauscht sich an Verschwendung. Mißbrauch der Geschwindigkeit, Mißbrauch des Lichts, Mißbrauch der Stärkungs-, der Rausch- und Reizmittel ... Mißbrauch bei der Abfolgefrequenz der Eindrücke; Mißbrauch der Vielfalt; Mißbrauch der Resonanz; Mißbrauch der Daseinserleichterungen; Mißbrauch des Wunderprächtigen; Mißbrauch jener phantastisch trickreichen Auslösevorrichtungen, die ungeheure Wirkungen vom Knopfdruck eines Kindes abhängig machen. Dergleichen Mißbrauch ist aus dem derzeitigen Leben gar nicht wegzudenken. Unser organisches System, das beständig immer neuen mechanischen, physikalischen und chemischen Experimenten ausgesetzt ist, verhält sich angesichts dieser mächtigen Rhythmen, die man ihm aufzwingt, etwa so wie bei einer *schleichenden Intoxikation.* Es gewöhnt sich an sein Gift, bald schon verlangt es danach. Jeden Tag findet es seine Dosis ungenügend.

Zu Zeiten Ronsards begnügte sich das Auge noch mit einer Kerze, wenn nicht gar mit einem in Öl getauchten Docht; die Gelehrten, die damals bevorzugt nachts arbeiteten, lasen (und was für Schwarten!) oder schrieben selbstverständlich beim Scheine einer elenden Funzel. Heute verlangt das Auge nach zwanzig, fünfzig, hundert Kerzen. Das Ohr verlangt sämtliche Register des Orchesters, läßt die schlimmsten Dissonanzen über sich ergehen, gewöhnt sich an das Donnern der Lastwagen, an das Pfeifen, Quietschen und Rumpeln der Maschinen, und es will das alles manchmal sogar in der Musik der Konzerte wiederfinden.

Was unseren zentralsten Sinn angeht, jenen inneren Sinn für den Abstand zwischen Begehren und Besitzen eines Gegenstandes, der nichts anderes ist als der Sinn für Dauer, das Empfinden für Zeit, so war für ihn früher das Sausen der Rennpferde das höchste der Gefühle; heute findet er die Schnellzüge schon recht langsam, und die elektrisch übermittelten Botschaften sind für ihn von tödlicher Langeweile. Schließlich wird nach den Ereignissen selber verlangt wie nach einer Nahrung, die gar nicht scharf genug sein kann. Wenn einmal morgens kein großes Unglück in der Welt geschehen ist, dann fühlen wir eine Leere: »Heute steht nichts in den Zeitungen«, sagen wir dann. Damit sind wir ertappt: wir sind doch alle süchtig nach Ereignissen. So darf ich wohl sagen: es gibt bei uns etwas wie eine Energiesucht, wie es eine Temposucht und eine Größenordnungssucht gibt.

Für Kinder kann ein Schiff nie groß genug, ein Wagen oder ein Flugzeug nie schnell genug sein, und der Gedanke der absoluten Überlegenheit der quantitativen Größe, ein Gedanke, dessen Naivität und Grobschlächtigkeit offenkundig sind (ich hoffe es jedenfalls), ist einer der für die moderne Spezies Mensch am meisten kennzeichnenden. Will man wissen, worin die Manie des Tempos (zum Beispiel) die Fähigkeiten des Geistes beeinträchtigt, so findet man mühelos um sich her und bei sich selbst sämtliche Gefahren der Intoxikation, von der ich sprach.

Vor gut vierzig Jahren habe ich darauf hingewiesen, daß eines der kritischen Phänomene der Weltgeschichte das Verschwinden der freien Erde[10] sei, das heißt die abschließende Besetzung der Erdgebiete durch organisierte Nationen, die Abschaffung der Güter, die niemandem gehörten. Parallel zu diesem politischen Phänomen stellt man indessen das Verschwinden der freien Zeit fest. Freier Raum und freie Zeit sind nur mehr Erinnerungen. Die freie Zeit, um die es hier geht, ist nicht die Freizeit im üblichen Sinne. Die scheinbare

Freizeit existiert durchaus noch, und sie wird sogar verteidigt und ausgeweitet durch gesetzgeberische Maßnahmen wie durch mechanische Fortschritte, im Gegenzug gegen die Vereinnahmung der Stunden durch die Arbeit. Der Arbeitstag und seine Stundeneinteilung werden vom Gesetz bemessen und geregelt. Doch ich sage, die innere Freizeit, welche etwas ganz anderes ist als die chronometrische Freizeit, geht dahin. Wir verlieren jenen wesentlichen Frieden der Tiefe unseres Wesens, jene unschätzbare Zeit des Außer-uns-Seins, während der die empfindlicheren Elemente des Lebens sich erquicken und stärken, während der unser Inneres sich gewissermaßen von allem Vergangenen und Kommenden reinigt, vom Bewußtsein des Gegenwärtigen, von den harrenden Pflichten und den lauernden Erwartungen ... Keine Sorge, kein Morgen, kein innerer Druck; vielmehr eine Art Ausruhen in der Abwesenheit, ein wohltuendes Unbesetztsein, das den Geist in seine eigentliche Freiheit zurückstellt. Er beschäftigt sich dann nur mit sich selbst. Seiner Pflichten gegenüber der praktischen Erkenntnis ledig und der Sorge um das Bevorstehende enthoben, kann er sich dann der Erzeugung von Gebilden rein wie Kristalle hingeben. Doch nun wird diese kostbare Ruhe gestört und vergeudet durch die unerbittliche Anspannung und Hetze unserer modernen Existenz. Sehen Sie bei sich selbst und um sich her! Das Umsichgreifen der Schlaflosigkeit ist beachtlich und hält sehr genau Schritt mit den übrigen Fortschritten. Wie viele Menschen allenthalben schlafen nur mehr einen synthetisch unterstützten Schlaf und beziehen ihre Dosis *Nichts* aus der hochentwickelten organischen Chemie! Vielleicht können neue, mehr oder minder *barbiturathaltige* Molekülverbindungen uns zu der Meditation verhelfen, die auf natürlichem Wege zu erlangen uns das Dasein zunehmend verwehrt. Vielleicht wird uns die Pharmakopöe eines Tages *Tiefe* verabreichen. Doch einstweilen sind Müdigkeit und geistige Wirrnis oft so stark, daß man ganz naiv sich nach den Tahitis sehnt, jenen Paradiesen der Einfachheit und der Faulheit, jenen langsamen und ungeregelten Lebensformen, die wir eigentlich gar nie gekannt haben. Die Primitiven kennen nicht die Notwendigkeit zeitlicher Feineinteilung.

Für die Alten gab es keine Minuten und keine Sekunden. Künstler wie Stevenson, wie Gauguin sind aus Europa geflüchtet, auf Inseln ohne Uhren. Postbote oder gar Telephon haben Platon nicht gestört. Vergil mußte nicht zum Zug. Descartes hing in den Grachten von Amsterdam seinen Gedanken nach. Unsere Bewegungen jedoch werden minuziös nach Bruchteilen der Zeit reguliert. Ein Zwanzigstel der Sekunde ist in manchen Bereichen der Praxis schon keine *quantité négligeable* mehr.

Gewiß ist der Organismus erstaunlich anpassungsfähig. Bislang hat er der immer unmenschlicheren Behandlung noch widerstanden, doch wird er dergleichen Zerreißproben wirklich unbegrenzt aushalten? Und damit noch nicht genug. Gott weiß, was wir über uns ergehen lassen müssen, was unsere bedauernswerte Nervenapparatur alles schlecht und recht auffangen muß ...! Alle Arten von Lärm bekanntlich; ekelerregende Gerüche, närrisch grelle Illuminationen mit heftigen Kontrasten. Unser Körper ist pausenlosen Erschütterungen ausgesetzt; und er verlangt nach immer heftigeren Aufputschmitteln, immer höllischeren Mixturen, nach immer kürzeren und brutaleren Reizen, um überhaupt noch zu empfinden und zu handeln.

Angesichts all dieser Tatsachen liegt mir die Schlußfolgerung gar nicht fern, daß die Sensibilität bei den Modernen im Abnehmen begriffen ist. Da immer stärkere Erregung, ständig wachsende Energie aufgebracht werden muß, damit wir etwas spüren, muß es wohl so sein, daß unser sinnliches Empfinden nach einer Phase der Verfeinerung nun zurückgeht. Ich bin eigentlich überzeugt, daß genauere Messungen der für die Sinne der Zivilisierten jeweils erforderlichen Energien ein Anheben der Wahrnehmungsschwelle ergeben würden, und das heißt ja, eine zunehmende Abstumpfung.

Dieser Rückgang der Empfindungsfähigkeit äußert sich recht deutlich in der allgemein wachsenden Gleichgültigkeit gegenüber allem häßlich und abstoßend Gestalteten.

Wir haben im Blick auf die künstlerische Bildung unsere Museen ausgebaut; wir haben in unseren Schulen eine Art von ästhetischer Erziehung eingeführt. Doch sind dies wohl lediglich Scheinmaßnahmen, die nur zur Verbreitung eines abstrakten Lehrstoffs führen, aber nicht zu positiven Wirkungen. Alles beschränkt sich offensichtlich darauf, ein oberflächlich-lebloses Wissen zu verabreichen, denn wir lassen es ja zu, daß unsere öffentlichen Wege, unsere Straßen und Plätze verschandelt werden durch Bauten, die Geist und Auge beleidigen, daß unsere Städte planlos auseinanderstreben, daß staatliche wie private Gebäude aufgeführt werden ohne jede Rücksicht auf die einfachsten Erfordernisse des Formgefühls.

Doch rühre ich hier eigentlich an moralische Dinge. Unser Niedergang in der Gestaltung von Gebäuden und Perspektiven rührt zu einem großen Teil von einer übersteigerten Kontrollmanie her, die ihrerseits ein Symptom für zurückgehendes Verantwortungsbewußtsein ist.

Diese Gestaltung von städtischen Bauten und Anlagen kann überhaupt nur ein willentliches und wohldurchdachtes Vorgehen sein. Sie ist ein Kunstwerk. Sie darf also nicht das Ergebnis von Überlegungen eines Ausschusses, eines Komitees, einer Kommission oder irgendeiner anderen Körperschaft sein, und seien diese noch so fachkundig zusammengesetzt. Bauen, das bedeutet hier, einen bestimmten Wunsch des Auges zu verwirklichen, einen Wunsch, den der Geist allmählich präzisiert, vertieft, der Verwirklichung durch Handeln in der Materie näher bringt. Doch eines der Kennzeichen für Charakterschwund in unserer Zeit ist die Unterwerfung des künstlerischen Handelns unter die Handlungskontrolle und das verbreitete Auftreten eines argwöhnischen Mitredeanspruchs.

Ich komme darauf später noch einmal zurück.

Lassen Sie uns nun einen der Hauptgegenstände unserer Untersuchung angehen, vielleicht den wichtigsten.

Alle Zukunft der Intelligenz hängt ab von der Erziehung, oder vielmehr von der geistigen Unterweisung aller Art, die den einzelnen zuteil wird. Die Ausdrücke Erziehung und Unterweisung sollten hier nicht zu eng verstanden werden. Man denkt für gewöhnlich, wenn man sie verwendet, an die systematische Bildung des Kindes und des Heranwachsenden durch Eltern und Lehrer. Übersehen wir indessen nicht, daß unser ganzes Leben ja als eine Erziehung gelten kann, zwar keine systematische, nicht einmal eine systematisierbare, sondern im Gegenteil eine wesenhaft plan- und ordnungslose, die zusammenkommt aus sämtlichen Eindrücken und allem aus dem Leben selbst Aufgenommenen, sei es nun gut oder schlecht. Geformt und unterwiesen werden die Jugendlichen ja nicht nur durch die Schule. Das Milieu und die Zeitumstände üben auf sie mindestens ebensoviel Einfluß aus wie die Erzieher. Die Straße, das allgemeine Reden, die Schauspiele, der Umgang mit diesem und jenem, die Moden, die einander ablösen (und mit Mode meine ich nicht nur Kleidung und Gebaren, sondern auch Sprachliches), üben eine nachhaltige Wirkung auf ihr Gemüt aus.

Richten wir unsere Aufmerksamkeit aber zunächst einmal auf den systematischen Unterricht, wie er dogmatisch in unseren Schulen erteilt wird. Ich möchte hierzu eine Vorbemerkung machen, die meines Erachtens durch eines der hervorstechendsten Merkmale unserer Zeit notwendig wird. Ich bin der Ansicht, es können keinerlei Fragen, das menschliche Leben betreffend, mehr erörtert werden, ohne die verschiedenen Formen in Betracht zu ziehen, die sie im Gesamten der zivilisierten Welt annehmen. In jeder Materie verlangt unsere Zeit von uns gebieterisch einen gegenüber früher erheblich ausgeweiteten Blick. Die Untersuchung eines menschlichen Problems läßt sich nicht mehr auf das begrenzen, was in einer bestimmten Nation vor sich geht. Sie muß unbedingt auf die Nachbarvölker ausgedehnt werden, ja bisweilen auf sehr weit entfernte Völker. Die menschlichen Beziehungen sind so eng und so zahlreich geworden, die Rückwirkungen sind oftmals so prompt und so unerwartet, daß die Hinwendung zu Phänomenen, gleich welcher Art, die sich in einem begrenzten Bezirk beobachten lassen, nicht mehr hinreicht, um uns über die in ebendiesem engen Bezirk herrschenden Existenzbedingungen und -möglichkeiten Klarheit zu verschaffen. Alle Erkenntnis heutzutage ist notwendig vergleichende Erkenntnis.

Nun, die Menschen von morgen, das heißt die Kinder und Jugendlichen von heute, werden sich in Europa in sehr unterschiedliche Gruppen aufteilen. Diese Gruppen werden morgen einander gegenüberstehen, in Wettbewerb, in Verbindung oder in Opposition zueinander treten. Wir müssen also durchaus vergleichend beobachten, was wir mit unseren Kindern machen und was die anderen Nationen mit ihren machen, und wir müssen die möglichen Folgen ungleicher Erziehung bedenken. Ich will hierbei nicht ausführlicher verweilen. Aber ich darf es doch nicht unterlassen, darauf hinzuweisen, daß in drei oder vier großen Ländern die gesamte Jugend seit ein paar Jahren einer Erziehungsdisziplin unterworfen wird, die ganz wesentlich politischen Charakter hat. *Politik zuerst*, das ist das Prinzip der Schul- und Ausbildungsprogramme in diesen Nationen. Diese Programme und Lehrpläne sind auf die einheitliche Formierung der jungen Gemüter ausgerichtet, und politische wie soziale Intentionen von beachtlicher Zielbewußtheit rangieren hier weit vor allen kulturellen Zielsetzungen. Bis in die letzten Einzelheiten des schulischen Lebens, die beigebrachten Verhaltensformen, die Spiele, das Lektüreangebot für die jungen Leute muß alles zusammenwirken, um aus ihnen restlos an ein bestimmtes Gesellschaftssystem und an bestimmte nationale und gesellschaftliche Zielvorhaben angepaßte Menschen zu machen. Die Freiheit des Geistes ist ganz entschieden der Staatsdoktrin untergeordnet. Gewiß variiert die Doktrin ihren Prinzipien nach von einem Land zum anderen, doch sie ist, so muß man es sagen, überall dieselbe hinsichtlich der angestrebten Einheitlichkeit. *Der Staat schafft sich seine Menschen.*[11]

Unsere Jugend wird sich also sehr bald schon einer anderen Jugend gegenübersehen, die jeweils sehr homogen ist, durchgebildet, abgerichtet und sozusagen *verstaatlicht*. Der moderne Staat dieses Typs duldet keinerlei Abweichungen in der Erziehung, und diese Erziehung, die schon im zarten Alter beginnt, läßt ihre Beute nicht mehr los, setzt das Begonnene fort und bringt es zur Perfektion durch nachschulische Systeme militärischen Zuschnitts.

Ich will und kann in diesen Überlegungen nicht länger fortfahren und beschränke mich darauf, die für mich bedeutsame Frage aufzuwerfen, eine Frage, auf die einzig die Zukunft die Antwort weiß:

»Was wird sich daraus für den Wert der Kultur ergeben? Was wird aus der Unabhängigkeit des Geistes, aus der Unabhängigkeit des Forschens und vor allem des Fühlens? Was wird aus der Freiheit der Intelligenz?«

Lassen wir dies. Kommen wir vielmehr auf Frankreich zurück, und sehen wir uns ein wenig unser Erziehungs- und Ausbildungssystem an.

Ich muß leider feststellen, daß dieses System, oder vielmehr was statt dessen vorhanden ist (ich weiß gar nicht, ob wir überhaupt ein System haben oder ob das, was wir haben, *System* genannt werden kann) – ich muß leider feststellen, daß unser Unterricht teilhat an der allgemeinen Unsicherheit, an der Planlosigkeit unserer Zeit. Und er ist sogar ein so getreues Abbild dieses chaotischen Zustands, dieser hochgradigen Konfusion und Zusammenhanglosigkeit, daß es genügte, unsere Lehrpläne und Unterrichtsziele zu studieren, um den geistigen Zustand unserer Epoche zu rekonstruieren und alle Züge unseres Zweifelns und Schwankens bei sämtlichen Werten darin wiederzufinden. Unser Unterricht ist nicht wie in den Ländern, von denen ich eben gesprochen habe, eindeutig von einer Politik bestimmt. Er ist untermischt mit Politik, was etwas ganz anderes ist; und zwar ist er in ganz unregelmäßiger und unsteter Weise mit Politik untermischt. Man kann sagen, er sei frei, doch wie wir selbst frei sind, nämlich so, daß unser Freiheitssinn in jedem Augenblick eingeschränkt ist durch die Furcht vor Auswüchsen, aber im nächsten Augenblick schon wieder angefacht wird durch die Furcht vor dem anderen Extrem. Kaum sind wir durch die sich ankündende Energieentfaltung etwas beruhigt, da sträuben wir uns auch schon gegen diese in Aussicht gestellte Demonstration.

Der Unterricht weist also seine Unsicherheiten auf, und er tut es auf seine Weise. Seine Sehnsucht ist geteilt zwischen Tradition und Fortschritt. Das eine Mal strebt er entschlossen voran, entwirft Programme, die mit etlichen literarischen oder wissenschaftlichen Traditionen aufräumen; das andere Mal läßt er sich aus Respekt für das, was man die *Humaniora*[12] nennt, wieder zu ihnen zurückholen, und es erhebt sich einmal mehr der sattsam bekannte Streit zwischen den Toten und den Lebenden, bei dem die Lebenden nicht immer die Oberhand behalten. Ich muß leider feststellen, daß bei diesen Diskussionen und bei dieser Alternative die grundlegenden Fragen gar nicht formuliert werden. Ich weiß, daß das Problem schrecklich schwierig ist. Die wachsende Menge der Kenntnisse einerseits, andererseits die Sorge um Bewahrung bestimmter Eigenschaften, die wir zu Recht oder zu Unrecht als in sich höherwertig ansehen, darüber hinaus aber auch als charakteristisch für die Nation, lassen sich nur schwer vereinen. Doch würde man das Subjekt der Erziehung selber ansehen: *das Kind*, aus dem es einen reifen Menschen zu machen gilt, und würde man sich fragen, was denn aus diesem Kind genau einmal werden soll, so scheint mir, wäre das Problem schlagartig verändert, und es würde jedes Programm, jede Lehrmethode in allen Einzelheiten am Grundgedanken dieser angestrebten Orientierung ausgerichtet und danach beurteilt. Nehmen wir an, man würde beispielsweise so sagen:

»Es gilt, diesem (beliebig ausgewählten) Kind die notwendigen Anschauungen zu vermitteln, damit es der Nation einen Menschen bringt, der in der Lage ist, seinen Lebensunterhalt zu verdienen, in der modernen Welt, in der er leben muß, auch wirklich zu leben, ein nützliches Element zu werden, kein gefährliches Element, sondern eines, das zum allgemeinen Wohlergehen beitragen kann; der andererseits in der Lage ist, alle Arten von Errungenschaften der Zivilisation zu genießen und zu vermehren; mithin den anderen möglichst wenig zur Last zu fallen und ihnen möglichst viel zu geben ...«

Ich behaupte nicht, diese Formel sei endgültig, vollständig oder auch nur zufriedenstellend. Ich behaupte nur, daß man in dieser Kategorie von Fragen vor allem anderen zu klaren Anschauungen kommen muß, wenn man in Sachen Unterricht Anordnungen erlassen will. Es ist klar, daß man zuerst den jungen Leuten die grundlegenden Konventionen nahebringen muß, die ihnen die Beziehungen mit ihresgleichen ermöglichen, und die Begriffe, die ihnen gegebenenfalls die Mittel an die Hand geben, im sozialen Umfeld ihre Stärken zu entwickeln oder ihre Schwächen auszugleichen. Sieht man sich jedoch an, was tatsächlich geschieht, so ist man frappiert, wie sehr die gängigen Methoden, wenn es denn Methoden sind (und nicht nur Kombinationen aus Routine und unüberprüft-vorgreiflichen Experimenten), solche Vorüberlegungen, die mir unabdingbar erscheinen, vernachlässigen. Die vorherrschenden Bemühungen um die Bildung der Kinder scheinen ein Tauziehen darzustellen zwischen den Ansprüchen der *klassisch* genannten Tradition und dem natürlichen Anliegen, sie mit der ungeheuren Entwicklung der modernen Kenntnisse und Fähigkeiten vertraut zu machen. Bald hat die eine Tendenz die Oberhand, bald die andere; doch nie wird in der Unmenge der Argumente die wesentliche Frage gestellt:

– *Was will man, und was soll man wollen?*

Darin ist nämlich eine Entscheidung impliziert. Es geht darum, sich den *Menschen unserer Zeit* vorzustellen, und diese *Vorstellung vom Menschen* in dem Umfeld, in dem er voraussichtlich leben wird, muß zunächst einmal etabliert werden. Sie muß hervorgehen aus präziser Beobachtung – und nicht aus den Gefühlen oder Vorlieben der einen oder der anderen, insbesondere nicht aus ihren politischen Hoffnungen. Nichts ist mehr von Übel, ist schädlicher und unergiebiger als Parteipolitik im Schulunterricht. In einem Punkt allerdings herrscht ebenso einmütige wie beklagenswerte Übereinstimmung. Sagen wir es ohne Umschweife: das reale Ziel des Unterrichts ist das *Diplom*.

Ich halte hierin nie mit meiner Meinung hinter dem Berge: das Diplom ist der Todfeind der Kultur. Je größer die Bedeutung der Diplome im Leben wurde (und diese Bedeutung ist aufgrund der wirtschaftlichen Verhältnisse ständig angewachsen), desto geringer wurde der Ertrag des Unterrichts. Je mehr kontrolliert und abgeprüft wurde, desto schlechter wurden die Ergebnisse.

Schlecht durch ihre Auswirkungen auf die allgemeine geistige Einstellung und auf den Geist überhaupt. Schlecht, weil das Diplom Hoffnungen weckt, die Illusion eines dem Diplomierten zustehenden Rechts. Schlecht wegen all der Schwindeleien und Unterschleifversuche, die dabei auftreten; wegen all der klugen Empfehlungen und Vorbereitungsstrategien, die dazu ersonnen werden, mithin wegen all der Unwahrhaftigkeit, die im Spiel ist, wenn diese gefürchtete Hürde genommen werden soll. Das ist doch wohl eine sonderbare, abscheuliche Initiation in das geistige und das zivile Leben.

Wenn ich mich im übrigen einzig auf die Erfahrung stütze und mir die Auswirkungen von Kontrolle im allgemeinen ansehe, so muß ich feststellen, daß Kontrolle in jeglichem Bereich dazu angetan ist, das Handeln zu beeinträchtigen, zu pervertieren ... Ich sagte es Ihnen schon: sobald ein Vorhaben einer Kontrolle unterworfen ist, bleibt das tiefere Ziel dessen, der es verfolgt, nicht mehr das Vorhaben selbst, sondern er verlagert sich darauf, der Kontrolle vorzubeugen, die Kontrollmethoden zu unterlaufen. Die Kontrolle der Lernerfolge ist nur ein Einzelfall und ein besonders sichtbarer Erweis dieser allgemeingültigen Beobachtung.

Das wichtigste Diplom bei uns, das ist das Baccalauréat.[13] Es hat dazu geführt, daß der Unterricht an einem streng definierten Programm orientiert und auf Abschlußprüfungen ausgerichtet ist, die für Prüfer, Lehrer und Prüflinge in allererster Linie einen totalen, einen radikalen und durch nichts ausgeglichenen Verlust von Zeit und Arbeit bedeuten. Wenn Sie ein Diplom einführen, eine genau definierte Studienkontrolle, so erleben Sie, wie von Stund an sich ein ganzer Apparat ausbildet, nicht weniger penibel als Ihr Programm, der als einziges Ziel hat, mit allen Mitteln dieses Diplom zu erringen. Da das Ziel des Unterrichts nun nicht mehr die geistige Bildung, sondern der Erwerb des Diploms ist, wird diese Mindestanforderung zum Gegenstand des Unterrichts. Es geht dann nicht mehr darum, Latein zu lernen, oder Griechisch, oder Geometrie. Es geht darum, etwas *leihweise* zu übernehmen und nicht mehr sich *anzueignen*, zu übernehmen, was man braucht, um das Baccalauréat zu bestehen.

Damit nicht genug. Das Diplom gibt der Gesellschaft Scheingarantien und den Diplomierten Scheinansprüche. Offiziell wird das Diplom als ein Wissen gewertet: lebenslang bewahrt es das Patentsiegel einer nur für diesen Augenblick und nur für diesen Zweck erworbenen Fähigkeit. Andererseits wird der im staatlichen Namen Diplomierte zu der Annahme gebracht, daß ihm damit auch etwas zustehe. Nie wurde eine für alle Beteiligten, den Staat wie die Individuen (und erst recht die Kultur), verheerendere Konvention getroffen. So hat man im Blick auf das Diplom beispielsweise erlebt, wie an die Stelle der Lektüre von Werken die Benutzung von Kurzfassungen trat, wie völlig unhaltbare Wissenschaftsabrisse entstanden, Sammlungen von vorgefertigten Fragen und Antworten, Exzerpte und was dergleichen Scheußlichkeiten mehr sind. Der Erfolg davon ist, daß nichts aus dieser bastardisierten Bildung mehr einem in Entwicklung befindlichen Geist zuträglich sein kann.

Ich will die verschiedenen Bereiche dieser abscheulichen Lehrstoffverabreichung nicht im einzelnen durchgehen; ich beschränke mich darauf, Ihnen vorzuführen, in welchem Grad der Geist durch dieses System in seinen empfindlichsten Teilen getroffen und versehrt wird.

Halten wir uns nicht lange bei der Frage nach Griechisch und Latein auf: das Auf und Ab der Geschichte des altsprachlichen Unterrichts läßt die Sache zum Gespött werden. Je nachdem, ob Ebbe oder Flut, wird ein bißchen mehr Griechisch oder ein bißchen mehr Latein in die Lehrpläne hineingedrückt oder wieder abgezogen. Doch was für ein Griechisch und was für ein Latein! Der Streit um die sogenannten *Humaniora* ist nichts als ein kultureller Schattenkampf. Der Eindruck, den man angesichts des üblichen Umgangs mit diesen unglücklichen, zweimal zu Tode gebrachten Sprachen bekommt, ist der einer absonderlichen Verfälschung. Es sind in Wahrheit keine Sprachen mehr, und auch keine Literaturen, womit man sich da noch beschäftigt, diese merkwürdigen Sprachkonstrukte dürften allezeit nur von Phantomen gesprochen worden sein. Für die allermeisten von denen, die sie angeblich erlernen, sind es sonderbare Riten, deren einzige Funktion darin besteht, die Schwierigkeiten eines Examens auszumachen. Gewiß haben sich Latein und Griechisch seit einem Jahrhundert sehr verändert. Gegenwärtig ist die Antike keineswegs mehr die von Rollin[14], ebensowenig wie die Meisterwerke der antiken Bildhauerei seit hundert Jahren der *Apollo vom Belvedere* noch der *Laokoon* sind; und gewiß beherrscht man weder das Latein der Jesuiten mehr noch dasjenige der Philologen. Das Latein, was man kann oder was man behauptet zu können, wird bestimmt durch die Abiturübersetzung als letztem und definitivem Ziel. Ich für meinen Teil bin der Ansicht, es wäre besser, den Unterricht in den alten Sprachen vollkommen fakultativ zu machen, ohne Pflichtprüfungen, und nur einige wenige Schüler gründlicher darin zu schulen, anstatt sie massenhaft zu zwingen, unverdauliche Brocken von Sprachen zu schlucken, die niemals existiert haben ... An den Sinn des altsprachlichen Unterrichts werde ich an dem Tag glauben, an dem ich in der Eisenbahn unter tausend Reisenden einen entdecke, der einen kleinen Thukydides oder einen hübschen Vergil aus der Tasche zieht und sich hineinvertieft, nachdem er sämtliche Zeitungen und mehr oder minder spannenden Romane in die Ecke geworfen hat.

Doch kommen wir zum Französischen. Zu diesem Punkt soll es mir genügen, Sie auf etwas ganz Ungeheures hinzuweisen: Frankreich ist das einzige Land auf der Welt, in dem man absolut nicht lernen kann, französisch zu sprechen. Gehen Sie nach Tokio, nach Hamburg oder Melbourne, es ist nicht ausgeschlossen, daß man Ihnen dort beibringt, wie Ihre Sprache korrekt auszusprechen ist. Doch begeben Sie sich einmal auf eine Frankreich-Reise, das heißt auf eine Reise durch die Akzente, und Sie werden ein Babel erleben. Das kann überhaupt nicht verwundern: das richtige Französisch spricht man spontan nur in den Gegenden, in denen die Sprache sich ausgebildet hat. Was den Beobachter allerdings erstaunen muß, die Erzieher indessen nicht zu erstaunen scheint, ist, daß die verschiedenen Aussprachen des Französischen: das Marseillais, das Pikardische, das Lyonnais, das Limousin, das Korsische oder das Germanische, in einer Nation, die sonst bekanntermaßen so sehr auf Einheitlichkeit hält, nicht so reformiert und korrigiert werden, daß alle Franzosen ihre Sprache an allen Stellen ihres Landes in gleicher Form vorfinden können.[15]

Hier kommen auch die Übel der Orthographie zu stehen. Gehen wir einmal die Provinzen unseres Landes durch. In den verschiedenen lokalen Mundarten finden wir im allgemeinen die Vokale des Französischen je nach der Gegend etwas abgewandelt. Andererseits stellen wir fest, daß die *Gestalt* der Wörter, jene artikulierte Gestalt, die in gewissem Sinne durch die *Konsonanten* geprägt oder umrissen ist, von all den Sprechern ganz streng, viel zu streng, gemäß der ruchlosen Orthographie gebildet wird. So hört man zum Beispiel, daß sämtliche in der Schrift verdoppelten Mitlaute, die im Französischen gar nicht als verdoppelte hörbar sein dürften, beim Sprechen entsetzlich verlängert werden. Auch bei nebeneinanderstehenden Lauten wird alles ausgesprochen. So wird zum Beispiel das *p* hörbar in Wörtern wie *somptueux* oder *dompter* ... Und wenn wir in Südfrankreich etwa sagen: *La valeur n'attend pas le nombre des années*[16], so verweilen wir auf dem *n* von *années* gern doppelt so lange als nötig.

Es ist hier nicht der Ort, um den Rechtschreibregeln vollständig den Prozeß zu machen. Die Verrücktheit unserer Orthographie, in der Tat eines der abstrusesten Erzeugnisse von der Welt, ist allgemein bekannt. Sie ist eine mit Befehls- oder Zwangscharakter versehene Sammlung etymologischer Irrtümer, die durch unerklärliche Entscheidungen künstlich festgeschrieben wurden. Lassen wir diesen Prozeß hier auf sich beruhen (nicht ohne jedoch darauf hinzuweisen, wie sehr die komplizierte Orthographie unsere Sprache gegenüber anderen benachteiligt. Das Italienische ist vollkommen phonetisch, wohingegen das Französische sich zwei Schreibweisen für *f*, zwei für *z* und deren sogar vier für *k* leistet usw.).[17]

Doch möchte ich auf die gesprochene Sprache zurückkommen. Denken Sie nicht auch, daß unsere Literatur, und im besonderen unsere Lyrik, unter der bei uns üblichen Vernachlässigung der Sprecherziehung leidet? Was soll aus einem Dichter werden, einem wirklichen Dichter, einem Mann, für den die Laute der Sprache und der Sinn des Gesagten gleichermaßen wichtig sind (*verstehen Sie mich recht: gleichermaßen wichtig!*), wenn er nach besten Kräften die rhythmischen Figuren und den Stimmklang seiner Verse bedacht hat und dann diese so besondere Musik der Poesie interpretiert oder vielmehr massakriert hört durch einen der verschiedenen Akzente, die ich vorhin aufgezählt habe? Doch selbst wenn der Akzent richtiges Französisch ist – die Diktion der Verse, wie sie in den Schulen praktiziert wird, ist schlicht kriminell.[18] Hören Sie sich doch einmal an, wie La Fontaine oder Racine in einer x-beliebigen Schule rezitiert wird! Die Anweisung lautet buchstäblich: *Herunterleiern*, und im übrigen wird den Kindern nie auch nur die geringste Ahnung von Rhythmus, von Assonanzen und Alliterationen vermittelt, was doch die lautliche Substanz der Dichtung ausmacht. Statt dessen verlangt man aber von den Kandidaten im Examen eine gewisse Kenntnis der Dichtung und der Dichter. Welch sonderbare Kenntnis! Ist es nicht verwunderlich, daß man solche rein abstrakte Vorstellung (die im übrigen nur entfernt etwas mit Dichtung zu tun hat) an die Stelle des direkten Empfindens eines Gedichtes setzt? Während man beim absurdesten Teil unserer Sprache, der Orthographie, auf Einhaltung dringt, duldet man die barbarischste Entstellung ihres phonetischen Teils, will sagen der lebendigen Sprache. Der Gedanke, der dahintersteckt, scheint hierbei wie auch sonst eine leichtere Kontrollmöglichkeit zu sein, ist doch nichts einfacher, als zu überprüfen, ob ein geschriebener Text mit der gesetzlich vorgeschriebenen Schreibweise übereinstimmt oder nicht, auf Kosten des wahren Wissens, nämlich der poetischen Empfindung. Rechtschreibung ist zum Kriterium für bessere Bildung geworden, während musikalisches Empfinden, Rhythmus und Gestalt der Sätze weder im Unterricht noch in den Prüfungen irgendeine Rolle spielen …

Erziehung beschränkt sich nicht auf Kindheit und Jugend. Lernen hört nicht mit der Schule auf. Das ganze Leben, unsere Umwelt ist unser Erzieher, ein strenger und ein gefährlicher Erzieher. Streng, denn für Fehler muß man hier schlimmer büßen als auf der Schulbank; gefährlich, denn wir sind uns dieser erzieherischen Beeinflussung durch die Umwelt und durch unseresgleichen, sei sie nun gut oder schlecht, kaum bewußt. Jeden Augenblick lernen wir etwas; doch sind diese unvermittelten Lektionen im allgemeinen nicht spürbar. Zum überwiegenden Teil bestehen wir aus all den Vorgängen, die auf uns eingewirkt haben; doch können wir die Wirkungen im einzelnen gar nicht unterscheiden, vielmehr akkumulieren und kombinieren sie sich in uns. Sehen wir ein wenig genauer zu, wie diese zufallsabhängige Erziehung uns verändert.

Zwei Arten dieser in jedem Augenblick möglichen Zufallslektionen möchte ich unterscheiden: die einen – das sind die guten, oder sie könnten es wenigstens sein – sind die *Sachlektionen*, will sagen die Erfahrungen, die wir machen müssen, die Tatsachen, die wir unmittelbar an uns selbst erleben oder erleiden. Je unmittelbarer dieses Erleben ist, je direkter wir die Dinge oder die Ereignisse oder die lebenden Wesen wahrnehmen, ohne unseren Eindrücken gleich Klischees oder vorgefertigte Formeln überzustülpen, desto größeren Wert haben diese Wahrnehmungen. Ich gehe noch weiter und sage (und dies ist kein Paradox): eine direkte Wahrnehmung ist um so wertvoller, je weniger wir sie ausdrücken können. Je mehr sie sich unserem sprachlichen Zugriff entzieht, desto mehr zwingt sie uns ja, unsere Sprachmittel zu erweitern.

Wir tragen einen ganzen Vorrat an fertigen Formeln, Bezeichnungen und sprachlichen Wendungen mit uns herum, die nichts als Imitation sind, die uns der Anstrengung des Denkens entheben und die wir als gültige, angemessene Lösungen zu nehmen geneigt sind.

Zumeist antworten wir auf etwas, das uns in Erstaunen versetzt, mit Worten, deren wahre Urheber wir gar nicht selbst sind. Unser Denken – oder was wir dafür halten – ist dann lediglich eine automatische Reaktion. Deswegen darf man sich selbst möglichst wenig *aufs Wort* glauben. Ich will damit sagen, das Wort, das uns in den Sinn kommt, ist im allgemeinen nicht von uns.[19]

Doch wo kommt es her? Hier tut sich nun die zweite Art von Lektion auf, wie vorhin erwähnt. Es ist dies nichts, was wir unserer unmittelbaren persönlichen Erfahrung entnehmen, sondern was unseren Lektüren und anderer Leute Mund entstammt.

Sie wissen es wohl, haben es aber vielleicht noch nicht gründlicher bedacht, in welchem Ausmaß die moderne Ära eine Zeit des *Redens* ist. Unsere Städte sind mit riesigen Lettern überzogen. Selbst die Nacht ist mit Leuchtworten bevölkert. Vom frühen Morgen an sind unzählige bedruckte Blätter in den Händen der Passanten, der Reisenden im Zug – selbst der Langschläfer in ihren Betten. Es genügt, im Zimmer an einem Knopf zu drehen, um die Stimmen der Welt zu vernehmen, bisweilen auch die Stimmen derer, die das Sagen über uns haben. Was die Bücher betrifft, noch nie hat man solche Mengen veröffentlicht. Noch nie hat man so viel gelesen, oder vielmehr so viel überflogen!

Was mag sich aus solchen Exzessen ergeben?

Die gleichen Effekte, wie schon beschrieben; nur ist es hierbei unsere sprachliche Sensibilität, die strapaziert wird, die abstumpft und verkommt ... Die Sprache verschleißt in uns.

Das Epitheton wird entwertet. Die Inflation der Reklame hat die Kraft der stärksten Adjektive auf Null fallen lassen. Das Lob und selbst die Beleidigung sind ausgelaugt; man muß sich das Hirn zermartern, um noch etwas zu finden, womit man die Leute bejubeln oder beschimpfen kann!

Außerdem werden durch die Masse der Veröffentlichungen, ihre Tagesfrequenz, den beständigen Fluß der Druckwerke jeder Eindruck und jedes Urteil davongeschwemmt, untergemengt und zerrieben, und unsere Hirne werden auf diese Weise zu einer tatsächlich recht *grauen* Materie, in der nichts vorhält, nichts dominiert und wodurch wir das merkwürdige Empfinden der Monotonie des Neuen haben, uns Wunder und Extreme nur noch langweilen.

Was muß aus diesen Befunden geschlossen werden?

So unvollständig sie sein mögen, ich denke doch, daß sie ausreichen, um ernsthafte Befürchtungen für das Schicksal der Intelligenz in der bisher bekannten Form nahezulegen. Wir verfügen über ein Modell des Denkens und über verschiedene geistige Richtwerte, die, obwohl sehr alt, um nicht zu sagen unvordenklich, dennoch vielleicht nicht ewig sind.

So können wir uns zum Beispiel noch kaum vorstellen, daß geistige Arbeit kollektiv sein könnte. Das Einzelwesen scheint unabdingbar für die Mehrung der höchsten Wissenschaft und die Schaffung der Künste. Ich für meinen Teil bleibe auch entschieden bei dieser Ansicht; doch erkenne ich darin mein eigenes Empfinden, und ich weiß, daß daran Zweifel angebracht sind: je stärker es ist, desto mehr finde ich meine Person darin, und ich sage mir, daß es nicht angeht, aus einer Person herauslesen zu wollen, welche Linien in die Zukunft führen. Angesichts der großen Rätsel, die die moderne Ära für uns bereithält, erlege ich mir Zurückhaltung auf. Ich sehe nur, daß sie uns ungeahnten geistigen Belastungsproben aussetzt.

Sämtliche Anschauungen, die unser Leben trugen, sind erschüttert. Die Wissenschaften führen den wilden Reigen an. Zeit, Raum, Materie, alles ist wie auf dem Feuer, und die Kategorien schmelzen dahin.

Was die politischen Prinzipien und die ökonomischen Gesetze angeht, so wissen Sie nur zu gut, daß Mephisto in Person sie heute offenkundig in seinem Hexensabbat engagiert hat.

Schließlich stellt sich auch noch die so schwierige und umstrittene Frage nach dem Verhältnis von Individuum und Staat: Der Staat, das heißt die immer genauere, engere, straffere Organisation, die dem Einzelmenschen soviel von seiner Freiheit, seiner Arbeit, seiner Zeit, seinen Kräften, mithin von seinem Leben nimmt, wie sie nur will, um ihm im Gegenzug – ja, was zu geben? Um ihm das zu geben, womit er den verbliebenen Rest genießen, ihn wieder ausbauen kann …? Das dürften schwer zu ermittelnde Anteile sein. Es hat den Anschein, als würde der Staat gegenwärtig immer stärker und als saugte er das Individuum fast völlig in sich auf.

Doch das Individuum, das ist auch die Freiheit des Geistes. Wir sahen nun aber, daß diese Freiheit (in des Wortes höchster Bedeutung) durch das bloße Wirken der modernen Lebensweise illusorisch wird. Wir werden beeinflußt, hin- und hergerissen, gegängelt, wir sind aller Widersprüchlichkeit, allem Mißklang unserer heutigen, innerlich zerrissenen Zivilisation hilflos ausgeliefert. Das Individuum ist schon angeschlagen, längst bevor der Staat es sich vollends einverleibt.

Ich hatte Ihnen gesagt, ich würde keine Lösungen anbieten können, doch schließen möchte ich mit einer Art Ratschlag.

Unter allen Zügen, die die Epoche aufweist, gibt es einen, über den ich nichts Schlechtes sagen will. Ich bin kein Gegner des Sports ... Ich meine den Sport, der nicht nur modisches Nachhampeln ist und auch nicht bloß Getöse in den Zeitungen macht. Die Idee des Sports ist mir lieb. Und ich übertrage sie gerne auf den Bereich des Geistes. Diese Idee ist dazu angetan, eine unserer angeborenen Eigenschaften zu höchster Entfaltung zu bringen, jedoch unter Bewahrung des Gleichgewichts aller anderen, denn ein Sport, der sein Subjekt verformt, ist ein schlechter Sport. Letztlich erfordert aber jeder ernsthaft betriebene Sport auch Entbehrungen, oftmals harte Strapazen, eine Hygiene, eine an den Ergebnissen meßbare Anspannung und Ausdauer – mithin eine wahrhafte Handlungsmoral, die abzielt auf die Entwicklung des Typus Mensch durch planmäßiges, auf vorgängiger Analyse beruhendes Training seiner Kräfte. Es ließe sich mit dieser nur scheinbar paradoxen Formel charakterisieren, wonach es etwas darstellt wie die reflektierte Ausbildung der Reflexe.

Der Geist indessen läßt sich, sosehr er auch Geist sein mag, durchaus mit analogen Methoden behandeln. Die Funktionsweise unseres Geistes kann aufgefaßt werden als eine weitgehend ungeregelte Abfolge aus unbewußten Produktionen und Interventionen des Bewußtseins. Mental gesehen sind wir eine Reihe von Transformationen, von denen die einen, die bewußten, komplexer sind als die anderen, die unbewußten. Bald träumen wir, bald wachen wir: so ist das Faktum schematisch ausgedrückt. Alle positiven, unbestreitbaren Fortschritte des menschlichen Vermögens nun verdanken sich der Nutzung dieser beiden Arten psychischen Daseins, bei Steigerung des Bewußtseins, und das bedeutet: Steigerung der willentlichen inneren Tätigkeit. Wenn der Zivilisierte auf so andere Weise denkt als der Primitive, dann als Folge der Überlegenheit der bewußten Reaktionen über die unbewußten Produkte. Gewiß, diese letzteren sind der unabdingbare und manchmal sehr kostbare Stoff, aus dem unser Denken ist, doch dessen bleibender Wert hängt letztlich ab vom Bewußtsein.

Der intellektuelle Sport besteht also in der Entwicklung und Beherrschung unserer inneren Akte. Wie der virtuose Geigen- oder Klavierspieler auf künstlichem Wege, durch Üben an sich selbst, dazu gelangt, die Bewußtheit seiner Impulse zu steigern und sie getrennt in der Weise zu beherrschen, daß ihm daraus eine Freiheit höherer Art erwächst, so gälte es auch in der Ordnung des Intellekts eine Kunst des Denkens zu erwerben, sich eine Art Lenkung oder Steuerung der Seelenvorgänge zu erarbeiten ... Ich wünschte, daß Ihnen solches vergönnt sei.

[1932]

IST GEIST EIN LUXUS?
ODER DIE NOTWENDIGKEIT DES NUTZLOSEN

Das Komitee für Literatur und Kunst ist hervorgegangen aus dem *Institut für Geistige Zusammenarbeit*, das seinerseits zu einer Zeit ins Leben gerufen wurde, die aus dem Gedächtnis der Menschen schon nahezu getilgt scheint, zu der man etwas großes Neues versucht hat, nämlich der Politik ein wenig *reinen Geist* zuzuführen oder doch zumindest näherzubringen.[1] Gar nicht sehr viel *reinen Geist*, denn sehr viel von dieser scharfen Essenz hätte alsbald alles zerstört, was da ist; sondern nur ein klein wenig mehr davon, als die menschlichen Geschäfte für gewöhnlich zulassen. Wir sollten doch zugeben, der Verzicht darauf tut ihnen nicht gut.

Ja, einige haben in der Tat geglaubt, die Betätigung des *interesselosen* Denkens, die Bestrebungen der Kunst, die Schöpfungen der organisierten Sensibilität, all diese eigentlich und substantiell nutzlosen Aktionen und Produktionen, ohne die das Leben aber auf einen gleichförmigen, bedrückend geschlossenen Zyklus von Handlungen, eine klägliche, von Ängsten und Alpträumen durchzogene Abfolge dumpfer Empfindungen und Leidenschaften schrumpft, könnten doch bei dem, was die Völker und ihre Führer beschäftigt, unter den materiell definierten Werten ihren Rang einnehmen und auf einige Beachtung zählen, die nicht rein illusorisch und folgenlos bleiben würde. Davon, daß in den Kreis der Begierden und Ansprüche auch Ideale einträten, erhoffte man sich eine wohltuende Wirkung, die, wie mir scheint, bislang noch ausgeblieben ist. Ganz offenkundig ist die Stunde noch nicht gekommen, in der die Interessen und Souveränitäten jene Macht als Realmacht anerkennen, die einzig dafür steht, daß die Menschen auch Menschen sind.

Länger will ich bei diesem Punkt nicht verweilen, fürchte

ich doch, mit dem, was mir dazu auf der Seele liegt, ins Uferlose zu geraten. Nichts erscheint mir jedenfalls mit mehr Macht als dieser Satz: Die meisten der Übel, unter denen wir heute leiden, der ständige Beklemmungszustand, die allenthalben anzutreffende Schmälsucht und Krittelei, ja selbst der verheerende Zustand der Wirtschaft sind nachweisliche Auswirkungen der menschlichen Dummheit und Leichtgläubigkeit. Dort steht der Feind.

Und dennoch, es gilt zu handeln, als sei die Hoffnung heil; und wir haben handeln wollen, als sei durch ein unvorstellbares Wunder man eines Tages so weit gekommen, von seiten der Politik im einzelnen Menschen nicht mehr nur einen Produzenten, einen Konsumenten, einen Steuerzahler, ein Werkzeug oder einen Wähler zu sehen, sondern *jemanden.* Wir wollten so handeln, als sei durch ein nicht minder großes Wunder man eines Tages so weit gekommen, Gedanken nicht mehr nur dann als Kräfte zu betrachten, wenn sie für partikulare Zwecke einsetzbar sind oder wenn sie gefährlich erscheinen. Man weiß sie zu erregen und anzustacheln, wenn man der Meinung ist, sie seien als Machtmittel verwendbar, man weiß sie zu ersticken, wenn man fürchtet, sie könnten Schaden anrichten.

Doch die Arbeit des Geistes, die den Geist selbst entwickelt, die jene seltsame Verwandlungskraft zu mehren trachtet, die im Menschen ist und sich in den höchsten Spitzen der Wissenschaft zeigt, Gestalt annimmt in den Werken der Kunst, die Kompositionen der Dichter bestimmt – wenn diese Arbeit gleich recht häufig und allenthalben geehrt, gefeiert und selbst »gefördert«, entlohnt, ja sogar subventioniert wird, so gilt sie nichtsdestoweniger als ein Luxus und wird in dieser Stellung mit Eifer und Nachdruck festgehalten, was sich eben durch diese gewährten Ehrungen und Auszeichnungen manifestiert. Es ist gerade so, wie man es noch bis unlängst mit den Damen hielt. Man überschüttete sie mit Artigkeiten, und sie herrschten über die Umgangsformen, doch über diese galanten Privilegien ging es nie hinaus, und bei der kleinsten geschäftlichen Angelegenheit war es mit ihrer Autorität zu Ende. Ihre Meinung, ihre Unterschriften galten alsbald nichts mehr.

Doch dieser Luxus, dessen Erzeugung Philosophen, Schriftsteller, Künstler aller Art ihr Leben widmen, ist überhaupt nicht das, was man glaubt; seine tiefere, positive Bedeutung kann ich mit zwei Worten erklären. Zunächst einmal ist er etwas, das seinen Weg aus dem Innersten des Menschen in das Innerste des Menschen nimmt und jene Fähigkeit zu gegenseitigem Verstehen zu entwickeln sucht, welche nach allem doch die notwendige Grundlage jeder Gesellschaft ist. Man denke doch nur einmal ein wenig an die Voraussetzungen für die Existenz der Sprachen und mache sich deutlich, wie sehr die denkende Person der denkenden Person bedarf, denn man muß ja zu zweit sein, um zu denken.

Aber ohne darauf näher einzugehen: man schaue sich doch einmal um bei den als ernsthaft geltenden Angelegenheiten, von denen der erfinderische, freie Geist so sorgfältig ausgeschlossen ist, und man betrachte die Prinzipien, die Denk- und Ausdrucksweisen, die Ziele und die Schärfe der Argumentation, wie sie in den Debatten herrschen, die Motive in den Auseinandersetzungen, Entscheidungen, Diskussionen, den Reden, die gehalten werden, was die Reizelemente jeglicher Politik ausmacht: Was findet man darin? Man findet dort – aber in welchem Zustand: als Trümmer, als Reflexe, zur Karikatur vergröbert ... – die geistigen Produkte, Ideen oder Figuren, die von den der eigentlichen Geistesarbeit hingegebenen Leuten erschaffen wurden, die daran gewöhnt sind, gründlich zu denken, abzuwägen und ihrem Denken die Kraft und die Präzision der Form zu geben ... Diese Denkarbeit ist es doch, die letzten Endes dem politischen Handeln alles liefert, was dieses dann benutzt, um sich eine Richtung zu geben, um sich verständlich zu machen, glaubhaft zu werden, sich durchzusetzen, mit einem Wort: um real zu werden.

Ich übertreibe nichts. Ich muß nur die Titel zweier Bücher aussprechen, der Werke zweier sehr verschiedener Theoretiker des 19. Jahrhunderts, und Sie haben sogleich das unmittelbare Empfinden dessen, was ich meine. Zwei Staaten, zwei sehr große und sehr mächtige Staaten verdanken ihre Leitvorstellungen diesen zwei Büchern.[2]

Ist es dabei nicht höchst verwunderlich, daß diesen beweiskräftigen Fakten zum Trotz die originellen Geister noch immer nur als Dekoration ihrer Zeit gelten?

Diese Feststellungen und noch andere, die ich Ihnen hier ersparen will, haben einige Mitglieder des Komitees für Literatur und Kunst dazu veranlaßt, die Einrichtung von Gesprächstreffen zu verlangen, in der Absicht, die Ziele des Komitees zu erweitern, mehr Vertreter des Geistes an unserer noch sehr kleinen *Vereinigung des Geistes* teilnehmen zu lassen und durch diese Zusammenkunft des Denkens, das einmal im Jahr dazu aufgefordert ist, ein so genau wie möglich gestelltes Problem zu untersuchen, eine Zeit vorwegzunehmen, die wohl niemals kommen wird: die Zeit, da man der *interesselosen* geistigen Arbeit die Gemeinnützigkeit bestätigt ...

[1937]

BLICKE AUF DIE GEGENWÄRTIGE WELT

VORWORT

Dieses kleine Buch wendet sich vor allem an jene, die keinem festen System anhängen und zu keiner Partei gehören und denen es daher noch freisteht, an dem, was zweifelhaft ist, zu zweifeln und nicht das von vornherein zu verwerfen, woran nicht zu zweifeln ist.

Übrigens handelt es sich hier nur um gelegentlich entstandene Arbeiten. Die einen datieren von 1895, die andern von gestern, noch andere von heute. Sie haben das gemeinsam, daß sie im wahren Sinne des Wortes »Versuche« sind; man wird in ihnen nichts anderes finden als die Absicht, ein paar Gedanken zu fixieren, die als *politisch* zu bezeichnen wären, wenn das große, für den Geist sehr verlockende und anregende Wort *Politik* nicht beim Verfasser starken Bedenken und einer tiefen Abneigung begegnen würde. Ihm lag nur daran, für sich selber die Grundbegriffe ein wenig zu klären, die er von jedermann übernommen, die er sich gebildet hatte wie jedermann und die jedermann anwendet, wenn er über Völker und Staaten und ihre gegenseitigen Beziehungen und Reibungen nachdenkt.

Der Versuch, diese Materien einer genauen Bestimmung zu unterwerfen, ist selbstverständlich nicht Sache dessen, der praktisch in ihnen bewandert oder mit ihnen befaßt ist; hier spricht also ein Amateur.

Ich weiß nicht, warum das Vorgehen Japans gegen China und das der Vereinigten Staaten gegen Spanien, Unternehmungen, die ziemlich rasch aufeinanderfolgten, mir seinerzeit* besonders tiefen Eindruck machten. Es handelte sich lediglich um engbegrenzte Konflikte, ohne Einsatz bedeutender Kräfte; und so lag für mich eigentlich kein Anlaß vor, mich mit diesen

* 1895 und 1898.

fernen Ereignissen angelegentlicher zu beschäftigen, zu denen meine eigenen Geschäfte oder Sorgen in keinerlei innerer Beziehung standen. Immerhin empfand ich diese Einzelvorgänge nicht als zufällige, lokalisierte Erscheinungen, sondern als Symptome oder Prämissen, als bedeutsame Tatsachen, deren Bedeutsamkeit weit über ihren wirklichen Gehalt und ihre scheinbare Tragweite hinausging. Der eine war die erste Machthandlung einer durch Reformen und Rüstungen nach europäischem Muster umgestalteten asiatischen Nation; der andere die erste Machthandlung einer von Europa hergeleiteten, ja in gewissem Sinne herangebildeten Nation gegen eine europäische.

Eine Erschütterung, die uns aus einer unerwarteten Richtung trifft, gibt uns jählings das Gefühl einer neuen oder doch bis dahin unbekannten Domäne unseres Körpers; wir waren uns selbst noch in manchem unbekannt, und es bedarf unter Umständen nur der brutalen Berührung selbst, um uns im Verfolg ihrer Wirkung eine bis dahin unvermutete Gestalt und Ausdehnung unseres physischen Daseins fühlbar zu machen. Der Vorgang im fernen Osten und der in den Antillen, der direkte wie der indirekte, ließen mich unklar das Vorhandensein eines Organs empfinden, das durch solche Ereignisse betroffen und beunruhigt werden kann. Ich fand mich plötzlich »hellsichtig« gegenüber Möglichkeiten, die den Begriff eines virtuellen Europa in Frage stellten, einen Begriff, den ich bislang nicht bewußtermaßen in mir getragen hatte.

Ich hatte mir früher nicht träumen lassen, daß es in der Tat ein *Europa* gebe. Der Name war für mich eine geographische Bezeichnung, nichts weiter. Nur ein besonderer Zufall läßt uns der dauernden Grundlagen unseres Lebens innewerden; wir gewahren sie erst in dem Augenblick, da sie sich mit einem Schlag ändern. Ich werde im Verfolg meiner Darlegungen zeigen, bis zu welchem Grad die Unwissenheit über die einfachsten und unveränderlichsten Gegebenheiten unseres Daseins und unseres Urteils unsere Auffassung der Geschichte vergröbert, unsere Politik gegenstandslos und zuweilen geradezu kindisch in ihren Berechnungen macht. Sie verleitet die größten Männer, Pläne zu fassen, die sie im Hinblick auf Vorbilder oder auf Gepflogenheiten bewerten, deren Unzulänglichkeit ihnen entgeht.

Ich hatte während jener Jahre Zeit und Muße, mich auf die Lücken meiner Vorstellungswelt zu besinnen. So machte ich mich denn an den Versuch, mein Gefühl – oder die mir innewohnende Vorstellung – von Europa schärfer zu gestalten. Ich besann mich auf das wenige, was ich wußte. Ich stellte mir Fragen, ich schlug alte Bücher nach, schlug neue auf.

Ich wähnte, man müsse Geschichte studieren, müsse sich in sie vertiefen, um sich ein Bild des heutigen Tages zu machen. Ich wußte, daß alle mit der nächsten Zukunft der Völker befaßten Geister von ihr erfüllt waren. Dagegen vermochte ich selber in ihr nichts zu sehen als *grauses Gemisch*. Unter dem Titel »Europäische Geschichte« fand ich nichts anderes als eine Reihe von parallel verlaufenden Chroniken, die hie und da ineinander gerieten. Keinerlei Methode schien die Auswahl der »Fakten« bedingt, über ihr Gewicht entschieden, den Gegenstand der Forschung reinlich abgegrenzt zu haben. Ich stieß auf eine unglaubliche Menge von stillschweigend angenommenen Hypothesen und unklar formulierten Gegebenheiten.

Da *die Masse der Ereignisse oder Zustände, die in der Vergangenheit von irgendwelchen Zeugen zufällig wahrgenommen worden sind*, den Stoff der Geschichte bildet, werden uns Auswahl, Einteilung und Wiedergabe der uns übermittelten Tatsachen nicht durch die Natur des Gegenstandes selber auferlegt; in der Theorie hätten sie aus Analyse und eindeutiger Entscheidung hervorzugehen; in der Praxis bleiben sie durchgängig an das herkömmliche Verfahren einer Denk- und Redeweise überantwortet, deren Zufälligkeit oder Willkür wir gar nicht ahnen. Trotzdem wissen wir, daß in allen Wissenszweigen ein entscheidender Fortschritt sich mit dem Augenblick zu erkennen gibt, in dem eigene Formeln aus der genauen Betrachtung der Erkenntnisgegenstände selbst gewonnen werden – Formeln, aufs genaueste darauf angelegt, die Beobachtung unmittelbar mit der Arbeit unseres Denkens und diese mit unserem tätigen Vermögen zu verbinden. Sie setzen sich an Stelle der Alltagssprache, welch letztere nur ein für das Ungefähre genügendes Werkzeug darstellt, das Erziehung und Gebrauch uns bieten. Dieser entscheidende Augenblick klarer und gegenständlicher Definitionen und Konventionen an Stelle des bloßen, aus wahlloser Registrierung gewonnenen Hinweises ist für die Geschichte noch nicht gekommen.

Kurz, die Bücher, in denen ich zu finden hoffte, dessen ich benötigte, um mich über die besondere Wirkung, die gewisse Begebenheiten in mir hervorriefen, aufzuklären, zeigten mir nur ein Durcheinander von Bildern, Gleichnissen und Behauptungen, aus denen ich alles mögliche folgern konnte, nur nicht das, was mir not tat. Zusammenfassend sagte ich mir, daß ein Teil aller historischen Schriften sich in dem Bemühen erschöpfe, uns einige Vorgänge bunt auszumalen, wobei die stillschweigende Übereinkunft bestehe, daß diese Bilderbogen »Vergangenes« darstellen. Diese Übereinkunft hat seit jeher sehr schöne Bücher ins Leben gerufen, und es liegt (sofern es nur auf die von ihnen ausgehende Unterhaltung oder Anregung ankommt) kein Grund vor, zwischen denen, die von Augenzeugen, und denen, die von Nichtaugenzeugen verfaßt sind, einen wesentlichen Unterschied zu statuieren. Diese Werke sind zuweilen von unwiderstehlicher *Wahrheit*; sie gleichen Porträts, deren Urbilder seit Jahrhunderten zu Staub zerfallen sind und auf deren Ähnlichkeit wir trotzdem schwören würden. Keine ihrer unmittelbaren Wirkungen auf den Leser gestattet uns, zwischen den Gemälden eines Tacitus oder Michelet, eines Shakespeare, Saint-Simon oder Balzac hinsichtlich ihres Wahrheitsgehaltes einen Unterschied zu machen. Jeden von ihnen kann man je nach Belieben als *Erfinder* oder aber als *Berichterstatter* charakterisieren. Es ist das dichterische Vermögen des Schriftstellers, das unsere Phantasie nach Willkür in die eine oder die andere Epoche versetzt. Aus diesem Grunde gibt es zwischen der reinen Erfindung und dem reinen Geschichtswerk alle möglichen *Auflagen* und Übergänge, wie historische Romane, romanhafte Biographien usw. Zudem steht fest, daß innerhalb der Überlieferung selbst sich bisweilen ein Übernatürliches bemerkbar macht. In solchen Fällen wird die Person des Lesers mit ins Verfahren gezogen, denn er ist es, dessen Gefühl bestimmte Tatsachen anzunehmen oder zu verwerfen und darüber zu entscheiden haben wird, was Geschichte sei oder nicht.

Eine weitere Kategorie von Historikern befaßt sich mit der Ausarbeitung von Traktaten, deren Scharfsinn, deren Gedankenfülle, deren tiefe Welt- und Menschenkenntnis uns die Möglichkeit benehmen, einen anderen Anfang oder Fortgang der Ereignisse vorauszusetzen oder zu vermuten.

Schriften solcher Art sind wahre Wunder des Geistes. Einige von ihnen werden durch kein Werk der Dichtung oder der Philosophie übertroffen; aber man sollte nie vergessen, daß die anmutende Farbenpracht, mit der die ersteren uns hinreißen und ergötzen, die bewundernswerte Schlüssigkeit, mit der die letzteren uns überzeugen, wesentlich durch die Gaben des Schriftstellers und das kritische Widerstandsvermögen des Lesers bedingt sind.

Man könnte, indem man die Geschichtsschreibung lediglich als eine Kunst betrachtet, die schönen Früchte dieser Kunst genießen, ohne eines Einwurfs gewärtig zu sein, wenn nicht die Politik durchgehend unter ihrem Einfluß stände. Eine mehr oder minder erdichtete, nachträglich mehr oder minder wiederbelebte *Vergangenheit* wirkt auf die Zukunft ein mit einer Macht, der nur die der Gegenwart vergleichbar ist. Gefühl und Streben entzünden sich weit eher an Bucherinnerungen – Erinnerungen von Erinnerungen – als an den Gegebenheiten und Wahrnehmungen des Tages. Einer der wesentlichen Züge der Geschichte ist es, daß sie ständig neue Geschichte bilden hilft. Sinn und Wert gewinnt der Begriff der Vergangenheit nur für den Menschen, der in sich selbst eine Leidenschaft für die Zukunft beherbergt. Die Zukunft als solche ist gesichtslos. Die Geschichte muß ihr erst die Mittel reichen, vermöge deren sie überhaupt »denkbar« ist. Sie kommt der Phantasie mit dem Register von Situationen und Katastrophen, einer Ahnengalerie, einem Schema von Handlungen, Ausdrücken, Gebärden, Entscheidungen zu Hilfe, mittels deren sie unserem Schwanken und unserer Unbestimmtheit erst so etwas wie

Werden ermöglicht. Wenn ein einzelner oder eine Versammlung in bedrängter oder gefährdeter Lage sich gezwungen sehen, zu handeln, so liegen ihnen Überlegungen, die die wirkliche Gestalt der Dinge *als eines noch nie Dagewesenen ins Auge fassen*, weit weniger nahe als das Zurateziehen eingebildeter Erinnerungen. Treibend in der Richtung des geringsten Widerstandes, allem schöpferischen Wesen, allem Wagnis abgeneigt, das der neuen Lage mit einem neuen Einfall begegnen könnte, geht das schwerfällige Denken viel mehr auf mechanische Nachahmung aus, sucht nach Präzedenzfällen und überläßt sich der historischen Betrachtung, die auch da, wo es gilt, einem völlig neuen Fall gerecht zu werden, *Erinnerungen vorschiebt*. Geschichte zeugt Geschichte.

Sicher hätte Ludwig XVI. ohne die Vorgängerschaft Karls I. nicht auf dem Schafott geendet und würde Bonaparte, wenn er nicht soviel über die Umwandlung der römischen Republik in ein auf militärische Macht gegründetes Kaiserreich nachgedacht hätte, sich nie zum Kaiser gemacht haben. Er war ein leidenschaftlicher Liebhaber geschichtlicher Lektüre; er hat sein ganzes Leben von Hannibal, von Cäsar, Alexander und Friedrich geträumt; und dieser zu schöpferischem Wirken bestimmte Mann, der sich vor der Möglichkeit sah, den Umbau eines politischen Europa nach Gesichtspunkten vorzunehmen, die der Zustand der Geister nach drei Jahrhunderten der Entdeckungen und am Ausgang des revolutionären Umsturzes ihm gestattet haben würde, hat sich in Labyrinthe der Vergangenheit und an Luftspiegelungen toter Größe verloren. Sein Abstieg begann, sobald er aufhörte, das noch nie Dagewesene zu tun. Er ging zugrunde, weil er sich seinen Gegnern gleichgemacht hatte, weil er ihre Idole anbetete, das, was ihre Schwäche ausmachte, mit seiner ganzen Kraft nachahmte und an Stelle seiner eigenen und unbefangenen Anschauung der Dinge das Trugbild der historisch-politischen Bühne treten ließ.

Der Bismarck des Berliner Kongresses will unter dem Zwange dieser historischen Konzeption, die er für eine realpolitische nimmt, von nichts anderem wissen als von Europa, desinteressiert sich an Afrika und gebraucht sein Genie, sein Prestige, das ihn zum Herrn der Stunde macht, lediglich, um die anderen Mächte in Kolonialinteressen zu verstricken, die mit Notwendigkeit zu dauernder Zwietracht und eifersüchtig aufrechterhaltenen Rivalitäten führen mußten – blind für das Herannahen der Stunde, in der Deutschland selber die gleiche Beute, zu deren Aufteilung es die andern Nationen eingeladen hatte, dringend begehren und dann freilich alle gegen den Nachzügler vereinigt finden würde. Seine Vorsorge galt von heut auf morgen, aber nicht für ein Morgen, das bis dahin noch an keinem geschichtlichen Horizont aufgetaucht war.

Mit dieser Überschätzung der Rolle fremder, mehr oder minder genauer, mehr oder minder bedeutsamer »Erinnerungen« geht die Abwesenheit oder doch Unzulänglichkeit aller methodischen Verfahren bei der Auswahl, Rubrizierung und näheren Qualifikation des verzeichneten Materials Hand in Hand. Insbesondere scheint die Geschichtsschreibung sich über die Rangordnung der Phänomene, die sie darstellt, keinerlei Rechenschaft zu geben. Sie unterläßt es, die Beziehungen hervorzuheben, die zwischen Gestalt und Gewicht der Ereignisse oder Zustände, von denen sie erzählt, notwendig bestehen müssen, obwohl Zahl und Maß zu den unerläßlichen Bestandteilen jeder Beschreibung gehören. Das Problem des *scheinbar Gleichen* beunruhigt sie nicht. Hier haben wir einen der Gründe, infolge deren die Anwendung der Geschichte auf die Politik so irreführend ist. Was innerhalb des Weichbilds einer antiken Stadt möglich war, ist es nicht mehr innerhalb des Gebietes einer großen Nation; was 1870 für Europa zutreffend war, stimmt nicht mehr, seitdem die ganze Erde zum Felde wechselseitigen Interessenaustausches geworden ist. Selbst die Formeln und Begriffe, deren wir uns beim Durchdenken und Erörtern politischer Gegenstände bedienen und die bislang trotz der erstaunlichen Veränderungen ihres Gehaltes und seiner Auswirkungen die gleichen geblieben sind, sind unvermerkt trügerisch oder doch unhandlich geworden. Das Wort »Volk« z.B. hatte einen ganz bestimmten Gehalt, als man *sämtliche* Bürger einer Stadt um einen Hügel, auf einem Marsfeld versammeln konnte. Unterdessen hat allein das Steigen der Ziffer, der Übergang vom Rechnen mit Tausenden zu dem mit Millionen diesen Terminus zu einem Wortungeheuer gemacht, dessen Sinn von dem Zusammenhang abhängt, in dem er gebraucht wird; einmal bezeichnet er eine ununterschiedene, niemals und nirgend zu vergegenwärtigende Gesamtheit, dann wieder eine der Minderzahl durch Besitz oder Bildung bevorzugter Individuen entgegengesetzte Mehrzahl ...

Ähnliche Erwägungen lassen sich hinsichtlich des Begriffs der Zeitdauer anstellen. Für den Leser von Geschichtswerken ist es ein leichtes, in ihnen die Abwesenheit höchst beträchtlicher Phänomene festzustellen, die infolge der Langsamkeit ihres Hervortretens sich der Wahrnehmung entzogen haben. Sie entgehen dem Geschichtsforscher, weil keine seiner Quellen sie eigens hervorhebt. Sie könnten nur mittels eines vorbedachten Systems vorbereitender Fragen und Begriffsbestimmungen wahrgenommen und nachgewiesen werden, das bisher noch niemand in den Sinn gekommen ist. Ein Ereignis, das ein Jahrhundert braucht, um Gestalt zu gewinnen, wird in keiner Urkunde, in keiner Memoirensammmlung ausdrücklich erwähnt. So die unvergleichliche und einzigartige Rolle der Stadt Paris im Leben Frankreichs seit der Revolution, so die Entdeckung der Elektrizität und ihr Eroberungszug um die Erde – Ereignisse, derengleichen die Menschheitsgeschichte nicht kennt, die aber auf ihren Bühnen kaum oder doch jedenfalls in weit weniger scharf umrissener Gestalt hervortreten als andere, effektvollere, von vornherein der Routine des Geschichtsforschers gemäßere Begebenheiten. Die Elektrizität hatte zur Zeit Napoleons allenfalls die Bedeutung, die man zur Zeit des Tiberius dem Christentum beimessen mochte. Nach und nach jedoch tritt es immer deutlicher zutage, daß die Verzweigungen dieses Kraftnetzes über die ganze Welt folgenschwerere und reichere Möglichkeiten der Umgestaltung alles künftigen Lebens in sich bergen als alle »politischen« Ereignisse von Ampère bis auf unsere Tage.

Schon aus diesen Bemerkungen geht hervor, in wie hohem Maße unser geschichtliches Denken durch unbewußte Überlieferungen und Konventionen beherrscht wird, in wie geringem Umfange es dagegen durch die in neuerer Zeit auf allen Gebieten des Wissens unternommene Revision und Reorganisation beeinflußt worden ist. Ohne Zweifel hat die historische Kritik bedeutende Fortschritte gemacht; aber ihre Rolle beschränkt sich im allgemeinen darauf, Fakten und Daten zu erörtern und ihre Wahrscheinlichkeit zu erhärten; um ihren qualitativen Gehalt kümmert sie sich nicht. Sie übernimmt sie und trägt sie ihrerseits in den traditionellen Termini einer Schulsprache vor, die selbst wieder eine geschichtlich gewordene Masse von Konzepten voraussetzt, durch deren Weiterschleppung innerhalb der Geschichtschreibung die ursprüngliche, aus einem unübersehbaren Durcheinander von Standpunkten und Augenzeugen resultierende Verworrenheit verewigt wird. Jedes Kapitel der Weltgeschichte enthält eine größere oder geringere Anzahl von subjektiven Voraussetzungen und »willkürlichen Konstanten«. Hieraus ergibt sich, daß die Aufgabe des Geschichtsschreibers im vagen bleibt, sobald er sich nicht mehr darauf beschränkt, den geschichtlichen Wahrheitsgehalt von Geschehnissen, die zur einen oder zur anderen Zeit dem oder jenem Zeugen aufgefallen sein mochten, festzustellen oder anzuzweifeln. Man muß annehmen, daß der Fundamentalbegriff des *Ereignisses* weder so oft noch so gründlich untersucht und durchdacht worden sei, wie es seiner Bedeutung entsprechen würde; nur so erklärt es sich, daß, wie ich gleich zeigen werde, Zusammenhänge erster Ordnung niemals aufgezeigt, niemals nach ihrem Wert dargestellt wurden. Während innerhalb der Naturwissenschaften unablässige Forschung im Verlauf von drei Jahrhunderten unsere Methoden und Anschauungen durchgängig erneuert und an Stelle des naiven Erfassens und Verarbeitens ihrer Gegenstände spezialisierte Erkenntnissysteme gesetzt hat, sind wir innerhalb der historisch-politischen Disziplinen auf der Stufe passiven Gewahrwerdens und systemloser Beobachtung stehengeblieben. Der gleiche Mensch, der für das Gebiet der Physik oder Biologie einen Apparat gedanklicher Präzisionswerkzeuge sein eigen nennt, begnügt sich innerhalb der Politik mit diffusen Schlagworten, schwankenden Begriffen und irreführenden Analogien. Das Bild der Welt, das sich in den politischen Köpfen diverser Richtung und Rangfolge spiegelt und umtreibt, ist jedenfalls weit davon entfernt, einen erschöpfenden und schlüssigen Begriff der Gegenwart zu vermitteln.

Am Nutzen der Geschichte verzweifelnd, begann ich über die seltsame Lage nachzusinnen, in der wir fast ausnahmslos verharren, die wir, gutgläubige und gutwillige Durchschnittsmenschen, uns von Geburt an in ein unentwirrbares politisch-historisches Drama verstrickt sehen. Keiner unter uns ist imstande, aus dem, was er in seinem eigenen Erfahrungskreise zu beobachten vermag, die Hilfsmittel zu gewinnen, mit denen er die Notwendigkeit der ihn umgebenden politischen Welt rekonstituieren oder integrieren könnte. Laß den Bestunterrichteten, den Höchstgestellten sich vergegenwärtigen, was er weiß, um es an dem zu messen, was er vor Augen sieht! Wäre es da zu verwundern, wenn er sagen würde, sein Wissen reiche lediglich zur Verdunklung jenes unmittelbarsten politischen Problems, das von uns verlangt, *die Beziehungen des einzelnen zu einer ihm unbekannten Masse auf eine Formel zu bringen*? Der Mensch, der gegen sich selber ehrlich und Träumereien abhold ist, die sich nicht vernunftgemäß seiner eigenen Erfahrung eingliedern lassen, braucht nur die Zeitung aufzuschlagen, um sich im gleichen Augenblick in einer verworrenen Märchenwelt zu finden. Was er da liest, was er da vernimmt, geht weit über alles im Umkreis seiner praktischen Erfahrung Festgestellte oder Feststellbare hinaus. Das Resümee seiner Eindrücke wird sein: *Keine Politik ohne Mythen ...*

So wandte ich denn all diesen Büchern den Rücken, und mit ihnen einer Darstellungsform, die offensichtlich den Schreibenden selbst im unsichern ließ. Ich nahm einen Atlas vor und blätterte zerstreut in diesem Porträtalbum der Welt und ihrer Länder. Schon der erste Blick stimmte mich nachdenklich. Zunächst erwog ich, die Karten vor Augen, den Grad ihrer Genauigkeit. Da hatte ich denn ein schlagendes Beispiel für das, was man vor sechzig Jahren *Fortschritt* zu nennen pflegte. Ein Gradbuch von ehemals, eine Karte des 16. Jahrhunderts, ein modernes Kartenblatt sind, so sagte ich mir, seine unverkennbaren Wegmarken ...

Das Auge des Kindes ergeht sich bei seinen ersten Gewahrwerdungen in einem Chaos von Lichtern und Schatten, blickt umher und sucht sich von Augenblick zu Augenblick in einer neuen Gruppe verschiedenwertiger Lichtstärken zurechtzufinden; es ist noch nicht imstande, diese Welt des Lichts mit seinen übrigen Sinneswahrnehmungen ins Einvernehmen zu setzen. Aber die Bewegungen seines kleinen Körpers selbst führen ihm auf andern Wegen andere verworrene Eindrücke zu: es tastet, es zerrt, es drückt; und bemächtigt sich auf diese Art, Zug nach Zug, aus dem Groben der Umrisse seiner eigenen Person. In scharf unterschiedener Stufenfolge bauen sich diese Erkenntnisse auf; das Bild der Zusammenhänge und der Voraussetzungen entwickelt sich aus dem der Gegensätze und Folgen. Auge, Tastsinn und Bewegung koordinieren sich zu einer Tabelle mit verschiedenen Rubriken, einem Bild der Sinnenwelt selber, und schließlich – Haupt-*Ereignis*! – ergibt es sich, daß ein bestimmtes Ineinander von Entsprechungen nötig und hinreichend sei, um auf ein und demselben Wege alle Gewahrwerdungen des Auges und Gehörs mit denen der Muskeln und der Haut in Wechselwirkung zu setzen. Unterdes wachsen die *Kräfte* des Kindes, und die Wirklichkeit baut sich auf wie eine Gleichgewichtsgestalt, in der der Andrang der Affekte und der Gegendrang der Handlungen sich die Waage halten.

Die Gattung Mensch ist im allgemeinen verfahren, wie dieses kleine Lebewesen verfährt, wenn es beginnt, seine Schwingen zu regen und sich innerhalb einer Umwelt zu entfalten, deren Zubehör und deren Ausdehnung es nach und nach durch Ertasten und allmähliche Verknüpfung aufeinander zu beziehen lernt. Die Gattung hat langsam und ohne geregelte Methode das Antlitz der Erdoberfläche erkundet, hat ihre verschiedenen Gebiete dargestellt und immer eingehender durchforscht, ihre in sich geschlossene Kugelgestalt erahnt und festgestellt, die Gesetze ihrer Bewegung entdeckt und aufgestellt, die verfügbaren Hilfsquellen und Reserven der dünnen Schicht, in der alles Leben behaust ist, erschlossen, berechnet, ausgebeutet ...

Zunehmende Klarheit und Präzision, zunehmende Macht: da hätten wir die entscheidenden Faktoren der neueren Geschichte; entscheidend, wie mir scheint, weil ihre Tendenz dahin geht, den Menschen selbst umzubilden, und weil in der Umbildung des Lebensvorgangs hinsichtlich der Bahnen seiner Erhaltung, seiner Verbreitung und seiner Wechselbezüge mir das eigentliche Kriterium für die Wichtigkeit der dem Gedächtnis und dem Nachdenken aufzubewahrenden Tatsachen gegeben scheint. Im Verfolg solcher Erwägungen wandelt sich das Urteil über Geschichtsschreibung und Politik und bringt ihre Unstimmigkeit, ihre Lückenhaftigkeit, die Willkür ihrer Hervorhebungen und Verschweigungen zutage.

Von den bisher gewonnenen Gesichtspunkten aus erschien es mir, als habe man das gesamte Abenteuer der Menschheit bis auf unsere Tage in zwei völlig voneinander geschiedene Phasen zerfallend zu denken: die erste vergleichbar der jenes ziellosen Tastens, jener Vorstöße und Rückschläge in einer ungestalten Umwelt, jener Verwunderungen und Antriebe im Unbegrenzten, die die Geschichte des Kindes im Chaos seiner ersten Erfahrungen ausmachen. Nun aber beginnt eine bestimmte Ordnung Platz zu greifen; eine neue Zeitrechnung hebt an. Die Handlungen in einer geschlossenen, scharf umschriebenen, säuberlich abgegrenzten Umwelt reichverzweigter und starker Bindungen sind nach Art und Auswirkung nicht mehr die gleichen, die sie in einer ungestalten, nach allen Seiten offenstehenden Welt waren.

Immerhin bleibt zu bedenken, daß der Verlauf dieser beiden Perioden sich nicht ohne weiteres aus der Aufeinanderfolge der geschichtlichen Daten entnehmen läßt. Ein Bruchteil des Menschengeschlechts lebt bereits unter den Bedingungen der zweiten Periode, während der Rest noch innerhalb der ersten verharrt. Diese Ungleichheit zeitigt einen beträchtlichen Teil der gegenwärtigen Verwicklungen.

Indem ich nunmehr das Gesamtbild meiner Zeit an Hand der bislang erwogenen Gesichtspunkte zu gewinnen trachtete, gab ich mir Mühe, mein Augenmerk lediglich auf die allereinfachsten und allerallgemeinsten Gegebenheiten zu richten – auf Gegebenheiten freilich, die zugleich auch das Verdienst völliger Neuheit aufzuweisen hätten.

Ich stellte dabei fast augenblicklich ein höchst beträchtliches Ereignis, ein Faktum erster Größe fest, für dessen Vorhandensein eben seine Größe, seine Unleugbarkeit, seine Neuheit oder, besser gesagt, grundsätzliche Unvergleichlichkeit uns Zeitgenossen anscheinend blind gemacht hatte.

Die ganze bewohnbare Erde ist in unseren Tagen durchforscht, aufgenommen, unter die Nationen aufgeteilt worden. Das Zeitalter des herrenlosen Grundes und Bodens, der freien Territorien, der Gegenden, die Niemandsland sind, die Zeit der freien Expansion also ist zu Ende. Kein Riff, das nicht eine Flagge trüge; kein weißer Fleck mehr auf der Landkarte; kein Gebiet ohne Zölle und ohne Gesetze; kein Stamm, dessen Angelegenheiten nicht irgendein Aktenbündel zeitigen, nicht mittels der schwarzen Magie der Schreibkunst von den Dekreten irgendwelcher in weit entfernten Büros behausten Humanisten abhängen. *Die Zeit der »geschlossenen« Welt beginnt.* Die Bestandsaufnahme der Arbeitskräfte, die Vervollkommnung aller Organe und Mittel gegenseitigen Verkehrs in allen Ländern wird eifrig betrieben. Ist etwas Bemerkenswerteres und Folgenreicheres vorstellbar als diese Inventarisierung, diese Aufteilung, diese enge Verkettung aller Punkte des Erdballs? Ihre Auswirkungen sind schon jetzt ungeheuer. Eine völlig neue, allumfassende und augenblicklich eintretende Solidarität aller Ereignisse in allen Ländern ist die bereits sehr spürbare Folge dieses grundlegenden Vorganges. Wir werden fortan alle politischen Vorgänge an einem Weltzustand jüngsten Datums zu messen haben, innerhalb dessen jeder von ihnen einen Akt der Fügsamkeit oder des Widerstandes gegenüber der Zwangsläufigkeit der nicht mehr zu brechenden Grenzsetzung und der ständig zunehmenden Verflochtenheit alles menschlichen Handelns bedeutet. Die im Laufe der bisherigen Geschichte ausgebildeten Gewohnheiten, Gelüste,

Leidenschaften hören nicht auf zu bestehen – aber unversehens in eine Umwelt von völlig anderer Struktur geraten, verlieren sie ihren Sinn und werden zum Anlaß von Irrtümern und fruchtlosen Bemühungen.

Nachdem einmal das gesamte Feld menschlicher Betätigung durchforscht und erschlossen worden ist, geschieht es, daß auf die Zeit der Entdeckungen die Zeit der Verknüpfungen folgt. Die einzelnen Gebiete einer »endlich« gewordenen Welt treten mit Notwendigkeit in ein immer festeres Gegenseitigkeitsverhältnis.

Dagegen spekulierte alle Politik bis heute auf die Möglichkeit, *Ereignisse zu isolieren*. Die ganze bisherige Weltgeschichte wäre unter diesem Gesichtspunkt gewissermaßen als »Lokalgeschichte« anzusprechen. Alle von irgendeinem geographisch fixierten Punkte ausgehenden Gleichgewichtsstörungen verloren sich gleichsam im grenzenlosen Raum; auf genügend große Entfernung waren ihre Wirkungen gleich Null; man handelte in Tokio, als ob Berlin irgendwo in der Unendlichkeit läge. Es war also möglich, ja vernünftig, sich auf im voraus erwogene und berechnete Abenteuer einzulassen. Die Welt bot Raum für eine oder mehrere streng umrissene und streng befolgte, große Politiken.

Diese Zeit steht vor ihrem Abschluß. Künftig wird jede Aktion auf allen Seiten eine Menge unvorhergesehener Interessen in Mitleidenschaft ziehen, sie wird eine Reihe unvermittelter Wirkungen und Gegenwirkungen, undeutlicher Anklänge und Nachklänge innerhalb der geschlossenen Wände hervorrufen. Die *Folgewirkungen der Folgewirkungen*, die früher, soweit die Dauer eines Menschenlebens oder der Radius einer einzelnen Wirksamkeit in Betracht kam, als nicht mehr wahrnehmbar oder doch unbeträchtlich gelten durften, machen sich jetzt fast augenblicklich auf die weiteste Distanz hin bemerkbar, kehren alsbald zu ihrem Ausgangspunkt zurück und erlöschen, ohne daß man vorhersagen könnte, wo und wie. Rechnerische Voraussicht findet sich ausnahmslos betrogen, und das im Verlauf weniger Monate oder Jahre.

Innerhalb weniger Wochen verwandeln völlig entlegene

Ursachen den Freund in einen Feind, den Feind in einen Bundesgenossen, den Sieg in Niederlage. Kein wirtschaftliches Räsonnement hält Stich. Die größten Experten täuschen sich; das Vernunftwidrige ist an der Tagesordnung.

Es gibt keine Vorsicht, keine Weisheit, keine geniale Intuition, die nicht durch diese blitzartigen Wechselwirkungen Lügen gestraft würden; kein Gesetz der Dauer, der Kontinuität, der Kausalität läßt sich innerhalb dieser Welt vertausendfachter Relationen und Kontakte erkennen. Vorsicht, Weisheit, Genie, nur anhand glücklicher Ergebnisse können sie sich ausweisen; sobald Zufall und Ungesetz herrschen, wird der erfahrene oder inspirierte Spieler sich in nichts vom Hasardspieler unterscheiden; die schönsten Gaben verlieren ihren Sinn.

Dies ist es, was die Politik von heute gegenüber der von gestern erscheinen läßt wie die Augenblicksrechnung des Devisenmaklers, wie das nervöse Auf und Nieder der Spekulation innerhalb geschlossener Schranken, mit seinen brüsken Schwankungen, seinen Rückschlägen, seinen flüchtigen Gewinnen und Verlusten, verglichen mit der altväterlichen Sparsamkeit des Familienvaters, der vorsorglichen und langsamen Ansammlung der Vermögen ... Die Pläne auf lange Sicht, die tiefen Anschläge eines Machiavelli oder eines Richelieu würden heutzutage die Zuverlässigkeit und den Wert eines »Börsenwinks« haben.

Diese eng gewordene Welt, in der die Maschen des alle mit allen verknüpfenden Netzes ständig enger gezogen werden, ist auch eine Welt, in der die Herstellung aller möglichen Bedarfsmittel in immer steigendem Maße vor sich geht. Europa ist die Begründerin der Wissenschaft. Diese Wissenschaft hat das Leben umgewandelt und die Macht derer, die sie besaßen, vervielfacht. Aber es gehört zu den ausschlaggebenden Zügen ihres Wesens, daß sie grundsätzlich übertragbar ist; sie findet mit Notwendigkeit ihren Niederschlag in allgemeingültigen Methoden und Rezepten. Die Hilfsmittel, die sie dem einen verschafft, können alle andern sich zu eigen machen.

Damit nicht genug. Das Vorhandensein dieser Hilfsmittel hat eine nicht nur zahlenmäßig gesteigerte Produktion zur

Folge. Den herkömmlichen Gegenständen des Handels und Wandels gesellt sich eine Menge neuer Dinge hinzu, deren Wünschbarkeit oder Unentbehrlichkeit das Geschöpf der Nachahmung oder der Suggestion ist. Man gelangt in kurzem dahin, von dem Angehörigen weniger entwickelter Völker die Aneignung eines Bildungsstandes zu verlangen, der ihn zum Kunden und Käufer des jeweils Neuesten machen würde. Dazu gehören auch die neuesten Waffen. Schon daß man sich ihrer gegen ihn bedient, zwingt ihn, sich dergleichen anzuschaffen. Er stößt dabei nirgends auf Hindernisse. Man reißt sich um die Lieferung, man schlägt sich um die Vergünstigung, ihm das Geld, mit dem er zahlen soll, vorzustrecken.

So droht der künstlich aufrechterhaltenen Ungleichheit der Kräfte, auf der Europas Vorherrschaft seit drei Jahrhunderten beruhte, ein rascher Verfall. Eine auf den gröbsten statistischen Gegebenheiten beruhende Ungleichheit droht sich wieder geltend zu machen.

Asien ist ungefähr viermal so groß wie Europa. Der Flächeninhalt des amerikanischen Kontinents ist nur wenig geringer als der Asiens. Die chinesische Bevölkerungszahl erreicht für sich allein die europäische. Die japanische übertrifft die deutsche.

Davon abgesehen hat die *Einzel*politik der europäischen Staaten, indem sie eine europäische *Gesamt*politik überwog und vereitelte, die miteinander konkurrierenden Nationen des Erdteils verleitet, Verfahren und Werkzeuge zu exportieren, die Europa zur Vormundschaft über die Welt bestellten. Die Europäer haben sich um das Geschäft gerissen, gewaltige, in ihren Überlieferungen erstarrte Völker, die nichts sehnlicher wünschten als die Fortdauer ihres Zustandes, »helle zu machen«, zu unterrichten, zu bewaffnen.

Wie zunächst die Verbreitung der Kultur innerhalb eines Volks den Fortbestand des Kastenwesens nach und nach untergraben, wie fernerhin die durch Handel und Industrie gebotene Möglichkeit rascher Bereicherung des einzelnen jede feste soziale Hierarchie illusorisch und hinfällig gemacht hat – so wird es schließlich mit der auf technischem Können beruhenden Ungleichheit gehen.

Die Geschichte wird aller Voraussicht nach niemals einen sinnloseren Vorgang zu verzeichnen haben als die Konkurrenz der europäischen Länder auf politischem und wirtschaftlichem Gebiet, zumal wenn man die daneben einhergehende Einmütigkeit und innere Verbundenheit aller Kräfte des Weltteils auf wissenschaftlichem Gebiet mit ihr vergleicht und konfrontiert. Während durch die Arbeit der besten europäischen Köpfe ein ungeheures Kapital technischen Wissens aufgehäuft wurde, verfolgte eine geschichtlich gewordene Politik der Begehrlichkeiten und der Hintergedanken in aller Seelenruhe den Weg ihrer Überlieferungen; und ebendieser *klein-europäische Geist* lieferte in einer Art hochverräterischen Vorgangs gerade an die, die man gesonnen war zu beherrschen, die eigenen Machtmittel und Methoden aus. Das Wettringen um die Gewährung von Konzessionen oder Anleihen, um die Lieferung von Maschinen oder Fachleuten, um die Errichtung von Schulen oder Arsenalen – ein Streit, der nichts anderes bedeutet als ein Hineintragen abendländischer Mißhelligkeiten in ferne Weltteile – muß die Rückkehr Europas auf den zweiten Rang, den ihm sein Umfang anweist und über den die Leistungen eines innerhalb seiner eigenen Grenzen vollzogenen Austausches geistiger Disziplinen und Methoden es hinausgehoben hatten, zur unausweichlichen Folge haben. Die europäische Politik wird des europäischen Gedankens nicht würdig gewesen sein.

Es ist unnütz, sich gewaltsame Erschütterungen, gigantische Kriege, Interventionen à la Dschingis-Khan als Folge dieses kindischen und planlosen Betragens vorzustellen. Man darf ruhig auf das Schlimmste gefaßt sein. Man überlege einen Augenblick, was von Europa übrigbleiben wird, wenn dank seiner Vorsorge in Asien zwei Dutzend Creusot, Essen, Manchester, Roubaix bestehen, wenn Stahl, Seide, Papier, chemische Produkte, Textilien, Keramik usw. dort in erdrückender Menge zu ununterbietbaren Preisen von der enthaltsamsten und an Zahl größten Bevölkerung der Erde hergestellt werden, deren Anwachsen noch durch die Verbreitung hygienischer Maßnahmen gefördert wird.

Derart waren etwa die simplen Betrachtungen, die ich vor meinem Atlas anstellte, als die beiden Kriege, von denen ich geredet, und auf der anderen Seite eine kleine Studie über den methodischen Aufstieg Deutschlands[1], zu der ich damals beauftragt worden war, mich mit diesen Problemen in Berührung gebracht hatten.

Die großen Dinge, die sich seither zugetragen, haben mich nicht genötigt, jene grundlegenden Gedanken, die lediglich auf allereinfachsten, eigentlich rein quantitativen Feststellungen beruhten, umzudenken. Die *Krise des Geistes*[2], die ich am Morgen nach dem Waffenstillstand geschrieben habe, enthält nichts anderes als die weitere Ausführung der Gedanken, die mir vor mehr als zwanzig Jahren eingefallen waren. Das unmittelbare Ergebnis des großen Krieges war genau das, was es sein mußte: er hat lediglich die Niedergangsbewegung Europas verdeutlicht und beschleunigt. Die gleichzeitige Schwächung aller großen Nationen, das grelle Hervortreten aller geheimen Gegensätzlichkeiten ihrer Struktur und ihrer Ziele, die verzweifelte Inanspruchnahme der Nichteuropäer seitens beider Parteien, vergleichbar dem Anrufen ausländischer Parteigänger während eines Bürgerkrieges, die Zerstörung des Ansehens der abendländischen Nationen durch den Propagandafeldzug hüben und drüben, wobei ich nicht einmal das beschleunigte Umsichgreifen der Methoden und Werkzeuge der Kriegsführung und die Ausrottung der Führerschichten in Betracht ziehen will – das waren für die Stellung Europas in der Welt die Folgen dieser seit langem durch eine Unzahl von Selbsttäuschungen vorbereiteten Krise, als deren Erbe wir eine Masse von Problemen, Fragen, Befürchtungen, eine politische Lage, einen allgemeinen Geisteszustand und Zukunftsaussichten angetreten haben, weit ungewisser, verworrener und finsterer, als sie es im Jahre 1913 gewesen. Damals bestand in Europa ein Gleichgewicht der Kräfte; aber der gegenwärtige Friede erlaubt uns höchstens, an ein zwangsläufig labileres Gleichgewicht der Schwäche zu denken.

[1931]

YALU

»Civilisation, according to the interpretation of the Occident, serves only to satisfy men of large desires.«

Graf Torio

Im September 1895, in China – der Tag war blau und weiß – führte mich der Gelehrte zum Leuchtturm aus schwarzem Holz auf dem Ufersand. Schon lag das letzte Gebüsch hinter uns. Wir schritten schläfrig dahin, eingelullt durch die Trägheit des pulvrigen, zerrinnenden Bodens, der unsere Mühe aufsog und sich unter unseren Schritten senkte. Endlich kein Sand mehr unter den Füßen. Von der Treppe überblickte ich unseren Weg: die unbestimmte Spur auf dem Strande sich winden und verwehen. Zwischen den Beinen des Leuchtturms sah ich das Licht des Wassers zwinkern. Mit jeder Stufe wurden wir leichter, wir atmeten weiter, sahen mehr. Auf halber Höhe fühlten wir uns schwer werden. Zum Glück setzte ein voller, praller Wind ein; durch das aufgeblähte Seidenkleid des Chinesen tastete er nach den warmen Holzsparren. Das Meer hob sich, uns zu sehen. Der ganze Ausblick trug sich uns entgegen wie eine kühle Speise. Oben war es so behaglich, daß wir bald ein menschliches Rühren fühlten ... Nach Verlauf einer unbestimmten Zeit ergriff uns das süße Gleichmaß der bewegten Ruhe. Das Meer, das mich zärtlich aufwühlte, machte meinen Geist leicht. Es erfüllte den ganzen Rest meines Seins mit einer tiefen Geduld, die mich erfreute; es verbrauchte mich; ich fühlte mich regelmäßig werden. Beim Anblick der mühelos hinrollenden Wogen war mir, als rauche ich – nachdem ich viel geraucht – und müsse noch endlos rauchen. Die besänftigte Erinnerung an so manche Probleme zog unbeschwert durch meinen Sinn; ich fühlte eine innerste Wollust, gleichgültig an sie zu denken; ich lächelte bei dem Gedanken, daß dieses Behagen gewisse Irrtümer ausschalten und mir Klarheit geben könnte. Also ... Und ich senkte meine Lider und sah von dem schimmernden Meer nur soviel, als man von einem Glas goldenen Likörs sieht, das man vors Auge hält. Ich schloß die Augen. Die Töne des wandelnden Wassers beglückten mich.

Ich weiß nicht, wie mein Gefährte auf den Gedanken kam, zu sprechen und die köstliche Luft, das Vergessen zu besiegen; bei den ersten, noch halb dunklen Worten fragte ich mich: Was wird er wohl sagen wollen?

»Japan«, sagte er, »führt Krieg gegen uns. Seine großen, weißen Schiffe rauchen in unsern Schreckträumen. Sie werden unsere Golfe aufwühlen. Ihre Brände werden aufflammen in der friedlichen Nacht.«

»Sie sind sehr stark«, seufzte ich, »sie ahmen uns nach.«

»Ihr seid Kinder«, sagte der Chinese, »ich kenne dein Europa.«

»Wohl lächelnd hast du es besucht.«

»Ich habe vielleicht gelächelt. Bestimmt aber habe ich nach innen gelacht. Ein Gesicht, das ich allein kenne, konnte sich kaum satt lachen, während die fröhlichen Spötter, die mir folgten und mit Fingern auf mich wiesen, kaum ertragen hätten, ihr eigenes Lachen im Spiegel zu sehen. Ich aber sah, ich berührte geradezu die sinnlose Verwirrung Europas. Daß ein solcher Wirrwarr dauern kann, sei es noch so kurz – ich vermag es nicht zu fassen. Ihr habt weder die Geduld, welche die langen Leben webt, noch das Empfinden für die Gesetzlosigkeit, weder das Gefühl für den vorbestimmten Ort jedes Dings noch das Wissen um Herrschaft. Ihr verbraucht euch damit, unaufhörlich das Werk des ersten Tages wiederzubeginnen. Eure Väter sind zweimal gestorben, und ihr – fürchtet den Tod.

Bei euch vermag die Macht nichts. Eure Politik ist nichts als Reue um Reue. Sie führt zu allgemeinen Revolutionen, und hernach zur Reue über diese Revolutionen, die selbst wiederum Revolution ist. Eure Führer befehlen nicht, eure freien Männer quälen sich ab, eure Sklaven flößen euch Furcht ein, eure großen Männer küssen die Füße der Menge, verwöhnen die Kleinen, benötigen jedermann. Ihr seid der Brutalität des

Reichtums und der öffentlichen Meinung ausgeliefert. Aber gewahre jetzt euren subtilsten Irrtum!

Für euch ist die Vernunft nicht ein Ding gleich den andern – von niemand vorausgesehen noch gebändigt –, nicht beschützt noch unterdrückt, noch geregelt. Ihr betet sie an wie ein übermächtiges Tier. Jeden Tag verschlingt sie, was lebt. Jeden Abend möchte sie einem neuen Gesellschaftszustand ein Ende setzen. Der erste beste stellt, von ihr berauscht, seine Gedanken dem Entscheid der Gesetze, ja den Tatsachen gleich, die doch Kinder der Vielzahl und der Dauer sind; er verwechselt den jähen Umschwung seiner Gefühle mit der unmerklichen Wandlung der realen Formen und der dauernden Dinge. (Während eine Blume blüht, habt ihr tausend Wünsche gehegt, tausendmal habt ihr euch daran geweidet, den Makel der Blüte zu entdecken ... tausend für schöner gehaltene Blüten sind im Geiste bemalt worden, jedoch verschwunden ...) Kraft dieses Gesetzes verachtet die Vernunft die Gesetze ... und ihr ermutigt noch ihre Gewalttätigkeit! Ihr seid in sie vernarrt, bis euch Angst überfällt. Denn eure Gedanken sind grausam und eure Herzen schwach. Euer Mitleid, eure Grausamkeit sind ebenso unberechenbar wie unwiderstehlich. Und dann fürchtet ihr mehr und mehr das Blut. Ihr fürchtet das Blut und die Zeit.

Lieber Barbar, unvollkommener Freund, ich bin ein Gelehrter des Landes Thsin nahe dem Blauen Meer. Ich kenne mich aus in der Schrift, dem Befehl zum Krieg sowie in der Leitung von Landwirtschaft. Ich will nichts wissen von eurer Sucht nach Erfindungen und von der Unzucht eures Denkens. Ich kenne etwas Gewaltigeres: wir Menschen von hier, immer neue Millionen, wir nähren uns von den fruchtbarsten Tälern der Erde; und die Tiefe dieses ungeheuren Meers von Individuen wahrt die Form einer seit Urzeiten ununterbrochenen Familie. Jeder der Unsern fühlt sich Sohn und Vater, zwischen dem tausendsten und dem zehntausendsten Geschlecht; er sieht sich eingefügt dem Volk um ihn und dem Volk der Toten unter ihm und dem Volk, das kommen wird – wie der Backstein in die Backsteinmauer. Er hält. Jeder der Unsern weiß, daß er nichts ist ohne diese Erde der Toten und außerhalb des wunderbaren Ahnengebäudes. Dort oben, wo die Ahnen verbleichen, beginnen die Scharen der Götter. Wer es bedenkt, vermag die schöne Form und die Dauerhaftigkeit unseres ewigen Turms zu ermessen.

Denk über das Geflecht unserer Rasse nach, und sage mir: Ihr, die ihr eure Wurzeln durchschneidet und eure Blumen verdorren laßt, wie wollt ihr noch bestehen? Noch lange?

Unser Reich ist gewoben aus Lebenden und Toten und der Natur. Es besteht, weil es alle Dinge ordnet. Hier hat alles Geschichte: eine Blume, die Süße einer kreisenden Stunde, das duftige Inkarnat sich öffnender Seen, eine ergreifende Sonnenfinsternis ... In alldem begegnen sich die Geister unserer Väter und die unsern. All diese Dinge kehren immer wieder, und indem wir die Laute wiederholen, die jene ihnen als Namen gegeben, bindet uns die Erinnerung an sie und gibt uns Ewigkeit.

So sind wir: wir scheinen zu schlafen, und man verachtet uns. Dennoch zersetzt sich alles in unserer gewaltigen Menge. Die Eroberer verlieren sich in unserer gelben Flut. Die fremden Heere ertrinken in dem Meer unserer Generation oder zerschellen an unsern Ahnen. Die erhabenen Katarakte unserer Massen und das wachsende Gefälle unserer Ahnen reißen sie mit sich fort.

Wir bedürfen einer Politik, die, ohne Ende, bis an die beiden Grundfesten der Zeit reicht, die Milliarden von Menschen zu führen vermag von den Vätern zu den Söhnen, ohne daß die Bande reißen oder sich verwirren. Dies ist die ungeheure, wunschlose Richtung. Ihr haltet uns für träge. Wir bewahren einfach unsere Weisheit, um grenzenlos zu wachsen, über alle menschliche Macht hinaus, und um zu sehen, wie ihr trotz eurer wahnwitzigen Wissenschaft euch verliert in den flachen Wassern des Landes Thsin. Ihr wißt so viele Dinge – ihr wißt nicht um die ältesten und mächtigsten, wild begehrt ihr das Nächste und vernichtet zugleich eure Väter und eure Söhne.

Sanft, grausam, subtil, barbarisch, wir sind es, je nachdem – jedes zu seiner Stunde. Wir wollen nicht zuviel wissen. Die menschliche Wissenschaft darf nicht unbegrenzt wachsen.

Wenn sie immer weiter um sich greift, verursacht sie unaufhörliche Verwirrung und verzweifelt an sich selbst. Wenn sie stillsteht, zeigt sich der Verfall. Aber wir, bedacht auf eine Dauer, mächtiger als alle Macht des Abendlandes, wir meiden den verzehrenden Rausch der Weisheit. Wir bewahren unsere alten Antworten, unsere Götter, unsere Stufung der Macht. Hätte man den herrschenden Kasten nicht die unerschöpfliche Hilfe der Unsicherheit des Geistes vorbehalten, hätte man die Einfalt der Menschen zerstört, ihre Begierde gereizt und ihre Ansicht von sich selbst verändert – und wären die Herrschenden allein gestanden in einer böse gewordenen Welt, gegenüber der erschreckenden Zahl der Untertanen und der Gewalttätigkeit der Gelüste –: sie wären unterlegen, und mit ihnen die ganze Kraft des ganzen Landes. Aber unsere Schrift ist allzu schwierig. Sie ist Politik. Sie verschließt die Ideen. Bei uns muß man zahllose Zeichen kennen, um denken zu können. Einzig die Gelehrten gelangen um den Preis ungeheurer Mühe so weit. Die andern vermögen weder tief zu denken noch ihre ungeformten Pläne zu gestalten. Wohl fühlen sie, aber ihr Gefühl bleibt immer gebunden. Alle in der Vernunft beschlossene Gewalt bleibt so den Gelehrten, und eine unerschütterliche Ordnung gründet sich auf die Erschwerung des Wissens und auf den Geist.

Und jetzt erinnere dich: die Ursprünge eurer großen Erfindungen liegen bei uns. Begreifst du nun, warum wir uns nicht weiter mit ihnen befaßt haben? Ihre Vervollkommnung bis ins einzelne hätte unser langsames, großes Dasein gestört und die einfache Ordnung seines Laufes verwirrt. Du siehst, man darf uns nicht verachten, – wir haben das Pulver nur erfunden – um abends Raketen in die Luft zu schicken.«

Ich blickte auf. Der Chinese war schon am Rand der Düne, nah am Gehölz, er schien ganz klein. Ich lasse einige Wellen vorüberziehen. Im leichten Wind und in dampfenden Büschen höre ich ein Gewirr von Vögeln leise brodeln – hinter mir – fern. Das Meer hegt mich.

Woran denken? Dachte ich? Was noch ergreifen? Wohin verweisen, was mich jetzt liebkost, Erfüllung, geschmeidig, leicht? Sich wiegen in alldem, im Äther, mit den Problemen spielend? ... Wie ruht mich schon der bloße Gedanke aus, beim leisesten Anlauf so hoch zu steigen, so nahe all den zersprühenden Wellenkämmen – oder völlig mühelos, in fast unmerklicher Frist, zu jedem kaum je ersehnten Ziel zu gelangen, auf unermeßlichen Bahnen – so verlockend, so leicht –, und wieder zurückzusinken. Wie zieht es mich hin – in dieser Ruhe klärt sich auch der geringste Gedanke, indem er sich im unbegrenzten Raum auswirkt, alsbald seine vollkommenste Entfaltung vorwegnimmt und zugleich die Freude, sich selbst Genüge zu tun – die ihm ein Ende setzt. Jedesmal erlischt er, nachdem er wie von selbst das frühere Gleichgewicht wieder hergestellt hat. Jeder neue folgt seinem Beispiel und erschöpft sich gleichermaßen, voll Lust, denn das Ineinander von Denken und Licht, das ich jetzt bin, bleibt sich noch gleich. Nichts wandelt sich. Die Zeit rinnt nicht mehr. Mein Leben steht.

Fast nichts mehr läßt mich seiner innewerden, da ich in jeder Minute die vorhergehende wiedergewinne, und mein Geist schwebt zugleich an allen Punkten des Hier; jede Möglichkeit pickt er auf... Wenn alle Punkte des räumlichen Hier nacheinander in eins verfließen – wenn ich so rasch Herr werde über das, was dauert –, wenn dieses schimmernde Wasser zu meiner Linken sich vertieft und kreist wie eine ferne, leuchtende Schraubenlinie, wenn dieser goldene, zarte Schneefall, draußen auf dem Meer, vor mir ...

Aber hier an der Sonne kühlt mich nun das Meer, offen wie eine Auster, durch das Schimmern seines fetten und feuchten Fleisches; und ich höre das Wasser – ganz nahe – in langen Zügen trinken, oder zwischen den Balken des Leuchtturms Seil springen, oder glucksen gleich Hühnern.

Um es besser zu hören, breche ich meinen Blick ab. Ich senke die Lider, und schon sehe ich zwei oder drei diamantene Fensterchen flimmern: orangene Mondsicheln, die sich zusammenziehen und zucken; ihre Flügel flattern im Dunkeln und betäuben den Blick. Ich möchte das ganze Bild, das ich ausschloß, in mir wieder aufbauen; ich rufe die mannigfaltigen Blau herbei und die geschlossenen Linien des einfachen

Netzes, das bewegte Flächen einfängt: ich forme eine Woge, die schwillt und mich emporträgt ...

Ich kann ihrer nicht tausend formen. Warum nicht? Das Meer, das ich schuf, verschwindet. Schon analysiere ich, und nicht vergebens.

Öffnen wir die Augen! Kehren wir zum untrüglichen Tageslicht zurück! Hier muß man sich gehenlassen.

Da sind sie wieder. Sie fluten dahin; ich flute mit. Sie murmeln, ich spreche. Sie zerschellen, sie lecken sich, sie weichen zurück. Sie rollen wieder heran, sie schäumen und lassen mich sterbend zurück auf dem Sand, den sie geküßt haben. Ich lebe wieder auf – in der Ferne – im ersten Auftönen eines leichten Trabs – an der Schwelle der Weite. Meine Kraft kehrt wieder. Gegen sie schwimmen – nein, auf ihnen schwimmen – das ist ja dasselbe; aufrecht im Wasser, wo die Füße keinen Grund mehr finden, mit vorstürmendem Herzen, verschwimmenden Augen, ohne Schwere, ohne Körper ...

Tief fühlt der Mensch seine Einheit mit dem, was unter seinen Augen spielt, dem Wasser.

[1895]

NOTIZEN ÜBER GRÖSSE UND NIEDERGANG EUROPAS

Im Europa der Neuzeit hat es keine einzige Macht, kein einziges Reich vermocht, seine Stellung an der Spitze, seinen Herrschaftsraum oder auch nur seine Eroberungen länger als fünfzig Jahre zu behaupten. Die größten Männer sind daran gescheitert, und noch die erfolgreichsten haben ihre Nationen in den Ruin geführt: Karl der Fünfte, Ludwig der Vierzehnte, Napoleon, Metternich, Bismarck, durchschnittliche Dauer: vierzig Jahre. Keine Ausnahme.

Europa besaß die Mittel, mit denen es sich alles hätte botmäßig machen und regieren und auf europäische Ziele ausrichten können, was in der übrigen Welt war. Ihm standen überlegene Methoden zu Gebote und die Menschen, die sie geschaffen hatten. Denen allerdings die Verfügungsgewalt über Europa zukam, die blieben weit hinter ihnen zurück. Sie waren vollgesogen mit Vergangenem: sie brachten nur Vergangenes zustande. Und so ging die Gelegenheit vorbei. Wegen seiner Geschichte und seiner politischen Traditionen, mit den Dorf- und Kirchturmsquerelen, dem Krämergezänk, den Eifersüchteleien und Zwistigkeiten zwischen Nachbarn, also aus Mangel an Weitsicht, durch seine Krähwinkelei, Erblast aus der Zeit, in der es ebenso unwissend und nicht mächtiger war als die anderen Regionen der Erde, hat sich Europa eine unschätzbare Gelegenheit entgehen lassen, und es hat nicht einmal rechtzeitig gemerkt, daß sie überhaupt bestand. Napoleon scheint der einzige gewesen zu sein, der ahnte, was kommen würde und was hätte unternommen werden können. Er dachte im Maßstab der Welt von heute, er wurde nicht verstanden, und er hat es auch gesagt. Doch er kam zu früh; die Zeiten waren nicht reif; seine Mittel waren noch nicht entfernt die unsrigen. Nach ihm schaute man wieder hinüber, wieviel Hektar der Nachbar hatte, und dachte erneut nicht über den Augenblick hinaus.

Die kläglichen Europäer haben lieber Armegecken und Burgunder[1] gespielt, statt weltweit die Rolle zu übernehmen, die die Römer in ihrer Welt übernommen und für Jahrhunderte durchgehalten hatten. Was diese an Zahlen und Mitteln aufbieten konnten, war nichts im Vergleich mit uns; doch sie fanden in den Eingeweiden ihrer Hühner richtigere und wichtigere Ideen, als alle unsere politischen Wissenschaften zu bieten haben.

Europa wird die Strafe empfangen für seine Politik; ihm wird der Wein entzogen, das Bier und die Liköre. Und anderes mehr ...

Europa legt es sichtlich darauf an, von einer amerikanischen Kommission regiert zu werden. Seine ganze Politik geht dahin.

Da wir es selbst nicht vermögen, unsere Geschichte abzutun, werden wir von ihr entlastet durch glücklichere Völker, die keine oder fast keine Geschichte haben. Solche glücklichen Völker werden uns ihr Glück aufzwingen.

Europa hatte sich deutlich von allen anderen Teilen der Welt unterschieden. Nicht durch seine Politik, sondern trotz dieser Politik und noch eher gegen sie hatte es die Freiheit seines Geistes bis zum äußersten entwickelt, seine Leidenschaft des Verstehens mit seinem Willen zu strengem Denken verbunden, eine präzise und aktive Neugier ausgebildet und durch die hartnäckige Suche nach Ergebnissen, die sich exakt vergleichen und aufeinander aufbauen lassen, ein Kapital an höchst wirksamen Gesetzen und Verfahren angesammelt. Seine Politik indessen blieb unverändert gleich; es entnahm den einzigartigen Reichtümern und Ressourcen, von denen ich soeben sprach, nur das, was es zur Stärkung dieser primitiven Politik und zu ihrer Ausstattung mit immer fürchterlicheren und barbarischeren Waffen benötigte.

Es bildete sich mithin ein Kontrast heraus, ein Abstand, eine erstaunliche Diskrepanz zwischen dem Zustand ein und desselben Geistes, je nachdem, ob er sich mit seiner interessenfreien Arbeit, seinem streng kritischen Bewußtsein, seinen planmäßig vertieften Forschungen abgab oder aber mit den politischen Interessen. Seiner Politik schien er alles Nachlässige, Vernachlässigenswerte und Niedrige, was er von sich gab, vorzubehalten: Instinkte, Idole, rückwärtsgewandte Träumereien, Sehnsüchte, Begierden, Tönendes ohne Bedeutung und Bedeutungen, die Schwindel erregen ... all das, was die Wissenschaften und auch die Künste hinter sich gelassen hatten und nicht mehr dulden mochten.

Alle Politik impliziert (meist ohne es zu wissen) eine bestimmte Vorstellung vom Menschen und sogar eine Meinung darüber, worin die Bestimmung der Gattung Mensch liegt, eine ganze Metaphysik, die vom krudesten Sensualismus bis zur kühnsten Mystik reicht.

Nehmen Sie einmal an, man würde Ihnen uneingeschränkte Macht übertragen. Sie sind lauteren Sinnes, und Sie haben die feste Absicht, Ihr Bestes zu geben. Ihr Kopf ist klar; Sie können die Dinge deutlich unterscheiden, sie aber auch in ihren Beziehungen denken; und schließlich sind Sie auch von Ihnen selbst losgelöst, sind in eine so hohe und Sie so stark in Anspruch nehmende Position versetzt, daß die Interessen Ihrer Person nichtig oder belanglos werden im Vergleich zu dem, was vor Ihnen steht und was sich Ihnen an Möglichem bietet. Sie sollen nicht einmal davon behelligt werden, was jeden anderen behelligen würde: die Erwartung, die bei allen herrscht, und Sie werden nicht ängstlich oder verzagt angesichts der Hoffnungen, die man in Sie setzt.

Nun wohl, was werden Sie tun? Was werden Sie HEUTE tun?

Es gibt Siege *per se* und Siege *per accidens*.

Der Friede ist ein virtueller, stummer, kontinuierlicher Sieg der möglichen Kräfte über die wahrscheinlichen Begierden.

Wahrhaften Frieden gäbe es nur dann, wenn alle Welt zufriedengestellt wäre. Damit ist gesagt, daß es nicht oft wahrhaften Frieden gibt. Es gibt nur jeweils realen Frieden, der, nicht anders als der Krieg, eine Notlösung ist.

Die einzigen Verträge, die gelten sollten, sind solche, die zwischen den Hintergedanken abgeschlossen werden.

Alles, was offen gesagt werden kann, ist seiner Zukunft gleichsam schon enthoben.

Man bildet sich ein, dem Gegner seinen Willen aufzuzwingen. Es mag vorkommen, daß einem dies gelingt. Doch kann dies ein verhängnisvoller Wille sein. Nichts scheint mir schwieriger, als die wahren Interessen einer Nation zu ermitteln, die ja nicht verwechselt werden dürfen mit ihren Wünschen. Die Erfüllung unserer Sehnsüchte entfernt uns nicht immer von unserem Untergang.

Ein Krieg, dessen Ausgang sich nur aus der Ungleichheit der beiden gegnerischen Gesamtmächte ergibt, ist lediglich ein suspendierter Krieg.

Die Handlungen einiger weniger Menschen haben für Millionen anderer Menschen Folgen, die damit vergleichbar sind, was für alles Lebende aus Störungen und Veränderungen seines Milieus herrührt. Wie aus natürlichen Ursachen Hagelschlag, Taifune und Epidemien hervorgehen, so gehen von Verstandesursachen Wirkungen auf Millionen Menschen aus, und der allergrößte Teil von ihnen läßt sie über sich ergehen wie die Launen des Himmels, des Meeres und der Erdrinde. Verstand und Wille als physische, blinde Einwirkungen auf Massen – *das ist, was man Politik nennt.*

ÜBER DIE NATIONEN

Es ist nie leicht, sich klar vor Augen zu führen, was man eigentlich eine Nation nennt. Die einfachsten und markantesten Züge entgehen den Menschen im Lande, die für das, was sie immer schon gesehen haben, nicht mehr empfänglich sind.

Der Ausländer, der sie wahrnimmt, überzeichnet sie, doch die große Anzahl innerer Entsprechungen und unsichtbarer Wechselbeziehungen, durch die die rätselhafte tiefere Zusammengehörigkeit von Millionen Menschen zustande kommt, kann er nicht wahrnehmen.

Es gibt also zwei große Möglichkeiten, sich bei der Beurteilung einer gegebenen Nation zu irren.

Im übrigen läßt sich der Gedanke der Nation allgemein nicht leicht erfassen. Die Verschiedenartigkeit der Aspekte dieses Gedankens ist für den Verstand verwirrend; er schwankt zwischen sehr unterschiedlichen Arten der Definition. Kaum glaubt er eine zufriedenstellende Formel gefunden zu haben, so weist sie von selbst ihn schon auf den einen oder anderen Sonderfall hin, der dabei übersehen wurde.

Dieser Gedanke ist uns ebensosehr im Umgang vertraut und im Gefühl gegenwärtig, wie er komplex und unbestimmt vor der Reflexion ist. Doch gilt dies für alle Wörter von größerer Bedeutung. Wir sprechen leicht von Recht, von Rasse, von Eigentum. Doch was ist Recht, Rasse oder Eigentum? Wir wissen es und wissen es doch nicht!

All diese mächtigen Begriffe, die zugleich abstrakt und lebensvoll sind, die bisweilen so intensiv und unabweislich in uns wirken, all diese Wörter, die im Geist der Völker und der Staatsmänner die Vorstellungen ausmachen, die Pläne, Überlegungen und Entscheidungen bestimmen, von denen die Geschicke, das Wohl und Wehe, Leben und Tod der Menschen abhängen, sind für die Reflexion vage und unreine Symbole ... Und dennoch, wenn die Menschen untereinander diese Undefinierbaren benutzen, so verstehen sie sich gegenseitig sehr wohl: Diese Begriffe sind also klar und ausreichend von einem zum anderen; dunkel und gleichsam unendlich divergierend bei jedem einzelnen.

Die Nationen sind befremdlich füreinander, wie es Wesen verschiedenen Charakters, Alters, Glaubens, verschiedener Sitten und Bedürfnisse sind. Sie betrachten sich gegenseitig mit Neugier und Angst; sie lächeln; sie schmollen; bewundern ein Detail und ahmen es nach; verachten das Gesamte; werden von Eifersucht geplagt oder von Hochmut geschwellt. So ehrlich bisweilen ihr Wunsch sein mag, sich zu verständigen und zu verstehen, die Verständigung wird doch stets an einem bestimmten Punkt getrübt und aufgehalten. Irgendwelche unübersteigbaren Hindernisse stehen der Vertiefung und Verstetigung entgegen.

Mehr als eine ist innerlich überzeugt, die Nation schlechthin zu sein, die für alle Zukunft auserwählte und die einzige, die unbeschadet ihres augenblicklichen Zustands, ihres Elends oder ihrer Schwäche dazu angetan ist, die Virtualitäten, die sie sich zuschreibt, bis zum höchsten Punkt zu entwickeln. Eine jede hat Argumente im Vergangenen oder im zukünftig Möglichen aufzuweisen; keine erkennt ihr Unglück oder ihr Versagen gern als ihre legitimen Kinder an.

Je nachdem, ob sie sich mit den anderen in Größe oder Zahl oder materiellem Fortschritt oder Sitten oder Freiheiten oder öffentlicher Ordnung oder auch Kultur oder Werken des Geistes oder sogar Erinnerungen und Hoffnungen vergleichen, finden die Nationen notwendig Gründe, sich selbst den Vorzug zu geben. In der Dauerpartie, die sie spielen, hat jede von ihnen ihre Karten. Doch einige von diesen Karten sind real und andere imaginär. Es gibt Nationen, die haben nur Trümpfe aus dem Mittelalter oder aus der Antike in Händen, tote, pietätvoll zu verehrende Werte; andere zählen ihre schönen Künste, ihre Landschaften, ihre heimische Musik, ihre Anmut oder ihre hehre Geschichte und werfen sie auf den Spieltisch zwischen die wahren Kreuz- und Pikkarten.

Alle Nationen haben Gründe, sei es in der Gegenwart, in der Vergangenheit oder in der Zukunft, sich für unvergleichlich zu halten. Und sie sind es im übrigen. Es ist dies durchaus kein kleines Problem für die theoretische Überlegung in der Politik, daß sich diese großen Wesenheiten unmöglich vergleichen lassen, da sie nur über ihre äußerlichen Merkmale miteinander in Verbindung treten und sich jeweils nur über ihre nach außen gerichteten Instrumente gegenseitig beeinflussen. Das sie wesentlich konstituierende Faktum, ihr eigentliches Daseinsprinzip, das innere Band, das die Individuen eines Volkes und die Generationen miteinander verbindet, ist bei den verschiedenen Nationen nicht von derselben Art. Bald die Rasse, bald die Sprache, bald der Landstrich, bald die Erinnerungen und bald die Interessen konstituieren die nationale Einheit einer organisierten Ansammlung von Menschen auf ganz unterschiedliche Weise. Die tiefere Ursache für eine bestimmte Gruppierung kann bei einer anderen Gruppierung gänzlich anderer Art sein.

Im Werden befindliche Nationen sind daran zu erinnern, daß es in der Natur keinen Baum gibt, der auch bei besten Licht- und Bodenbedingungen unbegrenzt wachsen und sich ausdehnen könnte.[2]

[1927]

ÜBER GESCHICHTE

Die Geschichte ist das gefährlichste Elaborat, das die Chemie des Intellekts produziert hat. Seine Eigenschaften sind allbekannt. Es bringt die Völker ins Träumen, versetzt sie in Rausch, gaukelt ihnen eine Vergangenheit vor, übersteigert ihre Reflexe, hält ihre alten Wunden am Schwären, stört sie in ihrer Ruhe auf, treibt sie zu Größenwahn oder auch zu Verfolgungswahn und macht, daß die Nationen verbittert, auftrumpfend, unausstehlich und eitel werden.

Die Geschichte rechtfertigt, was immer man will. Sie lehrt schlechterdings nichts, denn es gibt nichts, was sich mit ihr nicht belegen ließe.

Was wurden nicht schon Bücher geschrieben mit dem Titel: »Die Lehren aus dem und dem ...«! Nichts lachhafter, als im nachhinein von Ereignissen zu lesen, die auf Ereignisse folgen mußten, die von diesen Büchern im Sinne des Zukünftigen gedeutet wurden.

Beim gegenwärtigen Zustand der Welt ist die Gefahr der Verführung durch Geschichte größer, als sie es jemals war.

Die politischen Phänomene unserer Zeit gehen einher mit einer *Verschiebung der Maßstäbe* ohne Beispiel, oder vielmehr mit einer *Verschiebung der Ordnung der Dinge*. Die Welt, der anzugehören wir, Menschen wie Nationen, uns anschicken, ist nur mehr eine *Ähnlichkeitsfigur* jener Welt, die uns vertraut war. Da sich das Ursachensystem, das die Geschicke eines jeden von uns bestimmt, nunmehr über den gesamten Erdball erstreckt, wird dieser daher auch bei jeder Erschütterung als ganzer in Mitleidenschaft gezogen; Fragen, die umgrenzt blieben, weil sie auf einen Punkt begrenzt waren, gibt es nicht mehr.

Früher stellte sich Geschichte dar als ein Nebeneinander mehrerer Chronologien, zwischen denen hier und da sich einige mehr zufällige Querverbindungen ausmachen ließen. Was an Versuchen zu synchroner Betrachtung unternommen wurde, war nicht sehr ergiebig, erwies allenfalls die Nutzlosigkeit solcher Versuche. Was zu Zeiten Cäsars sich in Peking ereignete, was zu Napoleons Zeiten am Sambesi geschah, das tat sich auf einem anderen Planeten. *Melodiegeschichte* aber ist nicht mehr möglich. Sämtliche politischen Themen sind nunmehr miteinander verknüpft, und jedes stattfindende Ereignis nimmt alsbald eine Vielzahl gleichzeitiger und untrennbar zusammenhängender Bedeutungen an.

Die Politik eines Richelieu oder auch eines Bismarck verrinnt in diesem neuen Umfeld und verliert ihren Sinn. Die Begriffe, die deren Vorhaben zugrunde lagen, die Ziele, die sie ihren Völkern vor Augen führen konnten, die Kräfte, die in ihre Überlegungen eingingen, all das ist kaum noch von Belang. Das Hauptziel aller Politik lag, und liegt für manche noch immer, in der *Landnahme.* Dafür wurde Gewalt aufgeboten, das ersehnte Landstück wurde weggenommen, und damit fertig. Doch jetzt muß jeder einsehen, daß dergleichen Unterfangen, bei denen es mit einer Auseinandersetzung, einem anschließenden Duell und einem abschließenden Pakt getan war, in Zukunft derart unausweichliche Weiterungen haben werden, daß *nichts mehr geschieht, ohne daß die gesamte Welt hineingezogen würde*, und daß sich die Folgen, die *fast unmittelbaren* Folgen eines Unternehmens, auf das man sich einläßt, niemals mehr werden vorhersehen und eingrenzen lassen.

Dadurch, daß sich die Vernetzung im Phänomenbereich des Politischen so stark erweitert und verstärkt hat, ist alle große Regierungskunst der Vergangenheit zuschanden und regelrecht *unbrauchbar* geworden; denn kein Genie, keine Charakterstärke und Geisteskraft, keine Traditionen, nicht einmal die britischen, können sich hinfort mehr einbilden, etwas gegen den Zustand und gegen die Reaktionen einer Menschenwelt auszurichen, für die die alte *historische Geometrie* und die alte *politische Mechanik* in keiner Weise mehr geeignet sind.

Bei Europa denke ich an einen Gegenstand, der ganz plötzlich in einen komplexeren Raum versetzt wird, in dem alle seine bekannten Merkmale scheinbar gleichbleiben, jedoch völlig andersartigen *Verbindungen* unterworfen werden. Insbesondere werden dadurch all die herkömmlicherweise angestellten Voraussagen und Berechnungen noch unzuverlässiger, als sie es ohnehin schon waren.

Die Folgen des jüngsten Krieges* haben gezeigt, wie Ereignisse, die ehedem auf lange Zeit hinaus und *in der einmal entschiedenen Richtung* Gestalt und Gang der allgemeinen Politik bestimmt hätten, nun binnen weniger Jahre infolge der gestiegenen Zahl der Parteien, der Erweiterung des Schauplatzes und der zunehmenden Interessenüberschneidungen gleichsam ihrer Energien verlustig gingen und nur mehr verkürzte oder gegenläufige Auswirkungen hatten.

Es gilt sich darauf einzustellen, daß dergleichen Wandlungen zur Regel werden. Je mehr wir ausgreifen, desto weniger werden die Wirkungen überschaubar sein, desto weniger werden politische Operationen und selbst Machteinsätze, kurz: alles unmittelbar wahrnehmbare Handeln, noch das sein, wofür man es hielt. *Die Größen, die Ausdehnungen, die jeweils vorhandenen Massen, die Verknüpfungen zwischen ihnen, die Unmöglichkeit lokaler Begrenzung, die prompten Rückwirkungen werden in zunehmendem Maße eine gegenüber der jetzigen völlig veränderte Politik erfordern.*

Da die Wirkungen von ihren Ursachen aus so schnell unkalkulierbar werden, ja ihren Ursachen sogar entgegenlaufen, wird man es künftig vielleicht kindisch finden, bedenklich, sinnlos, immer weiter auf das Ereignis *abzuzielen*, es herbeiführen oder verhindern zu wollen; vielleicht wird das Politische bald nicht mehr *in Ereignissen gedacht*, wie es im wesentlichen eine aus der Geschichte bezogene und von ihr geförderte Gewohnheit ist. Nicht daß keine Ereignisse mehr stattfänden und es keine *monumentalen Momente* mehr in der Zeit gäbe; unermeßliche wird es geben! Doch werden diejenigen, deren Aufgabe es ist, sich auf solche einzustellen, sie herbeizuführen oder abzuwenden, notwendig immer mehr lernen müssen, vor ihren Folgen auf der Hut zu sein. Der

* Der Krieg 1914-1918.

bloße Wunsch im Verbund mit Macht wird nicht mehr hinreichen, um sich auf eine Unternehmung einzulassen. Nichts ist durch den letzten Krieg nachhaltiger ruiniert worden als der Anspruch, etwas vorherzusehen.[1] An Geschichtskenntnissen indessen fehlte es doch wohl nicht, möchte mir scheinen.

[1927]

BILDER VON FRANKREICH

Keine Nation liegt so offen da, verbirgt sich aber auch so geheimnisvoll wie die französische; keine ist so bequem zu beobachten, und keine verführt so leicht zu der Annahme, sie schon auf Anhieb zu kennen. Später erst wird man gewahr, wie sich keine andere so schwer in ihren Regungen vorausbestimmen läßt, keine die gleiche Fähigkeit zu unerwarteten Neuanfängen und zu plötzlicher Umkehr besitzt. Ihre Geschichte bietet ein Bild von Grenzsituationen, eine Kette von Gipfeln und Abgründen, die so häufig und rasch aufeinanderfolgen wie in der Geschichte keines anderen Volkes. Gerade im Licht so vieler Gewitterstürme läßt ein ruhiges Nachdenken allmählich die Vorstellung aufkommen, die recht genau das herausstellt, was die bloße Beobachtung bereits nahegelegt hat. Denn man möchte meinen, dieses Land sei durch Wesen und Aufbau dazu bestimmt, im Zusammenwirken von Raum und Geschichte so etwas wie eine in sich ruhende Figur mit der Gabe erstaunlicher Beständigkeit darzustellen. Schon jahrhundertelang gerät es mehr als einmal in jedem Jahrhundert um diesen Ruhepol herum in Schwingungen, und zwar infolge der geschichtlichen Ereignisse des mit allem Lebendigen unlöslich und unweigerlich verbundenen Auf und Ab, der Erschütterungen im Innern, der äußeren politischen Erdbeben und der Gewitterstürme von jenseits der Grenzen. Frankreich richtet sich auf, schwankt, stürzt, fängt sich wieder, schränkt sich ein, erhebt sich zur früheren Größe, zerfleischt sich im Innern, findet wieder seine Mitte; abwechselnd läßt es dabei Stolz, Resignation, Unbekümmertheit und leidenschaftliche Hingabe erkennen; und von allen Nationen unterscheidet es sich durch seine eigentümliche personale Prägung.

Reich an Kontrasten, hat diese sensible Nation gerade in ihren Gegensätzen ganz ungeahnte Möglichkeiten. Das Geheimnis ihrer erstaunlichen Zähigkeit liegt vielleicht in den großen und vielfältigen Unterschieden, die sie in sich vereint. Bei den Franzosen ist die äußere Unbekümmertheit ihres Charakters eng verbunden mit seltener Ausdauer und Geschmeidigkeit. Die allgemein zwanglose Art und Zugänglichkeit im Kontakt mit anderen trifft bei ihnen zugleich mit einem stets wachen und unerbittlich kritischen Geist zusammen. Vielleicht ist Frankreich das einzige Land, in dem das Lächerliche geschichtlich eine Rolle gespielt hat; manche Staatsform hat es unterhöhlt und zerstört, und es genügt ein Wort, ein schlagender (manchmal allzu schlagender) oratorischer Einfall, um im Urteil des Volkes binnen weniger Augenblicke festgegründete Machtstellungen und Situationen zu zerstören. Übrigens kann man bei den Franzosen eine gewisse tiefverwurzelte Undiszipliniertheit beobachten, die aber doch hinter einer als notwendig erkannten Disziplin stets zurücktritt. So kommt es vor, daß man die Nation ganz unerwartet einig findet, wo man damit gerechnet hatte, sie innerlich gespalten anzutreffen.

Offenbar ist die französische Nation besonders schwer auf einfache Weise zu definieren; und gerade dieses Merkmal der schwierigen Definierbarkeit ist schon ein wesentlicher Faktor, der zu ihrer Definition gehört. Sie läßt sich nicht durch eine Zusammenstellung widerspruchsfreier Attribute bestimmen. Ich werde noch versuchen, das zu begründen. Aber ob es nun um Frankreich oder ein anderes politisches Gebilde der gleichen Art geht, es ist wohl niemals ein leichtes, sich eindeutig eine bestimmte Nation zu vergegenwärtigen. Die einfachsten und hervorstechendsten Merkmale einer Nation entgehen den Einheimischen, denen das immer schon Erlebte nicht mehr auffällt. Wer sie als Ausländer wahrnimmt, läßt sich von ihnen zu stark beeindrucken und übersieht dabei jene Fülle innerer Merkmale und unsichtbarer Wirklichkeiten, in denen das Geheimnis der tiefen Verbundenheit von Millionen Menschen ruht.

Man kann sich also, grob gesehen, über eine bestimmte Nation in doppelter Hinsicht täuschen.

Zwischen einem Land und seinen Bewohnern, zwischen den Menschen und dem Raum, der Gestalt des Bodens, seinem Profil, den Gewässern, dem Klima, der Tier- und Pflanzenwelt und den Bodenschätzen entstehen mit der Zeit wechselseitige Beziehungen, die immer dann besonders dicht verflochten sind, wenn das Volk schon seit längerem in dem Land wohnt.

Wenn das Volk ethnisch uneinheitlich und im Laufe der Zeitalter fortgesetzt durch neue Elemente geprägt worden ist, wird die Zahl der Kombinationen besonders groß.

Für das Auge des Beobachters sind diese wechselseitigen Beziehungen zwischen der mütterlichen oder nährenden Erde und dem gestalteten Leben, das sie trägt und ernährt, nicht alle gleich deutlich. Denn die einen liegen in der verschiedenen Ausgestaltung, die das Gebiet eines Landes durch das menschliche Leben erfährt; die anderen in der Veränderung der Menschen durch ihre Siedlungsweise. Während nun der Einfluß des Menschen auf seinen Siedlungsraum im allgemeinen sichtbar und an der Erde ablesbar ist, kann der umgekehrte Einfluß fast niemals isoliert betrachtet und genau bestimmt werden. Der Mensch bewirtschaftet den Boden, macht Land urbar, bestellt die Felder, wirkt als Baumeister, rodet die Wälder, gräbt den Boden auf, untertunnelt die Berge, bändigt die Gewässer und importiert fremde Arten. Die geleisteten Arbeiten, die Bestellung des Bodens und die Veränderung der Natur können beobachtet oder zurückverfolgt werden. Die Veränderungen des Menschen durch sein Siedeln, so gewiß es sie gibt, liegen dagegen im dunkeln. Die Einwirkungen des Himmels, des Wassers und der Luft, die man einatmet, der Windverhältnisse, Nahrungsmittel und so weiter auf das Lebewesen gehören in den Bereich der physiologischen Erscheinungen, während die Auswirkungen des menschlichen Tuns zum größten Teil physischer oder mechanischer Art sind. Unsere Einwirkung auf die Natur bleibt größtenteils erkennbar; das Künstliche kontrastiert im allgemeinen mit dem Natürlichen; aber die Wirkung der uns umgebenden Natur auf uns ist eine Wirkung auf sie selbst; sie verschmilzt mit uns zu einem Ganzen. Alles, was auf ein Lebewesen einwirkt und es nicht vernichtet, erzeugt eine lebendige Form oder eine Variante des mehr oder weniger gleichbleibenden Lebens.

Nach diesen recht einfachen Hinweisen begreift man, daß wir für die Kenntnis eines Landes zwei Arbeitsmethoden von unterschiedlicher Schwierigkeit brauchen. Wie in sehr vielen anderen Gebieten zeigt sich auch hier, daß das Erkennen des Allerwichtigsten auch am schwierigsten ist. Sitten, Ideale, Politik und geistige Leistungen sind die unberechenbaren Wirkungen von unendlich verwickelten Ursachen, wo sich der Verstand inmitten von vielen Einzelfaktoren und deren Kombinationen verliert und nicht einmal die Statistik uns praktisch mehr Aufschluß geben kann. Diese große Ohnmacht des Menschen ist für das Menschengeschlecht eine Katastrophe; weit stärker als der Eigennutz bringt gerade sie alle Gegensätze über die Völker und widersetzt sich der Organisation aller Menschen auf dem Erdkreis, jenem Unternehmen, das bis heute ohne Erfolg in jeweils anderer Form von dem Eroberungsdrang, der religiösen Überzeugung oder dem revolutionären Aufbruch versucht wurde.

Der Mensch weiß nicht genug über den Menschen, so daß er zu Notlösungen greift. Pauschale, aussichtslose oder verzweifelte Lösungen werden angeboten oder der Menschheit genauso wie jedem einzelnen aufgezwungen, *denn er weiß nicht . . .*

Das waren recht abstrakte und teilweise recht düstere Worte für eine Einleitung zu einem Bildband über Frankreich. Aber die Bilder eines Landes oder der Anblick einer Gegend, die eine Gruppe von Menschen ernährt und Schauplatz und Basis ihres Handelns ist, bringen, wie ein beständiges, ergreifendes und unüberhörbares Begleitmotiv, unweigerlich in unserem Innern alle Stimmen eines grenzenlos komplizierten und tiefgreifenden Dramas oder Traums zum Erklingen, worin jeder einzelne von uns persönlich verstrickt ist.

Frankreich fällt geographisch auf durch seine klaren Konturen, die Differenziertheit seiner Landschaftsräume und die allgemeine Ausgewogenheit in dieser Unterschiedlichkeit von Teilen, die verhältnismäßig gut zueinander passen, sich eingruppieren und ergänzen.

In diesem Land herrscht ein recht glückliches Verhältnis zwischen Flachland und Gebirge, Gesamtoberfläche und Küstenverlauf; und an den Küsten selbst zwischen Steilküsten, Felsen und Sandstrand, die mit ihrem Kalkstein, Granit oder Sand Frankreichs Gestade an drei Meeresufern umsäumen. Frankreich ist in Europa das einzige Land mit drei grundverschiedenen Fronten zum Meer. Mit seinen nutzbaren Reserven über und unter der Erde fehlt es Frankreich wohl nur an wenigen lebenswichtigen Gütern. Frankreich hat viele gute Getreideböden und berühmte Hänge für die Rebe; ausgezeichneter Baustein und Eisenerz sind reichlich vorhanden. Die Kohlenvorräte sind für den heutigen Bedarf nicht mehr ausreichend. Andererseits hat aber das moderne Zeitalter neue und mächtige, wenn auch nur nebensächliche und vielleicht nur vorübergehende Bedürfnisse geschaffen, denen dieses Land nicht mit eigenen Mitteln nachkommen und die es so nicht befriedigen kann.

In diesem Land lebt ein Volk, dessen Geschichte hauptsächlich darin besteht, fortgesetzt an seiner eigenen Entwicklung zu arbeiten. Ob wir von seiner ethnischen oder psychologischen Verfassung sprechen, dieses Volk ist wie kein anderes eine Schöpfung seines Siedlungsraums und das uralte Werk einer bestimmten geographischen Situation. Kein Volk ist so eng mit dem Raum verbunden, auf dem es lebt. Man kann sich nicht vorstellen, daß es in Massen wegzieht, geschlossen in andere Länder auswandert und die Bindung mit der geographischen Gestalt von Frankreich aufgibt. Man kann sich dieses Volk nicht ungeographisch vorstellen, ohne den Raum, dem es nicht allein die üblichen Merkmale der Anpassung verdankt, die auf die Dauer jedes Land seinen Bewohnern vermittelt, sondern auch das, was man seine Strukturformel nennen könnte, und das ihm eigene Gesetz der Selbsterhaltung als nationales Gebilde.

Die Britischen Inseln, Frankreich und Spanien begrenzen nach Westen hin das gewaltige Eurasien. Doch während Britannien durch das Meer und Spanien durch die Gebirgskette der Pyrenäen deutlich von dem übrigen Teil des riesigen Festlands abgetrennt sind, liegt Frankreich frei und offen da und ist von Nordosten her ohne weiteres zugänglich. Andererseits bietet es an seinen weiten Seeküsten zahlreiche Landeplätze.

Diese natürlichen Gegebenheiten haben in Verbindung mit der allgemein günstigen Beschaffenheit des Bodens und dem gemäßigten Klima die Besiedlung des Landes ganz wesentlich beeinflußt. Wie auch immer die Urbevölkerung des Landes geartet war – damit meine ich die Bevölkerung, die auf diesem Boden seit der Zeit gelebt hat, da sein heutiges geographisches Bild im großen und ganzen festlag –, diese Bevölkerung wurde wiederholt durch neue Elemente und eine erstaunliche Vielfalt von Ereignissen in jeder Epoche verändert; sie wuchs an Reichtum, verarmte, wurde neu aufgebaut und umgestaltet. Sie erduldete Invasionen, Besetzungen, Unterwanderungen, Ausrottungen, erfuhr immer wieder Verluste und Gewinne.

Der Sturmwind der Völker, der stoßweise mit wechselnder Stärke von Norden und Osten her wehte, hat in den verschiedenen Zeitaltern ganz verschiedene ethnische Elemente nach Westen gebracht, die nach und nach zur Entdeckung der Räume im fernen Westen Europas getrieben wurden und dann schließlich auf eine einheimische Bevölkerung stießen oder vom Meer und den Bergen aufgehalten und zur Siedlung gezwungen wurden. Vor ihnen standen menschliche Hindernisse oder natürliche Schranken; ringsum lag fruchtbares Land mit gemäßigtem Klima. Die Neuankömmlinge richteten sich ein, lebten neben den bereits ansässigen Gruppen oder unterwarfen sie sich, stellten so wieder ein Gleichgewicht her und verschmolzen allmählich miteinander, schufen langsam ihre Sprachen, ihre Wesensmerkmale, ihre Künste und Lebensgewohnheiten. Die Einwanderer kamen nicht allein vom Norden und Osten; Südosten und Süden leisteten ebenfalls ihren Beitrag. So kamen einige Griechen über die Küsten des Mittelmeers; römische Truppenverbände, die sicherlich nicht groß waren, aber Jahrhunderte hindurch ständig ergänzt wurden; später in Schwärmen Mauren und Sarazenen. Wie die

Wikinger über die Küsten des Ärmelkanals und des Atlantiks, so drangen Griechen oder Phönizier, Italiker und Sarazenen im Süden in verhältnismäßig unbedeutender Zahl in das Land ein. Bewegungen aus dem Osten brachten wahrscheinlich die zahlenmäßig größten Bevölkerungsgruppen ins Land.

Auf jeden Fall würde eine Karte, auf der die Völkerwanderungen wie die Luftbewegungen auf den Wetterkarten eingezeichnet wären, das Gebiet von Frankreich als einen Raum erscheinen lassen, der überflutet wurde von Völkerströmen, die sich durch die allmähliche Verschmelzung und gegenseitige Durchdringung ihrer Wirbel vermischen, neutralisieren und beruhigen.

Maßgebend für die Ausformung von Frankreich war also das Vorhandensein einer beträchtlichen Anzahl von verschiedenen ethnischen Elementen sowie deren Vermischung auf französischem Boden. Die europäischen Nationen sind alle aus mehreren Volksteilen zusammengesetzt, und es gibt vielleicht keine, in der nur eine Sprache gesprochen wird. Doch in keinem anderen Land ist die ethnische und sprachliche Zusammensetzung wohl so reich wie in Frankreich. So hat Frankreich seine individuelle Ausprägung gefunden in der Mannigfaltigkeit des Binnenaustauschs und der menschlichen Verbindungen, die dort so viele verschiedene Rassen und Temperamente untereinander eingegangen sind. Die Kombination so vieler selbständiger Faktoren, das Zusammenkommen so mannigfaltiger Erbanlagen erklären im Handeln und Fühlen der Franzosen sehr viele Widersprüche und zugleich den beachtlichen Mittelwert eines jeden einzelnen. Die französische Nation hat aus dem Blutgemisch, das in ihr ist, in einigen Jahrhunderten einen unverkennbaren und vollständigen europäischen Nationalcharakter mit einer charakteristischen Kultur und Geistigkeit herausgebildet und erscheint nun wie ein mehrmals veredelter Baum, dessen hochwertige und wohlschmeckende Früchte aus einer glücklichen Verbindung gänzlich verschiedener Säfte und Kräfte herangereift sind, die aber alle zu ein und derselben unteilbaren Existenzform zusammenwirken.

Der gleiche Umstand erleichtert das Verständnis der meisten spezifisch französischen Einrichtungen und Organisationen, die im allgemeinen Leistungen der gesamten Nation, oft aber auch deren energische Reaktion zugunsten der Einheit sind. Der Sinn für diese lebenswichtige Einheit ist in Frankreich sehr stark ausgeprägt.

Hätte ich den Mut, mich zu jenen Träumereien verleiten zu lassen, die man so schön als Geschichtsphilosophie bezeichnet, dann hätte ich vielleicht meine Freude an der Vorstellung, daß alle wirklich großen Ereignisse in Frankreichs Geschichte einerseits jene Vorgänge waren, die ein bestimmtes rassisches Gleichgewicht innerhalb eines bestimmten Raumes bedrohten oder zu verändern suchten, und andererseits die bisweilen recht heftigen Reaktionen auf diese Angriffe, die das gestörte Gleichgewicht dann wiederherzustellen suchten.

Die Nation scheint zeitweilig ihre optimale Zusammensetzung anstreben oder wiedergewinnen zu wollen, die dann für den Binnenaustausch und für ein voll verwirklichtes Leben am günstigsten ist, und dann wieder nach der Einheit zu trachten, die ihr durch diese Zusammensetzung selbst aufgenötigt wird. In den heftigen internen Auseinandersetzungen ist immer jene Partei dem Sieg am nächsten, die am ehesten in der Lage scheint, die gefährdete Einheit rasch und um jeden Preis wiederherzustellen. Daher läßt sich Frankreichs bewegte Geschichte besser als die anderer Völker in einigen berühmten Namen zusammenfassen, Namen von Menschen, Dynastien, Volksvertretungen, die in Augenblicken der Gefahr und in Zeiten der Krise und des Wiederaufbaus mit besonderem Nachdruck in diesem Sinn gewirkt haben. Ob man nun von den Kapetingern spricht, von der Jungfrau von Orléans, Ludwig XI., Heinrich IV., Richelieu, vom Nationalkonvent oder von Napoleon, immer bezeichnet man mit dem Namen dasselbe, nämlich ein Symbol für die sich vollziehende Einheit und für die Übereinstimmung der Nation mit sich selbst.

Aber während ich an all diese repräsentativen Namen denke, fällt mir noch ein anderer ein. Der Name einer Stadt. Was ist eigentlich kennzeichnender und was könnte das Gesagte wohl besser verdeutlichen als die ungeheure Entwicklung der Vorrangstellung von Paris im Laufe der Jahrhunderte?

Was könnte typischer sein als diese mächtige Anziehungs- und Stoßkraft, die beständig von Paris als von einem lebendigen Zentrum ausgeht, dessen Rolle bei weitem die Bedeutung einer politischen Hauptstadt oder sonst einer Weltstadt übertrifft?

Paris ist beständig auf deutlich-sichtbare Weise am Werk, um durch eine eifersüchtige und intensive Konzentration die großen regionalen und individuellen Verschiedenheiten in Frankreich auszugleichen. Die wachsende Zahl an Aufgaben, die Paris seit zwei Jahrhunderten im Leben von Frankreich übernommen hat, entspricht einem steigenden Bedürfnis nach totaler Koordinierung und der gerade erst vollzogenen Eingliederung einiger etwas entlegenerer Provinzen mit unterschiedlichen Traditionen. Vor der Französischen Revolution hatte Frankreich schon eine Zentralregierung und richtete sich in Dingen des Geschmacks und des Lebensstils nach dem Vorbild des Hofs von Versailles. Diese Zentralisierung war eigentlich nur für die führenden und begüterten Schichten direkt von Interesse. Mit den ersten revolutionären Versammlungen aber und in den darauffolgenden Krisenjahren entstand ein reger Austausch von Menschen und Ideen zwischen Paris und dem übrigen Frankreich. Lokale Angelegenheiten, Pläne, Denunziationen, die Spitzen an Tatkraft und Ehrgeiz, alles wird nach Paris getragen und gerät dort in Gärung; und Paris überschwemmt seinerseits das Land mit Abgesandten, Erlassen, Zeitungen und den Erzeugnissen aus all den Zusammenkünften, Ereignissen, Leidenschaften und Diskussionen, die infolge der nach Paris gerufenen und dort ausgetragenen Verschiedenheiten innerhalb seiner Mauern entstanden sind.

Ich weiß eigentlich nicht, warum die Historiker im allgemeinen dieses mir sehr wichtig erscheinende *Faktum* nicht herausstellen, daß nämlich Paris zu einer Zentralinstanz der Auseinandersetzung und der Synthese geworden ist, zu einer Instanz nicht nur in der Politik und Verwaltung, sondern auch für die Beurteilung, Ausarbeitung und Verbreitung von Plänen, und ein Katalysator für das allgemeine Empfinden des Landes. Vielleicht widerstrebt es ihnen, ein verhältnismäßig langsam reifendes und nicht genau datierbares Phänomen als geschichtliches Ereignis anzusehen. Aber manchmal muß man auch den Blick für das Geschichtliche von der sklavischen Bindung an Zeit und Raum befreien, wie optische Instrumente und Filmbildtechnik es uns bereits demonstrieren. Stellen Sie sich vor, Sie erleben in wenigen Augenblicken, was mehrere Jahrhunderte gedauert hat, wie nämlich Paris entsteht, größer wird, wie seine Bindungen zu ganz Frankreich vielfältiger und reicher werden, wie Paris zum unentbehrlichen Zentralapparat eines ganz allgemein gewordenen Verkehrs wird, wie die Notwendigkeit seiner Existenz und der Einfluß seiner Funktionen immer eindeutiger werden und wachsen mit der Revolution, dem Kaiserreich, mit dem Ausbau des Eisenbahnnetzes, des Telegraphenwesens, der Presse und dem, was man die »intensive Literatur« nennen könnte ... Dann begreifen Sie Paris als ein Ereignis, das vergleichbar ist mit dem Aufbau einer hochbedeutsamen Institution und mit all den charakteristischen Ereignissen, die die Geschichte festhält und überdenkt.

Kein anderes Ereignis ist so bezeichnend. Ich habe bereits gesagt, wie es sich erklären läßt. Diese große Stadt ist eine für Frankreich und für die außerordentliche Unterschiedlichkeit von Frankreich typische Erscheinung. Ihr überträgt eine große Nation ihre gesamte geistige Gewalt, von ihr läßt sie sich die grundlegenden Normen in Sachen des Geschmacks und des Lebensstils ausarbeiten, sie dient ihr als Mittler oder Interpret und als Repräsentant vor den Augen der übrigen Welt, so wie diese Stadt der übrigen Welt eine schnelle, zwar ungenaue, aber wohltuende Kenntnis von ganz Frankreich vermittelt.

Die Gedanken über Frankreich, die ich dem Leser hier vorgetragen oder vielleicht mehr in der Weise von Hypothesen vorgelegt habe, sind mir als eine späte Nachwirkung von Überlegungen eingefallen, die ich vor längerer Zeit über ein spezielles Thema angestellt habe.

Die Dichtung hat mich gelegentlich beschäftigt; ich habe nicht nur einige Jahre meines Lebens mit dem Schreiben von eigenen Gedichten verbracht, sondern häufig auch Geschmack daran gefunden, das Wesen und die Mittel dieser Kunst theoretisch zu analysieren.

Wenn man nun die physischen Merkmale der Dichtung, das heißt ihre Beziehungen zur Musik, überdenkt und diese Analyse bis zu einem Vergleich von Metrik und Sprachrhythmus bei einigen Völkern weitertreibt, dann muß man eigentlich zwangsläufig auf ein Faktum aufmerksam werden, das zwar recht bekannt und auffallend, meiner Ansicht nach jedoch nicht hinreichend berücksichtigt und analysiert ist.

Die französische Dichtung unterscheidet sich klanglich so sehr von allen anderen, daß man ihr zuweilen fast allen Zauber und beinahe alle Möglichkeiten abgesprochen hat, die Dichtern in anderen Sprachen zu Gebote stehen. Ich halte das nun für einen Irrtum; wie das aber so oft der Fall ist, beruht dieser Irrtum auf einer zutreffenden Beobachtung, aus der aber unberechtigte und subjektive Folgerungen gezogen wurden. Dabei hätte man die Sprache selbst befragen sollen, um ihre phonetische Einzigartigkeit zu bestimmen; ist diese dann erst einmal genau festgelegt, könnte man sich auch um eine Erklärung bemühen.

Drei Merkmale unterscheiden das Französische eindeutig von den übrigen westeuropäischen Sprachen: Gut gesprochenes Französisch ist fast nicht gesungen. Es wird mit geringem Stimmvolumen gesprochen, und das einzelne Wort wird kaum hervorgehoben. Hinzu kommt, daß die Konsonanten im Französischen bemerkenswert weich sind; harte oder gutturale Laute gibt es dort nicht. Kein französischer Konsonant ist für einen Europäer unaussprechbar. Nicht zuletzt hat das Französische viele und sehr nuancierte Vokale, die eine seltenkostbare Variation von fein abgestimmten Klangfarben ausmachen, welche dem wahren Dichter Klangwerte bieten, mit denen er spielerisch die mittlere Stimmlage und den allgemein gedämpften Sprachklang ausgleichen kann. Die Vielfältigkeit der *é* und *è*, die klangvollen Diphthonge wie in *feuille*, *paille*, *pleure*, *toise*, tien etc., das stumme *e*, das manchmal ausgesprochen wird, dann wieder kaum hörbar ist oder sogar völlig verstummt, das viele feine Nuancen durch elementare Pausen bewirkt, das viele Wörter abschließt oder durch eine Art verklingenden Schatten verlängert, wie ihn eine betonte Silbe zu werfen scheint – das sind Möglichkeiten, deren Wirkung man an zahllosen Beispielen zeigen könnte.

Aber ich habe davon nur gesprochen, um die These zu stützen, die ich oben aufgestellt habe, daß nämlich die französische Sprache eine Sonderstellung einnimmt. Phonetisch steht sie den sogenannten lateinischen oder romanischen Sprachen ebenso fern wie den germanischen.

Es ist besonders auffällig, daß die Sprache eines Landes zwischen Italien und Spanien sich in einem kleineren Stimmvolumen hält als der Stimmbereich, in dem sich das Italienische und Spanische bewegen. Die Zahl ihrer Vokale ist größer, und sie sind differenzierter; ihre Konsonanten sind niemals kräftig und erfordern nicht den gleichen Einsatz wie in den anderen romanischen Sprachen.

Hierüber erfahren wir aus der französischen Sprachgeschichte interessante und meiner Meinung nach recht charakteristische Dinge. Sie sagt beispielsweise, daß das *R*, das im Französischen nicht sehr hart gesprochen und niemals gerollt oder gehaucht wurde, dennoch mehrmals fast völlig aus der Sprache verschwinden mußte und nach dem Gesetz von der allmählichen Verdünnung des Konsonantengewandes durch einen bequemeren Laut ersetzt wurde: *chaire* wurde zu *chaise*[1] und so weiter.

Bei einer selbst oberflächlichen phonetischen Analyse des Französischen (zu der ein einfacher Laie überhaupt nur fähig ist) habe ich im Grunde in der Poetik und in der Sprache von Frankreich Kennzeichen und Eigenheiten gesehen, die ich mir nur aus der gerade erörterten Wesensart des Volkes erklären kann.

Klingt die französische Sprache in ihrer allgemeinen Tonlage nahezu ausgeglichen; heißt gut französisch sprechen, es akzentfrei sprechen; sind die harten oder überakzentuierten Phoneme im Französischen verpönt oder mit der Zeit eliminiert worden und sind andererseits die Klangfarben des Französischen zahlreich und differenziert und die stimmlosen Konsonanten gut hörbar, dann kann ich als Ursache dafür nur den Entstehungsprozeß und die differenzierte Legierung der französischen Nation ansehen. In einem Land, in dem Kelten, Italiker und Germanen eine sehr enge Verschmelzung eingegangen sind, wo man noch heute neben der allgemein herrschenden Sprache viele andere Sprachen spricht und schreibt (mehrere romanische Sprachen, französische Dialekte, zwei bretonische Mundarten, dann das Baskische, Katalanische und Korsische), mußte sich parallel zur politischen und geistigen Einheit zwangsläufig auch eine sprachliche Einheit herausbilden. Eine solche Einheit konnte nur durch zahlenmäßigen Ausgleich und gegenseitige Zugeständnisse entstehen, durch einen Verzicht der einen auf das, was für die anderen zu schwer auszusprechen war, also durch eine gemeinsam vollzogene Veränderung. Vielleicht könnte man die Analyse noch weiter führen und untersuchen, ob die spezifischen Formen des Französischen ihrerseits nicht auch von den gleichen Notwendigkeiten abhängen.

Ließe sich der klare Aufbau der Sprache in Frankreich in einfacher Weise definieren, so würde er wohl als Ergebnis der gleichen Erfordernisse und Voraussetzungen erscheinen; und zweifellos stammt andererseits das für dieses Land literarisch besonders Charakteristische in gleicher Weise aus einer Mischung von sehr unterschiedlichen Eigenschaften und ganz verschiedenen Ursprüngen und fügt sich schließlich doch zu einer Form, die deshalb so eindeutig und verpflichtend ist, weil die Stoffe, die die Literatur aufnehmen muß, sehr heterogen sind. Das gleiche Land brachte einen Pascal und einen Voltaire, einen Lamartine und einen Victor Hugo, einen Musset und einen Mallarmé hervor. Vor einigen Jahren konnte man noch in demselben Pariser Salon Émile Zola und Théodore de Banville treffen oder in einer Viertelstunde vom Arbeitszimmer von Anatole France ins Büro von J.-K. Huysmans hinübergehen: Ein Besuch bei grundsätzlich verschiedenen Exponenten.

An dieser Stelle wären selbstverständlich einige Betrachtungen über Frankreichs eigentlichen und spezifischen Beitrag zur Weltliteratur angebracht. Man müßte beispielsweise die bedeutende Entwicklung des kritischen Geistes hinsichtlich der Formproblematik herausstellen, die im 16. Jahrhundert einsetzt. Dieses kritische Bewußtsein hat die Literatur in der Zeit der »Klassik« beherrscht und seitdem ständig einen direkten oder indirekten Einfluß auf die literarische Produktion ausgeübt.

Frankreich ist vielleicht das einzige Land, in dem rein formale Erwägungen und die Pflege der Form an sich noch weiterbestehen und auch die Moderne beherrschen. Formales Empfinden und der blinde Glaube an die Form sind in meiner Sicht geistige Leidenschaften, die meistens zusammen mit kritischem Bewußtsein und skeptischer Einstellung auftreten. Sie gehen Hand in Hand mit besonderer Freiheit gegenüber dem Inhaltlichen und bestehen oft gemeinsam mit einer gewissen Neigung zur Ironisierung. Diese Mängel oder diese seltenen Vorzüge werden gewöhnlich in Gesellschaftskreisen mit reicher Erfahrung und starken Gegensätzen gepflegt, wo der lebendige Austausch von Gedanken und das konzentrierte und kontrastreiche geistige Leben bis zum äußersten getrieben werden und dadurch die Kraft, den Glanz und bisweilen die Klarheit einer Flamme gewinnen. Der Einfluß des Hofes, der Einfluß von Paris sind für die französische Literatur immer noch entscheidend. Frankreichs literarisches Meisterwerk ist wahrscheinlich seine abstrakte Prosa, die nirgends ihresgleichen hat. Aber ich kann diese Ansicht hier nicht weiter entwickeln. Dazu wäre ein ganzes Buch erforderlich.

Nur noch eine Bemerkung als Ergänzung zu diesem in jeder Hinsicht unzureichenden Überblick: Gründungen wie die der Académie française, Einrichtungen wie die der Comédie-Française und einige andere sind jede ihrem Wesen und ihrer Bestimmung nach spezifisch nationalfranzösische Leistungen: Es ist ihr Sinn und Zweck, Frankreichs machtvolle und selbstgeschaffene Einheit zu stärken und zu verankern, sie im Grunde aber für Frankreich selbst zu vergegenwärtigen.

Zum Thema der bildenden Künste möchte ich nur mit wenigen Worten auf unsere französische Architektur eingehen, um auf ihre Originalität in den großen Epochen ihrer Blüte hinzuweisen. Zum Verständnis der französischen Architektur in der Zeit von 1100 bis 1800 – von diesen sieben Jahrhunderten hat jedes einzelne seine Meisterwerke hervorgebracht: Kathedralen und Fürstenschlösser in prächtiger Folge – sollte man sich das höchste und zuverlässigste Grundprinzip aller Künste vergegenwärtigen: das Bemühen um eine wirklich wesensmäßige Tiefe und innere Harmonie zwischen der Materie und der Gestaltung des Werkes.

Die unauflösbare Einheit dieser beiden Faktoren ist unbestritten das Ziel jeder großen Kunst. Dafür bietet uns das anschaulichste Beispiel die Dichtung, die ohne die enge Verbindung oder geheimnisvolle Symbiose von Klang und Sinn nicht bestehen kann.

Nur durch ein solches Ringen um eine Verbindung, die der Künstler intuitiv in seiner empfänglichen Seele und gewissermaßen leiblich vollzieht, kann das Kunstwerk einige Ähnlichkeit mit den lebendigen Schöpfungen der Natur erreichen, bei denen sich Kraft und Form nicht trennen lassen.

Um bei der Architektur zu einem genaueren Urteil und zu einem höheren Kunstgenuß zu gelangen, muß man unterscheiden lernen zwischen Bauten, bei denen sich Materie und Gestaltung nicht decken, und solchen, wo diese beiden Momente gleichsam eins geworden sind. Das große Publikum verwechselt häufig die wirklich architektonischen Qualitäten mit den rein äußerlichen Dekor-Effekten. Es genügt einem, wenn das Gefühl angesprochen wird oder das Fassadenhafte einen erstaunt oder unterhält; es gibt fraglos sehr schöne Bauwerke, die das Auge beeindrucken, obwohl sie aus grobem Material verfertigt sind, innen aus festem Stein und außen mit einer falschen Verkleidung, mit aufgelegtem Marmor oder angesetzten Ornamenten. Aber für den Kunstkritiker haben solche Bauten keine Seele. Es sind Masken und Trugbilder, hinter denen sich eine armselige Wahrheit verbirgt. Dagegen braucht der Kunstkenner nur eine schlichte Dorfkirche zu betrachten, wie es sie noch zu Tausenden in Frankreich gibt, um unmittelbar von dem Schönen in seiner höchsten Vollendung getroffen zu sein und irgendwie das Gefühl zu haben, einem gewachsenen Ganzen gegenüberzustehen.

Die französischen Baumeister der großen Architekturepochen haben ihre Bauwerke stets sichtbar wie aus einem Guß erschaffen und nicht aus zwei verschiedenen Eingebungen und zwei verschiedenen Arbeitsprozessen, die sich auf die äußere Form und die Materie beziehen. Wenn ich das so sagen darf: sie dachten materialgerecht. Im übrigen wurde diese Weise des künstlerischen Schaffens unendlich begünstigt durch die Beschaffenheit des herrlichen Bausteins in den Gebieten, in denen die mittelalterliche Baukunst in ihrer reinsten Form entstanden ist. Wenn man die Entdeckungen und Werke auf diesem Gebiet in der Zeit vom 12. zum 14. Jahrhundert verfolgt, stellt man eine erstaunliche Entwicklung fest, die man als Auseinandersetzung ansehen kann zwischen immer kühneren Träumen und Plänen, zwischen wachsender Sehnsucht nach Schwerelosigkeit, phantasievoller Abwechslung und Formenreichtum einerseits und einem Gefühl für das Material und seine Beschaffenheit andererseits, das erst gegen Ende dieser großen Epoche nachläßt und verlorengeht. Kennzeichnend für diese Entwicklung sind die zunehmenden technischen Kenntnisse hinsichtlich der Struktur und Bearbeitung des Bausteins; sie gipfelt in wahren Wunderwerken der Architektur und endet in dem Mißbrauch, den eine vollendete Meisterschaft unweigerlich mit sich bringt. Aber welche Meisterwerke, welche wunderbar gelungene Übereinstimmung der einzelnen Elemente eines Baus findet man vor diesem Abstieg! Zu keiner anderen Zeit war die Kunst der logischen Klarheit und natürlichen Grazie der lebendigen Gestalt – wohlgemerkt dort, wo sie der Natur wirklich geglückt ist – so nahe wie in jenen wunderbaren Werken, die sehr im Unterschied zu Bauten, die nur den Wert einer Theaterdekoration haben, Begeisterung, Kritik und Überlegung zulassen und sie sogar anregen und fordern. Seltsamerweise fehlt uns jegliche Kenntnis über die Methoden, das fachliche und theoretische Niveau sowie über das mathematische und technische Wissen ihrer großen Schöpfer.

Andeutungsweise will ich noch zwei recht wichtige Merkmale ihrer Werke nennen, die sehr genau veranschaulichen, was ich gerade über ihr Werkverständnis sagte. Betreten Sie einmal die Kathedrale Notre-Dame in Paris und betrachten Sie von diesem Bauwerk einen Abschnitt zwischen zwei aufeinanderfolgenden Pfeilern im Hauptschiff. Bereits dieser Teil ist ein Ganzes. Er ist vergleichbar mit einem Segment beim Wirbeltier. Sowohl hinsichtlich der Architektur wie der künstlerischen Ausstattung ist er ein in sich vollständiges, und zwar sichtbar vollständiges Element des Ganzen. Wenn Sie dagegen auf das Profil der überleitenden Formen, der Gesimse, Gewölberippen, Bänder und Kanten achten, die das Auge von einem Punkt auf den anderen lenken, dann wird das Verständnis für diese an sich so einfachen Hilfsmittel vergleichbar mit der Kunst des Modulierens in der Musik, den Zuhörer unmerklich in verschiedene Stimmungen zu versetzen. Es bedarf aber gar nicht bedeutender Bauwerke, um solch erhabene Vorzüge wahrzunehmen. Schon eine Kapelle oder ein schlichtes Haus, wie man sie noch in Zehntausenden von französischen Dörfern sieht, sind für uns uralte Zeugen von diesem Wissen um die tiefe Verbundenheit von Form und Materie, wodurch selbst der einfachste Bau so wirkt, als sei er wie von selber aus dem Boden gewachsen, auf dem er steht.

Nach allem, was ich gesagt habe, wird man keineswegs erstaunt sein, wenn ich in Frankreich selbst eine Form sehe, und daß ich dabei den Eindruck eines Kunstwerks habe. Von dieser Nation kann man behaupten, daß sie von Menschenhand geschaffen ist und in gewisser Weise ein gezeichnetes Bild oder eine konstruierte Figur darstellt, bei der sich die mannigfaltigen Teile gleichsam wie zu einer menschlichen Gestalt fügen. Man könnte auch sagen, daß diese Nation eine Art Gesetz ist, das durch ein bestimmtes geographisches Gebiet und eine bestimmte ethnische Zusammensetzung einer Gemeinschaft von Menschen gegeben wird, die ihrerseits im Laufe der Geschichte ihre Gestaltung und Umgestaltung unentwegt an diesem Gesetz ausrichtet. Der sichtbarste Ausdruck dieses Gesetzes, das das Leben in Frankreich ordnet, ist, wie gesagt, die Funktion von Paris und die einzigartige Bedeutung dieser Stadt. Diese wesentliche Erscheinung war notwendig in einem Land, das nicht durch eine dominierende Rasse, durch Traditionen oder Anschauungen und auch nicht durch wirtschaftliche Gegebenheiten bestimmt wird, sondern durch ein sehr differenziertes Gleichgewicht, eine außerordentlich reiche Mannigfaltigkeit und eine Summe ganz verschiedenartiger Menschen und Landschaften, denen einfach eine starke Koordinationsinstanz entsprechen mußte. Der Nationalcharakter ist hinreichend bekannt. Frankreich ist geistig dynamisch, in seinem Handeln im allgemeinen vorsichtig, äußerlich unbeständig, aber im Innern verläßlich und treu. Es setzt sich recht leicht über seine Traditionen hinweg, hält aber unverändert an seinen Gewohnheiten fest. Es ist scharfsinnig und unbesonnen, realistisch und zerfahren, übertrieben maßvoll und sogar allzu bescheiden in seinen berechtigten Wünschen für eine Zeit, in der ungeheurer Ehrgeiz und monströse Gelüste fast zum normalen Leben gehören. Der Franzose ist mit wenigem zufrieden. Er stellt keine großen materiellen Ansprüche und ist in seinem Temperament gemäßigt. Doch der Entwicklung der Technik und den Fortschritten auf diesem Gebiet steht er skeptisch gegenüber; so geschieht es häufig, daß er dort zwar Leistungen vollbringt, dann aber über seinem Werk einschläft und es anderen überläßt, sich darum zu kümmern und Gewinn daraus zu ziehen. Vielleicht ahnen die Franzosen, was der Mensch an Geist und allgemeinen Werten durch eine unbegrenzt zunehmende Organisation und wachsendes Spezialistentum verlieren kann.

Dieses letzte Merkmal stimmt recht gut mit der allgemeinen These meiner kurzen Studie überein. Bestimmt könnte ein seinem Wesen nach heterogenes Volk, das aus der Einheit seiner inneren Verschiedenheit lebt, nur nach tiefgreifenden Veränderungen die gleichförmige und durchdisziplinierte Lebensweise jener Nationen annehmen, für die die Leistung der Industrie und die genormte Zufriedenheit ihrem Wesen entsprechende Voraussetzungen oder sogar Ideale sind. Gegensätzlichkeit oder sogar Widersprüche gehören beinahe zum Wesen von Frankreich. In diesem Land, wo religiöse Gleichgültigkeit so verbreitet ist, haben sich in jüngster Vergangenheit noch Wunder ereignet. In den gleichen Jahren, als Renan seine Religionskritik aufstellte und Positivismus und Agnostizismus sich ausbreiteten, erstrahlte die Grotte von Lourdes von einer überirdischen Erscheinung. Gerade im

Lande Voltaires und einiger Gleichgesinnter ist der Glaube vielleicht am echtesten und gefestigtsten, und gerade hier dürften die religiösen Orden am leichtesten Nachwuchs finden. Die meisten Heiligsprechungen der Kirche gingen in den letzten Jahren an Frankreich. Aber Aberglaube ist nicht sehr verbreitet, ich meine, weniger als anderswo. In Frankreich gibt es weniger Telepathie, weniger Seelenforschung, weniger Geisterbeschwörungen und Wunderheilungen als in anderen, weniger oberflächlichen Ländern. Damit möchte ich nicht behaupten, daß es das hier überhaupt nicht gibt.

[1927]

FUNKTION DER STADT PARIS

Eine wirklich große Stadt braucht die übrige Welt. Wie eine Flamme lebt sie von einem Land und Volk, dessen stumme Schätze und verborgene Kräfte sie verzehrt, um sie in Gedanken und Worte zu verwandeln und aus ihnen Neues, Taten und Werke, erstehen zu lassen. Was im endlosen, immer gleichen Raum eines riesigen Gebiets schlummerte, brütete, sich sammelte, reifte oder glanzlos zerfiel, wird durch sie zu Leben, Leidenschaft, Glanz, Form und Energie. So schafft sich das bewohnte Land so etwas wie Drüsen, Organe, die das Erlesenste, Vehementeste, Nutzloseste, Abstrakteste und Stimulierendste erarbeiten, was die Menschen brauchen; nichts ist davon zum bloßen Existieren notwendig, aber dennoch alles unentbehrlich für den Aufbau überlegener, machtvoller und differenzierter Menschen und für die Verherrlichung ihrer Tugenden.

Jede Großstadt in Europa oder Amerika hat weltstädtischen Charakter. Das kann sich auch so zeigen: Mit ihrer Größe wächst zugleich die Fülle ihrer Erscheinungen, die Zahl der Rassen, die dort vertreten sind, der Sprachen, die man dort spricht, der Götter, die gleichzeitig angebetet werden.

Jede dieser übergroßen, überlebendigen Städte, Gebilde aus Unrast, Unersättlichkeit und Willenskraft, verbunden mit der örtlichen Gestalt des Bodens und der geographischen Lage, behauptet sich und wächst, indem sie die stärksten Potenzen an Ehrgeiz, Unruhe und geistiger Ungebundenheit, an vollendeter Verfeinerung des Geschmacks, an Eitelkeit, Hemmungslosigkeit und Lockerheit im Lebensstil an sich zieht. Man kommt in die großen Städte, um dort etwas zu werden, um Erfolg zu haben, um aufzusteigen; um zu genießen und sich dort zu verbrauchen; um in ihnen aufzugehen und dort anders zu werden; im Grunde, um zu spielen und möglichst reiche Chancen und sichere Beute, Frauen, Positionen, Einsichten, Beziehungen und eine Welt ohne Schranken als

Möglichkeit zu genießen; um das günstige Ereignis abzuwarten oder herauszufordern in einem engen Bereich voller Gelegenheiten und Begebenheiten, gleichsam reich an Ungeplantem, das die Phantasie mit allen Verheißungen des Ungewissen erfüllt. Jede Großstadt ist eine riesige Spielbank.

Aber in jeder Großstadt dominiert ein bestimmtes Spiel. Die eine bildet sich etwas darauf ein, Marktplatz für alle Diamanten der Welt zu sein. Eine andere beherrscht den Baumwollhandel. Wieder eine andere schwingt das Zepter des Kaffees, der Pelzwaren oder Seidenstoffe. Eine weitere bestimmt die Kurse für Frachten, Raubtiere oder Metalle. Die eine Stadt riecht ganz nach Leder, die andere duftet nach parfümiertem Puder.

Paris hat von allem etwas. Ganz gewiß hat auch diese Stadt ihre eigene Spezialität und ihre besondere Eigenart; doch sie ist subtiler, und die Funktion, die nur sie allein erfüllt, ist schwieriger zu bestimmen als die der anderen Städte.

Der Schmuck der Frauen in seiner reichen Vielfalt; die Produktion von Romanen und Theaterstücken; die verschiedenartigen Verfahren zur Verfeinerung der urmenschlichen Lebensgenüsse, all das gilt ganz allgemein und ohne weiteres als typisch für Paris.

Doch man muß genauer hinsehen und das eigentliche Wesen dieses so berühmten Paris noch etwas weiter in der Tiefe suchen.

Paris ist in meiner Sicht zunächst die vollständigste Stadt der Welt; denn ich kenne keine andere, wo es eine mannigfaltigere Fülle von Beschäftigungen, Industrien, Aufgaben, Erzeugnissen und Ideen gäbe als hier.

Einziger Mittelpunkt und Hauptstadt eines großen Landes für Politik, Literatur, Wissenschaft, Finanzwesen, Handel, Genuß und Aufwand zu sein, seine gesamte Geschichte zu vertreten, seine ganze Intelligenz ebenso wie seinen ganzen Einfluß und fast alle Verdienstmöglichkeiten und Geldreserven an sich zu ziehen und dafür einen Schwerpunkt zu bilden, all das zum Besten oder zum Schaden der Nation, deren Krönung sie ist, gerade darin unterscheidet sich Paris von allen anderen Millionenstädten. Die Folgen, die unermeßlichen Vorzüge, die Nachteile und die großen Gefahren einer solchen Schwerpunktbildung liegen auf der Hand.

Dieses so bemerkenswerte Beieinander von Menschen mit unterschiedlichen Sorgen und völlig andersartigen Interessen, deren Wege sich kreuzen, von Zielen, die im gleichen Raum verfolgt werden und bei aller Kontaktlosigkeit doch nur bei gegenseitiger Beeinflussung aufeinander einwirken können; dieser frühzeitige Verkehr der Jugend in ihren Cafés, diese zufälligen Verbindungen und später dann diese erneuten Begegnungen von reifen und erfolgreichen Männern in den Salons, die hier größere und bei weitem weniger behinderte Mobilität des einzelnen im sozialen Gefüge vermitteln ein rein psychologisches Bild von Paris.

Irgendwie erinnert Paris an die Hypertrophie eines geistigen Organs. Hier herrscht eine durch und durch geistige Beweglichkeit. Verallgemeinerungen und Unterscheidungen, Erinnerungen und Vergessen folgen hier schneller und häufiger aufeinander als irgendwo anders auf der Erde. Hier macht man sich mit einem einzigen Wort einen Namen oder richtet sich in einem einzigen Augenblick zugrunde. Langweiligen Menschen bringt man weniger Nachsicht entgegen als in anderen Städten Europas, und das manchmal auf Kosten tiefer Gedanken. Es gibt hier zwar Scharlatane, doch man erkennt sie beinahe sofort als solche und nennt sie beim Namen. In Paris ist es nicht unangebracht, seine Zuverlässigkeit und das mühsam Erworbene unter der Maske der Unbekümmertheit und Anmut zu verbergen: so bleiben die geheimen Kräfte eines wachen und geschulten Denkens erhalten. Diese Form der Scheu oder der Vorsicht ist in Paris so alltäglich, daß in der Vorstellung des Nicht-Parisers leicht das trügerische Bild einer Stadt des reinen Luxus und der leichten Sitten entsteht. Das Vergnügen ist für jedermann sichtbar. Man fährt eigens nach Paris, um sich dort auszuleben und sich zu amüsieren. Doch man bekommt dort leicht einen falschen Begriff von dem geheimnisvoll-verschlossensten, zugleich aber auch offensten Volk der Welt.

Noch einige Worte zu einem Thema, das ich hier allerdings nicht erschöpfend behandeln kann.

Dieses Paris, dessen Eigenart sich aus langer Tradition und unendlich vielen Wechselfällen der Geschichte ergibt; das in einem Zeitraum von dreihundert Jahren zwei- oder dreimal an der Spitze Europas stand, dreimal vom Feind erobert wurde und Schauplatz von einem halben Dutzend politischer Revolutionen war, eine erstaunliche Zahl von Berühmtheiten hervorgebracht und eine Menge von Dilettanten zunichte gemacht hat; Paris, das fortgesetzt die Blüte und den Abschaum des Volkes an sich zieht, ist die Metropole mannigfaltiger Freiheiten und das Zentrum der menschlichen Geselligkeit geworden.

Die zunehmende Leichtgläubigkeit in der Welt, die auf das Nachlassen des klaren Gedankens und den Zugang fremdländischer Völker zur Zivilisation zurückgeht, ist eine drohende Gefahr für die Besonderheit des Pariserischen. Wir kennen Paris noch als Stadt der Qualität und als Stadt der Kritik. Doch die allgemeine Lage führt dazu, daß man um jene Vorzüge bangen muß, die in Jahrhunderten großer Erfahrung, Aufklärung und Auslese erarbeitet worden sind.

[1927]

BEMERKUNGEN ÜBER DEN FORTSCHRITT

Die Künstler liebten noch jüngst, was man den Fortschritt nennt, nicht sonderlich. Sie konnten davon in den Werken ebensowenig entdecken wie die Philosophen in den Sitten. Sie verurteilten das barbarische Tun des Wissens, die rohe Gewalt, mit der die Bauten der Ingenieure in die Landschaft eingreifen, die Tyrannei der Mechaniken, die Abflachung der Menschentypen, die die Vielschichtigkeit der kollektiven Organismen ausgleicht. Schon um 1840 begann man, sich über die ersten Auswirkungen einer kaum in den Anfängen angelegten Wandlung zu entrüsten. Sosehr die Romantiker auch Zeitgenossen Ampères und Faradays sein mochten – von den Naturwissenschaften nichts zu wissen machte ihnen nichts aus; gelegentlich zollten sie ihnen ihre Verachtung, oder sie behielten davon nur, was darin an Abenteuerlichem enthalten ist. Ihr Geist suchte sich ein Asyl in einem Mittelalter, das sie sich zurechtmachten; beim Alchimisten brachten sie sich vor dem Chemiker in Sicherheit. Wohl fühlten sie sich nur in der Welt der Sage oder der Geschichte, das heißt bei den Antipoden der Physik. Sie retteten sich vor dem organisierten Dasein durch die Flucht in die Leidenschaft und die Wallungen des Gemütes, deren Pflege und Ausbeutung sie zu einer Institution ausbauten (und sogar zu einer Komödie).

Nun finden wir allerdings im geistigen Verhalten eines großen Mannes jener Zeit einen recht bemerkenswerten Widerspruch. Derselbe Edgar A. Poe, der als einer der ersten die neue Barbarei und den Aberglauben der Moderne anprangerte, ist auch der erste Schriftsteller, der daran gedacht hat, in die literarische Produktion, in die Kunst der Bildung von Fiktionen und bis in die Lyrik ebenjenen analytischen, konstruktiv-berechnenden Geist einzubringen, dessen Unternehmungen und Sünden er auf der anderen Seite so beklagte.[1]

Kurzum, auf die Vergötzung des Fortschritts antwortete man mit der Vergötzung der Verdammung des Fortschritts; was alles in allem *zwei Gemeinplätze* ergab.

Wir unsererseits können nichts anderes als an wunderbare Veränderungen denken, die um uns herum in Erscheinung treten, ja sogar in uns selbst. Neues Können, neues Kopfzerbrechen, nie hat die Welt weniger gewußt, wohin ihr Lauf geht.[2]

Als ich diesem Widerwillen der Künstler gegen den Fortschritt nachsann, kamen mir einige beiläufige Gedanken in den Sinn, die nicht mehr wert sein mögen, als sie taugen, und die man meinetwegen für so belanglos halten mag, wie man Lust hat.

In der ersten Hälfte des 19. Jahrhunderts entdeckt und definiert der Künstler sein Gegenteil: den *Bürger.* Der Bürger ist das symmetrische Gegenbild des Romantikers. Man hängt ihm übrigens einander widersprechende Eigenschaften an, denn man macht ihn gleichzeitig zum Sklaven der Routine und zum albernen Sektierer des Fortschritts. Der Bürger liebt das Solide und glaubt an die Möglichkeit, die Welt vollkommener zu machen. Er verkörpert den gesunden Menschenverstand, das Ja zu der Wirklichkeit, die der Erfahrung am zugänglichsten ist – aber er hat den Glauben an eine immer weiter zunehmende und so gut wie geschichtsnotwendig eintretende Verbesserung der Lebensbedingungen des Menschen. Der Künstler behält sich die »Traumwelt« vor.

Nun hat der Gang der Zeit – oder, wenn man lieber will, der Dämon der unverhofften Verkettungen (jener, der aus dem, was ist, die überraschendsten Folgerungen zieht und münzt und daraus zusammenbraut, was sein wird) – sich ein Vergnügen daraus gemacht, zwei einstmals genau entgegengesetzte Begriffe in wunderlicher Weise durcheinanderzuwerfen. Es ist dahin gekommen, daß das Wunderbare und das Gegebene einen erstaunlichen Bund eingegangen sind und daß diese beiden Feinde von ehedem sich verschworen haben, um unsere Existenzen in eine unbegrenzte Abfolge von Wandlungen und Überraschungen zu verwickeln. Man darf behaupten, daß die Menschen sich daran gewöhnen, jede Erkenntnis für ein Übergangsphänomen, jeden Stand ihrer Geschäfte und ihrer materiellen Beziehungen für vorläufig anzusehen. Dies ist neu. Die Ordnung des alltäglichen Lebens muß sich mehr und mehr auf den Einbruch des Unerwarteten einstellen. Die Welt des Wirklichen kennt keine festliegenden Bezugspunkte mehr. Der Ort, die Zeit, die Materie lassen Freiheiten zu, von denen man noch jüngst nichts ahnte. Die Strenge zeugt den Traum. Die Träume nehmen Gestalt an. Der gesunde Menschenverstand, den geglückte Versuche hundertmal widerlegt, verhöhnt haben, wird nur noch von der Unwissenheit berufen. Der Beweiswert des durchschnittlich Einsichtigen ist auf Null abgesunken. Der Umstand, gemeinhin anerkannt zu sein, der einst den Urteilen und den Meinungen eine Kraft verlieh, gegen die nichts aufkommen konnte, entwertet sie heute. *Was immer und überall den Glauben aller fand oder gefunden hat, scheint nunmehr nicht mehr viel Gewicht zu haben.* Jene besondere Art von Gewißheit, die aus dem Zusammenklang der Meinungen oder der Zeugnisse einer großen Zahl von Menschen erwuchs, bricht sich nunmehr an der Objektivität der von einer kleinen Anzahl Spezialisten kontrollierten und interpretierten Aufzeichnungen. Vielleicht war der Preis, den man für die allgemeine Zustimmung auswarf (auf welcher Zustimmung unsere allgemeinen Sitten und unser bürgerliches Recht gründen), nur Ausdruck für die Freude, die die meisten verspüren, wenn sie entdecken, daß sie untereinander einer Meinung und Gleiche unter Gleichen sind.

Schließlich sind dann fast alle Träume, die die Menschheit geträumt hatte und die in unseren Märchen verschiedenster Ordnung ihren Niederschlag gefunden haben – Fliegen, Tauchen, das Zum-Vorschein-Treten abwesender Dinge, das gebundene Wort, losgelöst von seiner Epoche und seinem Ursprung –, und viele andere Sonderbarkeiten, die nicht einmal geträumt worden waren, nunmehr aus dem Gehege des Unmöglichen und des Gedachten herausgetreten. Die Märchenwirklichkeit ist Handelsware geworden. Von der Herstellung der Wunderwelt-Maschinen leben Tausende und Abertausende von Menschen. Der Künstler jedoch hat an dieser Herstellung von Wunderdingen keinerlei Anteil genommen. Sie ist Tochter der Wissenschaft und des Kapitals. Der Bürger hat sein Geld in Traumfabriken angelegt und spekuliert auf den Untergang des gesunden Menschenverstandes.

Ludwig XIV. hat auf dem Gipfel seiner Macht nicht den hundertsten Teil der Macht über die Natur und die Mittel besessen, sich ein Vergnügen zu verschaffen, seinen Geist zu bilden oder ihm Erlebnisse zu bieten, die heutzutage so vielen Menschen recht mittelmäßigen Herkommens zu Gebote stehen. Ich schließe in diese Aufzählung freilich nicht ein die Wollust, befehlen, beugen, einschüchtern, blenden, verblüffen und lossprechen zu können – eine Wollust, die einen zum Gotte macht und erhöht wie ein Auftritt im Schauspiel. Jedoch die Zeit, die Entfernung, die Schnelligkeit, die Freiheit, die Bilder des ganzen Globus ...

Ein Mensch unserer Zeit, der gesund ist und jung, der ein ausreichendes Vermögen besitzt, fliegt heute hin, wohin er will, durcheilt die Welt und legt sich dabei jeden Abend in einem Palast zum Schlafe nieder. Er kann sich hundert Lebensformen zu eigen machen; ein wenig Liebe gibt es überall zu kosten, ein Stückchen Gewißheit auch. Wenn es ihm nicht ganz an Geist fehlt (doch sollte dieser Geist nicht mehr Tiefgang haben als gerade notwendig), pflückt er von dem, was ist, das Beste, verwandelt er sich in jedem Augenblick in einen glücklichen Menschen. Der größte unter den Selbstherrschern ist weniger beneidenswert. Der Leib des Großen Königs war bedeutend weniger gut daran, als seiner es sein kann – handle es sich nun um Hitze oder Kälte, die Haut oder die Muskeln. Kam der König zu leiden, fand er nur sehr schwächlichen Beistand. Sein Teil war, sich in den Daunen unter dem Betthimmel zu verkrümmen, zu stöhnen, ohne die Hoffnung auf die rasche Befriedigung oder die fühllose Enthobenheit, die von der Chemie dem Geringsten derer, die heute leiden, geschenkt werden.

So sind denn für die Freuden, gegen das Leid, gegen die Langeweile und für die Nahrung der Neubegierden jeder Art eine Unzahl Menschen besser versehen, als es vor 250 Jahren der mächtigste Mann Europas gewesen ist.

Angenommen, die maßlose Umwandlung, die wir erleben und die uns umtreibt, entwickle sich weiter, richte vollends zugrunde, was noch an Bräuchen übriggeblieben ist, gliedere Bedürfnisse und Mittel des Lebens auf ganz andere Weise – dann wird das zu etwas ganz Neuem gewordene Zeitalter bald Menschen zeugen, die durch keinerlei Gewöhnung des Geistes mehr mit der Vergangenheit verbunden sein werden. Die Geschichtsbücher werden ihnen Berichte zur Verfügung stellen, die ihnen fremd, ja unverständlich vorkommen, denn für kein Ding ihrer Zeit wird die Vergangenheit ein Musterbild bereitgestellt haben, und nichts aus der Vergangenheit wird in ihre Gegenwart hinein überleben. Alles, was am Menschen nicht bloße Physiologie ist, wird anders geworden sein, sind doch unsere Strebungen, unsere Politik, unsere Kriege, unsere Sitten, unsere Künste nunmehr einem System sehr rasch wechselnder Substitutionen unterworfen. Sie rücken in immer engere Abhängigkeit von den Naturwissenschaften und darum in immer größere Ferne zur Geschichte. Das *Neue vom Tage* fängt an, die ganze Fülle der Wichtigkeit an sich zu reißen, die bislang die Tradition und das *geschichtliche Faktum* für sich beanspruchten.

Schon heute wird ein den neuen Ländern Entstammender, der nach Versailles kommt, diese unter der wallenden Last abgestorbener Locken in gestickten Gewändern in adliger Starre zu Staatsaktionen angetretenen Menschen mit solchen Augen ansehen können und ansehen müssen, mit denen wir im Völkerkunde-Museum die Gliederpuppen in Federkleidern und Fellgehängen betrachten, die Priester und Häuptlinge erloschener Stämme vorstellen.

So ist es eine der sichersten und grausamsten Wirkungen des Fortschritts, daß er dem Tod eine Nebenstrafe beigibt, die sich in dem Maße, in dem der Umsturz der Bräuche und Ideen deutlichere Formen annimmt und sich überstürzt, ganz von selber immer weiter verschärft. Es reichte nicht, einfach nur unterzugehen; man muß darüber hinaus unverständlich, ja lächerlich werden und – möge man Racine oder Bossuet gewesen sein – seinen Platz bei den wunderlichen, buntscheckigen, tätowierten, dem Grinsen preisgegebenen und ein wenig grauslichen Gestalten einnehmen, die in den Galerien umherstehen und übergangslos an die zu Menschen erklärten Endprodukte der Stammesgeschichte des Tierreichs anschließen …

Ich habe mich vorzeiten darin versucht, mir eine nüchterne Vorstellung von dem zu bilden, was man *Fortschritt* nennt. Nach Ausscheidung aller Gedankengänge moralischer, politischer oder ästhetischer Ordnung schien mir der Fortschritt nicht mehr zu sein denn der Prozeß des raschen und sehr fühlbaren Anwachsens der (mechanischen) *Kraft*, die der Mensch sich dienstbar zu machen vermag, und der *Genauigkeit*, die er bei seinen Voraussagen erzielen kann. Eine Anzahl Pferdekräfte, eine Anzahl nachprüfbarer Dezimalstellen, das sind Kennziffern, denen niemand bestreiten kann, daß sie sich nicht im Laufe eines Jahrhunderts in erstaunlichem Maße vermehrt hätten. Man bedenke nur, was alles jeden Tag in dieser Masse von Motoren jeder Art verbraucht wird! Man denke an das Ausmaß an Zerstörung der Vorräte an Naturschätzen, die in der Welt geschieht! Eine Straße in Paris arbeitet und bebt wie eine Fabrik. Und abends ein Lichterfest, Quellen der Beleuchtung vermitteln den halbgeblendeten Blicken den Eindruck von einer unerhörten Verschwendungskraft, von einer fast sündigen Freigebigkeit. Sollte das Vergeuden nicht eine öffentliche und dauernde Notwendigkeit geworden sein? Wer weiß, was eine fortgesetzte Analyse dieser Exzesse, die zu einem vertrauten Phänomen werden, nicht alles entdecken würde! Vielleicht käme ein genügend entfernter Beobachter beim Blick auf den Stand unserer Zivilisation auf den Gedanken, der Große Krieg sei nichts anderes gewesen als eine verhängnisvolle, gleichwohl jedoch unmittelbare und unausweichliche Folge der Entwicklung unserer Technik? Die Ausdehnung, die Dauer, die Intensität, ja auch das Entsetzliche dieses Krieges entsprachen der Größenordnung unseres Vermögens, Kräfte zu entbinden. Die Hilfsquellen und die Industrien, die wir im Frieden erschlossen hatten, gaben ihm sein Maß, und durch seine Größenordnungen war er von den Kriegen früherer Zeiten genauso verschieden, wie unsere technischen Mittel, unsere materiellen Hilfsquellen, unser Überfluß es *erforderten*. Doch lag der Unterschied nicht nur im Quantitativen: in der stofflichen Welt kann man ein Ding nicht vergrößern, ohne daß nicht sehr bald Quantität in *Qualität* umschlüge; nur in der Geometrie gibt es ähnliche Figuren. Ähnlichkeit kann es wohl nirgends denn im Reiche der Gedanken geben. Der letzte Krieg kann nicht als bloße Steigerung der Ausmaße der Zusammenstöße von einst angesehen werden. Diese Kriege vergangener Zeiten gingen schon lange vor der wirklichen Erschöpfung der streitenden Völker zu Ende. So etwa geben die guten Schachspieler auf den Verlust einer einzigen Figur hin eine Partie auf. Das Drama wurde aufgrund einer Art *Konvention* zu Ende geführt, und das Ereignis, das über die Ungleichheit der eingesetzten Kräfte entschied, hatte eher die Bedeutung eines Symbols, als daß es wirkende Ursache gewesen wäre. Nun haben wir aber im Gegensatz dazu vor ganz wenigen Jahren gesehen, wie der Krieg unserer Tage sich mit schicksalhafter Notwendigkeit bis zur äußersten Erschöpfung der Gegner hinzog, deren Hilfsquellen eine nach der anderen, bis zu den entferntesten, in die Feuerlinie geschüttet wurden, wo sie sich aufbrauchten. Das berühmte Wort Joseph de Maistres: eine Schlacht sei verloren, weil man glaube, sie verloren zu haben[3], hat nun auch etwas von seiner altehrwürdigen Wahrheit eingebüßt. Von nun an geht der Krieg *wirklich* verloren, weil die Menschen, das Brot, das Gold, die Kohle, das Erdöl ausgehen, und das nicht nur bei den Heeren, sondern in den Tiefen eines Landes.

Unter so viel Fortschritten, die wir erreicht haben, gibt es keinen, der erstaunlicher wäre als jener, der sich am Licht vollzog. Dies war vor wenigen Jahren noch nichts als ein Ereignis, das unsere Augen anging. Es konnte sein, oder es konnte nicht sein. Es breitete sich im Raum aus, wo es auf einen Stoff stieß, der es mehr oder weniger bedeutenden Veränderungen unterwarf, aber nichts mit ihm zu tun hatte. Nun ist es zum Grundrätsel der Welt geworden. Seine Geschwindigkeit bestimmt Ausdruck und Grenze von etwas, das zum Wesen des Universums gehört. Man vermutet, ihm komme Masse zu. Die Untersuchung seiner Strahlung macht die Vorstellung gegenstandslos, die wir einmal von einem leeren Raum und einer reinen Zeit hatten: es läßt gegenüber der Materie geheimnisvoll geordnete Ähnlichkeiten und Verschiedenheiten erkennen. Und nun ist dieses selbe Licht, das einst das landläufige Beispiel für lückenlose, ausschließliche und vollkommene Erkenntnis war, im Begriff, zu einem Ärgernis des Geistes zu werden: Es ist – gemeinsam mit der Materie, seiner Helfershelferin – in jenen Prozeß verstrickt, den das Diskontinuierliche gegen das Kontinuierliche anstrengt, die Wahrscheinlichkeit gegen die Bilder, die Einheiten gegen die großen Zahlen, die Analyse gegen die Synthese, das verborgene Wirkliche gegen den ihm nachstellenden Verstand, das – alles in allem – Unverständliche gegen das Verständliche. Die Wissenschaft stieße hier an ihren kritischen Punkt.[4] Doch der Fall wird in Ordnung gebracht werden.

[1929]

FRANKREICH ARBEITET

Arbeit ist jeder Akt, der dafür aufgewendet wird, die Dinge, die Lebewesen, die Umstände für den Menschen nützlich oder erfreulich werden zu lassen; und den Menschen selbst sicherer und stolzer.

Alles Leben kann im übrigen nur durch unablässige Akte jeglicher Größenordnung fortdauern, die im Inneren des Organismus vor sich gehen und von äußeren Handlungen vervollständigt, angeregt, unterhalten oder modifiziert werden. Jedes Leben verändert mithin notwendigerweise das Milieu, in dem es sich abspielt. Einerseits läßt es dieses Milieu dadurch verarmen: begünstigte nämlich das Milieu anfänglich die Existenz dieses Lebens, so wird es durch sie zunehmend dafür ungeeigneter; das Leben zehrt von seinem Milieu, und es vermehrt sich. Andererseits kann es seine Wohnwelt aber auch in der Weise verändern, daß es sie günstiger, reicher, bequemer, regelmäßiger in den Erzeugnissen, erträglicher in bezug auf das Klima macht; und es sorgt auch dafür, ihr in irgendeiner Form zurückzuerstatten, was es ihr für seine Bedürfnisse entzieht. Dadurch wird jede von einer seßhaften Population bewohnte Region nach und nach umgeformt. Weder die Urfauna noch die Urflora finden sich noch. Wälder werden durch Felder zurückgedrängt; Heide und Sand werden von Pinien erobert; Sümpfe trocknen aus und weichen der Rebe. Felsbänke, Kalksteinhügel sind verschwunden, ihre Materialien in Bau- und Schanzwerken großer Zahl aufgegangen. Eine seit Jahrhunderten bearbeitete Erde ist also ein Werk der Akte des Lebens: menschliche Ökonomie und menschlicher Wille haben sich dort ausgeprägt; doch haben diese Erde und diese Arbeit auch umgekehrt auf den Besitzer und den Bearbeiter eingewirkt.

Frankreich ist ein illustres Beispiel einer solchen Wechselwirkung. Seine Erde, die verschiedenartig ist wie das Volk, das sie bewohnt, ist *eine* durch die glückliche Mischung des Verschiedenartigen, wie auch die Nation *eine* ist, zu der so viele Rassen im Laufe der Zeiten verschmolzen sind. Frankreich und der Franzose sind beachtliche und keinesfalls einfache Produkte der Einwirkung eines bestimmten Gebietes auf die Menschen und der Menschen auf das Gebiet: wobei dieses Gebiet ein System benachbarter, aber sehr verschiedener Regionen ist und diese Menschen sehr verschiedenen Typen angehören.

Damit ist gesagt, daß die Herausbildung dieses Landes sich dem Denken, das sie erfassen will, als eine immense innere Arbeit darstellt. Frankreich ist eine Art Werk. Ich wünschte, unsere Geschichtsschreibung würde, anstatt in erster Linie die Abfolge der politischen Vorfälle und Unfälle, also die Ereignisse zu betrachen (die in meinen Augen nur die Schaumkronen auf der Oberfläche der Dinge sind)[1], als Hauptgegenstand sich das Studium und Verständnis der aufeinanderfolgenden Transformationen aller Arten vornehmen, die aus dieser Erde das gemacht haben, was sie ist, und aus diesen Bewohnern das, was wir sind. Zweifellos ist doch die Geschichte unserer Sprache, unserer Gesetze und Gewohnheiten, unserer öffentlichen Anschauungen und ihrer Fluktuationen jeweils ein wesentlicher Teil dieses Vorhabens, das sich in die folgende Form bringen ließe: Wie lebte man in dem und dem Jahrhundert? Oder noch besser: Wie konnte man leben im Jahr 1000, im Jahr 1200 oder 1500? Welche Unterschiede zeigen sich zwischen diesen sukzessiven Lebenszuständen, an den und den Orten Frankreichs?

Aber die Sprache, die Gesetze, die Sitten – oder, wenn man will, die Wünsche, die Ideen, die Absichten, die Übereinkünfte – und mithin die Möglichkeiten des Planens oder des Handelns – hängen weitgehend von den umittelbaren Beziehungen des Menschen mit den Dingen ab: das heißt vom *Transformationsvermögen*. Heute sehen wir das sehr deutlich. Wir erleben ein plötzliches und übermäßiges Anwachsen der Herrschaft des Menschen über die gegebene Natur. Unsere Lebensweise ist davon aufs stärkste betroffen. Nichts dürfte sich den Rückwirkungen entziehen können, die in zunehmendem Maß von der bereits erreichten und in Zukunft noch zu erwartenden Beherrschung der Dinge auf die Lebewesen ausgehen werden. Gewiß hat es diese nun so spürbar gewordene Wirkung in langsamer und stetiger Form immer schon gegeben. Die immense innere Arbeit, von der ich vorhin sprach, läßt sich in eine große Menge von Einzelbetätigungen aufteilen, und ein klein wenig Nachdenken nur läßt schon die ganze Bedeutung der beruflichen Werte, der kapitalisierten Erfahrungen, der verzweigten und vervollkommneten Fachkenntnisse für die Konstitution unseres Nationalwesens erscheinen. *Wir setzen Milliarden Stunden spezialisierter Arbeiten voraus.* Die da entwaldet, gerodet, gesät, gedüngt haben; die Erdminen, Steinschichten und Lagerstätten ausbeuteten; die das Wasser faßten, lenkten und verteilten; die gemauert und geschmiedet haben; die Straßen angelegt, Kanäle ausgehoben und Brücken geschlagen haben; die mit ihren Händen und ihrem Kopf Werte geschaffen, ungenutzt daliegende Stoffe in Reichtümer verwandelt haben: das sind die wahren Gründer; und nicht nur Gründer der sichtbaren Ansiedlung, sondern sie haben ihr auch ihren Geist vermittelt.

Manche behaupten, es gebe eine unmittelbare und gleichsam symmetrische Beziehung zwischen der Hand des Menschen und seinem Gehirn. Die so reichen Artikulationen, die raschen Bewegungen, die wohlverteilte Sensibilität dieser Hand, die zahlreichen Verwendungen, das »universelle« Werkzeug, das sie für uns darstellt, und noch die vielen Metaphern, die wir aus ihrer Betätigung zur Bezeichnung von Denkakten gewinnen, verleihen dieser unbeweisbaren Ansicht Überzeugungskraft.[2] Selbst wenn sie falsch ist: ich für meinen Teil finde sie sehr bedenkenswert. Mir wird dadurch deutlich, daß die Intelligenz stets auf das System von Akten bezogen bleiben muß, die wir ausführen können, daß ihr Endzweck in einer Betätigung liegt und daß die Ausübung eines irgendwie gearteten Metiers ihr zu sehr wertvollen Gewohnheiten verhilft, ihr unschätzbare Analogien eingibt. Ich sage hiermit, daß der französische Geist all jenen Landbebauern, Weingärtnern, Kunsthandwerkern, Eisengießern und Holzschnitzern – Geschöpfen und Schöpfern ihres Landes – viel verdankt. Man denke, wie groß die Zahl der lokalen Meisterwerke ist, die sich in Frankreich finden. Man denke an die vielen Bauten, die Arbeiten im Kunstgewerbe, die zu den vollkommensten der Welt zählen, die Möbel, die wertvollen Stoffe, die Fayencen, die Schmiedearbeiten; man zähle all die berühmten Weine auf, deren Liste eine Art Wappenbuch ausmacht und die der Pflege und Erfahrung ebensoviel verdanken wie der Natur; man sehe sich die hochentwickelten Blumenkulturen für das Parfum an, die sorgfältig gepflegten und gehegten Obstpflanzungen: Rose und Jasmin in Grasse und in Vence[3], kunstvoll beschnittene Chasselas-Trauben von Thomery; man vergesse auch nicht die Mühen und Wunder in der Kunst, unsere Sprache zu schreiben, die einzige, in der noch ein wenig Sorgfalt beim Wägen der Wörter, beim Ordnen der Gedanken, beim Herausarbeiten der Redeformen geübt wird, als wären wir nach wie vor in jener märchenhaften Zeit, da die Gemüter dafür noch empfänglich waren und die Zeit nicht zählte ...

Will man sich eine genauere Vorstellung davon machen, was wir der Arbeit schulden, so muß man das große Beispiel der Bauten hernehmen. Kaum ein Dorf in Frankreich, dessen Kirche dem Kenner nicht etwas Entzückendes böte, eine elegante Einzellösung, die er sich merken möchte. Wenige Städte, wo nicht ein stattliches Wohnhaus, ein Hospital, ein Tor oder ein Brunnen von einem Können und einem Empfinden zeugten, das einen zum Verweilen bringt – und zum Seufzen ...

Frankreich bot Steine und Hölzer von hohem Wert. Es bildete sich unvergleichliche Fachleute heran, Steinmetze, Zimmerer, Dachdecker, auf die die Baumeister sich verlassen konnten wie auf sich selbst. Sie führten ihm jene großartigen Bauten auf, deren System ohne Konkretion, ohne Beton[4], ohne die Erleichterungen durch Sintern und Gießen sehr sorgfältige Vorarbeit und große Präzision erfordert, nicht weniger als die Herstellung eines Mechanismus. Wiewohl uns vollkommen unklar ist, wieviel diese Bauleute von Geometrie, von Statik und von Materialwiderstand wußten, wirken ihre Bauten doch unabweislich sehr durchdacht auf uns.

Nichts ist fesselnder, als aus diesen Schöpfungen, deren Kühnheit und Kompliziertheit bisweilen ans Phantastische reicht, eine ganz logische Struktur herauszulesen, die Entwicklung von Grundsätzen und Leitgedanken, die vom Fundament bis zum First sämtliche Entscheidungen bestimmen, allen Anforderungen genügen, alle Freiheiten nahelegen und sie auch ermöglichen. Es sind dies die kühnsten und zugleich strengsten Unternehmungen, die sich in der Kunst des Bauens finden. Keine phantasievolleren und zugleich doch verstandesbetonteren Werke als diese. Doch all das war nur möglich durch die Tugenden der materiellen Ausführung. Der Ausführende selbst mußte durchdrungen sein vom Gefühl seiner Funktion, von der innigen Kenntnis seiner Materie, vom Vergnügen an ehrlich und sauber gelösten Problemen. Arbeiter, die verstehen wollen, die stolz darauf sind, ihr Bestes zum rechten Gelingen einer so kunstvoll aufgeführten *fabrica* zu geben; Architekten, die sich auf diese Leute und auf ihre Methoden verlassen konnten; hervorragende Materialien: reichlicher und oft sehr guter Stein; Eiche und Kastanie, Eisen und Schiefer in Reichweite: das waren günstige Bedingungen. Die Baukunst gedieh prächtig bei uns. Daraus ergibt sich eine Beziehung besonderer Art zwischen Kunst und Intellekt, zwischen Gedanke und Handlung, zwischen der Beschaffenheit der Form und den Eigenschaften der Materie. Es gab in Frankreich mithin eine lange Reihe von Künstlern – selbst von Schriftstellern –, die ganz wesentlich *Architekten* waren.

Man ersieht an diesem Beispiel aufs schönste, wie die Materialien den Akten, die sie für den Menschen in Dienst nehmen wollen, Beschränkungen auferlegen, die den Geist gleichzeitig zur Strenge und zur Erfindung zwingen. Daraus erwächst eine Freiheit, die man eine höhere nennen kann, um sie von der anderen abzuheben, die lediglich Eintauschen des geringsten Aufwands gegen die geringste Wirkung ist.

Hier liegt für mich ein wichtiger Zug der Herausbildung Frankreichs, wie er sich uns in einem besonderen Schaffen darbietet: dem Bauwerk. Andere Erzeugnisse haben Eigenschaften verlangt und entwickelt, die sich ebenfalls nach und nach dem nationalen Geist mitgeteilt haben: Die Schärfe und

Feinheit des sinnlichen Empfindens waren schöpferische Notwendigkeiten in der Erzeugung der Mode wie der Spitzenweine. Ein Weinprüfer aus Bordeaux, der von einem Gewächs sagt, *es schlägt ein Pfauenrad im Mund*, tut es manchem Dichter gleich – ebenso wie Baucher, der berühmte Kunstreiter[5], fast zum großen Schriftsteller wird, wenn er von der *flaumweichen Geschmeidigkeit des Pferdemauls* spricht ...

Wieviel Geduld und Ausdauer, Mühe und Plagen erfordert nicht auch die Nutzbarmachung einiger Landstriche, die zugleich sehr ergiebig und sehr rauh sind. Die Winzer in den Hanglagen des Rhônetals pflanzen ihre Rebstöcke oft noch in verstreut und sehr hoch gelegenen Felsspalten. Sie müssen dort einzeln versorgt werden, mit der Kiepe auf dem Rücken müssen Erde und Dünger hinaufgebracht werden.

Indessen wandelt sich der Charakter der Arbeit. Die Zeit zählte früher nicht. Was zählte, war die (mechanische) Energie. Die Verfahren waren altüberkommen. Zahlreiche geheime Kunstgriffe gingen vom Meister auf den Gesellen über, vom Vater auf den Sohn, vom Lizenzgeber auf den Lizenznehmer. Allgemein organisierte Technik gab es nicht. Auch keinerlei Serienherstellung. Man kann sich fragen, ob die Maschine nicht die menschlichen Fähigkeiten verkümmern lassen wird, die der Zwang zur Aufbietung der Körperkraft, der Geschicklichkeit, der Aufmerksamkeit und Ausdauer hatte entstehen lassen. Ich stelle hier nur die Frage. Vielleicht wird man in gleicher Weise, wie die athletischen Übungen heute auf die Entwicklung der Muskeltätigkeit um ihrer selbst willen abzielen und damit einen Ausgleich für die durch die Maschine genommenen Gelegenheiten zur Muskelbetätigung bieten, auch neue Gegenstände mit neuen Widerständen zum Abarbeiten finden. An dieser Stelle tut sich die zentrale Frage auf: *Wie wird der Mensch von morgen beschaffen sein?*

Vom Wert dieses künftigen Erben unserer Kenntnisse und unserer Werke wird unter anderem auch abhängen, was man *die Zukunft der Vergangenheit* nennen könnte, das heißt die spätere Bewertung all des bisher durch Kunst und Intelligenz Geschaffenen. Wieviel wird morgen gelten, was wir heute noch bewundern oder genießen?

Aufgeworfen wird diese Frage durch die zahlreichen bedeutsamen Veränderungen des Lebens, die unsere Epoche so neu machen.

Der Mensch hat die gesamte bewohnbare Oberfläche erobert: das Land, das Meer, die Luft und die Nacht gehören ihm, und selbst der Äther – wofern *Äther* als Name für den Wellenraum noch paßt.

Sein Vermögen ist magisch, übersteigt seine Fassungskraft. Er *kann* weit mehr, als er *weiß*. Die Hand eines Kindes kann im Nu eine Großstadt erleuchten, einen Hügel zersprengen, einen Metallklotz von hundert Tonnen rotglühend unter die Walze bringen. Über Tausende von Kilometern hinweg kann man sprechen, ja handeln. Es lassen sich Körper erkennen, die so weit entfernt sind, daß der Abstand in Lichtjahrhunderten berechnet werden muß, und andere, die so klein sind, daß das Licht sie ignoriert oder sogar mitreißt ...

All dies ist zum weitaus überwiegenden Teil das Werk der letzten fünfzig Jahre. Noch nie ist in der Geschichte eine tiefere und heftigere Veränderung eingetreten; hat es erstaunlichere Umwälzungen gegeben, Neuheiten, die so viel Verwirrung mit sich brachten, sich so sehr überstürzten und auf jegliche Existenz einwirkten. Noch nie hat das Menschengeschlecht sich so tollkühn entfernt von den natürlichen, unvordenklichen Lebensbedingungen seiner Spezies und sich auf ein so seltsames und ungewisses Abenteuer eingelassen.

Was werden unsere Kinder sein? Was werden sie tun? Wie werden ihre Arbeiten aussehen, ihre Ressourcen, ihre Beziehungen zu Materie und Energie?

Keine Antwort. Wir leben unter dem Regime der Überraschung. Doch daran besteht kein Zweifel: Künste und Techniken mögen sich noch sosehr wandeln; Geschwindigkeit, Leistung, nutzbare Präzision, Einsatz der Relais mögen noch sosehr alle derzeitigen Annahmen übersteigen, der Wert des Individuums wird doch in letzter Analyse stets der wesentliche Träger des Wertes aller materiellen Schöpfungen oder Organisationen bleiben. Die Arbeit wird vielleicht stärker »intellektuell« sein; doch vielleicht wird man erleben, wie einige *Begabungen* sich erfolgreich durchsetzen, die genau diejenigen unserer hervorragendsten Handwerker und Praktiker von gestern und heute sind.

Es ist also wichtig, die spezifischen Fähigkeiten dieser Qualitätsarbeiter zu erkennen und bekanntzumachen, denn es ist wichtig, daß die materiellen Fortschritte der Zukunft das Individuum keinesfalls reduzieren oder erniedrigen, sondern im Gegenteil zu seiner Erhöhung dienen. Es ist wichtig, daß in einer in größerem Stil erschlossenen, ausgerüsteten und organisierten Welt, in einer der mechanischen Mühen enthobenen Zivilisation sich eine gewandelte Form persönlicher Arbeit herausbildet, für die unsere geschicktesten und gewissenhaftesten Praktiker und Arbeiter mit ihrem Tun die Grundlagen gelegt haben – einfache, hochachtbare Anfänge.

[1932]

DER ›CENTRE UNIVERSITAIRE MÉDITERRANÉEN‹

Der Wunsch, die geistigen Ressourcen einer Stadt zu entwikkeln und ihren verschiedenen Reizen und dem weltweiten Ruf noch die Anziehungskraft und den Glanz hinzuzufügen, wie er von einem Austausch auf geistigem Gebiet ausgeht, hat den Gedanken aufkommen lassen, in Nizza ein Hochschulkolleg zu begründen. Doch haben die Lage Nizzas und seine besonderen Merkmale (Hafenstadt, Grenzstadt, Aufenthaltsort sehr zahlreicher Ausländer, Ort mit nahezu allen Vorzügen einer Hauptstadt ohne deren Riesenhaftigkeit und sonstige Nachteile) es nahegelegt, der neuen Einrichtung auch eine neue Physiognomie und ganz neue Aufgabe zuzuweisen. Sie geht zugleich die Stadt und die Nation an; sie kann und soll die benachbarten Nationen angehen; sie kann und soll der allgemeinen Kultur dienen und die Beziehungen fördern, deren Zahl und Vielfalt gerade diese Kultur ausmachen. Ein solches Vorhaben konnte nicht zustande kommen ohne Unterstützung von seiten des Staates.

So hat denn der Minister für Bildung und Unterricht auf gemeinsamen Vorschlag der Universität Aix und der Stadt Nizza hin mit Wirkung vom 18. Februar 1933 die Verordnung erlassen, kraft deren unter dem Namen »Centre Universitaire Méditerranéen« das Institut begründet wird, welches es nunmehr aufzubauen gilt.

NEUHEIT DER INSTITUTION

Das Organisationsproblem, das es zu lösen gilt, ist gänzlich neu. Der »Centre de Nice« ist ohne Vorbild. Es sind keine Modelle vorhanden, an denen man sich orientieren, auf die man sich berufen könnte, und man kann sich auch nicht auf die Ausführung reglementierender Vorschriften beschränken.

VIELSCHICHTIGKEIT DES PROBLEMS

Ein summarischer Überblick genügt, um die Vielschichtigkeit dieses Problems aufzuzeigen.

WAS DER »CENTRE DE NICE« NICHT IST

Zunächst die Vielfalt der Ziele. Der »Centre« ist nicht und kann auch nicht annähernd gelten als eine Einrichtung zu dem Zweck, einen regelmäßigen und umfassenden Unterricht zu erteilen, der mit dem Ziel der Erlangung universitärer Grade oder Titel absolviert und durch Abschlußprüfungen sanktioniert wird, einen gewissen nachweisbaren Bildungsgrad voraussetzt und schulische Bedingungen wie etwa regelmäßige Teilnahme erfordert.

Der »Centre« ist auch nicht ein Instrument zur Durchführung bestimmter Forschungsvorhaben.

Zwar sind Lehre und eventuell sogar Forschung vorgesehen, doch Lehre, die keinen Anspruch auf Vollständigkeit erhebt, und Forschung, die lediglich okkasionell stattfinden kann.

ERWARTETE BESUCHERSCHAFT DES »CENTRE«

Abgesehen von den Finanzmitteln, die jede Angleichung an eine Universität ausschließen, abgesehen ebenso von dem ganz anders gearteten Prinzip der Gründung selbst, ist in der Tat die wahrscheinliche Besucherschaft der Kurse, die dort veranstaltet werden, nicht ein homogenes Publikum, das ein für alle einheitliches Ziel anstrebt. Die Hörer werden sich nach Lebensalter, Bildung, Intention, Nationalität und Kenntnis unserer Sprache notwendig stark unterscheiden. Das Motiv wird bald das Bedürfnis nach geistigem Vergnügen sein, bald der Wille zur Weiterbildung, bald der schlichte Nachahmungstrieb. Wir müssen den Liebhaber wie den Neugierigen, den Stammgast wie den einmaligen Besucher, den Bewohner wie den Besucher Nizzas empfangen und zufriedenstellen.

Diese Feststellung ist grundlegend, denn die wichtigste Voraussetzung für einen guten Anfang muß die Befriedigung tatsächlicher Bedürfnisse der ansässigen wie der vorübergehend in der Stadt weilenden Bevölkerung sein. Der »Centre« kann nur lebensfähig sein, wenn er Interesse und Meinungen hervorruft, andernfalls würde er, auf eine rein künstlich-administrative Existenz reduziert, ohne Zukunft dahinsiechen.

Wenn die wichtigste Voraussetzung seiner Existenz in der ersten Zeit die Befriedigung vorhandener Bedürfnisse ist, dann, so füge ich hinzu, muß als die wichtigste Voraussetzung seines Fortbestehens die Weckung neuer Bedürfnisse und neuer geistiger Interessen gelten. Erstere zu erkennen, letztere vorherzuahnen muß die Hauptsorge der Organisatoren sein.

KOMPLEXITÄT DES ADMINISTRATIVEN STATUS DES »CENTRE«

Neben diese Vielfalt der Ziele tritt von Anfang an und unvermeidlich eine sehr große Komplexität des Organismus. Um die Tätigkeit des »Centre« zu gewährleisten, wird es notwendig sein, beständig mehrere voneinander unabhängige Verwaltungsabläufe zu koordinieren, die Ordnungsmethoden, Dienstgewohnheiten und Sichtweisen mehrerer Behörden oder selbständiger Körperschaften in Einklang zu bringen: die Stadt und zahlreiche ihrer Ämter; den Staat (Erziehungsministerium und Universität Aix; in gewissen Fällen das Außenministerium, Presse- und Propagandadienste); gelegentlich auch die Regionalversammlungen und diverse Behörden oder Verwaltungen des Auslands.

Jedoch werden die Existenz und die Tätigkeit des *Conseil de Perfectionnement*[1] es ermöglichen, an Ort und Stelle und unter den besten Bedingungen hinsichtlich Schnelligkeit und unmittelbarer Sachkenntnis manche Angelegenheit zu regeln, die aus Entfernung und über Zwischeninstanzen erheblich mehr Zeitaufwand erforderte.

VORBEDINGTHEIT DURCH FRÜHERE SACHVERHALTE

Schließlich, so neu unsere Institution auch sein mag, sie muß nichtsdestoweniger auf einer bereits vorhandenen Basis aufbauen. Dem oben erwähnten Erlaß zufolge ist sie zur Übernahme und Weiterentwicklung angehalten 1. des *Institut d'Études Franco-Étrangères*; 2. der *Conférences d'Enseignement Supérieur.*

Diese beiden Bildungswerke sollen in mehr oder weniger abgewandelter und den neuen Gegebenheiten angepaßter Form die universitäre Basis des »Centre de Nice« abgeben.

Zusammenfassend gilt: vielfältige Ziele sollen verfolgt, verschiedenartige Auflagen und geistige Erwartungen erfüllt, mannigfaltige Statuten und Maschinerien koordiniert werden; einesteils Neuheit, andernteils Fortführung: so bieten sich zu Beginn die Elemente und Gegebenheiten dar, mit denen die nun einsetzende Organisationsarbeit umzugehen hat.

Wegen der Komplexität dieser Existenz- und Funktionsbedingungen dürften die ersten zu treffenden Entscheidungen besonders wichtig sein. Es gilt, sich für Lebensfähigkeit, Nutzen und Gedeihen eines Unternehmens zu verwenden, das einmalig in seiner Art ist und schon jetzt von seiten des Auslands mit wachem Interesse bedacht wird.

Die universitäre Basis des Zentrums, gebildet – wie erwähnt – aus dem *Institut d'Études Franco-Étrangères* und dem *Institut des Conférences d'Enseignement Supérieur*, soll dem Direktor unterstehen.

Ihm obliegt die Sorge für den regelmäßigen Betrieb unserer Einrichtung, was man ihren Normalgang nennen kann. Dadurch tritt sie in Verbindung zur Universität und stimmt ihre Arbeitsweise und ihr Reglement mit ihr ab. Es versteht sich im übrigen, daß sie der Universität ihre stabilen Elemente entlehnen muß, ihre Kompetenzgarantien und die unerläßliche Autorität, um gegebenenfalls Diplomen oder Zertifikaten, die eingerichtet werden könnten, einen verläßlichen Wert zu verleihen.[2]

INSTITUT FÜR AUSLANDSBEZIEHUNGEN

Was das *Institut d'Études Franco-Étrangères* angeht, so sprechen verschiedene Gründe dafür, daß der Unterricht sich dort künftig auf das Französische beschränken sollte (Sprache und Grundkenntnisse in Literatur). Vielleicht wäre es indessen angebracht, Mittel und Wege zu finden, um bei Ausländern das Empfinden für bestimmte Eigenschaften unserer Literatursprache durch die Einrichtung eines Kurses in Diktion zu schulen.[3]

STUDIENKOLLEG

Da die Vorträge des Studienkollegs einer der Hauptanziehungspunkte und das beständige Betätigungsfeld des Zentrums von Nizza sein sollen, ist es wichtig, daß ihre Neugestaltung mit besonderer Sorgfalt erfolgt.

Gerade weil so viele verschiedene geistige Bedürfnisse zufriedengestellt, ein so bunter Personenkreis angesprochen werden sollen, ist es nicht möglich, das Vortragsprogramm so zu gestalten, wie man es für einen geschlossenen und auf den Erwerb einer bestimmten Summe von Kenntnissen bestimmter Art angelegten Studienzyklus gestalten würde.

Aus denselben Gründen wird der Unterricht auch nicht zu technisch oder zu anspruchsvoll sein dürfen. Er soll jedoch durch sein Niveau und seine Ausstrahlung überzeugen.

WISSENSVERMITTLUNG DURCH VORTRÄGE

Es erscheint angebracht, das gegenwärtig praktizierte System der Wissensvermittlung durch Vorträge beizubehalten, das heißt, für den Augenblick den Gedanken zurückzustellen, fortgesetzten Unterricht durch einen Lehrenden zu erteilen. In einer Versuchsperiode empfiehlt es sich, Flexibilität und Vielfalt der Methoden anzustreben.[4]

AUFTEILUNG DER VORTRÄGE

Andererseits sollte von der Gesamtzahl der vorgesehenen Vorträge eine gewisse Anzahl für Ausländer reserviert werden, die übrigen aufgeteilt unter den Professoren der Universität Aix sowie anderen Persönlichkeiten aus Frankreich. Angenommen beispielsweise (ohne daß diese Zahlen als endgültig gelten sollen), die Gesamtzahl der Vorträge würde auf 36 festgesetzt, so würde man sechsmal ausländische Vortragende zu gewinnen suchen, achtzehnmal Professoren aus Aix und zwölfmal französische Gelehrte und Wissenschaftler (Mitglieder des *Institut de France*, Professoren des *Collège de France* und der Universitäten, Schriftsteller oder Künstler etc. ...).

Die Administration könnte weiterhin (zusätzlich) freie (nicht vergütete) Vorträge anberaumen oder zulassen, wenn sie es im Interesse des Hauses für gut hält.

ALLGEMEINE DEFINITION DES PROGRAMMS

Diese diversen Ansätze verfolgen die Absicht, der Lehr- und Vortragstätigkeit des Zentrums von Anfang an die größtmögliche Lebendigkeit und Ausstrahlung zu geben. Doch ist es nunmehr an der Zeit, die Inhalte dieser Tätigkeit näher zu untersuchen und zu bestimmen.

Bisher waren die Vorträge keinem Programm unterworfen. Sie konnten handeln *de omni re scibili*[5], und es bestand keinerlei Verbindung zwischen ihnen.

Der Erlaß, der unsere Charta darstellt, hat diesen Sachverhalt geändert. Durch ihn wird unserer vielfältigen Tätigkeit eine gewisse Einheitlichkeit der Zielsetzung vorgeschrieben, und zwar geschieht dies nicht nur im Text, sondern wird bereits im Namen zum Ausdruck gebracht, der der neuen Institution gegeben werden soll: *Centre Universitaire Méditerranéen*.

Der unendlich reiche Begriff des Mittelmeers soll also unser Grundthema sein, der Ausgangs- und Zeugungspunkt unserer Programme.[6] Diese Bestimmung ist nur scheinbar restriktiv: genügt es doch, sich einen Augenblick lang darauf zu besinnen, was ein Unternehmen wie Mittelmeerstudien – und ein solches haben wir vor – an Möglichkeiten birgt, um einschätzen zu können, wie fruchtbar eine zunächst scheinbar einschränkende Definition in Wahrheit sein kann. Unsere Definition, die zunächst einmal eine willkommene geistige Konvergenz bei unseren Hörern gewährleisten mag, dürfte andererseits im Denken unserer Vortragenden eine Menge weitgreifender Themen und neuer Ideen, Forschungen und Entdeckungen anregen, und sei es nur durch Umgruppierung, durch Annäherung und Neuperspektivierung bereits bekannter Fragen. Gibt es doch nichts Wirkliches, das nicht unendlich viele Aspekte böte, und nichts, das uns stärker zur Wahrnehmung unverhoffter Ursachen und zu neuen Problemstellungen veranlassen könnte als die systematische Erforschung eines klar umschriebenen Gebietes.

Es ist zu wünschen, und zwar zum Ruhme Nizzas wie der Nation, daß unser Zentrum sich im Bewußtsein der Allgemeinheit eines Tages als der Ort darstellen und durchsetzen möge, an dem die erkenntnismäßige Erschließung des Mittelmeers erarbeitet wurde, als der Punkt, an dem sich ein immer deutlicheres und umfassenderes Bewußtsein von der Funktion dieses für die Entwicklung der menschlichen Ideale und Ressourcen privilegierten Meeres herausgebildet hat. Die Ordnung, in jeglichem Belang, ist an seinen Ufern geboren. Unsere ausufernde Epoche könnte gewinnen, wenn sie dessen eingedenk bliebe.

Warum sollte nicht bereits jetzt die Bildung eines Thesaurus mittelmeerischer Dokumente in Nizza ins Auge gefaßt werden? Die ersten dort aufgenommenen Dokumente könnten die Texte unserer Vorträge sein. Ich sähe sie gerne alljährlich veröffentlicht, mit dem Wappen der Stadt, und ich hielte diese Veröffentlichung für eines der wirksamsten Mittel unseres Vorgehens. Vergessen wir nicht, daß die veröffentlichte Produktion das einzige echte Indiz für ein geistiges Leben ist und daß die zu geringe Zahl und Bedeutung der Veröffentlichungen in der Provinz allzuoft im Ausland die Verdienste der in Frankreich außerhalb von Paris entstehenden Arbeiten verkennen lassen.

Das Studium der mittelmeerischen Welt läßt sich auf mannigfache Weise vorstellen.

Die leichteste Lösung wäre allerdings auch die unergiebigste: sie bestünde darin, den Themen unserer Vorträge lediglich zur Auflage zu machen, in einer nicht allzu lockeren Beziehung mit dem Mittelmeer zu stehen. Doch schien uns ein so weit gefaßtes Programm ungeeignet für die erste Zeit eines Instituts, das von allem Anfang an seine Bestimmung und seine Originalität so deutlich wie möglich unter Beweis stellen muß.

So sind wir dazu gelangt, willkürlich gewiß, jedoch nicht ohne Überlegung, einen allgemeinen und dennoch präzisen Leitgedanken festzulegen, der über den Anfängen unseres Programms stehen und es ermöglichen soll, allen unseren Aktivitäten eine gemeinsame Ausrichtung zu geben, wie auch zwischen unseren verschiedenen Darbietungen unmerklich eine für die Öffentlichkeit befriedigend klare Koordinierung zu gewährleisten.

Es geht mithin darum, ein eindeutiges, gut sichtbares Ziel festzulegen, das für alle Disziplinen und für alle geistigen Individuen gleichermaßen Gültigkeit haben soll, wobei aber jedem einzelnen völlige Freiheit zu belassen ist, auf welcher Fahrtroute und mit welchen Manövern er das Ziel erreichen will. Der bloße Name »Mittelmeer« schien dafür nicht ausreichend: eine Sammellosung ersetzt keinen Operationsplan.

FUNKTION DES MITTELMEERS

Zu diesem Zweck haben wir geglaubt, als Leitgedanken den (oben bereits angeführten) Begriff wählen zu sollen, nämlich die Rolle, die unser Meer aufgrund seiner einmaligen physischen Merkmale gespielt, oder die Funktion, die es erfüllt hat für die Konstituierung des europäischen Geistes beziehungsweise des geschichtlichen Europa, insofern dieses die menschliche Welt in ihrer Gesamtheit beeinflußt hat.

Die mittelmeerische Natur, ihre Ressourcen, die durch sie geschaffenen oder bestimmten Verhältnisse sind der Ursprung des erstaunlichen psychologischen und technischen Wandels, der in wenigen Jahrhunderten die Europäer nachhaltig von der übrigen Menschheit unterschieden hat und die Moderne von den früheren Epochen. Es waren Mediterrane, die durch den überlegten Einsatz der Geisteskräfte die ersten gesicherten Schritte auf dem Wege einer Präzisierung der Methoden, auf der Suche nach der Gesetzmäßigkeit der Erscheinungen unternommen und die das Menschengeschlecht in dieses einmalige Abenteuer geführt haben, das wir durchleben, dessen Weiterentwicklung keiner vorhersehen kann und dessen bemerkenswertester, vielleicht beunruhigendster Zug in einer immer deutlicheren Entfernung von den anfänglichen oder natürlichen Bedingungen des Lebens liegt.

Die immense Rolle, die das Mittelmeer bei diesem auf die gesamte Menschheit ausgedehnten Wandel gespielt hat, erklärt sich in dem Maß, wie sich überhaupt etwas erklären läßt, durch einige ganz einfache Feststellungen.

PHYSIKALISCHE GEGEBENHEITEN

Unser Meer stellt sich als ein wohlumschriebenes Becken dar, bei dem jeder beliebige Punkt des Umfangs auf dem Küstenschiffahrts- oder auch auf dem Landweg von einem andern in höchstens ein paar Tagen zu erreichen ist.

Drei Erdteile, und das heißt drei höchst unähnliche Welten, begrenzen diesen großen Salzwassersee. Im östlichen Teil finden sich sehr zahlreiche Inseln. Gezeiten sind nicht spürbar oder, falls doch, nahezu ohne Bedeutung. Ein Himmel, der selten länger wolkenbedeckt ist, günstiger Umstand für die Schiffahrt.

Schließlich liegt dieses abgeschlossene Meer, das sich in gewissem Sinn maßstabgerecht zu den technischen Mitteln des frühen Menschen verhält, vollständig in der gemäßigten Klimazone: es nimmt damit die günstigste Lage auf dem Globus ein.

ETHNISCHE GEGEBENHEITEN

An seinen Rändern standen zahlreiche nach Temperament, Empfinden und Geistesanlage äußerst unterschiedliche Völkerstämme miteinander in Berührung. Dank der vorteilhaften Mobilitätsbedingungen, von denen die Rede war, unterhielten diese Völker untereinander Beziehungen jeglicher Art: Krieg, Handel, absichtlichen oder unabsichtlichen Austausch von Dingen, Kenntnissen und Methoden; Mischung des Blutes; Mischung der Wörter und Bezeichnungen, der Sagen und Überlieferungen. Die hohe Anzahl benachbarter oder kontrastierender ethnischer Elemente im Laufe der Zeiten, die vielen verschiedenen Brauchtümer, Sprachen, Religionen, Gesetzgebungen und politischen Verfassungen haben in der mittelmeerischen Welt allezeit eine unvergleichliche Vitalität hervorgebracht. Der Wettbewerb, eigentlich einer der hervorstechendsten Züge der Moderne, hat im Mittelmeerraum schon sehr früh eine einmalige Intensität erreicht; Wettbewerb im Handel wie in der kulturellen und religiösen Beeinflussung. In keiner anderen Region der Erde war eine so große Vielfalt der Bedingungen und Elemente auf so nahem Raum versammelt, wurde so viel Reichtum geschaffen und immer wieder erneuert.

Sämtliche wesentlichen Faktoren der europäischen Zivilisation sind nun aber Produkte dieser Umstände, was bedeutet, daß örtlich begrenzte Verhältnisse erkennbar Auswirkungen von universaler Tragweite und Bedeutung gehabt haben.

HÖHERENTWICKLUNG DES MENSCHEN

Im besonderen ist die Höherentwicklung der menschlichen Person, die Herausbildung eines immer umfassenderen und vollkommeneren Menschenideals an unseren Gestaden vorgezeichnet oder schon verwirklicht worden. Der Mensch als das Maß der Dinge; der Mensch als politisches Wesen, Mitglied der Polis; der Mensch als juristisches, vom Recht definiertes Wesen; der Mensch als dem andern Menschen vor Gott gleich und *sub specie aeternitatis* betrachtet – es sind dies nahezu ausschließlich mediterrane Schöpfungen, deren gewaltige Auswirkungen nicht erst in Erinnerung gerufen zu werden brauchen.

Der Typus *Gesetz*, sei es nun das Naturgesetz oder das gesellschaftliche Gesetz, ist durch mediterrane Denker herausgearbeitet worden. Nirgendwo anders ist die Macht des Wortes, der disziplinierten und bewußt eingesetzten Rede umfassender und ergiebiger entwickelt worden: das logisch geregelte, das zur Erschließung abstrakter Wahrheiten, zum Aufbau der Geometrie oder des Rechtswesens eingesetzte Wort; oder auch das Wort als Beherrscherin des Forums, als das wesentlich politische Instrument und reguläre Mittel zum Erwerb und zur Erhaltung der Macht.

Nichts ist erstaunlicher, als zu verfolgen, wie im Verlauf weniger Jahrhunderte sich bei den Anrainervölkern dieses Meeres die wertvollsten und auch die reinsten geistigen Erfindungen einstellen: hier hat die Wissenschaft den Empirismus und die Praxis hinter sich gelassen, hat die Kunst sich ihrer symbolischen Ursprünge entledigt, hat die Literatur sich differenzierend in deutlich unterschiedenen Gattungen konstituiert und hat schließlich die Philosophie sich an nahezu sämtlichen denkbaren Arten, das Universum wie auch sich selbst zu erfassen, versucht.

Nie und nirgends sonst hat sich auf so begrenztem Raum und in so kurzer Zeitspanne so viel geistige Gärung, so reiche Produktion beobachten lassen.

Aus diesem Grund hat sich uns denn auch der Gedanke aufgedrängt, das Studium des Mittelmeers zu konzipieren als die Untersuchung einer Anlage, ich möchte fast sagen einer Maschine zur Herstellung von Kultur.

So lautet denn die Grundentscheidung für unser Programm:

KENNTNIS DES MITTELMEERS UND SEINER FUNKTION

Diese Entscheidung entbehrt nicht der Willkür, und sie ist auch ein wenig anthropomorph angekränkelt. Doch geht es hier nicht um eine These oder Doktrin, die sich strikter Objektivität befleißigen müßte und könnte. Es gilt, auf der Karte eines unermeßlichen Beobachtungs- und Ideenfeldes eine gewisse Bahn vorzuzeichnen, an der es sich leicht orientieren läßt und die notwendig an die signifikantesten oder die bedeutendsten Punkte des zu erforschenden Gebietes führt.

GLIEDERUNG DES LEHRSTOFFES

Infolgedessen soll ein Teil der am Zentrum in Nizza erteilten Kollegstunden der physikalischen Beschreibung des Mittelmeerbeckens gewidmet sein.

Hier finden Geologie, Mineralogie, Ozeanographie, Geodäsie und Geographie ihren Platz.

Ausführlich behandelt werden sollen die physikalischen Besonderheiten dieses Beckens: Klimakunde, Seismologie, Küstenformationen.

Wir meinen, es müsse für unsere Zuhörer von großem Interesse sein, einen Vortrag über die Veränderungen in der Konfiguration des Mittelmeers zu hören, über die sukzessiven Verschiebungen des Uferverlaufs während der verschiedenen Erdzeitalter.

Ein anderer Teil unserer Veranstaltungen soll als Generalthema die biologische Beschreibung des Beckens haben. Fauna und Flora.

Daran anschließend muß die anthropologische Bestimmung der Völkerstämme erfolgen, die Untersuchung ihrer unterschiedlichen physiologischen Merkmale. Angestammtes, Mischungen, Kreuzungen. Besiedelung und Entvölkerung, Auszüge und Einwanderungen. Für diese Abteilung des Programms soll auch die Ur- und Frühgeschichte herangezogen werden.

Die medizinische Klimatologie und die besondere Pathologie der Mittelmeergegenden gehören unabdingbar zu unserer biologischen Sektion.

Wenn die physikalische und biologische Beschreibung uns somit eine vertiefte Kenntnis der dem Menschen vom Mittelmeer gebotenen Umwelt vermittelt, so fassen wir anschließend denjenigen Teil unseres Programms ins Auge, der die menschliche Funktion dieser Naturanlage oder dieses natürlichen Systems zu erfassen erlaubt.

Wenn wir dieser Materie das Gewicht und die Präzision verleihen wollen, die ihre Bedeutung und unsere Zielvorgabe erfordern, so müßte unserer Ansicht nach die Masse der zu behandelnden Kenntnisse in drei Gruppen gegliedert werden:

Einwirkung des Milieus auf den Menschen
Einwirkung des Menschen auf das Milieu
Einwirkung des Menschen auf den Menschen in diesem Milieu
sowie von und nach außerhalb.

EINWIRKUNG DES MILIEUS AUF DEN MENSCHEN

Die natürliche Umwelt wirkt sich anziehend, fixierend und modifizierend auf den Menschen aus, und zwar in unbekannter Stärke oder Tiefe, aber dennoch wissen wir, daß sie ihm bestimmte Tätigkeiten und Gewohnheiten aufnötigt, bestimmte Vorstellungen, Tendenzen und Unternehmungen nahelegt. Die Umwelt macht aus ihm beispielsweise einen Fischer oder Seefahrer (und wenn man den griechischen Dichtern übermäßigen Gebrauch von Meeresmetaphern glaubte vorwerfen zu müssen, so hätte man dabei das maritime Milieu zu bedenken gehabt). Ungezählt sind die sich daraus ergebenden Anwendungen: Seerecht, Schiffbau usw. usw.

EINWIRKUNG DES MENSCHEN AUF DAS MILIEU

Doch wirkt umgekehrt der Mensch auf seine Umwelt ein. Er gestaltet sie, bestellt sie, bebaut sie, beutet sie aus. Er baut Städte, legt Häfen an, verändert die natürlichen Gegebenheiten mit bisweilen unvorhersehbaren Konsequenzen (so hat der Durchstich des Isthmus von Suez die Mittelmeerfauna biologisch verändert).

EINWIRKUNG DES MENSCHEN AUF DEN MENSCHEN

Schließlich stellt das, was der Mensch mit dem Menschen tut, sei es das Einwirken des Individuums auf eine Gruppe oder der Gruppe auf ein Individuum oder der Gruppen auf andere Gruppen oder auf sich selbst, den dritten Punkt dar.

Dieser Bereich ist grenzenlos. Im übrigen ergeben sich schon beim geringsten Nachdenken so dichte Verknüpfungsmöglichkeiten zwischen diesen drei Untersuchungsbereichen, daß man sich keineswegs damit schmeicheln sollte, ihnen klar getrennte Einzelprogramme zuordnen zu können. Es ist unmöglich, *a priori* zu trennen, was in der Wirklichkeit untrennbar miteinander zusammenhängt. Doch wird es für jeden Einzelfall, für jeden ausgewählten Vortragsgegenstand genügen, den hier vorgeschlagenen Rahmen nicht zu mißachten, damit sich der Begriff der Funktion des Mittelmeers vor dem Geist einstellt und die Zuhörer keine Mühe haben, auf diesen Begriff (der für unsere Lehre grundlegend genannt werden kann) alles zu beziehen, was ihnen an Gedanken und Erkenntnissen während einer beliebigen Darlegung vorgetragen werden mag.

Mit anderen Worten, gleichgültig, um welches Thema es sich handelt, und gleichgültig, wer es behandelt, die Frage nach Ort und Milieu soll hier stets gestellt werden. Ob es nun um Literatur, Recht, Völkerkunde oder Religionswissenschaft gehen mag, der »Nizzaer Blickwinkel« soll unbedingt berücksichtigt werden.

DIE GESCHICHTE

Was nun die Geschichte betrifft, so wäre es sehr wünschenswert, die Lehrer verschrieben sich weniger den Ereignissen, will sagen den ganz sichtbaren Vorfällen, als den Entwicklungen, denen bei der Herausbildung des Kapitals an Ideen und Gepflogenheiten, das die Zivilisation ausmacht, eine erheblich größere Bedeutung zukommt. Entwicklung der Techniken, der Mythen, der Ambitionen und Relationen; Einführung oder Verbreitung der Neuheiten.

In dieser Hinsicht können die Merkmale des Mittelmeerbeckens, seine Konfiguration, besonders interessante Probleme aufwerfen. So ist zum Beispiel in verschiedenen Epochen die Koexistenz von Staaten oder Gesellschaften, die in sehr geringer Entfernung voneinander, wenn nicht sogar in unmittelbarer Nachbarschaft, jedoch mit tiefgreifend unterschiedener Kultur lebten, ein sehr mediterraner Fall (Ägypten und Phönizien, Rom und Karthago, Ludwig XIV. und die Barbareskenstaaten; Eroberung von Algier usw.). Diese Gleichzeitigkeit kann dazu dienen, den Begriff eines mediterranen Gleichgewichts einzuführen, das bald gestört und bald wiederhergestellt wäre, ein Begriff, der den Bereich der politischen Geschichte überschreitet, läßt er sich doch leicht auch auf andere Bereiche übertragen: so das mehr oder minder stabile Gleichgewicht bei den Glaubensüberzeugungen, bei den Sprachen, den moralischen oder ästhetischen Beeinflussungen, ja sogar bei den Währungen, den Handelswerten usw. Verlagerung und Störung dieses jeweiligen Gleichgewichts – und das heißt eben: die Ereignisse – lassen sich gar nicht angemessen erfassen, wenn nicht zuvor das Gleichgewicht als solches betrachtet wurde.

Wir weisen auf diesen Begriff nur deswegen hin, weil er sich anbietet im Hinblick auf die methodische Ausfaltung des Gedankens eines *mediterranen Systems*. Was zu einer gegebenen Zeit im Mittelmeerraum existiert; was hinzutritt, was daraus hervorgeht: wesentliche Fragen in ganz einfacher Form, die in jeglicher Materie das Grundprinzip unseres Programms wiederzufinden oder zu verstärken erlauben.

Es ist unnötig, die Anwendbarkeit dieses Prinzips auf Literatur, Philosophie, Künste, Rechtswissenschaften, ja Wissenschaften überhaupt darzutun. Wir beschränken uns auf den Hinweis, daß zahlreiche latent vorhandene Probleme mit Notwendigkeit ins Blickfeld rücken, wenn man nur in sämtlichen Dingen des Geistes irgendwelche Elemente mediterranen Ursprungs annimmt. Allerdings kam es auch vor, daß bestimmte mediterrane Werte andere verdunkelten: so zum Beispiel haben der große Ruhm Griechenlands und die wohl ebenso große Glorie Roms manch andere Quelle der Zivilisation vergessen oder doch vernachlässigen lassen. Durch systematisches Erforschen wird man sicher herausfinden, daß es rings um das Mittelmeer sehr viel mehr gab, was Beachtung verdient, als wir für uns anzunehmen gewohnt sind.

Schließlich soll hier auch nicht ausführlicher auf unsere Beziehungen mit der übrigen Welt eingegangen werden. Doch muß der beträchtliche Wandel im Maßstab des Menschlichen, der seit dem 15. Jahrhundert eingetreten ist und bei dem der mediterran geprägten Wissenschaftskultur bekanntlich die Initiative zukam, als eines der wichtigsten Themen unserer Forschungen gelten. Europa und das Mittelmeer sind gerade in

Auswirkung der dort entwickelten intellektuellen Qualitäten selber zu zweitrangigen Elementen des Weltgeschehens geworden; die »klassisch« genannten Traditionen sind geschwächt; Nordafrika erlebt einen Wiederaufstieg – wir zählen beliebig ganz verschiedene Fakten auf, die jedoch alle mit den Fragen zusammenhängen, wie sie sich heute über die Zukunft unseres *mediterranen Systems* stellen können.

Dergestalt sind die allgemeinen Überlegungen, von denen unserer Ansicht nach das Programm des Studienkollegs sich füglich leiten lassen sollte.

Es steht uns nicht zu, weiterreichende Festlegungen vorzunehmen. Uns ist daran gelegen, die freie Wahl und Gestaltung der Themen zu respektieren. Sollte ein vor die Gründung des Zentrums zurückreichendes Programm von seiten der Universität Aix aufgestellt worden sein, so würden wir gerne dieses Programm übernehmen und vorläufig weiterführen. Wir nehmen uns jedoch heraus, auf der in unseren Augen entscheidenden Wichtigkeit zu bestehen, etwas Neues zustande zu bringen oder zumindest anzustreben, wären sonst doch eine neue Namengebung und eine Gründung von etwas ganz Neuem nicht zu rechtfertigen.

Es wurde gesagt, daß für eine gewisse Zahl von Vorträgen versucht werden soll, besonders hervorragende Persönlichkeiten zu gewinnen, seien sie nun aus Frankreich oder nicht, seien sie Universitätslehrer oder nicht.

Die Leitung des Zentrums hofft darüber hinaus auf die Beteiligung der wissenschaftlichen Institutionen aus der Region sowie aus Paris, etwa der Observatorien von Nizza und von Paris, des Ozeanographischen Museums Monaco, der Verwaltung der Staatlichen Museen, des Museums für Naturgeschichte, des Museums für Ethnographie usw. ...

Die Lehre ist nicht das einzige Ziel unserer Institution. Sie ist deren permanente Funktion vor Ort, eine notwendige Funktion, wie sie von der oben näher bestimmten Tätigkeit der universitären Basis des Zentrums gewährleistet werden soll, jedoch noch keine hinreichende Funktion.

Wir haben indessen noch ein anderes Ziel von nationalem und übernationalem Interesse, das mit geeigneten Mitteln angestrebt werden soll. Es besteht darin, Nizza zum bevorzugten Ort bestimmter Äußerungen hoher Kultur zu machen.

Nichts ist bezeichnender für unsere Epoche als die in ihr allenthalben festzustellende Tendenz, den Geist zu konstituieren, ihm eigene Statuten, Rechte und eine klar bestimmte Mission zuzuweisen. Diese Tendenz ist eine Antwort (eine bislang noch recht vage und unsicher gebliebene) auf die mannigfachen Bedrohungen, denen beim Stand der Dinge und in naher Zukunft Existenz oder Fortentwicklung der am höchsten entwickelten oder auch der abstraktesten Formen geistiger Arbeit ausgesetzt sind.

Die Härte der Lebensbedingungen wie auch die zunehmende Präzisierung des sozialen Mechanismus bringen es mit sich, daß der Intelligenz nur noch ihre unmittelbare Verwertbarkeit anerkannt wird. In ihren höchsten Ausfaltungen ist sie indessen für Politik wie für Ökonomie gar nicht wahrnehmbar, denn diese beiden Betrachtungsweisen der gesellschaftlichen Wirklichkeit sind auf rein statistische Aspekte der Dinge gerichtet, wohingegen die höheren oder tieferen Forschungen und Erzeugnisse des Geistes notwendig Abweichungen, Singularitäten darstellen, die sich jeglicher Bewertung in sozialen Einheiten, in Arbeitsstunden etwa, entziehen, die keinerlei allgemeinen Anforderungen entsprechen, sich in keinerlei Kreislauf einbeziehen lassen und die so manches Mal (wenigstens zunächst) als bedrohlich, als parasitär oder schädlich für den National- oder Gesellschaftskörper erscheinen können.

Alles, was geeignet ist, der Öffentlichkeit dieses Problem der Bewahrung hoher Kultur – ein nicht nur reales, sondern aktuelles und nicht nur aktuelles, sondern dringliches Problem – deutlich werden zu lassen, muß nach unserem Dafürhalten aufgeboten werden.

Jemand schrieb unlängst, es bedürfe »einer Politik des Geistes, wie es einer Politik des Goldes, des Getreides oder des Erdöls bedarf«, und die Nation, die als erste eine solche Politik entwerfe und die ganze ihr zukommende Aufmerksamkeit, Sorgfalt und Großzügigkeit auf sie verwende, werde sich einzigartiges Ansehen und Einfluß in der Welt verschaffen.[8]

Solche Erwägungen haben den Gedanken nahegelegt, das Studienkolleg als ein Zentrum des Austauschs und einen Ort der Begegnung zwischen höchst angesehenen Persönlichkeiten auf dem intellektuellen Gebiet zu nutzen. In gewissen Abständen sollten in Nizza Treffen für die repräsentativsten Elemente der Kultur anberaumt werden. Zum einen hätten diese Treffen lediglich das Ziel, persönliche Beziehungen zwischen herausragenden Vertretern der Wissenschaften, der Künste oder der Literatur unserer Zeit zu stiften bzw. zu verstärken; zum anderen könnte aber auch in einem präziseren Programm ein die Geisteswelt besonders beschäftigendes Problem zur Diskussion gestellt werden, und die Zusammenkünfte wären dann den hierfür qualifizierten Personen vorbehalten.

Doch sollte aus verschiedenen Gründen alle äußere Aufmachung eines Kongresses vermieden werden und die Zahl der von der Stadt und dem Zentrum Geladenen eng begrenzt bleiben.

Es erschiene wünschenswert, daß einige dieser Gäste von Rang sich zu einem Vortrag bereit fänden, der unserer gesamten Besucherschaft zugute käme; und daß die Veröffentlichung dieses Textes wie auch der Debatten oder Entschließungen, die auf den Treffen zustande kommen, die Serie von Publikationen, von denen weiter oben die Rede war, bereicherte.[9]

Sämtliche Qualitäten Nizzas: Klima, Lage, Bevölkerung, Organisation im öffentlichen und privaten Bereich, die stete Offenheit für Besucher von außerhalb, lassen die Stadt für ein solches Experiment von universeller Tragweite besonders geeignet erscheinen.

Wir sagten, daß die bloße Ankündigung der Einrichtung des »Centre de Nice« im Ausland, in einigen Ländern ganz besonders, bereits großes Aufsehen und Interesse erregt hat. Die Presse hat stellenweise ausführlicher darüber berichtet, als es in Frankreich der Fall war. Wir selbst konnten uns in Spanien und in Italien persönlich davon überzeugen, in welchem Ausmaß das Unternehmen von Nizza die Aufmerksamkeit in intellektuellen und selbst in politischen Kreisen erweckt hat, und wir haben Grund zu der Annahme, daß es sich gut anlassen würde, wenn wir zwischen unserem Zentrum und diversen Universitäten oder Organisationen des Auslands Beziehungen im intellektuellen Bereich und einen Meinungsaustausch über die mediterrane Zivilisation und ihre Auswirkungen auch in der ferneren Zukunft ins Leben riefen.

Barcelona, Genua und Mailand insbesondere wären schon heute bereit, in Verbindung mit uns zu treten. Wir wissen, daß sich auch Portugal und Lateinamerika für unser Projekt interessieren. Schließlich haben auch von deutscher Seite Schritte stattgefunden, die die Absicht, sich am Leben des »Centre de Nice« zu beteiligen, kundtun.

Man könnte aus diesen Feststellungen den Schluß ziehen, unsere Einrichtung sei allein schon durch diesen Empfang gerechtfertigt, sie entspreche einer Erwartung, einem latenten Bedürfnis, da sie, kaum angekündigt, bereits so viel Zuwendung erfährt.

Doch wäre es sehr viel weiser, daraus nur eine Aufforderung zu entnehmen, und zwar zu sorgfältiger Vorbereitung. Mehr als alles andere müssen wir besorgt sein, nicht zu enttäuschen und vom französischen Denken und Organisationstalent einen mittelmäßigen Eindruck zu geben. Diese Sorge hat über der Konzeption des Programms, wie wir es im vorstehenden umrissen haben, gewaltet.

[1933]

BETRACHTUNGEN ÜBER DIE DIKTATUR

Jede Politik, noch die grobschlächtigste, beinhaltet eine Vorstellung vom Menschen und eine Vorstellung von der Gesellschaft. Eine Gesellschaft – ihre Dauer, ihre Kohäsion, ihre Abwehrmechanismen gegen äußere oder innere Ursachen, die sie zu zersetzen suchen – läßt sich nur denken mit Hilfe von Figuren, die wir der Kenntnis materieller Systeme oder Lebewesen und ihrer Funktionsweise entlehnt haben. Wir benutzen mehr oder weniger bewußt den mehr oder weniger theoretisch fundierten Begriff, den wir von Maschinen oder von Organismen haben, die jeweils komplexe Verbindungen sind, denen wir einen Zweck vorgeben oder unterstellen. Man sprach vom Wagen oder vom Gefäß des Staates; man spricht von Hebeln, Kräften, Räderwerk; oder auch von Aktion, Koordination, Gefahren, Heilmitteln, von Wachstum und Verfall im Zusammenhang mit bestimmten Verbindungen und bestimmten Ereignissen, die von einer riesigen Menge von Menschen abhängen.

Bilder sind, was sie sind (aber wie ohne solche Hilfsmittel denken?). Die einen wie die anderen führen Vorstellungen von Ordnung und Unordnung, von gutem und schlechtem Funktionieren ein und ermöglichen uns folglich, bald die Struktur des vorausgesetzten Mechanismus, bald die sie augenscheinlich überwachende oder lenkende Person (beziehungsweise Personen) zu beurteilen und zu kritisieren. (Hier können sich große Illusionen hinsichtlich der Tragweite und der Wirklichkeit der politischen Macht einschleichen – über die Macht der Staatsgewalt, die um so größer und sicherer zu sein scheint, je weiter man von ihr entfernt ist.)

Nun kann es manchmal und überall vorkommen, daß die gegebenen Umstände um die Existenz der betreffenden Maschine oder des betreffenden Organismus fürchten lassen.

Konstruktionsfehler, fehlerhafter Umgang, Ereignisse, denen zu widerstehen sie nicht gemacht waren, stören ihre Ordnung und gefährden die Güter oder das Leben der Menschen, die ihre Elemente ausmachen. Sie stellen fest, daß nichts mehr geht und nichts mehr geschieht; daß die Gefahr wächst, daß der Eindruck von Ohnmacht, von kurz bevorstehendem Verfall sich immer stärker einstellt: jeder fühlt sich schließlich auf einem sinkenden Schiff …

Unter diesen Umständen bildet sich unweigerlich in den Köpfen die Vorstellung des Gegenteils von dem aus, was ist – die komplementäre Vorstellung von Auseinanderlaufen, von Verworrenheit, Unentschiedenheit … Dieses Gegenteil ist notwendig ein Jemand. Dieser Jemand keimt in allen.

Wie Hunger die Vision opulenter Mahle hervorruft und Durst die köstlicher Getränke, so erzeugt in der ängstlichen Erwartung einer Krise die geahnte Gefahr das Bedürfnis nach sichtbarem und nachvollziehbarem Handeln der Staatsmacht und erzeugt bei den meisten das Bild von machtvollem, raschem, entschiedenem Handeln, das frei ist von allen konventionellen Fesseln und passiven Widerständen. Dieses Handeln kann nur das eines einzelnen sein. Nur im Kopf eines einzelnen kann sich die klare Vorstellung von Zweck und Mitteln entwickeln, können sich die Umwandlung der Begriffe in Entscheidungen und die umfassendste Koordination vollziehen. Es liegen eine Art Gleichzeitigkeit und Wechselseitigkeit der Faktoren des Urteilens und eine Entschiedenheit in den Entschlüssen vor, die es dort, wo viele entscheiden, so nicht gibt. Wenn die Diktatur also einmal etabliert ist, wenn der Einzige die Macht übernommen hat, tragen alle behandelten öffentlichen Angelegenheiten den Stempel des konzentrierten und überlegten Willens, sind alle Handlungen der Regierung geprägt vom *Stil* einer bestimmten Person, während der Staat, ohne Gesicht und Akzent, sich lediglich als eine nichtmenschliche Entität, als abstrakte Emanation statistischen oder traditionellen Ursprungs manifestiert, die mit Routine oder aber endloser Improvisation verfährt.

In Wahrheit muß es ein außergewöhnlicher Genuß sein (wie für den Zuschauer ein Schauspiel, das ihn ungeheuer packt), Macht und Denken zu verbinden, durch ein Volk ausführen zu lassen, was man sich abseits ausgedacht hat; zuweilen ganz allein und für eine lange Zeit den Charakter einer Nation zu verändern – wie es einst der tiefgründigste Dikatator tat: CROMWELL, Monster und Wunder in den Augen Pascals und Bossuets, der die kraftvolle Seele Englands verwandelte.

Der Diktator bleibt schließlich allein im Vollbesitz des Handelns. Er nimmt alle Werte in seinem eigenen Wert auf, reduziert alle Ansichten auf die seinen. Die anderen Individuen macht er zu Instrumenten seines Denkens, das seiner Absicht nach für das richtigste und treffendste gehalten wird, da es sich doch im Augenblick der Unordnung und der öffentlichen Verwirrung als das kühnste und erfolgreichste erwiesen hat. Er hat das ohnmächtige oder in Auflösung begriffene Regime umgestürzt, die unfähigen oder unwürdigen Personen davongejagt; mit ihnen die Gesetze oder Gebräuche, die die Inkohärenz schufen, die Langsamkeiten, die unnützen Probleme, die die Ressourcen des Staates schwächten. Unter den Dingen, die beseitigt wurden: die Freiheit. Viele geben sich recht leicht mit diesem Verlust zufrieden. Eingestandenermaßen ist die Freiheit die schwerste Prüfung, die man einem Volk auferlegen kann. Zu wissen, was frei sein bedeutet, ist nicht allen Menschen und allen Nationen gleichermaßen gegeben, und es wäre durchaus denkbar, sie nach diesem Wissen einzuordnen. Mehr noch: Die Freiheit in unserer Zeit ist für die meisten Individuen nur Schein (und kann es auch nur sein). Nie zuvor hat der seinem Wesen und seinen Verlautbarungen nach liberalste Staat das Leben eines jeden enger erfaßt, stärker definiert, eingeschränkt, erforscht, gestaltet, registriert. Mehr noch: Nie zuvor hat die allgemeine Daseinsordnung so stark auf den Menschen gelastet, indem sie sie durch Zeitpläne, durch die Macht physischer Mittel, die man auf ihre Sinne einwirken läßt, durch die geforderte Eile, durch die erzwungene Nachahmung, durch den Mißbrauch der »Serie« usw. auf den Status von Produkten einer bestimmten Organisation reduziert, die bestrebt ist, sie bis in ihre Geschmacksvorlieben und Freizeitvergnügen hinein so ähnlich wie möglich zu machen. Wir sind die Sklaven eines Funktionsablaufs, dessen Fesseln beständig wachsen, dank der Mittel, die wir uns erschaffen, um immer weitgehender auf die alltäglichen Bereiche des Lebens einzuwirken. Der Geschwindigkeitsfanatiker engt den Geschwindigkeitsfanatiker ein; ähnlich ist es mit den Liebhabern von Funkwellen, von Stränden und Bergen. Nimmt man zu diesen aus der Überschneidung unserer Vergnügungen erwachsenden Zwängen jene hinzu, die die modernen Arbeitsdisziplinen der überwiegenden Mehrzahl auferlegen, wird man feststellen, daß die Diktatur lediglich das Druck- und Verbindungssystem vollendet, dessen mehr oder minder bewußte Opfer die heutigen Menschen in den politisch freiesten Ländern sind.

Wie dem auch sei, die einmal etablierte Diktatur schlägt sich wesentlich in einer einfachen organisatorischen Aufteilung eines Volkes nieder: Auf der einen Seite übernimmt ein Mann alle höheren Funktionen des Geistes. Er nimmt sich des »Glücks«, der »Ordnung«, der »Zukunft«, der »Stärke«, des »Ansehens« des nationalen Körpers an; alles Dinge, die im Hinblick auf die Einheit, Autorität, Kontinuität der Macht gewiß notwendig sind. Er behält sich vor, in alle Sachbereiche direkt einzugreifen und in jeder Angelegenheit souverän zu entscheiden. Andererseits werden die übrigen Individuen auf den Status von Instrumenten oder von Stoff für dieses Handeln reduziert, unabhängig von ihrem Wert und ihrer persönlichen Kompetenz. Diesem nach verschiedenen Zweckmäßigkeitserwägungen unterteilten Menschenmaterial obliegt der Komplex der »Automatismen«.

Eine derartige Unterteilung ist um so labiler, je mehr das Volk, auf das sie angewendet wird, über Köpfe verfügt, die ihrerseits diktatorisch sind (das heißt: die verstehen wollen und fähig sind zu handeln). Der Erhalt der Diktatur erfordert ständige Anstrengungen, da die Diktatur – gleichsam die rascheste und energischste Antwort auf eine von allen verspürte kritische Situation – durch den Erfolg ihrer Mission, die sie sich gegeben hat, Gefahr läuft, ihren Zweck zu verlieren und aufgelöst zu werden. Einige Diktatoren haben es verstanden, im richtigen Zeitpunkt abzutreten. Andere haben versucht, den Druck, der von ihrer Macht ausgeht, zu lockern und stufenweise zu einem gemäßigteren Regime überzugehen. Dies ist eine der heikelsten Unternehmungen. Noch andere suchen sich mit allen Mitteln zu behaupten. Sie finden dann neben direkten Zwangsmaßnahmen und ständiger Überwachung wertvolle Hilfsmittel in der Abrichtung der Jugend und im Glanz, den sie fühlbaren Erfolgen und Vorteilen des Systems zu verleihen vermögen. Auf diese Aufgabe wenden sie all den Geist und die Tatkraft an, mit denen sie sich durchgesetzt haben. Doch diese Politik kann unzulänglich sein oder Resultate lediglich in einer zu fernen Zukunft verheißen. Dann kann es vorkommen, daß eine künstliche Rückkehr zu den Anfangsbedingungen erwogen wird und man die Angst und die gleichen Gefahren heraufbeschwört, derentwegen die Diktatur eingerichtet wurde. Bilder des Krieges können dann verführerisch wirken.

Wir haben in wenigen Jahren, glaube ich, sieben Monarchien verschwinden und eine nahezu gleiche Anzahl von Diktaturen sich etablieren sehen; und bei mehreren Nationen, deren Regierungsform unverändert blieb, haben wir gesehen, wie diese sowohl durch Ereignisse als auch durch Überlegungen und Vergleiche, die in den Köpfen durch Veränderungen bei den Nachbarn ausgelöst wurden, in große Bedrängnis gerieten. Es ist bemerkenswert, daß die Diktatur heute so anstekkend ist, wie es einst die Freiheit war.

Die moderne Welt, die bislang nicht verstanden hat, ihre Seele, ihr Gedächtnis oder ihre gesellschaftlichen Gewohnheiten und politisch-rechtlichen Konventionen dem neuen Körper und den Organen, die er sich in jüngster Zeit herausgebildet hat, anzupassen, gerät in Desorientierung angesichts der Gegensätze und Widersprüche, die alle Augenblicke zwischen den Begriffen und geschichtlich gewachsenen Idealen, ihrer geistigen Errungenschaft und Fähigkeit zu Gefühlsregungen, auf der einen und den Bedürfnissen, Verknüpfungen, Bedingungen und raschen Veränderungen sachlich-technischen Ursprungs auf der anderen Seite auftreten, von denen sie auf allen Ebenen überrascht wird und die ihre überkommene Erfahrung versagen lassen.

Sie ist auf der Suche nach einer Ökonomie, einer Politik, einer Moral, einer Ästhetik und vielleicht sogar ... einer Logik? Es nimmt nicht wunder, daß unter den tastenden Versuchen, die erst beginnen und deren Erfolg und Ende noch nicht abzusehen ist, die Idee der Diktatur, das berühmte Bild des »klugen Tyrannen«, sich angeboten und hier und da sogar aufgedrängt hat.

[1934]

DIE IDEE DER DIKTATUR

Ich weiß fast nichts von praktischer Politik, in der, wie ich vermute, alles zu finden ist, das ich fliehe. Nichts dürfte so unrein sein, das heißt aus einem derartigen Gemisch von Dingen bestehen, deren Durcheinander ich nicht ausstehen kann, wie Bestialität und Metaphysik, Stärke und Recht, Glaube und Interessen, Nüchternes und Theatralisches, Instinkte und Ideen ...

Aber das hieße wohl, der menschlichen Natur den Prozeß zu machen ... Ich besitze mithin nicht die mindeste Eigenschaft, die mich qualifizieren würde, ein Werk wie dieses einzuführen, in dem ein Staatsmann, der im Besitz der Macht ist, in Form von Interviews seine Gedanken und Pläne darlegt und seine Handlungen erklärt.

Hat Antonio Ferro, der mich bat, hier einige Zeilen als Vorwort zu schreiben, vielleicht den Kontrast gesucht, und wollte er den durch die Erfahrung ermächtigten und inspirierten Betrachtungen einige spekulative Ausblicke an die Seite stellen – sowie den naiven Ausdruck des Effekts, den das Schauspiel einer persönlichen Regierung modernen Typs auf einen schlichten Privatmann hat?

Ich muß sagen, daß die hier von Herrn Salazar vorgelegten oder ihm zugeschriebenen Vorstellungen mir vollkommen vernünftig erscheinen. Sie zeugen von gründlichem Nachdenken, vollzogen von einem Geist, der sich der Größe der Aufgabe, die er sich gesetzt hat, bewußt ist. Es ist dieses Gefühl der Größe, die denjenigen, der eine noble Politik verfolgt, von jenem unterscheidet, der in einer großen Rolle sich dazu herabläßt, hauptsächlich nur an sich zu denken.

Freilich könnte meine Meinung über das Wirken Herrn Salazars ohne Impertinenz nur die eines Unwissenden sein, da ich bislang noch nicht in Portugal war[1]; und hätte ich bereits dieses Land besucht, hätte ich Skrupel, über seine Innenpolitik zu urteilen – ich, der ich schon angesichts der Probleme der französischen Politik in Bedrängnis gerate und häufig schockiert bin, was Ausländer darüber schreiben.

Ich werde mich also auf den Versuch beschränken, vor dem Leser die Entstehung einer DIKTATUR begreiflich zu machen.

Jedes gesellschaftliche System ist mehr oder minder widernatürlich, und die Natur arbeitet fortwährend daran, sich ihre Rechte zurückzuholen. Jedes Lebewesen, jedes Individuum, jede Lebensregung ist bemüht, den machtvollen Apparat von Abstraktionen, das Netz von Gesetzen und Riten, das Gebäude aus Konventionen und Übereinkünften, das eine organisierte Gesellschaft definiert, zu zerstören oder aufzulösen. Die Personen, Interessengruppen, Sekten, Parteien untergraben, zersetzen je nach Bedürfnis und Mittel die Ordnung und die Substanz des Staates.

Solange die Mißbräuche, Fehler, Mängel, die es unter allen Regierungsformen – zwangsläufig – gibt, die eigentliche Grundlage des Lebens dieser Einheit (nämlich das Vertrauen in sein Ansehen und den Glauben an die Überlegenheit seiner Kräfte) nicht in Mitleidenschaft ziehen, zeigt sich die öffentliche Meinung über unangenehme Zwischenfälle nicht sonderlich beunruhigt; zeugen diese doch, sofern sie rasch wieder bereinigt werden, eher von der Festigkeit der Institutionen, als daß sie sie in ihren Grundfesten erschüttern. Doch kann der Moment kommen, wo die Schwelle des Allgemeinbewußtseins erreicht wird und es den meisten nicht mehr gelingt, an ihre privaten Dinge zu denken, ohne dabei auf Schwierigkeiten zu stoßen, die den Unzulänglichkeiten des Staates angelastet werden. Wenn also die allgemeinen Verhältnisse so beunruhigend werden, daß sie das Privatleben empfindlich in Mitleidenschaft ziehen, und die öffentlichen Angelegenheiten zum Spielball der Ereignisse geworden zu sein scheinen; wenn das Vertrauen in die Menschen und die Institutionen geschwunden ist und der Verwaltungsapparat, die Amtsgeschäfte, das Gesetzesgeschehen der Laune, Begünstigung oder Routine ausgeliefert scheinen; wenn die Parteien um die Nutznießung und die niederen Vorteile der Macht ringen statt um die Mittel, die sie bietet, eine Nation an einer Idee auszurichten – dann werden derartige Eindrücke der Unordnung und Desorientierung bei denen, die ihnen ausgesetzt sind und die selbst von einer solchen Auflösung nicht profitieren, zwangsläufig die Vorstellung eines ganz entgegengesetzten Zustandes auslösen – und bald auch eine Vorstellung dessen, was getan werden muß, um ihn herbeizuführen.

Das Regime ruht dann nur noch auf drei Punkten: der Stärke der Einzelinteressen, die mit ihm verwachsen sind; der Unsicherheit und Furcht vor dem Unbekannten; schließlich dem Fehlen einer einheitlichen und hinreichend klaren Idee, was danach kommen soll, oder des Menschen, der diese Idee repräsentieren könnte.

Die Vorstellung einer DIKTATUR ist die unvermeidliche (und gleichsam instinktive) Antwort des Geistes, wenn er in der Führung der öffentlichen Angelegenheiten keine Autorität, Kontinuität, Einheit mehr erkennt, das heißt die Zeichen des reflektierten Willens und der Herrschaft des organisierten Wissens.

Diese Reaktion ist eine unbestreitbare Tatsache. Das heißt nicht, daß sie nicht auch große Illusionen über das Ausmaß und die Tiefe des Handlungsvermögens der politischen Macht enthielte; wo reflektierter Wille und verworrene öffentliche Lage zusammentreffen, ist sie aber die einzig mögliche. Alle Welt denkt dann bewußt oder unbewußt an DIKTATUR, jeder hält sich im stillen für einen werdenden Diktator. Dies ist ein primärer und spontaner Effekt, eine Art Reflex, die das Gegenteil des bestehenden Zustandes als ein unbestreitbares, einzigartiges und scharf umrissenes Bedürfnis erscheinen läßt. Es geht um die öffentliche Ordnung und das Gemeinwohl; diese Ziele gilt es auf dem schnellsten und kürzesten Weg und um jeden Preis zu erreichen. ALLEIN ein ICH kann sich das zur Aufgabe machen.

Die gleiche Idee – wenn auch nicht mit der gleichen Eindringlichkeit – schwebt zumindest all denen vor, die die Gesellschaft nach einem theoretischen Plan reformieren oder neu gestalten wollen, dessen Durchführung tiefgreifende und gleichzeitige Veränderungen der Gesetze, Sitten und selbst Wandlungen in den Herzen der Menschen erforderte.

In beiden Fällen wird der Gesellschaft ein klar bestimmter Zweck zugewiesen; wird mit mehr oder weniger Berechtigung, aber unvermeidlich die Gleichstellung einer Gesamtheit von lebendigen Wesen mit einer Anlage oder einem Mechanismus vorgenommen, der definierbaren Bedingungen genügen und bei jeder Gelegenheit die Ordnung und willentliche Abfolge eines Denkens erkennen lassen muß.

Kurzum, sobald der Geist sich – ohne seine Wesenszüge, sein überlegtes Vorgehen, seinen Abscheu vor Chaos und Verschwendung von Kräften – in den Schwankungen und Schwächen eines politischen Systems nicht mehr wiedererkennt, ersinnt er zwangsläufig und ersehnt instinktiv das unverzügliche Eingreifen der Autorität eines einzelnen, denn nur im Kopf eines einzelnen ist die klare Übereinstimmung von Wahrnehmungen, Begriffen, Reaktionen und Entscheidungen denkbar, nur im Kopf eines einzelnen kann sie sich organisieren und die Dinge intelligiblen Bedingungen und Maßregeln zu unterwerfen suchen.

Jedes Regime, jede Regierung ist diesem Urteil des Geistes ausgesetzt: Die Idee der Diktatur nimmt Gestalt an, sobald das Tun oder die Tatenlosigkeit der Macht dem Geist unbegreifbar und mit dem Gebrauch seiner Verstandeskräfte unverträglich erscheint.

Ist die Diktatur im übrigen einmal etabliert und die Macht des Denkens in der Person des Diktators auf der Höhe seiner politischen Macht, dann ist der nun doppelt souverän gewordene Geist bestrebt, das Gesellschaftssystem, dessen Umgestaltung ihm anheimgegeben ist, auf den höchsten Punkt seiner Intelligibilität zu treiben.

Bonaparte, Erster Konsul, betritt den Saal, in dem sein Staatsrat seit geraumer Zeit höchst verworren über die Organisation der französischen Verwaltung debattiert. Er legt seinen Säbel ab, setzt sich an eine Ecke des Tisches. Er hört einen Augenblick zu. Dann, mit einem Blick auf einen Schlag Schweigen schaffend und wie von einer Art Eingebung beschwingt, improvisiert er (oder gibt sich wenigstens den Anschein) einen ganzen Plan, von dem seine Zuhörer, mehr gewohnt zu kritteln, als schöpferisch zu denken, halb begeistert und halb schockiert sind. Der gebieterische Zauberer entwikkelt ihnen eine einfache und ungewöhnliche Idee, die ihm selbst erst in dem Maße offenbar zu werden scheint, wie er sie aus ihrer Spannung löst und sie mit seinem sonderbaren und nervösen Sprechen verdichtet. Er setzt ihnen auseinander, daß er für die zu schaffenden organischen Institutionen die Struktur und die Funktionen zum Vorbild zu nehmen gedenkt, die er in seinem eigenen Denk- und Entscheidungsvermögen beobachtet – daß er die Verwaltung so einzurichten gedenkt, daß der Staat voneinander deutlich getrennt die Werkzeuge oder Organe der Wahrnehmung, Verarbeitung und Ausführung besitzt, wie sie der Erhaltung eines Lebewesens dienen, dessen klarem und sachbezogenem Geist ständig beschäftigte Sinne und Muskeln zuarbeiten.

Jede Politik indes behandelt die Menschen tendenziell als Dinge – denn immer kommt es darauf an, nach Maßgabe von Ideen über sie zu verfügen, die abstrakt genug sein müssen, um auf der einen Seite in Aktionen umgesetzt werden zu können – wozu eine extreme Vereinfachung der Formeln erforderlich ist – und sich andererseits auf eine unbegrenzte Vielfalt unbekannter Individuen anwenden zu lassen. Der Staatsmann stellt sich diese Einheiten, da er frei über sie verfügen will, wie arithmetische Elemente vor. Selbst die aufrichtige Absicht, den Individuen ein Höchstmaß an Freiheit zu belassen und jedem einzelnen einen Anteil an der Macht zuzuerkennen, führt dahin, ihnen diese Vorteile gewissermaßen aufzuzwingen, die sie manchmal gar nicht wollen und unter denen sie manchmal indirekt leiden. Es hat Völker gegeben, die sich beklagten, befreit worden zu sein.

Jedenfalls kann der Geist, wenn er sich mit »Menschen« beschäftigt, gar nicht anders, als sie auf die Beschaffenheit von Wesen zu reduzieren, die in seine Kombinationen eingehen können. Er läßt ihnen nur die notwendigen und hinreichenden Eigenschaften, die es ihm ermöglichen, ein bestimmtes »Ideal« (von Ordnung, Gerechtigkeit, Macht oder Wohlstand) zu verfolgen und aus einer menschlichen Gesellschaft eine Art Werk zu machen, in der er sich wiedererkennt. Im Diktator steckt ein Künstler und in seinen Anschauungen Ästhetik. In diesem Sinne muß er sein Menschenmaterial gestalten und bearbeiten und für seine Pläne verfügbar machen. Die Ideen der anderen müssen gesiebt, bearbeitet, vereinheitlicht werden; er muß ihre »Spontaneität« listvoll für sich gewinnen und mit einfachen und starken Formeln versorgen, die auf alles eine Antwort haben und jedem ihrer inneren Einwände zuvorkommen; ihre Gefühle müssen wieder erfaßt, einer Zucht unterworfen und bis in ihre Manieren hinein verändert werden usw. (Allerdings darf ihnen gleichzeitig nicht das Teil eigener Initiative genommen oder zerstört werden, das notwendig ist, damit das Werk, das der Geist verfolgt, nicht unter einem Übermaß an Unterwürfigkeit und Trägheit seiner ausführenden Organe leidet.)

Auf diese Weise erreicht der (politische) Geist, der immer und überall zum Menschen im Gegensatz steht, dem er Freiheit, innere Mannigfaltigkeit und Wandelbarkeit abspricht, unter einem diktatorischen Regime den Höhepunkt seiner Entwicklung.

Unter diesem Regime – das, wie bereits gesagt, nichts anderes darstellt als die vollständigste Verwirklichung einer in jedem politischen Denken angelegten Intention – ist der Geist im höchsten Maß vom Drang beherrscht, sich mit der ganzen Kraft seines Willens und seinem Ehrgeiz, gute Arbeit zu leisten, seinem Werk zu widmen und so machtvoll wie möglich die Tat des EINEN gegen ALLE, durch ALLE und, im Idealfall, für ALLE zu vollziehen, die seiner Veranlagung entspricht und ihm angesichts der chaotischen menschlichen Zustände abverlangt wird. Er setzt sich folglich als höheres Bewußtsein und führt in die Ausübung der Macht die Kategorien des Gegensatzes und der Unterordnung ein, wie sie sich bei jedem Individuum im Verhältnis des reflektierten, zielgerichteten und beharrlichen Willens zu der Gesamtheit der vielfältigen »Automatismen« finden. Der Geist wird die Köpfe also durch Dressur und Gefügigmachen der niederen Kräfte behandeln, die sie durchdringen und ihren Widerstand brechen: Angst,

Hunger, Mythen, rhetorisches Geschick, Rhythmen und Bilder – und zuweilen der Denkapparat. Alle diese auf Ausbeutung der Sensibilität gegründeten Mittel werden von ihm ergriffen und seinen Diensten unterstellt.

In den modernen Formen der Diktatur unterliegen die Jugend und selbst die Kindheit ganz besonderer Aufmerksamkeit und Erziehungsarbeit.

Unter derartigen Umständen herrscht Ordnung; und der Masse der Bevölkerung sind bestimmte sehr fühlbare Güter gesichert – real die einen, imaginär die anderen.

Die Handlungen der Staatsgewalt erscheinen als zielgerichtet und vernünftig, wenn auch manchmal von rigoroser Entschiedenheit.

Die kollektiven Erhaltungs- und Wachstumsinstinkte, die diffus in einem Volk vorhanden sind, fügen sich im Kopf dieses einzelnen, in dem sich die Verachtung für die sichtbare und gelenkte Masse auf seltsame Weise mit dem Kult für die geschichtliche Erscheinungsform der Nation, deren augenblickliche Materie diese Masse ist, verbinden kann, zu einer Einheit, werden konkretisiert und nehmen die Gestalt von Ideen und Plänen an.

Wie man sieht, braucht man sich nur das Leben der Menschen in seiner Gesamtheit vorzustellen und es unter dem Gesichtspunkt seiner notwendigen Gestaltung nach einem intelligiblen Modell zu betrachten, damit sich die Idee der Diktatur einstellt. Sie entsteht, sobald die öffentliche Meinung betroffen wahrnimmt, daß sie das Handeln oder fehlende Handeln der Staatsmacht nicht versteht. Ein Diktator kann daher ein Mensch sein (und ist es häufig auch), der aus innerem Antrieb gezwungen ist, zur Macht zu greifen – so wie den Zuschauer bei einem allzu schlechten Spiel der Zorn packen mag und er den unfähigen Spieler am liebsten wegstoßen und dessen Platz einnehmen würde. Er etabliert sich und setzt die denkerische Konzentration aller diktatorischen Elemente oder Ansätze fort, die in einer Vielzahl von Köpfen latent vorhanden oder im Entstehen begriffen waren. Er eliminiert oder isoliert all jene, die ihm nicht ihr eigenes diktatorisches Element überlassen. Er bleibt als alleiniger freier Wille übrig, als alleiniges integrales Denken, er allein bleibt im Vollbesitz des Handelns und Nutznießer aller Eigenschaften und Vorrechte des Geistes – gegenüber einer ungeheuren Zahl von Einzelmenschen, die – ungeachtet ihres persönlichen Werts – auf die Existenzweise eines Mittels oder Stoffs reduziert werden: denn es gibt keine andere Bezeichnung für das, was der Verstand sich zum Gegenstand nehmen kann.

[1934]

FUNKTION UND GEHEIMNIS DER ACADÉMIE FRANÇAISE

Es mag mir wohl vergönnt sein, für kurze Zeit meinen Gedanken über unsere *Académie* nachzugehen.

Wir sind dreihundert Jahre alt: das richtige Alter für eine kurze Selbstbesinnung. Unsere Vergangenheit überdenken, unsere Gegenwart erfassen, über unsere Zukunft nachsinnen: was wir sein könnten oder eigentlich sein sollten. So gut wie ein einzelner kann auch eine gelehrte Gesellschaft ihr Leben betrachten, ihre Erinnerungen befragen, ihr Gewissen erforschen und versuchen, sich entschiedener ihr Wesen, ihren Wert, ihre Vorzüge, vielleicht auch ihre Schwächen zu vergegenwärtigen, schließlich sich vorstellen, worauf sie achtgeben muß, und ihren Willen zum Leben erkennen ...

Doch wenn sich die Gedanken gerade auf unsere erlauchte Gesellschaft richten und sich darauf einstellen wollen, empfindet man sofort so etwas wie ein Geheimnis.

Es gibt viele Akademien auf der Welt. Alte und junge, kaum bekannte oder berühmte, staatliche oder unabhängig-freie – sie sind überall und in jeder Form vertreten. Sie haben alles, was sie brauchen – Archive, Amtsräume, Organisationsleiter, meistens auf Lebenszeit, Preise und Ehrungen zur Auszeichnung –, um eine geschlossene Körperschaft zu sein, die ihre Mitglieder selbst ergänzt und in der man sich im Sinne ihrer Bestimmung zu Kolloquien und Reden versammelt. In unserer unmittelbaren Nähe sind vier andere große gelehrte Gesellschaften untergebracht.[1] Mit der gleichen Uniform und dem gleichen Waffenschmuck wie wir bilden ihre Mitglieder mit uns zusammen unter einem Dach die Körperschaft des *Institut*.

Doch unabhängig von ihrer räumlichen Nähe zu uns hat jede dieser Akademien ihre genau festgelegte Bestimmung, und sie macht es sich zur Aufgabe, auf einem Gebiet des menschlichen Wissens die Erweiterung gewisser Erkenntnisse zu betreiben oder die Entwicklung einer bestimmten geistigen Leistung zu fördern.

Satzungsgemäß hat die *Académie française* zwar die Verpflichtung, laufend den Stand der französischen Sprache zu verfolgen und festzuhalten, und sie rechnet es mit zu ihrer Aufgabe, die literarischen Werke, die ihr zur Prüfung vorgelegt werden, und die verdienstvollen Leistungen, auf die man sie hinweist, zu beurteilen und auszuzeichnen; doch nach weltweiter Auffassung ist sie als einzige eben nicht bloß eine Gesellschaft, die ein Wörterbuch[2] zusammenstellt und alljährlich die von ihr ausgezeichneten Verdienste ehrt.

Wir sind das, was wir zu sein glauben und wofür man uns hält, und doch können nicht einmal wir es genau formulieren. Die Einzigartigkeit der *Académie* besteht in ihrer Undefinierbarkeit. Wäre es anders, so wäre ihr Ruhm bestimmt nicht der gleiche. Denn alles, wovon man sich eine klare Vorstellung machen kann, verliert an Geltung und geistiger Ausstrahlungskraft.

Es bedürfte ja nur eines kleinen Kreises von Philologen oder Lexikographen, um gemeinsam mit einigen Schriftstellern das Verzeichnis der zu einer bestimmten Zeit gebräuchlichen Wörter fortgesetzt auf dem neuesten Stand zu halten.

Es bedürfte ja nur eines Komitees von Kritikern und Philanthropen, um alle Preise, die wir zu vergeben haben, so gerecht wie möglich zu verteilen.

Diese Aufgaben, die wir da erfüllen, machen nicht im entferntesten die wirkliche Bedeutung aus, die für jeden auch ohne inneres Engagement für uns mit den beiden Wörtern *Académie française* verbunden ist. Sie lassen einen Eindruck entstehen, der sich nicht präzis in Worte fassen läßt. Und dieses negative Charakteristikum wird um so deutlicher erkennbar, je mehr das Bedürfnis nach einer fortschreitenden Organisation der Welt und der Menschheit zunimmt, alles Menschliche immer mehr in prägnante Formulierungen gefaßt wird und die Tendenz in wachsendem Maß dahin geht, alle Bereiche des Lebens wie Teile eines maschinellen Ganzen auf Präzision abzustellen. Wir leben in einer Zeit eines übertriebenen und sonderbaren Rigorismus. So sind heute beispielsweise Juristen und Soziologen bemüht, eine zutreffende »Definition« für den »Intellektuellen« herauszufinden oder zu prägen, um gesetzlich und verwaltungsmäßig die Stellung jener Unglücksmenschen festzulegen, die heute noch denken!

Zum Wesen der *Académie* gehört also eindeutig etwas Geheimnisvolles; und eine solche Weise der Transzendenz ist klar erkennbar und praktisch unter Beweis gestellt, wenn man an unsere große Entscheidungsfreiheit denkt. Wir können nicht nur zwischen den Kandidaten wählen, sondern sind auch nicht daran gebunden, unsere neuen Mitglieder aus einer Gruppe auszusuchen, die durch irgendwelche Forschungen oder Berufe festgelegt ist. Wir sind an kein Spezialgebiet gebunden. Nirgendwo sonst ist die Macht des Unwägbaren so groß wie bei unseren Wahlen.[3] Die Gründe, die uns bewegen, wenn wir diesem und nicht jenem den Vorzug geben, sind sehr oft den Außenstehenden und manchmal sogar uns selbst nicht klar. Wenn uns aber vorgeworfen wird, unsere Wege seien undurchschaubar, so genießen wir einen solchen Vorwurf fast wie ein Kompliment.

Das Interessante und Reizvolle an der *Académie* liegt unter anderem darin, daß sie weder ein reines Gremium von Literaten ist noch sich etwa, wie bereits erwähnt, auf eine einzige Fachrichtung beschränkt. Wenn Gleiches zu Gleichem kommt, wird es nicht besser, sondern eher schlechter. Menschen mit dem gleichen Beruf versteifen sich in ihren Methoden und in ihrer Eigenart gegenüber ihren Kollegen; so ist es ganz natürlich, daß ihnen die Position, die sie als Konkurrenten in ihren Arbeiten vertreten, eine Verständigung versagt. Daher verzichten sie beizeiten von selbst darauf, miteinander über Dinge zu reden, die nur zur Verschärfung ihrer Gegensätze führen könnten.

Aber der Umgang zwischen Menschen, die grundverschieden sind – des Philosophen mit dem Soldaten, des Dichters mit dem Würdenträger der Kirche, des Historikers mit dem

Romancier oder Lustspieldichter, des Diplomaten mit dem Sprachwissenschaftler –, bringt die Eigenliebe nicht ins Spiel und entfaltet sich in seiner ganzen Weite durch die Begegnung von Interessen, die aus entgegengesetzten Welten kommen. Gerade die Unterschiede sind hier das verbindende Element.

In der *Académie* können wir in wenigen Worten die Frucht der Erfahrung ernten, die ein bedeutender Mann im Laufe seines Lebens in einem bestimmten Bereich der Forschung oder der Praxis gesammelt hat, den wir vorher nicht gekannt, nicht beachtet oder kaum erwähnt hatten. Meiner Ansicht nach gibt es nichts Wertvolleres und manchmal auch nichts Wohltuenderes als diesen Austausch. Durch das Wörterbuch wird er bisweilen angetrieben, ohne allerdings dort eine Spur zu hinterlassen.

Ich sollte bestimmt auch noch erwähnen, daß zu uns außerdem die nötigen Kapazitäten der Wissenschaft gehören, um in eine wahrhaft »hervorragend zusammengesetzte« Gesellschaft eine Dosis wissenschaftlicher Strenge hineinzubringen und so den umwälzenden Erkenntnissen das gehörige »Maß an Geltung« zu verschaffen.

Obwohl sich das Durchschnittsalter der *Académie*-Mitglieder recht merklich von dem Alter der Jugend unterscheidet, möchte ich doch behaupten, daß diese wirklich liebenswürdige Mischung unterschiedlich geprägter Geister *den Eindruck von Jugend* erweckt.

Nichts ist so leicht zu begründen wie diese Behauptung, die zunächst einmal äußerst gewagt erscheint.

Mit der Jugend, von der ich spreche, meine ich nur jene, die sich in den Impulsen geistiger Spontaneität und in der Eindeutigkeit einer raschen Kritik äußert. Wenn junge Menschen in ihren Zusammenkünften noch nicht durch die Sorge um Beruf und Familie, durch die Rücksicht auf ihre Interessen und ihr Fortkommen und durch die drängende Not um die unmittelbare Zukunft gehemmt sind, können sie sich noch ungehindert über alles äußern und unbedenklich ihre Kritik anbringen. Mehr noch: Sie sind in ihrem Fachstudium noch nicht so weit, daß sie sich nicht für alles mögliche interessieren und sich damit auseinandersetzen könnten. Was sie *vorher* können, weil sie noch verhältnismäßig frei und ungebunden sind, das können wir *nachher*, weil wir dann endlich frei geworden sind. Unsere geistige Freiheit und unsere Aufgeschlossenheit fordern zwar den Tribut eines ganzen Lebens, während sich das bei ihnen aus dem Erwachen des Denkens ergibt, das nach allen Seiten hin Umschau hält, bevor es in der Einzelheit irgendeiner Materie aufgeht. Aber in dieser Unabhängigkeit und mannigfaltigen Wachheit liegt doch eine gewisse Ähnlichkeit zwischen der Jugend und uns, die wir nicht mehr jung sind. Auf diese Ähnlichkeit wollte ich aufmerksam machen, da nicht ich allein diesen Eindruck gehabt habe.

Einer meiner *Académie*-Kollegen flüstert mir manchmal in den Sitzungen zu: *Wir sind in der Schule.*

Wir sagten, die *Académie* habe ihr Geheimnis, dessen Existenz aufzuzeigen wir bemüht sind und über dessen politische oder vielleicht eher verfassungsmäßige Seite ich nun sprechen möchte. Wir werden damit erneut vor jener sonderbaren Schwierigkeit stehen, unsere Gesellschaft zu definieren, von deren Rang ich zuvor ganz allgemein gesprochen habe.

Wir verdanken dem Staat unsere Institution und einige Gelder; ferner eine Unterkunft sowie gewisse recht gering bemessene Ehrenrechte, die auf dem Verordnungswege geregelt sind. Das Staatsoberhaupt ist unser Schirmherr. Die Liste mit den Namen der von uns Gewählten wird ihm vorgelegt, und ihm steht das *souveräne* Recht zu, unsere Wahl zu billigen oder sie abzulehnen.

Aber zwischen dem Staatsoberhaupt und uns steht keine dritte Autorität. Während verschiedene materielle Fragen die Intervention der Regierung, ja sogar des Parlaments und manchmal des Staatsrats erforderlich machen oder notwendig erscheinen lassen, bleibt die Unabhängigkeit unserer Arbeiten, unserer Reden und unserer Ernennungen in politischer Hinsicht voll und ganz erhalten. Sie wurde eigentlich nur von der Revolution verkannt sowie von jener Restaurationsregierung, die 1816 eine Reihe von *Académie*-Mitgliedern vertreiben und durch andere ersetzen ließ. Ein solcher Gewaltakt ist im weiteren Verlauf nie mehr vorgekommen. Doch die *Acadé-*

mie wurde danach unter den verschiedenen Regierungssystemen häufig als aufsässig bezeichnet. Nach beiden Seiten hin hat sie sich mehr als einmal gegen die herrschende Staatsordnung bockig gezeigt. Sie nahm immer die Elite der jeweiligen Opposition als Mitglieder auf, und in den Reden bei ihren Festsitzungen ging es dann nicht ohne Spitzen, Anspielungen und Kritik an den Vertretern der Regierung ab. Solche Äußerungen der Kritik oder der Verstimmung mögen gemäßigt und sicherlich auch zwecklos sein; beachtlich ist jedenfalls, daß die *Académie* die einzige Körperschaft des Staates ist, die seit der Abschaffung der Parlamente aus der Zeit vor der Revolution sich darin überhaupt versucht hat.

Es ist kein Geheimnis, daß die *Académie* eine ziemlich starke Anziehungskraft auf alle Politiker ausübt, die auf dem Gipfel ihrer Laufbahn stehen. Mit einigem Recht sehen sie in der *Académie* die höchste Ehre, die man von einer Abstimmung erwarten darf. Und das große Verständnis für das Menschliche, das sie sich erworben haben, weil sie sich so oft den Überraschungen bei den Wahlen, den Launen der Parlamente und Zufälligkeiten des politischen Lebens aussetzen mußten, führt dazu, daß sie nichts sehnlicher erwarten, als endlich im Kreise jener Platz zu nehmen, die ein für allemal gewählt sind und sagen können, was sie sagen wollen. Damit sind sie noch keineswegs vor allem gefeit. Denn auch wir haben unsere Risiken. Die *Académie* wird oft recht aggressiv behandelt und im Lager der Rechten oder Linken manchmal gehässig kritisiert. Auf der einen Seite wird vergessen, daß sie die letzte Einrichtung ist, die noch aus der Zeit der französischen Monarchie stammt. Das Recht der Weihe eines Unsterblichen[4] gehört gemeinsam mit dem Recht der Begnadigung zu dem, was aus der Zeit des Absolutismus dem Staatsoberhaupt noch verblieben ist. Auf der anderen Seite wird vergessen, daß die Elite unter den Aufklärern, die Frankreich gehabt hat, zur *Académie* gehörte. Aber Politik kann nicht von Gerechtigkeit leben, und wollte man alles auf die Waagschale legen, so würden die Parteien verschwinden.

Wir müssen heute zugeben, daß an dem, was leichtfertig

über uns gesagt wird, keineswegs alles ganz falsch ist – und das ist nicht immer schmeichelhaft, höflich oder etwa abstrus: wenn es zum Beispiel von uns heißt, daß wir Geist wie vier haben trotz der vierzig, die wir sind; wenn uns der Vorwurf gemacht wird, wir sträubten uns gegen das Moderne und lehnten alles Avantgardistische ab. Man kann uns ja leicht viele geistige Größen entgegenhalten, die nicht zu uns gehörten oder sich mehrfach bewerben mußten.[5] Zu dieser mannigfaltigen Klage kommt noch die Spöttelei über die harmlosen Lächerlichkeiten hinzu, aus denen unser Alter, unsere Uniform, unsere Degen, unsere Reden und sogar die Gepflegtheit unseres Umgangs ein Zeremoniell machen. Es würde an unserem Ruhm etwas fehlen – wie ihm auch Molière fehlt –, wenn der *Académie* diese Pfeile des harmlosen Spottes, die nach jedem Schuß wieder aufgelesen werden, erspart geblieben wären. Wer sie von neuem bereithält und auf uns abschießt, merkt vielleicht gar nicht, wie er gerade dadurch mit uns in der gleichen Tradition steht. Unsere Spötter gehören wesensmäßig zu uns. So ist einfach der dreihundertste Geburtstag der *Académie* auch ihr eigener Festtag, den sie gemeinsam mit unserem Jubiläum begehen sollten. Wäre es nicht geradezu erheiternd und im Grunde gerecht, wenn zu dem Programm für unseren bevorstehenden Festakt auch ein Gedenken an die uralte und beinahe ehrwürdige Kritik und Spöttelei gehörte, die wir seit dreihundert Jahren ganz friedlich über uns ergehen lassen?

Aber, Spaß beiseite, ich meine, es entspräche durchaus unserem Rang und Ansehen, wenn wir bei dem gleichen feierlichen Anlaß jenen Größen unseres Landes in aller Öffentlichkeit eine Huldigung erweisen, die keinen Sitz bei uns haben wollten oder nicht gewählt wurden.

Bestimmt geht nicht jedes Fehlen dieser Berühmtheiten zu unseren Lasten, und nur für sehr wenige sind wir wohl wirklich verantwortlich. Der Tod hat mancher großen Laufbahn ein vorzeitiges Ende gesetzt, die etwas später bei uns Anerkennung gefunden hätte. Natürlich macht auch der eigene Hochmut einige scheu und hält sie an der Schwelle unseres Hauses zurück. Sie meinen, es sei für sie eine Demütigung, wenn sie an unserer Pforte klopfen und dann fürchten müßten, sie gehe, gemessen an ihren Verdiensten, zu langsam auf. Sie scheuen sich, den Eindruck zu erwecken, ihren Stolz vor uns zu beugen, wenn sie uns über ihr eigenes Selbstverständnis abstimmen lassen müssen, und natürlich würden sie nur dem Drängen der gesamten *Académie* nachgeben, wenn diese bereit wäre, sie in feierlichem Aufzug in den großen Kuppelsaal zu geleiten. Ich mache ihnen daraus nicht den geringsten Vorwurf. Was wäre wohl der Mensch, wenn er nicht die höchste Meinung von sich hätte?

Doch wenn ich einmal nur die schmerzlichen Lücken erwäge, für welche die *Académie* wohl verantwortlich ist und die sich keineswegs aus einer Situation ergeben, die sich ihrem Einfluß entzieht, so möchte ich doch meinen, daß gerade diese Art Ungerechtigkeit das Undefinierbare letztlich kennzeichnet, das mir bei unserer *Académie* auffällt oder das in meiner Sicht zu ihr gehört. Es gibt für niemanden eine Garantie, weder eigene Berühmtheit oder Stellung noch der Druck der öffentlichen Meinung, einmal in die *Académie* aufgenommen zu werden. Genaue Voraussetzungen können dafür nicht genannt werden; es gibt keinen zwingend-unbestrittenen Anspruch oder etwa ausnehmend hervorragende Eigenschaften, die es einem Bewerber ersparten, dieses Risiko einzugehen und sich der Ungewißheit unseres Urteils und unserer Launenhaftigkeit auszusetzen.

Hier möchte ich noch einen Blick in die Zukunft tun.

Von einem Orakel kann dabei nicht die Rede sein; ich möchte nur ein Votum formulieren.

Ich sprach von unserem »Geheimnis«. Ich versuchte zu zeigen, daß es ein solches Geheimnis gibt, daß es für uns eine Auszeichnung ist und vielleicht den Rang der *Académie* durch die Dosis an Unbestimmt-Unsagbarem erhöht, das noch immer mit der Vorstellung verbunden ist, die an ihrem Namen hängt. Bedeutung hat etwas gerade dann, wenn es nicht eindeutig formuliert werden kann. Und alles, was man darüber sagen kann, darf die Bedeutung des Begriffs nicht ganz erschöpfen.

Wenn ich über unser Geheimnis nachsinne, stelle ich mir am Ende die Frage, ob dieser geheime Zauber nicht im Hinblick auf eine künftige Bestimmung als Vorzeichen, Verpflichtung oder Vorleistung gedeutet werden sollte. Wir wollen doch nicht vergessen, daß in unserer Epoche, wo das Ungeplante, Unglaubliche und Unwahrscheinliche dominiert, alles *weit möglicher* ist als früher. So lassen Sie mich einmal meinen Träumen nachgehen!

Immer wenn das allgemeine Chaos, das gleichsam die gewaltige Leistung der modernen Welt ausmacht, ein Chaos, das im Geistigen, Sittlichen und Materiellen unterschiedslos spürbar und wirksam ist, hervortritt, weitere Bereiche erfaßt, seine Gefahren, seine Verheißungen und seine Potenz an Widersprüchen intensiviert und die Zahl der Versuche, der Neuschöpfungen und Zerstörungen immer größer werden läßt, haben selbst die charakterfestesten Menschen den Eindruck, sie würden durch die Fülle der Ereignisse, das Übermaß von Entdeckungen und durch die sich daraus ergebenden raschen Veränderungen aus der Bahn geworfen und in diesen Strudel hineingezogen. Um sich herum sehen sie nichts als Nichtigkeit, Angst, Mißbrauch der Energie, mangelnde Prägnanz der Gedanken, plötzliches Schwanken des Urteils ... Die Labilität stellt sich zwangsläufig in allen Bereichen als das Normale der Epoche ein.

Damit werden aber Kontinuität, Tradition, Charakter und Gelassenheit in dieser brutal sich wandelnden Welt zu höchst bedeutsamen Werten.

Eine Nation hat die Pflicht vor sich selbst, diese Werte zu erhalten: Es geht ja um ihr eigentliches Heil. Doch wie können wir wenigstens etwas von diesem kostbaren Grundbestand dem allgemein gewordenen Durcheinander, der Gewalt der Fakten und der widersprüchlichen und unerwarteten Dynamik einer Welt entziehen, die durch die Entfesselung der Kräfte geradezu den Verstand verloren hat?

Nachdem Literatur und Kunst sich einige Jahrhunderte hindurch auf Arbeiten beschränken mußten, die fast im verborgenen, einmal hier und dann dort, doch voller Ehrfurcht abseits von der großen Welt ausgeführt wurden, kann man sich nun auch inmitten einer neuen Barbarei die Erhaltung und Pflege einiger schwer gefährdeter Güter vorstellen.

Sollte dann das Geheimnis, von dem ich sprach, nicht seinem Wesen nach jenes unbestimmte Warten sein, dessen eigentliche Bedeutung und letztes Ziel sich schließlich durch die Geschichte enthüllen? Geht dieses Geheimnis nicht aus einer dunklen Ahnung hervor, welche bereits anfanghaft die Notwendigkeit erkennen läßt, ein durch und durch unabhängiges und zweckfreies *Gremium* zu schaffen, in dem fortgesetzt eine maßgebende Meinung über die für ein Volk lebenswichtigen Probleme entstehen sollte? Ich habe beispielsweise die feste Überzeugung, daß die Sitten, der Lebensstil, der wirkliche Wert der Menschen und Ideen oder die Bildung und Erziehung der Allgemeinheit – alles Dinge, die einmal überlegt werden sollten, heute aber der Improvisation, dem Zufall und dem allgemeinen Laisser-aller überlassen sind – praktisch durchdacht und ihr augenblicklicher Zustand sowie ihre künftigen Folgen den denkenden Menschen im Lande vorgeführt werden müßten.

Nichts von alldem ist vorhanden. Der Staat, der zwangsläufig immer an das Widersinnige und Konkret-Alltägliche gekettet ist, steht in einem immerwährenden Kampf um die reine Existenz und kann daher nur von dem *sacrificium intellectus* leben. Das liegt im Wesen der Sache selbst. Denn Regieren heißt einen Kompromiß nach dem anderen eingehen ...

Es gibt niemanden über den Parteien und den Ereignissen der Politik – die ja nur der Schaum auf den Wellen der Dinge sind –, niemanden, der unempfänglich wäre für die tagtägliche Gunst, für die momentan eintretenden tragischen Auswirkungen des politischen Lebens, für den Haß, die Furcht und die privaten Gefälligkeiten. Es gibt heute niemanden mit gleichbleibender Autorität zum Richten, Raten, Planen; und niemand kann eben einen solchen Anspruch geltend machen.

Doch alles, war wir erleben, legt im Sinne einer Reaktion den Gedanken nahe an einen Widerstand gegenüber dem allgemeinen Durcheinander, der Hast, der Standpunktlosigkeit, der Lässigkeit und den wirklichen oder nur geheuchelten Leidenschaften. Man denkt an eine Insel, wo die Sorge um das

Beste der menschlichen Kultur erhalten bliebe. Ohne tatsächliche Machtbefugnis, allein dadurch, daß sie überhaupt besteht, und durch die mögliche Wirkung der Ansichten und Empfehlungen, die von diesen wenigen, in der Fülle geistiger Freiheit ruhenden Persönlichkeiten auf die Öffentlichkeit ausgeht, würde eine solche Instanz der kritischen Beobachtung, des gemeinsamen Nachdenkens und der vorausschauenden Planung eine undefinierbare, aber stete Wirkung ausüben. Eine Art höheres Gewissen würde über den Menschen wachen.

Es liegt ganz bei uns, die *Académie française* langsam zu dieser idealen Autorität emporzuführen.

[1935]

GEGENWÄRTIGKEIT VON PARIS

Mir träumte, ich sei auf See ... Und was mich aufweckt, ist PARIS. Ein Brodeln und Brausen begrüßt meine Rückkehr. Es umrundet und umrandet meine Stille mit all dem, was jenseits meiner Wände geschieht; und macht mich, den einzelnen, volkreich.

Leih' ich das Ohr, so sondert mein gespannter Sinn und entziffert mein Geist, was murmelnd sich da mischt an mannigfach ungeahntem Ereignis und ungeschautem Geschehen, gegenwärtig für mich und abwesend.

Vor dem flutenden, rauschenden Grund, den unablässig das Rollen des unzählbaren Rades beschickt, gibt eine Art Geräuschperspektive, deren Klangbild jeden Augenblick entsteht und wieder vergeht, den Gedanken an riesige Tätigkeit ein, betrieben von Mengen von Einzelgeschehnissen, die unabhängig und doch unfehlbar, eines oder das andere, sich ereignen.

Ich unterscheide auf beliebige Entfernung dies oder jenes und kann es benennen: ein Hundegebell; ein Hornsignal; ein quietschend geriebenes Eisen; den schrillen Schrei des über die Rolle gequälten Kabels; den Stein, der unter der Reibe klagt; das schlimme Ächzen des Baggers, der seinen Aushub der Erde entreißt; das verlorene Geheul eines Zuges fernab in Not; sehr klar eine Stimme; und undeutlich hallendes Rufen.

Im Vordergrund lang hingezogen der klägliche Singsang eines Bettlers.

Alles, was Stoß oder Rieb fürs Gehör erzeugen können, ruft mir von allenthalben dies Gewirr aus Namen und Bildern heran, die vom Horizont meines Gedächtnisses und von meiner Erwartung kommen. So höre ich denn das vielfache Brüllen, Röhren, Schlagen und Stöhnen der mechanischen Kräfte, die um und um arbeiten, was es an Materie gibt in PARIS.

PARIS, verborgen, PARIS, Beweger im weiten Raum und

vielgestaltiger Antrieb, machtvolles Wesen aus Stein und aus Leben, von dieser unaufhörlichen Präsenz eines dumpf dröhnenden Stroms mit einzelnen Lärmspitzen wohl vorausgesetzt, will nunmehr sich meinem Denken dartun.

Und es erwächst mir und es entmutigt mich dieser aberwitzige Wunsch: PARIS denken.

Wie jemals ließe es sich bewältigen, auf eine greifbare Form bringen, ein Monster von solchem Ausmaß, solcher Beziehungsdichte, solch konzentrierter Verschiedenheit? PARIS, ein Lagewert, ein Werk von zwanzig Jahrhunderten; PARIS, Produkt der Hände, der Güter und der Politik eines großen Volkes; Brennpunkt der Lust und der Pein; Ziel der Wünsche so vieler Eroberer, namensstark die einen, waffenstark die andern; PARIS, begehrter Schatz; PARIS, Zankapfel; PARIS, Spieltisch, an dem alle Gesichter des Glücks, alle Schicksalslose vor aller Augen erglänzen; und PARIS, Werk und Phänomen, Schauplatz von Ereignissen universaler Tragweite, selbst Ereignis erster Größe, halb statistische, halb willensgeborene Schöpfung; doch vor allem anderen, PARIS, Rechtsperson obersten Ranges, illustre Erbin höchster Adelstitel, die mit dem schönsten und dem schwärzesten Erinnerungsgut das Bewußtsein einer beständigen geistigen Sendung verbindet.

Paris denken . . .? Ich verliere mich in den Bahnen dieser Rede. Jeder Gedanke, der sich einstellt, zergeht unter dem Blick meines Geistes. Kaum zeichnet er sich in der Dauer und der Logik meiner Anstrengung ab, da entschlüpft er mir auch schon zwischen so vielen anderen, die sich von ihm ablösen und ihn fortführen, von denen jeder einzelne hundert Bücher ergäbe. Die Menge der sinnlichen Schönheiten und der unsinnlichen Merkmale der *Grand' Ville* ist so groß, daß ich mich den vielen mir daraus zuströmenden Gedanken und ihren möglichen Kombinationen ausgesetzt sehe wie ein fremder Spaziergänger, der sich im Netz unserer Straßen verirrt, vom Getöse betäubt und verstört vom Gewoge. Dies Bild wird selbstmächtig, wächst in mir weiter und bläst mir jählings ein seltsames Gleichnis ein. PARIS denken, das kommt, so dünkt mich, gleich oder wird dasselbe wie: den Geist denken. Ich führe mir den topographischen Plan der Riesenstadt vor Augen, und nichts verdeutlicht mir besser das Reich unserer Ideen, den geheimnisvollen Augenblicksort des Denkabenteuers als dieses Labyrinth aus Wegen, von denen die einen zufallsbestimmt, die andern klar und geradlinig verlaufen ...

Und ich sage mir, es sind auch in uns Avenuen, Kreuzungen und Sackgassen; es finden sich auch in uns dunkle Winkel und Stellen, um die man einen Bogen macht. Auch reizende Stätten sind da, und geheiligte. Die Seele birgt Gräber; wie sie auch unsere Siegesmale und die Hochbauten unseres Stolzes birgt. Und wir wissen, daß in unserer inneren Stadt, wo jeder Augenblick gleich einem Schritt unseres Lebens ist, in unaufhörlichem Tun Gut und Böse, Falsch und Wahr, Schön und Schrecklich entstehen, alle die Gegensätze, die des Menschen sind und ihn zum Menschen machen, gleichwie sie sich notwendig und mit mächtigem Kontrast in einer Kapitale einstellen.

PARIS denken? Doch wie PARIS denken, wenn wir noch nicht einmal das einfache System des Organismus überschauen, die Einheit erfassen können, die seine Funktionen zusammen mit seiner Substanz bilden; nicht einmal wissen, was er aus seinem Milieu schöpft, was er abweist, was er wieder ausscheidet; uns nicht vorstellen können, wie sein Aufbau und Wachstum verlaufen; wie er seine inneren Verbindungen entwickelt; wie er verwandelt, was ihn umgibt, und wie er nach und nach zum Individuum wird, zu einem unvergleichlichen Wesen, das sich von seinesgleichen durch eine Lebensgeschichte, durch Reaktionen, durch Zu- und Abneigungen, die nur ihm eigen sind, unterscheidet.

Dies Brausen, das ich ohne Unterlaß höre und das ohne Unterlaß mir der Strom der unbegrenzt neu entstehenden Präsenz der *Stadt* ins Ohr gießt, dies satte, bewegungsträchtige Brodeln, das ich zwischen zwei Gedanken wiederfinde und befrage, wie die undeutliche Stimme, die das Wirkliche bezeugt, ist Tochter der großen Zahlen. Die ZAHL von PARIS belegt, belagert, bedrängt meinen Geist.

Wieviel Beziehungen, Konsequenzen, Annäherungen, Kombinationen, wieviel Anfänge und Enden flimmern nicht vor dem Denken, sobald dies Denken die Menge der Lebenden betrachtet, die hier gemeinsam existieren, wechselseitig aufeinander wirken, in allen denkbaren und undenkbaren Formen, in einem unaufhörlichen Konflikt ihrer mannigfachen Unterschiede ...! Es glaubt, auf diesen wenigen Quadratmeilen Raum ein glühendes Umgießen des Lebens in sich selbst zu erblicken, einen ungeheuren Verbrauch von Taten und Werken, ein Gären von Projekten, einen beständig intensiven Austausch von Zeichen und Akten, von Willens- und Gefühlsäußerungen, deren Werte, Wirbel, Wucht und Wirkungen einander zu jeder Tageszeit antworten, verstärken oder zerstören. Tausend Knoten werden in jedem Augenblick geknüpft und gelöst. So manches Geheimnis entzieht sich; und man ahnt in dieser belebten Tiefe, dieser Ansammlung wimmelnder Bienenvölker ein erschreckend aktives Schicksal am Werk.

Ein Physiker würde sich träumend vielleicht damit vergnügen, überschläglich die interne Energiemenge der Stadt zu ermitteln ... Schließlich kann ja die Verdichtung einiger Millionen freier Lebewesen auf einem begrenzten Territorium Anlaß zu ein paar Abschweifungen per Analogie liefern ... Gewiß, dies sinnlose Problem fällt in sich zusammen, kaum daß man es formuliert hat; es löst sich ins Absurde auf; doch die bloße Aussage, die es präzisiert, reicht aus, um einen phantasmagorischen Begriff zu skizzieren von der Quantität an Leben, das in der Masse PARIS erzeugt, vergeudet und verbraucht wird. Der bloße Gedanke an die Gesamtzahl der Schritte, die an einem Tag in PARIS gemacht, der Silben, die gesprochen, der Nachrichten, die gemeldet werden, erschlägt das Denken. Ich denke auch an alle Versuchungen, Entscheidungen, Erleuchtungen und Albernheiten, die sich in den Gemütern kundtun; an alles, was an Fortüne, Liebe, Renommée tagtäglich geboren wird und stirbt – was im mentalen und sozialen Bereich die Bevölkerungsschwankungen, wie sie das Einwohneramt registriert, nachbildet ... Es sind dies imaginäre Beobachtungen auf realer Grundlage, die diese enorme

Stadt für die Vorstellung zu einem Spiralnebel von Vorgängen an der äußersten Grenze unserer Denk- und Wahrnehmungsfähigkeit werden läßt.

Doch fehlt es auf der Erde nicht an vergleichbaren Anhäufungen, einige darunter auch noch größer. PARIS jedoch unterscheidet sich sehr deutlich von den anderen millionenköpfigen Ungeheuern, etwa NEW YORK, LONDON oder PEKING ... Es gibt in der Tat unter unseren BABYLONS keine Stadt, die persönlicher wäre als diese und zahlreichere Funktionen vereinigte und auch unterschiedlichere. Denn keine ist da, in der sich seit Jahrhunderten schon die Elite eines Volkes für alle Gattungen so eifersüchtig konzentriert hätte; in der jeglicher Wert sich hätte beweisen, dem Vergleich stellen, Kritik, Mißgunst, Konkurrenz, Spott und Verachtung aushalten müssen. Keine andere Stadt, in der die Einheit eines Volkes durch eine so außergewöhnliche und vielfältige Folge von Umständen bewerkstelligt worden wäre und in einem Zusammenwirken so verschiedenartiger Genien und Methoden. Tatsächlich ist hier unsere Nation, die sich aus mehr Bestandteilen zusammensetzt als jede andere europäische Nation, stets erneut über der Flamme der schärfsten und widerstreitendsten Geister und gleichsam in der Hitze ihrer chemischen Verbindungen eingeschmolzen und umgegossen worden.

Deshalb ist PARIS auch noch sehr viel mehr als eine politische Hauptstadt und ein industrieller Mittelpunkt, als ein erstrangiger Hafen und ein Markt für sämtliche Werte, als ein künstliches Paradies und ein hoher Ort der Kultur. Seine Besonderheit besteht zuvörderst darin, daß seine sämtlichen Merkmale sich in ihm vereinen, nicht unverbunden nebeneinanderstehen. Die hervorragenden Leute aus weit auseinanderliegenden Disziplinen finden hier am Ende stets zu einem Austausch ihrer Reichtümer zusammen. Dieser unschätzbare geistige Verkehr konnte sich kaum anderswo einspielen als an einem Ort, an dem seit Jahrhunderten eben die Elite eines großen Volkes für alle Gattungen eifersüchtig berufen und festgehalten wurde. Jeder Franzose, der sich hervortut, ist diesem Zwangslager verfallen.[1] PARIS ruft ihn wach, zieht ihn an, verlangt nach ihm und zehrt ihn auch manches Mal auf.

PARIS entspricht der wesenhaften Komplexität der französischen Nation. Es war unumgänglich, daß so unähnliche Provinzen, Bevölkerungen, Sitten und Redeweisen ein organisches Zentrum für ihre Beziehungen schufen, Motor und Monument ihrer wechselseitigen Verständigung. Hierin liegt wahrhaft die große, die eigentliche ruhmvolle Funktion von PARIS.

Es ist der wirkliche Kopf Frankreichs, in dem dieses seine tüchtigsten Wahrnehmungs- und Reaktionsorgane versammelt. Durch seine Schönheit und sein Licht verleiht es Frankreich ein Antlitz, auf dem für Augenblicke alle Intelligenz des Landes aufleuchtet. Ergreift dann heftige Erregung unser Volk, so steigt ihm das Blut in diesen Kopf, und es wird vom allmächtigen Gefühl des Stolzes durchblitzt.

PARIS denken ...?

Je mehr man dies denkt, desto mehr hat man, ganz im Gegenteil, das Empfinden, von Paris gedacht zu werden.

[1937]

METIER DES MENSCHEN

Dies Buch, das Sie gefertigt haben, ist nur aus dem gefertigt, was Sie selbst gefertigt haben: das meint, Sie handeln darin nur von dem, was Sie wissen, wissen wir doch wahrhaft nur, was wir fertigen können.

Es ist dies ein so seltener Umstand, daß ich Sie für Ihr Werk eigentlich kaum loben kann, ohne damit nahezu jeden Menschen zu kränken, der spricht, und zahllose Autoren, zu denen ich auch mich rechne, zu schmälern. Wenn Schreiberlaubnis nur denjenigen zugebilligt würde, die im Vollzug eine gründliche Kenntnis ihres Gegenstands nachweisen könnten, wie viele müßten nicht auf die Liste der Arbeitslosen gesetzt werden ...!

Ich darf Ihnen jedoch meine Ansicht über das Buch, das ich soeben gelesen habe, ausdrücken. Meine Empfindung ist ein wenig gemischt. Ich gestehe Ihnen, sie ist gemischt aus sehr großem geistigen Vergnügen und einer reichlich abscheulichen Seelenregung. Ich beneide Sie, werter Herr. Ihr Buch bestätigt uns, was wir bereits wußten: daß Sie nämlich mit Leidenschaft, mit sehr glücklichem Erfolg, mit einer vom Staat und darüber hinaus von aller Welt anerkannten Überlegenheit ein Metier ausüben, das eine Vielzahl anderer Metiers in sich begreift, die es alle, was ihm sehr zugute kommt, gründlich beherrscht. Sie sind in der Lage, an ein und demselben Tag Mechaniker, Kaufmann, Politiker, Finanzier, Ingenieur und Architekt, Personalleiter und Fuhrunternehmer zu sein. Sie befehlen, ermuntern, erschaffen; Sie bringen Risiko und Vorsicht in Einklang; und Sie halten in jedem Augenblick ein paar hunderttausend präziser Daten der verschiedenartigsten Materien und Größenordnungen im Kopf bereit: Zahlen, Gesichter, Methoden, Handlungsmodelle – und ein Ideal.

Dies ist Ihr Metier, und Sie sprechen davon als durchaus

glücklicher Liebhaber. Was mich angeht, so kenne ich nur eines, und auch dieses ist eigentlich gar keines, denn es läßt sich jederzeit in Frage stellen, und jedermann, der sich mit einer Feder bewaffnet, kann sich einbilden, darin Meister zu sein; und wenn ich behaupte, es zu kennen, so nur, weil ich bei mir ein ständig verfeinertes und gleichsam argwöhnisches Gefühl für seine Schwierigkeiten, ja eigentlich seine Unmöglichkeit, ausgebildet habe.

Doch zumindest ist mir aus dieser besonderen Erfahrung eine große Verehrung für alle diejenigen erwachsen, die etwas zu machen verstehen, und eine einzigartige Wertschätzung vor allem derer, die uns durch ihr Beispiel zeigen, daß die Ausübung eines Berufes einem noch einen anderen Vorteil bringt als nur sein Gehalt oder seinen Lohn, seine Beförderung oder seinen Ruf; nämlich eine Beförderung und Bereicherung seines Wesens. Hätte ich etwas mehr, als es der Fall ist, für große Worte übrig, ich würde sagen, jedes Metier, selbst das niedrigste, legt in uns eine Ethik und eine Ästhetik an, so daß sich jemand, ausgehend von der Notwendigkeit, seinen Lebensunterhalt durch eine klar definierte Arbeit zu verdienen, zu einer Beherrschung seiner selbst und einer Fähigkeit allseitigen Verstehens erheben kann, wie man sie bisweilen überrascht bei Individuen beobachtet, denen man keineswegs Künstlerworte oder Philosophensprüche zugetraut hätte und die solche dann doch in halb pittoresker, halb professioneller Ausdrucksweise vorbringen.

Es kann sogar geschehen, daß das Metier, wenn es denn geliebt und vertieft wurde, als letztes Überbleibsel von Verstand und Anstand, als letzte geistige und gesellschaftliche Gesundungsaussicht eines Menschen, der organisch und charakterlich bereits zugrunde gerichtet ist, erhalten bleibt. Bemerkenswerterweise können sich bestimmte fachliche Fähigkeiten – solche, auf die man stolz sein kann – so tief in einem Dasein verankern, sich so nachhaltig damit verbinden, daß der allgemeine Verfall, die gewöhnlichen psychischen Auflösungserscheinungen, der Prozeß des Niedergangs und der Zerstörung der körperlichen und geistigen Persönlichkeit dennoch das Empfinden für das Metier fast bis zum Ende unangetastet lassen. Ich hätte es nicht geglaubt, wenn ich es nicht selbst gesehen hätte.

Vor etwa dreißig Jahren ging ich einmal an einem Sonntag an dem alten Pariser Hospital vorbei. Unten an das triste Gemäuer lehnten sich eine Anzahl Trödlerbuden: schmutzige Kleider, grünspanüberzogene Lampen, altes Glas, Eisenzeug und Gerätekram in den Körben: Und auch ein paar Bücher, denn immer finden sich im Gerümpel auch Bücher.

Eines dieser Bücher hielt mich fest. Mit den Fingerspitzen nahm ich es hoch. Was es war, weiß ich nicht mehr: vielleicht einer jener Bände mit Theaterstücken, die unter Ludwig XV. von Jesuitenschülern für ihre Kollegakademien verfaßt wurden? Doch der Einband fesselte mich. Verschmutzt und abgegriffen, wie er war, mit fast abgerissenem Rücken und mit Deckeln, die aussahen wie Bratäpfel, schien er mir doch sehr beachtenswert und ungewöhnlich. Solchen Buchschmuck hatte ich noch nie gesehen. Während ich in die Betrachtung versunken war, kam schwankenden Schrittes eine recht elende Gestalt vorbei, ein ganz kleiner Wicht mit scheuem und wirrem Gesichtsausdruck und in einem viel zu weiten, schmuddeligen Mantel. Ohne Alter; die Haare merkwürdig gefärbt; das Gesicht bartlos und pergamenten, war er Greis und Kind zugleich. Zu meiner großen Verblüffung sah ich mir das merkwürdige Buch von dieser bleichen Schrumpfgeburt aus der Hand gerissen. Mit einem sonderbar bitteren Lachen schwenkte er die Schwarte in der Luft; und wie der Trödler auf ihn losstürzte, um seine Habe zu verteidigen, stieß er ihn mit einem Schulterzucken zurück. Widerlichen Schnapsgeruch ausdünstend, schrie er mir aus nächster Nähe mit pariserisch schnarrendem R ins Ohr: »Allez donc … ça m'connaît, moi, la r'liure.«[1] Und dann begann doch dieser völlig ausgeblichene Trunkenbold mit seinen wächsernen Händen an dem Band zu fingern, er drehte ihn hin und her, schlug ihn auf und wieder zu und erging sich alsbald in höchst sachkundigen und zusammenhängenden Ausführungen darüber, mit einer Fülle fast unheimlich technischer Fachausdrücke, einem Sinn für das Metier, der mich packte, einer Art liebevoll-präziser Beredtheit, die mich in Erstaunen versetzte. Ich bemerkte erst jetzt, daß er ja herrliche blaue Augen hatte und daß seine blassen Hände nicht mehr zitterten. Sie hatten ihren Gegenstand wiedergefunden ... Man mochte meinen, die Berührung mit dem Buch hatte dieses umherirrende Menschenwrack in einen Doktor der Buchbindekunst verwandelt. Ich konnte nicht anders, als ein wenig nachzufragen, und es kam heraus, er sei der letzte Nachfahre einer Familie, die in diesem Metier einst berühmt war. Drei Jahrhunderte lang in der Rue Dauphine niedergelassen, hatten sie dafür gelebt, die Bücher edel zu gewanden. Er bewies im übrigen das klarste Bewußtsein des Niedergangs, den sein ganzes Wesen und sein Äußeres bekundeten.

»Und die eisernen Schnallen«, fragte ich ihn, »was ist daraus geworden?«

»Verkauft nach Gewicht«, sagte er, »vertrunken.«

Ein Achselzucken. Sein Blick war nun wieder verschwommen.

Im Geschiebe der Leute unter dem Nieselregen ging die Schrumpfgeburt verloren, und ich verlor mich in meinen Gedanken, wie es in der Bibel heißt ...

Dieser hier verdiente vielleicht keine Nachsicht dafür, daß er so bis zum äußersten Verschleiß seiner selbst getrunken hatte, denn die Buchbinderei ist eine komplexe und vielfältige Kunst. Doch wie viele Metiers geraten nicht zu einem Automatismus und opfern ihm nach und nach das Wertvollste, was im Menschen ist ...! Dann tritt dieser Steigerung des Wertes, von der ich sprach, eine Minderung der Person gegenüber. Das Wort *Metier* selbst weist darauf hin. Es bedeutet ursprünglich »Dienst im kleinen«: Metier kommt von *ministerium* (worin auch *minus* steckt). Es ist interessant festzustellen, daß die Sprache dies Wort in Redensarten benutzt hat, von denen die eine die Bedeutung hebt: *métier de roi*; die andere sie verschlechtert zur Bezeichnung einer Maschine: *métier à tisser.*[2]

Ist die Maschine jedoch menschlich, so wehrt sie sich bisweilen für einige Zeit gegen die Verdummung durch die gleichbleibend wiederkehrende Tätigkeit. Dann geschieht es, daß das übrige Wesen nach Reizmitteln verlangt zur möglichst geschwinden und nachdrücklichen Stillung oder doch wenigstens zur Täuschung seines Hungers nach Bildern und Erfindungen, seines Bedürfnisses nach nicht organisiertem, nicht chronometrisiertem, nicht detailliertem Leben; oder aber es wendet sich den Rauschmitteln zu, um durch sie befreit zu werden von jenem Empfinden freier, überschüssiger Energie, die im Menschen ist und ihn umtreibt, wenn sie sich nicht in spontanen Akten ausleben kann – bisweilen in Schöpfungen oder in Abenteuern ...

Ich befürchte, die neuzeitliche Umgestaltung der Produktionsmittel hat vorerst nur den Anteil an Automatismus gesteigert. Der Begriff der Arbeit als einer leicht meßbaren Größe, eines rein quantitativen Werts, ist an die Stelle des Begriffs der Arbeit als eines Werkstücks oder Werkes getreten, in dem Maß, wie es um Steigerung des Ertrages ging und die Maschine weitere Einsatzbereiche eroberte, den Arbeiter dabei gewissermaßen vor sich zurückweichen ließ. Doch Arbeit ist Mittel zum Leben und nichts weiter. Werk ist ein Zweck mehr, und es ist nicht dasselbe. Im übrigen bringt die Entwicklung riesiger und äußerst komplexer Unternehmen im Gegenzug notwendig ein Schwinden der Persönlichkeit bei den von ihnen Beschäftigten mit sich, und zwar bis in den Umkreis der Spitze. An der Spitze selbst konzentrieren sich Initiative, Erfindung und Wollen: an diesem Punkt wird Arbeit wieder Werk. Es hat ja den Anschein, als würde die politische Organisationsform in mehr als einem Land sich auf diesen Typus hin ausrichten, wie er von der leistungsstarken Industrie geschaffen wurde. Was heutzutage *Diktatur* genannt wird, läuft auf den Versuch hinaus, die Herstellung der »gesellschaftlichen Ordnung« beständig gemäß dem Modell zu betreiben, das sich in den großen Unternehmen und Produktionsgesellschaften, von denen ich sprach, notwendig eingestellt hat. Alle diese Mechanismen verlangen äußerste Präzision und beständige Überwachung der individuellen Abweichungen. Wie immer sie sich nominell und ideell unterscheiden mögen, sie können doch gar nicht anders existieren als durch eine Simplifizierung der Individuen, die eine einheitliche Ausrichtung im Kräftefeld des Staates ermöglicht;

und es ist wichtig, daß diese Modifikation tatsächlich bis in die geistige Tiefe eines jeden von ihnen hineinwirkt. Es müssen also Empfindungen, Gedanken und Impulse gleichsam fabrikmäßig bearbeitet zum Verbrauch durch den Geist und zur Nahrung der Seelen angeliefert werden, und zwar durch ein zentrales Wesen. Das »höhere Seelenleben« und die umfassende Handlungsmacht sind diesem vorbehalten. Er ist der einzige *vollständige* Mensch seiner Nation und mithin in unserer Zeit eine Art Halbgott. Manchmal tut er durch einen symbolischen Akt kund, daß er in seiner Person die Prinzipien sämtlicher Tätigkeiten versammelt: er greift zur Hacke, sät aus, richtet eine Kanone, steuert eine Maschine, tritt auch als Fürst der Athleten auf...

Die Vorzüge, der Gewinn, die Mängel und die Gefahren dieser Regime liegen auf der Hand: es genügt, sich für den einen oder den anderen Aspekt dessen, was man beobachtet, empfindsam zu machen, um je nachdem leidenschaftlich zu bewundern oder zu verabscheuen ...

Doch wo bin ich, und wie geriet ich hierhin? Ich glaube wohl, meine Lektüre hat mich vom Geleise gehoben. Ich überfahre Zeichen und Signale. Sehr bedenklich unter Ihrem Auge. Sein Blick ist der einer Führerpersönlichkeit, die jedoch zum Glück für mich (und manchen anderen) nicht zu denjenigen gehört, welche in der bloßen Befehlsgewalt Genuß und im Gehorsam Genugtuung finden. Man weiß und man sieht, daß Sie das Empfinden dafür haben, wie hoch der Preis an Hinwendung und Verständnis für die Menschen ist, den eine wahrhaft legitime Macht erbringen muß; man weiß, daß Sie unablässig Ihrem Netz die neuesten Fortschritte der Technik zugute kommen lassen und dennoch nichts übergehen, was der Sicherheit, dem Wohlergehen, ja selbst der Unterhaltung Ihrer Bediensteten zuträglich sein kann. Ich deutete es Ihnen bereits an: Ihr Buch zeugt von Liebe; Sie wollen weitergeben, wovon Sie durchdrungen sind. Sie wollten vielleicht von dem aus, was Sie tun und zu tun verstehen (und nicht, wie so viele andere, nach beliebiger Rezeptur aus Träumen, Logik und Mythologie), aufzeigen, daß alles am Ende hinter der Erfahrung zurücksteht und daß sich das Bewußtsein – in jedem Sinn – eines Metiers, das man ausübt, bereichernd auf das ganze Wesen auswirkt, gibt es doch ein Modell ab für überprüfbares Handeln, Koordinieren und Vollenden …

[1937]

UNSER SCHICKSAL UND DIE LITERATUR

Der Geist hat die Welt verwandelt, und die Welt zahlt es ihm heim. Er hat den Menschen geführt, doch der wußte nicht, wohin. Er gab uns die Lust und die Mittel zum Leben, er hat uns Handlungsmacht gewährt, weit über die Anpassungsfähigkeit, ja die bloße Auffassungsgabe des Einzelwesens hinaus; er hat uns Wünsche eingegeben und Ergebnisse erzielt, die um vieles das dem Leben Zuträgliche überschreiten. Damit haben wir uns immer weiter entfernt von den ursprünglichen Bedingungen allen Lebens, mit einer sich bis zur Beunruhigung steigernden Schnelligkeit hineingerissen, wie wir sind, in einen Zustand der Dinge, der uns durch seine Komplexität, Instabilität, seine charakteristische Ordnungslosigkeit verwirrt, uns jede noch so geringe Vorhersage verwehrt, uns aller Möglichkeit beraubt, die Zukunft zu bedenken oder die herkömmlicherweise aus der Vergangenheit bezogenen Lehren zu präzisieren, und der in seinem hastigen Fluktuieren alles Bemühen um Festigung und Verankerung absorbiert, wie der Treibsand die Kräfte des Tieres absorbiert, das ihn ahnungslos betritt.

All dies wirkt notwendig auf den Geist selbst zurück. Eine vom Geist verwandelte Welt bietet dem Geist nicht mehr dieselben Perspektiven und dieselben Richtungen wie einst, sie gibt ihm gänzlich neue Probleme und zahllose Rätsel auf.

Das Schauspiel der menschlichen Welt, wie man es früher beobachtete und wie es die Geschichte darstellte, nahm sich aus wie Komödie und Tragödie; man fand darin ziemlich leicht Situationen, die sich von Jahrhundert zu Jahrhundert gleichblieben, ähnliche Gestalten, klar abgegrenzte Perioden, langfristig durchgehaltene Politiken; eindeutig definierte Ereignisse mit deutlich ausgeprägten Folgen. In jenen Zeiten konnten die Verwaltungen von »Präzedenzfällen« leben.

Doch wie sonderbar hat sich dieses klassische Schauspiel

nicht verändert! Zur menschlichen Komödie und Tragödie hat sich das Märchenspiel gesellt. Auf dem derzeitigen Theater der Welt, das dem Châtelet, der Operettenbühne, ähnelt, gibt es unablässig Verwandlung auf offener Szene. Nichts als Erscheinungen, Umgestaltungen und Überraschungen, durchaus nicht nur angenehme, und es kommt vor, daß der Autor alles dessen, der Mensch – zumindest der Mensch, dem noch die traurige Gewohnheit des Nachdenkens und die Muße dazu verbleiben –, sich wundert, daß er in dieser gegenwärtig herrschenden Atmosphäre von Zauberstücken und Simsalabim überhaupt leben kann, in der das Widersprüchliche wahr wird, die Umbrüche und Einstürze sich auf der Bühne jagen und wie durch Magie aufeinanderfolgen; die Erfindungen entstehen, reifen und in wenigen Jahren Sitten und Gemüter verändern. Und dieser Mensch, der da denkt (noch denkt), verspürt bisweilen eine ganz außerordentliche Müdigkeit. Es kommt ihm vor, als könnte ihn auch die erstaunlichste Entdeckung nicht mehr zum Staunen bringen.

Ich habe eine Enkelin von zwei Jahren und zwei Monaten[1]; sie telephoniert beinahe jeden Tag und dreht nach Lust und Laune an den Knöpfen des Rundfunkgeräts, und all das ist für sie ebenso selbstverständlich wie ihre Bauklötze und Puppen. Ich will auf keinen Fall hinter diesem Kind zurückbleiben, und ich versuche mich darin, keine Grenzen mehr zu finden zwischen dem, was wir einst das Natürliche, und dem, was wir einst das Künstliche nannten …

Ich habe vorhin das Wort Märchenspiel gebraucht. Ich dachte dabei an ein altes Stück dieser Gattung, das ich vor etlichen Jahren einmal gelesen (oder gesehen) habe. Ich kann mich nicht mehr erinnern, ob gesehen oder gelesen. Darin kam ein äußerst boshafter Zauberer vor, der einem unglücklichen Jungen, dessen Liebesbeziehungen er hintertreiben wollte, allerlei merkwürdige Prüfungen auferlegte; das eine Mal ließ er ihn von Dämonen und Flammen umzingeln, das andere Mal verwandelte er ihm sein Bett in einen Kahn, der schlingerte und rollte, durch ein Zimmer, in das ein vorgetäuschtes Meer hereinschwemmte, und die Bettdecke stieg zu einem improvisierten Besansegel auf, das der Wind aus den Kulissen blähte ... Am Ende aber ging die Serie der Überraschungen in einen Zustand resignierter Indifferenz über, und bei der zehnten Schikane des wunderbaren Magiers sah man den jungen Mann, wie er, der dauernden Zauberstreiche und umwerfenden Wunder müde, nur noch achselzuckend ausrief:

»Na gut, jetzt fangen diese Dämlichkeiten eben wieder an!«

So werden vielleicht auch wir eines Tages die »Wunder der Wissenschaften« begrüßen.[2]

Doch die Menschheit hat davon nie genug. Ich weiß übrigens nicht, ob sie spürt, daß sie sich verändert. Sie glaubt noch, daß der Mensch stets derselbe ist. Wir glauben dies ...! Das heißt, wir wissen überhaupt nichts! Und dennoch, es gibt einigen Grund zu der Annahme, daß er sich verändert. Man stelle sich vor (wir sind ja im Reich der Magie), man stelle sich doch nur einmal vor, was für Bemerkungen ein Beobachter machen würde, ein Mephistopheles, der den Geschicken unserer Spezies von etwas weiter oben zusähe, unsere Daseinsbedingungen insgesamt ins Auge faßte, wie unser Leben verläuft, wie es sich wandelt, wie es sich aufzehrt, seit ungefähr einem Jahrhundert. Er hätte wohl reichlich Anlaß, sich auf unsere Kosten zu vergnügen, wenn er feststellte, wie merkwürdig sich unsere Erfindungsanstrengungen gegen uns selbst gekehrt haben. Während wir noch wähnen, uns die Kräfte und die Dinge zu unterwerfen, gibt es kein einziges dieser ausgeklügelten Attentate auf die Natur, das uns nicht im Gegenteil ihr auf direktem oder indirektem Wege noch ein wenig mehr unterwürfe und uns nicht zu Sklaven unseres Könnens machte, zu Wesen, die um so unvollständiger sind, je besser sie ausgerüstet sind, und deren Wünsche, Bedürfnisse, ja deren gesamte Existenz zum Spielball ihres eigenen Genies werden.

»Seht ihr denn nicht«, würde dieser Teufel mit den hellen Augen sagen, »seht ihr denn nicht, daß ihr nur Versuchstiere für extravagante Experimente seid, daß man tausend Verfahren und tausend unbekannte Substanzen an euch ausprobiert? Man will wissen, wie eure Organe sich verhalten bei sehr hohen Geschwindigkeiten und bei sehr niedrigem Druck; und ob euer Blut eine stark kohlenstoffhaltige Luft verträgt; ob eure Netzhaut immer stärkere Helligkeit und Strahlung aushält ... Von den Gerüchen wollen wir gar nicht reden, von den Geräuschen, die ihr aushalten müßt, den Erregungen, den Strömen jeglicher Frequenz, den künstlichen Nahrungsmitteln, was weiß ich ...! Und was den Intellekt angeht, meine Freunde, auch die Sensibilität – dafür interessiere ich mich am meisten –, so setzt man euch einer unfaßlichen Menge zusammenhangloser Neuigkeiten pro vierundzwanzig Stunden aus; eure Sinne müssen, ohne einen Tag der Ruhe, so viel Musik, Malerei, Drogen, sonderbare Getränke, Schauspiele, Ortsveränderungen, plötzliche Höhen- und Temperaturunterschiede, politische und wirtschaftliche Beunruhigung aufnehmen, wie ehedem die ganze Menschheit zusammen in dreihundert Jahren kaum aufnehmen konnte!

Versuchstiere seid ihr, ihr lieben Menschen, und obendrein sehr schlecht genutzte, denn was euch an Erprobungen zugemutet wird, in wechselhaft wiederholtem Zwang, das geschieht nur auf gut Glück. Kein Forscher, kein Laborgehilfe ist da, der Experimente regelt, dosiert, kontrolliert und auswertet, künstlich herbeigeführte Wechselfälle, von denen niemand vorhersehen kann, wie nachhaltig sie sich auf eure kostbaren Personen auswirken werden. Vielmehr sind es die Mode, die Industrie, die vereinten Kräfte von Erfindung und Werbung, die euch beherrschen, die euch an Sandstränden auslegen, in den Schnee verfrachten, euch die Schenkel bräunen, die Haare versengen; während gleichzeitig die Politik unsere Massen gleichschaltet, sie dazu bringt, die Hand zu heben oder die Faust zu recken, im Gleichschritt zu marschieren, abzustimmen, im Gleichtakt zu hassen oder zu lieben oder zu sterben, unterschiedslos, statistisch!«

Ich gebiete ihm Schweigen, meinem Mephisto. Dieser Teufel würde noch alles ausplaudern! Doch sosehr Teufel er ist, er hätte euch sicherlich nicht die Zukunft sagen können. Die Zukunft ist wie alles andere: sie ist nicht mehr, was sie war. Ich meine damit, daß wir an sie gar nicht mehr mit einigem Vertrauen auf unsere Schlußfolgerungen denken können. Wir haben unsere altüberlieferten Möglichkeiten, an sie zu denken und sie vorauszusehen, verloren: das ist das Dramatische an unserem Zustand.

Während wir immer begieriger darauf bedacht sind zu erfahren, wo es mit uns hingeht, uns unermüdlich befragen, welche Möglichkeiten das Morgen birgt, leben wir andererseits ein schrecklich alltägliches Leben. Wir leben für den Tag, ganz als wären wir noch wie ehedem vom unmittelbaren Bedürfnis getrieben, ganz wie in den gefährdetsten Tagen der Menschheit. Und als sollte das Empfinden unserer Unsicherheit noch verschlimmert werden, sind wir überdies auch in keiner Weise darauf eingestellt, ohne Vorhersagen auszukommen, sind wir noch ganz und gar nicht so organisiert, daß wir nur im Gegenwärtigen und Augenblicklichen leben könnten. Unsere tieferen Gewohnheiten, unsere Gesetze, unsere Sprache, unser Fühlen und Trachten sind entstanden in einer Zeit und ausgerichtet auf eine Zeit, die noch längere Dauern zuließ, die auf eine unvordenkliche Vergangenheit gegründet war und in eine generationenweite Zukunft blickte.

Ähnlich verhält es sich auch mit unseren Beziehungen zum Raum. Unsere Regeln, unsere Ziele, unsere Politik sind aufs stärkste von lokaler Anschauung geprägt; sind Ausdruck eines an den Boden gebundenen, ortsansässigen Menschen. Ob Einzelwesen oder Nation, unsere Rechtsauffassungen, unsere Konflikte und unsere Verträge setzen Bodenständigkeit sowie die Anerkennung des Grundeigentums und der Gebietssouveränität voraus. Beständigkeit und Fortdauer der Nationen wie der Individuen sind mithin nach wie vor die Grundlage unserer Institutionen. Man denke an die Ehe, an das Erben, an die Vorstellung, die wir von uns selbst haben; wir halten uns doch für Individuen ...! Aber diese Lokalisiertheit und diese Permanenz, die unser gesellschaftliches und politisches Leben begründet haben, treten heute zunehmend in Kontrast zu dem Drang nach Ortsveränderung, der die moderne Welt umtreibt, und zu den leichten Möglichkeiten, die geschaffen werden, um sein Fernweh und sein merkwürdiges Streben nach Ubiquität zu befriedigen.

So tritt denn der mobile Mensch dem verwurzelten Menschen gegenüber. Wir erleben einen verzweifelten Kampf zwischen der alten Struktur und den anwachsenden Fortbewegungskräften. Während der Nomade neuen Typs mit fünf- oder sechshundert Pferdestärken über die Gebietsteilungen hinwegfliegt, unbekümmert um Grenzen und Zölle, errichten die Nationen zwischen sich immer höhere Schranken, am liebsten bis zum Zenit; und andererseits machen sie immer größere Anstrengungen, um ohne einander auszukommen, was sie zu merkwürdig widersprüchlichem Verhalten bringt; denn während sie bestrebt sind, sich jeweils als unabhängiges System zu konstituieren, als geschlossenen Wirtschaftsraum, in Autarkie (wie man jetzt sagt), tun sie ihr Bestes, um viel mehr zu produzieren, als sie konsumieren können, in der naiven Annahme, ihren Überschuß außerhalb abzusetzen und zugleich sowenig wie möglich vom Überschuß der anderen bei sich aufzunehmen.

Dieser Widerstand gegen die allgemeine Mobilität hat indessen auch einige Vorteile. Schritte die Menschheit ohne Hindernisse auf dem Wege der großen Geschwindigkeiten, der ständigen Ortsveränderungen und der nahezu augenblicksschnellen Ausbreitung so weiter, sie müßte darauf verzichten, ihre Uhr nach der Sonne zu stellen; dieser Stern würde aus unserer Verhaltensregelung eliminiert, der Tag unterschiede sich nicht mehr von der Nacht, und man müßte sich auf die Sternzeit einstellen, die Zeit der Fixsterne (die im übrigen nicht fix sind; nichts ist fix).

Nachdem Sie zu Abend gespeist haben, im Augenblick Ihrer Wahrnehmung oder Ihrer Dauer, können Sie mit dem Ohr in New York sein (und bald auch schon mit dem Auge), während Ihre Zigarette in Paris verglimmt. Im eigentlichen Sinne des Wortes ist dies eine Dislokation, was nicht ohne Folgen bleiben dürfte. Nimmt man mithin sämtliche Beobachtungen, die sich über den Wandel der gegenwärtigen Welt machen lassen, zu einer Synthese zusammen, so findet man sich einem paradoxen Gedanken ausgeliefert, der sich in unserem Hirn einstellen will und sich dort an Langerworbenem und Altgewöhntem stößt.

Wir können nicht (bisher absolut nicht) zugeben, daß ein Nichtwissen oder ein potentielles Wissen des Geistes gleichwertig mit einer positiven Erkenntnis sei. Wir können die nun wohlgefestigte Überzeugung nicht für eine Bereicherung halten, daß eine bewußte Funktionsverweigerung unseres Intellekts ein Akt der Intelligenz sein sollte, und wir können noch weniger es als Kennzeichen einer Sache auffassen, als eines ihrer wichtigsten Definitionsmerkmale, daß diese Sache unbestimmt bleiben soll. Sie würden es als lächerlich empfinden, daß man Ihnen auf die Frage nach jemandes Namen zur Antwort gäbe:

»Mein Name? Welchen Sie wollen!«[3]

Sie würden die Antwort absurd finden. Und falls hinzugefügt würde: »Ich trage den Namen, den Sie wollen, und dies ist mein wahrer Name«, Sie würden den, der so antwortet, für einen Verrückten halten. Und doch ist dies etwas, woran man sich vielleicht wird gewöhnen müssen; Unbestimmtheit als positives Faktum, positives Element der Erkenntnis.

Ebenfalls werden wir uns daran zu gewöhnen haben, nicht vor uns zu suchen, was endgültig hinter uns ist, und jegliche Vorausschau als unzuverlässig aufzufassen, eben weil es Vorausschau ist.

Ich habe es schon öfter gesagt: *wir gehen rückwärts in die Zukunft*[4], und diese Art der Fortbewegung hat einstens ihren Nutzen gebracht und einige glückliche Ergebnisse; doch der Krebs selbst hat davon ablassen müssen. Können wir es machen wie er, das heißt, in Zukunft so handeln, denken, schreiben und leben, als ob das Kommende nur scheinbar durch das Gewesene ausdrückbar wäre, weder verstehbar noch zuträglich definierbar durch das, was da war?

Sie spüren, wie bedeutsam die Frage ist. Sie zielt auf nichts Geringeres ab, als in uns das gesamte System unserer Erwartungen zu modifizieren, das ganze Netz der spürbaren Extremwerte, das uns die Illusion des Zukünftigen verschafft, sämtliche Formen unserer Hoffnungen und unserer Befürchtungen. Mit anderen Worten, es gibt in uns eine Krise des Unvorhergesehenen.[5]

Ich will versuchen, dies zu präzisieren, diese Neuheit, die im übrigen in unserem Zeitalter der Neuheiten die größte ist.

Früher sagte man geläufig – und das wurde sprichwörtlich: »La vie est faite d'imprévu« – »Das Leben besteht aus Unvorhergesehenem«. Doch dachte man nicht, wie tief diese banale Formel sein könnte. Der sie als erster aussprach und alle, die sie nachsprachen, dachten wohl nur daran, ihre Erfahrung mit der gelebten Vergangenheit auszudrücken; sie hatten festgestellt, daß sich in jedem Augenblick anderes ereignet als das Erwartete und daß der geringste Blick auf den Werdegang eines jeden von uns eine Serie von nicht eingetretenen Vorhersagen und unerwarteten Ereignissen zeigt. Doch ich sehe noch einen interessanteren Sinn in diesem etwas altbackenen Weisheitsspruch. Ich deute ihn so: die Organe des Lebens, die Funktionen unseres Organismus und unseres Geistes, alle diese Eigenschaften und Fähigkeiten des Lebenden bergen etwas in sich, das uns ermöglicht, uns in gewisser Weise auf das Kommende einzustellen. Mein Auge weiß nicht, daß ich mich einem bestimmten Gegenstand nähere oder daß ein bestimmtes Licht hier seine Intensität ändern wird; doch sobald der Gegenstand näher ist oder sobald das Licht stärker oder schwächer wird, verändert sich mein Auge, wie um seine klare Sicht beizubehalten. Es konnte sich also verändern: was man in wenig philosophischer Sprache so übersetzen würde, daß man sagt, es war geschaffen, um sich zu verändern, es war für dies Unvorhergesehene geschaffen, es sah etwas Unvorhergesehenes vorher, frühere Vorfälle hatten es vielleicht zu diesem Zweck ausgebildet, eingerichtet, und seine Akkommodationsfähigkeit war gleichsam geschaffen für das Unvorhergesehene, dies Auge nicht nur ein Organ zum Sehen, sondern ein zum Vorhersehen befähigtes Instrument ...

Wenn Sie nun dieses Beispiel, das ja einfach ist, verallgemeinern, wenn Sie feststellen, daß der ganze Mensch (und nicht nur der ganze Mensch, sondern das ganze System seines Lebens) gleichsam an dieser Möglichkeit hängt, sich beim Eintritt des Ereignisses zu verändern, damit dieser Mensch und dieses Lebenssystem auch bewahren, was zur Fortsetzung des Lebens not tut, was zur Erhaltung des Lebewesens not tut, zur

Wiedererkennung, zur Wiederauffindung seiner selbst, so werden Sie unschwer einsehen, wie wichtig die Rolle eines bestimmten Spiels bei der Konstitution unseres Organismus, unseres Geistes und unserer Gesellschaft ist. Organismus, Geist und Gesellschaft lassen ein bestimmtes Spiel zu, eine bestimmte Adaptationsfähigkeit an ein bestimmtes Unvorhergesehenes. Im übrigen setzen ja die Vorstellungen von Vorschau, Vorsorge, Umsicht, die bürgerlichen Gesetze, die Ehe, die Geldanlage, der Kredit, die Schuld und all dies voraus, daß der nächste Tag, mag er strenggenommen noch so unerkennbar sein, doch nicht unendlich verschieden vom Vortag sein kann. Mit einem Wort, alle Ereignisse des Lebens, zwischen denen der Geist einstmals zögern konnte, waren in gewissem Sinn vor ihm ausgebreitet, waren ihm vorstellbar; sie gehörten zu wohlbekannten Arten, die der Mensch seit Urzeiten beschrieben hatte. Wir genossen ein begrenztes Unvorhersehbares, was der Geschichte großen Wert verlieh. Lehrte sie uns doch, daß wir im großen und ganzen mit dem rechnen müssen, was schon war. Gewiß, unsere Väter sagten, der Zufall sei groß; sie wußten, daß man über den Ausgang einer Sache nichts vorweg behaupten konnte; doch insgesamt machte es dieses vorstellbare Unvorhersehbare möglich, daß dauerhafte Gesetze erlassen, feste Abmachungen getroffen, Ersparnisse für die Kinder gemacht wurden, daß man wußte, wenn man kaufte, was genau man zu zahlen, wenn man verkaufte, was man zu bekommen hatte. Wissen wir dies denn noch?

Schließlich, wenn man Dichter, Künstler, Schriftsteller oder Philosoph war, so richtete man sich auf die kommenden Generationen ein, selbst weit entfernte, man dachte an die Nachwelt, und man verlängerte sie in der Perspektive so weit, daß sie darüber zur Unsterblichkeit wurde. Das hatte die größten Auswirkungen auf die Werke: man schuf dauerhafte Dinge ... Damit ist gemeint, daß die Berücksichtigung der Form und der Materie bei Werken Vorrang vor allem anderen hatte. Weder die Neuheit noch die Intensität, weder die Effekte noch die Überraschungen wurden so sehr gesucht, wie sie es heute werden, denn das Neue und Überraschende, das ist das Vergängliche an den Dingen; Arbeit, Erprobung, Erfahrung waren also in keiner Weise abgetrennt von den spontanen Fähigkeiten des Geistes. Man wußte im Gegenteil, daß auch das schönste Genie nur dann erfassen und bündig für den Blick der Jahrhunderte bewahren kann, was ihm von den Göttern kommt, wenn es über ein reines und gleichsam unverderbliches System verfügt, in dem es seine Zufallsfunde zusammenführen und meistern kann.

Und mehr noch. Aus diesem Bemühen, sich selbst zu überdauern, erwuchs auch eine Veredelung unserer Ziele und Anstrengungen; und daraus eine Rangordnung, eine Klassifizierung der Werke des Menschen gemäß der Dauer, die man ihrem Tun vergönnt wähnte. Schließlich war dieser Gedanke an die Zukunft, die Nachwelt oder die Unsterblichkeit, so trügerisch er sein mochte, für den Künstler eine Energiequelle sondergleichen, die ihn in seinem oft harten Entwicklungsgang aufrecht hielt, gegen das Unverständnis für die materiellen Schwierigkeiten des Lebens. »Ein Tag wird kommen«, so dachte er. Doch all dies ist nicht mehr, oder nahezu, und es gibt wenig Hoffnung, daß dieser Begriff des Vertrauens auf Nachwelt und Dauer aus unserer Asche neu erstünde.

Im übrigen ist nur allzu deutlich, daß die neuen Formen der Gesellschaft, die sich gegenwärtig abzeichnen, den Luxus des Geistigen nicht zu einer ihrer entscheidenden Existenzbedingungen machen. Das Unnötige kann und darf sie wohl nicht interessieren. Die Entwicklung einer Minderheit, die Förderung einiger weniger Personen, der Unterhalt von Menschen, die an die breite Masse nichts abführen und deren Arbeiten sich der großen Mehrzahl nicht erschließt, können in einer streng ökonomisch organisierten Wirtschaft keine vorrangigen Ziele sein.

Nach Vollkommenheit streben, auf ein Werk unbegrenzt viel Arbeitszeit verwenden, sich selbst, wie Goethe es wollte, ein unerreichbares Ziel setzen, das sind Vorhaben, die das System des modernen Lebens zu eliminieren neigt. Selbst angenommen, die materiellen Mittel gingen Ihnen nicht ab und Sie wären auch mit jenen Gegenständen des größten Luxus versehen, die da heißen Muße, Stille, rechtes Verhältnis von

Einsamkeit und Verkehr, wie den Werken des Geistes zuträglich, so wüßte ich nicht, woher Sie in der Welt, die uns mit sich reißt und uns zerstreut, jene Ahnung tieferen geistigen Begehrens nehmen, jene Voraussetzungen für anhaltend-treue Hinwendung und selbst jenes Empfinden eines zu überwindenden Widerstands der edleren Art, wodurch wir uns des Wertes unserer Anstrengungen vergewisserten.

Glücklicherweise ist meine Vorhersage unbegründet! Bin ich doch im Begriff, das zu tun, was ich Ihnen vorhin noch für völlig unbegründbar erklärt habe. Ich sage vorher, also täusche ich mich.

Ich sagte Ihnen, das Unvorhergesehene selber sei im Wandel begriffen und das moderne Unvorhergesehene nahezu unbegrenzt. Das Vorstellungsvermögen versagt ihm gegenüber. Früher war unsere Vorhersichtweite (und folglich das Unvorhergesehene derselben Epoche) begrenzt durch unsere Kenntnisse einerseits, durch unsere Handlungsmöglichkeiten andererseits; und zwischen diesen beiden Faktoren herrschte eine Art Gleichgewicht. Wir sahen das künftige Unbekannte als eine einfache Kombination bereits bekannter Dinge an, das Neue ließ sich analysieren in nicht-neue Bestandteile. Dies ist jedoch nicht mehr so, und hier ein Bild dessen, was, wie mir scheint, nun ist:

Anstatt uns wie früher mit dem Schicksal auf eine ehrliche Partie Karten einzulassen, bei der wir die Spielregeln, die Anzahl der Karten und die Figuren darauf kannten, befinden wir uns künftig in der Situation eines Spielers, der mit Verblüffung feststellt, daß die Hand seines Partners ihn mit nie gesehenen Figuren bedient und daß die Regeln des Spiels nach jedem Stich geändert werden. Keinerlei Wahrscheinlichkeitsberechnung ist mehr möglich, und er kann nicht einmal mehr seinem Gegner die Karten hinwerfen. Weshalb? Nun, je schärfer er ihn ins Auge faßt, desto mehr erkennt er in ihm sich selbst! ... Die moderne Welt gestaltet sich nach dem Bild des menschlichen Geistes. Der Mensch hat in der Natur alles gesucht, wessen es an Mitteln und Macht bedurfte, um die Dinge um sich her genau so rasch, so instabil, so flüchtig zu machen wie er selbst, so erstaunlich, so absurd, so verwirrend und wunderbar wie sein eigener Geist. Der Geist kann sich nun aber nicht vorhersehen, er kann sich nicht selbst vorhersagen. Wir können weder unsere Träume noch unsere Pläne vorherwissen; wir sehen eigentlich nur unsere Reaktionen vorher. Prägen wir also der Welt die Gangart unseres Geistes auf, so wird sie gleichermaßen unvorhersehbar; sie nimmt dessen Unordnung an.

Es gilt dennoch, so gut man eben kann (und selbstverständlich ohne irgendwelchen Anspruch auf Prophetentum), die Frage zu erwägen, wie es sich mit der zukünftigen Existenz, dem zukünftigen Schicksal, wenn Sie wollen, der Literatur verhält. Trägt sie doch bereits einige mysteriöse Zeichen auf der Stirn.

Die Literatur kann betroffen sein zunächst in der Person dessen, der sie betreibt; sodann in der Materie, deren sie sich bedient, der Sprache und den Modalitäten, gemäß denen die Sprache sich verändert. Schließlich enthält sie außer Autor und Werk notwendig auch noch eine dritte Dimension, die sich ändern kann, und diese ist nichts anderes als der Leser.

In der Person des Autors betrachtet, ist die Literatur eine einzigartige Profession. Ihr Gerät ist beschränkt auf eine Feder und ein paar Blatt Papier; die Ausbildung, die Lehrzeit dauert, ganz wie man will: überhaupt nicht oder unendlich lange. Der Rohstoff ist ebenfalls alles, was man will: er findet sich überall; auf der Straße, im Herzen, im Guten oder im Bösen. Und was die Arbeit selbst angeht, so ist sie undefinierbar, denn ein jeder kann sagen, er gehöre diesem Beruf an, und behaupten, er sei darin Meister.

Sehen wir uns nun aber ungetrübten Auges diese merkwürdige soziale Situation an. Lösen wir den Schriftsteller aus der glänzenden Aura, die ihm die Tradition noch bewahrt, heraus, und betrachten wir ihn in der Wirklichkeit seines Lebens als einen Handwerker der Gedanken und Praktiker der geschriebenen Sprache. An wen oder an was läßt denn dieser unter seiner Lampe beschäftigte Mensch denken, eingeschlossen, wie er ist, zwischen seinen Büchern und seinen Wänden, sonderbar in sich gekehrt oder umgetrieben; in kaum zu nennender

Auseinandersetzung mit unsichtbaren Gegenständen begriffen; plötzlich aufgeschreckt, innehaltend, aber schließlich doch stets wieder an seinen Werktisch zurückkehrend, federkratzend oder maschineklopfend? Lassen wir das romantische Bild des zerzausten Poeten mit vom Schicksal zerfurchter Stirn beiseite, der zu Leier oder Harfe zu werden vermeint inmitten der Stürme oder in der Nacht, im Mondenschein oder am Seeufer ... Nichts Brauchbares entsteht unter solch außergewöhnlichen Umständen. Die schönen Verse reifen erst am Tage nach der Inspiration.

Sehen wir uns den Autor eines Werkes an. Wie nehmen sich die Umstände aus, unter denen ein solcher Mensch arbeitet?

Eigentlich kommt die Literatur, so wie sie ist, ganz eigentümlich in die Nähe eines dieser kleinen Heimarbeitermetiers, wie es deren noch so zahlreiche gibt in Paris; und sie ist wahrhaftig in mancher Hinsicht ein solches. Der Dichter läßt an jene einfallsreichen Hersteller denken, die im Blick auf Weihnachten und Neujahr Spielzeug anfertigen, das durch den Erfindergeist, durch die ausgeheckten Überraschungen besticht und das aus ganz zufälligem Material gemacht ist. Das seinige gewinnt der Dichter aus der gewöhnlichen Sprache. Mag er noch sosehr Himmel und Erde anrufen, Stürme entfachen, Emotionen rühren, das Zarteste oder das Tragischste in den Tiefen der Seele suggerieren, der Natur, dem Unendlichen, dem Tod, den Göttern und den Schönheiten gebieten, er ist nichtsdestoweniger für den Beobachter seines Gebarens ein Bürger, ein Steuerzahler, der sich zu bestimmter Stunde mit einem weißen Heft einschließt und es schwärzt, bisweilen still, manchmal die Stimme erhebend und zwischen Fenster und Tür auf und ab gehend. Um 1840 ist jemand wie Victor Hugo ein sehr ordentlicher Autor, der bürgerlich ein Appartement im Marais bewohnt; er bezahlt seine Miete, seine Steuern; ein beispielhafter Produzent. Doch was macht er? Was produziert er? Von welcher Art ist sein Fleiß? Derselbe Beobachter, kalt und exakt, wird feststellen, daß die Produkte dieser kleinen Industrie wechselnden Wert haben, ebenso anfällig sind für Preisschwankungen wie die Erzeugnisse des Spielzeugmachers oder des Herstellers von »Pariser Artikeln«, der ebenfalls in den heimischen vier Wänden arbeitet, nur ein paar Schritte weiter, in der Rue des Archives oder der Rue Vieille-du-Temple.

Dieser Wert aber, der aus den Händen des Dichters hervorgeht, ist komplex, er ist zweigeteilt, und in beiden Fällen ist er wesenhaft unzuverlässig. Er setzt sich zusammen aus einem Teil, der reell ist (das heißt, der sich unter Umständen in Geld umsetzt), und aus einem Teil, der Rauch ist – seltsamer Rauch allerdings, verdichtet er sich eines Tages doch möglicherweise zu einem monumentalen Werk aus Marmor oder Bronze und strahlt um sich her mächtig und dauerhaft etwas aus: den Ruhm. Doch ob nun reell oder ideell, dieser Wert ist inkommensurabel: mit den Maßeinheiten, die der Gesellschaft zur Verfügung stehen, läßt er sich nicht messen. Für die einen ist ein Werk der Kunst einen Diamanten wert, für die anderen ein Sandkorn. In Arbeitsstunden läßt es sich nicht bewerten; es kann also auch nicht als universal verwendbare Währung im Gesamtverkehr fungieren. Das Nützliche ist das, was der Befriedigung der physiologischen Bedürfnisse der Menschen dient, dessen Besitz den Menschen von irgendeiner peinvollen, physisch definierten Mangelempfindung befreit.

Um solche Empfindung zu lindern, handelt der Mensch: und dieses sein Handeln hat, fortentwickelt, durchorganisiert, koordiniert, ausstrahlend auf viele tausend andere und über den ganzen Erdball hin, das Getriebe der Wirtschaft geboren. Doch das Unnütze hat keinen Platz darin. Die Wirtschaftsmaschinerie ist im Grunde eine kolossal aufgetriebene Ausweitung des Organismus, und es ist unmöglich, in dieses System, das streng auf der Nutzengleichheit der zwischen den Menschen ausgetauschten Gegenstände und Dienstleistungen aufgebaut ist, andere Gegenstände und Dienstleistungen einzuführen, die nur Wünsche und nicht absolute Bedürfnisse befriedigen, nur individuellen Dispositionen, nicht aber vitalen Funktionen entsprechen. Aus diesen Gründen kann eine systematisch und restlos organisierte Gesellschaft keinerlei Luxus zulassen, ohne ihre exakte Ökonomie zu beeinträchtigen, keinerlei Austausch zwischen dem, was für alle gilt, und dem, was für die einen, nicht aber für die anderen gilt.

Wie haben denn nun bisher Dichter, Philosophen, Künstler gelebt, all diese Kleinfabrikanten, die herstellen, was den Stolz der Menschenrasse ausmacht? Sie haben gelebt, sie haben gelebt, wie sie konnten. Sie haben gelebt dank der Ungenauigkeit des ökonomischen Mechanismus, mancher dabei ausgesprochen schlecht, mancher andere recht gut: Verlaine von der Hand in den Mund und von Almosen; Victor Hugo hinterließ Millionen ... Von meinen häuslichen Kleinherstellern machen manche ein Vermögen, andere machen Konkurs; die große Mehrzahl hält sich mit diversen Nebenbeschäftigungen über Wasser: man muß eben mehr als eine Saite auf seiner Leier haben.

Ob vermögend oder nicht, der allgemeine Gang der menschlichen Dinge verheißt ihnen indessen keine lachende Zukunft. Allenthalben werden sie von rigoros betriebener Ökonomie bedroht. Der Mechanismus arbeitet viel zu genau für sie; und andererseits läßt der harte Zugriff der politisch Mächtigen, wenn er je hier und da geruht, einen Denkansatz nicht schon im Keim zu ersticken, nur solche Werke sich entfalten, die besingen oder beteuern oder beweisen, daß alles nur immer bessergeht unter dem besten der möglichen Regime.

Die Literatur wiederum, die für sich genommen nur eine Nutzung der Ressourcen der Sprache ist, hängt von den wechselvollen Schicksalen ab, die eine Sprache erleiden kann, und von den Übermittlungsbedingungen, die ihr von den in einer Epoche verfügbaren materiellen Trägern geboten werden.

Es gebricht mir an Zeit, um die vielen Überlegungen zu entwickeln, die dieser Aspekt des Themas darzustellen verlangte. Ich beschränke mich auf einige Bemerkungen zur radiophonen Verbreitung sowie zur Speicherung auf Schallplatten.

Man kann sich bereits fragen, ob nicht in absehbarer Zeit eine rein mündliche und auditive Literatur das »Schrifttum«

ersetzen wird.[6] Es wäre dies eine Rückkehr zu den primitivsten Anfangszeiten, und die technischen Folgen wären unermeßlich. Was hätte die Abschaffung der Schrift für Konsequenzen? Zunächst – und dies wäre zu begrüßen – würde der Rolle der Stimme, den Erfordernissen des Ohres, der Form nach wieder die grundlegende Bedeutung zukommen, die diese körperlich wahrnehmbaren Bedingungen ursprünglich und noch bis vor einigen Jahrhunderten hatten. Die Struktur der Werke, ihre Dimensionen würden dadurch schlagartig verändert; andererseits aber würde die Arbeit des Autors sehr viel weniger leicht überprüfbar. Gewisse Poeten könnten nicht mehr so kompliziert sein, wie man es von ihnen behauptet, und die in Zuhörer verwandelten Leser könnten kaum mehr auf eine bestimmte Stelle zurückkommen, sie nachlesen, genußreich oder kritisch vertiefen, wie sie es mit einem Text tun, den sie in Händen halten.

Doch mehr noch. Angenommen, das Fern-Sehen[7] entwickelt sich (und ich gestehe, daß mir dies kaum wünschenswert erscheint), so wird damit auf einen Schlag der gesamte Anteil des Beschreibenden an den Werken ersetzt werden können durch eine visuelle Wiedergabe: Landschaften, Porträts gehörten nicht mehr zum Bereich der Literatur, sie würden den sprachlichen Mitteln entzogen. Man kann sogar noch weiter gehen: der Anteil des Gefühls könnte ebenfalls verringert, wenn nicht gar völlig ausgeschaltet werden, durch den Einsatz gefühlsbetonter Bilder und einer entsprechenden, im pathetischen Augenblick ausgelösten Musik ...

Und hier schließlich noch eine mögliche Konsequenz, die ernsteste vielleicht, des Einsatzes all dieser Errungenschaften: Was würde aus der abstrakten Literatur? Solange es darum geht, die Gemüter zu belustigen, zu bewegen, zu verführen, kann man zur Not ja einräumen, daß die bloße Emission dafür hinreicht. Doch verlangen Wissenschaft und Philosophie dem Denken einen ganz anderen Rhythmus ab, den einstmals die Lektüre ermöglichte; oder vielmehr verlangen sie die Ausschaltung von Rhythmus überhaupt. Das Nachdenken unterbricht in jedem Augenblick den eingegangenen Impuls, führt zeitliche Ungleichheiten ein, Rückgriffe und Abschweifungen, die das Vorhandensein eines Textes erforderlich machen und die Möglichkeit, nach Belieben mit ihm zu schalten. All dies ist beim Hören ausgeschlossen.

Das Hören reicht für die Übermittlung abstrakter Werke nicht hin.

Ich will allerdings diese so interessanten Probleme, deren Gegebenheiten und Tragweite sich für uns schon zunehmend genauer abzeichnen, nicht mehr weiter vertiefen und mich darauf beschränken, zum Schluß (aber noch nicht zum Schluß meines Vortrags) noch zu einigen besonderen Punkten des literarischen Horizonts vorzustoßen.

Die Phantasie ist eine der Zuständigkeiten der Literatur, und ich habe mich bisweilen gefragt, zu welchen neuen Entwicklungen sie wohl heute oder morgen Anlaß geben könnte. Ich will mich genauer ausdrücken. Was würde, was könnte heute sich ein Jules Verne oder ein Wells ausdenken, ein Konstrukteur imaginärer Welten? Wohlgemerkt, sie haben zwar imaginäre Welten erdacht, doch hat weder der eine noch der andere etwas im Bereich des Geistes versucht. So haben sie sich beispielsweise nicht damit abgegeben, Zukunftskünste zu ersinnen. Der berühmte Kapitän Nemo, den jeder kennt, spielt in seinem Nautilus auf dem Meeresgrund Orgel, und auf dieser Orgel Musik von Bach oder von Händel. Jules Verne hat die »Ondes musicales« nicht vorhergesehen, und er hat ebensowenig an neue Kombinationen oder Kompositionen, an eine noch unbekannte Ästhetik gedacht. Man mache sich klar, daß es für ihn ziemlich leicht war, gewisse Erfindungen zu erdenken, die in der Folge dann gemacht wurden: Unterseeboot, Flugzeug usw.[8] Es sind solche, die nur eine Fortentwicklung bereits vorhandener Mittel erheischten, verbunden mit den naiven Eingebungen des Primitiven, die der Mensch in sich vorfand, seit er existiert, wie durch die Luft fliegen, die Meerestiefen durchschwimmen, auf Entfernung vernichten, Reichtümer schaffen ohne entsprechende Arbeit. All dies verlangte eine Phantasie, die sich noch als elementar bezeichnen läßt. Selbst Wells hat in seinem berühmten Buch von der ZEITMASCHINE nur die

Zeit benutzt und durchmessen, die schon da war, die alte Zeit, die bis zu ihm hin galt.[9]

Aber jemand, der heute die Nachfolge jener berühmten Erzähler antreten wollte, müßte sich seine paradoxen Sichtweisen und seine Vorherahnungen bei der jüngsten Wissenschaft ausborgen. Gewiß würde er damit seinen Leser verstören, wenn er von ihm einigermaßen vertiefte Kenntnisse verlangt. Schließlich wäre es aber doch nicht unmöglich, in die moderne Literatur etwas wahrhaft modern Phantastisches aufzunehmen, beispielsweise mit einem Anschein wissenschaftlicher Erklärung eine Person vorzuführen, die mit einer bestimmten Handbewegung oder einem bloßen Blick, den sie auf einen Apparat richtet, beträchtliche Auswirkungen auf große Entfernung erzielt, was rechtschaffen wie Magie wirkte. Doch diese Magie gibt es wirklich! Und man könnte schon jetzt das Öffnen eines Geldschranks abhängig machen von einer Formel, von einem SESAM-ÖFFNE-DICH, das irgendwo ausgesprochen wird. Dabei wissen wir ja – und wissen es manchmal nur allzu gut –, daß auch ohne Maschinen eine Geste, ein Blick, auf ein Menschenwesen gerichtet, oftmals erstaunliche Folgen haben kann. Es genügt, die lebenden Personen durch ausgedachte Apparate zu ersetzen, sie »blickempfindlich« zu machen, eine Erfindung, die den Schriftsteller höchst wenig kosten dürfte, und schon haben wir eine Quelle für Kombinationen von Erzählelementen, die noch ganz unerschlossen sind.

Doch all dies ist noch immer nur recht unbeholfen aus unseren augenblicklichen physischen Möglichkeiten abgeleitet. Man muß ein wenig weiter gehen. An die Bestimmung der Literatur denken bedeutet auch und in erster Linie an die Zukunft des Geistes denken. Hierbei stellt sich allenthalben Unsicherheit ein. Wir sind nur allzu frei, uns diese Zukunft auszumalen, wie es uns beliebt, und wir können willkürlich annehmen, daß entweder die Dinge sich ähnlich weiterentwickeln, wie wir sie kennen, oder aber daß sich in der kommenden Zeit ein Niedergang der geistigen Werte ereignen wird, ein Abstieg, eine Dekadenz, vergleichbar demjenigen, was sich zu

Ende der Antike abgespielt hat; die Kultur nahezu aufgegeben, die Werke unverständlich geworden oder vernichtet, die Produktion eingestellt, alles leider sehr gut möglich, und zwar möglich auf zweierlei Arten, die uns beide wohlvertraut sind: Sei es, daß sich die einsatzfähigen Massenzerstörungsmittel der Sache annehmen und dabei die Bewohner der zivilisiertesten Regionen des Erdballs dezimieren, Monumente, Bibliotheken, Laboratorien, Archive vernichten, die Überlebenden in ein Elend stürzen, dem ihre Intelligenz nicht mehr gewachsen ist und wodurch alles ausgelöscht wird, was den Menschen geistig wieder erheben könnte; sei es im Gegenteil, daß nicht die Zerstörungsmittel, sondern die Mittel der Aneignung und Nutzung, die Zusammenhanglosigkeit, wie sie aus der Häufung unverbindlicher Eindrücke zwangsläufig entsteht, die sofortige Vulgarisierung und Anwendung industrieller Methoden auf Erzeugung, Bewertung und Verbrauch der Früchte des Geistes am Ende eine Gefährdung der höchsten und wichtigsten geistigen Tugenden herbeiführen: der inneren Konzentration nämlich, der meditativen und kritischen Fähigkeit und dessen, was man das Denken in hohem Stile nennen kann, der vertieften und auf den exaktesten Ausdruck gebrachten Erforschung seines Gegenstandes.

Nun, wir erleben als Dauerzustand die Störung unserer Anschauungen. Intensität, Neuheit sind in unserer Epoche zu Qualitäten geworden, was ein sehr auffälliges Symptom ist. Ich vermag nicht zu glauben, daß dieses System der Kultur zuträglich ist. Seine erste Konsequenz wird sein, daß unverständlich oder unerträglich wird, was immer an Werken der Vergangenheit unter ganz entgegengesetzten Umständen entstanden ist und eine ganz andere Geistesbildung voraussetzt.

Doch gibt es auch noch eine andere Möglichkeit.

Fassen wir ein wenig Mut. Ich möchte ankündigen, daß ich nunmehr in jenes *Phantastische des Geistes* eintrete, von dem ich Ihnen vorhin sagte, daß weder Verne noch Wells, noch auch Poe selbst, der größte und tiefste Autor dieser Gattung, die Möglichkeiten auszudenken gewagt hatten. Rufen wir uns zunächst in Erinnerung, daß wir vom Geist selbst nichts und von unseren Sinnen fast nichts wissen. Mehrmals schon habe ich im Gespräch mit Physikern gesagt, nachdem die Rede auf soviel unerwartete Neuheiten, wie sie die Wissenschaft heutzutage beschäftigen, gekommen war, daß doch schließlich die Retina ihre eigenen Vorstellungen vom Licht haben dürfte, von den Wellenvorgängen, in denen sich unsere alten sprachlichen Ausdrücke auflösen: Materie, Energie, kontinuierlich oder diskontinuierlich ...

»Es gilt sich darauf einzustellen«, sagte ich zu ihnen, »daß Sie früher oder später gezwungen sein werden, Ihre Forschungen auf die Sensibilität und die Organe der Sinne zu konzentrieren. Dies sind Ihre Apparate, auf denen alles aufbaut. Jede Messung, die ihr Physiker vornehmt, bringt doch das Tasten, das Sehen, die Muskelempfindung ins Spiel ... Ihr habt euch durch die Unmenge von Zwischenrelais ungeheuer weit entfernt aus dem engen Umkreis, innerhalb dessen alle diese Sinne sich auf etwas Greifbares richten können. Ihr habt damit begonnen, euch das, was ihr unterhalb der Ebene der Sinne annahmt, nach dem Bilde dessen vorzustellen, was durch sie erfaßt wird; doch nunmehr seid ihr an die Grenze dessen gestoßen, was an solchen Bildern und Analogien akzeptabel ist. Es muß nun eine Rückkehr zum Ausgangspunkt erfolgen, eine Rückkehr zu diesen so wenig bekannten Sinnen, mittels deren wir erkennen.«

Noch weniger wissen wir vielleicht über das Gedächtnis und über die anderen Fähigkeiten oder Eigenschaften dessen, was wir den Geist nennen. Dennoch (und vielleicht ohne mehr darüber zu wissen) ist die Annahme wohl nicht absurd, daß alle unsere Vorstellungen von diesem Geist und von seinen Fähigkeiten in nicht allzu ferner Zukunft ebenso umgestoßen, ebenso verwandelt sein werden, wie es gegenwärtig unsere Vorstellungen von der physikalischen Welt gegenüber der Zeit vor vierzig Jahren sind. Was wir jetzt noch Intelligenz, Gedächtnis, Erfindungsgabe, Genie, Talent usw. nennen, wird vielleicht als Begriff und Kategorie ebenso undifferenziert, primitiv und überholt erscheinen, wie es bei der Kategorie der Materie im Gegensatz zu Geist heute schon der Fall ist.[10] Es ist Ihnen sicherlich nicht entgangen, daß die Materie seit einigen Jahren zerronnen ist, und mit ihr so manche Streitfrage. Spiritualismus, Materialismus haben nur mehr historische Bedeutung, die Bedeutung einer ausgedienten Antithese.

Was kann sich also auf diesem Gebiet tun?

Ein großer Gelehrter, den ich kenne und der voller Vertrauen in die doch recht angeschlagene Theorie der Evolution ist, glaubt fest daran, daß der Mensch am Ende schließlich doch erwerben wird, was ihm fehlt, um die Widersprüche, in die er sich heute in so manchem Bereich verstrickt sieht, aufzuheben; daß es uns (in einigen hundert Jahren) gelingen wird, uns mit einer völlig neuen Welt zurechtzufinden, die durch das vorgängige Dasein und das Auftreten von ungeheuer verschiedenen Größen, von sehr weit voneinander entfernten Dimensionen und Geschwindigkeiten charakterisiert wird; und daß auch die abstraktesten Begriffe, die heute nur bildlose mathematische Symbole sind, den Geistern der Menschen jener Zeit vorstellbar werden.

Ich gestehe, ich bin weniger sicher als er, daß die Ressourcen unserer Menschennatur unserer Intelligenz eine solche Gunst erweisen könnten, doch ich will es Ihnen nicht verwehren, davon zu träumen, und ich müßte es mir verargen, wollte ich Sie nun noch länger von sich selbst und Ihren Hoffnungen fernhalten.

[1937]

FLUKTUATIONEN ÜBER DIE FREIHEIT

I

FREIHEIT: das ist eines jener leidigen Wörter, die mehr Wert haben als Sinn; die mehr singen als sprechen; die mehr fragen als antworten; die durch aller Hände gegangen sind und deren Andenken besudelt ist von Theologie, Metaphysik, Moral und Politik; die sich nur allzugut eignen für Kontroverse, Dialektik, Eloquenz; gleichermaßen für Scheinanalysen und unendliche Subtilitäten wie für Satzschlüsse, denen Donnergebrüll folgen soll.

Eine genaue Bedeutung für dieses Wort »Freiheit« finde ich nur in der Dynamik und der Theorie der Mechanismen, wo es den Überschuß der ein materielles System definierenden Zahl über die Zahl der Hindernisse definiert, die den Deformationen dieses Systems entgegenstehen oder ihm bestimmte Bewegungen verwehren.

Diese Definition, wie sie sich aus dem Nachdenken über eine ganz einfache Beobachtung ergibt, verdiente in Erinnerung gebracht zu werden angesichts der unübersehbaren Unfähigkeit des moralischen Denkens, in eine Formel zu fassen, was es bei einem Lebewesen, das mit einem Bewußtsein seiner selbst und seiner Handlungen ausgestattet ist, unter »Freiheit« verstehen will.

Doch was den Gemütern erlaubt, uneins zu sein und ihre Unterschiede auszuleben, das wuchert nur allzu leicht aus, wenn kein gemeinsamer Bezug da ist, der sie zur Einigung zwingt.

Waren da die einen, die wähnten, der Mensch sei frei, ohne daß sie eigentlich sagen konnten, was sie darunter verstanden, so dachten die anderen alsbald, er sei es nicht, und sie versteiften sich darauf. Sie redeten von Schicksal, von Notwendigkeit, sehr viel später auch von Determinismus; doch weisen alle diese Ausdrücke denselben Genauigkeitsgrad auf wie der, gegen den sie sich richten. Sie tragen nichts dazu bei, um aus jener Unbestimmtheit herauszukommen, in der alles wahr ist.

Der »Determinist« beteuert, wenn man nur alles wüßte, so ließe sich auch das Verhalten jedes einzelnen in jeder Lage herleiten und voraussagen. Das ist gewiß offenkundig. Ein Unglück nur, daß der Ausdruck »alles wissen« keinerlei Sinn hat.

In dieser Materie, wie in so vielen anderen, wird alles absurd, sobald man die Wörter längerem Druck aussetzt: dann erweist sich nämlich, daß sie nur mit Vagheit angefüllt waren. Man stellt unschwer fest, daß das Problem ja noch nie wirklich formuliert worden ist, daß dieser Umstand auch noch nie jemanden daran gehindert hat, sich um eine Lösung zu bemühen, und daß ihm daher etwas wie Ewigkeitsdauer erwächst: die Beschäftigung mit ihm wird für das Gemüt zum *circulus vitiosus*. Der bekannte Mathematiker Abel hat in einem anderen Zusammenhang einmal gesagt: »Jedes Problem muß in eine Form gebracht werden, die eine Lösung möglich macht.«

Diese Form galt es zu suchen. Wenn sie denn unauffindbar sein sollte, so existiert auch das Problem nicht.

Da diese primäre Bemühung unterblieb, erhitzt sich das Denken über einem Wort und verirrt sich in eine Menge partikularer Aussagen: das eine Mal nimmt es eine mehr oder minder uneinheitliche Bedeutung auf, eine Art Mittelwert aller Verwendungen; das andere Mal eine auf Übereinkunft beruhende, die sich alsbald mit dem Durchschnittsgebrauch vermischt; dazu treten dann noch die unablässigen Schwankungen und Irrungen des Denkenden selbst.

Es ist ein Irrtum, der sich leicht einstellt und der so verbreitet ist, daß man ihn als Konstante bezeichnen kann, aus dem Problem einer durch statistischen Zufall zustande gekommenen Bezeichnung ein existentielles und substantielles Problem zu machen. In der *Bedeutung eines Wortes* liegt nicht mehr, es kann gar nicht mehr darin liegen, als was jeder bei tausend verschiedenen, ordnungslosen Gelegenheiten von den anderen empfangen hat, wozu sich dann noch die eigenen Verwendungen gesellen, all die tastenden Schritte eines ansetzenden Denkens, das seinen Ausdruck erst noch sucht. Einzig an die

Philologie als ihren natürlichen Richter hat man sich also mit all den Fragen zu wenden, deren Terme stets in Frage gestellt werden können. Einzig und allein ihre Aufgabe ist es, Ursprünge und Wechselfälle der Bedeutung und Verwendung der Wörter festzustellen, und sie setzt dabei nur einen Positions- und Umstandswert an, keinen »wahren Sinn«, keine Tiefe, keinen anderen Wert, der dem isolierten Ausdruck etwa verbliebe.

Wie konnte es nun aber geschehen, daß die Sache mit der Freiheit und dem freien Willen soviel Leidenschaft erregt und so viele Dispute ohne vorstellbaren Ausgang hervorgerufen hat? Man dürfte wohl dabei ein ganz anderes Interesse verfolgt haben, als eine Erkenntnis zu gewinnen, die einem abging. Man sah bereits auf die Konsequenzen. Man *wollte*, daß das eine galt und das andere nicht; die einen wie die anderen suchten keineswegs nach etwas, das sie nicht schon gefunden hätten. Dies ist in meinen Augen der schlechteste Gebrauch, den man von dem Geist, wie man ihn hat, überhaupt machen kann.

Für mich ist dies jedesmal ein Anlaß zur Verwunderung, daß das Denken sich so mit aller Kraft in die Schlacht stürzt, auf den Ruf eines Wortes hin, eines einfachen, harmlosen und für gewöhnlich auch klaren Wortes, das zu ungeheuerlicher Schwierigkeit anwächst, sobald man es aus seinem natürlichen Element, dem geläufigen Austausch, der jeweils besonderen Übermittlung, herausnimmt und etwas »Widerständiges« daraus macht. Gewiß vermag eine ganz banale Erscheinung, ein fallender Apfel, ein Deckel, der sich vom Topf hebt, bei einem zur Vertiefung seiner Beobachtungen aufgelegten Kopf zum Auslöser für Nachdenken und Analyse zu werden; doch hält sich diese Kopfarbeit unablässig an die Ausgangserscheinung und sucht zur geistigen Bewältigung nach jener von Abel genannten wahren Problemform, bei der *keine ewige Rückkehr zu den Gegebenheiten erforderlich ist.*

Ich sehe mithin kein »Problem der Freiheit«; doch ich sehe sehr wohl ein Problem menschlichen Handelns, das nach meinem Empfinden bislang noch nie mit der nötigen Strenge und

Gewissenhaftigkeit gestellt und untersucht worden ist, nicht einmal für die einfachsten Fälle. Ein Akt, wie er durch eine bestimmte psychische und physische Lage des Individuums erregt wird, stellt gewiß eine Abfolge höchst komplexer Transformationen dar, von denen wir uns noch keinerlei Vorstellung, kein Modell machen können; es ist denkbar, daß eine Untersuchung dieses Akts und die sich daran anlagernden Erkenntnisse ein wenig Licht in diese dunkle Angelegenheit bringen, deren Ursprung in den beiden nachstehend verbundenen Sätzen liegt: »Wie kommt es, daß wir tun können, was uns widerstrebt, und nicht tun können, was uns anzieht?«

Ein Mensch verfiel über der Frage, ob er denn wohl frei sei, in tiefes Grübeln. Er merkte gar nicht, wie lächerlich diese seine Verstrickung war. Nach ein paar Jahrhunderten innerlich vorgenommener Unterscheidungen und imaginärer Erfahrungen, die er damit zubrachte, abwechselnd alle Standpunkte einzunehmen und sich in die kritischsten wie in die läppischsten Situationen zu versetzen, mußte er sich eingestehen, daß er keinen Erfolg hatte.

Es gelang ihm nicht, Zustände miteinander zu vergleichen, die vollständig verschieden waren, und auszumachen, was sich gleichbleibend durch sie hindurchzog. Legt man in den einen Augenblick Furcht oder einen übermächtigen Schmerz oder ein unbezähmbares Begehren ...?

– *Ach*, sagte er, *wir können alles tun, was wir wollen, immer dann, wenn wir nichts wollen.*

Ein anderer, der ebenfalls um seine Freiheit besorgt war, hatte endlich sich eine einigermaßen genaue Vorstellung zu machen gedacht, und zwar durch ein ganz und gar naives Bild.

Er sagte zu mir: Ich stelle mir zwei vollkommen identische Personen vor, die in zwei ebenso identische Welten gestellt sein sollen. Wenn Sie so wollen, zweimal derselbe Mensch und dieselbe Welt. Nichts Physisches und auch nichts Geistiges unterscheide diese Systeme, die so gleich sein sollen, wie es nur zwei schöne Dreiecke bei Euklid sein können. Doch nun sollen zwei Ereignisse, nicht weniger gleich als das übrige, in dem einen wie in dem anderen GANZEN eintreten, und siehe da, es kann sein, daß daraufhin der eine von meinen Zwillingen auf die eine Art handelt, während der andere sich zu einem vollkommen anderen, vielleicht sogar entgegengesetzten Handeln entschließt. Das Ereignis hat also bei der einen wie der anderen Person zur Erzeugung einer wahrhaftigen »Freiheit« hinsichtlich dessen geführt, was bisher war und was sie bisher waren: ein kaum verständliches Resultat ... Doch was wollen Sie? Es geht immerhin darum, Gleichheit in Ungleichheit zu verwandeln, *ohne Intervention von außen*, und eine Waage, die im Gleichgewicht war, nach der einen Seite *oder nach der anderen* zu neigen, ohne an das Instrument zu rühren ... Muß man also zu jemand anderem werden, der zu einem bestimmten Zeitpunkt auf das einwirkt, was man bis dahin war? Sollte Freiheit ein Intermezzo sein zwischen Determiniertheiten, der Zustand eines Menschen, welcher in einem bestimmten Einzelfall sich einen Determinismus *ad hoc* schaffen kann, zum eigenen Gebrauch?

Ich antwortete ihm »aufs Geratewohl«, denn geantwortet mußte ja werden. Ich gab ihm zunächst zu verstehen, daß ich eine solche Gleichheit zweier Systeme mir gar nicht vorstellen könne, denn ich könne mir nicht einmal die Gleichheit der Figuren vorstellen, wie sie die Geometrie benützt. Das ist doch nur Physik. Aber in der rigorosen Reinheit des abstrakten Denkens gibt es keine Doppel. Jeder Gegenstand ist dort nur eine Wesenheit, das heißt ein Modell, und es gibt dort keinerlei Materie, die Pluralität zuließe. Folglich gibt es keine gleichen Dreiecke: es gibt nur ein Dreieck von jeder Spezies, das heißt, es gibt genauso viele, wie es mögliche Definitionen gibt. Und ich fügte zu meinem Vergnügen hinzu, daß das, was ich soeben von den Dreiecken gesagt hätte, Thomas von Aquin von den Engeln behauptete, bei welchen, da sie ja ganz unstofflich und getrennte Wesenheiten seien, jeder notwendig der einzige Vertreter seiner Spezies sei.[1] Man dürfe daher ganz strenggenommen nie zwei Dreiecke oder zwei Engel sagen, sondern ein Dreieck und ein Dreieck, ein Engel und ein Engel.

Ich kam wieder auf die »Freiheit« zurück. Haben Sie schon bemerkt, sagte ich zu meinem Mann, daß mit der Ausführung der äußeren Handlung uns nicht radikal die Fähigkeit abgeschnitten ist, zu denken, sie könne erst noch ausgeführt werden? Man überrascht sich doch sehr häufig dabei, den Zustand des Schwankens oder der gleichgewichtigen Möglichkeiten noch einmal zu durchleben, in dem man sich vor dem Handeln befand, so als sei es ein anderer gewesen, der sich zum Akt herbeigelassen hätte, und als sei es dem Selben, bei Strafe, nicht mehr der Selbe zu sein, unmöglich, zuzulassen, *daß das Faktum zählte.* Augenscheinlich widerstrebt es unserem Selbst, dieser Andere zu werden, der sich auf das Unumkehrbare eingelassen hat. Es ist in der Tat seltsam, daß das *fait accompli* uns bisweilen nur als ein Traum vorkommt, aus dem man erwacht, um zu der Fülle des vorgestellten Lebens zurückzufinden, zu all seinen Ressourcen und widersprüchlichen Lösungen ... Man erkennt sich nur im Vorläufigen und im reinen Möglichen: das ist so recht, was uns ausmacht.

Ja, heißt es daraufhin. Ich habe gehört, daß schon mancher Verbrecher verwundert war über sein Verbrechen. Sie sagen dann, es sei ihnen widerfahren.

Was bleibt dann noch dem Opfer zu sagen ...?

– Mein Gott, ich glaube kaum, daß ich jemals andere Verbrechen begangen habe, als was man im gewöhnlichen Leben tut, aber ich muß zugeben, daß mir die Rückkehr zu dem inneren Zustand schwankender Unschuld sehr vertraut ist, in dem das »Geschehen ist geschehen« sich so schwer einsehen läßt.

Jawohl. Jedermann verirrt sich unausweichlich in jeglicher Reflexion, bei der man selbst in Person vorkommt: Alle Spekulation über Freiheit verlangt vom Spekulierenden, daß er sich selbst in das Spiel einbezieht. Er versucht, sich beim Handeln zuzusehen. Er nimmt längst Durchlebtes wieder auf ... Doch haben Sie bisweilen in der gleichen Weise, wie man etwas Gedachtes wiederaufnimmt, auch eine Ihrer Handlungen wiederaufgenommen? Ich meine, eine von denen, die für gewöhnlich als »frei« gelten, das Wort dabei gar nicht tiefer verstanden als in der Welt oder auch im Gesetz üblich. »Wenn ich es noch einmal zu tun hätte«, sagt man oftmals. Können Sie sich diese »Korrektur« eines Lebens genau vorstellen?

– Schlecht. Es ist mir eigentlich nicht faßbar, daß ich »frei« gewesen sein soll ... Wiederum denke ich durchaus, daß ich meine Geschäfte auch hätte ganz anders führen können.

– Und Sie sagen, wie jedermann: »Wenn ich gewußt hätte ...« In den meisten Fällen jedoch, da wußte man sehr wohl, und doch verlief alles so, als habe man nicht gewußt.

– Ah, das ist teuflisch. Wie wollen Sie denn das *Akzidentelle* und seine Augenblickswirkungen wiederherstellen?

– Und dennoch: was wirkt sich bestimmender auf die Handlung aus?

– Geben Sie acht. Wir fallen wieder in die allerklassischsten Schwierigkeiten zurück. Kaum treten wir in die Handlung ein (oder vielmehr in das Denken der Handlung), da finden wir dort, was man in der Welt findet: ein schreckliches Gemisch aus Determinismus und Zufall ...

– Aber woher mag nur dieser Gedanke stammen, daß der Mensch frei ist; oder auch der andere, daß er es nicht ist?

Ich weiß nicht, ob es die Philosophie war, die damit angefangen hat, oder aber die Polizei. Insgesamt geht es doch darum, entweder die Akte des Menschen, wie sie auch seien, ganz und gar von Schuld freizusprechen und ihn damit einem Mechanismus gleichzustellen; oder ihn, wie man sagt, *verantwortlich* zu machen, das heißt ihm die Würde einer ersten Ursache zu verleihen: dazu hat man die Logik, das Gefühl, alle Wissenschaften der Natur aufgeboten und hat unermeßliche Ressourcen an Wissen, Einfallsreichtum und Eloquenz eingesetzt, um die eine oder die andere der beiden Annahmen zu demonstrieren. Bedenken Sie, daß dieser große Prozeß, falls er auch nur die geringste Konsequenz hat und wert war, daß man ihn in Gang brachte, keinesfalls nur den Moralisten oder den Metaphysiker interessiert: aller Stolz des Künstlers, all die bekannte Eitelkeit der Dichter sind mit im Spiel. Ein Werk ist ein Akt.

– Ein Mensch, der sich als inspiriert bezeichnet, ein Lyriker, der sich des Lyrischen rühmt, der rühmt sich ja dann eigentlich, nicht frei zu sein: er folgt einer Linie, die er nicht selbst gezogen hat.

– Das Ärgste an diesem Anspruch, Ursache zu sein, ohne es doch zu sein, Stolz über eine Leistung zu empfinden und sie gleichzeitig einer Quelle zuzuschreiben, mit der man überhaupt nichts gemein haben will, findet sich bei den Romanschreibern, die angeblich für die Existenz ihrer Romanfiguren gar nichts können und von Gestalten heimgesucht werden, die ihnen ihre Leidenschaften aufnötigen, sie in ihre Abenteuer mit hineinziehen und die ihren Ausgeburten dadurch in gewissem Sinne eine wesenhaft ... willkürliche Notwendigkeit verleihen. Beachten Sie, daß ich dies überhaupt nur durch einen Widerspruch ausdrücken kann. Sie wären rechtschaffen verstimmt, wenn man ihnen entgegenhielte, daß sie ja damit keinerlei Verdienst mehr haben: nicht mehr Verdienst, als der Tisch hat, auf dem die Geister die bekannten schönen Gegenstände verrücken kommen ...

... Alles läßt sich sagen zu diesem Wort, das in uns Bilder und Gedanken weckt, über die einzig und allein der Augenblick, die Umstände oder ein Gesprächspartner bestimmen. So kann man einmal annehmen, daß »Freiheit« bei Organismen eine Eigenschaft ist, deren Existenz davon abhängt, ob eine über den elementaren Vorgang des Reflexaktes hinausgehende Anpassung erzielt wird. Eine Handlung, welche die Koordination eines Systems voneinander im Normalzustand unabhängiger Funktionen mit einer gewissen Unvorhersehbarkeit erfordert, setzt voraus, daß ein gewisser *Spielraum* vorhanden ist, der die Abstimmung der Wahrnehmungen und der mechanischen Möglichkeiten des ganzen Wesens erlaubt.

– Es gibt aber noch ganz andere Aspekte: beispielsweise läßt sich »Freiheit« als eine einfache Empfindung auffassen, und sogar als eine keineswegs primitive Empfindung, die sich überhaupt nie einstellt, wenn wir tun können, was wir wollen, oder dem nachgehen können, was unser Körper uns eingibt. Es würde sich in Wirklichkeit um eine von unserer Sensibilität hervorgebrachte Kontrastempfindung handeln, deren erster Term die Empfindung oder der Gedanke eines Zwangs wären, welche selbst entweder in unserem Denken oder in unserer Erfahrung durch den Ansatz eines Aktes erweckt würden. Folglich stellt sich die Empfindung von »Freiheit« nur ein als Reaktion auf eine irgendwie empfundene oder vorgestellte Behinderung. Vergäße der in die Freiheit entlassene Gefangene augenblicklich seine Ketten, sein veränderter Zustand vermittelte ihm keineswegs das Empfinden der Freiheit. Weshalb denn auch die Freiheit, wenn sie einmal errungen und zur Gewohnheit geworden ist, nicht mehr empfunden wird; sie hat ihren Wert verloren, und es kann geschehen, daß man kein Aufhebens mehr von ihr macht.

– Alle Spekulation über »Freiheit« muß also zur Prüfung der Triebe und der Zwänge führen. Das wohlbekannte System, Bedürfnisse oder Wünsche zu täuschen oder zu verdrängen, um sich frei zu machen, würde, wenn es praktikabel wäre, mit der Beseitigung der Empfindung von »Freiheit« enden, denn die Empfindung des Zwangs würde selbst dabei beseitigt. Es kann übrigens vorkommen, daß diese Absicht zu einem paradoxen Resultat führt und man das Empfinden von »Freiheit« in dem Zwang findet, den man sich selbst auferlegt... um anderer Vorteile willen.

Damit erscheint der Knoten dieser Fragen. Er liegt in dem Wörtchen »sich«. *Sich Zwang auferlegen*. Wie kann man *sich* zwingen?

Meine Ansicht, wenn ich denn die Analyse dieser Angelegenheit bis zum äußersten vorantreiben sollte, ginge dahin, einen Begriff oder eine Bezeichnung als zu einfach auszuschalten: »ich«.[2] Das Ich ist relativ präzis nur, insofern es eine Bezeichnung für den externen Gebrauch ist. Ich sage gleichermaßen: »meine« Gedanken ... »mein« Hut ... »mein« Arzt ... »meine« Hand ...

Doch ändern wir die »Einstellung«, gehen wir in »uns selbst«. Man findet dann, oder *es findet sich*, daß *meine* Gedanken *mir* von *ich* weiß nicht woher und *ich* weiß nicht wie kommen ... Das gleiche gilt für *meine* Triebe und *meine* Energien. *Meine* Gedanken können *mich* bedrängen wie auch sich untereinander bekämpfen. *Ich* kämpfe mit *mir*. Doch *meine*, *mein* zu sagen, wenn andererseits diese Interventionen oder diese Präsenzen sich wie Phänomene verhalten, das zeigt die rein negative Beschaffenheit der Bezeichnung. Ich kann auf *meine* Meinung verzichten zugunsten der Ihren. *Mein* Schmerz, *meine* innerste, heftigste Empfindung kann aufhören, und wenn sie beseitigt ist, spreche ich trotzdem noch von ihr als von *meiner* Empfindung. Obwohl sie doch zur Erinnerung geworden ist, funktional identisch mit der Erinnerung jeder beliebigen Wahrnehmung.

Die Notierung *ich* bezeichnet also nur etwas durch den jeweiligen Umstand Bestimmtes; und wenn darüber hinaus sich etwas durchhält, so nur der reine Begriff der Präsenz, der Fähigkeit zu unbegrenzt vielen Modifikationen. Schließlich reduziert sich *Ego* auf *irgend etwas.*

Diese Formel wird sicher etwas weniger ungewöhnlich erscheinen, wenn man bedenkt, daß das, was wir unsere Person oder unsere Persönlichkeit nennen, nur ein System von Erinnerungen und Gewohnheiten ist, die in unserem Gedächtnis auch verlöschen können, wie es bei einigen Fällen von Geistesgestörtheit festzustellen ist: der Kranke vergißt, was er ist, und er erkennt sogar seinen eigenen Körper nicht mehr. Doch die Bezeichnung *ich* hat er nicht verloren, er sagt weiterhin »ich« und stellt weiterhin dies *Ich* den übrigen Dingen gegenüber. Mit anderen Worten, diese Bezeichnung hat ihre Funktion im Denken des Subjekts bewahrt.

Gleichgültig also, welches die Empfindung oder der Gedanke sein mögen, welchen Gegenstand oder Akt ich als »meinen« qualifiziere, ich stelle sie dadurch gleichermaßen einer unerschöpflichen Fähigkeit zum »Qualifizieren« gegenüber, die unabhängig von dem ist, was ihr widerfährt. Daher habe ich mich auch verschiedene Male erkühnt, dieses attributlose *Ich* mit der *Null* der Mathematik zu vergleichen, der großen und noch gar nicht alten Erfindung, die jegliche quantitative Relation in der Form a = 0 zu schreiben erlaubt. *Null* ist an sich synonym mit *nichts*; doch der Akt des Schreibens dieser *Null* ist ein positiver Akt, der bedeutet, daß jegliche Gleichheitsbeziehung zwischen Größen in sämtlichen Fällen einer Operation Genüge tut, die diese Größen alle zum gleichen Zeitpunkt aufhebt und die für alle dieselbe ist. Man *schreibt* dies nun so, daß man *nichts* mit einer Größe gleichsetzt, die man *Null* nennt.

So kommt denn auch in der »reflexiven« Notierung (ich sage *mir*, ich fühle *mich*)[3] den beiden Pronomina ein sehr verschiedener Wert zu; der eine dieser Terme, der erste, ist dies funktionale Augenblicks-Ich, das ich soeben mit der Null verglichen habe. Der andere ist qualifiziert: er ist Körper, Gedächtnis, Person oder Sache in Verbindung mit der Person, und all dies variabel, modifizierbar, vergeßbar. *Das ergibt also zwei Ich*, oder vielmehr ein *Ich* und ein *Ich*.

Sich frei machen ...?

Freiheit: Empfindung, die jeder auf seine Weise anstrebt. Der eine im Wein; der andere in der Revolte; wieder ein anderer in einer »Philosophie«; und noch ein anderer in einer Amputation wie Origenes. Askese, Opium, Wüste, einsames Davonsegeln, Scheidung, Klostermauern, »Frei«-Tod, Fremdenlegion, Maskeraden, Lüge ...

Das eine Mal ein Anwachsen unseres Könnens, das andere Mal ein Vermindern unseres Wollens – alles Arten des Fliehens, die sich vor dem Gemüt abzeichnen; die einen durch Einwirkung auf die Dinge und die Lebewesen, die anderen durch Einwirkung auf sich selbst.

Und wenn man wirklich am freiesten ist, das heißt, wenn Wunsch und Bedürfnis im Gleichgewicht sind mit den Fähigkeiten, sie zu erfüllen, dann ist das Empfinden der Freiheit gleich Null.

Es ist höchst erstaunlich, daß ein Mensch, der einer ernsten Gefahr, dem Schmerz, dem Tod, der Schande entgegengeht, physisch in der Lage ist, zu gehen; daß sein Mark und seine Muskeln ihn überhaupt tragen.

Man stelle sich einmal vor, dies sei unmöglich: welch seltsame Konsequenzen.

Wie vieles ist doch auf eine Art Simulation mit realer, energischer Wirkung gegründet, auf die Macht, muskulär das Gegenteil dessen zu tun, was das tiefste Innere des Wesens will und tut. »Wider-willig.« Bisweilen erfordert der folgenreiche

Akt einen großen mechanischen Einsatz; bisweilen auch nur einen unmerklich kleinen Aufwand, wie etwa »ja« zu sagen oder eine Unterschrift zu geben. Doch dann kann es geschehen, daß diese winzige Regung so viel »fremdes« Gewicht annimmt, daß das »Ja« nur ein Hauch, die Unterschrift nur ein Gekritzel war.

II

Auch die Politik spricht von *Freiheit*. Zunächst schien sie mit diesem Begriff nur eine juristische Bedeutung zu verbinden. Jahrhunderte hindurch bestand nahezu jede organisierte Gesellschaft aus zwei Kategorien von Individuen, deren Status nicht derselbe war: die einen waren Sklaven, die anderen wurden »Freie« genannt. In Rom wurden Freie, die von freien Eltern geboren waren, *ingenui*, »Freibürtige« genannt; waren es Befreite, so hießen sie *libertini*. Sehr viel später bezeichnete man in Frankreich als *libertins*[4] solche, von denen man annahm, daß sie ihre Gedanken befreit hatten; bald schon wurde dieser schöne Titel jedoch auf solche eingeengt, die im Bereich der Sitten keine Schranken kannten.

Noch später wurde die Freiheit zu einem Ideal, einem Mythos, einem Ferment, einem Wort voller Verheißungen, aber auch Drohungen, einem Wort, das die Menschen gegeneinander aufbringt; und zwar für gewöhnlich diejenigen, die am schwächsten scheinen und sich am stärksten fühlen, gegen diejenigen, die am stärksten scheinen und sich nicht am schwächsten fühlen.[5]

Diese politische Freiheit erscheint schwer ablösbar von den Begriffen Gleichheit und »Souveränität«; schwer vereinbar aber auch mit dem Gedanken der »Ordnung«; bisweilen mit »Gerechtigkeit«.

Wie sehr diese Abstraktionen miteinander verknüpft sind und sich überlagern, wird deutlicher, wenn man den Scheingedanken »Freiheit« in seine verschiedenen Unterarten aufgliedert. Die Freiheit des »Denkens« (das heißt des »Veröffentlichens«) kann sich oftmals nicht abfinden mit dem, was man Ordnung nennt. Die Freiheit des Handels wie auch die Freiheit der Berufsausübung können die Gerechtigkeit und auch die Gleichheit verletzen. Nation, Gesetz, Staat, Schule, Familie sind Mächte, die jede auf ihre Weise sich den Handlungsimpulsen des Individuums hemmend entgegenstellen.

Es wäre mithin eine recht interessante und vielleicht ergiebige Untersuchung, genauer zu bestimmen, was einem Einzelmenschen in einem »freien« Land möglich ist – was ihm an Spielraum verbleibt, wenn er erst einmal sämtlichen Zwängen, die ihm vom öffentlichen Wohle auferlegt werden, Genüge getan hat.

Politik und Freiheit des Geistes schließen einander aus, denn *Politik bedeutet Idole.*

Ich meine, die Freiheit des Geistes besteht in einem »Automatismus« besonderer Art, der die Gedanken alsbald darauf zurückverweist, daß sie Gedanken sind, der es nicht zuläßt, daß sie sich mit dem vermischen, was sie vorstellen, der sie von ihren affektiven und impulsiven Werten loslöst, durch die ihre Kombinationsmöglichkeiten nur beeinträchtigt oder verfälscht werden. Diese besagten Werte sind nur akzidentell mit ihnen verbunden. Ein trauriger Gedanke gliedert sich auf in einen Gedanken, der als solcher nicht traurig sein kann, und in eine Traurigkeit ohne Gedanken.

Diese »Freiheit« darf nicht verwechselt werden mit dem, was man gemeinhin »Gedankenfreiheit« oder »Gewissensfreiheit« nennt. Diese sind ganz äußerlich: es handelt sich dabei um Bekundungen oder Handlungen, die bei den darum Bekümmerten gewöhnlich kaum vereinbar sind mit der »Freiheit des Geistes« im oben definierten Sinn.

Ein wahrhaft freier Geist legt kaum viel Wert auf seine Meinungen. Wenn er sich schon nicht dagegen wehren kann, daß in ihm selbst solche aufkommen und daß er Gemütsbewegungen verspürt, die davon zunächst unablösbar erscheinen, so reagiert er doch gegen diese inneren Phänomene, die ihn überkommen: er trachtet danach, sie auf die Besonderheit und Instabilität zurückzudrängen, die ihnen mit Gewißheit zukommen. Wir können in der Tat überhaupt nur Partei ergreifen, indem wir dem nachgeben, was an unserer Natur das Partikularste und was am Gegenwärtigen das Zufälligste ist.

Der freie Geist fühlt sich unveräußerlich.[6]

Es fällt mir recht schwer, mir klar und deutlich vor Augen zu führen, was es mit dem Gedanken der politischen Freiheit auf sich hat. Ich vermute, er bedeutet, daß ich Gehorsam nur dem Gesetz schulde, wobei dieses Gesetz als von allen ausgehend angenommen wird und auch im Interesse aller geschaffen. Sollte dieses Gesetz mich behindern oder verletzen, so dürfte ich niemanden dafür anklagen noch hassen: ich unterstehe ihm, nicht anders als auch den Gesetzen der Natur.

Wenn ich nun das bürgerliche Gesetz mit dem natürlichen Gesetz überhaupt nicht in Einklang zu bringen vermag, sei es, weil es Gesicht und Ausdruck eines partikularen Willens annimmt, der dem meinen lediglich in seiner Durchsetzungskraft überlegen ist, sei es, weil dieses Gesetz, obwohl von allen ausgehend, mir dennoch absurd oder schrecklich erscheint, dann betrachte ich mich wohl als in meinen politischen Freiheitsrechten verletzt ...

Das heißt aber, daß dieser Begriff der politischen Freiheit etwas Angelerntes ist. Man hat es ja erlebt, daß Sklaven darunter litten, daß sie befreit wurden. Man erlebt es, wie Völker ein Unbehagen dabei verspüren, wenn sie sich selbst in die eigenen Hände gegeben werden, und sich alsbald neue Herren suchen. Diese Völker können sogar durchaus zu den kultiviertesten und intelligentesten ihrer Zeit gehören.

Eine weitere Feststellung: in Sachen Freiheit gilt es zu unterscheiden zwischen dem Begriff und der Empfindung.[7] Unter einer strengen, selbst einer despotischen Autorität kann die Lockerung der Institutionen und der Verwaltung dem einzelnen mehr Spielraum und sogar mehr Bewegungsfreiheit im öffentlichen Bereich verschaffen, als er in einem freien, aber rigoros freien Staatswesen fände. Hier fühlt er sich um so freier, je unfreier der äußere Anschein ist.

Ein *freies Land* nennt man ein Land, in dem die Zwänge des GESETZES als das gelten, was die große Mehrzahl will.

Wie stark diese Zwänge sind, kommt in der Definition nicht vor. So hart sie auch sein mögen, wofern sie nur von der großen Mehrzahl ausgehen oder man dafür hält, daß sie von ihr ausgehen, genügt es: dies Land ist ein *freies Land*.

Es ist bemerkenswert, daß diese politische Freiheit dem Wunsche entsprungen ist, die Freiheit des Individuums in einem natürlichen Recht zu begründen, das jedem Menschen, der in diese Welt kommt, zustehen soll.

Man hat dieses Individuum den Launen eines einzelnen oder einiger weniger entziehen wollen, und dabei blieb nichts anderes übrig, als es den Launen der großen Mehrzahl auszusetzen.

Doch da dies nicht zugegeben werden kann, denn es können ja weder die Launen noch die Überlegenheit einer Mehrheit zugegeben werden, wurde bisweilen das undeutliche Empfinden dieser großen Mehrzahl ins schöne Gewand der VERNUNFT gehüllt.

Es kann als ausgemacht gelten, daß die Entäußerung von Rechten, zu der man sich selbst gegenüber gehalten ist, zugunsten einer Freiheit geschieht, die höher steht als die Freiheit der Ausübung solcher Rechte. Diese einfache Feststellung zeigt zur Genüge, in welche Ausdrucks- und Denkschwierigkeiten uns der Begriff »Freiheit« bringen kann.

In einem solchermaßen freien Land ist es strenggenommen untersagt, dem Meer einen Becher Wasser zu entnehmen oder zehn Fuß Tabak anzubauen, und es müßte eigentlich auch als bedenklich gelten, mit der Lupe in der Sonne eine Zigarre anzuzünden. All dies ist gewiß recht weise und irgendwo auch gerechtfertigt. Der Druck jedoch ist nichtsdestoweniger vorhanden, und damit bin ich bei der Feststellung, auf die ich hinaus wollte: Anzahl und Stärke der Zwänge gesetzlichen Ursprungs sind vielleicht heute größer als jemals zuvor. Das Gesetz bemächtigt sich des Menschen von der Wiege an, nötigt ihm einen Namen auf, den er nicht mehr ändern kann, steckt ihn in die Schule und macht ihn zum Soldaten, der bis ins Alter jederzeit einberufen werden kann. Es verpflichtet ihn zu einer Unzahl von Ritualen, Bekenntnissen und Leistungen, und ob es nun um sein Hab und Gut oder um seine Arbeit geht, es unterwirft ihn den Dekreten, und diese sind so zahlreich und so undurchschaubar, daß niemand sie alle kennen und fast niemand sie interpretieren kann.

Ich bin nahe daran, hieraus den Schluß zu ziehen, daß die politische Freiheit das sicherste Mittel ist, die Menschen zu Sklaven zu machen, gelten doch diese Zwänge als Emanation des Willens aller, man kann ihnen kaum widersprechen, und diese Art Einschränkung und Erpressung, wie sie von einer gesichtslosen, völlig abstrakten und unpersönlichen Obrigkeit ausgeht, wirkt mit der Gefühllosigkeit, der kalten, unausweichlichen Macht eines Mechanismus, welcher von der Geburt bis zum Tod jedes individuelle Leben zum Bestandteil einer unsagbaren, monströsen Existenz umformt.

Die großen Dinge werden von Menschen vollbracht, die nicht spüren, wie ohnmächtig der Mensch ist. Diese Gefühllosigkeit ist beneidenswert.

Doch man muß wohl einräumen, daß die Verbrecher in dieser Hinsicht unseren Helden nicht ganz unähnlich sind.

Freiheit hat ihre Opfer.

Manches Wertvolle, sogar einiges vom Allerwertvollsten, muß für sie herhalten.

Wie die Freiheit unserer Bewegungen zunächst gar nicht verspürt, vielmehr erst nach dem Wegfall einer Behinderung überhaupt empfunden wird, oder aber sich unter dem Druck einer Fessel in der Vorstellung einstellt, so ist auch die politische Freiheit oder die Freiheit der Sitten oder des Denkens nicht ursprünglich gegeben, sondern bildet sich allmählich heraus, festigt sich langsam in den Gemütern und wird gebieterisch erst nach langen Perioden des Zwangs, der Disziplinierung, des Formalismus und der Unterwerfung. Während dieser Zeit der Entbehrung erwirbt der Mensch etwas wie Tugenden, die aufs ganze gesehen förderlich sind für das gesellschaftliche Leben, für das regelmäßige Funktionieren der Mechanismen dieses Lebens, für das gegenseitige Verständnis der Einzelwesen, für die Vorhersehbarkeit der Reaktionen des *einen* wie auch der verschiedenen Gruppen. Möglicherweise sind die jeweils eingetrichterten Prinzipien, Regeln, Sitten oder Gewohnheiten aus den Gegebenheiten der Zeit überhaupt nicht ableitbar: sie können ganz seltsam erscheinen, absurd, tyrannisch, willkürlich, und man möchte es gar nicht für vorstellbar halten, daß man sich so lange hat Formen oder Formeln unterwerfen können, die hemmend, ungerecht, lächerlich, gräßlich oder einfach sinnlos waren. Daraus entstehen Regungen, die diese Hindernisse umstürzen wollen, entstehen Vorstellungen, wie froh und glücklich man doch sein müßte, wenn sie erst beseitigt wären. Alsbald stellt sich auch schon lustvoll der Gedanke ein, unmittelbar Hand anzulegen und augenblicklich alles niederzuwerfen. Unter dem Namen *Freiheit* gewinnt dann die Gewalt, die grellfarbene, mit ihren Gesängen und ihrer Gestik, mit ihrer Wucht und dem dramatischen Schaugepränge eine unwiderstehliche Verführungskraft. In der Mehrzahl der Fälle hat der Löwe, der es leid war, seinem Herrn zu gehorchen, wenn er ihn erst zerfleischt und verschlungen hat, seine Nerven befriedigt, und er sucht sich einen neuen, vor dem er kuschen kann ...

Solches Revoltieren zerstört unterschiedslos. Gewalt kennzeichnet sich dadurch, daß sie nicht auswählen kann: sehr zu Recht heißt es, Wut macht blind; eine Explosion oder eine Feuersbrunst trifft eine bestimmte Menge Raum und alles, was sich darin aufhält. Mithin liegt die Illusion derer, die da wähnen, eine Revolution oder ein Krieg könnten Lösungen für ganz bestimmte Probleme bringen, in der Annahme, beseitigt würde dabei allein das Übel.

Unter den Opfern der Freiheit sind die Formen und – in jedem Sinne des Wortes – der Stil. Was immer ein Training erfordert, ein Beobachten des zunächst Unerklärlichen, ein beharrliches Wiederaufnehmen; was immer – mit Zwang – von einer Freiheit der Ablehnung des Hindernisses zu jener höheren Freiheit der Überwindung des Hindernisses führt, all das geht dahin, und das Kritiklos-Beliebige überzieht die Welt mit seinen Produkten. Eine wahrhafte Geschichte der Künste würde aufzeigen, wieviel an Neuheiten, an vorgeblichen Entdeckungen und Kühnheiten nur Verkleidungen des Dämons der kleinsten Aktion sind.[8]

Freiheitsgedanke, Freiheitsempfinden, Freiheitsdurst haben sich um so stärker zu Wort gemeldet, je stärker die Machtausübung wurde, persönlich ihrem Prinzip nach, administrativ-unpersönlich in ihren Mitteln und Vorgehensweisen. Als sie sich ganz und gar in einem Individuum konzentrierte, mußte sie sich notwendig einen Mechanismus zulegen, der zunehmend enger eingestellt war auf Übermittlung und automatische Ausführung der Befehle des EINZIGEN im Zentrum.

Dies geschah im Frankreich des 17. Jahrhunderts. Und das hieß, daß eine Revolution nicht nur erstrebenswert, sondern auch vorstellbar und möglich wurde. Unsere sämtlichen Revolutionen des vergangenen Jahrhunderts hatten als notwendige und auch hinreichende Bedingung die Zentralisierung der Macht, dank deren ein Minimum an Phantasie, an Kraft und Ausdauer genügt, um mit einem Schlag eine ganze Nation in die Hand zu bekommen, wem immer danach zumute ist. Von dem Tage an, als deutlich geworden war, daß die Besetzung von zwei oder drei Gebäuden und die Ausschaltung weniger Personen den Zugriff auf ein ganzes Land bedeuteten, war die Ära der gewaltsam-plötzlichen, kurzfristigen politischen Veränderungen angebrochen. Das von Richelieu und Ludwig XIV. geschaffene System leistete Phantasien à la Blanqui[9] Vorschub.

Doch nicht dies ist es, was mich derzeit beschäftigt. Ich dachte an das, was man STAAT nennt und wofür ich doch nirgends eine Erklärung gefunden habe, die mich zufriedengestellt hätte.

Die Rechtskundigen sagen, es sei eine »juristische Person«, das heißt ein Wort und eine Übereinkunft, deren Nennung eine gewisse Anzahl von Befähigungen oder Vermögen umfaßt; doch diese Befähigungen selbst gehen notwendig aus dem Gesetz hervor: nun gibt es aber kein Gesetz ohne einen

Staat, der es erläßt und ihm Gehorsam verschafft. Und damit sind wir in jener so bedenkenswerten mythischen Welt, die alles kollektive Leben durchherrscht und allem individuellen Leben reale, eindeutige Konsequenzen aus Wesenheiten aufnötigt, die doch nur der Vorstellung oder der Benennung mit Worten entstammen und sich unmöglich eingrenzen, beschreiben oder definieren lassen.

Eines Tages wurde ich wohl von einem jungen Menschen um Erhellungen zu diesem Begriff angegangen, und da war ich um die Antwort verlegen, drang er doch zum einen in mich und verspürte ich doch zum andern meinen gewohnten Widerwillen gegen Sätze, die mich selbst nicht zufriedenstellen, und gegen Begriffe, die mir bodenlos erscheinen. Ich konnte ihm schließlich nichts als ein *Rezept-zur-Vergegenwärtigung-des-Staates* anbieten, das eine Augenblickseingebung von durchaus begrenztem Wert war.

– Sie können sich doch, sagte ich zu ihm, einen Monarchen vorstellen? Einen Menschen zwar, der jedoch sehr viel vermag und noch mehr sein eigen nennt. Ihm gehört das ganze Land, in dem Sinne, daß alle anderen Besitzenden nur besitzen kraft des Schutzes, den er ihnen angedeihen läßt, und ihm tributpflichtig sind. Er kann die Leute reich und arm machen, erhöhen und erniedrigen; verbannen oder in den Tod schicken nach seinem Gutdünken; kann aufbauen oder abreißen lassen; Krieg oder Frieden machen; gestalten, reglementieren, gewähren oder versagen ... Niemandem ist er Rechenschaft schuldig ... Kurzum, er ist der einzige totale Mensch seines Reiches, und wenn er verkündigt: *L'État c'est moi*[10], so ist nichts klarer als dies, und Sie verstehen mühelos, was in diesem Satz mit Staat gemeint ist, denn Sie sehen einen Mann vor sich und stellen fest, daß er handelt. Setzen wir diese Vorstellung an und operieren wir nun mit diesem Gedanken eines allmächtigen Menschen. Lassen Sie alles Menschliche an ihm beiseite, ohne ihn in seiner Macht zu schmälern; nehmen Sie ihn alterslos und todlos, die Zeit soll ihm nichts anhaben können:

Vainement pour les dieux il fuit d'un pas léger.[11]

Doch nicht genug damit. Nehmen Sie ihm jetzt auch alles menschliche Empfinden: dieser Unsterbliche bedarf keines Herzens ... Weder Sinne noch Herz ... Und der Geist ...? Nun ja, wes Geistes mag der Staat schon sein?

– Euer Staat ist ein Ungeheuer, rief der junge Mensch. Wir leben nur von dem, was er uns gnädig überläßt. Unser Gut, unser Leben, unser Geschick, alles nur Zugeständnisse, die er uns macht. Ich verstehe, warum es von Zeit zu Zeit Bewegungen gibt, die uns von der wachsenden Unmenschlichkeit des Systems befreien wollen. Schaudernd und zitternd steht der Mensch vor ihm, wie er staunend und bewegt vor den ungeheuren Maschinen steht, die er sich gebaut hat.

– Fügen Sie noch hinzu: *Ist der Staat stark, erdrückt er uns. Ist er schwach, gehen wir zugrunde.*[12]

Manche zartbesaiteten Wesen sind schockiert bei der Vorstellung von sich selbst, wie sie in politischen Reden und Überlegungen, die sie sich anhören müssen, impliziert sein muß. Es gibt welche, die können es nicht ertragen, daß der Ton sich steigert und daß bestimmte Wörter gebraucht werden, die ihnen, gerade weil sie so erhaben sind, schamlos erscheinen. Sie ziehen sich zurück von den Parteien, die solchen Wortgebrauch hinnehmen, selbst praktizieren, davon leben – und das heißt: von sämtlichen Parteien.

Jede Politik, selbst die gröbste, setzt eine Auffassung vom Menschen voraus, denn es geht ja darum, über ihn zu verfügen, sich seiner zu bedienen, vielleicht sogar ihm zu dienen.

Ob es nun um Parteien geht, um Regime oder um Staatsmänner, es wäre sicherlich lehrreich, wenn man einmal ihren Taktiken oder ihrem Handeln zu entnehmen suchte, welche Vorstellungen vom Menschen sie sich gemacht haben oder noch machen.

Ich frage mich, ob auch nur ein einziger darunter ist, der sich die Zeit genommen und die Mühe gemacht hätte, darüber gründlicher nachzudenken, und ich muß das Gegenteil annehmen.

Eine andere Forschung möchte ich vorschlagen: zu untersuchen, wie sich die individuelle Freiheit, seit x Jahren, gewandelt hat.

Dabei würde es darum gehen, die nacheinander erfolgten Gesetze zu prüfen: durch die einen wird der Bereich der Möglichkeiten eines jeden erweitert, durch die anderen eingeschränkt. Von einem bestimmten Tag an darf man nicht mehr Zahnarzt sein ohne Abschlußprüfung und Diplom. Zu einem bestimmten Datum wurde jedermann zum Militärdienst verpflichtet. Zu einem bestimmten anderen erlaubte man ihm die Scheidung. Dreißig Jahre später wurde die Offenlegung der gesamten Einkünfte an den Fiskus zur Pflicht. Um 1820 war eine ganz andere Offenlegung verlangt worden.[13]

Wie man sieht, sind die Konturen des Bereiches unserer Freiheit sehr schwankend. Ich fürchte allerdings, seine Ausdehnung ist seit einem halben Jahrhundert nur geschrumpft. Es ist ein Chagrinleder.[14]

Indessen wäre es sehr ungerecht und oberflächlich, nur die Gesetzeszwänge ins Auge zu fassen. Der moderne Mensch ist der Sklave der Modernität: es gibt keinen Fortschritt, der nicht zur vollständigsten Knechtschaft würde. Der Komfort kettet uns fest. Die Freiheit der Presse und die allzu mächtigen Mittel, die ihr zu Gebote stehen, dröhnen uns die Ohren voll mit gedrucktem Geschrei, durchbohren uns mit sensationellen Neuigkeiten. Die Werbung, eines der größten Übel dieser Zeit[15], beleidigt unsere Augen, verfälscht sämtliche Epitheta, verschandelt die Landschaften, verdirbt alle Qualität und alle Kritik, beutet den Baum aus, den Fels wie das Monument und vermengt auf den von der Druckerpresse ausgespuckten Seiten den Mörder, das Opfer, den Helden, den hundertsten Jahrestag und das zu Tode gequälte Kind.

Da ist auch die Tyrannei der Zeitpläne.

All dies trifft uns im Gehirn. Bald wird man streng abgeschirmte Klöster bauen müssen, in die weder die Wellen noch die Blätter eindringen; in denen die Ignoranz jeglicher Politik bewahrt und gepflegt wird. Dort wird man Verachtung empfinden für Geschwindigkeit, für große Zahlen, für die Massen-, die Überraschungs-, Wiederholungs-, Neuheits- und

Leichtgläubigkeitseffekte. Dorthin wird man gehen an manchen Tagen und durch die Gitterstäbe hindurch einige Exemplare von *freien Menschen* betrachten.

[1938]

AKTUELLE ERINNERUNG

Im Jahre 1896 war ich in London, rechtschaffen allein, obgleich durch meine Tätigkeit gezwungen, tagtäglich allerlei Leute, auch sehr pittoreske, zu sehen.[1] Ich liebte London, das damals noch sehr eigenartig war, sehr. »Stadt der Bibel«, wie Verlaine sagte: keiner hat sie besser beschrieben, in wenigen Versen.[2]

Ich fand wunderbar stark das Empfinden, sich in der Menschenmenge aufzulösen, nur mehr ein völlig gleichgültiges Element in der fließenden Vielfalt der Lebewesen zu sein, die sich durch die endlosen Straßen ergoß, durch die *Strands*, durch die Oxford Street, sich über die Brücken hinweg ins Ungreifbare der Dünste verlor, mich benommen machte vom Geräusch der Schritte auf dem dumpfen Boden, so daß in meinem Bewußtsein nur noch der Eindruck verblieb, unsere Geschicke würden doch unaufhaltsam davongeschwemmt.[3] Ich schickte mich drein; ziellos überantwortete ich mich bis zur äußersten Ermüdung diesem Strom von Menschen, in dem die Gesichter verflossen, die Gangarten, die besonderen Lebensformen und noch die Gewißheit jedes einzelnen, einmalig und unvergleichlich zu sein. Inmitten all der Vorübergehenden hatte ich das mächtige Empfinden, daß unsere Sache eben das Vorübergehen sei, daß keines von diesen Wesen und auch ich nicht jemals erneut hier vorübergehen würden. Mit seltsam bitterem Vergnügen verspürte ich, wie simpel doch unser statistisches Dasein ist. Die Menge der Individuen sog meine Einzigartigkeit schlicht in sich auf, und ich wurde mir selbst undeutlich und ununterscheidbar. Das dürfte wohl das Zutreffendste sein, was wir von uns selbst denken können.

Eines Tages beschloß ich, der Menge und der Einsamkeit überdrüssig, einen Besuch bei dem Dichter Henley zu machen. Mallarmé, der ihn sehr gern mochte, hatte mir von ihm erzählt.[4] Mit einem einzigen Wort hatte er ihn mir geschildert: »Sie werden ein Löwenantlitz erblicken«, so hatte er mir gesagt.

William Henley empfing mich sehr viel besser als nur höflich, in dem Cottage, das er am Ufer der Themse in Barnes bewohnte.

Der alte Dichter imponierte mir mit jenem furchterregenden Gesichtsausdruck, der auch Mallarmé frappiert hatte. Doch gleich von den ersten Worten an hatte dieses wilde Tier mit seinem starken und wahrhaft löwenhaften Kopf, den eine dichte Mähne und ein rötlich-weißer Bart schmückten, mich beruhigt und gewonnen; und bald sogar ein wenig zu sehr gewonnen. Jovial, unbekümmert, mit warmer, tiefer Stimme, dabei sehr starkem Akzent, ins Französische wechselnd, ließ er mich eine Sprache hören, die mich mit ihrer drastischen Derbheit fesselte. Das gab einen höchst seltsamen Klang oder Mißklang in der eher viktorianischen Atmosphäre seines kleinen Wohnzimmers. Ich wollte meinen Ohren nicht trauen (dieser Ausdruck, so abgegriffen, enthält doch eine wundervolle Redefigur).[5]

Unter dröhnendem Lachen und mit einer kindlichen Freude, die durch meine offensichtliche Verblüffung hervorgerufen und jeden Moment noch gesteigert wurde, erzählte er mir die größten Ungeheuerlichkeiten, die er in einem überraschend kruden, waschechten Argot vorbrachte.

Ich war schockiert ... Doch was ist schmeichelhafter, als von einem Engländer in England schockiert zu sein?

Allerdings stach mich dann doch die Neugier, woher mein Gastgeber wohl diese Meisterschaft des obszönen Wortes und diesen ganzen hochprozentigen Wortschatz hätte. Nachdem er meine Überraschung weidlich ausgekostet hatte, machte er überhaupt keinen Hehl aus den Umständen, denen er sein exquisites Wissen verdankte. Er hatte in der Zeit nach dem Kommuneaufstand mit zahlreichen mehr oder minder kompromittierten Flüchtlingen verkehrt, die in London Asyl gefunden hatten. Er hatte Verlaine gekannt, Rimbaud und diverse andere, die *abssomphe*[6] sagten – und so weiter.

Man muß zugeben, daß der Umgangston der Dichter recht oft von einer grenzenlosen Freiheit ist. Der ganze Bereich der Bilder und der Wörter steht ihnen zu Gebote. Die beiden, die ich genannt habe, durchdrangen ihn mit ihrem Genie und ließen es sich nicht nehmen, ihn in seinen expressivsten Teilen zu bereichern. Das ist hinreichend bekannt; weit weniger bekannt und wohl einigermaßen erstaunlich: eine Legende, eine streng mündliche, will, daß selbst Lamartine[7] gelegentlich solch Extremes seinem Goldmund habe entfallen lassen ...

Ich sagte dies Henley, und er war begeistert ...

Da traten zwei Damen dazwischen.

Sie ließen uns aber nach dem Abendessen wieder allein, und es entspann sich eine ganz andere Unterhaltung zwischen Henleys Pfeife und all meinen Zigaretten.

Er brachte die Rede auf eine Zeitschrift, die er herausgab, *The New Review*, und in die er hier und da auch französisch geschriebene Artikel aufnahm. Ich merkte, daß da etwas auf mich zukam. Allein ich konnte nicht ahnen, daß dieses Gespräch mich zu Überlegungen und Denkrichtungen führen würde, die weitab von meinen gewohnten Gegenständen und Problemen lagen.

In seiner Zeitschrift war, so erläuterte er mir, in letzter Zeit eine Untersuchungsreihe erschienen, die in England eine Reaktion hervorgerufen hatte, die von Überraschung über Erregung bis schier zu Empörung ging.

Der Verfasser, ein Herr Williams, war auf den Gedanken gekommen, die Situation des britischen Handels und der britischen Industrien einer eingehenderen Prüfung zu unterziehen, und er war zu dem Schluß gekommen, sie stünde unter bedenklicher Bedrohung durch die deutsche Konkurrenz. Dank einer durchaus wissenschaftlichen Organisation der Produktion, des Konsums, der Transportmittel und der Werbung, dank auch einer außergewöhnlich präzisen und umfassenden Information, die ungezählte Angaben zentral verarbeitete, strebte das Unternehmertum in allen Bereichen der Wirtschaft systematisch die Ausschaltung der englischen Produkte auf den Weltmärkten an und dehnte seine Überlegenheit sogar bis auf die Kolonien Großbritanniens aus. Alle

Züge dieser großen, methodischen Operation waren von Williams festgehalten, eingehend beschrieben und auf die englische Art dargestellt worden, mit möglichst wenig Ideen und möglichst vielen Fakten.

Der Gesamttitel, den Williams seiner Artikelserie gegeben hatte, war drauf und dran, berühmt zu werden, ein folgenreiches *bill* sollte ihn in die Gesetze aufnehmen, und die drei Wörter *Made in Germany* gruben sich ein in die Köpfe der Engländer.

– Haben Sie das gelesen? fragte mich Henley.

– Bestimmt nicht.

– *Of course.* Morgen schicke ich Ihnen das Paket. Sie sollen alles lesen, was Williams da erzählt.

– Und dann?

– Dann machen Sie mir einen guten Artikel über das Ganze, eine Art von philosophischem Resümee, *genre français. Shall we say ten pages (4500 words)? And can you let me have the copy very soon? Say, within ten days?*

Ich lachte nur kurz auf und war mir sicher, daß ich das nicht machen würde, so sicher, wie man sich nur sein kann, wenn man zu etwas weder Lust noch Mittel, noch Zwang hat. Ich dachte nicht im Traum daran, mich an eine Arbeit zu wagen, die so außerhalb meiner Interessen lag und zu deren Durchführung ich in meinem Kopf nichts parat hatte.

Kaum nach Paris zurückgekehrt (mit dem Auftrag, *the good Stéphane* zu grüßen), machte ich mich folglich an die Arbeit, das heißt ans Nachdenken. Ich sage folglich, denn die wahrscheinlichste Folge eines unmittelbaren, selbstevidenten Entschlusses ist der Komplementärentschluß: die Evidenz erweckt den Zweifel; die Bejahung wird angeregt durch die Verneinung; und was zunächst eindeutig unmöglich schien, reizt alsbald alle Ressourcen der Vorstellungskraft, die gegen diese Unmöglichkeit antreten und auf die verschiedensten Lösungsansätze verfallen …

Einer davon hielt mich fest. Ich hatte einiges aus dem Militärwesen gelesen[8], denn das Methodische interessierte mich um seiner selbst willen, und es gab um diese Zeit kaum Beispiele für Organisation in großem Maßstab mit Funktionentrennung und Hierarchie, außer bei den erstrangigen europäischen Armeen. Eine Verallgemeinerung dieses Typus schien mir möglich. Der Wirtschaftskrieg ist nur eine Form des den Lebewesen natürlichen Krieges – ich sage nicht: den Menschen, läßt sich doch darüber streiten, ob der Mensch nicht erst im Stadium des Entwurfes ist ...

Es wurde mir auch deutlich, daß die moderne Wissenschaft sich um so leichter dieser organisierten Tätigkeit annäherte, als sie ja das Vorbild dafür geliefert hatte. Sie unterteilt, spezialisiert, verlangt Disziplin usf. Schließlich konnte ich aus meinen Vergleichen schwerwiegende Prognosen ableiten. An dieser Stelle darf ich mir erlauben, mich selbst zu zitieren:

»Alle Völker nun, die den Rang großer Nationen erreichen oder zu einer Zeit zurückgewinnen, wo schon ältere, ausgebildetere große Nationen ihre Stelle haben, neigen dazu, übereilt das nachzuahmen, was die älteren Nationen Jahrhunderte an Erfahrung kostete, und organisieren sich nach einer vorbedachten Methode durch – so wie ja auch jede planmäßig ausgedachte Stadt immer nach einem geometrischen Schema gebaut wird. Deutschland, Italien, Japan sind solche Nationen, deren Aufbau sehr spät wiederaufgenommen wurde, und zwar nach einem wissenschaftlichen Begriff, dessen Brauchbarkeit vom Stand der Analyse nachbarlichen Wohlstandes und der zeitgenössischen Fortschritte bestimmt wurde. Auch Rußland wäre ein Beispiel dafür, wenn die ungeheure Ausdehnung seines Gebietes nicht hinderlich wäre für die rasche Durchführung eines Gesamtplans. Japan muß denken, Europa sei für Japan gemacht worden ...«[9]

Dieser Artikel erschien am 1. Januar 1897 in der *New Review.* Er ist jetzt 48 Jahre alt. Nichtsdestoweniger scheinen die darin angeführten Namen der Nationen und einige der darin enthaltenen Gedanken auch heute nicht ganz bedeutungslos. Was derzeit im Fernen Osten und auch anderswo vor sich geht, wirkt auf mich wie eine Erinnerung.

[1938]

BLICK AUF DIE FRANZÖSISCHE LITERATUR

Mit wenigen Worten die französische Literatur umreißen ...

Diese Aufgabe ist paradox, denn alle Literatur ist grenzenlose Vielfalt, und die unsrige zieht sich über mehr als fünf Jahrhunderte hin, in deren Verlauf sich im materiellen, moralischen und politischen Leben die tiefgreifendsten Veränderungen abgespielt haben. Indessen ist gerade das Paradoxe daran sehr französisch und hinlänglich bezeichnend für unseren Geist. Ganz wie Michelangelo erklärte, es gäbe keinen Begriff, den ein großer Künstler nicht in einen einzigen Marmorblock einmeißeln könnte[1], so halten es die Franzosen für möglich, ja für durchaus dem Wesen der Dinge angemessen, daß eine immens mannigfaltige Gesamtheit höchst komplexer Dinge sich schließlich doch auf einige klare Formeln verdichten und reduzieren läßt. Notwendige und hinreichende Formeln – wir sind im Reich Descartes' ...

Daran will ich mich nicht versuchen. Ich möchte von unserem literarischen System lediglich vor Augen führen, was ein Beobachter, der weit genug entfernt ist, um so viele geistige Gegenstände zu überschauen, in all diesen Produktionen an Gemeinsamem erkennen könnte, das heißt an *spezifisch Französischem.*

Auf große Entfernung gesehen ist es zunächst unsere Sprache, die uns unterscheidet, wie eine einheitliche Färbung auf der Landkarte des Geistes. Die Literatur ist ja letzten Endes nur die Nutzung bestimmter Eigenschaften einer gegebenen Sprache. Je nach Struktur und Mechanismus dieser Sprache sind bestimmte Ausdrucksweisen möglich oder nicht, wünschenswert oder nicht, stark oder schwach – und mehr bedarf es gar nicht, um beträchtliche nationale Unterschiede hervorzurufen, nicht nur zwischen den Arten des Schreibens, sondern auch zwischen den Franzosen selbst. Was in einer Sprache recht gut definiert erscheint, wirkt in einer anderen unklar oder unverständlich, auch wenn es mittels entsprechender oder anscheinend entsprechender Wörter gesagt wird. Darin liegt alles Drama des Übersetzens.

Das Französische hebt sich deutlich von den anderen Sprachen ab, und zwar nicht nur durch seinen Wortschatz, durch seine Sprechweise, durch die strengen und komplizierten Regeln seiner Rechtschreibung und seines Satzbaus, sondern vor allem durch eine auffallende Neigung, mit einer kleinen Zahl von Wörtern auszukommen – das erscheint uns elegant und in irgendeiner Weise universal.

Was die Sprechweise angeht, Mutter der Poesie, so beobachte ich, daß das Französische, gut gesprochen, nahezu gar nicht singt. Unser Sprechen hat ein schmales Register: unser Wortklang ist gleichbleibend flach, mit sehr stark erweichten Mitlauten und zahlreichen subtil geformten Diphthongen. Unsere Dichtungsmusik hebt sich mithin von allen anderen ab, steht mehr als bei den anderen dem normalen Stimmton entgegen; und deswegen hat sie sich auch zu einer sehr bedachten und formbewußten Kunst entwickelt, weitab von aller naiv-volkstümlichen Produktion. So hat man denn wohl mit einer gewissen scheinbaren Berechtigung, im Grunde aber doch sehr zu Unrecht gesagt, wir wären eher für die Prosa als für die Poesie geschaffen.

Richtig ist, daß Frankreichs literarische Meisterleistung vielleicht in seiner abstrakten Prosa liegt, die nirgendwo ihresgleichen hat. Seit dem 16. Jahrhundert verging bei uns keine Epoche, in der nicht Werke der Philosophie, der Geschichtsschreibung oder sogar der reinen Wissenschaft entstanden wären, die nach Anlage und Stil bewundernswert sind.

Doch darf daraus nichts gegen unsere Dichter geschlossen werden, zu deren Ehre ich nur anführen will, daß die gesamte gegenwärtige Dichtung in der Welt aus den Entdeckungen und Experimenten hervorgeht, die von ihnen seit etwa zwanzig Jahren gemacht worden sind – sie haben die Dichtung des modernen Menschen geschaffen.[2]

Allein der eigentümlichste Zug unserer Literatur ist sicherlich das starke und dauerhafte Wirken des um die *Form* bemühten kritischen Geistes, wie es sich bei uns seit der Renaissance kundgetan und dann über alle Temperamentsunterschiede hinweg in den Werturteilen der Periode ausgeprägt hat, die die *klassische* genannt wird. Das Dogma des Stils hat seither ohne Unterlaß eine zwar oft bekämpfte, doch nie beseitigte, insgesamt förderliche Tyrannei über das Schaffen unserer Schriftsteller ausgeübt. Man möchte meinen, es sei dem literarischen Frankreich etwas von jenen Zunftregeln verblieben, die dem *Gesellen*, der nach dem *Meistertitel* strebte, die Ausfertigung eines Stückes auferlegten, in dem sämtliche Schwierigkeiten angegangen und bewältigt, sämtliche herkömmlichen Regeln beachtet sein mußten, damit es am Ende seinen Platz unter den Vorbildern der Kunst einnehmen konnte. Frankreich ist das Land auf der Welt, in dem Erwägungen der reinen Form, eine Sorge um die *Form als solche* sich durchgehalten und *bis jetzt* den Versuchungen einer Zeit widerstanden haben, in der Überraschung, Intensität und Schockwirkungen gesucht und auf Kosten der Vollkommenheit geschätzt werden.

Bis jetzt hat weder die Kraft der Gedanken noch die der Leidenschaften, weder die wunderbare Erzeugung des Bildes noch selbst der Blitz des Genies vollständig den Geschmack einer Elite zufriedenstellen können, die so anspruchsvoll war, nur das vorbehaltlos zu bewundern, was sie auch nach längerer Überlegung noch hochschätzen konnte. Sie war nur dann wahrhaft gewonnen, wenn sie solide und universale Gründe für ihr Vergnügen gefunden hatte, und gerade dies nun zwang unsere Autoren zu beständiger Strenge und Unnachsichtigkeit gegen sich selbst. Diese beständige Kritik vollzog sich nicht einmal so sehr im Geschriebenen als vielmehr an den Orten der Unterhaltung. Einstmals der Hof, später Paris mit seinen Salons und seinen Cafés spielten die aktivste Rolle in der Herausbildung und geistigen Orientierung unseres Schrifttums. Dieser Gärungsprozeß läßt sich sehr verschieden beurteilen. Man kann behaupten, er sei eher schädlich gewesen für das Aufkommen mächtiger Individualitäten und habe den Intrigen und den Spielen der Eitelkeit Vorschub geleistet. Man kann im Gegenteil darin auch eine für die geistige Vitalität ebenso günstige Bedingung erblicken, wie es die Börsen und die Märkte für den Umlauf der Werte und die Ausweitung der Geschäfte sind.

Die solchermaßen erörterten, provozierten, proklamierten, ruinierten Gedanken haben zu allen Zeiten in der Atmosphäre unserer Literatur jene Unruhe und jenes Bedürfnis nach Abwechslung aufrechterhalten, die so viele literarische Moden nacheinander erzeugt haben, die wiederum mit den gerade erwähnten formalen Traditionen merkwürdige Verbindungen eingegangen sind.

Dies könnte erklären (wenn je sich etwas erklären läßt), wie es zu dem so beachtlichen Anwachsen der französischen Literatur gekommen ist (nicht, wie sie sich entwickelt hat): es scheint ein Prozeß gewesen zu sein, bei dem auf einen Zuerwerb stets mehr oder minder prompt eine Reaktion erfolgte, und diese zwei Wachstumsakte haben uns am Ende ein immer vollständigeres Kapital von *Musterwerken* aller Gattungen beschert: fast alle unsere Meisterwerke haben als Antwort ein neues Meisterwerk bekommen.

[1938]

AMERIKA – PROJEKTION DES EUROPÄISCHEN GEISTES

Sie hatten die Freundlichkeit, mich für die Leser von *Sintesis* um nähere Erläuterung zu einem Satz aus meinem Band *Variété* zu bitten, der sich auf Amerika bezieht. Ich glaube, es wird ergiebiger und anregender sein, Ihnen hier eine allgemeinere Ansicht darzulegen, deren Anwendung auf Amerika sich dann von selbst ergibt.

Falls die moderne Welt nicht in einem allgemeinen heillosen Ruin all der Werte versinkt, die in Jahrhunderten tastender Versuche und Experimente jeglicher Art geschaffen wurden, und falls sie denn (nach unerdenklichen Wirren und Wechselfällen) zu einem gewissen politischen, kulturellen und wirtschaftlichen Gleichgewicht gelangen sollte, so dürfte es als wahrscheinlich anzusehen sein, daß die verschiedenen Gegenden des Erdballs, anstatt mit ihren allenthalben vorhandenen Unterschieden gegeneinander anzutreten, zu einer wechselseitigen Ergänzung durch sie finden. Sie werden um so mehr sie selbst sein können, je mehr sie aus freier Vernunft am gemeinsamen Werk des Lebens teilhaben. So wird man beispielsweise keine Nationen mehr vollkommen künstliche Industrien bei sich aufbauen und unterhalten sehen, die nur durch Subvention und Protektion lebensfähig sind. Im übrigen ist die Unterteilung des bewohnbaren Territoriums in politisch definierte Nationen rein empirisch. Sie ist historisch erklärbar, nicht jedoch organisch, denn die auf einer Karte und auf dem Boden gezogene Linie, die eine Grenze darstellen soll, ist aus einer Folge reiner Zufälle hervorgegangen, die dann durch Verträge abgesegnet wurden. In etlichen Fällen nimmt diese in sich geschlossene Linie einen reichlich seltsamen Verlauf; sie trennt Gegenden, die sich ähneln, und umgreift andere, die sich stark unterscheiden; und sie ruft in den menschlichen Beziehungen Schwierigkeiten und Komplikationen hervor, für die ein daraus entstehender Krieg niemals eine Lösung, sondern im Gegenteil eine neue Aussaat bringt.

Das Merkwürdige an dieser historischen, traditionellen Bestimmung von Nationen ist folgendes: die derzeit herrschende Auffassung von der Gruppierung der Menschen in Nationen ist durch und durch anthropomorph. Eine Nation ist charakterisiert durch Souveränitäts- und Eigentumsrechte. Sie besitzt, kauft, verkauft, schlägt sich, sucht zu leben und zu prosperieren auf Kosten der anderen; sie ist eifersüchtig, stolz, reich oder arm; sie kritisiert die anderen; sie hat Freunde und Feinde, Sympathien; sie ist künstlerisch veranlagt oder auch nicht – und so fort. Es sind mithin Personen, die Nationen, und wir legen ihnen Gefühle bei, Rechte und Pflichten, Vorzüge und Fehler, Wille und Verantwortung, weil wir eine solche Vereinfachung seit unvordenklichen Zeiten gar nicht anders gewöhnt sind.

Ich brauche wohl kaum näher auszuführen, welche Folgen eine solche Identifizierung von menschlichen Gruppen mit fest bestimmten Wesen hat.

Doch die neuzeitliche Veränderung der Erde setzt sich fort, und das neue System des Lebens, das dieser ungeheuren Umwandlung entsprechen müßte, stößt sich an der politischen Struktur, wie ich sie soeben umrissen habe. Rufen wir uns in großen Zügen diese Wandlung ins Gedächtnis, wie ich sie in meinen *Regards sur le monde actuel* aufgezeigt habe.

Zunächst ist nunmehr die gesamte Erde besetzt: *keine freie Erde mehr.* Sodann: *zunehmende technische Gleichheit der Völker*, daher Schwinden der Gründe für eine Überlegenheit der Nationen des europäischen Typs. Weiterhin: ständig wachsender Bedarf an physikalischer Energie und in der Folge an Rohstoffen, die solche durch ihre Umwandlung liefern (Kohle, Erdöl). Schließlich: phantastisch rasches Anwachsen der Kommunikations- und Übertragungstechniken.

All dies bestätigt sich, verstärkt sich und wirkt sich tagtäglich mehr aus. All dies verbindet sich nun aber mit dem lastenden Erbe der Alten Welt und der alten, primitiven Politik. Die Aussichten auf Konflikt werden dadurch erschreckend vermehrt. Das Gleichgewicht der Welt ist äußerst labil. Niemand kann sich mehr einbilden, etwas vorherzusehen. Die größten Politiker, die weitblickendsten Köpfe sind außerstande, etwas vorherzuberechnen. Eine unerwartete Erfindung kann morgen schon sämtliche wirtschaftlichen oder militärischen Machtverhältnisse verändern.

Einerseits also primitive, anthropomorphe Vorstellungen: Nationen als Personen, die souverän über willkürlich abgesteckte Gebiete befinden. Andererseits wachsende Abhängigkeit der Regionen, Forderung nach Gleichgewicht als Gewähr für Austausch sowie unausweichliche technische und wirtschaftliche Verflechtung. In einem modernen Krieg gilt: der Mensch, der einen Menschen tötet, tötet einen Produzenten dessen, was er verbraucht, oder einen Verbraucher dessen, was er produziert.

Es erübrigt sich, die unheilvollen Auswirkungen dieses Sachverhalts näher zu beschreiben. Das unselige Europa steckt nur allzu offenkundig in einer von Dummheit, Leichtgläubigkeit und Primitivität bestimmten Krise. Es ist nicht auszuschließen, daß unsere alte und so reiche Kultur in wenigen Jahren völlig verkommt. Vor zwanzig Jahren schon habe ich geschrieben: »Wir Kulturvölker, wir wissen jetzt, daß wir sterblich sind ...«[1] Alles, was seither vor sich gegangen ist, hat diese von mir aufgezeigte tödliche Gefahr nur noch anwachsen lassen.

Und nun zu Amerika. Jedesmal, wenn sich meine Gedanken allzusehr umdüstern und ich an Europa verzweifeln will, finde ich ein wenig Hoffnung nur im Gedanken an den neuen Kontinent. Europa hat in die beiden Teile Amerikas seine Botschaften entsandt, die mitteilbaren Schöpfungen seines Geistes, das Positivste, was es entdeckt hat, und insgesamt was immer durch die Verlagerung und die Entfernung von den Entstehungsumständen am wenigsten Schaden nehmen konnte. Eine wahrhafte »natürliche Auswahl« hat sich da vollzogen und aus dem europäischen Geist die Erzeugnisse von universalem Wert herausgeholt, während alles allzu Konventions- oder Geschichtsbezogene in der Alten Welt verblieb.

Ich sage nicht, daß alles Hochwertige über den Ozean gegangen ist, noch daß alles Minderwertige zurückgeblieben ist.

Das wäre ja keine natürliche Auswahl. Ich sage, die Dinge, die am ehesten weit entfernt von ihren Ursprungsbreiten lebensfähig waren, haben die Reise angetreten und Wurzeln geschlagen in einem großenteils noch jungfräulichen Boden.

Gehen wir zum Schluß noch auf zwei Gedanken ein, die sich aus den vorstehenden, allzu summarischen Betrachtungen ergeben.

Zum einen trug der Boden Amerikas Rassen und Spuren früheren Lebens verschiedener Arten. Es ist nicht unmöglich, daß sich eines Tages bedeutsame Reaktionen einstellen als Folge der Berührung mit den eindringenden europäischen Faktoren. So wäre ich beispielsweise nicht überrascht, wenn aus der Durchdringung unserer ästhetischen Ideen mit der mächtigen autochthonen Kunst Mexikos glückliche Verbindungen hervorgingen. Veredelung ist in der Entwicklung der Künste allezeit eine sehr fruchtbare Methode gewesen. Die gesamte klassische Kunst ist, geben wir es nur zu, Produkt einer Verpflanzung.

Zweiter Gedanke, ganz anderer Art. Falls Europa denn erleben müßte, daß seine Kultur dahingeht, falls unsere Städte, unsere Museen, unsere Bauwerke, unsere Universitäten im Furor eines wissenschaftlich geführten Krieges zerstört werden sollten, falls die Fortexistenz von denkenden und schöpferischen Menschen unmöglich oder unerträglich werden sollte durch die Scheußlichkeit der politischen oder wirtschaftlichen Umstände, so ist ein gewisser Trost, eine gewisse Hoffnung in dem Gedanken beschlossen, unsere Werke, das Gedächtnis an unsere Arbeit, die Namen unserer größten Leute möchten nicht sein, als wären sie nie gewesen, und es mag hier oder dort in der Neuen Welt Menschen des Geistes geben, durch die einigen der wundervollen Schöpfungen der unglücklichen Europäer ein zweites Leben vergönnt sein könnte.

[1938]

KUNST UND GEISTESLEBEN IN FRANKREICH

Unsere Gesamtsituation, der Druck der Ereignisse und die daraus resultierende Nervosität bewirken unter anderem, daß wir immer intensiver unsere innere Verbundenheit mit Frankreich erfahren als einer Größe, die über uns hinausgeht. Franzose sein in Frankreich ist in Zeiten der Ruhe und des Friedens eine ganz selbstverständliche, fast unbewußte Eigenschaft. Man lebt im Grunde ganz selbstverständlich in der Welt, in der man geboren und beheimatet ist. Wie man atmet, so ist man einfach auch Franzose. Schließlich kann man sich gar nicht vorstellen – um mit Montesquieu zu reden –, daß man etwa nicht Franzose sein könnte.

Es hat natürlich Franzosen gegeben, die ins Ausland gingen und dort auch unmittelbar ihre nationale Andersartigkeit erlebten. Doch im Vergleich zu unserer Gesamtbevölkerung war die Zahl derer, die Frankreich verließen und es dann durch den Kontakt mit dem Ausland erst wirklich entdeckten, verschwindend klein.

Aber heute heißt unsere Hauptgrenze Maginotlinie, und unsere Kontakte mit dem befreundeten, feindlichen oder neutralen Ausland erzeugen ein unablässig wachsendes Bewußtsein unseres Franzosentums. Wir werden immer empfänglicher für das, was wir sind. Uns geht es wie dem Menschen, der sich unter dem Druck der äußeren Umstände auf sich konzentrieren muß, um überhaupt aktiv zu sein oder reagieren zu können. Sein Denken kann den Körper nicht mehr ignorieren; er sammelt alle seine Fähigkeiten; er wird durch und durch zu einem einzigen Kräftesystem und ist sich dann schließlich seiner tieferen Einheit und wesensmäßigen Einzigartigkeit bewußt.

Läßt sich nun dieses Nationalgefühl durch eine Definition unser selbst bewußt so vereinfachen, daß es zum Schluß in einigen Grundgedanken Platz findet?

Ich will es, wenn auch ohne Hoffnung auf Erfolg, versuchen und mich dabei auf den geistig-kulturellen Teil der Frage beschränken.

Angenommen, man will sich von Frankreichs Kulturleistung, seitdem es Frankreich als Frankreich gibt, ein Bild machen; man versucht, den Umfang, die Bedeutung, Eigenart und Weltgültigkeit dieser Schöpfung zusammenzufassen und die Jahrhunderte, Stile, Schulen, Richtungen und Menschen so miteinander zu verschmelzen, daß sich die Summe in knapper Form auf wenigen Seiten darstellen läßt ... Ich frage mich, wie man das am besten anfängt und was man von einem solchen Unternehmen erhoffen darf. Im Grunde geht es ja darum, ein WESEN, einen AUTOR zu definieren oder zu erdichten, der FRANKREICH hieße und im Laufe einer tausendjährigen Geschichte jene Fülle von Bauten und Kunstwerken aller Art, von Äußerungen des Denkens und des Wissens hervorgebracht hätte, die wir als das eigentliche Kapital unseres Nationalstolzes und unserer Traditionen ansehen.

Vor diesem Problem stehe ich. Ich weiß, es ist unlösbar, vielleicht sogar ganz abwegig. Doch in beiden Fällen läßt es sich angehen. Der menschliche Geist kann, und zwar mit einigem Erfolg, sein Werkzeug an dem Unlösbaren und Abwegigen ansetzen. Das ist sogar meistens die Materie für unser Denken.

Im folgenden möchte ich nun darlegen, wie man dieses Thema vielleicht angehen könnte. Es würde zu nichts oder geradezu ins Endlose führen, wollte man dieses Problem lösen durch eine numerische Aufzählung und chronologische Aufstellung von Werken und Personen, deren Namen das Verzeichnis von Frankreichs Kunstschaffen ausmachen. Eine Liste von Namen und Titeln, selbst in Verbindung mit Daten, Verweisen und Kurzkommentaren, sagt meiner Ansicht nach nichts über die Sache selbst. Außerdem würde allein schon eine solche Liste meine paar Seiten füllen. Und träfe ich eine Auswahl, müßte ich schließlich für meine jeweilige Entscheidung fürchten oder sie begründen.

Mein Plan besteht vielmehr darin, theoretisch einen so großen Abstand von den reichen Schätzen unserer geistigen und künstlerischen Werte zu gewinnen, daß ich von soviel äußerem Glanz und innerem Gehalt nur noch ein synoptisches Bild vor mir habe, ohne dabei einzelne Kunstwerke, große Gestalten und außergewöhnliche Ereignisse zu unterscheiden, die man aus ihrem Gesamtrahmen herauslösen könnte. Im Grunde möchte ich Frankreich betrachten, Frankreichs Rolle und Leistung bei der Bildung des Gesamtkapitals an Gütern des menschlichen Geistes, dabei jedoch nur das im Auge behalten, was einzig und allein Frankreich gehört, und beiseite lassen, was man von überall her oder nur ganz aus der Nähe sieht.

Bekanntlich gehört Frankreich geographisch zu den vielfältigsten Ländern der Erde, sofern man diese Vielfalt auf seine Oberflächengestalt bezieht. In der Geographie gibt es eigentlich kaum einen Begriff, für den hier kein Beispiel vorhanden wäre, vom Hochgebirge bis zur Küstenlandschaft in allen bekannten Formen. Dieses Land ist von Meeren umgeben, die in jeder Hinsicht starke Unterschiede aufweisen; so unterliegt beispielsweise das eine dem Gesetz der Gezeiten und hat die stärkste und höchste Tide, die es gibt, während diese Erscheinung im anderen überhaupt nicht wahrnehmbar ist.

Auch die geologische und mineralogische Struktur des Landes ist überaus reich an Formationen aus allen Erdzeitaltern und an den mannigfachsten Gesteinsarten. Die Klimaunterschiede und der Reichtum der Vegetationsformen ergänzen nur noch dieses aus Gegensätzen zusammengefügte Bild.

Durch den Werdegang des Volkes in diesem kontrastreichen Land kam es zu einer beachtlichen Mischung von Menschentypen. In diesem auf der Landkarte klar umrissenen Frankreich, in dem Gebirge und Flachland, Flußlandschaft und Meeresküste in einem ausgeglichenen Verhältnis zueinander stehen, das ausgezeichnete Bausteine, Eisenerze und sogar Kohle besitzt, das an hochwertigen Erzeugnissen Weizen, Wein, Obst und Gemüse hat, stellen die Bewohner in ethnischer und psychologischer Hinsicht eine äußerst differenzierte Mischung mit stark ausgeprägter Eigenart dar, deren Komponenten sich seit Jahrhunderten durch das Zusammenleben und den Verkehr miteinander sowie durch Konflikte, gemeinsame Erfahrungen und gleiche Not gegenseitig ergänzen und abschleifen. Ohne den undefinierbaren Rassenbegriff heranzuziehen, zeigt sich bereits bei ganz oberflächlicher Betrachtung der französischen Bevölkerung, daß sie offensichtlich aus sehr ungleichen Menschentypen besteht. In unseren Provinzen sind noch mehrere, völlig voneinander verschiedene Dialekte lebendig, und dort hält man auch noch mehr oder weniger streng an stark voneinander abweichenden Bräuchen, Lebensformen, Anbaumethoden in der Landwirtschaft und Bauweisen fest.

Mit einem Wort, die Strukturformel des französischen Volkes (sofern die Verwendung dieses Ausdrucks aus der Chemie hier zulässig ist) gehört mit zu den kompliziertesten in der ganzen Welt. Aber die Menschen, für die sie steht, bilden immer dann EIN wunderbares GANZES, wenn äußere Umstände diese Einheit erfordern.

Dieser vielseitige Reichtum in Frankreichs Wesen als geographischer Raum, als Siedlungskörper oder als Staat, dessen vielfältige Bestandteile sich ergänzen und, wie gesagt, gegenseitig abschleifen, muß unweigerlich auch im geistigen und künstlerischen Schaffen dieses Landes zum Ausdruck kommen. Reichtum und Ausgeglichenheit müssen meiner Meinung nach den Gesamteindruck dieses Schaffens kennzeichnen. Ich darf an dieser Stelle mich selbst zitieren:

»Die französische Nation hat aus dem Blutgemisch, das in ihr ist, in wenigen Jahrhunderten einen unverkennbaren europäischen Nationalcharakter herausgebildet und erscheint so wie ein mehrmals veredelter Baum, dessen hochwertige und wohlschmeckende Früchte aus einer glücklichen Verbindung gänzlich verschiedener Säfte und Kräfte herangereift sind, die aber alle zu ein und derselben unteilbaren Existenzform zusammenwirken.«

Die erste geistige Frucht eines Volkes ist seine Sprache; sie ist deshalb auch der erste Gegenstand der Analyse, wenn man sich vornimmt, das Geistesleben und seinen Wandel parallel mit dem dramatischen Geschichtsverlauf dieses Volkes zu bestimmen. Diese Sprache ist wie ein Gebilde der Statistik aufgebaut; sie wäre jedoch ziemlich veränderlich und könnte manchmal sogar rasch ein anderes Bild bekommen, wenn diese Beweglichkeit und die nicht zu kontrollierenden örtlichen Differenzierungen sich ungeordnet entwickeln und ungehindert Klang und Bedeutung der Wörter sowie die Syntax verändern könnten. Doch dieser unaufhörliche Vorgang wird unterschiedlich stark durch Äußerungen des Willens und der Empfindung gestört, die sich dem Durchschnitt entgegenstellen und deren Macht sich schließlich doch gegenüber dem Einfluß der zahlenmäßigen Übermacht durchsetzt, das heißt der Menschen, Institutionen oder etwa der Siedlungen, in denen der Gedankenaustausch besonders intensiv ist. In diesem Punkt lassen sich Sprache und Wirtschaft vergleichen: Je lebhafter der Austausch verläuft, desto wichtiger ist es, daß Abmachungen, Maße, Gewichte und Währungen fest und zuverlässig sind.

In Frankreich haben der Hof von Versailles, die Académie française und die Staatsschulen im Wettstreit mit dem Einfluß der Literatur die Sprache zu verschiedenen Zeiten festgelegt oder auch ganz bewußt irgendwie abgewandelt; und nicht zuletzt (wie so oft in Frankreich) hat dazu die Ausstrahlung von Paris als Schwerpunkt für die Entstehung und Verbreitung der Ideen beigetragen.

Diese Einflüsse haben sich alle so ausgewirkt, daß sich zwischen den ungleichartigen Elementen, von denen ich sprach, ein wechselseitiger Ausgleich vollzogen hat. Daraus haben sich einige Besonderheiten für das Französische ergeben, die diese Sprache wesentlich von den anderen westeuropäischen Sprachen unterscheiden.

Gut gesprochenes Französisch ist nicht gesungen. Es wird mit einem geringen Stimmvolumen gesprochen; das einzelne Wort wird kaum hervorgehoben. Unsere Konsonanten sind alle bemerkenswert weich, unsere Vokale zahlreicher und nuancierter als in den anderen romanischen oder germanischen Sprachen. Das auslautende stumme *e* ist für die Dichtung eine besondere Möglichkeit.

Ich gehe nicht näher auf unsere Orthographie ein, die leider von den Sprachmeistern des 17. Jahrhunderts ohne Sachverstand und Logik fixiert wurde und seitdem den Ausländer immer wieder zur Verzweiflung gebracht und die Aussprache vieler französischer Wörter verdorben hat. Diese Orthographie ist so seltsam, daß man sie als Maßstab für die gesellschaftliche Stellung nimmt. Denn wer die Wörter schreibt, wie er sie spricht, ist in Frankreich weniger angesehen als jemand, der sie schreibt, wie man sie nicht ausspricht.

Unsere Syntax ist außerordentlich starr. In der Strenge der Konventionen gleicht sie dem Rhythmus unserer klassischen Sprache. Es ist beachtlich, daß ein Volk, dessen Geistigkeit in dem Ruf steht, äußerst ungebunden und logisch zu sein, sich in seinem Sprechen an strenge Regeln gebunden hat, für die es nicht immer eine Erklärung gibt. Vielleicht haben die Franzosen erfahren, daß eine Freiheit höherer Ordnung besteht, die erst über den Umweg eines sogar durch und durch zwecklosen Zwangs als Freiheit sichtbar und so zu einem Besitz wird.

Auf jeden Fall widerstrebt unsere Sprache den Wortzusammensetzungen, der bequemen grammatischen Konkordanz, der freien Stellung der Wörter im Satz; sie gibt sich bereitwillig mit einem recht begrenzten Wortschatz zufrieden und ist gerade wegen der Klarheit ihrer Struktur berühmt, welche in Verbindung mit der recht eigentlich französischen Vorliebe für Definitionen und abstrakte Formulierungen der Grund dafür war, daß eine reiche Fülle von Meisterwerken des Wortes entworfen und geschrieben wurden – Seiten von so vollendeter Architektur, daß sie unabhängig von ihrer Bedeutung, von den dabei auftauchenden Bildern und Gedanken, ja sogar von ihren Klangmöglichkeiten zu leben und auszustrahlen scheinen. Sie sind in dieser Hinsicht zu vergleichen mit jenen kunstvollen Musikstücken, bei denen es eigentlich kaum auf das Thema ankommt und wo der unmittelbare Genuß beim Hören fast nebensächlich ist, verglichen mit der eigenen geistigen Erfahrung und dem höheren Genuß, der in dem Nachvollzug dieser gleichen Erfahrung liegt.

Da ich gerade den Begriff Architektur gebraucht habe, möchte ich an dieser Stelle eine Überlegung einschalten, die damit direkt zusammenhängt. Bei dem, was das eigentlich Französische in unserem Schrifttum ausmacht, habe ich ein Kunstwerk betrachtet, das aus der großen Gemeinschaftsleistung unserer Sprache entstanden ist. Eine Literatur (womit für mich auch die sogenannte Philosophie gemeint ist) ist nichts anderes und kann nichts anderes sein als die Auswertung einiger Eigenarten einer Sprache. Ein Franzose, der schreibt, entdeckt in unserer Sprache Vorhandenes und Fehlendes, Möglichkeiten und vor allem Schranken, was in seinem Werk mehr oder minder deutlich erscheinen wird. Unsere Sprache widersetzt sich sehr oft dem sofortigen Ausdruck des Gedankens; sie zwingt uns – im Gegensatz zu den Sprachen anderer Völker – zu einer mühsameren Disziplin, doch auch zu tieferer Einsicht bei der Ausarbeitung unserer Absichten oder Einfälle. Aber die Werke, die daraus entstehen, die nur durch das Zusammenwirken widerstreitender Voraussetzungen gelingen konnten und in gleicher Weise technisches Können, theoretischen Verstand und ausdauernden Willen wie schöpferische Intuition erfordern, erscheinen häufig wie eine wunderbare Übereinstimmung von Leben und Tradition, Licht und Materie, »Form« und »Inhalt«.

Sind es nun nicht ganz und gar ähnliche Eigenschaften, durch die die französische Architektur der großen Stilepochen neben die griechische aus der klassischen Zeit an die Spitze aller Leistungen der Baukunst tritt? Grundlage dafür ist der wirklich feine Baustein, ein Geschenk des französischen Bodens, hervorragend geeignet für eine minuziöse und kunstvolle Bearbeitung, ein Stein von vollendeter Körnung ohne die Trockenheit des Marmors oder die kristallinische Härte der Granite, ein Stein, der den Künstler anspricht und sich hergibt für zierliche Muster des Mauerverbands und reizvolle Rundprofile des Simswerks, für jedes vernünftig berechnete künstlerische Wagnis. Zu dem Stein kommt das Holz. Dieses

Land mit seinen riesigen Wäldern ist reich an Eichen und Kastanien und damit an einem hervorragenden Material für Pfosten und Gurte am Giebel und für alle Teile des Dachstuhls, auf dem die Dächer der Gebäude ruhen.

Diese Mittel treiben den Menschen zur künstlerischen Arbeit, die letzten Endes nur ein Kampf ist, der mit einer glücklichen Metamorphose des Menschen zum Künstler und der Sache zum Kunstgegenstand ausgeht.

In der Architektur und Literatur muß man in Frankreich eine lange Tradition solcher künstlerischen Arbeit, ein Bedürfnis danach beachten. Wir müssen uns eingestehen, daß die moderne Alltäglichkeit, der Wandel von der Herstellung zur Fabrikation, von der individuellen Fertigung zur maschinellen Ausführung von Fließband- oder Serienfabrikaten, die Zeitersparnis, die Konkurrenz mit dem Ergebnis billiger Massenware, die Auswirkung der Mode und Werbung, die die Reproduktion auf Kosten des persönlichen Geschmacks vorantreiben, sowie einige andere Begleiterscheinungen nun nicht gerade förderlich für das Entstehen künstlerisch hochwertiger Gegenstände sind. Weder das Einmalige noch das Beständige entspricht unserer Zeit.

Ich sagte einmal zu einem Architekten, der mich von der überlegenen Schönheit hochmoderner Gebäude mit ihren tausend Fuß hohen großartigen Wabenkörben aus Zement überzeugen wollte, daß diese Steinmassen natürlich eine Überraschung für das Auge seien und eine prächtige Kulisse von geometrischen Steilküsten abgäben, die dem täglichen Spiel des Lichts mit seinen intensiven Schwankungen ausgesetzt sind, und daß ich für diese übermenschlichen Bauten große Bewunderung empfände ... Aber wenn ich sie auch bewundern muß, so geht meine Bewunderung doch nicht bis zur Liebe. Ich sprach dann noch von der technischen Zeichnung und sagte, daß darin alles Wissenswerte über solche Bauten enthalten sei. Aber ich kenne eigentlich niemanden, der solche Anlagen mit wachsender Liebe betrachtet, bei einer Einzelheit verweilt und auf einem Block, den er aus der Tasche holt, hier ein Detail und dort die spezielle Lösung eines Problems skizziert, das sich aus einer reinen Zufälligkeit ergab und dann den Praktiker dazu brachte, aus der Kombination von Funktion, Material und eigenem Können das gerade Passende herauszufinden, das dann schließlich den Eindruck des künstlerischen Wurfs und des geistigen Lebens machen sollte... Gerade das vermittelt aber häufig ein altes Haus oder eine Dorfkirche in Frankreich. So manches verfallene Haus und manches Gemäuer hat einen ganz eigenen Charme.

In den alten Stadtvierteln von Paris kann man noch Hunderte von kleinen schmiedeeisernen Balkons sehen, von denen keiner dem anderen ähnelt und jeder für sich entzückend gearbeitet ist, eine Art Idee, schlicht wie ein Thema aus wenigen Noten. Das Ganze besteht aus wenigen aufgereihten Stäben und viel Geschmack. Nichts anderes faßt für mich so eindeutig zusammen, was es an typisch Französischem in Frankreich gibt.

An dieser Stelle möchte ich noch eine Bemerkung unterbringen, die für eine ganze Gruppe der verschiedensten Kunstwerke in Frankreich zutrifft, speziell aber für das Schrifttum.

Beginnend mit dem 16. Jahrhundert, hat sich bei uns ein kritisches Bewußtsein für das Formale herausgebildet, das unsere Literatur in der Zeit der »Klassik« unnachsichtig »beherrscht« und seitdem ständig einen direkten oder indirekten Einfluß auf die Kunstkritik und damit auf die künstlerischen Leistungen ausgeübt hat. Frankreich ist das Land, in dem rein formale Erwägungen – die Pflege der Form an sich – bis heute dominieren und weiterbestehen. In Frankreich ist ein »Schriftsteller« etwas anderes als einer, der schreibt und publiziert. Ein noch so talentierter und erfolgreicher Autor ist nicht zwangsläufig schon ein »Schriftsteller«. Aller Geist und alle erdenkliche Bildung geben ihm noch keinen »Stil«.

Stil entsteht aus einem besonderen Verhältnis zur Sprache. Das läßt sich nicht erlernen, doch kann man es pflegen. Diese Stilpflege hat sich bei uns nicht nur in der Zwiesprache des Künstlers mit seiner Idee, seinem asketischen Streben und den Mitteln seines Wortes ereignet, sondern auch in der Anregung durch die Konkurrenz und das Beispiel, und zwar in der geschlossenen Welt, die in verschiedenen Epochen vom Hof, den Salons, den literarischen Cafés und Gruppen sowie von dem Stammpublikum einiger Theater gebildet wurde ... Lauter allmächtige Kritikergremien und Stätten mit scharfem kritischen Bewußtsein. Die Ansprüche dieser Kreise, ihre Traditionen des Bewahrend-Konservativen oder Revolutionären haben die stärksten Auswirkungen auf unsere Literatur und übrigens auch auf unser gesamtes Kunstschaffen gehabt. Das alles würde ausführliche Kommentare mit der Angabe genauer Fakten nötig machen, wozu ich auf diesen wenigen Seiten keine Möglichkeit habe. Ich werde mich daher mit folgendem Hinweis auf die Bedeutung dieser typisch französischen Einrichtung des Literaturbetriebs begnügen: Die große Persönlichkeit des geistigen Lebens kann sich bei uns fast nie in der Isoliertheit entfalten, als Einzelerscheinung ohne Beziehung zur herrschenden Meinung, Mode oder Geschmacksrichtung. Entweder muß sie dazugehören oder dagegen opponieren. Seit vier Jahrhunderten entsteht die Geschichte unseres Kunstschaffens aus einer Reihe von Schulen, durch Wirkung und Gegenwirkung, durch Manifeste und Pamphlete. Wir schätzen es, daß alles Moderne sich bekanntmacht und die verschiedenen Traditionen sich verteidigen; eine ganze Bibliothek mit Vorworten, Proklamationen und Kunsttheorien steht mit ihren Argumentationen neben dem Schaffen fortgesetzt neuer Werte. Unsere Literatur ist darin unserer Politik ähnlich. Schließlich ist sie seit mehr als einem halben Jahrhundert interessanterweise eine Art Experimentierfeld geworden, auf dem alle Möglichkeiten (also auch alle Unmöglichkeiten) der Sprache und Metrik ausprobiert wurden: recht gewagte, unterschiedlich gelungene Versuche; die einen das Ergebnis tiefgründiger Analysen des Denkens und seiner passenden Ausdrucksmittel; die anderen reine Abenteuer, aus denen einzig und allein das leidenschaftliche Verlangen spricht, überhaupt einmal etwas Neues zu machen. Charakteristisch für den gegenwärtigen Stand unserer literarischen Produktion ist das gleichzeitige Nebeneinander der verschiedenartigsten Stile: Man huldigt allen Göttern zur gleichen Zeit, ohne großen Zank und Streit zwischen den Gläubigen. Die Zeit der Literaturschlachten, Exkommunikationen und gegenseitigen Verketzerungen ist vorbei.

Vielleicht sollte man heute bedauern, daß mannigfache Gründe dazu beigetragen haben, unsere literarischen Sitten zu verderben und die Werte um ihre Ordnung zu bringen. Eine Literatur ist immer das wert, was der Leser wert ist. Denn alles, was den Leser in seinem Verhältnis zur Sprachqualität, in seiner ständigen Wachheit und in seiner Skepsis gegenüber der fertigen Kritik, die man ihm vorsetzen will, herabsetzt, ist für das Wohlergehen der Literatur ein Schaden. Das heißt, daß die geschäftsmäßige Werbung, die bequeme und rasche Montage von Direktbildern, die Einrichtung der Literaturpreise, das Bestreben, nur noch durch Überraschungseffekte Eindruck zu machen, durch den »letzten Schlager«, durch die Schockwirkung der Wörter und durch unerwartete Assoziationen zu wirken, ja, daß nicht zuletzt die Reproduktion der Kunstwerke keineswegs allzu günstige Voraussetzungen sind für die Heranbildung eines Publikums, das für die Feinheiten und die Unergründlichkeit der Kunst besonders empfänglich wäre. Unsere Zeit hat verlernt, sich für den Genuß anzustrengen.

Der vorliegende Versuch, in den unendlich reichen künstlerischen Leistungen von Frankreich das rein Französische zu erkennen, es isoliert zu betrachten und mit wenigen Worten darzustellen, wird von der Natur der Sache her noch schwieriger und ungewisser (vielleicht sogar völlig utopisch), sobald er auf philosophische oder wissenschaftliche Leistungen eingeht. Selbstverständlich bezwecken philosophisches Denken ebenso wie wissenschaftliche Forschung allgemeingültige Ergebnisse, die wesensmäßig an jeden weitergegeben werden können. Dieses Bestreben führt leicht dazu, die Erzeugnisse des Geistes aus der Gesamtheit der geheimen Mächte des Blutes sowie des örtlich und umweltgebundenen Brauchtums herauszunehmen. Das abstrakte oder »reine« Denken wie in den technischen Disziplinen will das beseitigen, was nur durch Nation und Rasse des Denkers bedingt ist, weil die Schaffung von Werten bezweckt wird, die von Ort und Mensch unabhängig sind. Es ist bestimmt nicht unmöglich, in einer Metaphysik oder Ethik wirklich oder auch nur vermeintlich das herauszufinden, was darin an typischen Merkmalen für eine Rasse oder

Nation enthalten ist. Es kommt sogar vor, daß offenbar nichts besser diese Rasse oder diese Nation kennzeichnet als die von ihr geschaffene Philosophie. Es wird behauptet, daß bestimmte Ideen zwar allgemeingültig formuliert, doch außerhalb ihrer ursprünglichen Welt fast nicht zu denken sind. Sie welken in der Fremde wie entwurzelte Pflanzen oder wirken dort wie Ungeheuer. Das ist durchaus möglich.

Um in dem abstrakten Werk unserer Philosophen das spezifisch Französische isoliert zu betrachten und in dem Bemühen (soweit das bei diesem Gegenstand überhaupt möglich ist), das Unbestimmte und Willkürliche zu vermeiden, muß man auf die einfachsten Beobachtungen vertrauen, doch auch in einem allerdings nicht beweisbaren Vorverständnis übereinstimmen, das mir deshalb nicht jeder zugestehen wird.

In meiner Sicht, wofür ich um Verständnis bitte, ist die Philosophie eine Angelegenheit der Form. Sie ist überhaupt keine reine Wissenschaft und muß sich vielleicht von jeder bedingungslosen Bindung an die Wissenschaft lösen. *Ancilla scientiae* zu sein hat für sie nicht mehr Wert, als *ancilla theologiae* zu sein. Wenn in meiner Sicht Philosophie eine Sache der Form ist, so meine ich damit, daß, wenn ich nach einer Anordnung und Ausdrucksform suche, die meine gesamte persönliche innere und äußere Erfahrung ordnet und zusammenfaßt, *das* meine Philosophie und *das* mein formales Bemühen ist. Ich behaupte keineswegs, daß ich etwa recht habe, was ja auch gar keinen Sinn hätte. Ich behaupte nur, daß ich in meinem vorliegenden Versuch mit meiner gewagten Konzeption die These aufstellen kann, daß die Form, um die es geht, immer das Vermögen einer bestimmten Sprache darstellt, und daß der Mensch, der diese Sprache spricht und in ihr mit sich selbst spricht, weder über die Möglichkeiten dieser Sprache hinausgehen noch sich ihrer inneren Stimme und den Assoziationen entziehen kann, die diese Sprache gleichsam heimlich in ihn hineinlegt.

Wenn ich sogar bis in mein Denken hinein auch dort noch, wo dieses Denken entsteht und mit sich Zwiesprache hält, Franzose bin, dann entsteht es auf französisch, und zwar im Horizont der Möglichkeiten, die das Französische bietet, und mit dem Instrumentarium dieser Sprache. Diese Sprache hat ihre Ausdrucksmöglichkeiten und (relativ gesehen) ihre Mängel: Sie hat nicht die Freiheit, Wortzusammensetzungen zu bilden; sie ist reich an Begrenzungen; sie ist ziemlich arm an Ausdrücken aus dem Gebiet der Psychologie. Doch wer in einer bestimmten Sprache denkt, strebt mit jedem neuen Ausdruck nach einer Vollkommenheit und inneren Befriedigung, die er von einem dieser Ausdrücke erwartet; dieser aber wird in jedem Fall konform mit den Anforderungen dieser durch seine Einzigartigkeit abgewandelten und durch dessen Verlokkungen verführten Sprache sein. Der Denker wird dann befriedigt sein, und sein Denken wird sich an einem kritischen Punkt in einer Sprache fixieren, und in diesem Zustand wird sein Denken für ihn die endgültige Form annehmen, dann niedergeschrieben und formuliert werden. Die Sprache als das gemeinsame und ungeteilte Werk eines Volkes hat also letzten Endes das Denken jedes einzelnen, ohne daß dieser sich dessen bewußt ist, an Voraussetzungen gebunden, die den sprachlichen Ausdruck und die Rezeption eines persönlichen Denkens festlegen. Angenommen, unsere Sprache akzeptiere von uns Franzosen nur fertige und eindeutig formulierte Ausdrücke, sie dulde nur Konstruktionen mit klarem Aufbau, so wird auch unsere Philosophie durch und durch davon beeinflußt sein. Der Weg vom Verworrenen zur Klarheit, die ihre große, verborgene Aufgabe ist, ist dann bei uns viel mühseliger. Die Formulierung unserer Begriffe ist dann vorsichtiger, und der Zweifel spielt eine Rolle, die in keiner anderen Philosophie, wenn sie noch Philosophie bleiben will, größer sein könnte. Was man »Tiefe« nennt – ohne genau zu wissen, welche Abgründe sich bei diesem eindrucksvollen Begriff eigentlich auftun –, steht dann bei uns nicht in dem Rang einer positiven Eigenschaft ...

Hier setzt eine große Diskussion ein, die zu keinem Ergebnis führen kann. Tiefe und Klarheit, Bewußtsein und Unbewußtes, Subjektivismus und Objektivität, Logik und ... die mögliche Kritik an ihr, das sind klassische Gegensätze in jeder Philosophie, die sich jedoch bis zu typisch nationalen Merkmalen entwickelt haben.

Ich möchte nun meinen persönlichen Gesamteindruck über diesen Teil meines Themas kurz zusammenfassen: Meiner Ansicht nach neigt der französische Geist zur Selbstkritik und löst sich gern von jeder Vorstellung, bei der für ihn nicht die Hoffnung besteht, daß sie sich schließlich auf eine klare und eindeutige Formel bringen läßt. Der Erfolg einer Philosophie hängt in Frankreich an dieser Voraussetzung. Damit will ich nicht behaupten, daß hier keine philosophischen Systeme entstehen könnten, die diesem Grundsatz nicht entsprechen, sondern ich will nur sagen, daß sie dann nicht wirklich und gleichsam organisch integriert werden. Übrigens stelle ich auch in Politik und Kunst bei den Franzosen ähnliche Reaktionen fest.

Unter den besonderen Leistungen des französischen Geistes möchte ich nicht die wunderbare Sammlung von Analysen, Essays, Romanen und Theaterstücken unerwähnt lassen, die Sitten- und Charakterstudien zum Gegenstand haben. Wir haben in Frankreich mehr Psychologen und Moralisten als Philosophen. Ohne Bedenken rechne ich zu diesen meistens scharf kritisierenden Autoren auch einige Karikaturisten, die ihre Feder in Begleittexten und Bonmots häufig nicht schlechter führen als den Zeichenstift.

Von dem Bild her, das ein Volk vom Menschen hat, läßt sich wohl am besten über sein Nationalempfinden urteilen: Gesetzgebung, Politik, Literatur und gesellschaftliche Formen lassen immer noch unmittelbar dieses unausgesprochene Menschenbild erkennen. *Der Glaube des Franzosen an den Menschen ist größer als seine Illusionen über ihn.* Daraus ergibt sich ein recht beachtlicher Kontrast zwischen den Grundsätzen, für die er sich begeistert und die sein Vertrauen in die menschliche Natur bezeugen, und den gnadenlosen Beobachtungen, den pessimistischen Aphorismen, die viele seiner großen Schriftsteller so glänzend und scharf formuliert haben.

Ich verlasse an dieser Stelle den Bereich der Literatur, um ganz kurz die Fülle unserer Kunstwerke für Auge und Ohr zu betrachten: Malerei, Plastik, Kunstgegenstände und Musik ... Der Reichtum und die Vielfalt dieser Kunstwerke machen den Theoretiker mutlos, der nur einige Grundbegriffe gewinnen möchte, obwohl ja die für die Sinne bestimmten Werke doch gerade dadurch gedanklich zerstört werden, daß man meint, man habe mit einigen »Urteilen« das Wesentliche gesagt.

Die französische Kunst hat sich mit Meisterwerken auf allen Gebieten ausgewiesen. Vom Glasfenster zum Stich, von der Kathedrale zur Kommode, vom gewebten Wandbehang zur Emailarbeit, von der Keramik zum Buchdruck – und diese schlichte Aufzählung läßt durch alle Zeiten eine Vielfalt von Begabungen erkennen, die nicht weniger groß ist, als wir sie gerade bei den Landschaften, klimatischen Zonen und menschlichen Faktoren in Frankreich festgestellt haben. Um einen Begriff von diesem Reichtum zu bekommen, muß man sich vergegenwärtigen, daß er aus zahlreichen Erfindungen, Formen, Kombinationen und technischen Verfahren entstanden ist, wozu noch die Qualität der Ausführung hinzukommen muß, um aus soviel erdachten Formen wirklich ein lebendiges Kunstwerk zu schaffen.

Die Hand des französischen Künstlers hat Wunder vollbracht, ganz gleich ob in der Bearbeitung des Steins oder in der Buchmalerei.

Für diese Fülle von Versuchen und Einfällen beim Entwerfen und Herstellen von Kunsterzeugnissen finde ich ein zeitnahes und glänzendes Beispiel in dem Werk der französischen Malerei zwischen 1800 und heute. Ich will keine Namen nennen und halte mich an diesen Vorsatz. Namen, die ja nur dazu dienen sollen, uns auf die Sache hinzuweisen, entbinden uns häufig davon, wirklich an sie heranzugehen ...

An dieser Stelle müßte die erstaunliche Vielfalt von Lösungen für das Problem der Malerei besprochen werden, die hier in ganzen 130 Jahren gefunden wurden: Form, Licht, Farbe, Leben oder Strenge, Augenblick oder reine Harmonie waren wechselweise Schwerpunkte oder Anregungen für das Können der Künstler. Das ist ziemlich genau mit der Menge der Experimente vergleichbar, die in dem gleichen Zeitraum in unserer Literatur und speziell im Bereich der Dichtung gemacht worden sind.

Über wieviel muß ich hinweggehen! Unsere Plastik ist seit zwei Jahrhunderten führend in der Welt. Unsere Musik, die besonders zart und fein ist, hat, wenn ich hier als Laie sprechen darf, offenbar über den Weg des Verstandes versucht, die festgegründete Stellung einer symphonischen Großmacht zu umgehen, die noch bis vor kurzem die Welt der Musik beherrscht hat ...

Aber das Thema ist unendlich weit, und die Bedingungen für die Behandlung des Problems sind äußerst streng. Sie haben bestimmt nicht ohne Erstaunen bemerkt, daß ich keinen Namen genannt, keinen Buchtitel zitiert und kein Datum erwähnt habe. Hätte ich diese Regel nicht befolgt, so hätte ich Ihnen ein dickes Buch und einen Katalog mit Namen und Werken vorlegen müssen. Das wäre eine Unzahl von Einzelheiten geworden, und ich hätte von den individuellen Unterschieden gesprochen anstatt von der Einheit in der Vielheit und dem Einklang des ganzen Volkes.

Zum Abschluß möchte ich mit wenigen Worten meinen persönlichen Eindruck von Frankreich zusammenfassen: Unsere Besonderheit (gelegentlich auch das Lächerliche an uns, aber oft auch unsere schönste Verpflichtung) liegt in unserem Glauben und in unserer Überzeugung, eine universale Bedeutung zu haben; ich meine, daß wir *auf allgemeingültige Weise den Menschen darstellen* ... Beachten Sie den inneren Widerspruch: als Besonderheit den entwickelten Sinn für das Allgemeingültige haben.

[1939]

KRIEGSWIRTSCHAFT DES GEISTES

Das Urziel und die Urvoraussetzung alles dessen, was der Mensch gemacht hat und wodurch er zum Menschen wurde, war, nach Gedanke und Tat, Vorräte anzulegen. Vorräte aus der Muße. Die Muße träumt, denkt, erfindet, entwickelt die Erleuchtungen, verknüpft die Beobachtungen; das hatte so manches zur Folge, was die *conditio humana* und unsere Beziehung zu den Dingen, ob äußerlich oder nicht, verändert hat.

Gespeichertes Korn, Fisch oder Fleisch, getrocknet oder geräuchert – materielle Vorräte, die freie Zeit erzeugen und auch die Zufallsabhängigkeit des Überlebens mindern, zur Vorausschau anspornen. Sie ermöglichen indessen auch die Bildung und Hortung von Vorräten der Erkenntnis, und von diesen leben wir. Wir benötigen deren zunehmend mehr zum Leben. Was ist der moderne Mensch? Es ist der Mensch, dessen Existenzmittel samt und sonders abhängig sind von der Bewahrung, Wiederherstellung und Erneuerung einer kaum faßbaren und ständig wachsenden Menge an Wissen.

Doch in Sachen Wissen kann es nicht sein Bewenden damit haben, die Gerätschaften zur Fixierung oder zum Operieren damit anzusammeln, und auch nicht damit, das Personal zu unterhalten, das es vermittelt oder nützt – durch dieses wird das Wissen ja nicht geschaffen. In vollem Wert läßt sich Wissen nur bewahren in der Gegenwärtigkeit seiner lebendigen Wachstumsbedingungen. Es verkümmert, wenn Individuen fehlen, die es auszuweiten und umzugestalten, ja es auch in den scheinbar bestbegründeten Teilen in Frage zu stellen und zuschanden zu machen verstehen. Es muß wachsen oder untergehen; und es kann nur wachsen in einem freien Geist, der stark genug ist, um zunächst seine eigenen Beschränkungen zu schaffen. Wenn es nicht unrettbar zu immer blinderen und undurchschaubareren Praktiken verkommen soll, darf es nicht abgetrennt werden von jener Art Leidenschaft, die da bewirkt, daß man das Geistige über alles stellt, und von einer allgemeinen Freiheit des Geistes, welche die Freiheit der Person voraussetzt.

Blicken wir nun aber auf uns und um uns. Es ist Krieg. Ein moderner Krieg will die vorgängige Bereitstellung aller Ressourcen eines Volkes und besteht in der konkurrierenden Zersetzung sämtlicher materieller Reserven der gegnerischen Nationen. Unter diesem Blickwinkel läßt sich die Entwicklung eines Konflikts darstellen als Abfolge von Gleichgewichtszuständen einer Waage mit wechselnden Lasten, bezogen auf den Gang einer Uhr. Es gibt andere Faktoren; doch nimmt man sie als auf beiden Seiten gleich an, so ist ziemlich deutlich, daß der Vergleich für uns bereits recht günstig ausfällt und daß diese vorteilhafte Ungleichheit sich eigentlich nur noch verstärken kann.

Ich komme nun zu meinem Gegenstand: das Abwägen der geistigen Reserven auf beiden Seiten der Feuerlinie.

Von der Seite unserer Feinde wissen wir (und die ganze Welt), daß ihre gesamte Politik in bezug auf das Geistige sich seit zehn Jahren darauf beschränkt hat oder es darauf abgesehen hat, die Entwicklungen der Intelligenz zu unterdrücken, die Werte reiner Forschung herabzuwürdigen, Maßnahmen zu ergreifen, oftmals schauerliche, gegen diejenigen, die sich ihr widmeten, bis auf die Lehrstühle und in die Laboratorien hinein die Götzenanbeter zu begünstigen, zum Nachteil der unabhängigen Schöpfer geistigen Reichtums, und den Künsten wie den Wissenschaften die utilitaristischen Ziele aufzuzwingen, die ein Regime verfolgt, das sich auf Deklamationen stützt und auf Terror. Die Universitäten, einst der größte und berechtigtste Stolz ihres Landes, sind ihrer besten Lehrer beraubt und der Kontrolle einer Partei unterstellt worden, die eine Polizei ist; ihre Studenten hat man in Bannerträger des Regimes oder in gleichgeschaltete Arbeitskader verwandelt; schließlich hat die Staatsdoktrin sich dort eindeutig und rücksichtslos gegen die Integrität und die Würde des Denkens ausgesprochen, das nur dazu da ist, ihr zu dienen.

Dies Bild ist unbestreitbar, hat doch Deutschland in wenigen Jahren erlebt, wie durch seine eigene Regierung nahezu sein gesamtes »Potential« an geistiger Schöpfung und Regeneration zerstört wurde.[1] Die einen, berauscht von Machtwille und Stolz; die anderen, erniedrigt durch die kollektive Unterwerfung oder beherrscht und geknebelt von der Furcht – so hat dies Volk dies hingenommen.

Doch unsere westliche Gruppe kann weder die Beseitigung des denkenden Individuums und seinen Ersatz durch einen Automaten ertragen noch die grundlose und schrankenlose Unterwerfung unter einen unverrückbar-notwendigen Zweck, der dies verlangte. Wir glauben, daß jede *Staatsmethode* sich die Menschen schafft, die sie verdient, und wir beneiden das preußische System nicht um den Menschentypus, den es Deutschland aufgenötigt hat, das ihn nun ganz Europa aufnötigen will. Gegen diese bis zum tödlichen Exzeß gesteigerte Disziplin, deren Idealziel die allgemeine Passivität ist, haben sich unsere Gefühle und unsere Kräfte erhoben. Wir sollen in unsere Gesamtressourcen durchaus auch jene geistigen Ressourcen, von denen ich gesprochen habe, einbeziehen und dürfen sie nicht vernachlässigen. Sie müssen von nun an sehr viel zählen; und sie werden sich als noch weit wertvoller erweisen, wenn die Feindseligkeiten erst vorüber sind. Angesichts einer Hälfte Europas, die kulturell schrecklich verarmt ist, die darbt ob des Mangels an geistiger Nahrung, die lange Zeit ohne freie Philosophie, reine Wissenschaft, interesselose Literatur und Kunst und selbst ohne unbehinderte Religionsausübung auskommen mußte, halte man sich doch vor Augen, was unser Westeuropa wird darstellen können, Frankreich und England, eng vereint in ihrer Entschlossenheit, für die Unabhängigkeit des Geistes Gewähr zu leisten, wenn sie erst hart dafür gekämpft haben werden. Beide wissen sie gut, daß aller Wert der Menschheit – alles, was der Mensch gemacht hat und wodurch er zum Menschen wurde – nur bleiben, und das heißt: wachsen kann in der Gegenwärtigkeit der lebendigen und universalen Bedingungen, wie sie ein freier Geist vereint.

[1939]

DIE FREIHEIT DES GEISTES

Es ist ein Zeichen der Zeit, und kein gutes Zeichen, daß es heute notwendig wird – und nicht nur notwendig, sondern dringend –, die Geister für das Schicksal des Geistes zu interessieren, das heißt also für ihr eigenes Schicksal.

Diese Notwendigkeit erscheint zumindest den Menschen eines gewissen Alters (ein gewisses Alter ist ja für den Alternden etwas nur allzu Gewisses), die noch eine ganz andere Epoche gekannt, ein ganz anderes Leben geführt haben, die die Übel und die Vorzüge des Lebens in einem ganz anderen Milieu, in einer sehr verschiedenen Welt empfangen, erduldet oder beobachtet haben.

Sie haben Dinge bestaunt, die kaum mehr bestaunt werden; sie haben Wahrheiten lebendig gesehen, die nahezu tot sind; sie haben mithin mit Werten spekuliert, deren Niedergang oder Zusammenbruch ebenso klar, ebenso sichtbar und ebenso ruinös für ihre Hoffnungen und Überzeugungen ist, wie es die Baisse oder der Sturz der Aktien- oder Währungskurse wurde, die sie, wie alle Welt, einst für unerschütterliche Werte gehalten haben.

Sie haben erlebt, wie das Vertrauen, das sie in den Geist gesetzt hatten, zuschanden wurde, ein Vertrauen, das für sie das Fundament und gewissermaßen das Postulat ihres Lebens gewesen ist.

Sie hatten Vertrauen in den Geist – doch welchen Geist, und was meinten sie mit diesem Wort ...?

Dies Wort ist unabzählbar, denn es deutet auf die Herkunft und auf den Wert aller anderen hin. Die Menschen freilich, von denen ich spreche, verbanden damit eine besondere Bedeutung: sie verstanden unter Geist, so möchte ich sagen, jenes persönliche und doch universale Tun, jene nach innen wie nach außen gewandte Tätigkeit, die dem Leben und seinen Kräften, der Welt und unseren inneren Reaktionen auf sie einen ganz anderen Sinn, eine andere Verwendung, Nutzung gab, die einen anderen Einsatz, anderes Handeln dafür entwikkelte, als dem normalen Ablauf des Lebens, der bloßen Erhaltung des Individuums angemessen war.

Zum rechten Verständnis dieses Punktes soll also mit dem Wort »Geist« hier gemeint sein: die Möglichkeit, das Bedürfnis und die Energie, Gedanken und Handlungen zu sondern und gesondert zu entwickeln, die für das Funktionieren unseres Organismus nicht erforderlich sind oder nicht auf bessere Ökonomie dieses Funktionierens abzielen.

Denn unser lebendiges Wesen erfordert, wie alle Lebewesen, eine verfügbare Kraft, eine *Transformationskraft*, die sich auf die uns umgebenden Dinge richtet, insoweit wir sie uns vorstellen.

Diese Kraft der Umwandlung wird für die Lösung der vitalen Probleme eingesetzt, die uns unser Organismus stellt und die uns unsere Umgebung auferlegt.

Wir sind vor allem anderen eine Umwandlungsorganisation, und zwar eine je nach der tierischen Spezies mehr oder minder komplexe, denn alles, was lebt, muß Leben spenden und Leben empfangen, es besteht ein Verhältnis wechselseitiger Modifikation zwischen dem Lebewesen und seinem Milieu.

Ist diese vitale Notwendigkeit jedoch einmal befriedigt, so glaubt eine Spezies, die unsere, eine *wahrhaft* absonderliche Spezies, sich andere Bedürfnisse und andere Aufgaben schaffen zu müssen als die bloße Erhaltung des Lebens: andere Wechselverhältnisse beschäftigen sie, andere Umwandlungen fordern sie heraus.

Was auch immer an ihrem Anfang gestanden haben, was immer die Ursache dieser merkwürdigen Abweichung gewesen sein mag, die menschliche Spezies hat sich nun einmal auf ein ungeheures Abenteuer eingelassen ... Ein Abenteuer, dessen Ziel sie nicht kennt, dessen zeitliches Ende sie nicht kennt und von dem sie selbst die Grenzen nicht zu kennen glaubt.

Sie hat sich auf ein Abenteuer eingelassen, und was ich *den Geist* nenne, das hat ihr dafür zugleich die Richtung in jedem

Augenblick, den Ansporn, den treibenden Stachel, die Schubkraft, den Impuls verliehen, wie es auch die Vorwände und die Illusionen liefert, die zum Handeln nötig sind. Diese Vorwände und Illusionen haben im übrigen von Epoche zu Epoche gewechselt. Die Perspektive des geistigen Abenteuers ist wechselhaft ...

Dies etwa habe ich mit meinen Worten zu Beginn sagen wollen.

Ich möchte noch ein wenig bei diesem Punkt verweilen, um genauer zu zeigen, wie diese menschliche Kraft sich unterscheidet (freilich nicht ganz und gar) von der tierischen Kraft, die auf die Erhaltung unseres Lebens ausgerichtet und auf die Durchführung unseres gewohnten physiologischen Funktionszyklus spezialisiert ist.

Sie unterscheidet sich von ihr; doch sie ähnelt ihr auch und ist ihr eng verwandt. Eine wichtige Tatsache ist diese Ähnlichkeit, die sich beim Nachdenken herausstellt, und sehr folgenreich.

Die Feststellung ist ganz einfach: Was immer wir tun, was immer Gegenstand unseres Handelns ist, wie immer das System von Eindrücken aussieht, die wir von der uns umgebenden Welt beziehen, und wie immer auch unsere Reaktionen darauf ausfallen mögen, es darf nicht übersehen werden, daß es doch stets derselbe Organismus ist, der mit dieser Aufgabe betraut, derselbe Verknüpfungsapparat, der für die beiden von mir genannten Funktionen eingesetzt wird, die nützliche und die nutzenfreie, die unerläßliche und die willkürliche.

Es sind dieselben Sinne, dieselben Muskeln, dieselben Glieder; mehr noch, es sind dieselben Typen von Zeichen, dieselben Mitteilungsinstrumente, dieselben Sprachen, dieselben logischen Modi, welche in die unentbehrlichsten Akte unseres Lebens ebenso eingehen wie in den überflüssigsten, konventionellsten, aufwendigsten Luxus.

Der Mensch hat also keine zwei Werkzeugarsenale; er hat nur ein einziges, und dies verwendet er abwechselnd zur Sicherung der Existenz, des physiologischen Rhythmus, und zum Aufbruch in die Illusionen und Taten unseres *großen Abenteuers.*

Bei einer ganz speziellen Frage habe ich häufig schon unsere Handlungsformen verglichen und habe gesagt, daß dieselben Organe, Muskeln und Nerven ebenso das Gehen zustande bringen wie das Tanzen, genau wie unsere Befähigung zur Sprache einmal dazu dient, Bedürfnisse und Gedanken auszudrücken, dieselben Wörter und Formen dann aber sich zu Werken der Poesie verbinden können.[1] Ein und derselbe Mechanismus wird in beiden Fällen zu völlig verschiedenen Zwecken eingesetzt.

Es ist also natürlich, wenn man von geistigen Angelegenheiten spricht (und mit *geistig* alles meint, was Wissenschaft, Kunst, Philosophie usw. ist), daß zwischen ihnen und den praktischen Anliegen eine deutliche Parallele gegeben ist, die sich beobachten und aus der sich bisweilen eine Lehre ziehen läßt.

Auf diese Weise lassen sich bestimmte schwierige Fragen vereinfachen, läßt sich die Ähnlichkeit verdeutlichen, die ausgehend von den Handlungs- und Verbindungsorganen zwischen einer Tätigkeit existiert, die man die *höhere* nennen kann, und einer anderen, die man als die praktische oder die *pragmatische* bezeichnet ...

Zwischen der einen und der anderen Seite besteht, da ja dieselben Organe darauf verwendet werden, Analogie in der Funktionsweise, Übereinstimmung in den Phasen und dynamischen Bedingungen; all dies hat seinen Ursprung in den Tiefen, in der Substanz, wird es doch vom Organismus selbst in Auftrag gegeben.

Vorhin sagte ich Ihnen, wie schmerzlich berührt die Menschen meines Alters davon sind, daß sich eine Epoche so plötzlich und so schroff an die Stelle derjenigen setzt, die sie erlebt haben, und ich sagte Ihnen vorhin: – ich nannte in diesem Zusammenhang das Wort *Wert*.

Ich sprach, denke ich, vom Verfall und Zusammenbruch der Werte unseres Lebens, der sich vor unseren Augen abspielt; und mit dem Wort »Wert« rückte ich in ein und demselben Ausdruck, unter ein und demselben Zeichen, materielle Werte und geistige Werte zusammen.

Ich sagte »Wert«, und das ist es in der Tat, wovon ich sprechen möchte; das ist der Hauptpunkt, auf den ich Ihre Aufmerksamkeit lenken möchte.

Wir sind heute Zeugen einer wahrhaft riesigen Umwertung der Werte (um den treffenden Ausdruck Nietzsches zu verwenden)[2], und durch die Wahl des Titels »Freiheit des Geistes« für meinen Vortrag habe ich lediglich auf einen dieser wesentlichen Werte angespielt, die gegenwärtig dasselbe Schicksal wie die materiellen Werte zu erleben scheinen.

Ich sagte also *Wert*, und ich sage weiter, daß es einen Wert, genannt »Geist«, gibt, wie es einen *Erdöl-*, einen *Getreide-* oder einen *Goldwert* gibt.

Ich habe gesagt *Wert*, weil es dabei Einschätzung gibt, Beurteilung der Wichtigkeit, und weil es auch zur Erörterung über den Preis kommt, den man für diesen Wert, den *Geist*, zu zahlen bereit ist.

Man kann diesen Wert anlegen; man kann ihn *verfolgen*, wie die Leute von der Börse sagen; man kann seine Schwankungen beobachten anhand einer besonderen Notierung, welche in der allgemeinen Meinung besteht, die die Welt davon hat.

Anhand dieser Notierung, die sich auf sämtlichen Seiten der Zeitungen wiederfindet, läßt sich ersehen, wie er hier oder dort in Konkurrenz tritt zu anderen Werten.

Denn es gibt konkurrierende Werte. Dies sind beispielsweise: die *politische Macht*, die keineswegs immer einig ist mit dem Geist-Wert, der Wert *soziale Sicherheit* und der Wert *Organisation des Staates*.

All diese Werte, die steigen und fallen, bilden den großen Markt der menschlichen Geschäfte. Innerhalb deren ist der unglückliche Wert *Geist* unaufhörlich im Fallen begriffen.

Die Erwägung des Wertes *Geist* ermöglicht, wie alle Werte, die Menschen zu unterteilen, und zwar nach dem Vertrauen, das sie in ihn setzen.

Es gibt Menschen, die alles auf ihn gesetzt haben, alle ihre Hoffnungen, alle Ersparnisse ihres Lebens, Herzens und Glaubens.

Es gibt andere, die darauf kaum einen Deut geben. Für sie

ist dies eine Anlage von mäßigem Interesse, ihre Fluktuationen interessieren sie nicht allzusehr.

Es gibt noch andere, die sich äußerst wenig darum scheren, sie haben ihre vitalen Mittel in dieses Geschäft nicht eingebracht.

Und schließlich sind da auch welche, die, man muß es wohl sagen, diesen Wert nach Kräften mindern.

Sie sehen, wie ich Anleihen bei der Börsensprache mache.[3] Sie mag sich seltsam ausnehmen, auf geistige Dinge übertragen; doch ich meine, es gibt keine bessere, ja vielleicht gibt es überhaupt keine andere, um Zusammenhänge dieser Art auszudrücken, denn geistige Ökonomie läßt sich bei näherem Nachdenken genau wie materielle Ökonomie als einfacher Konflikt von *Bewertungen* zusammenfassen.

Ich war daher oft frappiert von den Analogien, die sich ohne alles Zutun zwischen dem Leben des Geistes mit seinen verschiedenen Erscheinungsformen und dem Wirtschaftsleben mit seinen Formen einstellen.

Hat man diese Entsprechung erst einmal wahrgenommen, so ist es schier unmöglich, ihr nicht bis an die Grenzen nachzugehen.

In beiden Angelegenheiten, im Wirtschaftsleben wie im geistigen Leben, werden Sie vor allem die beiden Begriffe *Produktion* und *Konsumtion* antreffen.

Der Produzent im geistigen Leben ist ein Schriftsteller, ein Künstler, ein Philosoph, ein Gelehrter, der Konsument ist ein Leser, ein Hörer, ein Zuschauer.

Sie werden ebenfalls den Begriff des *Wertes*, den ich soeben wieder benützt habe, als etwas Wesentliches in beiden Bereichen wiederfinden, wie es auch der Begriff des Tausches ist und das Begriffspaar von Angebot und Nachfrage.

All dies ist einfach, all dies läßt sich leicht erklären; es sind Ausdrücke, die ihren Sinn ebenso auf dem *inneren* Markt haben (wo jeder geistig mit dem anderen handelt, feilscht, sich mit ihm vergleicht) wie in der Sphäre der materiellen Interessen.

Man kann im übrigen auf beiden Seiten gleichermaßen Arbeit und Kapital ansetzen; *eine Zivilisation ist ein Kapital*, dessen

Zuwachs sich wie bei bestimmten Kapitalansammlungen über Jahrhunderte hinweg vollziehen kann, das Zins und Zinseszins in sich aufnimmt.

Diese Parallele ist bei längerem Nachdenken frappierend; die Analogie ist völlig natürlich; ich würde sogar so weit gehen, eine tatsächliche Identität anzunehmen, und zwar aus folgendem Grund: Zuerst ist es, wie gesagt, dieselbe organische Prägung, die sich unter dem Namen Produktion und Rezeption einstellt, Produktion und Rezeption sind untrennbar mit Austausch verbunden; darüber hinaus jedoch resultiert alles Soziale aus den Beziehungen zwischen der großen Zahl von Individuen, spielt sich ab in dem weiten System lebender und denkender Wesen (mehr oder weniger denkender), von denen sich jedes zugleich mit allen anderen solidarisch und allen anderen entgegengestellt weiß – einzigartig für sich selbst, ununterscheidbar und gleichsam gar nicht vorhanden inmitten der großen Zahl.

Hier liegt der springende Punkt. Er läßt sich ebensowohl im Praktischen wie im Geistigen feststellen. Auf der einen Seite das Individuum; auf der anderen die undifferenzierte Menge und die Sachen; der allgemeinen Form nach können diese Beziehungen folglich nicht sehr verschieden sein, ob es sich nun um Produktion, Austausch und Verbrauch von Erzeugnissen für den Geist handelt oder um Produktion, Austausch und Verbrauch von Erzeugnissen für das materielle Leben.

Wie sollte dies auch anders sein ...? Stets tritt dasselbe Problem auf: immer stehen *Individuum* und *ungeschiedene Menge von Individuen* miteinander in direkter oder indirekter Beziehung; insbesondere in indirekter, denn in der großen Mehrzahl der Fälle erfahren wir Außendruck im Ökonomischen wie im Geistigen indirekt, und umgekehrt erstreckt sich unsere eigene Außenwirkung auf eine unbestimmte Menge von Zuhörern oder Zuschauern.

Daher denn die Doppelbeziehung, die sich herausbildet. Wenn es erst einmal auf der einen Seite Austausch geben muß, während auf der anderen Seite Mannigfaltigkeit der Bedürfnisse, Verschiedenartigkeit der Menschen herrscht, wenn erst einmal die Individuen in ihrer Einzigartigkeit und ihren unübertragbaren Geschmacksprägungen oder auch mit ihrem persönlichen Können, ihrem Fleiß, ihren Talenten und Anschauungen sich auf einem Markt gegenüberstehen, dann wird, ganz gleich, ob es nun um Doktrinen oder Ideen, um Rohstoffe oder Handwerkserzeugnisse geht, der Wettbewerb zwischen diesen individuellen Werten ein bewegliches Gleichgewicht herstellen, ein Gleichgewicht, welches im jeweiligen Augenblick nur durch die jeweils herrschenden *Werte* bestimmt wird.

Ebenso, wie eine bestimmte Ware heute einige Stunden lang soundso viel wert ist, dabei plötzlichen Schwankungen unterworfen oder aber sehr langsamen, stetigen Veränderungen, so auch die Werte in Sachen Geschmack, Lehrmeinungen, Stile, Ideale und so fort.

Nur daß die Ökonomie des Geistes mit sehr viel schwerer zu definierenden Phänomenen aufwartet, sind sie doch im allgemeinen nicht meßbar und werden auch nicht von Organen oder dafür spezialisierten Einrichtungen aufgenommen.

Da wir gerade bei der Betrachtung des Individuums im Kontrast zu seinesgleichen sind, kann an die Rede der Alten erinnert werden, wonach über Geschmack und über Farben nicht zu streiten sei. In Wirklichkeit trifft ganz das Gegenteil zu: wir tun nichts anderes als dies.

Unaufhörlich sind wir damit beschäftigt, über Geschmack und über Farben zu streiten. An der Börse, in den unzähligen Jurys, in den Akademien, und es kann auch gar nicht anders sein; alles ist Feilschen und Handeln, in sämtlichen Fällen, in denen Individuum und Kollektiv, Singular und Plural aufeinandertreffen und danach streben müssen, sich zu verständigen oder aber sich gegenseitig zum Schweigen zu bringen.

Hier ist die Analogie, die wir verfolgen, so schlagend, daß sie an Identität grenzt.

So will ich etwa, wenn ich von Geist spreche, damit gegenwärtig einen Aspekt und eine Eigenschaft des kollektiven Lebens bezeichnen; einen Aspekt, eine Eigenschaft, die ebenso real sind wie der materielle Reichtum, bisweilen auch ebenso prekär wie dieser.

Ich will damit eine Produktion, eine Bewertung, eine Ökonomie ins Auge fassen, die gedeihen kann oder nicht, die – ganz wie die andere – mehr oder weniger stabil ist, die sich entwickelt oder verfällt, die ihre universalen Kräfte hat, ihre Institutionen, ihre Gesetze und auch ihr Unergründliches.

Denken Sie nicht, ich gefiele mir hier in einem bloßen, mehr oder minder poetischen Vergleich und ich gelangte vom Gedanken der materiellen Ökonomie durch bloße rhetorische Kunstgriffe zur geistigen Ökonomie.

In Wahrheit dürfte es wohl ganz das Gegenteil sein, wenn man recht darüber nachdenken wollte. *Mit dem Geist hat es begonnen*, und es konnte gar nicht anders sein.

Der geistige Verkehr ist notwendig der erste Verkehr auf der Welt, der, mit dem es begann, der notwendig am Anfang stand, denn bevor man Dinge austauschen kann, muß man unbedingt Zeichen austauschen und muß folglich diese Zeichen vorher einrichten.[4]

Es gibt keinen Markt, es gibt keinen Tausch ohne Sprache; das erste Instrument allen Handels ist die Sprache, und man darf hier (in gehörig abgewandelter Bedeutung) ein berühmtes Wort anführen: *»Am Anfang war das Wort.«* Es konnte wohl gar nicht anders sein, als daß das WORT dem ersten Handelsakt vorausging.

Doch das Wort ist nichts anderes als einer der genauesten Namen für das, was ich *Geist* genannt habe. *Geist* und *Wort* sind in vielen Verwendungen nahezu synonym. Der Ausdruck *verbum* in der Vulgata übersetzt das griechische *logos*, was *Rechnung*, *Überlegung*, *Wort*, *Rede*, *Vernunft* bedeutet und zugleich auch *Ausdruck*.

Wenn ich also sage, das *Wort* fällt zusammen mit dem *Geist*, so glaube ich keine Häresie zu begehen – nicht einmal im Linguistischen.

Im übrigen macht die einfachste Überlegung deutlich, daß bei jedem Handelsgeschäft erst etwas dasein muß, womit die Unterredung beginnen, der Gegenstand des Tausches bezeichnet, der Bedarf angezeigt werden kann; es muß also etwas Wahrnehmbares dasein, dem auch Verstehbarkeit eignet; und dieses Etwas, das habe ich allgemein *Wort* genannt.

Der Verkehr des Geistes geht mithin dem Verkehr der Sachen voraus. Ich will nun zeigen, daß er ihn auch weiterhin begleitet, und zwar aus nächster Nähe.

Es ist nicht nur logisch notwendig, daß es sich so verhält, sondern es läßt sich auch historisch belegen. Zum Erweis dieser bedenkenswerten Tatsache sei darauf verwiesen, daß diejenigen Regionen der Erde, in denen sich der Warenverkauf am frühesten und am aktivsten entwickelt hat, auch die Gegenden sind, wo die Erzeugung geistiger Werte und Ideen, von Werken des Geistes und der Kunst am frühesten, am fruchtbarsten und vielfältigsten war.

Weiterhin stelle ich fest, daß in diesen Regionen auch das, was man *Freiheit des Geistes* nennt, am großzügigsten gewährt war, und ich füge hinzu, daß auch dies so sein mußte.

Sobald die Beziehungen zwischen den Menschen häufiger, reger, intensiver werden, lassen sich größere Unterschiede zwischen ihnen unmöglich aufrechterhalten, nicht so sehr Kasten- oder Statusunterschiede, die noch bestehenbleiben können, als vielmehr Unterschiede im Verstehen.

Das Gespräch zwischen dem Höherstehenden und dem Tieferstehenden nimmt eine Vertrautheit und Leichtigkeit an, wie sie in Regionen mit selteneren Beziehungen nicht anzutreffen ist; so hatten bekanntlich in der Antike, und vor allem in Rom, der Sklave und sein Herr bei aller Härte, Disziplinierung und sogar gesetzlich zugelassenen Grausamkeit einen durchaus vertrauten Umgang miteinander.

Ich sagte also, daß die Freiheit des Geistes und der Geist selbst am meisten in denjenigen Gegenden entwickelt waren, in denen gleichzeitig auch Handel und Verkehr aufkamen. Ausnahmslos zu allen Zeiten stellt sich intensive Produktion von Kunst, von Ideen und geistigen Werten an solchen Orten ein, die sich auch durch ihre wirtschaftliche Aktivität hervortun. Sie wissen, daß das Mittelmeerbecken in dieser Hinsicht das schlagendste und beweiskräftigste Beispiel geboten hat.

Dieses Becken ist in der Tat in gewissem Sinne ein bevorzugter Ort, der von der Vorsehung dazu ausersehen schien, daß sich an seinen Ufern der regste Handel einstellte.

Es erstreckt sich in der gemäßigtsten Zone der Erde; es begünstigt die Schiffahrt in ganz besonderer Weise; es bespült drei völlig verschiedene Weltenteile; es zieht daher eine Vielzahl ganz unterschiedlicher Rassen an; es bringt sie in Berührung, in Konkurrenz, in Einklang oder in Konflikt; es regt sie somit zu Austausch jeglicher Art an. Dieses Becken, das die bemerkenswerte Eigenschaft aufweist, daß man von jedem Punkt an jeden anderen auf dem Landweg entlang der Küste oder aber nach kurzer Meerfahrt gelangen kann, war jahrhundertelang Schauplatz der Mischung und Durchdringung verschiedener Familien der menschlichen Spezies, die sich dabei gegenseitig mit ihren Erfahrungen aller Art bereicherten.

Da gab es Anreiz für den Austausch, lebhaften Wettbewerb, Konkurrenz im Handel, Wetteifer der Kräfte, der Einflüsse, der Religionen, der Propaganda, nebeneinander die Konkurrenz der materiellen Produkte und der geistigen Werte, ohne daß dabei ein Unterschied auftrat.

Dasselbe Schiff, derselbe Nachen brachte die Waren und die Götter, die Ideen und die Verfahren.

Wie vieles hat sich an den Rändern des Mittelmeeres doch durch Übertragung oder Ausstrahlung entwickelt. So kam dieser Schatz zustande, dem unsere Kultur nahezu alles verdankt, zumindest in ihren Anfängen; ich kann wohl sagen, das Mittelmeer ist wahrhaft eine *Maschine zur Erzeugung von Kultur* gewesen.

All dies aber schuf notwendig *Freiheit des Geistes*, zugleich mit dem Gang der Geschäfte.

Bei den Mittelmeeranrainern finden wir also in engster Verbindung diese drei: *Geist*, *Kultur* und *Handel*.[5]

Doch nun ein anderes, weniger banales Beispiel. Sehen Sie sich die Rheinlinie an, diese Wasserlinie, die von Basel bis zum Meer verläuft, und vergegenwärtigen Sie sich, was an Leben auf beiden Seiten dieser Wasserstraße entstanden ist, von den ersten Jahrhunderten unserer Zeitrechnung bis zum Dreißigjährigen Krieg. Ein ganzes System untereinander vergleichbarer Städte siedelte sich an diesem Fluß an, dem wie dem Mittelmeer die Rolle eines Leiters oder eines Kollektors zukam. Ob es nun Straßburg, Köln oder andere Städte bis hinab zum Meer waren, diese Siedlungen bildeten sich unter analogen

Bedingungen heraus und weisen denn auch in Geist, Institutionen, Funktionen, in ihrer materiellen wie immateriellen Tätigkeit bemerkenswerte Ähnlichkeit auf.

Es sind Städte, in denen der Wohlstand früh seinen Einzug hält; Städte von Kaufleuten und Bankiers; ihr System weitet sich zum Meer hin aus, im Westen zu den gewerbetreibenden Städten Flanderns; im Nordosten zu den Häfen der Hanse.

Dort nun etablieren sich im Lauf der Jahrhunderte der materielle wie der geistige Reichtum und die Freiheit in ihrer städtischen Form zunehmend fester. Es sind finanzstarke Plätze, und es sind strategische Stellungen des Geistes. Man findet dort eine Industrie, die Techniker verlangt, ein Bankwesen, das Rechenkundige und Handelsdiplomaten erfordert, alles vornehmlich auf Austausch bedachte Leute, zu einer Zeit, in der die Mittel für Handel und Verkehr noch wenig praktizierbar waren; man trifft jedoch dort auch auf künstlerische Vitalität, auf die Neugier der Gelehrsamkeit, auf eine Produktion von Malerei, Musik und Literatur – kurz auf eine Wertschöpfung und Wertzirkulation, die zu der wirtschaftlichen Aktivität derselben Zentren ganz parallel verläuft.

Dort wird der Buchdruck erfunden; von dort aus verbreitet er sich über die Welt; und am Ufer des Flusses, gleichsam als ein vom Flusse gefördertes Handelselement, kann sich die Buchherstellung entwickeln und den gesamten zivilisierten Erdraum erreichen.

Ich sagte Ihnen, alle diese Städte wiesen beachtliche Übereinstimmungen im Geist, in den Sitten und in der inneren Organisation auf; sie erhalten oder erwerben auch eine Art Autonomie.

Der Reichtum begegnet dort seinem Liebhaber; es fehlt nicht an Kunstkennern. Geist kann dort leben – in Gestalt von Kunstschaffenden, Schriftstellern oder Verlegern, das ist für ihn günstiges Terrain.

Es ist ein auserwähltes Land für Kultur, die nun einmal Freiheit und Ressourcen voraussetzt.

So schafft diese Reihung von Städten entlang dem Fluß einen zusammenhängenden Landstreifen, der sich zum Meer hin ausdehnt und in Gegensatz tritt zu den binnenländischen

Regionen östlich und westlich davon, Regionen, die ländlich geprägt und daher sehr viel länger noch vom Feudalismus bestimmt bleiben.

Selbstverständlich ist die Darstellung, die ich Ihnen biete, sehr summarisch, und zur Präzisierung meiner Sicht müßte man sehr zahlreiche Unterlagen heranziehen, um Zeiten und Orte im einzelnen zu rekonstruieren. Doch was ich dazu gesagt habe, reicht vielleicht aus als Beleg für meine Ansicht über die Parallelität zwischen der geistigen Entwicklung in der Mittelmeer- und der Rheinregion und ihrem kommerziellen, industriellen und finanziellen Aufschwung.

Was man das Mittelalter genannt hat, verwandelte sich in die moderne Welt durch die Praxis des Austauschens – die die Temperatur des Geistes auf den höchsten Punkt hebt. Nicht daß dieses Mittelalter eine so finstere Zeit gewesen wäre, wie man behauptet hat. Es hat seine Zeugen, die aber sind aus Stein. Diese Arbeiten jedoch, diese Kathedralbauten, diese unvergleichlichen Werke, die seine Architekten, und zuerst die französischen, aufgeführt haben, sind für uns wahrhaftige Rätsel, wenn wir uns über ihre Entstehungsumstände Gedanken zu machen versuchen.

Wir haben in der Tat keinerlei Zeugnis, das uns Auskunft gäbe über die tatsächliche Kultur jener *Werkmeister*, die doch über sehr hoch entwickeltes Wissen verfügen mußten, um Bauten von solcher Größe und Kühnheit aufzuführen. Sie haben uns weder Abhandlungen zur Geometrie, Mechanik, Architektur, Materialkunde, Perspektive noch Pläne oder Skizzen hinterlassen, nichts, was uns die geringste Ahnung vermittelte von dem, was sie wußten.

Eine Tatsache allerdings ist uns gut bekannt: diese Architekten waren Nomaden. Sie zogen bauend von Stadt zu Stadt. Es hat den Anschein, als hätten sie ihre Theorien und ihre technischen Verfahren von einer Person zur anderen weitergegeben. Diese Bauleute und ihre Meister schlossen sich zu Innungen zusammen, in denen sie einander die Techniken der Steinmetzen, Zurichter, Zimmerleute und Schlosser übermittelten. Doch kein schriftliches Dokument über all diese

Verfahren ist auf uns gekommen. Das berühmte Skizzenbuch von Villard de Honnecourt ist ganz und gar unzureichend.[6]

Alle diese reisenden Baumeister, diese Vermittler von Methoden und Rezepten der Kunst waren also ebenfalls Träger des Austauschs, doch noch primitive, einzelgängerische, die im übrigen eifersüchtig ihre Geheimnisse und Kniffe für sich behielten. Sie hielten geheim, was eine Epoche intensiver Kultur so weit wie nur möglich zu verbreiten trachtet, vielleicht auch viel zu weit.

Geistesleben gab es bis zu einem gewissen Grad auch in den Klöstern. Im Schatten der Kreuzgänge konnte das Studium der Antike gedeihen, konnten Sprache, Literatur und Kultur der Alten über etliche düstere Jahrhunderte hinweg gerettet und gepflegt werden.

War doch geistiges Leben zwischen dem 5. und dem 11. Jahrhundert im ganzen Okzident erschreckend kümmerlich. Noch zur Zeit der ersten Kreuzzüge hält es keinen Vergleich aus mit dem, was sich in Byzanz und im Islam, von Bagdad bis Granada, an Künsten, Wissenschaften und Lebensformen beobachten läßt. Saladin dürfte geschmacklich und kulturell Richard Löwenherz weit überlegen gewesen sein.

Dem Blick auf das Hochmittelalter bietet sich eigentlich das gleiche dar wie zu unserer Zeit. Kultur, Veränderungen der Kultur, Wert der Dinge des Geistes, Einschätzung seiner Produkte, Platz in der Rangordnung der menschlichen Bedürfnisse – wir wissen nunmehr, daß all dies einerseits mit der Schaffung immer zahlreicherer, müheloser Austauschgelegenheiten zusammenhängt, andererseits bestürzend unbeständig ist. Alles, was heute vor sich geht, muß auf diese beiden Punkte bezogen werden. Sehen wir auf das, was in uns und um uns herum vor sich geht. Was wir dabei feststellen, habe ich Ihnen eingangs resümiert.

Ich hatte Ihnen gesagt, die Geister auffordern zu müssen, sich um den GEIST und sein Schicksal zu kümmern, sei ein Zeichen der Zeit, ein Symptom. Ich wäre wohl kaum auf diesen Gedanken gekommen, wenn nicht ein ganzes Bündel von Eindrücken bezeichnend und mächtig genug gewesen wäre, um in mir Reflexion hervorzurufen und diese Reflexion bis zum Akt voranzutreiben. Und diesen Akt, der darin besteht, sie vor Ihnen zum Ausdruck zu bringen, hätte ich wohl kaum ausgeführt, wenn ich nicht gespürt hätte, daß meine Eindrücke von vielen anderen geteilt werden, daß sich bei allen denjenigen, die im Bereich der höheren Werte, von denen hier die Rede ist, überhaupt etwas verspüren, zunehmend stärker das Empfinden einer Abnahme des Geistigen, einer Gefährdung der Kultur, einer Dämmerung der reinsten Gottheiten einstellte.

Kultur, Zivilisation, das sind recht vage Namen, die man nach Lust und Laune differenzieren, trennen und verbinden kann. Damit will ich mich nicht aufhalten. Für mich handelt es sich, wie gesagt, um ein Kapital, das sich herausbildet, das eingesetzt, bewahrt, vergrößert, gefährdet wird wie jedes nur denkbare Kapital[7] – dessen bekanntestes doch wohl das ist, was wir *unseren Körper* nennen ...

Woraus besteht dies Kapital *Kultur* oder *Zivilisation*? Es besteht zunächst aus *Sachen*, materiellen Gegenständen – Büchern, Bildern, Instrumenten usw., die ihre wahrscheinliche Lebensdauer haben, die Verderblichkeit, die Hinfälligkeit der Sachen. Doch dies materielle Gerät genügt nicht. Ebenso wie ein Barren Goldes, ein Hektar guten Bodens oder eine Maschine kein Kapital darstellen, solange keine Menschen da sind, die sie *benötigen* und die sie zu *benützen verstehen*. Diese beiden Voraussetzungen sollten Sie festhalten. Damit das materielle Gerät der Kultur zum Kapital wird, ist auch bei ihm die Existenz von Menschen erforderlich, die seiner bedürfen und damit umgehen können – das heißt von Menschen, die nach Erkenntnis und nach innerer Verwandlungskraft streben, nach einer Fortentwicklung ihrer Sinnesleistungen; und die andererseits sich all das anzueignen verstehen, was an Einübung, an geistiger Disziplin, an Konventionen und Praxis notwendig ist, um das Arsenal von Dokumenten und Instrumenten zu nützen, das die Jahrhunderte angehäuft haben.

Ich sagte, das Kapital unserer Kultur sei gefährdet. Es ist es in mehrfacher Hinsicht, auf mehrfache Weise. Durch Gewalt, aber auch schleichend. Es wird von mehr als einem attackiert, es wird von uns allen vernachlässigt, verschleudert, entwürdigt. Die Fortschritte dieser Zersetzung sind mit Händen zu greifen.

Beispiele dafür habe ich hier mehrfach gegeben. Ich habe Ihnen nach besten Kräften aufgezeigt, wie sehr das ganze moderne Leben unter einem oft glänzenden und verführerischen Äußeren eine wahrhafte Krankheit der Kultur darstellt, denn es unterwirft diesen Reichtum, der doch wie ein natürlicher Reichtum angesammelt, dies Kapital, das doch Schicht um Schicht in den Köpfen herangebildet werden muß, der allgemeinen Hektik der Welt, vorangetrieben, propagiert durch die übersteigerten Mittel der Kommunikation. Bei diesem Grad der Aktivität werden die übermäßig beschleunigten Austauschvorgänge zu einem *Fieber*, wird das Leben zu einem Verzehren von Leben.

Unablässiges Rütteln und Schütteln, Neuheiten, Neuigkeiten; essentielle Instabilität, förmlich zur Sucht geworden, Nervosität, die mit allen vom Geiste selbst geschaffenen Mitteln verbreitet wird. Man kann sagen, es liegt etwas Selbstmörderisches in dieser hitzig-oberflächlichen Daseinsform der zivilisierten Welt.

Wie kann man sich die Zukunft der Kultur denken, wenn einem das Alter, das man erreicht hat, den Vergleich erlaubt zwischen dem, was sie früher war, und dem, was sie sich anschickt zu werden? Eine schlichte Tatsache möchte ich Ihnen zum Nachdenken geben, wie sie auch mich zum Nachdenken gebracht hat.

Ich habe miterlebt, wie bestimmte Personen, die für das regelmäßige Weiterwachsen unseres ideellen Kapitals äußerst wertvoll waren, ebenso wertvoll wie die Schöpfer selbst, allmählich abtraten. Ich habe sie eine nach der anderen dahingehen sehen, diese unschätzbaren Kenner und Liebhaber, die, obschon sie nicht die Werke selbst schufen, doch deren tatsächlichen Wert schufen; es waren dies leidenschaftliche, aber unbestechliche Richter, für die oder gegen die es schön war zu arbeiten. Sie konnten lesen: eine Tugend, die abhanden gekommen ist. Sie konnten hören, und sogar zuhören. Sie konnten sehen. Damit soll gesagt sein, was sie für wiederlesens-, wiederhörens- oder wiedersehenswert hielten, das wurde, eben durch dieses *wieder*, zu einem *soliden Wert*. Das universale Kapital wuchs dadurch an.

Ich sage nicht, sie seien alle gestorben und es werde niemand mehr nachgeboren. Doch ich stelle mit Bedauern fest, daß sie äußerst selten geworden sind. Ihr Beruf war, *sie selbst zu sein*, und sie erfreuten sich einer Unabhängigkeit des Urteils, die keine Werbung, kein Zeitungsartikel beeinträchtigen konnte.

Ein ebenso glühendes wie interessenfreies geistig-künstlerisches Leben war ihr Daseinsgrund.

Kein Schauspiel, keine Ausstellung, kein Buch, dem sie sich nicht aufmerksam und gründlich widmeten. Man nannte sie bisweilen mit ein wenig Ironie »Geschmacksmenschen«, *hommes de goût*, doch ist ihre Spezies so selten geworden, daß der Ausdruck schon gar nichts Spöttelndes mehr hat. Das ist ein beträchtlicher Verlust, ist doch nichts so wertvoll für den Schöpfer wie jemand, der sein Werk zu schätzen weiß und vor allem der Sorgfalt der Arbeit, dem *Arbeitswert* der Arbeit, die Einschätzung zuteil werden läßt, von der ich vorhin sprach, diejenige Wertung damit vornimmt, die, abseits von Mode und Tageswirkung, die Geltung eines Werkes und eines Namens festigt.

Heute geht es mit allem sehr schnell, Reputation und Ansehen bilden sich rasch und verlieren sich ebenso rasch wieder. Nichts ist von Dauer, denn nichts geschieht für die Dauer.

Wie soll denn der Künstler auch unter dem Anschein der Verbreitung der Kunst, der allgemeinen Unterweisung in den Künsten, nicht die ganze Unverbindlichkeit der Epoche spüren, das Verschwimmen der Werte, das eintritt, die seichte Beliebigkeit, der sie Vorschub leistet?

Wendet er für seine Arbeit all die Zeit und Sorgfalt auf, zu denen er fähig ist, so tut er dies mit dem Empfinden, etwas von dieser Arbeit müsse auf das Gemüt dessen übergehen, der ihn liest; er erhofft sich als kleine Entschädigung für die Mühe, mit der er seine Seite schrieb, eine gewisse Art und Dauer der Zuwendung.

Wir vergelten es ihm, das muß gesagt sein, recht schlecht ...

Das ist nicht unsere Schuld, wir können uns der Bücher ja gar nicht erwehren. Wir sind vor allem geplagt von Büchern, denen ein heftig-kurzfristiges Interesse zukommt. In unseren Gazetten herrscht (besonders an bestimmten Tagen) eine solche Buntheit, eine solche Inkohärenz, eine solche Gedrängtheit der Nachrichten, daß die Zeit, die wir pro 24 Stunden auf Lektüre verwenden können, davon restlos ausgefüllt und der Sinn verwirrt, umgetrieben und übererregt ist.

Für den beschäftigten Menschen, der seinen Lebensunterhalt verdient und pro Tag eine Stunde auf Lektüre verwenden kann, ob nun bei sich zu Hause, in der Tram oder der Untergrundbahn, wird diese Stunde aufgezehrt von kriminellen Vorfällen, zusammenhanglosen Albernheiten, Klatsch und dem immer gleichen *Verschiedenen*, was mit seinem Mischmasch und seiner Überfülle dazu dazusein scheint, den Verstand zu betäuben und gröblichst zu vereinfachen.

Unser Mensch ist für das Buch verloren ... Das ist zwangsläufig, und wir können daran nichts ändern.

All dies hat eine reale Minderung der Kultur zur Folge; und in zweiter Linie eine reale Minderung der wirklichen Freiheit des Geistes, denn diese Freiheit erfordert im Gegenteil eine Abstandnahme, ein Abweisen aller dieser Empfindungen, die da in jedem Augenblick abgerissen und gewalttätig aus dem modernen Leben auf uns eindrängen.

Ich sprach soeben von Freiheit ... Es gibt die Freiheit schlechthin, und es gibt die Freiheit des Geistes.

Dies gehört eigentlich nicht mehr zu meinem Thema, und doch gilt es ein wenig dabei zu verweilen. Die Freiheit, ein unermeßliches Wort, ein Wort, das die Politik ausgiebig benützt hat – das sie indessen seit einigen Jahren hier und dort auch ächtet –, die Freiheit war ein Ideal, ein Mythos; sie war ein Wort voller Verheißungen für die einen, voller Drohungen für die anderen, ein Wort, das die Menschen hochgetrieben und die Pflastersteine herausgerissen hat. Ein Wort, das zur Losung wurde für diejenigen, die am schwächsten schienen und sich am stärksten fühlten, gegen diejenigen, die am stärksten schienen und sich nicht am schwächsten fühlten.

Diese politische Freiheit ist schwer ablösbar von den Begriffen Gleichheit und Souveränität; aber sie ist auch schwer vereinbar mit dem Gedanken der Ordnung; und bisweilen mit dem Gedanken der Gerechtigkeit.

Doch das ist nicht mein Thema.[8]

Ich komme zurück auf den Geist. Prüft man einmal alle diese politischen Freiheiten ein wenig genauer, so gelangt man rasch dazu, die *Freiheit des Denkens* näher ins Auge zu fassen.

Die Freiheit des Denkens wird in der Vorstellung vieler verwechselt mit der Freiheit des Veröffentlichens.

Man hat noch nie jemanden daran gehindert, zu denken, wie es ihm beliebt. Das wäre auch schwierig; sofern man nicht über Apparate verfügt, um dem Denken im Gehirn auf die Spur zu kommen. So weit wird man sicherlich auch noch gelangen, aber noch ist es nicht an dem, und wünschen werden wir uns solche Entdeckung nicht! ... Die Freiheit des Denkens existiert vorerst also noch – sofern sie nicht beeinträchtigt wird durch das Denken selbst.

Gewiß ist es schön, daß man die Freiheit hat, zu denken, allerdings muß da auch etwas sein, woran man denkt ...!

Beim üblichen Gebrauch des Ausdrucks *Denkfreiheit* oder *Gedankenfreiheit* ist jedoch gemeint: *Freiheit des Veröffentlichens* oder *Freiheit des Lehrens*.

Diese Freiheit nun führt zu schwerwiegenden Problemen: irgendeine Schwierigkeit entsteht dabei immer. Das eine Mal ist es die Nation, das andere Mal der Staat, die Kirche, die Schule oder die Familie, die Einwände zu machen haben gegen die Freiheit des Denkens beim Veröffentlichen, des öffentlichen Denkens oder der öffentlichen Lehre.

All dies sind Mächte, die mehr oder minder eifersüchtig über die äußeren Kundgaben des denkenden Einzelwesens wachen.

Ich will dieser Frage hier nicht auf den Grund gehen. Es geht dabei um jeweils besonders gelagerte Fälle. Unbestreitbar gibt es Fälle, in denen es gut ist, daß die Freiheit des Veröffentlichens überwacht und eingeschränkt wird.

Doch das Problem wird sehr schwierig, wenn es sich um allgemeine Maßnahmen handelt. So ist es beispielsweise klar, daß während eines Krieges unmöglich alles veröffentlicht werden kann. Jedermann sieht ein, daß es unvorsichtig wäre, Nachrichten über Operationspläne in die Öffentlichkeit zu tragen; andererseits gibt es aber bestimmte Dinge, die zu veröffentlichen die öffentliche Ordnung nicht erlaubt.

Damit aber noch nicht genug. Die Freiheit der Veröffentlichung, die wesentlicher Bestandteil der Freiheit des geistigen Verkehrs ist, wird heute in bestimmten Fällen, in bestimmten Gegenden, schwerwiegend eingeschränkt oder sogar vollständig aufgehoben.

Sie spüren, wie brennend diese Frage ist; und wie sie mehr oder minder *allenthalben* auftritt. Ich will sagen, überall da, wo man überhaupt noch eine Frage stellen kann. Ich persönlich bin nicht sehr darauf aus, mein Denken zu veröffentlichen. Man kann sehr wohl auch nicht veröffentlichen; wer zwingt einen denn zur Veröffentlichung ...? Welcher Dämon? Wozu letzten Endes? Man kann sehr wohl seine Gedanken auch für sich behalten. Warum sie nach draußen tragen ...? Sie sind doch so schön, in den Tiefen einer Schublade, oder in einem Kopf ...

Aber schließlich gibt es Leute, die gerne veröffentlichen, die gerne ihre Gedanken anderen nahebringen, die nur denken, um zu schreiben, und nur schreiben, um zu veröffentlichen. Diese Leute setzen sich dann den Gefahren des politischen Raums aus. Hier zeichnet sich der Konflikt ab.

Die Politik, gezwungen, alle Werte zu entstellen, über die der Geist zu wachen berufen ist, läßt alles Entstellte, alles halb oder gar nicht Gesagte zu, das ihr zupaß kommt, mit ihr übereinstimmt, und verwirft alles oder belegt es sogar mit Verbot, was dies nicht tut.

Was ist das also eigentlich, Politik ...? Politik besteht in dem Willen zur Erringung und Erhaltung der Macht; sie verlangt folglich die Ausübung von Zwang oder Illusion auf die Geister, die ja der Stoff jeglicher Macht sind.

Alle Macht ist notwendig darauf aus, die Veröffentlichung von Dingen zu verhindern, die ihrer Ausübung unzuträglich sind. Sie tut dafür alles Erdenkliche. Der politische Geist sieht sich am Ende stets genötigt, zu entstellen. Er führt in den allgemeinen Verkehrsumlauf intellektuelles Falschgeld ein; er münzt historische Begriffe um; er führt ein Gebäude aus Scheinargumenten auf; kurz, er erlaubt sich alles, wessen er bedarf zur Erhaltung seiner Autorität, die man – ich weiß nicht, warum – *Moral* nennt.

Man muß zugeben, daß in allen nur möglichen Fällen *Politik und Geistesfreiheit einander ausschließen*. Diese ist die *Erzfeindin aller Parteien*, wie sie im übrigen die Feindin jeglicher im Besitz der Macht befindlicher Doktrin ist.

Daher mein Beharren auf den verschiedenen Schattierungen, die diese Ausdrücke annehmen können.

Freiheit ist ein Begriff, der in widersprüchlichen Ausdrükken vorkommt, verwenden wir ihn doch das eine Mal, um zu sagen, daß wir tun können, was wir wollen, und das andere Mal, daß wir tun können, was wir nicht wollen, was ja manchen zufolge das Maximum an Freiheit ist.

Damit ist gemeint, daß es mehrere Wesen in uns gibt, doch da diese mehreren Menschen in uns nur ein und dieselbe Sprache zur Verfügung haben, kann es geschehen, daß dasselbe Wort (wie Freiheit) für sehr unterschiedliche Ausdrucksvorhaben verwendet wird. Es ist ein Wort für alles und jedes.

Frei ist man das eine Mal, weil dem, was sich uns anträgt und was uns verlockt, nichts entgegensteht; und das andere Mal wird man sich in höherem Sinne *frei* fühlen, weil man von einer Verführung oder Versuchung losgekommen ist und nun gegen seine Neigung handeln kann: darin liegt ein Maximum an Freiheit.

Beobachten wir also diesen so flüchtigen Begriff ein wenig bei seinen spontanen Verwendungen. Da stelle ich nun sogleich fest, daß der Gedanke der Freiheit bei uns nicht *primär* ist; er wird nie evoziert, ohne daß er provoziert worden wäre; ich meine damit: er ist stets *Antwort*.

Wir denken niemals, daß wir frei sind, wenn nichts uns darauf hinweist, daß wir es nicht sind oder nicht sein könnten. Der Gedanke der Freiheit ist eine Antwort auf eine Empfindung, eventuell auch nur eine hypothetische Empfindung von Unfreiheit, Behinderung, von Widerstand, der sich entweder einem Impuls unseres Wesens, einem Wunsch der Sinne, einem Bedürfnis entgegenstellt oder auch der Ausübung unseres reflektierten Willens.

Ich bin frei nur dann, wenn ich mich frei fühle; aber ich fühle mich nur dann frei, wenn ich mich unfrei denke, wenn ich mir einen Zustand vorstelle, der mit meinem gegenwärtigen Zustand konstrastiert.

Die Freiheit ist also nur spürbar, nur vorgestellt, nur ersehnt durch das Wirken eines *Kontrastes*.

Wenn mein Körper bei seinen natürlichen Bewegungen, bei seinen Reflexionen auf Hindernisse stößt, wenn mein Denken bei seinen Operationen gestört wird, sei es durch einen physischen Schmerz, eine seelische Bedrängnis oder eine von außen kommende Einwirkung wie Lärm, Hitze und Kälte, Aufruhr oder Musik bei den Nachbarn, so strebe ich nach einer Zustandsänderung, einer Befreiung, einer Freiheit. Ich strebe danach, den Gebrauch meiner Fähigkeiten in vollem Umfang wiederzugewinnen. Ich will den Zustand zunichte machen, der ihn mir verwehrt.

Sie sehen also, daß es in dem Ausdruck *Freiheit*, wenn man seiner ursprünglichen Rolle *in statu nascendi* nachgeht, Negation gibt.

Meine Folgerung daraus ist dies: Da das Bedürfnis nach Freiheit und der Gedanke der Freiheit bei denjenigen, die keinen Behinderungen und Zwängen ausgesetzt sind, auch nicht auftreten, werden der Ausdruck und der Reflex *Freiheit* sich um so weniger einstellen, je weniger man für diese Beschränkungen empfindlich ist.

Ein Wesen, das die Einschränkungen der Freiheit des Geistes, wie sie ihm von den staatlichen Mächten, beispielsweise, oder von äußeren Umständen aller Art auferlegt werden, kaum verspürt, wird auf diese Zwänge auch nur wenig reagieren. Es wird keine revoltierende Aufwallung erleben, keinen Reflex, kein Aufbegehren gegen die Autorität, die ihm dergleichen zumutet. Es wird sich im Gegenteil sogar manches Mal erleichtert fühlen, weil undeutlich einer Verantwortung enthoben. Seine Erlösung, sein Freiheitsempfinden wird darin bestehen, sich von der Notwendigkeit, zu denken, zu entscheiden und zu wollen, entlastet zu fühlen.

Sie sehen: das hat enorme Konsequenzen: Bei Menschen, deren Empfindsamkeit für Dinge des Geistes so schwach ist, daß der Druck, der auf die Erzeugung von Werken des Geistes ausgeübt wird, für sie gar nicht wahrnehmbar wird, gibt es auch keine Reaktionen, zumindest nach außen.

Sie wissen, daß diese Konsequenz in unserer nächsten Nähe verifizierbar ist: Sie bemerken am Horizont Auswirkungen dieses Drucks auf das Geistige, die nur allzu sichtbar sind, und Sie stellen gleichzeitig fest, wie wenig Reaktion dieser Druck doch hervorruft. Dies ist eine Tatsache.

Sie ist nur allzu offenkundig. Ich will auch nicht richten, denn es steht mir nicht zu, mich zum Richter aufzuwerfen. Wer kann schon über Menschen richten ...? Hieße das nicht, mehr sein zu wollen als Mensch?

Wenn ich davon spreche, so deshalb, weil es für uns gar keinen interessanteren Gegenstand gibt, wissen wir doch nicht, was die Zukunft für uns birgt, für uns Menschen, die ich *Menschen des Geistes* nennen möchte, wenn Sie so wollen ...

Ich halte es also für bedeutsam und für besorgniserregend zugleich, daß man heute gezwungen ist, sein Denken auf das Geistige zu richten, nun nicht auf die sogenannten *Rechte des Geistes*, das sind nur Worte! Es gibt keine Rechte, wenn es keine Kraft gibt. Wohl aber auf das Interesse, das wir haben, und zwar jedermann, an der Bewahrung und Stützung der Werte des Geistes.

Warum?

Weil nämlich die Schaffung und die organisierte Existenz des geistigen Lebens in einem sehr komplexen, aber auch ganz zweifelsfreien und sehr engen Zusammenhang mit dem Leben schlechthin stehen – dem menschlichen Leben. Noch hat ja niemand erklären können, »worauf wir reimen«, wir Menschen, wozu wir eigentlich da sind, mit unserem sonderbaren Attribut, dem Geist. Dieser Geist ist eine Macht in uns, die uns in ein einzigartiges Abenteuer geführt hat, unsere Spezies hat sich von sämtlichen Bedingungen des ursprünglichen, normalen Lebens entfernt. Wir haben eine Welt erfunden für unseren Geist – und wollen in dieser Welt unseres Geistes leben. Er will in seinem Werk leben.

Es ging darum, was die Natur geschaffen hatte, neu zu schaffen oder sie zu korrigieren, daher schließlich auch in gewissem Sinne den Menschen selbst neu zu schaffen.

Neu schaffen nach Maßgabe seiner Mittel, die ohnehin schon recht groß sind; die Behausung neu schaffen, den von ihm bewohnten Teil des Planeten ausstatten; ihn nach allen Richtungen durchforschen, in die Höhe wie in die Tiefe gehen; ihn ausbeuten, ihm alles entnehmen, was er an Brauchbarem für unsere Zwecke enthält. All dies ist sehr schön; und wir können uns gar nicht vorstellen, was der Mensch täte, wenn er nicht dies täte, wo anders er nicht auf eine ganz animalische Stufe zurückfallen soll.

Übersehen werden darf auch nicht, daß es neben der materiellen Umgestaltung des Erdballs ja eine ganze rein geistige Aktivität gibt, die mit ihr in Beziehung steht; eine regelrechte Neuordnung des geistigen Raumes, die darin bestand, die spekulative Erkenntnis sowie die künstlerischen Werte auszubilden und eine große Anzahl an Werken zu schaffen, ein Kapital an immateriellem Reichtum. Ob jedoch materiell oder spirituell, unsere Horte sind nicht unverderblich. Vor längerer Zeit schon, 1919, habe ich geschrieben, daß die Zivilisationen ebenso sterblich sind wie jedes beliebige Lebewesen, daß der Gedanke nicht abwegig ist, unsere Zivilisation könnte mit allen ihren Verfahrenstechniken, ihren Kunstwerken, ihrer Philosophie und ihren Bauten untergehen – nicht anders als so viele Zivilisationen, die seit den Anfängen untergegangen sind – untergegangen wie ein großes gekentertes Schiff.[9]

Es mag noch so gut mit den modernsten Navigationsverfahren ausgerüstet sein, um dem Meer zu trotzen, es mag noch so stolz sein auf seine allmächtigen Maschinen, die es vorantreiben, sie treiben es ins Verderben ebenso wie in den Hafen, und es sinkt mit allem, was es trägt, Menschen und Gütern.

All das hatte mich damals betroffen gemacht; heute bin ich nicht weniger beunruhigt. Aus diesem Grund halte ich es nicht für überflüssig, daran zu erinnern, wie hinfällig alle diese Güter sind, sei es nun die Kultur selbst, sei es die Freiheit des Ausdrucks.

Denn da, wo es keine Freiheit des Ausdrucks mehr gibt, geht die Kultur unter ... Man muß erleben, wie bedeutende Veröffentlichungen, Zeitschriften (einst sehr lebendige) von jenseits der Grenzen jetzt in ihren Artikeln nur noch unlesbaren Gelehrtenkram bringen; man spürt, daß sich das Leben aus diesen Bänden zurückgezogen hat und dennoch der trügerische Schein aufrechterhalten werden soll, das geistige Leben ginge weiter.

Solche Vortäuschung erinnert an Früheres, aus der Zeit, als Stendhal sich über gewisse Gelehrte mokierte, die er angetroffen hatte: der herrschende Despotismus verdammte sie zum Rückzug auf Fragen der Kommasetzung in Texten Ovids ...

Derartiges Elend war unwahrscheinlich geworden. In seiner Absurdität schien es ein für allemal verdammt ... Doch nun ist es wieder da, mächtiger denn je, hier und dort ...

Von allen Seiten werden wir gewahr, wie der Geist beschnitten und bedroht wird, wie die Freiheiten zugleich mit der Kultur in die Enge getrieben werden, sowohl durch unsere Erfindungen und unsere Lebensformen als auch durch die Politik im allgemeinen und bestimmte Politiken im besonderen, so daß es vielleicht nicht überflüssig und nicht übertrieben ist, Alarm zu schlagen und auf die Gefahren hinzuweisen, die das umlauern, was wir, die Leute meines Alters, als das höchste Gut angesehen haben.

Ich habe versucht, diese Dinge auch anderswo zu sagen. Ich konnte vor kurzem in England sprechen und dort feststellen, daß man mir mit großem Interesse zuhörte, daß meine Worte Empfindungen und Ansichten ausdrückten, die von meinen Zuhörern unmittelbar aufgenommen wurden.[10]

Hören Sie nun, was mir noch zu sagen bleibt.

Ich wünschte mir, wenn Sie mir einen Wunsch zu äußern vergönnen, daß Frankreich, auch wenn es von ganz anderen Sorgen heimgesucht ist, sich zur Stätte der Bewahrung, zum Tempel für die höchste und feinste Kultur machen möge, die Kultur der wahrhaft großen Kunst, die sich auszeichnet durch die Reinheit der Form und die Strenge des Denkens; daß es auch das Höchste und Freieste alles dessen, was an Ideen hervorgebracht wird, bei sich aufnimmt und bewahrt: dies ist es, was ich meinem Land wünsche!

Vielleicht sind die Umstände allzu widrig, die wirtschaftlichen, politischen, materiellen Gegebenheiten, der Zustand der Nationen, der Interessen, der Nerven, und die gewittrige Atmosphäre, die uns Unruhe atmen läßt.

Aber trotz allem: Dies zu sagen hieß für mich, einer Pflicht nachzukommen.

[1939]

TEXTE ZUR ZEITGESCHICHTE,
KULTUR UND POLITIK

VERMISCHTE GEDANKEN

Ich habe die gewichtige Beobachtung gemacht, daß alle großen historischen Gestalten, deren ruhmreiche *Taten* uns übermittelt sind, uns letztlich auf den *gesunden Menschenverstand* verweisen.

Mich ergreift Unbehagen, wenn man mir vom gesunden Menschenverstand spricht. Ich meine welchen zu haben, denn wer würde schon freiwillig von sich sagen, er hätte keinen! Wer könnte überhaupt einen Augenblick weiterleben, wenn er seinen gesunden Menschenverstand verloren hätte? Wenn man ihn mir also vorhält, fühle ich mich verunsichert, wende mich dem zu, der in mir ist, dem er fehlt, der sich darüber mokiert und der behauptet, der gesunde Menschenverstand sei jene Fähigkeit, die wir einst hatten, um die vorgebliche Existenz der Antipoden zu leugnen und brillant zu widerlegen; was er noch heute tut, wenn er in der Geschichte von gestern die Mittel sucht und findet, um nichts von dem zu begreifen, was sich morgen ereignen wird.

Er fügt noch hinzu, daß dieser gesunde Menschenverstand eine völlig lokal gebundene Intuition sei, die von keinerlei exakten oder gar ausgewerteten Erfahrungen abgeleitet ist, die sich mit einer Logik und Analogien mischt, die reichlich unrein sind, um universell sein zu können. Die Religion hält ihn aus ihren Dogmen fern. Die Naturwissenschaften machen ihn tagtäglich bestürzt, bringen ihn außer Fassung, führen ihn hinters Licht.

Dieser Kritiker des gesunden Menschenverstandes fügt noch hinzu, daß es eigentlich keinen Grund gibt, sich damit zu brüsten, *die verbreitetste Sache der Welt* zu sein.

Ich halte ihm jedoch entgegen, daß nichts dem gesunden Menschenverstand jene große Nützlichkeit nehmen kann, die er in den Streitgesprächen über vage Dinge hat, wo kein Argument für das Publikum schlagender ist, als sich auf ihn für sich zu berufen, zu proklamieren, daß die anderen Unsinn reden und daß dieses Gut – zu kostbar, als daß es Gemeingut sein könne – ganz in dem steckt, der spricht.

Auf diese Weise bringt man all jene auf seine Seite, die verdientermaßen dort sind und die genau jene sind, die glauben, was sie lesen.

Napoleon sagte über den Krieg, daß dabei fast alles auf den gesunden Menschenverstand ankäme[1], was ein großzügiges Wort aus dem Munde eines genialen Menschen ist.

Dieser Ausspruch ist bemerkenswert. Der Kaiser verfügte unter all seinen Begabungen vor allem über jene, wunderbar entscheiden zu können, welche seiner Fähigkeiten er je nach Gelegenheit bemühen und welche er unbenutzt lassen sollte; sogar der Schlaf war ihm gehorsam.

Wenn er vom gesunden Menschenverstand spricht, wie ich es wiedergegeben habe, so unterscheidet er (wie es sich gehört) die Arbeit der Muse und Überlegung von jener augenblicksgebundenen Arbeit, die im Tumult der Ereignisse, unter Zeitdruck und dem Bombardement der Neuigkeiten ausgeführt wird. Da ist keinerlei Verzögerung, keine Wiederholung, die sofortige Durchführung ist die Regel – und der *gesunde Menschenverstand* ist dabei mutmaßlich der Sinn, bei verschiedenen Durchführungsmöglichkeiten die richtige Wahl zu treffen.

Ich schließe mich also problemlos der Auffassung an, daß die politisch Wirkenden, das heißt die sich für den Erwerb oder die Erhaltung eines Stückchens Macht verausgaben, sich nicht zugrunde richten, wenn sie die Begriffe abwägen, deren sie sich bedienen und mit denen ihr Geist ein für allemal ausgerüstet wurde; mir ist sehr wohl klar, daß sie aufgrund der Erfordernisse ihres Berufsstandes mit einem ziemlich groben Weltbild arbeiten müssen, das nun einmal von derselben Genauigkeit, Breite und von demselben schlichten Zusammenhang ist und sein muß, womit sich das Mittelmaß der Geister zufriedengibt, ist dieses Mittelmaß doch die *Hauptstütze* jeder Politik. Ebensowenig wie der Tatmensch hat auch die *öffentliche Meinung* weder Zeit noch Mittel, etwas zu vertiefen.

Dieses Bild der Welt, das fast zu grob gezeichnet ist, als daß es nützlich sein könnte, schwebt in der Luft, in unseren Köpfen, in den Cafés, in den Parlamenten und Kanzleien, in den Zeitungen, das heißt überall, und es quillt aus Untersuchungen und Büchern. Doch wie allgemein und gegenwärtig es auch sei, es ist bemerkenswert, daß es sich nur höchst schlecht mit jener kleinen Portion an wirklicher Welt verbindet, in der jeder von uns lebt. Ich will damit sagen, daß wir mittels unserer persönlichen und unmittelbaren Erfahrung das System dieser umfänglichen Welt der Politik im allgemeinen nicht wiederherstellen können, ein System, dessen Bewegungen, Umwälzungen, Pressionen und Spannungen mehr oder minder tief, direkt und plötzlich den kleinen Raum, der uns enthält, wie auch die Lebensformen verändert, die wir dort führen und sich entfalten sehen. Die wirkliche Welt der Menschen wird nun einmal aus ähnlichen, in jedem Augenblick veränderlichen Elementen gebildet, deren Summe sie lediglich darstellt.

Es gilt also die Existenz einer politischen Welt anzuerkennen, die eine *andere Welt* ist, die wohl allerorten agiert, aber nirgends beobachtbar ist, und die, in vielen Köpfen unterschiedlicher Bedeutung geisternd, folglich auf eine *Menge von Konventionen*, die zwischen diesen besteht, zurückgeführt werden kann.

Politik läßt sich somit auf die Verbindung von konventionellen Einheiten zurückführen, die – auf eine unbekannte Weise herausgebildet – zwischen den Menschen ausgetauscht werden und Wirkungen hervorbringen, die in ihrer Breite und Dauer unberechenbar sind.

Jede Entwicklung des gesellschaftlichen Lebens ist eine Entwicklung des auf Beziehung gründenden Lebens, die ebendieses Leben als Verbindung von Sinnesorganen und Bewegungsorganen darstellt, wodurch sich das System von Signalen und Relais installiert, das durch die tastenden Versuche, durch Erfahrung und Nachahmung dann präzisiert und fixiert wird.

Eine Konvention ist nichts weiter als die Anwendung dieser so bemerkenswerten Eigenschaft. Die Sprache ist eine Konvention, so wie jede Wechselbeziehung zwischen Handlungen und Wahrnehmungen, die durch eine andere ersetzt werden könnte, gegenüber der Gesamtheit all dieser Möglichkeiten eine Konvention ist.

Doch nicht alle Konventionen sind gleichermaßen erfolgreich, gleichermaßen einfach oder leicht aufzubauen. Am wichtigsten dabei ist, daß eine Konvention einförmig ist, das heißt unzweideutig. Diese Bedingung ist dann relativ leicht zu erfüllen, wenn der Gegenstand der Konvention sinnlicher Natur ist, wenn ein Zeichen mit einem Körper, einer Körpereigenschaft oder einer Handlung verbunden wird. Was aber die inneren Zustände und die Ergebnisse der einfachen, miteinander verbundenen Konventionen betrifft, so ist die Einförmigkeit der Konventionen fast immer unmöglich zu konzipieren, und in den restlichen Fällen ist sie mühevoll und mit Schwierigkeiten herzustellen. Außergewöhnliche Vorsichtsmaßnahmen und zuweilen ungeheure Subtilität sind dabei vonnöten.

Derartige besondere Rücksichten finden sich in der Praxis nicht, können sich dort nicht finden, wie ich bereits oben sagte. Die Praxis erkennt nur das an und geht nur mit dem um, was ist.

Eine Praxis – wie alt und tief verwurzelt im Geiste aller sie auch sei, so daß die meisten sie sich nicht anders vorstellen können – hat jedoch keine andere Rechtfertigung uns anzubieten als ihre Ergebnisse. Sie kann sich durch die Qualität ihrer Resultate freisprechen, wenn sie einmal der vom Intellekt durchgeführten Prüfung nicht standhält. Wenn alles gut läuft, ist die Logik von geringerer Bedeutung, können Verstand und selbst Wahrscheinlichkeit vernachlässigt werden. Den Baum erkennt man an seinen Früchten.

Sind nun aber die Früchte bitter, ist einer seit alters her geübten Praxis immer wieder der Erfolg versagt geblieben; werden die Vorhersagen, die sie trifft, immer wieder enttäuscht, sieht man sie mit tierischer Verbissenheit immer wieder die gleichen Unternehmungen anfangen, die die Ereignisse schon hundertmal widerlegt haben, dann ist es wohl erlaubt, das konventionelle System, das notwendig Bindung und Anstifter ihrer Akte ist, einer Prüfung zu unterziehen.

[1929]

HYPOTHESE

Von nun an wird, wenn an irgendeinem Ort der Welt sich eine Schlacht abspielt, nichts einfacher sein, als die Geschütze überall auf der Erde hören zu lassen. Die Einschläge von Verdun wären am entgegengesetzten Pol zu *empfangen*.

Man wird sogar etwas von den Kämpfen mitbekommen können und Männer sechstausend Meilen von einem entfernt niederfallen sehen, drei Hundertstelsekunden nach dem Schuß.

Doch sicher werden noch etwas machtvollere und verfeinerte Mittel es eines Tages ermöglichen, aus der Ferne nicht mehr nur auf die Sinne der Lebenden einzuwirken, sondern auch auf die verborgeneren Elemente der psychischen Person. Ein Unbekannter, ein ferner Operateur wird, indem er die eigentlichen Quellen und die Systeme des geistigen und affektiven Lebens aufreizt, den Köpfen Illusionen, Triebe, Begierden, künstliche Verirrungen aufdrängen. Bislang schienen uns unsere Gedanken und bewußten Kräfte hervorgegangen aus einem einfachen und steten Ursprung, stellten wir uns darunter etwas *Unteilbares* vor, das, bis zum Tode verbunden mit jedem Organismus, autonom war, unvergleichbar und für einige ewig. Unsere tiefste Substanz schien eine absolute *Aktivität* zu sein und in jedem von uns ein gewisses anfängliches Vermögen zu bestehen – ein gewisses *Quantum* an reiner Unabhängigkeit. Aber wir leben in einer wunderlichen Zeit, in der die verbreitetsten und scheinbar unanfechtbarsten Vorstellungen sich durch die *Tatsachen* angegriffen, widersprochen, überrascht und zersetzt sehen, so daß wir gegenwärtig – unfähig, die wir sind, uns ein stimmiges Bild der Welt zu bilden, das alle alten wie neuen Erfahrungsgegebenheiten umfaßt – gleichsam einem Bankrott der Einbildungskraft und einem Verfall des Verständnisses beiwohnen.

Dieser Zustand läßt mich den Gedanken wagen, man

könne von außen und unmittelbar verändern, was bislang die Seele und der Geist des Menschen war.

Vielleicht ist unsere geheime Substanz geheim nur für bestimmte Handlungen von außen und nur zum Teil geschützt gegen die äußeren Einflüsse. Undurchdringlich ist Holz nur für das Licht, das unsere Augen sehen, nicht für schärfere Strahlen. Seitdem diese Strahlen entdeckt wurden, hat sich unsere Vorstellung von Transparenz grundlegend gewandelt. Es gibt so viele Beispiele derartiger Veränderungen unserer Vorstellungen und Erwartungen, daß ich folgendes zu denken wage: Eines Tages wird man der Ansicht sein, der Ausdruck »Innenleben« sei relativ zu den ... *klassischen* – wenn man will: *natürlichen* – Mitteln der *Produktion und Rezeption* gewesen.

Sollte unser ICH in etwa so vom Milieu isoliert und davor bewahrt sein, *alles* oder etwas *Beliebiges* zu sein, wie in meiner Uhrtasche das Triebwerk meiner Uhr?

Ich vermute – ich *glaube* –, daß sie *die Zeit bewahrt*, ungeachtet meines Kommen und Gehens, meiner Stellungen, meiner Schnelligkeit und der zahllosen unmerklichen Umstände, die mich umgeben. Doch diese Gleichgültigkeit gegenüber den restlichen Dingen, diese Gleichförmigkeit ihres Funktionierens bestehen nur für eine Beobachtung, die diesen Rest der Dinge nicht wahrnimmt, die also partikular und oberflächlich ist. Wer weiß, ob es mit unserer *Identität* nicht genauso ist? Wir mögen noch sosehr unser Gedächtnis herbeizitieren; es gibt uns mehr Zeugnisse dafür, daß wir uns verändern, als dafür, daß wir dieselben bleiben. Aber wir können in jedem Augenblick nur uns wiedererkennen und nur die unmittelbaren Erzeugnisse des geistigen Lebens als *unsrige* anerkennen. *Unsriges* ist, was in einer bestimmten Weise auf uns zukommt, die wir nur wieder hervorzubringen, zu übernehmen oder durch irgendeinen Kunstgriff zu stimulieren wissen müßten, damit wir uns über uns selbst täuschten und uns Gefühle, Gedanken und Willensbekundungen einflüsterten, die von den unseren nicht zu trennen sind; die durch die Art, wie sie eingeführt wurden, von derselben Vertrautheit, derselben Spontaneität, vom selben unwiderlegbaren natürlichen und persönlichen Charakter wie unsere normalen Gefühlsäußerungen wären und gleichwohl von gänzlich fremdem Ursprung. Wie das in ein Magnetfeld gestellte oder einer raschen Ortsveränderung ausgesetzte Chronometer seine Gangart verändert, ohne daß der Beobachter, der nur es selbst sieht, dies bemerkt, so könnten dem bewußtesten Bewußtsein durch Interventionen aus der Ferne, die unmöglich nachzuweisen sind, beliebige Störungen und Modifikationen zugefügt werden.

Das hieße in gewisser Weise, die *Synthese des In-Besitz-Habens* zu erstellen.

Die Musik gibt bisweilen eine grobe Vorstellung, ein primitives Modell für diese Steuerung der Nervensysteme. Sie reizt die Gefühle und schläfert sie wieder ein, spielt mit den Erinnerungen und Emotionen, deren geheime Befehle sie aufreizt, vermischt, verbindet und wieder löst. Doch was sie nur durch Vermittlung eines Sinnlichen, durch Empfindungen bewerkstelligt, die uns eine physische *Ursache* und einen klar getrennten Ursprung bezeichnen, läßt sich möglicherweise durch eine unsichtbare und nicht erkennbare Macht hervorbringen, durch unmittelbare *Induktion* der innersten Kreisläufe des Lebens. Das ist letztlich ein physikalisches Problem. Die Wirkung der Töne, insbesondere ihrer Timbres, und darunter die der Stimme – die außerordentliche Wirkung der Stimme ist ein historischer Faktor von Bedeutung –, läßt die subtileren Vibrationseffekte erahnen, die mit den Schwingungen der tieferliegenden Nervenelemente in Einklang stehen. Wir wissen andererseits durchaus, daß es ungeschützte Wege gibt, um zu den Schlössern der Seele zu gelangen, dort einzudringen und sich zu deren Herren zu machen. Es gibt Substanzen, die sich dort einschleichen und sich ihrer bemächtigen. Was die Chemie vermag, dazu wird die Physik der Wellen mit ihren Mitteln kommen.

Man weiß, was die mächtigen Redner, die Religionsstifter, die Volkslenker bei den Menschen erreicht haben. Die Untersuchung ihrer Mittel, die Betrachtung der jüngsten Entwicklungen des Einwirkens aus der Ferne legen Träumereien wie die oben genannte nur allzu nahe. Ich gehe nur ein wenig weiter als das, was es bereits gibt. Man stelle sich einmal eine Welt vor, in der die Macht, die Menschen schneller oder langsamer leben zu lassen, an sie Neigungen weiterzugeben, sie zum Zittern oder Lächeln zu bringen, sie mutlos oder tollkühn werden zu lassen, bei Bedarf die Herzen eines ganzen Volkes zum Stillstand zu bringen, bekannt und definiert wäre, sie ausgeübt würde! ... Was würde dann aus den Anmaßungen des Ich? Die Menschen würden in jedem Augenblick zweifeln, ob sie die Quelle ihrer selbst oder aber bis in die Tiefe ihres Daseinsgefühls hinein Marionetten wären.

Können sie nicht bereits manchmal dieses Unbehagen spüren? Wird unser Leben, insofern es von dem abhängt, was an den Geist herankommt, was aus ihm zu stammen und sich dem Leben aufzuzwingen scheint, nachdem es sich dem Geist aufgezwungen hat, nicht von einer riesigen Menge unzusammenhängender *Konventionen* beherrscht, von denen die meisten implizit sind? Wir hätten gelinde Schwierigkeiten, sie explizit zu nennen und zu erklären. Die Gesellschaft, die Sprachen, die Gesetze, die *Sitten*, die Künste, die Politik, all das, was in der Welt fiduziär ist, jede gegenüber ihrer Ursache ungleiche Wirkung erfordert Konventionen, das heißt *Relais* – über die sich eine sekundäre Realität einrichtet, die sich der sinnlich erfaßbaren, unmittelbaren Realität anpaßt, mit ihr zur Deckung kommt, sie beherrscht – die manchmal auch auseinanderreißt und dann die erschreckende Einfachheit des elementaren Lebens sichtbar werden läßt. Bis hinein in unsere Begierden, unsere Reuegefühle, unsere Bestrebungen, bis hinein in unsere Erschütterungen und Leidenschaften, ja bis hinein in unsere Anstrengungen, um uns selbst zu erkennen, sind wir der Spielball abwesender Dinge – die nicht einmal existieren müssen, um Wirkungen zu zeitigen.

[1929]

PARTEIEN

Es gibt keine Partei, die nicht gegen das Vaterland gewütet hätte.

Worüber keine Partei sich ausläßt.

Jede hat ihre spezifischen Schattenseiten – ihre Vorbehalte –
Ihre Keller mit Leichen und uneingestehbaren Träumen –
Ihre Tresore an Unreflektiertem und Gedankenlosem.

Was sie aus ihren Augen verloren hat, und was sie vergessen machen will.

... Um fortzubestehen, ziehen sie zurück, was sie versprachen, um zu bestehen.

An der Macht sind sie sich gleich; außerhalb der Macht auch.

Ohne zu zögern, muß getan werden, was die Hälfte deiner Parteigänger von dir abbringt, aber die Liebe der übrigen verdreifacht.

Dem einen gefällt in seiner politischen Partei die Vagheit des Ideals. Und dem anderen in seiner die Klarheit der nächsten Ziele.

Da man gewöhnlich Anarchisten in den staatstragenden Parteien sieht und Organisatoren in der anarchistischen Bewegung, schlage ich eine Neueinteilung vor. Jeder müßte sich in die Partei einreihen, die seinen Anlagen entspricht.

Es gibt je nach Temperament Schöpfer, Erhalter und Zerstörer. Jedes Individuum würde seiner wirklichen Partei zugewiesen, die keineswegs die seiner Worte noch die seiner Wünsche ist, sondern die seines Wesens und seiner Handlungs- und Reaktionsweisen.

Jede Politik gründet auf der Gleichgültigkeit der meisten Betroffenen, ohne die keine Politik möglich wäre.[2]

Politik war zunächst die Kunst, die Leute daran zu hindern, sich um das zu kümmern, was sie angeht.[3]

In einer nachfolgenden Epoche kam die Kunst hinzu, die Menschen zu nötigen, über etwas zu entscheiden, was sie nicht, wovon sie nichts verstehen.

Dieses zweite Prinzip verbindet sich mit dem ersten.

Unter den möglichen Verbindungen ist auch folgende: Es gibt *Staatsgeheimnisse* in Ländern mit allgemeinem Wahlrecht. Eine notwendige und, alles in allem, lebensfähige Verbindung; die zuweilen allerdings einige große Stürme entfacht und die Regierungen zu pausenlosem Manövrieren zwingt. Die Staatsmacht steht unter dem ständigen Zwang, gegen ihr Prinzip zu steuern. Sie regiert *so dicht wie möglich* gegen das Prinzip, in der Richtung der absoluten Gewalt.

Jeder gesellschaftliche Zustand erfordert Fiktionen.

In den einen wird die Gleichheit der Staatsbürger zugestanden. Die anderen legen die Ungleichheit fest und organisieren sie.

Derartiger Konventionen bedarf es, damit das Spiel beginnen kann. Sobald die eine oder die andere festgelegt ist, beginnt das Spiel, das notwendigerweise in einem Handeln der Individuen im umgekehrten Sinn besteht.

In einer Gesellschaft von Gleichen handelt das Individuum gegen die Gleichheit. In einer Gesellschaft von Ungleichen arbeitet die überwiegende Anzahl gegen die Ungleichheit.

Das Ergebnis der politischen Auseinandersetzungen ist, daß in den Köpfen die Begriffe der Rangordnung und der Dringlichkeit von *Fragen* durcheinandergeraten und falsch werden.

Lebenswichtiges wird verdeckt durch bloßes Wohlbefinden. Zukünftiges durch hier und heute Gegebenes. Höchst Notwendiges durch höchst Empfindsames. Tiefgreifend-Langsames durch Aufputschendes.

Alles, was *praktische Politik* ausmacht, ist zwangsläufig oberflächlich.[4]

Der Historiker macht in bezug auf die Vergangenheit, was die Kartenlegerin in bezug auf die Zukunft macht. Die Zauberin setzt sich aber einer Verifizierung aus, der Historiker nicht.

Man kann keine *Politik betreiben*, ohne sich zu Fragen zu äußern, von denen kein vernünftiger Mensch behaupten kann, daß er sie kenne. Wer es wagt, über die meisten der von der Politik gestellten Probleme eine Meinung zu haben, muß entweder maßlos dumm oder maßlos ignorant sein.

Die gegensätzlichen Meinungen zum Krieg lassen sich schlicht und einfach auf die Unsicherheit einer Epoche – der unseren – hinsichtlich einer Frage zurückführen: *Zwischen welchen Gruppierungen soll der Krieg stattfinden?*

Zwischen Rassen, Klassen, Nationen oder anderen noch zu entdeckenden Systemen?

Denn Klasse, Nation, Rasse wurden entdeckt, wie Sternennebel entdeckt wurden.

Ebenso wie entdeckt wurde, daß die Erde Teil eines bestimmten Systems und dieses wieder Teil der Milchstraße ist, so wurde auch entdeckt, daß ein Betreffender durch seine Geburt *dies* und durch seine Existenzmittel *jenes* ist; ihm ist es eigen, daß er sich entscheidet oder unschlüssig ist, ob er seiner Nation, seiner Klasse, seiner Sekte – oder seiner Natur folgen soll.

Gewalt und Krieg haben das Bestreben, in begrenzter Zeit und durch abrupte Verschwendung von Energie Schwierigkeiten zu beseitigen, die eigentlich der feinsten Analysen und gewissenhaftester Versuche bedürften – denn es gilt, zu einem Gleichgewichtszustand ohne Zwänge zu gelangen.[5]

Wenn der Gegner unsere Kräfte, unsere Absichten, unsere Tiefgründigkeit übertreibt; wenn er, um gegen uns Stimmung zu machen, uns in den fürchterlichsten Farben malt – arbeitet er für uns.

Das Vorhandensein von Nachbarn ist für die Nationen die einzige Abwehr gegen fortwährenden Bürgerkrieg.

Der Wolf hängt vom Lamm ab und das Lamm vom Gras.

Das Gras wird vom Wolf gewissermaßen verteidigt. Der Fleischfresser schützt die Gräser (die ihn indirekt ernähren).

Zwischen alten Wölfen ist die Schlacht erbitterter, kunstreicher; doch gibt es gewisse Schonungen.

Das Wesentliche in allen Dingen wird stets durch unbedeutende, ruhmlose, wertlose Wesen vollbracht. Wären sie nicht, wären sie nicht so, würde nichts geschehen. Würde nichts geschehen, verlören sie am wenigsten. Unentbehrlich und ohne Bedeutung.

Die großen Ereignisse sind solche vielleicht nur für die kleinen Geister.

Für die aufmerksameren Geister sind es die unmerklichen und steten Ereignisse, die zählen.

Die Ereignisse stammen von unbekannten Vätern ab. Die Notwendigkeit ist lediglich ihre Mutter.

Das Recht ist das Intermezzo der Kräfte.

Das *pessimistischste* Urteil über den Menschen, die Dinge, das Leben und seinen Wert läßt sich wunderbar vereinen mit der *Tat* und dem *Optimismus*, den diese erfordert. – Dies ist europäisch.

[1929]

SIND GEISTESWISSENSCHAFTEN UND NATURWISSENSCHAFTEN GRUNDVERSCHIEDEN?

Mir scheint, daß die Bezeichnung *Wissenschaft* in ihrer unmittelbaren Bedeutung und im allgemeinen modernen Verständnis zunehmend enger mit der Vorstellung von verifizierbarer Erkenntnis und zuverlässigem Vermögen verknüpft ist. Die gleichförmige Verifizierung, die begründete Möglichkeit, durch Anwendung desselben Verfahrens immer wieder dasselbe Ergebnis zu erzielen: das war es, wodurch das alte Reich des Wissens in zwei Bereiche getrennt wurde. Ich nenne *Wissenschaft im modernen Sinn die Gesamtheit der Rezepte, die immer gelingen.*[1] Übrigens ist dies lediglich eine Feststellung über den Zustand des Geistes.

Alles, was nicht wohldefiniertes Können, was Sprache, Bild, Theorie, Hypothese, Gebrauch von Vorstellungen, Gebrauch des Möglichen, was geistiges Forschungs-, Beweis- oder Darstellungsinstrument ist, wird als *provisorisch* betrachtet. Hier hängt alles von den mehr oder weniger »bequemen« Konventionen, von der verwendeten Sprache, von den »Blickpunkten«[2] usw. ab. *Und der Wert des Individuums ist dabei von größter Wichtigkeit.* Descartes sagte, daß das Kind, das zu multiplizieren gelernt hat, davon ebensoviel versteht wie der gelehrteste Mensch der Welt. Damit hat er jene *Wissenschaft im modernen Sinn* definiert, von der ich sprach.

Geschichte, Psychologie, Ethik, Soziologie fallen völlig in die Kategorie des nicht verifizierbaren Wissens (oder doch nur verifizierbar anhand bestimmter Konventionen, die abzulehnen weder unmöglich noch absurd wäre). Ihre Attraktion und ihr Interesse liegen wesentlich darin, daß sie den Geist erregen. Deshalb konnte die Literatur im eigentlichen Sinn auch so häufig und bisweilen so erfolgreich historisch, psychologisch, soziologisch, moralisch werden.

In den Naturwissenschaften dagegen (deren ganzes Vertrauen, das sie einflößen, nunmehr weniger auf dem *Diskurs* als auf den *Akten* beruht) stellt alles, was nicht *Rezept* ist, was *Geist* und nichts als Geist ist, im Kern nichts anderes dar als das, was man in den »philosophischen« Wissenschaften findet. Eigentlich kann es auch gar nicht anders sein. In jedem Fall, in allen Bereichen, nicht nur in den Wissenschaften, sondern auch in den Künsten, im Geschäftsleben, eben in allem bedient sich der Geist aller Mittel, um eine Antwort auf sich zu geben; und seine entsprechenden Mittel dazu sind nicht inkommensurabel, nicht einmal sehr variabel – und können es nicht sein. Er vermag seine Erwartung oder seine innere Befriedigung (oder seine Zustimmung zu Behauptungen anderer) diesen oder jenen Bedingungen zu unterwerfen. Wenn er unter diese Bedingungen auch jene der gleichförmigen und konstanten »objektiven« Verifizierung einfügt, isoliert er damit eine besondere Kategorie von Resultaten, die von jedweder Denk- oder Ausdrucksweise, von jedweder individuellen Eigenheit *und von jedweder späteren Entdeckung* unabhängig sind. Volta verbindet zwei Metalle und eine Säure und bringt dadurch bestimmte Wirkungen hervor.[3] Dieses Rezept ist eine Errungenschaft, die kein Wandel der Ideen, der Sprache der Physik, der Vorstellungen von flüssigen Körpern oder Elektronen in Frage stellen wird. – Alles übrige aber ist ... Literatur – sei es auch Literatur über *Matrizen* oder *Tensoren*. Alles übrige läuft letztlich auf etwas *Ästhetisches* hinaus. (Denn der Gedanke, alle physikalischen »Gesetze« in einem einzigen Korpus zu koordinieren oder zu verbinden, ist rein ästhetisch.) Ob man sich nun mit theoretischer Physik oder mit Geschichte befaßt, es geht immer darum, auszuwählen, zu ersinnen, zu vereinfachen, zu trennen oder zu vereinigen, zu kombinieren oder zum Ausdruck zu bringen; es handelt sich um *innere Arbeit*, und es ist nicht einzusehen, warum diese innere Arbeit grundverschieden sein sollte, wenn sich ein Descartes oder ein Leibniz nun mit der Mechanik oder mit der Seele befaßt.[4]

Kurzum: Sieht man einmal von jenen Kenntnissen ab, die nur ein zuverlässiges äußeres Handlungsvermögen wiedergeben, so wird das übrige WISSEN allein durch eine Art ästhetisches Urteil bewertet, das ihm in jedem einzelnen Leben und Stärke verleiht und für jeden einzelnen seine »Wahrheit« definiert. Selbst die Bedingung der Widerspruchsfreiheit, der Übereinstimmung mit den Gesetzen der Logik, ist in letzter Instanz nichts anderes als eine ästhetische Bedingung.[5]

Dies also kommt mir in den Sinn, wenn ich mir so naiv wie möglich den gegenwärtigen Zustand des Geistes, seine Sichtweise der Wissenschaften, und nicht seine expliziten Meinungen vor Augen führe.

[1931]

ERWIDERUNG AUF DIE REDE VON MARSCHALL PÉTAIN

Monsieur,

beim Tode des illustren Foch konnte es weder unter uns noch in der Öffentlichkeit irgendeinen Zweifel geben, wem der Platz eines solchen Heerführers hier gebührte.[1]

Im Geiste waren Sie von uns bereits dazu ausersehen, noch bevor Sie dem Gedanken nähertreten mochten, sich unserer Wahl zu stellen.

Unermeßliche Verdienste um Frankreich, unbestreitbar höchste Leistungen, die Ihnen mit höchsten Auszeichnungen vergolten wurden, das Vertrauen der Truppe ebenso wie das der gesamten Nation, die Sie auch im Frieden an die Spitze ihrer Streitkräfte berief, alles bestimmte Sie für den Sitz, den der große Feldherr geräumt hatte, selbst noch der so spürbare und für den Kriegsausgang so glückliche Gegensatz in Charakter, Auffassungen und Denkweise.

Kein anderer würde uns Marschall Foch treffender darstellen, uns sein Handeln mit mehr Scharfblick, Genauigkeit und umittelbarer Anschauung erläutern können, als es in Ihrem Vermögen lag.

Dies haben Sie nun soeben getan. Aus Ihrem Munde haben wir vernommen, wie die Vernunft die Phantasie erklärt, wie die Festigkeit das Feuer umschreibt, wie die Ruhe den Sturm bemißt; und ein bewundernswerter Taktiker, bewandert in der Zähmung und Handhabung der Kraft, hat uns meisterhaft vorgeführt, wie der eingebungsvolle Künder der strategischen Energie bei seinen Vorhaben zu Werke ging.

Wir haben Ihnen mit besonderer Aufmerksamkeit zugehört, was nicht nur Ihre Person und der bedeutende Gegenstand Ihrer Rede erheischten, sondern auch bestimmte Umstände, die einen schwerlich anderes als mit Bedauern erfüllen können.

Dieser Krieg, erst so kurz vergangen, noch immer so gegenwärtig, ist dennoch in einigen seiner Teile bereits nicht mehr hinreichend bekannt. Manch ein Punkt wird unter unseren Augen unscharf; Urteile, die eindeutig waren, verschwimmen, und es stellen sich allerlei Zweifel und Beirrungen in der öffentlichen Meinung ein. Was getan wurde, was man hätte tun können, was die wahren Antriebe der getroffenen Entscheidungen waren; der Anteil, der den einzelnen am Siege zukommt, all dies wird erneut aufgebracht und diskutiert; und wir wohnen nun der mühseligen Geburt dessen bei, was einst die Wahrheit sein wird, sind Zeugen, recht uneinige Zeugen, der schwierigen Ausformung von Geschichte. In gewisser Weise ist es die Zukunft der Vergangenheit, die zur Debatte steht und um die die Auseinandersetzung geht, selbst zwischen Dahingegangenen. Aus denen, die vereint waren und einander schätzenlernten in der Gefahr, werden ewige Gegner. Es reden illustre Tote, und die Worte von jenseits des Grabes sind herb.

Doch Sie, Monsieur, der Sie von jener großen, fast zur Legende gewordenen Ruhe umgeben sind, die vom Vertrauen in die Dauer zeugt; der Sie von jener wachsamen Vernunft geschützt sind, die Sie auszeichnet, von jener Klugheit und Umsicht, die Sie zur verkörperten Weisheit der Armee haben werden lassen; der Sie gleichsam an den Grenzen Ihrer Gedanken ein Schweigen bewahren, das man als tatsachenbewehrt und gründlich bis in die Tiefen durchdacht empfindet, Sie sind der zumindest seltene Mann, den auch die heftigsten Kritiker, die bittersten Polemiker, sogar jene, die unablässig sich der Minderung des Ansehens widmen und sich zur Aufgabe machen, in der öffentlichen Meinung jegliche dort aufkommende Größe zu zerstören, haben weitgehend verschonen müssen. Selbst die Politik scheint Sie zu respektieren – sie, die doch vom Ungerechten lebt.

Ihr kühles und klares Verhalten, die Gemessenheit in den Reden, die Zurückhaltung bei verführerischen Versprechen und Vorhersagen, Ihre beständige Regel, das Wirkliche zu akzeptieren, sich an das Wahre zu halten und es auf jedes Risiko hin auch zu sagen, haben wohl bewirkt, daß man Ihnen gegenüber das Maß wahrte und daß Sie durchaus gelassen bleiben konnten, hatten Sie doch keine späten Enthüllungen, keine Überprüfung Ihres Handelns, keine Analyse der Vorgänge zu fürchten. Alle Ihre Weisungen liegen zutage und harren der Geschichte. Die Geschichte wird darin Muster an Genauigkeit vorfinden, stets klare Ansichten, vollendet einfache und humane Anweisungen, stets einforderbare und durchführbare Befehle, entworfen und ausgefertigt von einem Vorgesetzten, der sie hätte selbst ausführen können, so als hätte er sie selbst auszuführen gehabt. Sie hüten sich andererseits vor übergroßer Peinlichkeit in den Vorschriften, lautet doch der weiseste Ihrer Grundsätze, daß jedem einzelnen auf allen Stufen der Rangordnung und in sämtlichen Abteilungen der Armee freie Hand zu lassen sei bei dem, was seinem Grad oder seiner Fähigkeit entspricht.

In allem, was Sie taten, wollten Sie von allen verstanden werden, und jeder sollte nach eigener Einsicht den Teil entwickeln, der nach Ihrem Plan auf ihn entfiel. Als kritischer und ironiefreudiger Geist, der Sie sind, schlossen Sie von sich selbst auf andere und verlangten ihnen nur höchst ungern das herkömmliche blinde Vertrauen ab, das Sie selbst nicht aufzubringen bereit gewesen wären. Sie vermittelten Zuversicht lieber durch vorausdenkendes Handeln und greifbare Gestaltung als durch anfeuernde Reden. Im Verlaufe eines schier endlos scheinenden Kräfteringens verlor das Wort ja von Tag zu Tag mehr von seinem Vertrauenswert. Sie jedoch erlebte man, wie Sie Arbeiten anordneten, Ihre Einheiten neu durchorganisierten, sich um Proviant kümmerten, um Ruhepausen, um den Gemütszustand der Soldaten; schließlich waren Sie in solchem Ausmaß von der Wichtigkeit des ausführenden Handelns durchdrungen, daß Sie unablässig Ihr Augenmerk darauf richteten, die Unterweisung der Truppe und der Führungskräfte zu überprüfen und neu zu gestalten; Übung und Kampf sollten sich wechselseitig fördern, die jeweilige Erfahrung bestimmte jede Ihrer Überlegungen. Ihre Handlungen sind sprechend, Ihre Worte Handlungen.

So ist in all der Planlosigkeit dieses beispiellosen Krieges Ihr Wille beständig darauf gerichtet, zwischen Rat und Aktion, zwischen Gedanken, Mitteln und Menschen eine Art Harmonie oder wechselseitiger Abhängigkeit herzustellen, ohne die für Ihr Empfinden es weder Stetigkeit bei Erfolgen noch Reserven bei Rückschlägen gibt.

Stets zu dienen bereit, wie Sie sind, und mit allem Kriegsnotwendigen vertraut, erweisen Sie sich in wenigen Monaten als fähig, eine riesige Armee ebenso sicher zu befehligen wie eine Division; aber durchaus auch als charakterlich fähig, wieder eine Division zu führen, nachdem Sie eine Armee geführt haben: ein Beweis zugleich für die vollständige Beherrschung Ihrer Kunst und für die Stärke Ihrer Persönlichkeit; vermag es doch nur eine starke Persönlichkeit, sich auf allen Posten zu behaupten und ihre Fähigkeiten jeweils erneut zu entfalten.

So hat sich denn Ihre hohe Stellung unabweislich ergeben. Unter unseren militärischen Führern sind Sie es, der mit einem Kommando über sechstausend Mann in den Krieg aufbrach und ihn an der Spitze von drei Millionen Kämpfenden beendete.

Was hatten Sie getan? Um hier nur von den beiden größten Leistungen zu sprechen: Sie haben Verdun gehalten, Sie haben die Seele der Armee gerettet.

Wie haben Sie es getan? Was setzten bei Ihnen solch ausnehmend große Dienste voraus?

Die Rettung von Verdun, die rasche und staunenswerte Wiederaufrichtung des Geistes unserer Truppen, das waren keine jener inspirierten Handlungen, jener Großtaten, wie sie aus einer blitzhaften geistigen Erleuchtung hervorgehen, keine jener glückhaft aufgefangenen und umgesetzten Energieentladungen, die schlagartig die ganze Lage verwandeln, urplötzlich die Wendung im Geschick einer Armee erzwingen. Das konnten sie gar nicht sein. Die Zeiten für solche Wunder sind vorbei. In einem Krieg der langwierigen Form, in dem auch die glänzendsten Schläge nach wenigen Tagen von den massenhaften Reserven mächtiger und fähiger, als ganze zum Kampf und zum totalen Widerstand aufgebotener Nationen zunichte gemacht werden – da kann der Geniefunke, das erhabene Geschehnis, nicht ausreichen, um den Gegner zu vernichten.

Ob Sie es vorhergeahnt haben, weiß ich nicht; doch es ist Ihnen ohne weiteres zuzutrauen. Sie waren glücklicherweise einer derjenigen unter uns, die von sich aus am ehesten dazu angetan, durch eine instinktive Ausrichtung ihres Denkens am besten darauf vorbereitet waren, zu erfassen – oder besser: sich nicht gegen die Einsicht zu sperren –, daß dieser Krieg ein stellungsgebundener, gewissermaßen hinhaltender Volkskrieg würde, gekennzeichnet von einem Gleichgewicht unbestimmter Dauer bei den tieferen Angriffs- und Widerstandskräften. Der Doktrin der reinen Offensive hatten Sie sich niemals verschrieben. Inflexiblen Theorien konnten Sie nie etwas abgewinnen. Sie vergessen nie, daß die Wirklichkeit nur aus unendlich vielen, weitgehend unübersichtlichen Einzelfällen besteht, deren Ordnung und Analyse jedesmal aufs neue vorzunehmen ist; und Sie sind in Verdun gegen den Feind wie 1917 gegen die innere Krise mit jeweils besonderen Methoden vorgegangen, die der Natur der Gefahr und den Umständen des Augenblicks genau angemessen waren. Weder Ihr bewundernswertes taktisches Urteilsvermögen noch Ihre tiefe Menschenkenntnis, die die Substanz des einen wie des anderen Erfolges ausmachten, sind von Ihnen unter diesen bedrohlichen Umständen aus dem Stegreif entwickelt worden.

Ihre so schwer errungenen Triumphe waren die ausgereifte Frucht lebenslanger Überlegungen, die beherrscht wurden von einem durchaus wissenschaftlichen Bemühen um Genauigkeit der Anschauung und um methodische Sorgfalt bei den Schlußfolgerungen.

Die großen Prüfungen konnten dieser untadeligen Methode nichts anhaben. Keineswegs tritt in Ihnen ein neuer, vom Krieg gerufener Mann auf den Plan. Bei Ihnen braucht sich lediglich ein Denken mit den Erfahrungen anzureichern, auf die es längst vorbereitet war, und Sie können der bleiben, der sich ein für allemal darüber im klaren war, daß der wahre Wert einer Intelligenz in der Fähigkeit besteht, sich von den Tatsachen belehren zu lassen.

Daher kann ich Ihnen wohl sagen, Monsieur, daß nichts Sie treffender kennzeichnet als das, was als Ihre schönste Leistung erscheint. Alle Ihre dauerhaften Qualitäten beweisen sich darin. Alles, was Sie sich seit Ihrer Jugend erworben hatten, nicht an Schulischem, sondern an Persönlichem, gelangt dort zur Anwendung. In erster Linie sehe ich hierbei eine ganz wesentliche Kenntnis: Sie kennen den Soldaten.

Zu Beginn Ihrer Laufbahn führen Sie als Leutnant an der Alpengrenze das Leben Ihrer Gebirgsjäger. Sie können mit ihnen umgehen; Sie machen sich – und das wird eines Tages sehr wertvoll sein – ein zutreffendes Bild vom französischen Soldaten, der ja anderen Soldaten recht wenig gleicht. Sie beobachten in ihm sein leicht zu gewinnendes Naturell, seine Abneigung gegen allen Dünkel und gegen Zwänge, die ihm überflüssig erscheinen, seinen Stolz, der ihn dazu treibt, genau das zu tun, was man ihm nicht zutrauen will, und jenen Schuß Vernunft, mit dem er seine Hitzigkeit mäßigt. Das Empfinden sinnlosen Aufwands ist ihm schwer erträglich. Gewiß wird ihm auch einmal etwas abverlangt, was ihm nicht sofort erklärt werden kann, gibt es Auflagen von größerer Tragweite, Umstände, in denen Gehorsam unerläßlich ist. Doch der wahrhafte Führer beschränkt sich nie auf die Ausgabe von Befehlen, ohne sich um ihre Wirkung auf die Gemüter zu kümmern: sie träfen nur auf den Gehorsam von Kadavern. Zumeist dürfte eine Truppe genausoviel taugen, wie in ihren Augen der Anführer taugt.

Unser Soldat hat den eigenartigen Fehler, daß er verstehen will. Unsere Armeen waren stets Armeen von Individuen, mit allen guten und schlechten Konsequenzen, die sich aus dieser besonderen Veranlagung ergeben. Es ist undenkbar, bei einer lebhaften und kritischen Rasse jene formale Disziplin, jene strenge Geschlossenheit und jenen vollendeten Gleichschritt zu erzielen, die bei Paraden so eindrucksvoll wirken. Automatismus war niemals die Stärke unserer Armeen. So etwas mag im Krieg wertvoll sein; es kann aber auch verhängnisvoll werden, wenn die Führer den Überblick verloren haben oder aber ihr Leben.

Die Zukunft – wenn es einen Augenblick erlaubt ist, sie sich auszumalen – wäre uns mithin unter der Voraussetzung günstig, daß militärische Stärke sehr viel weniger auf riesigen

Mannschaftszahlen und massenhaften Aktionen beruhte als vielmehr auf dem individuellen Wert, der Kühnheit und geistigen Behendigkeit des Personals. Der Kampfflieger, der Schütze am Maschinengewehr geben bereits eine Vorstellung von dem, was die Rolle des Menschen in den kommenden Konflikten sein kann. Die neuen Kampfmaschinen vernichten zunehmend gleichförmiger alles Leben in immer größerem Umkreis. Jegliche Konzentration stellt eine Gefahr dar, jegliche Massierung zieht den Blitz auf sich; es wird möglicherweise eine Entwicklung zu Unternehmen eintreten, bei denen wenige ausgewählte Leute in kleinen Gruppen vorgehen und in kurzer Frist, zeitlich und örtlich unvorhersehbar, Umstürzendes verrichten. Solches könnte kommen, und es würde dann den persönlichen Qualitäten unvergleichlichen Wert verleihen.

Doch solch fortgeschrittener Ära sind wir noch fern. Sie kommandieren in einer friedlichen Garnisonsstadt einen Zug oder eine Kompanie. Ich kann Sie mir sehr gut vorstellen bei diesem kleinen Kommando. Sie kennen jeden Ihrer Leute beim Namen – was im übrigen pflichtgemäß ist –, und ich bin mir sicher, daß Sie auch etwas von ihrem Leben und Charakter wissen. Ich sagte, der französische Soldat habe es gern, wenn er versteht, doch hat er es nicht weniger gern, wenn er verstanden wird. So kommt es, daß die Beziehungen zwischen Offizier und Mannschaft in Frankreich menschlicher und daher interessanter sind als anderswo. Vielleicht ist es übrigens dieses Verhältnis des Anführers zu den Soldaten, das größere oder geringere gegenseitige Verständnis, was die verschiedenen Armeen am meisten voneinander unterscheidet. Ein junger Franzose, der während einiger Jahre die unteren Offiziersgrade durchläuft, kann dort unvergleichlich viel lernen. Er kann, wenn er zu beobachten versteht, die ganz unterschiedlichen Typen der Nation in ihrem Zusammenleben studieren, kann erfahren, wie sich unter den vorübergehend gleichen militärischen Daseinsbedingungen die nach Veranlagung, Bildung, Wohlstand und Beruf ganz verschiedenartigen Einzelwesen verhalten. Die Oberfläche seines Landes auf der Karte und im Gelände zu erforschen ist nicht alles, es gilt auch die Menschen zu studieren. Man lese daraufhin unsere Geschichte nach ... Ich sehe wahrhaftig keinen Beruf, der besser geeignet wäre, einen rechtschaffenen Geist auszubilden – wofern sich denn in uns stets um so mehr Geist fände, je bedeutender die Gelegenheit zur Nutzung ist.

In dieser Weise, Monsieur, stelle ich Sie mir gern während Ihrer Laufbahn in Friedenszeiten vor, wie Sie sich so, gefördert von den Rechten und Pflichten Ihres Ranges, Ihre Vorstellungen von dem Mann im Glied und seinen Reaktionen bildeten, aus denen Sie späterhin so überaus nützliche Konsequenzen ziehen sollten.

Die Beobachtung des Lebens hielt Sie indessen nicht davon ab, sich in den spezielleren Teilen Ihres Metiers fortzubilden. Zwar erfüllten Sie mit Eifer die eher eintönigen Pflichten Ihres Standes und führten diese geregelt-mühselige Existenz des Truppenoffiziers, bei der so viel Treue oder Resignation nötig ist, um schier unaufhörlich den liturgischen Zyklus des Militärjahres zu absolvieren – Empfang des Jahrgangs, Grundausbildung, Schießübungen, Appelle, Exerzieren –, aber dennoch richteten Sie Ihren Sinn auf die Vertiefung dessen, was Ihnen das Positivste und Präziseste an der Wissenschaft vom Kriege schien. Wenige Jahre nur, und Sie werden zu einer Art Autorität in der Kunst der Feuerleitung.

Sie betrachten diese problematischen Fragen mit anspruchsvollem und klarem Blick. Die Gedanken der anderen hierzu scheinen Sie nicht sehr zu beeindrucken. Bald machen Sie eine große Entdeckung, die für den Außenstehenden nichts als Naivität geboten hätte. Doch aus Wissenschaft und Philosophie ist uns geläufig, daß das, was für den arglosen Blick eine Selbstverständlichkeit ist, sich bisweilen in den Augen des Kenners durch die Beharrlichkeit und Verfeinerung der Aufmerksamkeit selbst verflüchtigt. Nichts weniger als ein Mann von Genie ist dann gefordert, um eine elementare und äußerst einfache Wahrheit zu erkennen, die Scharen von Grüblern mit Eifer und Mühe verdunkelt haben.

So entdeckten Sie dies: *Daß Feuer tötet ...*

Ich sage nicht, daß man dies nicht auch vor Ihnen gewußt

hätte. Nur gab man sich allzu gern dem Wunsche hin, es nicht zu wissen. Wie kam es dazu? Die Theorien können eben immer nur auf Kosten der Wirklichkeit aufgebaut werden, dabei gibt es keinen Bereich, in dem Theorien notwendiger wären als in der Kriegsvorbereitung, wo es nämlich darum geht, die Praxis in der Vorstellung vorwegzunehmen, um Regeln für das Handeln aufstellen zu können.

Es wurde Ihnen deutlich, Monsieur, daß die bislang geltenden taktischen Regeln von diesem *Feuer, das tötet*, keine zureichende Vorstellung vermittelten. Die Autoren sahen darin lediglich Mengen verlorener Kugeln und darüber noch verlorener Zeit. Fast allenthalben wurde gelehrt, daß das Feuer die Offensive verzögere, daß der Schütze sich eingrabe, daß das Ideal darin bestünde, vorzurücken ohne einen Schuß; daß man gewiß ein paar Patronen verschießen müsse, doch eigentlich nur, um die Nerven des Soldaten zu entspannen. Das war Beruhigungsfeuer, widerwillig verordnet, aus bloßer Gefälligkeit. Dies legte den immerhin bemerkenswerten Schluß nahe, daß die Funktion, der Effekt der Feuerwaffe, wenn nicht sogar die Entschuldigung dafür, darin bestünde, auf die Moral derer zu wirken, die sich ihrer bedienten ... Was den Feind betraf, so war man darauf aus, mit Vorwärtsstürmen, mit wachsender Bedrohung durch die Anrennenden selber Untergangsstimmung zu bewirken und so die Entscheidung herbeizuführen. *Siegen ist Vorrücken*, so sagte man. Und man hätte sagen können: *Siegen ist Berücken.*[2]

Die Geschichte, die ihrem Wesen nach Beispiele für alles bietet, die jegliche These zu bestücken erlaubt und jegliche Entscheidung mit *Fakten* versieht, belieferte auch reichlich die Verkünder dieser Taktik. Die Fortentwicklung der Kriegsmaschinen kümmerte sie wenig. Sie jedoch, Monsieur, der Sie Ihr Augenmerk auf anderes lenkten als auf den Wirrwarr der widersprüchlichen Lehren aus der Vergangenheit, Sie sahen deutlich, daß im Kriege, wie in allen Dingen, das ungeheuere Anwachsen der Macht des Materials zunehmend den körperlichen Anteil am Handeln des Menschen zurückdrängt. Man könnte aus dieser so einfachen Feststellung ableiten, *daß kein Ereignis der Geschichte, bei dem die Technik und die Maschinen auch nur die geringste Rolle gespielt haben, künftig mehr als Modell oder Beispiel für irgend etwas dienen kann ...*

Das Feuer tötet, so sagten Sie ... Diese Ihre Formel erscheint heute sehr zurückhaltend. Sie entstammt einer Zeit, in der das Maschinengewehr noch nicht zu Ruhm gekommen ist; es ist noch jung und wenig beachtet, gilt als nicht genügend *robustes* Gerät, das bestenfalls zum Eindecken von Glacis und Festungsgräben geeignet ist, im Feld aber in ungeschickten Händen versagt und völlig nutzlos in zehn Minuten die Munition eines Bataillons vergeudet. Diese Ansicht war vom gesunden Menschenverstand getragen. Der gesunde Menschenverstand aber ist uns teuer zu stehen gekommen. Wir leben in einer magischen und paradoxen Epoche, die sich mit Behagen auch über die durchdachtesten Urteile hinwegsetzt. Was in der Tat im letzten Krieg am dringendsten erschien, das war – *entgegen dem gesunden Menschenverstand* – der Einsatz immer komplizierteren Materials von schrecklicher Wirklichkeit. Das Maschinengewehr hat dabei, obgleich wenig robust und munitionsfressend, sämtliche Möglichkeiten verändert und unter den Vorhersagen aufgeräumt wie unter den Kämpfenden.

Es war also eher untertrieben zu sagen, das Feuer tötet. Das moderne Feuer mäht dahin, tilgt aus; in der Zone, die es bestreicht, verbietet es Bewegung und Leben. Vier entschlossene Männer halten tausend Mann in Schach, strecken jeden, der sich zeigt, lebend oder tot zu Boden. Das führt zu dem überraschenden Schluß, daß die Macht der Waffe, ihre *Ergiebigkeit*, zunimmt mit der Zahl ihrer Gegner. Je mehr da sind, desto mehr tötet sie. Aus diesem Grund hat sie alles zum Stillstand gebracht, hat den Kampf begraben, das Manöver unterbunden, alle Strategie gewissermaßen gelähmt.

Als Sie diese Entdeckung machen, Monsieur, können Sie nicht anders, als die Konsequenzen daraus zu ziehen. Sie bilden sich eine spezielle Taktik, die völlig verschieden ist von der bisher gelehrten und deren Formeln, wie Sie sie vortragen, allen Regeln der bedingungslosen Bewegung eindeutig zuwiderlaufen.

Sie fassen Ihre Gedanken in knappen Sätzen zusammen: *Die Offensive*, sagen Sie, *ist das vordringende Feuer; die Defensive ist das aufhaltende Feuer.* Sie sagen schließlich: *Die Kanone erobert, die Infanterie besetzt.*

Das Vorrücken ist also nicht mehr das heldenhafte Universalmittel. Der Mensch ist nicht mehr ein für unwiderstehlich gehaltenes Geschoß, das so lange und so reichlich abgeschickt wird, bis sich der Sieg oder die totale Erschöpfung einstellt; vielmehr ergänzt der Mensch das Werk der Beschießung, und das Vordringen ist keine Ursache mehr, sondern eine Folge. Sie hatten vorhergesehen, daß ein neuer Krieg auch eine neue Taktik erfordern würde, deren Hauptkennzeichen die massive und frühzeitige Verwendung der Kanone war, der Einsatz *auf große Entfernung*, wie denn die Aktion *auf jegliche Entfernung vielleicht das Hauptkennzeichen der künftigen Kriege sein wird.*

Dadurch nahmen Sie allerdings, Monsieur, eine geistige Haltung ein, die man wohl als *häretisch* bezeichnen muß. Wir sollten zugeben, daß der Weg der Häresie Sie sehr hoch hinaufgeführt hat – bis auf den Gipfel der Karriere, bis zum Ruhm und schließlich auch hierher, Monsieur, wo bisweilen selbst die literarische Häresie hinführt.

Sie verstießen damals so heftig gegen die herrschenden Vorstellungen, daß die Doktrinäre in der Armee es Ihnen eigentlich hätten verübeln können. Doch dies geschah fast gar nicht. Trotz Ihrer kühnen Ansichten und trotz der reichlich intoleranten Herrschaft des Dogmas läßt sich zur Ehre Ihrer Vorgesetzten feststellen, daß alle Freiheit – und fügen wir auch noch hinzu: alle ätzende Schärfe – Ihres Geistes diese nicht davon abgehalten hat, Ihre Talente zu erkennen und Sie sogar mit einer Professur für Taktik an der Kriegshochschule zu betrauen, und das bedeutete ja, im Zentrum der Entwicklung und Verkündung genau der Doktrin, an der Sie offen Ihre Zweifel äußerten.

Ich glaube, es war an diesem Punkt, daß Ihre Laufbahn zum ersten Mal sich mit derjenigen Ihres illustren Vorgängers kreuzte. Foch, der der Leiter der berühmten Schule geworden war, ließ Ihnen volle Freiheit bei der Lehre einer Doktrin, die sich keineswegs völlig mit der seinen deckte. Mir will dieser kleine Zug, der nur zu einer großen Seele gehören konnte, gut gefallen.

Heute nun sind Ihre Ideen fester Besitz; die Positionen Ihres Denkens, die Grundlagen Ihrer Beurteilung solide verankert.

Einerseits: richtige und stets gegenwärtige Erfassung des Menschen; Empfinden für seine wirklichen Kräfte, die Sie stets in Ihre Berechnung einbeziehen; entscheidende Bedeutung der gründlichen Vertrautheit mit dem Soldaten.

Andererseits: präzise Vorstellung einer experimentellen Taktik; klares Bild vom Gefecht, wie es eine Bewaffnung mit hoher Vernichtungskraft zu entwerfen verlangt.

Das Gefecht indessen ist Bestandteil der allgemeinen Schlacht; die Ausführung geht mit der Planung zusammen. Wenn die Strategie die Taktik nicht zur Kenntnis nehmen will, wird sie von ihr zunichte gemacht. Die auf der Karte schon gewonnene Gesamtschlacht wird auf den einzelnen Hügeln verloren. Hier wie bei allen Künsten – was sage ich, wie bei allen unseren Akten, auch den einfachsten – gilt: die Schau, die Vorausschau und die ausführende Handlung haben Wert nur im Verbund.

Präzisierung Ihrer Gedanken, lange angesammelte Erkenntnisse, klare und deutliche Schlußfolgerungen – werden Sie eines Tages Gelegenheit haben, sie in der Bewährung zu erleben?

Wird der Krieg eines Tages ausbrechen?

Welch seltsame Phase der Geschichte[3], diese Zeit, die man die Ära des Bewaffneten Friedens nennen könnte und von der ich sagen zu können wünschte, doch ich kann es nicht, sie sei nur mehr eine Erinnerung!

Vierzig Jahre lang verharrt Europa in der Erwartung eines Konflikts, von dem man weiß, daß er von einer Heftigkeit und von einer Größenordnung ohne Beispiel sein wird. Keine Nation kann sicher sein, daß sie nicht darin verwickelt wird. Jeglicher Mann bewahrt in seinen Papieren einen Gestellungsbefehl auf. Nur das Datum fehlt darin noch. Eines unbekannten Tages werden die Zufälle der Politik es eintragen. Vierzig Jahre lang gibt die Wiederkehr des Frühlings Anlaß zur Furcht. Die Knospen lassen die Menschen an eine für den Kampf günstige Zeit denken. Bisweilen erscheint die Explosion als undenkbar: dann will man beweisen, daß sie unmöglich ist. Der Bewaffnete Friede drückt im übrigen so schwer auf die Völker, belastet in einem Ausmaß die Staatshaushalte, zwingt in einer Zeit wachsender moralischer und politischer Freiheit die Individuen zu so starken Einschränkungen; er steht in so krassem Gegensatz zur Ausweitung des Handels, zur Vielfalt der Interessen, zur Mischung der Sitten und der Freuden zwischen den Völkern, daß vielen die Annahme völlig unwahrscheinlich vorkommt, dieser widersprüchliche Friede, dieses labile Gleichgewicht sollte nicht unmerklich in einen wahren Frieden übergehen können, einen Frieden ohne Waffen und vor allem *ohne Hintergedanken*. Man kann nicht glauben, daß das reiche Bauwerk der europäischen Zivilisation, das im Innern so vielfältig und eng verstrebt ist, jemals gewaltsam aufgerissen werden und im wütenden Getümmel der Nationen zerbersten könnte.

Die Politik ist ein ums andere Mal noch zurückgeschreckt vor dem schauerlichen Stichtag, von dem sie indessen doch weiß, daß er die wahrscheinlichste Folge ihres verhängnisvollen Tuns und der naiven Primitivität ihrer Motive ist. Man lebt, man schafft, man gedeiht sogar unter dem drückenden Regime des Bewaffneten Friedens, unter dem Damoklesschwert dieses vielbeschworenen *Nächsten Krieges*, der für die Mächte das Jüngste Gericht sein und die endgültige Regelung der historischen Streitfragen und Interessengegensätze bringen muß. Aufs ganze gesehen stellt ein System der Spannungen, des Argwohns und der Vorsichtsmaßnahmen, ein ständig anwachsendes Unbehagen, gespeist von anhaltenden Ressentiments, unnachgiebigem Stolz und erbitterter Konkurrenz, verbunden mit der Angst vor den Schrecken, die man sich ausmalt, ein dauerhaft instabiles Gleichgewicht dar, das jedem Windstoß ausgeliefert ist und dennoch nahezu ein halbes Jahrhundert lang Bestand haben soll.

Gewiß gab es in Europa zahlreiche explosive Situationen; doch der Knotenpunkt dieses vielfach verschlungenen Gefahrengebildes lag im Zustand der deutsch-französischen Beziehungen, wie ihn der Frankfurter Friede geschaffen hatte.[4] Dieser Friedensvertrag war das Muster eines Vertrages, der keineswegs alle Aussicht auf Krieg beseitigt. Er hielt Frankreich in einer latenten Bedrohung, die ihm im Grunde nur die Wahl ließ zwischen einem kaum verschleierten permanenten Vasallentum und einem wie auch immer gearteten verzweifelten Aufbegehren.

Als Folge davon bildet sich zwischen 1875 und 1914 beiderseits der neuen Grenze ein Wettlauf symmetrischer Kräfte heraus. Die Präambel zu jeder Geschichte des Großen Krieges muß notwendig in der Geschichte dieses sonderbaren Krieges der Angst und des Argwohns gesehen werden: Krieg der Rüstung, der Militärdoktrinen und Operationspläne; Krieg der Spionage, der Allianzen und *Ententes*; Krieg der Budgets, der Eisenbahnen und Industrien; ein dumpf-beharrlicher Krieg. Während beiderseits der Grenze die Schöpfungen der Kultur: Künste, Wissenschaften und Literatur, am glänzenden Äußeren einer immer weiter verfeinerten und von Gewalt immer weiter entfernten Kultur arbeiten – stehen auf beiden Seiten Männer, die von ihrer schweren Pflicht tief durchdrungen sind, die wissen, wie leicht die Stützen des prächtigen Friedensbauwerkes unter dem ungeheuren Druck der Antagonismen und Antipathien ins Wanken geraten können, Männer, die am entscheidenden Tag sich plötzlich mit unermeßlicher Macht und Verantwortung ausgestattet finden, und sie bereiten sich vor auf diesen solennen Tag, der doch vielleicht nie anbrechen wird. Sie arbeiten in parallelem Mißtrauen. Die Generalstäbe stellen ihre Berechnungen an, überkreuzen ihre gegeneinander gerichteten Pläne, die sie erraten oder enträtseln. Sie gehen sämtliche Hypothesen durch, antworten auf jede Verbesserung des rivalisierenden Systems, jeder sucht die entscheidende Ungleichheit zu seinen Gunsten herbeizuführen. Auf beiden Seiten der Grenze, unmerklich noch und weit entfernt von dem Glanz und der Bedeutung, die die Ereignisse ihnen verleihen werden, sind es Kluck, Falkenhayn, Hindenburg, Ludendorff dort, Joffre, Castelnau, Fayolle, Foch und Pétain hier, die, jeder nach seiner Veranlagung, seiner Rasse, seiner Waffe oder seiner Zuordnung, in der Zukunft leben und sich für die Befehle des Schicksals bereithalten.

Niemals, zu keiner Zeit, gab es irgend Vergleichbares zu diesem langen Krieg, der zugleich brennende Gegenwart und ferne Vorstellung war, eine Art technischen und geistigen Ringkampfs, mit seinen virtuellen Finten und Gegenschlägen, seinen Einfällen zu neuen Geräten und Entwicklungen, die immer wieder die gängigen Theorien durchkreuzen, für Augenblicke das Kräftegleichgewicht gefährden und die Routine vereiteln.

Eine ganze Spezialliteratur, aber auch eine ganze Phantasieliteratur, manches Mal treffsicherer in ihren Voraussagen als die andere, schildert, wie die Katastrophe aussehen wird, mit der Europa schwanger geht. Welch eine Merkwürdigkeit, welch unerhörte Neuheit, dies äußerste Bewußtsein, dies lange, lichte Wachen ...!

Der *Krieg von morgen* wird mitnichten einer jener Unglücksfälle sein, die niemand je geahnt hatte.

Allerdings sind auf beiden Seiten der Grenze die Bedingungen für diese Zurüstungen sehr verschieden. In Deutschland fördert sie alles: die Regierungsform, die ihrem Wesen nach militärisch ist und ihr Ansehen auf einen Sieg gründet; eine überschießende und von Natur aus disziplinierte Bevölkerung; eine Art von völkischem Mystizismus; und in zahlreichen Gemütern der Glaube an den Einsatz von Gewalt, der ihnen als die einzige wissenschaftliche Begründung des Rechts gilt.

Nichts dergleichen bei uns. Ein zugleich kritisches und gemäßigtes Nationaltemperament; eine eher rückläufige Bevölkerung in einem Land des leichten und angenehmen Lebens; eine politisch vielfach geteilte Nation; ein Regime, dessen Empfindlichkeit für die geringsten Meinungsschwankungen seine Schwäche und seine Stärke ausmacht. Diese Bedingungen erschwerten jede planmäßig-methodische Vorbereitung auf einen Krieg, den überdies keiner wollte noch wollen konnte; und den jeder, wenn er an ihn dachte, nur als einen Akt der Verteidigung auffassen konnte, als Antwort auf eine Aggression. Man kann behaupten, daß der Gedanke, irgendeiner der benachbarten Nationen den Krieg zu erklären, seit 1870 keinem Franzosen mehr gekommen ist ...

Unsere Armee indessen, häufig kritisiert, bald Verdächtigungen, bald politischen Versuchungen ausgesetzt, in bestimmten Umständen tief aufgewühlt, vermochte all diesen Schwierigkeiten zum Trotz eine gewaltige Arbeit zu leisten. Sie mochte bisweilen irren; doch wollen wir nicht vergessen, daß ihre Irrtümer wie ihr Wert letzten Endes nur unser aller Irrtümer wie unser aller Wert sind. Sie ist von der Nation nicht trennbar und gibt ein genaues Abbild von ihr. Das Land kann sich spiegeln in seinem Schilde.

Sie sind im Begriff, Monsieur, die Armee zu verlassen, die Laufbahn aufzugeben, die Sie in Ihrer Jugend angezogen und die Ihr Leben ausgefüllt hat, und die melancholische Süße des Ruhestands zu genießen, denn Sie sind achtundfünfzig Jahre alt, als die Stunde schlägt. Das Blut des Erzherzogs ist geflossen. Die letzten Augenblicke des Friedens sind gekommen.

Doch die Völker genießen sorglos eine herrliche Sommerzeit. Nie war der Himmel blauer, das Leben lebenswerter, das Glück reifer. Ein Dutzend mächtiger Personen tauschen wohl Telegramme oder Besuche aus. Das ist ihres Amtes. Alle anderen denken an Meer, an Jagd, an Landaufenthalt.

Da schiebt sich mit einem Mal zwischen die Sonne und das Leben etwas wie eine tödlich kalte Wolke. Allgemeine Angst greift um sich. Alles nimmt andere Farben an, anderen Wert. Unmögliches, Unglaubliches liegt in der Luft. Keiner kann mehr fest und von sich aus betrachten, was ist, und die unmittelbare Zukunft hat sich verwandelt wie unter Zauber. Allenthalben ist die Herrschaft des gewaltsamen Todes verordnet: Die Lebenden stürzen auseinander, gruppieren sich neu; Europa, eben noch desorganisiert, reorganisiert binnen Stunden, verwandelt, ausgerüstet, geordnet für den Krieg, marschiert gepanzert ins Ungewisse.

Drüben, auf der anderen Seite, wird der Krieg aufs ganze gesehen begrüßt als eine grandiose Unternehmung, die notwendig ist, um die bedrohliche Umklammerung durch feindliche Nationen aufzubrechen und der gewaltigen Prosperität des Reiches neue Entwicklungen zu ermöglichen. Es herrscht eine immense Zuversicht. Undenkbar, daß so viel Vorbereitung, so viel Material und so viel Siegeswillen nicht jeden Widerstand überrennen. Der Krieg wird kurz sein. In sechs Wochen wird man in Paris den Frieden diktieren. Der Himmel reingewaschen vom unvermeidlichen Gewitter; Europa betroffen, bezwungen, botmäßig gemacht; England zurückgeworfen; Amerika in seinem Fortschritt gehemmt; Rußland und der Ferne Osten beherrscht ... Was für Perspektiven und welche Aussichten für einen selbst! Halten wir fest, daß es in alledem nichts gab, was ganz und gar unmöglich war, und daß diese dem Anschein nach verstiegenen Vorstellungen sich sehr wohl vernünftig begründen ließen.

Bei uns ... Doch bedarf es einer Erinnerung daran, wie höchst einfach unser Empfinden war? Für uns geht es nur darum, zu sein oder nicht mehr zu sein. Wir wissen nur zu gut, welches Schicksal uns erwartet. Man hat uns zur Genüge gesagt, daß wir ein Volk im Niedergang sind, das nicht mehr genug Kinder zeugt, das keinen Glauben mehr an sich selbst hat und sich reichlich genießerisch der Auflösung hingibt auf den herrlichen Fluren, deren es sich seit zu langen Jahrhunderten schon erfreut.

Doch birgt diese nervenschwache Nation auch ihr Geheimnis. Sie ist logisch in der Rede, doch bisweilen überraschend im Handeln.

Krieg? sagt Frankreich, *nun denn.*

Und es wird dies der ergreifendste, der bedeutungsvollste, wir können sagen, der verehrungswürdigste Augenblick seiner Geschichte. Nie zuvor hatte ganz Frankreich, vom selben Blitzstrahl zur selben Stunde getroffen, seine tiefere Einheit heller beleuchtet gesehen oder sehen können. Unsere Nation, eine der vielfältigsten und im übrigen eine der uneinigsten Nationen überhaupt, stellt sich mit einem Schlag jedem Franzosen als die *eine* dar. Unsere Zwistigkeiten sind verflogen, und wir sind erwacht aus den monströsen Zerrbildern, die wir in unserer Vorstellung voneinander haben. Parteien, Klassen, Glaubensrichtungen, all die widerstreitenden Auffassungen von Vergangenheit und Zukunft gehen eine einzige Verbindung ein. Alles löst sich in reines Frankreich. Für einige Zeit entsteht eine Art unverhoffter Freundschaft, eine allgemeine, heilige Vertrautheit von seltsamer und ungekannter Süße, wie sie wohl bei einer Initiation herrschen muß. Viele sind in ihrem Innersten erstaunt, wie sehr sie ihr Land lieben. Und wie es geschieht, daß ein überraschender Schmerz vertiefte Kenntnis unseres Körpers bei uns fördert und uns eine Wirklichkeit erhellt, die von Natur aus nicht wahrnehmbar war, so ließ die blitzhafte Empfindung der Existenz des Krieges allen und jedem die tatsächliche Gegenwart dieses Vaterlands aufscheinen und erkennbar werden, dieses unsagbaren Etwas, dieser in kaltem Zustand unmöglich zu definierenden Wesenheit, die weder durch Rasse noch durch Sprache, weder durch Land noch durch Interessen, nicht einmal durch die Geschichte bestimmbar ist; die durch Analyse wohl negiert werden kann; doch die eben dadurch, wie auch durch ihre erwiesene Allmacht, Ähnlichkeit hat mit der leidenschaftlichen Liebe, mit dem Glauben, mit einer dieser geheimnisvollen Besessenheiten, die den Menschen führen, wohin gehen zu können er nicht ahnte – über sich selbst hinaus. Das Gefühl des Vaterlands ist vielleicht von der Natur eines Schmerzes, einer seltenen und einzigartigen Empfindung, von der wir es erlebten, 1914, wie sie auch die Kühlsten, die Überlegtesten und geistig Freiesten ergriff und überwältigte.

Allerdings geht dieses Nationalgefühl bei uns auch mühelos einher mit dem Empfinden universaler Menschheit. Jeder Franzose fühlt sich auch als Mensch überhaupt; dadurch unterscheidet er sich vielleicht am meisten von den anderen Menschen. Viele träumten davon, daß ein für allemal Schluß sein könnte mit der blutig primitiven Sitte, mit den abscheulichen Entscheidungen per Waffen. Man brach auf zum letzten der Kriege.

Sie, Monsieur, gehen ins Feld als Oberst, an der Spitze einer Brigade. In der vordersten Gefechtslinie beginnt Ihre Erfahrung mit dem Kampf. Sie gehen persönlich nach vorne, um ihre Leute zu postieren, zu ermuntern und zu lenken.

Man müßte Sie hierfür eigentlich tadeln, daß Sie ohne Not das kostbare Leben des Truppenführers aufs Spiel setzen, bedeutete diese Kühnheit bei einem so überlegten und beherrschten Mann, wie Sie es sind, nicht etwas ganz anderes, das nichts gemein hat mit Bravourstücken und Draufgängertum. Sie waren aufs Wirkliche aus, mochte es gefährlich sein oder nicht, Sie, der Sie aller Theorie mit Skepsis begegneten. Ihnen ging es darum, das Feuer und den Mann aus nächster Nähe zu beobachten. Der Lehrer für unorthodoxe Taktik konnte sich nicht fassen, vor Ort die naiven Irrtümer des Systems aus Friedenszeiten mit Händen zu greifen. Inmitten der Einschläge sammelte er seinen Vorrat an Wahrheit.

Insbesondere erschien es Ihnen von größter Wichtigkeit, daß ein Truppenführer bei sich selbst erlebt haben mußte, was den Soldaten bewegt, am eigenen Leib die Erschütterungen, die Reflexe, die plötzlichen Energieschwankungen, die tatsächliche Auswirkung der Befehle auf die Truppe verspürt und schließlich bemerkt haben mußte, daß aus der Sicht des Hauptquartiers das Mögliche sich anders ausnimmt als aus der Sicht der Rotte.

Sie stellen fest, daß Sie mit Ihren Ansichten aus jüngstvergangener Zeit richtig lagen, daß Ihre Befürchtungen hinsichtlich unseres Reglements leider begründet waren. Wir verlieren viel Boden. Eine überlegene Taktik ermöglicht der feindlichen Strategie die Entfaltung ihres grandiosen Plans. Bald schon glaubt uns die Welt verloren; und wir sind es in der Tat. Unsere Bollwerke im Osten sind weitgehend umgangen. Weder den Norden noch Lothringen können wir halten. Bei Guise kann zwar Lanzerac (einst Ihr Kollege auf der Kriegsschule) dem Verfolger einen empfindlichen Schlag versetzen, doch schließt der große feindliche Flügel nichtsdestoweniger sich um unsere Linke, berührt schon Paris. Der Triumph des Könnens steht bevor. Eine Strategie größten Stils, geprägt von der Verachtung des Gegners, eine nahezu vollkommene Taktik, eine überwältigende Bewaffnung, unvergleichliche Truppen, wie sollte man auf all dies nicht die Hoffnung auf den nahen Sieg gründen? Hat man jemals erlebt, daß eine geschlagene, in ungeordnetem Rückzug befindliche, mit jedem Schritt nach hinten schwächer werdende und sich auflösende Armee ganz plötzlich die Stirn bietet, sich zusammenrafft, bald schon entgegendrängt; bald so angriffsfreudig, so schneidig, so wunderbar verwandelt wird, daß man selbst haltmachen und sich zur Wehr setzen, sogleich aber auch schon bangen und dann zurückgehen und schließlich, um dem

Schlimmsten zu entgehen, sich eingraben muß in die Erde, wo man dann vier Jahre bleiben wird, bis zur Niederlage, bis zum katastrophalen Ende der allgewaltigen Operation, die doch in *dreiunddreißig Tagen* vollbracht sein sollte? Welch ein Scheitern eines großartigen Kalküls ...!

Den Franzosen war eben, ohne daß irgend jemand und auch sie selbst es wußten, eine ganz neue Tugend erwachsen, eine unfaßliche Widerstandsfähigkeit, ohne Beispiel in ihren Annalen: ein wunderbares Standvermögen. Man wird sie erleben, diese leichtsinnigen, leichtfüßigen Leute, wie sie vier endlose Jahre hindurch trotz schwerster Verluste und schmerzlichster Enttäuschungen nicht nur standhalten, nicht nur die härtesten Angriffe führen, sondern darüber hinaus auch noch Verbündete zusammenscharen, aufmuntern und verstärken, sie mit Ausrüstung und Instruktionen versehen, ohne daß man fassen kann, woher sie selbst so viele Ressourcen, so viel Geist, so viel Herz, so viel Geld, so viele Helden nehmen und warum sie von alldem in einem einzigen Krieg vielleicht mehr darangeben, als sie in der gesamten französischen Geschichte darangegeben haben.

Joffre führt an der Marne diese neue Standfestigkeit Frankreichs vor. Er verlangt sie, er erhält sie, er verkörpert sie.

Es ist bemerkenswert, daß unsere Nation diesmal der sonderbaren Nervosität der feindlichen Heerführer die außerordentliche Ruhe, die Abgewogenheit, das einfache und entschiedene Urteil unseres Generals entgegenzusetzen hat. Er weiß, daß die Sturmböen vorübergehen, daß man sich nicht versteifen darf, sondern durchhalten muß; er weicht zurück, er hat die Kraft, den Tag abzuwarten, an dem seine Aussichten am besten stehen. Dann gibt er das Zeichen, legt die Karten offen und gewinnt.

Die Marne setzt sich fort und vollendet sich am Yser, was vielleicht Fochs Meisterwerk ist. Der deutsche strategische Gedanke kommt an diesem Flüßchen zu Fall, er stirbt in Ypern.[5] Foch, der nach Gewaltmärschen dem Feind dort zuvorkommt, fängt den Belgier, den Engländer auf und bringt sie zum Standhalten in Ruinen und Dünen; er gewinnt sie für seine Art der Verteidigung, die in pausenlosem Angreifen besteht, und erzielt schließlich Stillstand. Ein Sieg von herausragender Bedeutung und der letzte Augenblick der klassischen Strategie im Westen. Es bleibt festzuhalten, daß Foch ihr diesen Todesstoß beibringt, daß es dem großen Strategen vorbehalten blieb, der Strategie alle Auswege zu verbauen, sie zu vernichten. Von nun an kein Hoffen auf Entscheidung, kein *Ereignis*, keine Blitzaktionen mehr. Adieu, ihr Austerlitz und Sedan, von denen man geträumt hatte ...! Dafür setzen sich der Zwang zum Überdauern, das Diktat der unüberwindlichen Defensive und sämtliche Häresien durch: es gibt keine Ziele mehr außer geographischen, und eine unerhörte Entwicklung von immer komplizierterem Material setzt ein. Denn es geht nun nicht mehr darum, den Gegner zur Einsicht in seine Niederlage zu bringen, ihn einzuschließen, noch ihm einen ganz bestimmten vernichtenden Schlag zu versetzen; es gilt nicht mehr auf die Kampfstellung einer Armee einzuwirken, sondern auf eine geschlossene Front mit den Eigenschaften einer lebendigen Gleichgewichtsform, die sich einkrümmt, hin- und herschwingt, sich aber wieder ausgleicht, wiederherstellt und beständig die Pranke, die sie zerschlagen will, auffängt, umschlingt und lähmt.

Der Krieg kann nun nicht mehr das auf einen Punkt zustürzende Drama sein, das er einmal war und vermeintlich erneut werden würde. Es wird nötig sein, den Gegner stückweise zu zermürben, Division um Division, und in der Tiefe der Nationen, weit hinter den Linien, den letzten Mann, den letzten Groschen, das letzte Atom Energie aufzubieten. Der Krieg ist nun keine Handlung mehr, er ist ein Zustand, eine Art schrecklicher Lebensweise. Und er ist ansässig geworden, nur leider bei uns!

Kein Moment, kein Vorgang dieser fürchterlichen und fürchterlich neuen Erfahrung, Monsieur, der bei Ihnen nicht Überlegung auslöste und Sie die eine oder andere Tatsache lehrte. Jeder Einsatz, bei dem Sie beteiligt sind, läßt Sie wachsen: im Artois befehligen Sie ein Korps, in der Champagne eine Armee. Doch jede dieser Feuerproben festigt bei Ihnen auch ein Stück mehr die Überzeugung, daß diejenigen einer

Illusion erliegen, die da meinen, ein Durchbrechen der Fronten und eine Schlacht in offenem Gelände würden den Krieg beenden; eine Illusion, der gerade jene weiterhin zäh anhängen, die einzig durch die Geschichte gebildet wurden und lieber an schönen Modellen festhalten, als sich auf das einzustellen, was die Gegenwart verwirft und was sie fordert.

Man muß indessen einräumen, daß das Problem für beide Parteien das gleiche war und gleichermaßen unlösbar, die Lage beiderseits schrecklich verfahren. Während die eingesetzten Mittel immer mächtiger werden, wächst unaufhörlich die Machtlosigkeit. Mißerfolg wird zur Regel. Offensiven und Defensiven folgen für beide Lager aufeinander wie in einem geregelten Ablauf; man tauscht immer abwechselnd die Rollen. Von Dezember 1914 bis Juli 1918 erschöpft sich der Krieg in blutigen Einzelversuchen, in wirrem Durcheinander von Neuem und Traditionellem, unter bislang unbekannten Bedingungen, die auch die Fähigsten ratlos machen. Wäre Napoleon aus dem Grabe erstanden, er hätte den Umständen nichts Besseres abzugewinnen vermocht.

Die riesigen Armeen, der totale Einsatz der Nationen, die erstarrten Fronten, die alle Bewegung hemmenden Hindernisse und Waffen, die alle bewirkten, daß der Krieg sich in die Länge zog, und die Kriegsleitung auf beiden Seiten nötigten, sich zunehmend um die Heimatfront, die Politik, die öffentliche Meinung, die Wirtschaftslage zu kümmern, all dies stellte die führenden Köpfe der gegnerischen Armeen zwangsläufig vor dieselben Alternativen von Ansporn und Bedenken, Vorstoß und Verzicht.

Deshalb sollte man auch gar nicht zu weit nach den Gründen des großen Angriffs von Verdun suchen. Die von den Deutschen vorgebrachten Begründungen sind nicht unwiderleglich und stimmen im übrigen nicht überein. Die Wahrheit scheint doch sehr einfach. Es genügt, sich für einen Augenblick in die Lage der Menschen zu versetzen. Man weiß nicht, was man tun soll, und doch muß etwas getan werden. Starker und unwiderstehlicher Grund. Nichts ist da, was sich aufdrängte. Die Strategie ist gefesselt in den Drahtverhauen. Bislang ist noch jede Offensive gescheitert. Die Einfälle versagen, und man kann nur noch das längst Ausgedachte in Vorschlag bringen; aber diesmal will man zu einem erheblich stärkeren Schlag ausholen. In riesigem Ausmaß soll dieser Angriff durchgeführt werden. Vierhunderttausend Mann; eine unvorstellbare Artillerie, die auf einen Frontabschnitt zusammengezogen wird; die Führung übernimmt der Thronerbe; eine Festung ersten Ranges, schon geschichtsträchtig, als Ziel – und das ergibt die Schlacht von Verdun.

Schlacht ...? Verdun ist viel eher ein ganzer Krieg für sich innerhalb des großen Krieges als eine Schlacht im gewöhnlichen Sinne des Wortes. Verdun wurde indessen noch anderes. Verdun, das wurde auch zu etwas wie einem Duell vor der Welt, einem beinahe symbolischen Zweikampf auf umgrenztem Feld, und Sie wurden zum Vorkämpfer für Frankreich mit dem Erbprinzen als Gegenüber. Alle sehen zu. Der Kampf, den jeder abwechselnd eröffnet oder annimmt, wird nahezu ein ganzes Jahr dauern. Ich werde nicht auf die einzelnen Episoden oder die Phasen eingehen, und ich werde auch nicht die Geschichte der Rolle nachzeichnen, die Sie dabei in jedem Augenblick einnahmen.[6] Ich werde nur einige Züge daraus hervorheben – die einen bezeichnend für Ihr Denken, denn hier bewährt sich Ihre ganz experimentelle Auffassung des Krieges triumphierend; die anderen für Ihren Charakter; ich will aber auch Ihr Herz nicht vergessen.

Monsieur, Sie haben bei Verdun jenen unsterblich gewordenen Widerstand angeordnet, ihn auf sich genommen, verkörpert, aus dem unter Ihren Händen nach und nach wie in einer durchdachten und unvorhergesehenen Modulation Offensivreaktion wurde und dann, zum Erstaunen der Welt, zur Bestürzung des Feindes, mächtiger Vorwärtsdrang, Wiedergewinnung der verlorenen Plätze und siegreicher Gegenangriff.

Am Abend des 25. Februar 1916, kaum ernannt, eilen Sie alsbald durch Schnee und Nacht, um mit den Verteidigungsstäben Fühlung aufzunehmen. Um Mitternacht diktieren Sie einen entscheidenden Befehl, der die rein instinktive Taktik örtlicher Verteidigung verwirft, die isoliert um jeden Fuß Boden kämpfte. Sie teilen jeder Einheit ihre Aufgabe in einem umfassenden Plan zu. Sie wissen, daß der Feind auf unsere Zermürbung[7] aus ist und daß wir nur dann überdauern können, wenn wir allen Widerstand auf eine von sich aus starke und gut ausgebaute Stellung ausrichten. Der Angriff wird aufgehalten. Doch die Attacken werden so heftig und so hartnäkkig wiederholt, daß die betroffenen Einheiten binnen weniger Tage im wütenden Feuer Tausender Kanonen jeglichen Kalibers dahinschmelzen. Dieses Feuer geht im übrigen auch so verheerend hinter Ihren Linien nieder, daß die Verteidigung in Gefahr gerät, aus Mangel an Munition, Verpflegung und Versorgung aller Art zusammenzubrechen.

Und nun erschaffen Sie diesen wahrhaft heiligen Weg, den die Räder, den die Schritte, den der Regen und die Einschläge beständig wieder zerstören, der jedoch durch ein Heer von Arbeitern beständig mit den Steinen des Landes wieder gepflastert, beständig wieder festgetreten wird von den Truppen und Kolonnen, die hin- und herziehen zwischen dem Feuer und dem Leben. Sie hatten die regelmäßige Ablösung der Verteidiger verlangt und durchgesetzt, daß sämtliche Korps Ihrer Armee bei Verdun systematisch durchgingen. Und sie sind dort durchgegangen. Sie kamen zurück, schlammbedeckt, zerschlagen, verstört und ehrfurchtgebietend. Alle gingen durch Verdun, wie um dort sich die höchste Weihe zu holen; wie wenn unabdingbar alle Provinzen des Vaterlandes dort unter den Augen der Welt beitragen mußten zu einem unter allen Opfergängen des Krieges besonders blutigen, solennen Zug. Sie schienen auf diesem heiligen Weg hinzugehen zu einem Sakrifizium ohne Beispiel, auf dem fürchterlichsten Altar, den der Mensch je errichtet hat. Fünfhunderttausend Hingeschlachtete, Franzosen und Deutsche, in wenigen Monaten.

Man spreche uns nicht mehr von den Helden der Antike, nicht einmal mehr von den großen Soldaten Napoleons! Sie hatten nur wenige Stunden auszuhalten, gegen Feinde, die sie sehen und angehen konnten; sie hatten freie Luft und Bewegung; und kein Gas, kein Flammenmeer, kein Verschüttetwerden im Schlamm, kein Zerschmettertwerden aus dem Himmel, keine schauerlich erhellten Nächte; und man konnte damals das Gemetzel einer Walstatt noch nicht mit abscheulichen Giftwolken, mit millionenfachen Kugelsplittern eindecken.

In Wahrheit hat der moderne Mensch, der beliebige, zum Soldaten gekleidete Mensch, all dem zum Trotz, was man über den Schwund seines Charakters, seine Verweichlichung durch das verkünstelte oder verfeinerte Leben, durch Skeptizismus oder Daseinsgenuß hat denken oder sagen mögen, im Verlauf dieses Krieges das Höchste dessen erreicht, was jemals der Mensch irgendeiner Zeit an Einsatz, an Hingabe erreicht hat, an Bereitschaft zum Elend, zum Leiden und zum Tod.

So wurde Verdun gerettet. Ihr Name ist nicht abzulösen von diesem großen Namen. Doch Ihre Ängste waren unermeßlich. Während Sie allen ein Ausmaß an Zuversicht einflößten, das ihnen kein anderer Führer gegeben hätte, während alle sich auf Sie stützten, Ihre Gegenwart zugleich die Soldaten, die Regierenden, die Nation, die Heeresleitung und die Verbündeten beruhigte, da haben Sie, Monsieur, in allzu klarem Wissen um die ungeheuren Anstrengungen des Feindes, die unerhörten Verluste und Prüfungen unserer Truppen, in steter Ungewißheit um die Einhaltung Ihrer Gesamtlinie, sich bis zum Schluß geweigert, den Siegesgesang anzustimmen. Vielmehr verspürten Sie eher Unmut, als Sie gewahr wurden, daß die öffentliche Meinung weitab der Front den Ereignissen vorauseilte, einen Widerstand schon für siegreich hielt, der doch bislang nur unbezwungen war. Dies ist recht wohl ein Zug von Ihnen. Dem Ungesicherten und Unbeweisbaren sind Sie in keiner Weise zugetan. Mit dem Anschein gehen Sie hart um.

Doch wieviel Mitgefühl ist in Ihnen für diese Männer, deren unsägliche Mühsal, deren Leiden und Verstümmelungen, deren Leichname zur Substanz der Rettung wurden!

Ihre kühle und beinahe abweisende Haltung täuscht sehr, Monsieur. Sie verdeckt das Ausmaß der Bewunderung, der Anteilnahme und väterlichen Zuneigung, die Sie für Ihre Soldaten hegen. Gab es doch keinen Vorgesetzten, der besser über deren Bedürfnisse Bescheid wußte, der schonender mit ihren Kräften umging, übertriebener Härte und überflüssigen

Forderungen mehr abgeneigt war, vor allem aber sparsamer mit ihrem Blut. Nach und nach lernte der Soldat Sie kennen: er fand den Mann in Ihnen, den Menschen, der, so weit ihn auch sein Grad entfernen mochte, aus sich doch nie eine unzugängliche, unnahbare Figur, ein Wesen anderer Art machte.

Im übrigen erfaßt Ihr Denken zu nachhaltig die Wirklichkeit, ist zu sehr von der Wichtigkeit der Ausführung überzeugt, durch deren Vernachlässigung auch die schönsten Kombinationen nutzlose Planspiele bleiben, als daß der Gedanke an den Kämpfenden und seinen Zustand nicht stets in Ihren Vorhaben gegenwärtig und wirksam bliebe. Denn was anders ist der Befehl, wenn nicht die Beherrschung der Kräfte durch das Denken, im Verein mit der Abstimmung des Denkens durch die genaue Kenntnis der Kräfte? Wie der Geist, wenn er sich seines Körpers und seiner Gliedmaßen stark und deutlich bewußt ist, sich als Herr der Wirklichkeit und seiner selbst fühlt, so verhält es sich auch mit dem Befehl. Sie mochten es nicht leiden, abstrakt zu befehlen, ohne an Wesen und Seele derjenigen teilzunehmen, die Ihre Befehle ausführen sollten. Dies war es, Monsieur, was Ihnen unter äußerst grausamen und furchtbaren Umständen ruhmvoll dazu verholfen hat, nicht nur unsere Kraft zu bewahren, sondern die Ehre und vielleicht die Existenz des Landes überhaupt.

Verdun, gewaltig bestürmt, gewaltig verteidigt, hatte von Ihnen nur die Entfaltung Ihrer großartigen militärischen Fähigkeiten in einem besonders anspruchsvollen Kriegseinsatz gefordert; doch hatten Sie ausschließlich mit dem äußeren Feind zu tun. Gegen Ende des darauffolgenden Frühjahrs erwächst die Gefahr aller Gefahren. Unsere Armee ist in einer umfassenden Großoperation begriffen, die kriegsentscheidend sein sollte; von größten Hoffnungen genährt, fast berauscht, sieht sie sich plötzlich mitten im Kampf gehemmt, und das große Ziel erscheint ihr unerreichbar. All ihr hoher Elan fällt in sich zusammen. Sie ist erschöpft, sie hat ernste Verluste erlitten, die von den Gerüchten noch vergrößert werden. Vor allem jedoch ist sie herb enttäuscht. Die unzulänglichen Vorbereitungen, die Unvorsichtigkeiten, wie sie vorgekommen und so alten Soldaten nicht entgangen waren, die unverzeihlichen Indiskretionen, alle diese Ursachen des Versagens, die jedermann deutlich sind, kommen hoch und verbinden sich in den Gemütern mit den verschiedensten Anlässen zur Unzufriedenheit: nicht eingehaltene Versprechen, ungenügende Ruhepausen, Überanstrengung und unnützes Exerzieren ...

Unmut wird laut (und nicht nur bei der Truppe) gegen die Oberste Heeresleitung. Alarmierende Vorfälle hier und dort. Unheilvolles Geraune geht durch die Reihen; allen Einflüsterungen wehrlos ausgeliefert, wird diese heldenhafte Armee von einem Zittern befallen. Sie hört immer mehr auf beunruhigende Stimmen, Stimmen von der Art, die bei den geängstigten Massen jene Schlagworte ausstreuen, die den dumpfen Groll einfangen und dem Gewimmel eine Richtung geben. Man bläst ihr ein, von der Pflicht zu lassen, ja selbst den Aufstand zu erklären ...

Wird es zum Äußersten kommen? Wer führt uns aus dieser Gefahr? Wer wird uns diese Regimenter wiederbeleben, die von einer plötzlichen Zersetzung ihres Kampfes- und Siegeswillens wie vergiftet wirken? So viel Hoffnung, soviel vergeudete Tapferkeit und Einsatzbereitschaft schlagen um in bedrohliche Gärung, in Unruhen, in Gewaltakte, beinahe in Revolte. Vergessen wir nicht, daß in Frankreich die heftigsten revolutionären Bewegungen durch patriotische Empörung entfesselt wurden.

Wer führt uns aus der Gefahr? Da wird ein einziger Name genannt. Ein Mann nur ist imstande, ihr entgegenzutreten, der größten Gefährdung, die wir durchlebt haben, in einer Zeit, in der wir an Gefährdungen Unerhörtes durchmachten.

Die Bedrohung weist auf ihn, die Vernunft weist auf ihn, die Regierung weist auf ihn. Der Minister tut das Richtige und ernennt ihn; und augenblicklich, wie am Tag von Verdun, wirkt die bloße Kunde Ihrer Berufung beruhigend auf die verängstigten Gemüter. Welch eine Ehre, Monsieur, in solch verhängnisvoller Konstellation das uneingeschränkte Oberkommando übertragen zu bekommen, allen unabweislich als der zu erscheinen, von dem die Umstände verkünden, es gelte, ihn zu nehmen oder unterzugehen.

Ihr illustrer Vorgänger erfuhr gleichen Ruhm, als im Jahre 18 die ganze Autorität des bevorstehenden Unheils ihn binnen weniger Stunden an die Spitze der vier Armeen brachte.

Nun sind Sie Oberhaupt der Streitkräfte, Herr über unsere Geschicke, Lenker der gesamten französischen Armee. Alsbald erscheinen Sie in all Ihrer Weisheit; bald auch in all Ihrer Menschlichkeit.

Doch vor allem anderen müssen Sie nun, ach, durch die qualvollsten Stunden Ihres Lebens gehen. Sie müssen durchgreifen. *»Aber es sind unsere Soldaten«*, schreiben Sie, *»die seit drei Jahren mit uns in den Gräben liegen.«*

Eines Tages wird die Geschichte mit Zahlen und Dokumenten belegen, wie gemäßigt Sie in Ihrer Härte waren. In wenigen Wochen haben Sie, frei von Haß wie von Angst, die Meuterei niedergeschlagen, Entscheidungsschwäche bei Vorgesetzten, kriminelle Akte bei der Truppe geahndet; und Sie gehen persönlich die tieferliegenden Ursachen des Übels an. Sie erkundigen sich allenthalben in den Unterkünften. Sie reden von Mann zu Mann, drängen auf angemessene Belohnungen, auf gerechte Einteilung zu Dienst, Kampf und Urlaub. Sie machen in der Erbitterung und Gereiztheit der Gemüter die physischen und die moralischen Ursachen aus, Sie kümmern sich um Verpflegung, Ruhepausen, um Unterhaltung für die Leute; und Sie versichern sie andererseits der Hoffnungen unserer Waffen: Sie allein konnten dies, ohne der Rhetorik oder der Schönfärberei verdächtig zu sein. Insbesondere bestehen Sie darauf, daß ihr Leben auf keinen Fall leichtfertig in aussichtslosen oder mangelhaft vorbereiteten Operationen aufs Spiel gesetzt wird.

Schließlich ist, wovor alle sich neigen müssen, vollbracht, das Wunder, die aufgebrachten Gemüter zurückgewonnen, alle unsere heldenhaften Rebellen wieder der Sache des Vaterlands zugeführt zu haben.

Ein in den militärischen Fasten einzigartiger Sieg; ein nie dagewesener Wiederaufschwung, für den die Talente eines großen Feldherrn allein nicht ausgereicht hätten: es bedurfte der Seelenstärke eines gerechten und großen Mannes.

Ich kann es mir nicht versagen, hier hervorzuheben, daß es

derselbe General war, von dem es oftmals hieß, er *sehe schwarz*, er neige zur Annahme des Schlimmsten, der nun einmütig gebeten wurde, die Hoffnung wiederaufzurichten und den Kampfgeist in unseren Reihen neu zu beleben.

Die so gestärkte Armee bringen Sie durchweg zur Felddienstübung auf wenige Schritte zum Feind. Es war dies keine der geringsten Merkwürdigkeiten dieses Krieges, daß die Kampfausbildung zur selben Zeit stattfinden mußte wie der Kampf. Sie halten sehr darauf, allen den Geist Ihrer Taktik nahezubringen, Sie erwarten, daß die Erfahrungen, die Sie seit dem Eintritt ins Feld unablässig gesammelt haben, bis in die geringste Einzelheit den Übungen zugute kommen, die am Rande der Gefechte durchgeführt werden.

In einigen Monaten wird unter Ihren erfahrenen Händen die französische Armee so zu einem unvergleichlich schlagkräftigen, präzisen und widerstandsfähigen Instrument, das dann während des kritischen und entscheidenden Jahres neben der bald schrecklich geprüften englischen und der langsam wachsenden, langsam herangebildeten amerikanischen Armee der Hauptträger der gemeinsamen Abwehr und des gemeinsamen Sieges sein wird.

Was für ein Bild bietet doch dieses letzte Jahr ...! Alle Welt spürt, daß das Ende herannaht, aber noch sehr verschleiert. Noch ist die Sorge über den Ausgang nicht abgetan. Die von beiden Parteien befürchteten ungeheuerlichen Kriegsfolgen führen zu neuerlicher Anspannung unter den Waffen. Durch den Austritt Rußlands sind die Deutschen gestärkt. Doch wenn der Augenblick für sie günstig ist, so arbeitet die Zeit für uns. Nichts liegt für sie daher näher, als die Illusion zu nähren, mit einer letzten Kraftanstrengung das Ende herbeizwingen zu können. Sie greifen meisterhaft an; erringen in wenigen Stunden niederschmetternde Erfolge. Sie nötigen somit den Alliierten in ihrer Bestürzung auf, was Einsicht ihnen von Beginn an nahegelegt hätte.

Foch tritt aus dem Dunkel hervor, in dem man ihn seit der Somme gehalten hatte. Bis dahin hatte er sich noch nicht im vollen Ausmaß beweisen können. Diese große Führerpersönlichkeit hatte noch nie die Führung innegehabt. Im übrigen ist kein Krieg weniger auf ihn zugeschnitten als dieser verbissene Dauerkampf. Er ist geschaffen für Aktionen in großem Stil, und er findet zu sich selbst nur im weit ausholenden Bewegungsmanöver. Er ist durchdrungen vom Handeln, und jeder seiner Gedanken ist davon bestimmt. Dies ist sehr wohl ein Franzose mit Sinn für das Epische.[8]

Was von Anfang an bei ihm beeindruckte, war sein außerordentlich rasches Denkvermögen. Sein an Schnelligkeit allen überlegenes Sprechen tat dies kund, als sei er darauf ausgewesen, im Gespräch einem das Wort abzujagen und eine Silbe früher zum strategischen Punkt des Problems zu gelangen. Er konnte es sichtlich nicht ertragen, hinter dem Funken zurückzubleiben, der soeben in seinem Kopf gezündet hatte. Im Nu erfaßte er unbeirrbar das Wesentliche; sein Denken stürzte sich, kaum entstanden, schon auf den entscheidenden Akt, sah alsbald das wesentliche Ereignis voraus, ging über Einzelheiten hinweg, bisweilen unter Mißachtung des Möglichen.

Er benützte gern Bilder, was das rascheste, wenn schon nicht das sicherste Transportmittel zwischen zwei Gedankenblitzen ist. Man warf ihm Dunkelheit vor, ein Tadel, den sich stets die hellsten Geister zuziehen, die für gewöhnlich ihre Klarheit nicht im herkömmlichen Ausdruck finden. Ich erinnere mich indessen, daß auf einer der letzten Sitzungen der Académie, an denen er teilnahm, als wir – friedlich – um das Projekt unserer französischen Grammatik stritten, Foch, um seine Meinung befragt, uns antwortete: *»Knapp und einfach soll sie sein.«* Er mochte nur, was unmittelbar zum Ziel kommt. Indessen sind es keineswegs immer dieselben Bahnen, die verschiedene Geister als *Gerade* ansetzen. Jede Denkweise hat ihre kürzesten Wege.

Foch war ganz der Mann der lebendigen Energie. Ein Mann dieses Schlages wird unausweichlich, unabänderlich von derjenigen Entscheidung angezogen, die die meiste Energie in Konzeption und Ausführung erfordert; eine unschätzbare Eigenschaft in einem Beruf, der ganz darin aufgeht, ein unumkehrbares Ereignis zu bewirken oder ein solches zu vermeiden.

Man hätte verschiedentlich meinen mögen, Foch verweigere sich der Gegenwart, weise das Offensichtliche ab, verwerfe das Wirkliche wie einen Schein und stelle den Umständen seinen bloßen Willen entgegen. Er schien überzeugt, alles müsse sich der Anspannung eines Willens beugen, der sich den Realitäten des Augenblicks seltsam überlegen fühlt, der unzugänglich, taub und absolut geworden ist, nahezu gleichgültig für die materielle Unangemessenheit der Kräfte und Einsatzmittel. Was er sieht, berührt ihn weniger, als was er will.

Es ist nicht ausgeschlossen, daß solch mächtige Antriebskraft zu Gewagtheiten führt und auch durch heftige Rückschläge nicht gebrochen werden kann. Doch wird sie durch eine einfache Überlegung in all den Fällen gerechtfertigt, in denen die Lage von höchstem Ernst ist, und das sind doch die bei weitem wichtigsten Fälle im Krieg. Wenn es also den Anschein hat, alles sei verloren, alles, was sich ringsum sichtbar abspielt, sei eindeutig bedrohlich, ja eigentlich zum Verzweifeln, worauf soll man dann seine letzte Hoffnung gründen, wo den einzigen noch verbleibenden ungewissen Punkt finden, in einer Gesamtheit von Umständen und Ereignissen, die von Stunde zu Stunde mehr sich zum Desaster fügen? Dieser letzte Punkt, diese äußerste Gelegenheit liegt nun aber im Herzen des Gegners selbst und kann nur dort liegen. Mitten im größten Vorteil verbleibt in der Seele des nahezu Siegreichen etwas, das sie verwundbar macht. Der geringe Zweifel, den er noch am bevorstehenden Sieg hegen mag, oder aber die allzu große Siegeszuversicht, die ihn berauscht, das macht die letzten Chancen einer Kriegspartei aus, die sich dem Untergang nahe fühlt.

Das war es, was Foch unaufhörlich bei sich bewegte und was uns gerettet hat. An den kritischsten Tagen liest er die Verzweiflung im Wüten des Feindes. Noch in den schlimmsten Erfolgen erkennt er ihren dunklen Punkt; so deutlich zeichnet sich für ihn darin sein Sieg ab, daß auch die sehr harten und sich überstürzenden Ereignisse, die Schlacht bis vor Amiens, die Schlacht bei Compiègne, die schreckliche Überraschung von Château-Thierry, ihn kaum veranlassen können, seine große Offensive auch nur zu verschieben.

Doch endlich kommt die Zeit, da er er selbst sein kann. Die Hälfte des Jahres, das nichts als Rückschläge brachte, ist um. Der Sommer beginnt. Foch nimmt den Sieg in die Hand. Er führt ihn überall hin. Der Herbst bringt den Triumph.

Welch ein Augenblick muß es für ihn gewesen sein, als ihm die Rettung der Heimat, zugleich die Erfüllung seines lebenslang gehegten Wunsches, die Krönung der Arbeit all seines Denkens, die Gewißheit unvergänglichen Ruhms für seinen Namen dargebracht wurden von ein paar besiegten, verstörten Männern, denen die Scham und die Wut im Gesicht standen, unendliche Bitterkeit in der Seele; und in den Händen das, was ihr Land nun aufgeben muß.

Ich werde es nicht wagen, Monsieur, von diesen Ereignissen nach Ihnen zu sprechen, der Sie sie erlebt, durchlitten oder herbeigeführt haben, in beständiger und sehr glücklicher Verbindung mit Marschall Foch. Der äußerste Süden und der äußerste Norden Frankreichs haben ihre unterschiedlichen Anlagen und Tugenden vermischt im Dienste und zum Heil der einen und unteilbaren Nation, für die Wiedereingliederung der Franzosen, die vom Nationalkörper getrennt gewesen waren.

Zum Unglück müssen wir uns eingestehen, daß nicht alle Kriegsziele erreicht worden sind.

Die wichtigste Hoffnung, daß nämlich der zwanghafte Angstzustand, der auf Europa lastete, verschwinden würde, hat sich nicht erfüllt. Doch vielleicht kann man vom Krieg die Einrichtung eines wahrhaften Friedens nicht verlangen – und vielleicht nicht einmal von der Politik?

Dreizehn Jahre danach ist der Himmel alles andere als rein; und die Welt, Monsieur, beeilt sich gar nicht, Ihnen die Muße zu gewähren, die Sie sich so großartig verdient haben. Frankreich kann Sie bedauerlicherweise nicht in Ruhe Ihre Blumen und Ihren Weingarten pflegen lassen, die dort am Fuße der Alpen liegen, nur wenig über dem Meer.[9] Es glaubt, in Frieden seine Felder bestellen zu können, auf Kosten des Ihren. Sie inspizieren und inspirieren unablässig seine Armee; Sie visitieren seine Truppen, Sie richten die einen auf, Sie machen den anderen Mut; Sie überwachen die Arbeiten zu seiner Verteidigung; Sie sind seine gesamte Grenzlinie abgefahren, gemeinsam mit dem liebsten Schüler und engsten Freund Marschall Fochs, und Sie haben jeden Punkt dieser geweihten Grenze in Augenschein genommen.

Und das muß sein. Die einen sehen bei uns zuviel Gold; die anderen zuviel Kanonen; wieder andere zuviel Land; und so fordern wir die Welt heraus, gewiß nicht mit dem Wort, noch weniger mit Absicht; doch weil wir sind, was wir sind, und weil wir haben, was wir haben.

Aber wie kann man, außer man hätte den Verstand verloren, noch immer an Krieg denken, noch immer Illusionen darüber hegen; wie kann man noch immer glauben, durch Krieg zu bekommen, was der Friede nicht erreichen kann?

Lassen wir hier nur die Vernunft zu Wort kommen. Früher konnte ein Krieg letzten Endes durch seine Ergebnisse gerechtfertigt werden. Der Weg der Waffen konnte, wenn auch mit grausamen Augen, betrachtet werden als der Übergang von einer fest umrissenen Lage zu einer anderen ebenso fest umrissenen Lage. Er konnte Gegenstand einer Vorausberechnung sein. Er war eine Angelegenheit zwischen zwei Parteien, die zwischen zwei Armeen ausgetragen wurde. Die Auseinandersetzung war begrenzt; die Steine im Spiel waren abzählbar; und der Sieger heimste schließlich seinen Gewinn ein, vergrößerte sich, bereicherte sich und genoß eine Zeitlang seinen Vorteil.

Doch die politische Welt hat sich sehr geändert; und die kühle Vernunft, die in der Vergangenheit über die Erträge einer blutigen Unternehmung spekulieren konnte, muß heute zugeben, daß sie sich in ihren Voraussagen nur noch irren kann. Denn es kann keine lokalen Konflikte, keine umschriebenen Duelle, keine geschlossenen Kriegsführungssysteme mehr geben. Wer in einen Krieg eintritt, kann nicht mehr vorhersehen, gegen wen, mit wem er ihn beenden wird. Er läßt sich auf ein unberechenbares Abenteuer ein, gegen unbestimmbare Kräfte, auf eine unbestimmte Zeit. Sollte je der Ausgang für ihn günstig sein – er muß um die Früchte des kaum errungenen Sieges mit dem Rest der Welt streiten und obendrein vielleicht sich dem Gesetz derer beugen, die gar nicht gekämpft haben. Was ihm sicher ist, das sind ungemessene Verluste an Menschenleben und Gütern, die er ohne Entschädigung hinnehmen muß. Denn in einer Epoche, deren mächtige Produktionsmittel sich binnen weniger Tage in mächtige Zerstörungsmittel verwandeln, in einem Jahrhundert, in dem jegliche Entdeckung, jegliche Erfindung das Menschengeschlecht ebenso bedroht, wie sie ihm dient, werden die Schäden so groß sein, daß alles, was man von dem erschöpften Besiegten fordern kann, nur einen winzigen Bruchteil der verbrauchten Ressourcen zurückerstattet. Das sind feststehende Gewißheiten. Hinzu kommt noch eine hohe und sehr bedenkliche Wahrscheinlichkeit, nämlich die unabsehbaren inneren Wirren und Umstürze.

Ich glaube, ich habe nichts gesagt, was wir nicht miterlebt hätten: wie zwei Gruppen von Nationen sich gegenseitig zu zerfleischen suchen bis zur äußersten Erschöpfung der Hauptgegner; sämtliche ökonomischen und militärischen Vorausplanungen verfehlt; Völker, die sich nach Lage und Absichten weit vom Kriegsschauplatz entfernt wähnten, zur Teilnahme gezwungen; alte und mächtige Dynastien entthront; Europas Primat in der Welt gefährdet, sein Ansehen dahin; der Wert des Geistes und der geistigen Dinge schwer erschüttert; das Leben härter und unübersichtlicher; Besorgnis und Bitterkeit allenthalben; auf Gewalt oder Ausnahmerechte gestützte Regime in mehreren Ländern.

Niemand soll glauben, ein neuer Krieg könne Besseres zuwege bringen und die Geschicke des Menschengeschlechts in sanftere Bahnen lenken.

Und doch hat es den Anschein, als würde die Erfahrung noch nicht ausreichen. Einige setzen ihre Hoffnung in eine Wiederaufnahme des Gemetzels. Man findet wohl, es sei noch nicht genug der Nöte und der Enttäuschungen; nicht genug der Trümmer und der Tränen; nicht genug der Versehrten und Erblindeten, der Witwen und Waisen. Als ob die Schwierigkeiten mit dem Frieden die Schrecken des Krieges verblassen ließen, dessen bestürzende Bilder man indessen vielerorts verbieten will.

Aber gibt es unter den Nationen, die so verzweifelt gekämpft haben, eine einzige, die nicht den Wunsch teilte, der große Zwist möge nur ein schauerlicher Traum gewesen sein, aus dem sie erwachte, zitternd, doch unberührt; verstört, doch weiser geworden? Gibt es unter den Nationen, die erneut sich vom blutigen Abenteuer versuchen lassen, eine einzige, die ihr Begehren festen Blickes betrachten, das unbekannte Risiko abwägen und nicht nur die stets mögliche Niederlage ins Auge fassen kann, sondern alle tatsächlichen Folgen eines Sieges – so denn überhaupt noch von tatsächlichem Sieg gesprochen werden kann in einer Epoche, in der der Krieg, zur Macht von Naturkatastrophen gesteigert, die unterschiedslose Zerstörung allen Lebens zu bewirken vermag, auf beiden Seiten einer Grenze, weit über die volkreichen Gebiete hin?

Welch seltsame Zeit …! Oder vielmehr welch seltsame Geister, die solche Gedanken zu verantworten haben …! In voller Bewußtheit, bei klarstem Verstande, trotz abschreckender Erinnerungen, neben unzähligen Gräbern, nach kaum beendetem Kräfteringen, während gleichzeitig die Rätsel der Tuberkulose und des Krebses in unseren Laboratorien angegangen werden, können Menschen daran denken, sich noch wieder am Spiel mit dem Tod zu versuchen.

Vor gerade hundert Jahren schrieb Balzac: *»Hat nicht Europa, ohne sich die Zeit zu nehmen, um seine bis zu den Knöcheln im Blut watenden Füße zu säubern, unverzüglich wieder Krieg getrieben?«*[10]

Ist es nicht so, daß die Menschheit, so vernünftig und klar sie ist, unfähig, ihre Triebe der Erkenntnis hintanzustellen und den Haß ihren Schmerzen, sich verhält wie ein Schwarm absurder, elender Insekten, unausweichlich angezogen von der Flamme?

[1931]

REDE ZUR GESCHICHTE

Liebe junge Leute,

Zunächst möchte ich euch von der Erinnerung an eine Erinnerung erzählen: hat mir die gerade gehörte, so beachtliche und gehaltvolle Rede[1] doch eine kleine Szene ins Gedächtnis gerufen, das mir vor langer Zeit einmal der große Maler Degas erzählt hat.[2]

Als kleines Kind, so sagte er, habe ihn seine Mutter eines Tages in die Rue de Tournon mitgenommen, zu Besuch bei Frau Le Bas, der Witwe des bekannten Mitglieds des Revolutionskonvents, das sich am 9. Thermidor eine Kugel durch den Kopf geschossen hatte.

Am Ende des Besuchs waren sie, begleitet von der alten Dame, schon langsam bis zur Tür gekommen, als Frau Degas plötzlich sehr erregt innehielt. Sie ließ die Hand ihres Söhnchens los, wies auf die Porträts von Robespierre, von Couthon, von Saint-Just, die sie an den Wänden der Diele bemerkt hatte, und rief mit allen Zeichen des Abscheus: *»Wie! Sie haben noch immer diese Scheusale bei sich hängen!«* – *»Nicht doch, Célestine!«* erwiderte Frau Le Bas geradezu inbrünstig. *»Das waren doch Heilige!«*

Dies läßt sich, liebe Schüler, wohl ohne Mühe auf das von Monsieur Lanson Gesagte beziehen. Euer Lehrer hat euch mit knappen Worten sehr lebendig vor Augen geführt, wie stark die Ansichten einiger führender Historiker über Männer und Vorgänge der Französischen Revolution auseinandergehen. Er hat euch gezeigt, daß diese Kenner der *Terreur*-Zeit untereinander etwa so einig sind, wie es Danton und Robespierre waren – wenn auch mit weniger üblen Folgen. Dabei will ich gar nicht sagen, daß Seelenwallungen bei Schreibenden weniger absolut wären als bei Handelnden; doch steht in normalen

Zeiten den Historikern zum Glück keine Guillotine zur Verfügung.

Ich will euch aber nicht verhehlen, daß, wenn sich die untergründige Absicht der spekulativen Streitereien und Polemiken, selbst der literarisch höherstehenden, bis in die abgelegenen Winkel der Gemüter zurückverfolgen ließe, man zweifelsohne dort unten an der Wurzel unserer hochgehaltenen Ansichten und Lieblingsthesen ein irgendwie geartetes rücksichtsloses Entscheidungsprinzip vorfände, irgendeinen dumpf-blinden Willen *zum Rechthaben* durch Vernichtung des Gegners. Überzeugungen sind insgeheim naiv mörderisch.

Ihr habt mithin durch die genaue Gegenüberstellung von Zitaten und Formulierungen gesehen, wie verschiedene Geister, von denselben Gegebenheiten ausgehend, an denselben Dokumenten ihre Fähigkeiten zur Kritik und ihren darstellerischen Einfallsreichtum erprobend – und im übrigen (so hoffe ich) von demselben Streben nach Wahrheit beseelt –, dennoch sich entzweien und in ebenso heftigen Widerstreit geraten wie politische Parteiungen.

Historiker wie Parteigänger, Wissenschaftler wie politisch Tätige entwickeln halb bewußt, halb unbewußt ein unendliches Gespür für gewisse (anderen gar nicht wahrnehmbare) Dinge oder gewisse Züge, die ihre Thesen in Frage stellen oder zunichte machen können; und sie mögen noch so gebildet, ihr Wissen noch so umfassend und solide, ihre Loyalität und ihr Tiefgang noch so groß sein, all dies hat anscheinend nicht den geringsten Einfluß auf das, was man ihr *historisches Dissenspotential* nennen könnte.

Ob wir nun Frau Degas oder Frau Le Bas hören, ob den edlen, reinen, verhalten-strengen Joseph de Maistre oder den großen, glühenden Michelet, ob Taine oder Tocqueville, Aulard oder Mathiez: so viele Personen – so viele Überzeugtheiten; so viele Blicke – so viele Ausdeutungen der Texte.[3] Noch von jedem Historiker der tragischen Epoche bekommen wir ein abgeschlagenes Haupt entgegengehalten, dem seine besondere Vorliebe gilt.

Gibt es nicht sehr zu denken, daß solche Uneinigkeit trotz der quantitativ und qualitativ beachtlichen Arbeit, die auf das aus der Vergangenheit Verbliebene verwendet wurde, fortbesteht und sich sogar noch verstärkt, daß gerade die Arbeit über stets denselben Überbleibseln zu einer Verhärtung und Spaltung führt, wo sie doch zu einem einheitlichen Urteil hätte kommen sollen?

Man mag die Anstrengung noch so sehr verstärken, die Methoden variieren, das Untersuchungsfeld erweitern oder einengen, die Dinge aus großer Entfernung betrachten oder in die Feinstruktur einer Epoche eindringen, Privatarchive, Familiendokumente, persönliche Akten, die zeitgenössische Presse, die Gemeindebeschlüsse durchforschen: all diese verschiedenen Untersuchungen gelangen zu keiner Konvergenz, finden zu keiner einheitlichen Idee als Abschluß. Jede von ihnen findet ihre Grenze in Anlage und Charakter des jeweiligen Verfassers, und die einzige Evidenz, die daraus hervorgeht, ist die Unmöglichkeit der Trennung von Beobachter und beobachtetem Gegenstand, von Geschichte und Geschichtsschreiber.

Dennoch gibt es Punkte, in denen sich alle Beteiligten einig sind. In jedem Geschichtsbuch finden sich bestimmte Aussagen, bei denen Akteure, Zeitzeugen, Historiker und Parteien übereinstimmen. Es sind dies wahrhaftige *Glücksfälle*, und alle diese Glücksfälle, diese auffälligen Ausnahmen, machen zusammengenommen den unbestrittenen Teil unserer Kenntnis des Vergangenen aus. Diese Zufallsübereinstimmungen, diese Meinungskoinzidenzen bestimmen die »historischen Fakten«, doch sie bestimmen sie nicht restlos.

Daß Ludwig XIV. im Jahre 1715 gestorben ist, darüber herrscht Einigkeit. Doch haben sich in diesem Jahr 1715 noch unzählige weitere beobachtbare Dinge abgespielt, zu deren schriftlicher Aufzeichnung eine Unzahl von Worten, von Büchern, ja von ganzen Bibliotheken erforderlich wäre. Es gilt also *auszuwählen*, was bedeutet, sich nicht nur über die *Existenz* eines Faktums zu verständigen, sondern auch über dessen *Bedeutung*; und diese Verständigung ist entscheidend. Verständigung über Existenz bedeutete, daß die Menschen nur dasjenige *glauben* können, was ihnen am wenigsten von Menschlichem gezeichnet erscheint, und daß sie ihre Übereinstimmung für unwahrscheinlich genug erachten, um ihre Persönlichkeit, ihre Triebe, ihre Interessen, ihre besondere Sichtweise – alles Fehlerquellen und verfälschende Kräfte – davon fernzuhalten. Doch da wir nun einmal nicht alles fernhalten können, vielmehr gar nicht anders können, als uns die unendliche Menge von Fakten durch ein Urteil über ihren jeweiligen späteren Nutzen insgeheim zu verringern, wird durch diese Entscheidung über Bedeutung erneut und unausweichlich gerade dasjenige wieder in die Arbeit eingeführt, was wir eben daraus fernzuhalten suchten. Diejenigen unter euch, die in der Abschlußklasse schon Philosophie betrieben haben, würden hier sagen: Bedeutung ist ganz und gar subjektiv. Die Bedeutung ist uns anheimgestellt, nicht anders als der Wert, den wir Aussagen von Zeitzeugen beimessen. Man kann mit einigem Recht der Ansicht sein, daß die Entdekkung der Eigenschaften der *Chinarinde* bedeutungsvoller wurde als mancher um diese Zeit abgeschlossene Vertrag zwischen Staaten; und es können heute, 1932, die Folgen jenes diplomatischen Vorgangs sich völlig im Trubel der Ereignisse aufgelöst haben, wogegen das Fieber noch immer deutlich sichtbar ist, die Sumpfgebiete der Erde immer stärker erschlossen werden und das Chinin überhaupt vielleicht unentbehrlich war bei der Erkundung und Erschließung der gesamten Erde, was *in meinen Augen* nun das wichtigste Faktum unseres Jahrhunderts ist.

Ihr seht, auch ich treffe meine Bedeutungsabsprachen. Dergleichen *Bedeutungsvorentscheidungen* erheischt oder birgt die Historie übrigens noch manche. Zum Beispiel gibt es unter ihren Spielregeln eine, die man so selbstverständlich für bedeutsam aus sich selbst und vorbehaltlos anwendbar erachtet, daß ich vor nicht allzu langer Zeit mit dem Versuch Anstoß erregte, die exakte Formulierung dafür zu finden.[4]

Ist es eine Zumutung für euch, wenn ich von der *Chronologie* spreche, die ehedem so unerbittlich die Examina beherrschte? Ist es Zumutung, eure noch junge Vorstellung von Kausalität zu verwirren und euch den alten Sophismus wieder vorzuführen: *Post hoc, ergo propter hoc*, der in der Geschichtsschreibung oft eine so ungebührliche Rolle spielt? Kann ich euch sagen, daß die Abfolge der Jahreszahlen ebenso großen und ebenso begrenzten Wert hat wie die Reihenfolge der Buchstaben im Alphabet und daß im übrigen Aufeinanderfolge oder Gleichzeitigkeit der Ereignisse nur für den jeweiligen Einzelfall Sinn haben und nur in den Bereichen, in denen diese Ereignisse *von jemand Bestimmtem aus gesehen* möglicherweise Wirkungen haben oder in Wechselwirkung treten können? Ich muß wohl fürchten, daß ihr verwundert oder befremdet seid, wenn ich euch andeute, daß ein voltairescher Mikromegas, der durch die Zeiten spazierte und dabei etwa aus dem antiken Alexandria, als es am glanzvollsten war, in ein afrikanisches Dorf oder auch in einen Weiler im heutigen Frankreich geriete, zwangsläufig annehmen müßte, daß diese brillante Hauptstadt der Ptolemäer drei- oder viertausend Jahre *später* sei als die Ansammlung von Katen oder Hütten, deren Bewohner unsere Zeitgenossen sind.

Alle diese Konventionen sind unvermeidlich. Ich kritisiere nur die Nachlässigkeit, sie nicht explizit zu machen, bewußt und geistig spürbar. Ich bedaure, daß man nicht auch für die Geschichtswissenschaften getan hat, was die exakten Wissenschaften bei sich selbst vorgenommen haben, als sie an die Überprüfung ihrer Grundlagen gingen, mit höchstem Bedacht ihre Axiome suchten, ihre Postulate aufzählten.

Vielleicht liegt es daran, daß die Historie vor allem *Muse* ist und daß dabei auch allen ganz wohl ist. Dann freilich habe ich nichts mehr zu sagen ... Ich ehre die Musen.

Sicher hat es auch damit zu tun, daß *Vergangenheit* etwas rein Gedachtes ist. Sie ist nur Vorstellung und Für-wahr-Halten. Macht euch nur recht deutlich, daß wir zur Ausformung der jeweiligen Gestalt der jeweiligen Epoche eine Art gegenläufigen Verfahrens benutzen: einerseits bedürfen wir unserer freien Fähigkeit zur Einbildung, zum Nacherleben eines anderen Lebens als des unsrigen; andererseits müssen wir diese Freiheit einschränken, um die Dokumente zu berücksichtigen, und wir zwingen uns dazu, *das, was war*, zu ordnen, zu durchdringen gemäß unseren Denkformen und unserem Zuwendungsvermögen, also etwas *wesenhaft Gegenwärtigem*. Ihr könnt es an euch selbst beobachten: Jedesmal, wenn euch die

Geschichte gepackt hat, wenn ihr geschichtlich denkt, wenn ihr euch dazu verführen laßt, das menschliche Abenteuer einer weit zurückliegenden Epoche zu durchleben, ist das Interesse, das ihr dabei empfindet, ganz von dem Gefühl durchzogen, daß die Dinge doch auch ganz anders hätten verlaufen können. In jedem Augenblick nehmt ihr einen anderen *Augenblick danach* an als den, der folgte: für jede vorgestellte Gegenwart, in die ihr euch versetzt, denkt ihr euch eine andere Zukunft aus als die, die wirklich kam.

»WENN Robespierre sich durchgesetzt hätte? – WENN Grouchy rechtzeitig auf dem Schlachtfeld von Waterloo eingetroffen wäre? – WENN Napoleon die Marine Ludwigs XVI. und einen Suffren gehabt hätte?« WENN ... Immer WENN.

Diese kleine Konjunktion WENN hat es in sich. In ihr steckt vielleicht das Geheimnis der engsten Verbindung unseres Lebens mit der Geschichte. Sie verleiht dem Studium der Vergangenheit die bange Gespanntheit und Erwartung, wie sie für uns die Gegenwart bestimmt. Sie verleiht der Geschichte die Wirkkräfte der Romane und der Erzählungen. Sie läßt uns teilnehmen an jenem atemlosen Innehalten angesichts des Ungewissen, das die Empfindung eines großen Lebens ausmacht, sei es das Leben einer Nation während einer Schlacht, in der ihr Schicksal auf dem Spiel steht; sei es das Leben der politisch Ehrgeizigen in der Stunde, da sie erkennen, daß die nächste Stunde entscheiden wird über Thron oder Schafott; sei es das Leben des Künstlers, der seinen Marmor enthüllt oder die Stützbalken entfernen läßt, die sein Gebäude noch sichern.

Nimmt man der Geschichte dieses Element gelebter Zeit, so stellt sich heraus, daß ihr eigentlicher Stoff, die ... *reine* Geschichte, die lediglich aus *Tatsachen* bestünde, aus jenen unbestrittenen Tatsachen, von denen ich sprach – gänzlich unbedeutend wäre, denn die Tatsachen haben nun einmal in sich selbst keine Bedeutung. Man sagt euch bisweilen: *Dies ist eine Tatsache. Dieser Tatsache müßt ihr euch beugen.* Damit ist aber gesagt: *Glaubet.* Glaubt, denn hier ist der Mensch nicht aufgetreten, und es sind die Dinge selbst, die reden. *Das ist eine Tatsache.*

Ja. Doch was tun mit einer *Tatsache*? Eine Tatsache gleicht zuhöchst den Orakeln der Pythia oder jenen biblischen Königsträumen, die ein Joseph oder ein Daniel den bestürzten Monarchen deuteten. In der Geschichte, wie auf jedem Gebiet, gilt: was positiv ist, ist vieldeutig. Was real ist, steht unbegrenzt vielen Deutungen offen.

Aus diesem Grunde sind ein de Maistre und ein Michelet gleichermaßen möglich; und deshalb nehmen sie sich wohl auch bei ihren Spekulationen über die Vergangenheit ein wenig wie Orakel aus, wie Seher, sie steigern sich zur Übergröße von Propheten, borgen bei ihnen die Erhabenheit der Sprache aus, und dabei legen sie in *das, was war*, die ganze Tiefe des Lebendigen, die doch eigentlich nur der Zukunft gebührt.

Zurückblicken und vorausblicken, aus dem Vergangenen aufgreifen und im Künftigen spüren, das ähnelt sich somit sehr stark in uns, die wir nur zwischen wechselnden Vorstellungen uns bewegen können und deren unablässige Gegenwart wie ein Hin- und Herschwanken zwischen symmetrischen Hypothesen ist, die eine unterstellt uns das Gewesene, die andere überstellt uns ein Kommendes.

Ihr jungen Leute, die ich euch hier vor mir sehe, ihr laßt mich gleichermaßen an Zeiten denken, die ich nicht mehr, und an solche, die ich nicht wieder erleben werde. Ich sehe euch, und ich sehe mich wieder in eurem Alter, und ich bin versucht, vorauszublicken.

Allzulange habe ich zu euch nun schon über Geschichte geredet, und beinahe hätte ich vergessen, euch das Wichtigste zu sagen, nämlich dies: daß die beste Methode, sich vom Nutzen des Umgangs mit Geschichte eine Vorstellung zu machen, die beste Art, Geschichte lesen und verwenden zu lernen, darin besteht, sich als Typus für die Erkenntnis abgeschlossener Ereignisse an seine eigene Erfahrung zu halten, der Gegenwart das Modell für unsere Vergangenheitsneugier zu entnehmen. Was wir mit unseren Augen gesehen, mit unserer Person empfunden haben, was wir waren und was wir taten – das soll uns, aus unserem Leben bezogen, den Fragenkatalog liefern, den wir sodann der Geschichte unterbreiten und auf den sie antworten soll, wenn wir sie über die Zeiten befragen, die wir nicht erlebt haben. *Wie konnte man zu dieser Zeit leben?* So muß die Frage doch im Grunde lauten. All die begrifflichen Abstraktionen, die ihr in den Büchern findet, sind unergiebig, wenn man euch nicht dazu anhält, sie vom Einzelwesen aus für euch wiederzuentdecken.

Betrachtet man sich jedoch selbst historisch – *sub specie historiae* –, so stößt man auf ein bestimmtes Problem, von dessen Lösung unser Urteil über den Wert der Geschichte unmittelbar abhängen dürfte. Wenn Geschichte sich nicht auf geistigen Zeitvertreib beschränkt, so wollen wir aus ihr etwas lernen. Wir glauben, aus der Kenntnis der Vergangenheit ein Vorwissen für die Zukunft gewinnen zu können.

Übertragen wir also diesen Anspruch auf die Geschichte unser selbst, und versuchen wir uns darin, sofern wir schon einige Jahrzehnte gelebt haben, das seither Eingetretene mit dem damals Erwartbaren zu vergleichen, das Ereignis mit der Vorausschau.

Ich war 1887 in der Rhetorik-Klasse (aus der Rhetorik-Klasse ist seither die *erste* Klasse geworden: allein über diese große Veränderung könnte man schon unendlich nachdenken[5]).

Ich frage mich nun heute: Was war wohl damals, 1887, also vor fünfundvierzig Jahren, vorhersehbar von all dem, was seither eingetreten ist?

Machen wir uns deutlich, daß wir ja hinsichtlich historischer Erfahrung die besten Bedingungen haben. Wir verfügen über eine schier übergroße Menge an Daten: Bücher, Zeitungen, Photographien, persönliche Erinnerungen, zahlreiche Zeitzeugen. Im allgemeinen bietet sich das Material beim Konstruieren der Geschichte weit weniger reichlich dar.

Also, was ließ sich vorhersehen? Ich will es beim Aufwerfen des Problems belassen. Nur einige wenige Züge der Zeit, in der ich meine Rhetorik-Klasse absolvierte, will ich euch aufzeigen.

Damals gab es auf den Straßen noch eine Menge Tiere, die man inzwischen nur mehr auf den Rennbahnen sieht, und noch keinerlei Zugmaschinen. (Halten wir hier nebenbei fest, daß einigen Gelehrten zufolge der Einsatz des Pferdes als Zugtier erst gegen das 13. Jahrhundert erfolgte, wodurch Europa vom Lastentragen befreit wurde, welches System Sklaven erforderte. Solcher Rückblick läßt euch das Automobil als »historisches Faktum« erfassen.)

Um jenes Jahr war etwa auch die Luft noch den echten Vögeln vorbehalten. Die Elektrizität hing noch völlig am Draht. Die Festkörper waren noch rechtschaffen fest. Undurchsichtige Körper waren noch gänzlich undurchsichtig. Newton und Galilei herrschten noch unangefochten; die Physik war noch glücklich, ihre Orientierungsgrößen galten noch absolut. Die ZEIT verbrachte noch ruhige Zeiten: alle Stunden waren gleich vor dem Universum. Der RAUM erfreute sich seiner Unbegrenztheit, seiner Homogenität, und war vollkommen gleichgültig gegenüber allem, was in seinem erhabenen Schoße vor sich ging. Die MATERIE genoß ihre verläßlichen Gesetze und ahnte nicht im mindesten, daß sich dies im extrem kleinen Bereich werde ändern müssen, so sehr, daß ihr in diesem Abgrund der Unterteilung selbst der Begriff von Gesetz abhanden kommen sollte ...

All dies ist nur mehr Schall und Rauch. All dies hat sich gewandelt, wie auch die Karte Europas sich gewandelt hat, die politische Oberfläche unseres Planeten, der Anblick unserer Straßen, wie auch meine Schulkameraden: Die ich damals bald nach dem Baccalauréat aus den Augen verloren habe, finde ich heute, sofern sie noch am Leben sind, als Senatoren wieder, als Generäle, Dekane, Präsidenten oder Mitglieder des *Institut.*[6]

Diese letzteren Wandlungen waren wohl vorherzusehen; aber die anderen? Auch der größte Gelehrte, der tiefste Denker, der gewitzteste Politiker von 1887 hätte sich nicht einmal im Traum ausmalen können, was wir heute, kümmerliche fünfundvierzig Jahre später, erleben. Man kann sich auch gar nicht denken, mit welcher geistigen Vorgehensweise sich aus der bis dahin angesammelten historischen Materie, aus der doch so akribischen Durchdringung der Vergangenheit, eine auch nur grob angenäherte Vorstellung dessen hätte gewinnen lassen, was heute ist.

Deswegen will ich mich denn auch vor allen Prophezeiungen hüten. Zu sehr empfinde ich, und habe es auch anderswo schon gesagt, daß wir *rückwärts in die Zukunft gehen.*[7] Darin liegt für mich die gewisseste und wichtigste Lektion der Geschichte, ist doch Geschichte die Wissenschaft von dem, was sich nicht wiederholt ... Die wiederholbaren Experimente, die vergleichbaren Beobachtungen, das gehört alles in die Physik, in gewissem Maß auch in die Biologie.

Glaubt indessen nicht, daß alles Nachdenken über Vergangenes und Abgeschlossenes unergiebig sei. Insbesondere wird uns dabei deutlich, wie häufig allzu genaues Vorhersagen scheitert; und umgekehrt, wie ergiebig eine allgemeine, dauerhafte Vorbereitung ist, die nicht den Anspruch erhebt, Ereignisse hervorzurufen oder zu vereiteln, welche ja doch unweigerlich Überraschungen sind oder überraschende Konsequenzen entwickeln, wohl aber es dem Einzelmenschen ermöglicht, sich rasch auf das Unvorhergesehene einzustellen.

Ihr jungen Leute tretet nun ins Leben, und ihr findet euch einbezogen in eine höchst interessante Zeit. Eine interessante Zeit ist stets eine schwer durchschaubare Zeit, die kaum viel Beschauliches, Behagliches, Beständiges und Gesichertes bietet. Wir stehen in einem kritischen Zeitalter, damit meine ich ein Zeitalter, in dem zahlreiche unvereinbare Dinge nebeneinander existieren, von denen weder die einen noch die anderen obsiegen oder verschwinden können. Dieser Sachverhalt ist so komplex und so neuartig, daß niemand heute sich schmeicheln kann, darin klarzusehen; was allerdings nicht heißt, daß niemand sich dessen schmeichelte. Alle Anschauungen, die uns verläßlich erschienen, alle Werte des zivilisierten Lebens, alles, was die Stabilität der internationalen Beziehungen ausmachte, alles, was dem wirtschaftlichen Leben Beständigkeit verlieh, mithin alles, was die Ungewißheit über das *Morgen* einigermaßen in Grenzen hielt, was den Nationen und den Individuen etwas Vertrauen auf das Kommende gab, all das erscheint sehr gefährdet. Ich habe in sämtlichen Sparten alle Auguren befragt, die ich finden konnte; und ich habe allenthalben nur sehr Vages gehört, nur widersprüchliche Prophezeiungen, nur merkwürdig schwankende Überzeugungen. Noch nie hat wohl die Menschheit so viel Macht und gleichzeitig so viel Ratlosigkeit gekannt, so viel Sorge und so viel Ablenkung, so viel Wissen und so viel Unsicherheit. Beunruhigung und Zerstreuung bestimmen zu gleichen Teilen unsere Tage.

Es ist nun an euch, ihr jungen Leute, das Dasein anzugehen und bald auch schon euch der Praxis zu stellen. An Aufgaben ist kein Mangel. In den Künsten, in der Literatur, in den Wissenschaften, in den Dingen des Alltagslebens, in der Politik schließlich auch könnt ihr, müßt ihr davon ausgehen, daß alles neu gedacht und neu gemacht werden muß. In erheblich größerem Ausmaß als wir damals werdet ihr auf euch selbst gestellt sein. Ihr müßt also gerüstet sein; dafür genügt es aber nicht, wenn man nur gelernt hat. Man besitzt im Grunde nichts, wenn man das, was man gelernt hat, sich nicht auch anzuverwandeln, seinem Denken einzuverleiben gelernt hat. Mit den Kenntnissen verhält es sich wie mit den Wörtern. Ein beschränkter Wortschatz, mit dem man jedoch vielfältige Kombinationen vornehmen kann, ist besser als dreißigtausend Vokabeln, die aber das Denken nur behindern. Ich will euch hier keine Ratschläge erteilen. Solche soll man nur Leuten in sehr fortgeschrittenem Alter geben, und die Jugend läßt sich das oftmals angelegen sein. Nur ein oder zwei Bemerkungen möchtet ihr, so bitte ich euch, noch anhören.

Das moderne Leben ist bestrebt, uns die geistige Anstrengung zu ersparen, wie es dies auch mit der körperlichen tut. Die Phantasie ersetzt es beispielsweise durch Bilder, das Nachdenken durch Schriftsymbole oder durch mechanische Apparate; und oftmals durch gar nichts. Es bietet uns sämtliche Bequemlichkeiten, alle *Abkürzungsmittel*, um ans Ziel zu gelangen, ohne den Weg gegangen zu sein. Das ist sehr gut so, aber das ist auch recht gefährlich. Im Verbund mit anderen Ursachen, die ich hier nicht aufzählen will, erzeugt dies – wie soll ich sagen – eine gewisse allgemeine Minderung der Werte und der Anstrengungen im Bereich des Geistes. Mir wäre wohler, ich täuschte mich; doch wird meine Beobachtung leider bestätigt durch die Beobachtungen anderer. Nachdem der Zwang zu körperlicher Anstrengung durch die Maschinen gemindert war, haben Sport und Athletik in sehr glücklicher

Weise die Betätigung der Muskeln gerettet und sogar gesteigert. Man müßte wohl darangehen, für den Geist das gleiche zu tun wie das, was man für den Körper getan hat. Ich getraue mich kaum, es euch zu sagen: was keinerlei Anstrengung erfordert, ist nur verlorene Zeit. Und doch stecken ein paar Atome Wahrheit in diesem harten Satz.

Hier schließlich nun mein letztes Wort: Die Geschichte, so fürchte ich, erlaubt uns kaum, etwas vorherzusehen; doch verbunden mit geistiger Selbständigkeit kann sie uns helfen, etwas besser zu sehen. Schaut euch die gegenwärtige Welt gut an, und schaut euch auch Frankreich gut an. Seine Lage ist eine ganze besondere: es ist ziemlich stark, und es wird nicht eben freundschaftlich betrachtet. Von größter Wichtigkeit ist, daß es sich nur auf sich selbst verläßt. An dieser Stelle kann die Geschichte auf den Plan treten und uns lehren, daß unsere inneren Zwistigkeiten noch stets verhängnisvoll für uns gewesen sind. Wo Frankreich sich eins fühlt, kommt niemand dagegen an.

[1932]

FÜR EINE ›SOCIÉTÉ DES ESPRITS‹
BRIEF AN S. DE MADARIAGA

Sie senden mir eine Betrachtung über den Geist, die ebenso geistvoll ist wie vom »Geiste« erfüllt. Damit dergleichen geschrieben werden konnte, mußte zuvor die chemische Verbindung gelingen, die Sie ausmacht und die aus Ihnen eine spezifisch europäische Persönlichkeit macht. Ist dies doch in ungewöhnlichem Maß, wer wie Sie zu lebendigster, glücklichster Synthese das herbe Aroma der Heimat Cervantes', die echten Tugenden des Pariser Polytechnikums, den Oxforder *touch* und das eigentümlich Familiär-Universale der Genfer Luft in sich zu vereinen weiß. Wollte man einem Hersteller von Hirnen das Problem vorlegen, einen Geist aus all den Bestandteilen aufzubauen, die ich bei Ihnen wahrnehme, er geriete vielleicht in ebensolche Verlegenheit wie jener große Chemiker, zu dem ich einmal sagte: Wenn Sie erst wahrhaft die Chemie beherrschen, wird man Ihnen die Formel für einen Körper abverlangen können, der zugleich durchsichtig ist wie Glas, geschmeidig wie Seide, dehnbar wie Gummi und widerstandsfähig wie Stahl.

Doch das Problem ist gelöst, und ich kann bei der Beantwortung der Fragen, die uns beschäftigen und die Sie in Ihrem Brief an mich erörtern, auf Ihre eigene Existenz verweisen. Es mag wohl für Sie hingereicht haben, Ihre eigene innere Konstitution zu bedenken und sich selbst als die Auflösung einer anfänglich gegebenen Dissonanz zu empfinden, um die Überzeugung zu gewinnen, daß es keineswegs unmöglich ist, zur Einheit einer Mannigfaltigkeit vorzustoßen und zu dem Prinzip, auf das die sehr unterschiedlichen Empfindungsweisen, Kulturen und Ideale, deren Vielfalt Europa ausmacht, deren Gegensätzlichkeit es jedoch spaltet, sich einigen könnten. Dieses Prinzip ist Glaube an den Geist und Vertrauen auf ihn. Und zwar verstehe ich unter »Geist« hier eine bestimmte

Transformationskraft, die (mehr oder minder erfolgreich) aufgeboten wird, um zu einer Lösung oder auch nur zu einem Lösungsansatz bei all den sich dem Menschen stellenden Problemen zu gelangen, von denen ihn seine organische Selbstregelungsfähigkeit nicht befreit oder nicht befreien kann. Sobald die Reflexe, das einfache Gedächtnis, Gewohnheit und Routine nicht mehr ausreichen, um eine bestimmte Schwierigkeit zu bewältigen, tritt der *Geist* auf den Plan, geht auf die Voraussetzungen zurück, entflicht, verknüpft neu, wandelt ab, spielt Einfälle durch, stellt Verbindungen her, setzt Freiheiten an, nimmt Substitutionen vor – kurz, er *arbeitet* mit seinen Mitteln daran, uns in den Stand zu versetzen, unser Tun zu bestimmen, unsere Unruhe zu mildern, in einen ausgeglichenen Seelenzustand zurückzufinden (nicht daß ihm dies stets gelänge und daß er nicht so manches Mal unser Übel noch verschlimmerte; bringt nicht das Herz selbst, wenn es seinen Schlag zum Schutze des Organismus überstark beschleunigt, diesen gerade dadurch in Gefahr?). Wenn also Desorganisation um sich greift, wenn die bekannten Gegenmittel versagen, wenn die Situation so neu ist, daß nichts bisher Dagewesenes zum Vergleich herangezogen werden kann, dann ist es nur natürlich, auf diese Macht des Geistes zurückzugreifen, sie energischer und rigoroser einzusetzen und folgendermaßen zu postulieren: *Hätten wir nur mehr Geist und räumten wir nur dem Geist mehr Bedeutung und tatsächliche Macht bei den Dingen der Welt ein, so hätte diese Welt mehr Aussicht, sich besser und rascher wiederherzustellen.* Ich bin mir gewiß, daß Mangel an Intelligenz und Beschränkung ihrer Autorität die realsten und die bedrohlichsten *Makel* an unserem Zustand sind. George Meredith hat in einem berühmten Gedicht nach mehr Hirn für die Frau verlangt: »More Brain, o Lord«, sagte er[1] ... Daß dies den Europäern zuteil wird, dafür muß man beten. Sie haben sich auf ein gewaltiges Abenteuer eingelassen, das darin besteht, die »natürlichen« Ausgangsbedingungen des Lebens zu verändern, und zwar nicht mehr nur (wie noch vor ein paar Jahrhunderten), um erwiesenen Bedürfnissen und klar umgrenzten Erfordernissen dieses Lebens zu entsprechen – sondern als hätte man ihnen eingehaucht, eine restlos künstliche

Existenzform zu schaffen, einen Typus von Wesen, deren beständig erweiterte Erkenntnis- und Handlungsmöglichkeiten sie dazu bringen, *mit Vorsatz und System alles, was sie wissen und was sie können, auf das anzusetzen, was sie sind.*

Wir sind also in eine Ära schnellen Wandels und wesentlicher Instabilität eingetreten. Um dem Wort »schnell« einen genauen Sinn zu geben, genügt es, sich zu vergegenwärtigen, wieviel Ideen in den letzten vierzig Jahren von der Kunst, der Wissenschaft, der Politik sukzessive aufgenommen und wieder fallengelassen wurden – wie häufig technische Neuheiten ersten Ranges auftraten.

Mit einem sehr einfachen Bild kann ich mir diese Phase der Akzeleration veranschaulichen: Jahrtausende hindurch hatte sich der Geist da und dort, zufällig über den Erdball verstreut, ein paar Feuerstätten errichtet; sie waren mühselig unterhalten, oft wieder verloschen, ohne Verbindung untereinander, und sie lieferten eher Rauch als Flamme, eher unstetes Flackern als Nutzwärme. Doch nach und nach erwärmte sich die Menschenwelt immer mehr, und schließlich hat nun das Feuer allenthalben ausgeschlagen: alles brennt, alles birst, alles schmilzt; und die Dinge, die festgefügt, dauerhaft und wohlgesondert schienen, machen ungeheure Zustandsänderungen durch. Es scheint, als würde nichts mehr halten, nichts mehr fortdauern und seine Form bewahren können inmitten dieser entfesselten Energie, wo man in jedem Augenblick einem wahren *Dissoziationsdelirium* beiwohnt, in dem die Elemente und Systeme der bisherigen Welt, unvereinbare Prinzipien, widerstreitendes Tun, sich auflösen und ineinanderfließen, zergehen und neu verbinden. Der Austausch von *Traum gegen Wirkliches* und auch von *Wirklichem gegen Traum* hat sich gleichsam rasend beschleunigt ...

Man beobachte nur, wie alles heute augenblicklich sein Gegenteil gebiert und nichts bei dieser ungeahnten Hitze mehr für sich bleiben kann. Der Krieg ist mitten im Frieden gegenwärtig; Armut erwächst aus Überfluß; die erstaunlichen Fortschritte in der Kommunikation bewirken umgehend ein Erhöhen und Absichern der Zollschranken; in ein und demselben Labor forscht ein und derselbe Mann nach dem Tötenden wie nach dem Rettenden, entwickelt Gutes wie Übles. Auf dem Gebiet der Intelligenz selbst stellt man fest, daß die Logik, auf die Natur der Dinge angewandt, zu einem Unbestimmtheitsprinzip führt. Einzuräumen ist auch, daß die steigende Anzahl der Bücher und der Instrumente des Denkens Formen der Ignoranz hervorbringt, die bislang unbekannt waren. Der moderne Mensch hat als geistige Nahrung kaum mehr anderes als die Zeitungen: dort findet er nur, was ein Denken, das auf sich selbst bedacht ist, meiden sollte.

Was für eine Zeit ist dies doch, in der sich sämtliche Schlangen des Universums selbst in den Schwanz beißen ...![2] Gibt es künftig noch irgend etwas auf der Welt – Lebensformen, Denkweisen, Arbeitsstile, Tagesrhythmen oder Existenzbedingungen –, das nicht der nächsten Entdeckung oder Erfindung ausgeliefert wäre, dem nächsten Telegramm, Reflex oder Abstimmungsergebnis?

Um das vollständige Ausmaß dieses Wirrwarrs zu erfassen, muß allerdings noch ergänzt werden, daß der entfesselte Transformationsfuror sich auf die Gesamtheit der menschlichen Dinge höchst *ungleich* auswirkt.

Während alles Lebensgerät (und das Leben, insofern es direkt von diesem Gerät abhängt) unmittelbar den bekannten tiefgreifenden und raschen Veränderungen ausgesetzt ist, bleiben demgegenüber die grundlegenden Übereinkünfte der Gesellschaft, die Sitten, die bürgerlichen Gesetze, das öffentliche Recht, die wesentlichen Anschauungen, Entitäten und Mythen, die wir unter den Ausdrücken Moral, Politik und Geschichte zusammenfassen, davon anscheinend nahezu unberührt. Sie sind alle mehr oder weniger abgewertet in den Augen der Intelligenz, die ihre metaphysische Substanz ruiniert; doch sie bewahren ihre praktische und selbst ihre affektive Wirkung. Man kann sagen, sie verlieren ihren Sinn und behalten ihre Kraft.

Insbesondere sind die ganze politische Struktur und die durch sie bedingte Art des politischen Handelns denkbar wenig angepaßt an den gegenwärtigen Zustand der zivilisierten Menschheit, an die Vorstellung, die sie sich von sich selbst und vom umfassenden Gebrauch ihres Handlungsinstrumentariums machen kann. Ungeheuer ist der Abstand zwischen unseren Gewohnheiten, unseren Institutionen, unserer Gesetzgebung, ja selbst unserer Empfindungsweise und dem, was wir wissen und wissen können, was wir wollen und wollen können.

Es muß festgestellt werden, daß unsere Politik sich bei denen, die sie gestalten, auf das Erfinden von Notbehelfen beschränkt. Wohl mag man einst Entwürfe größeren Stils, Pläne von längerer Tragweite gehabt haben, und es mag vorgekommen sein, daß bestimmte Staaten, verschiedene große Männer oder mächtige Institutionen aus ihrer tieferen und konsequenteren Einsicht, aus ihrer Energie oder ihrer Schlauheit (und im übrigen aus dem »Glück«, das sie hatten) dauerhafte und ausreichend *reale* Ergebnisse gewannen. Leuten wie Machiavelli konnte man Weitblick und Strategie zutrauen; denn es war zu jenen Zeiten nicht unvernünftig, die Vernunft einzusetzen, nicht absurd, vorauszuschauen, noch entmutigend, vorherzuberechnen. Unsere Welt jedoch verlangt, daß unendlich komplizierte Probleme in unendlich kurzer Zeit gelöst werden. Alles reagiert nunmehr auf alles, über jede Entfernung hinweg; und nichts ist mehr gegeben, das nicht binnen *Sekunden* vollständig umformbar wäre. Unsere Zeit verträgt keine Verzögerung; sie verfügt über Organe zur augenblicklichen Übertragung und Ausweitung von buchstäblich ungeheurer Leistung. Je wichtiger die jeweiligen Interessen sind, desto drängender ist die Nachfrage, und desto weniger Muße und Ruhe zum Nachdenken wird denjenigen vergönnt, die zur Beschäftigung damit qualifiziert erscheinen. In die Entscheidungen gehen, wie man erlebt, auf die willkürlichste Art und Weise die allerkompliziertesten technischen Studien und gleichzeitig die mehr oder minder unbedarften Meinungen der Massen ein ...

Technik, Forschung, Strenge, Kontrolle, Ordnung und Präzision auf der einen Seite; auf der anderen Notbehelfe, Verbalismus, Illusionen, allerlei Aberglauben philosophischen oder geschichtlichen Ursprungs, Hellseherei der Parteien, naive Abziehbilder, Triebe und Einflüsterungen, mehr oder minder verkappte Appelle an die Begehrlichkeit, die tierhaften Instinkte – kurz, Entfaltung und Herrschaft der psychologischen Produkte niederster Qualität ... so sieht die Übersichtstabelle für die Elemente des Kontrasts aus, von dem ich spreche und der in folgende Form gebracht werden kann: Während die Beziehungen des Menschen mit seiner physischen Umwelt immer präziser und immer ergiebiger geworden sind, blieben die Beziehungen des Menschen mit dem Menschen von einem abscheulichen Empirismus beherrscht, ja sie zeigen in etlichen Punkten sogar deutlich spürbare Rückschritte an. Ich will hier gar nicht von Sitten und Manieren, von Lebensstil, Sprache und Werthierarchien sprechen, noch auch mich mit dem aufhalten, was an Spektakeln und Lesefetzen, an Zusammenhanglosem und Absurdem solch ein modernes Hirn alles erträgt ... Doch muß ich die Tatsache festhalten, daß das praktische Leben mehr und mehr von Gewohnheiten und Einstellungen geprägt ist, die ihm durch die Anwendung der positiven Methoden (Einsatz von Maschinen, Maße usw.) unabweislich auferlegt werden; rasch, wenn auch unmerklich, findet geistig die Eingewöhnung in eine Existenzweise statt, die eine gewissermaßen »wissenschaftliche« Auffassung des physischen Universums voraussetzt.

Doch ist dieses praktische Leben, insofern es Beziehungen zwischen Menschen erfordert (wirtschaftliche, politische, juristische ...), vollständig gelenkt von Begriffen, Anschauungen und Assoziationen sehr unterschiedlichen Alters und Ursprungs, von denen sich der größte Teil nur sehr schwer rechtfertigen ließe. Man würde dabei gewahr, daß sie mehrere *Menschheitsvorstellungen* implizieren, die zueinander in Widerspruch stehen und allesamt sehr verschieden von der *Vorstellung des Menschen* sind, wie sie ein aktueller, ausschließlich aus unseren überprüfbaren Kenntnissen abgeleiteter Versuch zu bilden erlaubte.

Alle Welt räumt stillschweigend ein, daß der *Mensch*, von dem in den Verfassungsgesetzen oder den bürgerlichen Gesetzen die Rede ist, als der Zuträger für die Spekulationen und Manöver der *Politik – der Bürger, der Wähler, der Wahlkandidat, der Steuerpflichtige, der vor Gericht Geladene* – vielleicht nicht ganz derselbe *Mensch* ist, wie ihn die heutigen Vorstellungen im Bereich der Biologie oder der Psychologie zu definieren ermöglichten. Daraus entstehen seltsame Kontraste, eine merkwürdige Spaltung unserer Urteile. Wir betrachten dieselben Individuen als rechtsfähig oder nicht rechtsfähig, verantwortlich oder unzurechnungsfähig, ganz nach der jeweiligen Fiktion, die wir im Augenblick zugrunde legen, je nachdem, ob wir uns gerade im juridischen oder im objektiven Zustand unserer Denkfähigkeit befinden …

Und dennoch steht hinter jeder Politik, selbst der simpelsten, eine Spekulation über den Menschen, ein Räsonnement und eine Art des Handelns, was alles als Materie Menschen und Systeme von Menschen hat. Die Mittel für dies Handeln sind fiktiv, wohingegen seine Auswirkungen rechtschaffen real sind – umstandsweise auch nur allzu real. Es sind mächtige Fiktionen, wovon die Welt getrieben wird; doch so mächtig sie auch sein mögen, aufmerksame Prüfung erkennt darin doch nur eine zusammengewürfelte Mythologie, in der sich volkstümliche, metaphysische, administrative, legendäre, theoretische und pragmatische Elemente vermischen – ein Gemenge von Gefühlsmotiven, Begehrlichkeiten, Idealen und Pseudo-Erinnerungen. All dies war zulässig, war erträglich (und im übrigen unerläßlich) in der *Epoche der Vagheit und Langsamkeit*, in den seligen Zeiten, als man noch an die Lehren der Geschichte (das heißt an die naive Kausalität) glauben und daraus alles zur Tagesbewältigung und Zukunftsplanung Nötige gewinnen konnte. All dies verursacht heute bei mehr als einem Beobachter nahezu unvermeidlich Abscheu …

Ich gestehe es: das Schauspiel, das die politische Welt bietet, widert mich an. Gewiß, ich bin nicht geschaffen, um mich dort umzutun. Ich würde mich auch gern aus alldem heraushalten, wenn der Stand der Dinge, der allgemeine Geschehensablauf, nicht jeden in die triste Rolle des *Resonators* zwänge. Was immer die intensiv organisierte Unordnung den Gemütern zufügt – man muß es über sich ergehen lassen. Zeitungen und Funk tragen die Ereignisse der Straße, ihren Lärm und ihre Inkohärenz, bis in unser Zimmer. Die Wände heulen; und grelle Lichtschriften auf dem, was vom Nachtdunkel noch übrig ist, würden Belsazar darüber aufklären, daß MENE eine Taverne ist, TEKEL ein Kino und U-PHARSIN ein Zwölfzylinder.

In der gleichen Weise muß man die »Politik« über sich ergehen lassen. Es ist für den an eine gewisse Strenge des Denkens gewöhnten Menschen unmöglich, zu übersehen, daß das große Unbehagen, worüber die Welt heute klagt, diese allgemeine Angst und dieses Scheingleichgewicht zwischen Krieg und Frieden, wodurch sie sich so tief beunruhigt fühlt, ihre Hauptursache in den Widerständen haben, die vor Urzeiten gebildete Anschauungen oder Fiktionen der Verschiebung des wirklichen Gleichgewichts in Richtung auf einen den neuen Bedingungen des Lebens angemessenen Zustand entgegensetzen. Man muß zugeben, daß niemand heutzutage, kein Regierender, kein Theoretiker der politischen Wissenschaft oder der Ökonomie, in der Lage ist, die durch die äußerst rasche Entwicklung der Verbindungen aller Art auf dem Globus geschaffene Vielfalt der Zusammenhänge zu überschauen und die sehr kurzfristigen Rückwirkungen der Ereignisse vorherzusehen. Jeder Akt, so wohldurchdacht er sein mag, kommt einem Würfelwurf gleich. Jegliches Schreiben ist in kürzester Frist nicht mehr wert als ein Fetzen Papier. Das habe ich vorhin gemeint, als ich von Notbehelfen sprach. Wir fühlen uns blind und ohnmächtig, gepanzert mit Kenntnissen und beladen mit ungeheuren Mitteln, in einer Welt, die wir restlos erforscht, eingegrenzt und durchorganisiert haben, und wir wissen nicht, wie wir unsere Gefühle und Gedanken an diese neue Welt anpassen sollen. Die Vergangenheit, die im wissenschaftlich-technischen Bereich nahezu abgeschafft ist, lastet schrecklich auf den Gesellschaften. Sie drückt mit dem Gewicht einer Vielzahl von historischen Hypotheken auf unser Geschick, und wir können uns *das, was ist, so wie es ist*, nicht vorstellen, ohne diesem Wirklichen eine Menge Begriffe, Ängste, Abneigungen, Assoziationen, Werthaltungen, Formeln und Tendenzen beizumischen, in denen und durch die etwas noch aufdringlich weiterwirkt, *was doch nie mehr wiederkommen wird ...*

Es sollte sich hingegen lernen lassen, das Wirkliche im Reinzustand herauszupräparieren. Die ganze Politik würde damit verändert – zumindest in einigen Köpfen. Die Menschen (wenn es solche gibt), die noch die Muße haben, über etwas näher nachzudenken, und die so gestellt sind, daß sie dies ohne Rücksicht auf den Druck der Ereignisse, auf ihre Situation oder Funktion tun können, sollten vielleicht einen Teil ihrer kostbaren Zeit, ihrer ausnehmenden Aufmerksamkeit, auf das verwenden, was die Staatsmänner oder die, die an ihrer Stelle stehen, nicht tun können, aus Mangel an Freiheit und weil sie nicht daran gewöhnt sind, die Probleme anzugehen, ohne dabei auf ihre Macht, ihren Ruhm, ihre Empfindungen oder ihre Interessen zu achten. *Ich halte die politische Notwendigkeit, alles das auszubeuten, was im Menschen das seelisch Niedrigste ausmacht, für die größte Gefahr der gegenwärtigen Zeit.* Nun geht aber die Feindseligkeit zwischen den Nationen notwendig von einer sehr beschränkten Anzahl von Personen aus, denn die Nationen selbst können als politische Ideen oder Wesenheiten nur von Menschen konzipiert werden, die mit genügend großer Bildung und genügend starker Vorstellungskraft ausgestattet sind, um überhaupt zur Identifizierung und Personifizierung von Systemen von Millionen Menschenwesen zu gelangen, deren Interessen und Eigenarten häufig sehr unähnlich, wenn nicht antagonistisch sind und die innerhalb räumlicher Konturen leben, wie sie zu einer gegebenen Zeit durch bestimmte Ereignisse und durch Konventionen, die sich von Jahrhundert zu Jahrhundert wandeln, festgelegt wurden. Die sogenannte Außenpolitik ist in Wahrheit das Spiel der Beziehungen zwischen diesen Minoritäten, ihren überkommenen Ansichten, ihren zukünftigen Absichten oder persönlichen Aussichten, und es ist unschwer zu erkennen, daß dieses traditionelle Spiel, das der Entwicklung von Konsequenzen aus der modernen Umformung der Welt immer stärker entgegensteht, auch immer stärker eine gegen sich selbst gerichtete Teilung des Individuums und der Zivilisation verlangt. Man kann sich des Eindrucks nicht erwehren, daß hier eine *künstliche Zwangsläufigkeit* geschaffen wird, mit der die Menschheit Kurs nehmen soll auf Konflikte, aus denen es keinen Ausweg gibt und die keine anderen Ergebnisse zulassen als die Zerstörungen jeglicher Art, wie sie sie verheißen. So unmenschlich sie sein mögen, es wird diese Unmenschlichkeit noch verblassen vor ihrer Dummheit, denn es wird einst zutage liegen, daß ihre völlige Nutzlosigkeit vorauszusehen war, ganz zu schweigen von den Leiden, und es wird auch deutlich sein, daß diese Raserei einen totalen, hoffnungslosen Verzicht auf die Ressourcen des Geistes bedingt hat. Der Wandel des menschenbestimmten Universums macht Lösungen durch Gewalt unberechenbar und daher töricht. Dies verständlich zu machen wäre wohl angebracht, ohne den geringsten Appell an gefühlsmäßige Einstellungen. Ich komme somit zu meinem Anfang zurück, der ein Aufruf an die Intelligenz der Menschen war, und ich wiederhole: *More Brain, o Lord* ...

Als ich einmal in Genf auf einer der Zusammenkünfte unserer Kommission sagte, die Vereinigung der Nationen zum Völkerbund setze eine Vereinigung denkender Menschen zum Geistesbund voraus, habe ich nichts anderes gemeint. Niemand hat dies besser verstanden als Sie.

[1933]

VORWORT ZU ›LA LUTTE POUR LA PAIX‹

Dies kleine Buch, das Sie soeben vollenden, faßt den Zustand einer Welt zusammen, der es nicht gelingen will, ihre Gleichgewichtsfigur – *ihren Frieden* – zu finden, das heißt diejenige Form des Friedens, die der gegenwärtigen Ära entspräche, denn der Friede, den wir seit 1919 genießen (so dies ein Genießen ist), ist doch im Grunde nur eine Art Waffenruhe von unbestimmter Dauer.

Doch kann man sich fragen, ob unter den gegenwärtigen Umständen ein Ideal der Stabilität überhaupt vorstellbar ist, wo doch das hervorstechende Merkmal der Epoche, in der wir leben, die Instabilität jeglicher Art ist, die beständige und gleichsam unvermeidliche Produktion plötzlicher Neuheiten, Störungen in allen Bereichen, den Wissenschaften wie den Sitten, den Theorien wie den Materialien und Geräten, in Geschmacksdingen wie in Politik und Wirtschaft.

Insbesondere bietet uns die Welt des Politischen das unsteteste und unklarste Schauspiel, die spürbarsten Widersprüche, die überraschendsten und unbeständigsten Kombinationen.

Jedermann weiß, daß der Krieg auch für den kühlsten Rechner und für die mächtigste Nation nicht mehr als ein Mittel gelten kann, um mit hinreichender Wahrscheinlichkeit ein bestimmtes Ziel zu erreichen. Es ist nunmehr ausgeschlossen, den endgültigen Ausgang, ja sogar die unmittelbaren Wirkungen vorherzusehen; oder vielmehr ist vorherzusehen, daß diese Wirkungen, unbeschadet des Ausgangs, gleichermaßen verheerend sein werden, zunächst für sämtliche kriegführenden Parteien, und zwar unterschiedslos, bald danach aber auch für alle Völker der Erde.

Der Krieg historischen Zuschnitts hat folglich keinen Sinn mehr, wie Sie es im fünften Kapitel Ihrer Schrift sehr gut darlegen.

Was erleben wir indessen?

Wir erleben, wie die Welt dieser Evidenz zum Hohn sich Waffen schafft oder schaffen will; und wir sind alles andere als sicher, daß diese Waffen nicht eines Tages auch eingesetzt werden. Die Tradition der Gewalt, von der Vernunft und jüngste Erfahrungen uns abbringen müßten, besteht fort, und sie bezieht im übrigen ihre immer mächtigeren Mittel für den Eventualeinsatz von einer Wissenschaft, deren Fortschritt sich dem systematischen Verzicht auf alle Tradition verdankt.

Mit einem Wort, Staatsmänner, Theoretiker und Völker halten am *Gedanken des Krieges* fest und tun alles, damit dieser Gedanke den Anschein des Nützlichen behält.

So undurchsichtig und komplex daher auch die Gesamtsituation sein mag, so unausgeglichen und unvereinbar die Interessen erscheinen mögen, ist die Annahme doch nicht unzulässig, es könnte durch die Anstrengung des Geistes der Anteil an dieser Unordnung, der nur *Unordnung des Geistes* ist, wenn schon nicht beseitigt, so wenigstens eingegrenzt werden.

Die begründetste und ernsteste Kritik, die man nach meiner Auffassung an die Adresse des »Völkerbunds«, der Vereinigung der Nationen, richten kann, ist die, daß er sich nicht vor allem anderen als eine Vereinigung des Geistes konstituiert hat. Was in ihm zusammentrifft, sind Vertreter eines historischen Systems der Konkurrenzen und Zwistigkeiten. Sie bringen nach Genf die besten Absichten von der Welt mit, aber zugleich eine geballte Ladung Hintergedanken und die unüberwindliche Gewohnheit, nach kleinen Vorteilen auf Kosten der anderen zu streben. *Diese simple Einstellung entspricht nicht mehr den Gegebenheiten der modernen Welt.*

Es müssen also unabhängige Geister an der Abklärung und Präzisierung einer Konzeption der politischen Welt arbeiten, aus der alles absurd Gewordene, aber noch Weiterwirkende ausgeschlossen wird. Es gilt, die brandigen Teile, die *Verwachsungen* des Intellekts zu kappen.

Dies sind, werter Herr Kollege, die Überlegungen und Wünsche, die mir Ihr *Kampf für den Frieden* nahelegt. Ihre Arbeit ermöglicht eine sehr klare Vorstellung vom Stand dieser nahezu aussichtslosen Bemühung, die Sie in Ihrer Eigenschaft als Abgesandter einer südamerikanischen Nation wie kein anderer als objektiver Zeuge und Kritiker zu würdigen wissen. Insbesondere ist Ihre Analyse und Einschätzung der Politik Washingtons in ihren Beziehungen zur europäischen Politik von einem Interesse und einer Bedeutung, auf die ich den Leser ganz besonders hinweisen möchte.

[1933]

MEDITERRANE EINGEBUNGEN

Heute muß ich mich im Vertrauen an Sie wenden; ich muß zu Ihnen von mir selber sprechen! Fürchten Sie jedoch nicht, daß ich mich auf jene Art von Geheimnissen einlassen werde, die jeder von sich selber kennt. Hier soll nur von dem Zusammenhang die Rede sein, der mein Leben oder meine Empfänglichkeit in der Zeit ihrer Formung mit jenem Mittelmeer verknüpft hat, das seit der Kindheit ohne Unterlaß mir vor den Augen oder dem Geiste steht. Ich werde nur ein paar besondere Eindrücke wiedergeben und einige – vielleicht allgemeinere – Gedanken.

Ich fange bei meinen Anfängen an.

Ich bin in einer Hafenstadt von mittlerer Bedeutung geboren; sie liegt im Innern eines Golfs, zu Füßen einer Anhöhe, deren Felsmasse sich von der ebenmäßigen Uferlinie abhebt. Dieser Fels wäre eine Insel, wenn nicht zwei Sandbänke – von Meeresströmungen gespeist, die das pulverisierte Gestein der Alpen von der Rhônemündung gegen Westen abdrängen und immerzu für wachsende Zufuhr an Schwemmsand sorgen – ihn mit der Küste des Languedoc verbänden oder an sie fesselten. So erhebt sich die Anhöhe zwischen dem Meer und einem sehr weitläufigen Wattengebiet, in dem der Canal du Midi seinen Anfang nimmt – oder mündet. Der Hafen, den sie überragt, besteht aus Becken und Kanälen, die das Wattenmeer mit der offenen See verbinden.

So steht es um meine Ursprungslandschaft, an die ich die unbefangene Bemerkung knüpfe, daß ich an einem der Punkte zur Welt gekommen bin, den ich mir auch selber ausgesucht hätte. Ich beglückwünsche mich dazu, in einem Ort zur Welt gekommen zu sein, wo die ersten Eindrücke solche waren, wie man sie im Angesicht des Meeres und inmitten menschlicher Tätigkeit empfängt. Kein Schauspiel gilt mir soviel wie der Anblick, den man von einer günstig gelegenen Terrasse oder einem Balkon auf einen Hafen genießt. Ich könnte mein Leben damit verbringen anzuschauen, was Joseph Vernet, der schöne Seestücke gemalt hat, die *verschiedenerlei Tätigkeiten in einem Seehafen*[1] nennt. Nimmt man diesen bevorzugten Platz ein, so beherrscht das Auge die Weite und berauscht sich an der ausgleichenden Einfachheit des Meeres, während ihm andererseits Leben und Betriebsamkeit der Menschen, Handel und Wandel, Planen und Schaffen in unmittelbarer Nachbarschaft entgegentreten. Das Auge kann sich jederzeit der Anwesenheit einer ewig ursprünglichen, unversehrten und keiner Wandlung durch Menschenhand unterworfenen Natur versichern, einer Natur, die immerwährend und sichtlich den Elementarkräften unterworfen ist und von der es denselben Eindruck empfängt wie die Menschen der Urzeit. Nähert sich jedoch der Blick dem Land, entdeckt er sogleich: zunächst die unregelmäßige Einwirkung der Zeit, die das Ufer unaufhaltsam bearbeitet, dann in Umkehrung dazu die Wirksamkeit des Menschen, die sich mit der Anhäufung seiner Bauwerke, den geometrischen Figuren, die er verwendet, der geraden Linie, den ebenmäßigen oder gewölbten Flächen dem Wirrwarr und der Zufälligkeit natürlicher Formen entgegenstellt, so wie die aufstrebenden Spitzen, die Kastelle und Leuchttürme den Fall- und Abbruchlinien der geologischen Natur den Aufbauwillen, das wahlfreie und sozusagen widersetzliche Schaffen unserer Menschenart entgegenstellen.

Das Auge umfaßt so zu gleicher Zeit das Menschliche und das Unmenschliche. Ebendies hat der große Claude Lorrain[2] empfunden und prachtvoll ausgedrückt; im edelsten Stil verherrlicht er die Ordnung und den idealen Prunk der großen Häfen am Mittelmeer: Verklärungen von Genua, Marseille oder Neapel, die mit ihrem architektonischen Schmuckrahmen, den Konturen der Landschaft und dem Ausblick aufs Wasser eine Theaterszenerie erstellen, auf der nur eine einzige Figur spielt, singt und zuweilen auch stirbt: das LICHT!

Auf der Anhöhe, von der ich sprach, lag am halben Hang meine Schule. Dort habe ich ohne allzuviel Verdruß *rosa* (die

Rose) deklinieren gelernt und bin zu meinem Leidwesen mit Sekundareife abgegangen. Die überaus kleine Schülerzahl verschaffte uns ein erhebliches Selbstgefühl. Wir waren in meiner Klasse vier, so daß sich meine Chance, Erster zu werden, nach barer Wahrscheinlichkeit wie vier zu eins verhielt, ohne daß ich mich im mindesten anzustrengen brauchte. Noch besser dran war man in Philosophie: da waren es nur zwei. Notwendigerweise bekam der eine bei Schulende die höchste Auszeichnung, der andere die zweithöchste. Wie hätten sie es auch anstellen sollen, um anders davonzukommen? Aber die ausgleichende Gerechtigkeit erforderte, daß der Träger des zweiten Preises für die schriftliche Arbeit den ersten Preis erhielt, der andere (wie nicht anders zu erwarten) den zweiten. Und so immer fort ... Beide stiegen sie, mit Kränzen und Büchern in Goldschnitt beladen, unter dem Tusch der Militärkapelle von der Preisverteilungstribüne herab.

Corneille behauptet,

À vaincre sans péril, on triomphe sans gloire![3]

Aber Corneille irrt sich, und zwar verfällt er in einen naiven Irrtum. Der Ruhm hängt nicht von der aufgewendeten Mühe ab, die im allgemeinen nicht sichtbar ist; er hängt einzig und allein ab von der Aufmachung.

Diese Schule hatte Reize ohnegleichen. Von den Höfen sah man auf die Stadt und das Meer. Sie lagen auf drei Terrassen, die sich übereinander staffelten; die *Kleinen*, die *Mittleren* und die *Großen* traten in den Genuß immer weiter gespannter Horizonte ein, was für das Leben nicht auf gleiche Weise gilt! An Augenlust fehlte es uns also nicht während der Pausen, denn es vergeht kaum ein Tag, an dem sich nicht auf der Grenzlinie zwischen dem Leben auf dem Festland und dem Leben zur See irgend etwas zuträgt.

Eines Tages sahen wir von der Höhe unserer Aussichtshöfe eine mächtige Rauchwolke zum Himmel emporsteigen. Sie war sehr viel dichter und umfänglicher als die gewohnten Rauchfahnen der Passagierschiffe und Frachter, die im Hafen anzulegen pflegten. Kaum hatte die Glocke geläutet, die uns mittags aus den Klassenräumen entließ, als die Auswärtigen brüllend zur Mole stürmten, wo eine Menschenmenge schon seit mehreren Stunden ein ziemlich großes Schiff abbrennen sah; man hatte es bereits aus dem Hafenbecken herausgeschleppt und an einem Damm in einiger Entfernung seinem Schicksal überlassen. Auf einmal leckten die Flammen bis zu den Marssegeln hinauf, und die Masten, unterhöhlt von der Feuersbrunst, die im Schiffsraum wütete, brachen wie abgemäht, weggefegt und erledigt mit der gesamten Takelage nieder; während ein gewaltiger Funkenschwarm aufstob und ein schwerer dumpfer Krach mit dem Wind bis zu uns herüberdrang. Verständlich, daß im Nachmittagsunterricht eine Anzahl von Schülern fehlte. Gegen Abend war der schöne Dreimaster nur noch ein düster-schwarzer, anscheinend unversehrter Rumpf, jedoch wie ein Schmelztiegel voll einer glutflüssigen Masse, deren Brandschein mit fortschreitender Dunkelheit immer deutlicher hervortrat. Am Ende schleppte man dieses Höllenwrack auf die offene See hinaus und brachte es zum Sinken.

Bei anderen Malen verfolgten wir auf unseren Schulhöfen das Einlaufen der Geschwader, die einmal im Jahr eine Meile vor der Küste Anker warfen. Seltsame Fahrzeuge waren das: die Panzerschiffe von anno dazumal, die *Richelieu*, die *Colbert*, die *Trident*, mit ihrem Sporn, der wie eine Pflugschar aussah, ihrer Blechkrinoline am Hinterschiff und dem Admiralsbalkon unter der Flagge, der so sehr unser Verlangen weckte. Sie waren häßlich und achtunggebietend, hatten noch ein ansehnliches Mastwerk, und die Reling war nach altüberliefertem Brauch mit sämtlichen Mannschaftssäcken behängt. Das Geschwader setzte Bemannungen von prachtvoller Haltung, Montur und Bewaffnung an Land. Die Boote flogen übers Wasser; sechs oder acht Paar Ruder, die sich in strengem Gleichtakt bewegten, verliehen ihnen funkelnde Schwingen, die im Abstand von fünf Sekunden der Sonne einen Blitz und einen Schwarm lichtsprühender Tropfen zuschnellten. In der Gischt ihres Kielwassers schleiften die Farben ihrer Flagge und die Säume des scharlachbordierten blauen Teppichs nach, auf dem schwarz und goldglitzernd die Offiziere saßen.

Diese Prachterscheinungen erregten allerlei Gedanken an eine Laufbahn zur See; aber zwischen Lipp'- und Kelchesrand, zwischen dem Stand des Schülers und der rühmlichen Funktion eines Marineaspiranten bauten sich sehr ernst zu nehmende Hürden auf: die unbestechlichen Figuren der Geometrie, die systematischen Rätsel und Fallen der Algebra, die trübseligen Logarithmen, die Sinusse und brüderlich verwandten Kosinusse schreckten mehr als einen ab, der zu seiner Verzweiflung zwischen sich und dem Meer, zwischen dem erträumten und dem wirklichen Seemannsleben (wie einen unüberwindlichen eisernen Vorhang) die erbarmungslose Fläche einer schwarzen Schultafel niedergehen sah. Da hieß es denn sich mit traurigen Blicken auf den Horizont begnügen, nur dem Augen- und Phantasiegenuß frönen und die unglückliche Liebe zur See auf Literatur und Malerei ablenken. Hat es doch zunächst den Anschein, als eröffne hier der bloße Wunsch eine wegen ihrer Leichtigkeit verlockende Laufbahn! Nur wer im voraus für sie bestimmt ist, ahnt schon zeitig ihre unbegrenzten Schwierigkeiten und fordert sie von sich. Programme und Prüfungsleistungen gibt es da nicht. Diese Träumer, angehende Dichter und Maler, schwelgten in den Eindrücken, die das Meer spendet, das so reich ist an Begebenheiten, so trächtig an gewagten Formen und Entwürfen, Mutterschoß der Aphrodite, und das mit seinem Geist so manches Abenteuer beflügelt. Zur Zeit, als wir jung waren, konnte man noch sagen, daß auf seinen Wegen die Geschichte lebendig war. Unsere Fischerbarken, die größtenteils noch heute an ihrem Bug dieselben Embleme tragen wie die Barken der Phönizier, unterschieden sich nicht von jenen, die in der Antike und im Mittelalter bei den Schiffern gebräuchlich waren. Manchmal sah ich in der Abenddämmerung diese wuchtigen Fischerbarken heimkehren, mit erlegten Thunfischleibern schwer befrachtet, und ein seltsamer Eindruck suchte meine Vorstellung heim. Der Himmel völlig klar, jedoch am Saum durchatmet von einem rosigen Feuer, während das Blau zum Scheitelpunkt hinauf ins Grünliche spielte; das Meer schon sehr verfinstert, mit Brechern und Gischtspritzern von grellem Weiß: und gegen Osten, dicht überm Horizont, eine

Fata Morgana von Türmen und Mauern, die geisterhafte Erscheinung von Aigues-Mortes. Zuerst sah man von der Flottille nur die zugespitzten Dreiecke ihrer lateinischen Segel. Wenn sie näher kamen, unterschied man die aufgehäufte Last riesiger Thunfische, die sie vom Fang heimbrachten. Diese gewaltigen Tiere, die häufig Mannesgröße erreichen, ließen mich, wie sie da glänzend und blutbedeckt lagen, an bewaffnete Männer denken, deren Leichen an Land gebracht wurden. Ein Bild von geradezu epischer Größe, das ich mit Vorliebe »Heimkehr vom Kreuzzug« nannte.

Aber dieses hochgemute Schauspiel wurde Anlaß eines anderen von gräßlicher Schönheit, bei dessen Schilderung ich um Nachsicht bitten muß.

Am Morgen nach einem sehr ergiebigen Fischzug, bei dem Hunderte von großen Thunfischen erlegt worden waren, ging ich ans Meer, um zu baden. Zunächst trat ich, um das herrliche Licht zu genießen, auf eine kleine Mole hinaus. Plötzlich, als ich den Blick senkte, gewahrte ich ein paar Schritte entfernt unter der wunderbar glatten und durchsichtigen Wasserfläche ein schauriges und prachtvolles Chaos, das mich erbeben ließ. Dinge von einem ekelerregenden Rot, Massen von zartem Rosa oder einem finsteren unheilvollen Purpur lagen da umher ... Ich erkannte mit Entsetzen in gräßlicher Anhäufung Innereien und Eingeweide der gesamten Herde Neptuns, die die Fischer ins Meer geworfen hatten. Ich vermochte weder zu fliehen noch zu ertragen, was ich sah, denn der Ekel, den ich angesichts dieses Gemetzels empfand, lag im Widerstreit mit dem Gefühl einer echten und einzigartigen Schönheit, die sich in diesem Zusammenspiel organischer Farben darbot, in den widerlichen Prunkstücken von Drüsen, aus denen noch Blut wölkte, den gleichen schauernden Eingeweidesäcken, die irgendwelche Fäden unter dem Wasserspiegel festhielten, einem Spiegel von solcher Klarheit, daß die unendlich langsame Dünung in ihrem lauteren Kristallfluß einen Schauer unfaßbaren Goldes über diese Fleischbank hintrieb.

Das Auge liebte, was die Seele verabscheute. Innerlich zerrissen zwischen Widerstreben und Wißbegier, zwischen Flucht und Analyse, bemühte ich mir vorzustellen, was ein

Künstler aus dem Fernen Osten, zum Beispiel ein Mann mit der Gabe und Schaubegier eines Hokusai[4], diesem Schauspiel wohl abgewonnen hätte.

Was für ein Holzschnittmuster, was für Korallenornamente hätte er hier ersinnen können! Dann mußte ich daran denken, wieviel Rohes und Blutiges in der Dichtung der Alten umgeht. Die Griechen versetzten sich ohne Widerstreben in die grausigsten Geschehnisse ... Die Helden schufteten wie die Metzger. Die Mythologie, die epische Dichtung, die Tragödie triefen von Blut. Aber die Kunst ist jenem durchsichtig klaren kristallinischen Medium zu vergleichen, in dem ich diese grausigen Dinge erblickte: sie verhilft uns zu Augen, die alles anschauen können.

Mit den Meereseindrücken meiner jungen Jahre käme ich wohl nie an ein Ende ... Ich kann mich nicht bei der Schilderung all dessen aufhalten, was mich auf den Hafenkais belustigte, anzog, faszinierte; beispielsweise mit der Beschreibung einiger jener Schiffstypen, die man heute kaum mehr antrifft, Fahrzeuge aus uralter Zeit, die der Dampf und das Benzin ausgerottet haben; beispielsweise jener sonderbaren Schobocken von orientalischer Formeleganz, die einen schmächtigen, eigenwillig ausgezogenen Kiel und sehr lange Rahen hatten, die flott wie ein Federstrich hingesetzt waren. Nicht anders mochten die Schiffe der Sarazenen und Barbaresken ausgesehen haben, zu einer Zeit, als diese gefürchteten Gäste an unseren Küsten plünderten und adelige Damen und Edelfräulein entführten. Meine Schobocken hingegen beschränkten sich auf den Transport erlesener Erzeugnisse. Ihr Rumpf war grell bemalt, in Gelb und Grün (Triumph der reinen Farbe), und auf ihrem Deck lagerten gehäuft in starkfarbigen Pyramiden die Zitronen von Portugal und die Orangen von Valencia. In ihrem Umkreis schaukelten auf der ruhigen grünen Wasserfläche in Mengen diese gelben und roten Früchte, die über Bord gegangen oder aussortiert worden waren.

Und ich werde mich auch an kein Loblied auf den vielstimmigen Rausch aus zusammenhanglosen Gerüchen wagen, die sich an der Rampe eines Hafens zu einer Duftsammlung oder

Duftsymphonie vereinigen: Kohle, Teer, Spirituosen, Fischsuppe, Stroh und Kopra, deren Ausdünstungen miteinander wetteifern und sich die Herrschaft über unsere Assoziationen streitig machen ...

Sondern ich gehe in diesen halbvertraulichen Mitteilungen vom Konkreten zum Abstrakten über, von den Eindrücken zu den Gedanken – und muß jetzt vor Ihnen einfachere, tiefere und geschlossenere Empfindungen aufrufen, die vom gesamten Wesen Besitz ergreifen und sich zu Farben und Düften verhalten wie die Formen und der Aufbau einer Rede zu ihren Figuren, ihren Bildern und schmückenden Beiwörtern.

Worin bestehen diese allgemeinen Empfindungen?

Ich bekenne vor Ihnen, daß es eine Zeit gegeben hat, da ich in das Licht wahrhaft vernarrt war, und gleich vernarrt in das Wasser. Mein Spiel, das einzige, das ich betrieb, war zugleich das reinste: Schwimmen. Ich habe darauf ein Gedicht gemacht, ein *unwillkürliches* Gedicht, wie ich es nenne, denn es ist nicht bis zu Versen und Versvollendung gediehen.[5] Ich hatte, als ich es schrieb, nicht vor, den Zustand des Schwimmens zu besingen, vielmehr ihn zu beschreiben – was etwas ganz anderes ist –, und poetischer Form hat es sich nur angenähert, weil das Sujet selbst, Schwimmen, ganz in Poesie eingetaucht ist und sich darin bewegt.

SCHWIMMEN

»Mir ist zumute nach Wiederfinden und Wiedererkennen, wenn ich zu diesem allumfassenden Wasser heimkehre. Von Ernte und Weinlese verstehe ich nichts.

Die *Georgica*[6] geben mir nichts.

Aber sich hineinwerfen in Masse und Bewegung, tätig sein bis zum äußersten, vom Nacken bis in die Zehenspitzen; sich drehen in dieser reinen und tiefen Stofflichkeit; trinken und die göttliche Bitterkeit schauen, das ist für meine Natur ein Spiel wie das Liebesspiel, ist die Tätigkeit, welche meinen Körper ganz bezeichnende Gebärde, ganz Kraft sein läßt, wie eine Hand, die sich öffnet und schließt, spricht und handelt.

Hier gibt sich der gesamte Körper, fängt sich wieder ein, begreift sich, gibt sich aus und will seine Möglichkeiten erschöpfen. Er fährt hinein in das Naß, will es packen, umschlingen, er wird toll vor Leben und Bewegungsdrang, den nichts hemmt, er liebt es, besitzt es, er zeugt mit ihm tausend wunderliche Ideen. Durch das Wasser bin ich der Mensch, der ich sein will. Mein Körper wird zum unmittelbaren Werkzeug des Geistes und ist gleichwohl Urheber aller seiner Ideen.

Alles erleuchtet sich mir. Ich begreife in höchster Steigerung, was die Liebe sein könnte. Übermaß an Wirklichem! Liebkosungen sind Erkenntnis. Die Taten des Liebenden wären Muster seiner Werke.

So schwimme denn! Wirf dich kopfüber in diese Woge, die auf dich zurollt, sich mit dir bricht und dich treibt!

Ein paar Augenblicke lang wähnte ich, das Meer ließe mich nicht wieder los. Es schleuderte mich zurück, riß mich aufs neue in seinen unwiderstehlichen Sog. Die Riesenwoge, die mich auf den Sand gespien hatte, schwemmte zurückweichend mich und den Sand hinweg. Ich mochte die Arme noch sosehr in diesen Sand bohren, er trieb samt meinem Körper ab.

Wie ich noch ein bißchen weiterkämpfte, rollte eine viel stärkere Woge heran, die mich wie ein Wrack bis an den Saum der kritischen Zone spülte.

Endlich wandere ich auf dem unermeßlichen Strand dahin, fröstelnd und den Wind schlürfend. Eine Bö aus Südwesten läuft die Wellen schräg an, fältelt und kräuselt sie, bedeckt sie mit Schuppen, wirft ein Netz zusätzlicher Wellen über sie, das die Dünung vom Horizont bis an den gischtenden Brandungsstreifen heranträgt.

Ein Glücklicher auf nackten Füßen, wandere ich wandertrunken über den von zartester Fluthaut wieder und wieder geglätteten Spiegel.«

Nun will ich den Ton dieser vertraulichen Mitteilungen ein wenig höher stimmen.

Der Hafen, die Segler, die Fische und die Düfte, das

Schwimmen – all das war nur eine Art Vorspiel. Jetzt gilt es den Versuch, Ihnen eine noch tiefere Einwirkung des heimatlichen Meeres auf meinen Geist anzuzeigen. Genauigkeit bereitet in solchen Fragen große Schwierigkeiten. Ich habe nichts übrig für das Wort *Einfluß*, das nichts weiter bezeichnet als ein Nichtwissen oder eine Hypothese und das in der Kritik eine so große und so bequeme Rolle spielt. Ich will Ihnen vielmehr sagen, wie ich es sehe.

Gewiß hat nichts mich so geformt, so durchdrungen und mehr unterrichtet – oder aufgerichtet – wie jene Stunden, die ich der Schule stahl, Stunden, die dem Anschein nach mäßiger Zerstreuung, im Grunde aber dem unbewußten Kult von drei oder vier unbestreitbaren Gottheiten gewidmet waren: dem Meer, dem Himmel und der Sonne. Ich fand, ohne es zu wissen, zu Gefühlen des Staunens und der Ergriffenheit zurück, wie sie der Urmensch empfunden hat. Ich weiß nicht, ob ein Buch imstande wäre, ob ein Autor vermöchte, uns in diese Verfassung fruchtbaren Staunens, Betrachtens und Insichaufnehmens zu erheben, wie ich sie in diesen meinen ersten Jahren kennengelernt habe. Mehr als das Lesen, mehr als die Dichter, auch mehr als die Philosophen, sind es gewisse Blicke ohne bestimmten oder bestimmbaren Gedankeninhalt, ist es ein gewisses Verhalten vor den reinen Elementen des Tages, vor den einfachsten und weiträumigsten Gegenständen, den auf bezwingendste Art einfachen und den Sinnen zugänglichen unseres Daseinsbereichs, ist es die Gewohnheit, die sie uns beibringen, jedes Ereignis, jedes Geschöpf, jeden Ausdruck, jede Einzelerfahrung unbewußt mit den größten und beständigsten unter den sichtbaren Dingen in Beziehung zu setzen, wodurch wir gebildet, gewohnt und dazu angeleitet werden, mühelos und unreflektiert das wahre Ausmaß unserer Menschennatur zu empfinden und in uns selber jenen Brükkenschlag zu vollziehen, der uns auf den höchsten Gipfel des eigenen Wesens führt, der gleichzeitig der menschlichste ist. Wir haben damit sozusagen das Maß aller Dinge und ein Maß für uns selber gewonnen. Das Wort des Protagoras, *der Mensch ist das Maß aller Dinge*, ist ein sehr bezeichnendes und im tiefsten mediterranes Wort.

Was soll mit ihm gesagt werden? Was heißt Messen?

Setzen wir damit nicht an die Stelle des Gegenstandes, den wir vermessen, das Symbol einer menschlichen Handlung, die durch einfache Wiederholung diesen Gegenstand erschöpft? Behaupten, der Mensch sei das Maß aller Dinge, heißt also der Mannigfaltigkeit der Welt die Gesamtheit oder den Verband menschlicher Fähigkeiten entgegensetzen; es heißt überdies, der Verschiedenartigkeit unserer Lebensmomente, der Beweglichkeit unserer Eindrücke, ja sogar der Besonderheit unseres Einzelwesens, das spezialisiert und in ein lokales und bruchstückhaftes Leben eingelassen ist, ein ICH entgegensetzen, das es aufhebt, beherrscht und in sich faßt, so wie das Gesetz den Einzelfall in sich faßt, wie das Gefühl unserer Stärke alle Handlungen, die uns möglich sind, in sich enthält.

Wir fühlen uns als dieses umfassende Ich, das sich nicht mit unserer zufälligen Person deckt, einer Person, in der eine Unzahl von Bedingungen und Zufälligkeiten, von denen sie bestimmt wird, zusammentreffen, denn (unter uns gesagt): wieviel daran kommt uns nur wie ein Lotteriespiel vor! ... Aber wir fühlen, sagte ich, *wenn wir es je zu fühlen verdienen*, dieses umfassende ICH, das keinen Namen, keine Geschichte hat und für das unser wahrnehmbares Leben, das Leben, das wir empfangen haben, führen oder erdulden, nur eines der zahllosen Leben ist, die dieses immergleiche Ich[7] hätte annehmen können ...

Ich muß mich entschuldigen. Ich habe mich hinreißen lassen... Aber glauben Sie nicht, das hier sei »Philosophie« ... Ich habe nicht die Ehre, Philosoph zu sein ...

Wenn ich mich habe hinreißen lassen, so darum, weil ein Blick auf das Meer ein Blick auf das Mögliche ist ... Ein Blick auf das Mögliche aber, wenngleich er noch nicht Philosophie ist, birgt ohne Zweifel einen philosophischen Keim, eine Philosophie *in statu nascendi*.

Legen Sie sich doch einmal die Frage vor, wie ein philosophischer Gedanke entstehen mag. Was mich betrifft, so kann ich, wenn ich mir die Frage stelle, nicht umhin, mich im Geiste sogleich an den Küstensaum irgendeines wunderhellen

Meeres zu versetzen. Dort sind die sinnenhaften Bestandteile, die Urkräfte (oder die Nährkräfte) seelischer Gestimmtheit, in deren Schoß der allgemeinste Gedanke, die umfassendste Frage keimt, versammelt: Licht und Weite, Muße und Rhythmus, durchscheinende Klarheit und Tiefe ... Fällt Ihnen nicht auf, daß bei diesem Anblick, diesem Zusammenhang der natürlichen Bedingungen unser Geist bei sich selber die Erfahrung, die Entwicklung aller Eigenschaften, aller auszeichnenden Merkmale der Erkenntnis macht: Klarheit, Tiefe, Spannweite, Maß ... Was er sieht, stellt ihm vor Augen, was sein Haben und Verlangen im Wesen ist. Es kann geschehen, daß sein Blick auf das Meer ein Verlangen weckt, größer, als es ein Einzelding je zu befriedigen vermag.

Er wird verlockt, ja gleichsam eingeweiht in umfassendes Denken. Glauben Sie nicht, daß ich Sie hier in Spitzfindigkeiten hineinziehen will. Es ist bekannt, daß unsere sämtlichen Abstraktionen dergleichen persönliche und einzigartige Erlebnisse zum Ursprung haben; alle Wörter, auch die der abstraktesten Begriffssprache, sind vom schlichtesten Gebrauch, dem gewöhnlichsten Umgang hergenommen, und wir haben sie ihrer ursprünglichen Bezeichnung entfremdet, um mit ihnen zu philosophieren. Wissen Sie, daß das lateinische Wort, aus dem wir *le monde* gemacht haben, nichts weiter bedeutet als »Schmuck«? Bestimmt wissen Sie aber, daß die Wörter *Hypothese* oder *Substanz*, *anima* oder *spiritus* oder auch *Idee*, die Wörter *wahrnehmen* oder *begreifen* Bezeichnungen für einfachste Handlungen wie *setzen*, *stellen*, *greifen*, *hauchen* oder *sehen* sind und sich nach und nach mit Sinnbedeutungen und Sinnverbindungen außerordentlicher Art vollgesogen oder aber im Gegenteil fortschreitend entblößt haben, bis nichts mehr an ihnen war, was der praktisch unbegrenzten Freiheit kombinatorischer Verwendung im Wege stand. Der ursprüngliche Begriff *pesare* (wiegen) ist in dem Begriff »penser« (denken) nicht mehr anwesend. »Spiritus« und »anima« erinnern nicht mehr an das Atmen. Diese Schöpfungen von Abstraktionen, mit denen uns die Sprachgeschichte bekannt macht, finden sich auch in unserem persönlichen Erlebnisbereich, und auf demselben Wege haben dieser Himmel, dieses Meer, diese Sonne – die ich vorhin die reinen Elemente des Tages genannt habe – kontemplativen Geistern die Begriffe *Unendlichkeit, Tiefe, Erkenntnis, Universum* eingegeben oder aufgenötigt, Begriffe, die zu allen Zeiten Gegenstände metaphysischer und physischer Spekulation gewesen sind und deren einfachste Ursprungsstelle ich in der Anwesenheit des Lichtes, einer weitgedehnten Fläche, einer Regsamkeit von überreicher Fülle erblicke, in dem anhaltenden Eindruck von Majestät und Allmacht, zuweilen auch von überlegener Laune, erhabenem Zorn, von elementarer Verwirrung, die jedoch stets mit Triumph und Auferstehung von Licht und Frieden sich vollenden.

Ich sprach von der Sonne. Aber haben Sie die Sonne je angeschaut? Ich will Ihnen nicht dazu raten. In meiner heroischen Zeit habe ich manchmal einen Versuch gewagt und fast befürchtet, die Sehkraft einzubüßen. Aber, um die Frage zu wiederholen, haben Sie sich jemals über die unmittelbare Bedeutung der Sonne Gedanken gemacht? Ich spreche hier nicht von der Sonne der Astrophysik, von der Sonne der Astronomen, von der Sonne als der Hauptursache des Lebens auf unserem Planeten, sondern ganz einfach von der *Sonnenwahrnehmung*, von dem *Grundphänomen* und seiner Einwirkung auf das Zustandekommen unserer Ideen. Wir denken nie an die Wirkungen dieses erhabensten Körpers … Stellen Sie sich aber den Eindruck vor, den die Anwesenheit dieses Gestirns in urtümlichen Seelen hervorrufen mußte. Alles, was wir sehen, ist durch die Sonne *gefügt*, und unter »Fügung« verstehe ich eine Ordnung des Sichtbaren und die langsame Abwandlung dieser Ordnung, wie sie das Schauspiel eines Tagesablaufs darstellt: die Sonne, Herr der Schatten, Teil und Augenblick zugleich, bestrahlter Teil und immerwährend herrschendes Auge am Himmelsbogen – sie muß der Menschheit bei ihren ersten Überlegungen das Musterbild einer transzendenten Macht, eines alleinigen Herrschers eingeprägt haben. Übrigens hat dieser Gegenstand ohnegleichen, dieser Gegenstand, der sich in seinem unaushaltbaren Strahlenglanz birgt, auch in den grundlegenden Ideen der Wissenschaft eine offenkundige und überragende Rolle gespielt. Sicher hat bei der Untersuchung der von ihm geworfenen Schatten eine ganze Geometrie, die sogenannte *projektive*, hier ihre ersten Beobachtungen angeknüpft. Unter einem ewig verhüllten Himmel wäre man gewiß nicht darauf verfallen; ebensowenig hätte man die Zeit der Messung unterworfen, auch dies eine Errungenschaft der frühen Menschheit, die zuerst anhand des weiterrückenden Schattens eines Zeigers vorgenommen wurde; auch ist kein physikalisches Instrument so alt und so ehrwürdig wie Pyramide und Obelisk, riesige Denkzeichen und Monumente, deren Wesensbedeutung religiös, wissenschaftlich und sozial in einem gewesen ist.

So führt die Sonne auf die Idee einer überragenden Allmacht, auf die Idee einer einheitlichen Naturordnung.

Sie sehen, wie die Reinheit des Himmels, der klare und deutliche Horizont, eine edle Verteilung der Küsten nicht nur anziehende Voraussetzungen schlechthin für Leben und Kulturentwicklung bilden können, sondern auch anspornende Elemente jener besonderen geistigen Empfänglichkeit, die sich vom Denken kaum unterscheidet.

Damit komme ich zu der vorwaltenden Idee, die alles, was ich zu Ihnen gesagt habe, in sich enthalten wird und die für mich selber den Schluß aus meinem – wie ich es nenne – »mediterranen Erlebnis« bildet. Es genügt, wenn ich einen Begriff klar herausstelle, der soweit ziemlich verbreitet ist, den Begriff der Rolle oder der Funktion nämlich, die das Mittelmeer kraft seiner besonderen physischen Kennzeichen im Hinblick auf die Bildung des europäischen Geistes oder des geschichtlichen Europa gespielt hat, insofern Europa und sein Geist die gesamte menschliche Welt geprägt haben.

Die mediterrane Natur, die Hilfen, die sie darbot, die Beziehungen, die sie in feste Bahnen gelenkt oder zur Notwendigkeit gemacht hat, liegen der erstaunlichen psychologischen und technischen Umwandlung zugrunde, die binnen weniger Jahrhunderte die Europäer so tiefgreifend von allen übrigen Menschen und die moderne Zeit von den vorangehenden Epochen unterscheiden sollten. Es sind die Mittelmeeranwohner gewesen, die auf dem Weg einer immer schärferen Ausbildung der Methode, der Forschung nach der Notwendigkeit der Erscheinungen durch überlegten Gebrauch ihrer geistigen Fähigkeiten die ersten Schritte getan und das Menschengeschlecht jenem – man möchte sagen – außerordentlichen Abenteuer verpflichtet haben, dessen zukünftige Entwicklung noch niemand absieht und dessen auffälligster – vielleicht auch besorgniserregendster – Zug in dem immer deutlicheren Abrücken von den ursprünglichen oder natürlichen Voraussetzungen des Lebens besteht.

Die ungeheure Rolle, die bei dieser die Menschheit umfassenden Umwandlung das Mittelmeer gespielt hat, erklärt sich (soweit überhaupt etwas zu erklären ist) aus ein paar sehr einfachen Feststellungen.

Unser Meer bildet ein wohlabgegrenztes Becken; jeder beliebige Punkt der Umfassungslinie kann von einem anderen in höchstens ein paar Tagen Schiffahrt, sei es in Sichtweite der Küste, sei es auf dem Landweg, erreicht werden.

Drei »Weltteile«, das heißt drei sehr unähnliche Welten, säumen diesen großen Salzsee. Im östlichen Teil eine große Menge von Inseln. Ebbe und Flut machen sich entweder nicht bemerkbar oder fallen, sofern sie es tun, kaum ins Gewicht. Darüber ein Himmel, der selten lange bewölkt bleibt: für die Schiffahrt ein günstiger Umstand.

Endlich liegt dieses geschlossene Meer, das auch den Mitteln des technisch unentwickelten Menschen sozusagen angepaßt ist, in seinem ganzen Umfang in der gemäßigten Zone: es nimmt auf dem Erdball die günstigste Lage ein.

An seinen Ufern trat eine Vielzahl sehr unterschiedlicher Völkerschaften, eine Vielzahl verschieden gearteter Temperamente, Gemütsanlagen und geistiger Eignungen miteinander in Berührung. Dank leichter Mobilität, von der die Rede war, unterhielten diese Völker Beziehungen jederlei Art: Krieg, Handel, Austausch – ob freiwillig oder gezwungen – von Dingen, Kenntnissen und Methoden; Bluts- und Sprachmischung, Verschmelzung von Sagen und Überlieferungen. Die Vielheit ethnischer Grundbestandteile, die im Laufe der Zeiten ans Licht oder in Gegensatz getreten sind, die Vielzahl der Sitten, der Sprachen, der Glaubensanschauungen, der Gesetzgebungen, der politischen Verfassungen haben in der mediterranen Welt von jeher eine Lebenskraft sondergleichen entfaltet. Der Wettbewerb (einer der hervorstechendsten Züge der modernen Ära) hat sich im Mittelmeergebiet bereits sehr früh mit besonderer Intensität entwickelt: Wettbewerb der Geschäftsinteressen, der Einflüsse, der Religionen. In keinem anderen Bereich der Erde ist eine so reichhaltige Vielfalt an Voraussetzungen und Elementen so dicht zusammengerückt, ist eine solche Anhäufung von Reichtum geschaffen und des öfteren wiederbelebt worden.

Nun sind alle Hauptfaktoren der europäischen Kultur die Früchte dieser besonderen Umstände; das heißt aber, daß diese lokalen Umstände Auswirkungen (und zwar erkennbare Auswirkungen) von allgemein menschlicher Bedeutung und Gültigkeit gehabt haben.

Im besonderen: die Ausbildung der menschlichen Persönlichkeit, die Aufrichtung eines Ideals, das auf die allseitige oder höchstvollkommene Entwicklung des Menschen abzielte; sie sind an unseren Ufern entworfen oder verwirklicht worden. Der Mensch, das Maß aller Dinge; der Mensch, politischer Grundbestandteil, Glied der *Polis*; der Mensch, vom Recht her definierte juristische Wesenheit; der Mensch, vor Gott dem Menschen gleich und *sub specie aeternitatis* betrachtet: dies sind alles nahezu vollständig mediterrane Schöpfungen, auf deren ungeheure Auswirkungen nicht eigens hingewiesen zu werden braucht.

Ob Naturgesetze oder bürgerliche Gesetze: der Typ des Gesetzes als solcher ist von mediterranen Geistern geprägt worden. Nirgends sonst ist die Macht des Wortes, des bewußt gebändigten und gelenkten Wortes in gleicher Fülle und Tauglichkeit entwickelt worden: das in logische Ordnung gebrachte Wort, das der Entdeckung abstrakter Wahrheiten dienstbar gemacht wird, mag es die Welt der Geometrie errichten helfen oder jene Welt von Bezügen, auf denen die Rechtsprechung fußt; das Wort aber auch als Beherrscher der Öffentlichkeit, das ein Hauptmittel der Politik darstellt, das regelmäßig verwendete Werkzeug im Dienste von Machterwerb oder Machtbewahrung.

Was ist wunderbarer, als zu sehen, wie binnen weniger Jahrhunderte bei einigen Völkern, Anwohnern dieses Meeres, die wertvollsten geistigen Erfindungen, und unter ihnen die lautersten, zutage treten: hier hat sich die Wissenschaft von Empirismus und Praxis frei gemacht, hat sich die Kunst ihrer symbolischen Ursprünge entäußert, hat sich die Literatur nach Unterschieden verfeinert und deutlich gegliederte Gattungen ausgebildet, hat schließlich die Philosophie nahezu alle möglichen Arten erprobt, das Weltall und sich selber anzuschauen.

Niemals und nirgends war auf einem so eng umgrenzten Feld und innerhalb eines so kurzen Zeitraums eine derart fruchtbare Gärung der Geister, eine derart schöpferische Anhäufung von Reichtum zu beobachten.

[1933]

BRIEFVORWORT ZU GRAF KEYSERLING ›LA RÉVOLUTION MONDIALE‹

Lieber Herr Graf,

Von unseren jüngsten Gesprächen in Paris (wie im übrigen von allen, an denen ich teilnahm und bei denen es des näheren oder weiteren um den Gedanken einer »geistigen Zusammenarbeit« der Nationen ging) habe ich Eindrücke bewahrt, die nicht samt und sonders entmutigend waren.

Ich weiß, zu welch skeptischen Äußerungen diese Versuche Anlaß geben und wie leicht es ist, die Vergeblichkeit und den paradoxen Charaker von Bemühungen dieser Art herauszustellen, in einem Zeitalter der Welt, in dem die Werte des Geistes allenthalben in vielfacher Weise mißachtet, verfälscht und pervertiert werden. Ebenso wie das materielle Geschick des Menschen noch nie so gefährdet erschien, verglichen mit seinen Produktionsmitteln und der physischen Kraft, die ihm zu Gebote steht, so sind auch die Situation und der Kredit des Denkens noch nie so beengt und bedrängt gewesen wie in dem Augenblick, in dem die Menschheit den höchsten Punkt universaler Kultur und Kenntnis erreicht hat. Es sind also zumindest zwei große Enttäuschungen zu gewärtigen, scheint es doch, daß der Mensch weder sein materielles Vermögen noch seine geistige Größe mehr zu ertragen vermag. Das Leben, so möchte man sagen, weigert sich, über gewisse Punkte hinaus sich noch verstehend und handelnd zu entwickeln. Es verbrennt, was wir verehrt hatten. Selbst die Freiheit wird ihm zur Last ...

So erlebt man es, beispielshalber, wie hier und dort elementare Impulse, Kräfte (»tellurische« Kräfte, wie Sie es nennen) sich gegen jene geistigen Kräfte erheben, deren Sieg wir doch schon für endgültig hielten. Es werden Instinkte wach, von denen man glauben konnte, sie auf immer niedergerungen zu haben, was einen an die Wiederaufnahme der Tätigkeit von Vulkanen denken läßt, die nach Jahrhunderten des Schlummers erneut die Gluten ihrer Krater anfachen und ihre Flammen hinausschleudern.

Diese Phänomene geben Menschen unserer Art Rätsel auf – ich will sagen Menschen, die ihre eigene Existenz gar nicht anders vorstellen können als in ihrer Beziehung zu einer bestimmten »Welt des Geistes«, deren Beschreibung oder Durchdringung sie als ihre Aufgabe, ihren Daseinsgrund empfinden, deren Existenz zu bekräftigen und zu erweisen sie sich genötigt und berufen glauben.

Doch ist es nicht gerade unser Geschäft, uns mit Rätseln zu messen?

Ich hatte, als ich Ihnen in Paris zuhörte, das Empfinden, dem großartig tragischen Konflikt von Ödipus und der Sphinx beizuwohnen, als lebten Sie uns den elementaren Kampf jener instinktiven und *tellurischen* Mächte mit dem Willen zur Erkenntnis vor. Ich bewunderte, wie Sie über diese beiden Kontrahenten gleichermaßen geboten, wie Sie beiden abwechselnd Ihre volle Energie zu leihen wußten. Ich sagte mir, unsere Treffen könnten doch nicht umsonst sein, wenn sie Menschen dazu anhalten, aus sich selbst heraus den spürbarsten Ausdruck zu gewinnen für die derzeitige Unmöglichkeit zu leben, von der unsere Zivilisation im innersten betroffen ist ...

Der Geist, so dachte ich, kann sterben nur in Übereinstimmung mit seiner Natur. Er muß sich zusehen, wie er stirbt; und so luzide, daß dies Bewußtsein seines Schicksals ihm noch zur letzten Errungenschaft wird.

Da die allgemeine Politik der Welt sich nun einmal nicht hat frei machen können von einer instinktverhafteten Tradition und sich kein Bild vom Menschen hat machen können, wie es der Entwicklung der Kultur angemessen gewesen wäre, so soll sie zumindest darüber ins Bild gesetzt werden, was sie ist und was sie tut.

Wir tun unser Bestes, damit kein Zweifel bestehen kann über den wahren Wert der Mythen, welche hervorwuchern aus der Zersetzung der Ideale. Wir kennen sie recht wohl. Was kann schlagender sein und des mephistophelischen Lachens würdiger, als *Ideen*, Schöpfungen des Geistes wiederzuerkennen in den scheinhaften Vernunftformeln, mit denen die »tellurischen Kräfte« sich wohl oder übel wappnen oder drapieren müssen, um ihr Vorgehen in der Welt überhaupt aussprechen und absprechen zu können? Am Ursprung der Bilder, der Losungen, der Schlagworte, die die Massen in Bewegung setzen, findet sich notwendig das Denken einiger weniger Denker, die Sprachkraft einiger weniger Dichter, die vereinzelte Arbeit derer, die das Spiel ihrer Existenz um rein geistiger Einsätze willen spielen, und man muß feststellen, mit der sanften Bitternis der Ironie, daß der Instinkt nicht ohne die Intelligenz auskommt, daß er sich Ergebnisse von ihr ausborgt, ihren wahren Wert verdreht und ihre Nebenprodukte verwertet.

Ich könnte noch lange damit fortfahren, doch wollte ich hier nicht mehr als Ihnen sagen, wie hoch ich Ihren leidenschaftlichen Einsatz schätze und diesen Erkenntniswillen, welcher Ihnen einen erstrangigen Platz zuweist unter jenen glücklichen Unseligen, deren Geschick es ist, die Geister hinzuführen zum Geist.

Paris, den 12. Januar 1934. PAUL VALÉRY

DER WUNSCH, EIN ANDERER ZU SEIN

Ein anderes Leben als das eigene zu leben, dies ist wohl unter allen Gedanken des Menschen der für ihn bezeichnendste. Noch nie hat der Mensch ja sein »Glück« in der Fülle dessen anzusiedeln vermocht, was ihn ausmacht, das heißt in der Befriedigung seiner verschiedenen Bedürfnisse und seines natürlichen Verlangens. Was ihn erfüllt, das begrenzt ihn für sein Empfinden auch schon, und die Zufriedenheit über den Besitz alles Lebensnotwendigen verstärkt nur sein Begehren nach Wandel. Dieser erfüllte Mensch kann ja nur wünschen, was er auch bekommen kann. Ist sein Dach über dem Kopf einmal errichtet, seine Nahrung gesichert, sein Feind bezwungen, die Form seines Lebens geregelt, so macht er sich zu allen Zeiten und in allen Gegenden der Welt auf und sucht mit bald schlichten, bald äußerst verfeinerten Mitteln, ja mit anspruchsvollstem Aufwand und selbst unter Strapazen und Lebensgefahr nach den verschiedenartigsten und bisweilen sonderbarsten Abwandlungen seiner ursprünglichen Daseinsform. Es scheint, diese könne ihn, kaum hat er sie gewärtigt, schon nichts mehr angehen. Er erzeugt oder verlangt nach Geschichten, Legenden, Glaubensmythen, die ihm ein Leben (oder eine Hoffnung auf Leben) weitab von ihm selbst ermöglichen; und er verlangt danach so sehr, daß jeder einzelne eigentlich eher durch das bestimmt wäre, was er nicht ist und sich zu sein erträumt, als durch gegebene und ausschließlich durch Beobachtung seines Wesens gewonnene Merkmale.

Wir verspüren mithin in uns eine Daseinsfähigkeit, die uns unser jeweils erfahrenes Dasein unabweislich als einen Einzelfall empfinden läßt oder auch als eine bloße Folge von Zufällen.

Unser Körper und unsere Neigungen erscheinen unserem Geist oftmals so, als wären sie in bizarrer Willkür aus einer Art von Universalsubstanz erstarrt, und unser Antlitz im Spiegel ist für uns von einer ganz und gar festgelegten Fremdheit, an die der unablässige Erzeuger unendlicher Formenvielfalt, der doch in uns ist, sich durch unerklärlichen Zauber gekettet findet.

So mußte ich denn oftmals denken, daß der Mensch, wenn er nicht eine Vielzahl anderer Leben als sein eigenes leben könnte, auch sein eigenes gar nicht leben könnte.

Indessen hat dieser Mensch, der solchermaßen auf den Bahnen der reinen Phantasie zum Genusse seiner inneren Vielfalt geführt (oder verführt) wurde, sich nicht damit begnügt, bloße Erinnerungsmuster zu schmieden und sich nur an den Träumen, die ihm wuchsen, zu berauschen. Er hat um sich her nach materiellen Mitteln gegriffen, die seinem Verwandlungsdrange dienlich sein mochten. Er hat Säfte zu brauen und Dämpfe zu erzeugen gelernt, die seine Geister auftreiben und ihnen mühelos unbegrenzte Möglichkeiten freisetzen, die ihm Paradiese und Höllenpforten öffnen, durch geheimnisvolle Einwirkung auf jene unerklärlichen Organe, die uns ebensogut das Wirkliche liefern, wie sie die Wahnideen schaffen.

Er hatte auch noch einen anderen Einfall, um sich zu verwandeln: er kam darauf, das Aussehen anderer Menschen, verschiedener Tiere, Ungeheuer oder Phantasiegeschöpfe anzunehmen: er schuf sich Masken und Kostüme, und bisweilen verkleidete er sich bis in seine Seele; manche Hexenmeister hielten sich wahrhaft für Werwölfe.

Doch hat all dies für unsere Versuchung zur Flucht aus uns selbst und zur Verwandlung in einen Unbekannten noch nicht ausgereicht, wir haben auch danach getrachtet, uns so weit wie nur möglich von unseren natürlichen Existenzbedingungen zu entfernen.

Um uns her sehen wir ja, wie zahllose Wesen sich in einem Milieu tummeln, das unserem Organtypus verwehrt ist. Sie bewohnen die Gewässer oder wiegen sich in den Lüften; andere graben sich in die Erde.

Es entsprach unserer ruhelosen Natur, Neid auf solche Lebensweisen zu empfinden, sie erweckten unsere Neugier und unsere Leidenschaft für ungehinderte, flinke Bewegung. Was gibt es Begehrenswerteres, als sich fortzubewegen, ohne ständig an einer Oberfläche zu haften, deren sämtliche Unebenheiten für uns zu Hindernissen werden?

Andererseits lag es aber in unserer analytischen, erfindungsreichen Natur, diesen Traum zu einem Plan werden zu lassen, diesen Plan in Probleme zu teilen und uns darüber klarzuwerden, daß diese Probleme sich nur dann präzis ausdrücken und mit einiger Aussicht auf Erfolg angehen ließen, wenn man sehr viel weiter angelegte Forschungen unternahm, die auf nichts weniger ausgerichtet waren als auf die Erkenntnis der gesamten physikalischen Natur.

Nach einer mythischen Periode, während deren mangels exakter Methoden und Begriffe sich der Mensch fürs Durchqueren der Lüfte und der Meere noch auf seine Träume und seine Fabeln beschränkte, kam somit der Tag, an dem er auf Experimente und Berechnungen gegründete Apparate ersann, die ihn lebend weit von der Erde tragen sollten.

Nichts interessanter, als zu sehen, wie an die Stelle der freien Phantasie, die sich schwebende Gottheiten ausdachte, adlergeflügelte Löwen, reingefiederte Engel und Himmelsboten, Dämonen mit dem Membranen- und Krallenflugwerk der Fledermäuse, eine andere, nunmehr erkenntnisgeleitete Phantasie tritt, die ganz der berühmten Maxime gehorcht: der Natur läßt sich nur gebieten, indem man sich ihren Gesetzen unterwirft.

Wie es scheint, war der erste, der diesen Weg zu beschreiten wagte und das Fluggerät des Menschen zu schaffen suchte, der großartige Leonardo. Vorbild war ihm der Vogel.[1]

Nur sehr wenige unter den Konstrukteuren unserer Flugzeuge dürften wohl Gelegenheit gehabt haben, in den ehrwürdigen Manuskripten dieses großen Mannes zu blättern. Ich wäre neugierig auf ihre Eindrücke. Ich zweifle nicht, daß sie von den vielen Beobachtungen und Überlegungen entzückt, ja vielleicht bewegt wären, die Leonardo über das Problem des Fliegens gesammelt hat. Ungezählte Vogelskizzen, Studien zu Netzen und zu Wirbeln, Versuche zur Mechanik der Flüssigkeiten, Untersuchungen zu Statik und Dynamik:

verfrühte Unternehmungen eines von wissenschaftlicher Strenge besessenen Genies, das um 1500 bereits Probleme in Angriff nahm, die auch nach drei oder vier Jahrhunderten der Entdeckung noch keineswegs in all ihren Schwierigkeiten gemeistert werden ... Solches findet sich in seinen Notizheften, neben anderen Spuren der Betätigung dieses gigantischen Geistes. Er erscheint wahrhaft getrieben von dem leidenschaftlichen Wunsch, einen Flugapparat zu konstruieren. Er berechnet die Formen, bestimmt Schwerpunkte und Schubkräfte, zeichnet minuziös hundert Projekte für jedes Einzelteil der Maschine, Profile, Gerippe, Steuerungen, Gelenke ...

Leonardo konnte jedoch seinem Schwan (wie er ihn nannte) als Motor nur die Muskeln eines Menschen geben, und es scheint, daß er an den Segelflug nicht gedacht hat. Nichtsdestoweniger bleibt ihm der Ruhm, von dem ich gesprochen habe, denn es sind nicht die Ergebnisse, die den wahren Ruhm begründen, sondern vielmehr das Bestreben, den Menschen zu bezeugen, auf welch gewaltige Höhe die Fähigkeiten ihrer Spezies einen von ihnen erheben können.

[1934]

LOBLIED AUF DAS WASSER

Mehr als einer hat den WEIN besungen.

Die Dichter sind unzählbar, die ihre Trunkenheit bis zum Lyrismus steigerten und den von ihrer Seele ersehnten Göttern den Kelch schweren WEINS entgegenhoben.

Dem überaus kostbaren WEIN kommen solche Lobeshymnen zu. Doch welche Undankbarkeit und Unkenntnis bei all jenen, die das WASSER schmähten! …

Göttliche Klarheit, durchsichtiger Fels, wundervoller Lebenspender, Du universelles WASSER – liebend gern erweise ich Dir die Ehre endloser Lobeshymnen.

Ich nenne Dich STILLES WASSER, erhabener Luxus jener Orte, wo es seine Tafeltücher der absoluten Ruhe ausbreitet, auf deren reiner Oberfläche alle durchscheinenden Dinge noch vollkommener erscheinen als sie selbst. Dort wird die ganze Natur zu Narziß und entbrennt in Liebe zu sich selbst …

Das WOGENDE WASSER aber formt den Fels, glättet den Granit, bearbeitet den Marmor, bewegt endlos das Geröll, wiegt und verlagert all den geschaffenen Sand in weichen Schleppen und lieblichen Stränden mit Sanftmut und Gewalt, durch Versickerungen und langsame Abnutzung, durch seinen Druck wie durch seine ungezügelten Strömungen und Wirbel, durch Nebel und durch Regen, durch Rinnsale, Kaskaden und Katarakte. Das Wasser arbeitet und verändert, formt und verziert die düstere, rohe Gestalt des harten Bodens.

Das VIELGESTALTIGE WASSER wohnt in den Gewitterwolken und erfüllt die Schlünde; es setzt sich als Schnee auf höchste Spitzen, von wo es dann rein herabfließt; und den ihm bekannten Wegen folgend, blindlings und sicher seiner eigenartigen Gewißheit, eilt es unbesiegbar dem Meere zu, seiner allergrößten Menge.

Bisweilen sichtbar und klar, geschwind oder langsam entzieht es sich mit geheimnisvollem Murmeln, um dann ganz plötzlich wieder in einem Stöhnen zum erneut aufspringenden Wasserstrom zu werden und sich in ewigem Donner als niederstürzende und schäumende Gewässer zu ergießen, in deren Dunst Regenbögen aufleuchten.

Doch bisweilen läuft es versteckt, sucht den unterirdischen Weg, verschwiegen und einschneidend. Es prüft die Ablagerungen der Minerale, setzt sich fest und gräbt sich die verschlungensten Wege. Es sucht sich in dieser ewigen Nacht, trifft und vereint sich erneut; durchdringt, versickert, vergräbt sich, löst auf, spaltet, es arbeitet in seinem Labyrinth, ohne sich zu verirren; dann kommt es zur Ruhe in ausgewaschenen Seen, die es nährt mit langen Tränenbächen, die zu Alabaster-Säulen erstarren, Kathedralen des Halbdunkels, von denen sich unterirdische Bäche ergießen, in denen blinde Fische und Mollusken leben, die älter sind als die Sintflut.

Und was alles hat das WASSER bei diesen seltsamen Abenteuern erfahren! ... Doch die Weise seines Erkennens ist einzigartig. Seine Substanz wird selbst zum Gedächtnis: es nimmt und assimiliert bestimmte Rückstände, macht sich von all dem etwas zu eigen, was es leicht berührt, gebadet, gerollt hat: vom Kalk, den es durchbohrte, von Ablagerungen, die es auswusch, von angereicherten Böden, die es filterte. Sobald es ins Tageslicht emporspringt, ist es schwer beladen mit Ursprungskräften der durchlaufenen Felsen. Und mit sich führt es Bruchstücke von Atomen, Elemente reiner Energie, Blasen unterirdischer Gase und bisweilen auch die innere Wärme der Erde.

So taucht es dann wieder auf, angereichert mit den Schätzen seines Laufs, den Bedürfnissen des Lebens sich anbietend.

Wie könnte man diesem grundlegenden Element jedweden LEBENS die Verehrung verweigern? Und doch verstehen nur wenige, daß das LEBEN letztlich nichts anderes als organisiertes WASSER ist.

Man betrachte eine Pflanze, bewundere einen großen Baum, so erkennt man im Geiste, daß sie nichts anderes als ein aufgerichteter Fluß sind, der sich in die Lüfte des Himmels ergießt. Das WASSER kommt durch den BAUM einem Zusammentreffen mit dem Licht näher. Das WASSER bildet sich aus Salzen der Erde eine Form, die in das Tageslicht verliebt ist. Dem All breitet und streckt es seine fließenden und machtvollen Arme mit leichten Händen entgegen.

Dort, wo es WASSER gibt, schlägt der Mensch Wurzeln. Was könnte lebenspendender sein als eine erfrischende Nymphe? Und Nymphe und Quelle bezeichnen den heiligen Ort, wo das Leben sich niederläßt und um sich schaut.

Genau hier wird man erkennen, daß es eine Trunkenheit des WASSERS gibt. Trinken! ... Trinken ... Nur zu gut weiß man, daß echter Durst allein durch reines Wasser gelöscht wird. Es liegt etwas Authentisches in diesem Zusammenspiel zwischen dem wahren Bedürfnis eines Organismus und der ursprünglichen Flüssigkeit. Verändert zu werden bedeutet, anders zu werden: in Fäulnis übergehen. Man muß also seinen Durst löschen[1], sich erneuern, auf etwas zurückgreifen, auf das alles Lebende zurückgreift.

Sogar die Sprache selbst ist voll des Lobes über das WASSER. So sagen wir etwa, daß wir NACH WAHRHEIT DÜRSTEN, wir sprechen von der wasserklaren TRANSPARENZ einer Rede. Gelegentlich entfesseln wir eine FLUT von Worten ...

Selbst die Zeit hat in diesem Fluß von reinem Wasser den sprachlichen Ausdruck ihrer Bildlichkeit geschöpft.

Ich bete das WASSER an.

[1935]

DAS PROBLEM EINER AUSSTELLUNG

Der Entschluß, eine *Ausstellung* zu veranstalten, wirft, kaum gefaßt, auch schon eine Vielzahl von Problemen in allen nur möglichen Hinsichten auf. Man möchte sogar sagen, es sind unendlich viele, tritt doch jedesmal, wenn man daran denkt, eine neue Frage und eine noch nicht wahrgenommene Schwierigkeit auf den Plan.

Dennoch sind die Schwierigkeiten, die bei jedem Nachdenken entstehen, normalerweise zu begrenzen. Hinsichtlich der Gegenstände, die man auszustellen wünscht, herrschen keine großen Zweifel: es gilt nur, eine Auswahl aus *Dingen* zu treffen und dafür die geeignetste Anordnung und die anziehendste Darbietung zu finden. Ob es dabei nun um Maschinen, Möbel, Stoffe, Gebrauchsgegenstände, um Blumen oder Tiere geht, man weiß, was man zeigen will, man braucht, was dem Blick des Besuchers an Produkten oder Lebewesen dargeboten werden soll, nicht erst zu erfinden.

Angenommen jedoch, man will unter den anderen Abteilungen einer Ausstellung kühnerweise auch den unmittelbaren Schöpfungen des Geistes einen Platz zuweisen, will dem Besucher das Schauspiel der höchsten Anstrengungen des Intellekts vor Augen führen, so wird man sich zunächst einmal genötigt sehen, die sichtbaren Trägerformen zu ersinnen, die die wesenhaft unsichtbare Tätigkeit am besten werden veranschaulichen können.

Dies ist das Problem, das sich für einige der Abteilungen der Ausstellung von 1937 (Gruppe I) stellt.

Nicht alle Abteilungen der Gruppe I, der Gruppe der Erscheinungsformen des Denkens, sind gleichermaßen mit diesem Problem konfrontiert. Die Physik und die Naturwissenschaften haben ihre Apparate, ihre Versuchsanordnungen und ihre Sammlungen, die sie vorweisen können. In diesen Fächern gelangt die geistige Arbeit stets zu Akten, erzeugt stets

Phänomene, die sie vorgesehen oder vorgeschrieben hat und die vermittels mehr oder minder komplizierter Techniken zustande kommen. All dies kann und wird in Anwesenheit des Publikums stattfinden. Der Palais des Découvertes, der nach einem schönen Einfall meines illustren Kollegen Jean Perrin[1] zustande kommen soll, will veranschaulichen, wie in der Abfolge der Experimente sich nach und nach die Begriffe entwickelt haben, die zusammengenommen unser Kapital an positiven Kenntnissen ausmachen.

Was bildende Künste und Musik angeht, so sind sie ja ihrem Wesen nach wahrnehmbar. Nichts einfacher, als ihre Werke zu Gehör oder zu Gesicht zu bringen. Sie sind von sich aus schon *Ausstellung*.

Doch wäre eine Vorführung der Arbeiten des Denkens vorstellbar, in der die Mathematik und die Literatur keinen Platz fänden? Hier tritt nun zwingend das Problem oder das Paradox auf, etwas anschaubar zu machen, das nur durch den Geist und nur in ihm existiert. Da galt es einerseits die sichtbaren Ergebnisse der mathematischen Überlegungen und Kalküle aufzufinden und ihre vorzeigbaren Elemente herauszustellen, die hoffentlich einer größeren Anzahl von Besuchern augenfällig und vielleicht sogar fesselnd erscheinen; andererseits sollte das Augenmerk einer Vergegenwärtigung und materiellen Veranschaulichung der schriftstellerischen Arbeit gelten. Diese Arbeit kann greifbar werden in den Streichungen, den Ergänzungen zwischen den Zeilen oder am Rand, den Korrekturen auf den Druckfahnen, was alles dem Publikum durch stark vergrößerte Manuskriptseiten deutlich zu machen vermag, daß es ein Metier des Schreibens gibt und daß die größten von uns davon auch am überzeugtesten waren.[2]

Dazu nun einige Einzelheiten. Wer als Besucher durch den Kuppelraum an der Avenue d'Antin in den Palais des Découvertes eintritt, wird dort zunächst einen elektrostatischen Apparat von gewaltigen Dimensionen gewahren. Er besteht aus zwei Hohlkugeln von 3 Metern Durchmesser, in denen die Experimentatoren Platz finden. Eine mächtige elektrostatische Maschine wird sodann diese beiden Kugeln auf 3 000 000 Volt aufladen, so daß ein Funken von mehreren Metern Länge zwischen ihnen überspringt. Diese in ihrer Art einmalige Maschine ist von einem Schutzkäfig von 20 Metern Durchmesser umgeben, um dessen Stäbe die Besucher unterhalb der Kugeln umhergehen können; sie können sich aber auch auf gleicher Höhe mit den Funken im ersten Stock aufhalten.

Beim Weitergehen gelangen sie nacheinander in die verschiedenen Bereiche der Physik; dort werden sie neben Wanddekorationen, die an sehr weit zurückliegende Entdekkungen erinnern, auch spezielle Darstellungen sehen. So für Mechanik und Thermodynamik; beispielsweise Experimente zur Erhaltung der Arbeit, zum Trägheitseffekt, den Gyrostat, und ein Einsteinscher Fahrstuhl wird ihnen eine Vorstellung von der Relativität vermitteln.

Die Aggregatzustände der Materie sind dargestellt anhand der klassischen Versuche zum Gasdruck, der Verdünnungseffekte und der vervollkommneten Vakuummaschinen. Unweit davon werden die allgemeinen Eigenschaften der Flüssigkeiten wie der Kristalle vor Augen geführt.

Selbstverständlich werden Elektrizität, Magnetismus, die historischen Entdeckungen von Volta, Cavendish, Ampère, Faraday, Foucault usw. rekonstruiert. Viele dieser Experimente werden mittels eines großen Gleichstromgenerators durchgeführt, der 50000 Ampère bei 10 Volt erzeugen kann.

Doch eine der interessantesten Sektionen ist die, wo dem Besucher die jüngsten Errungenschaften der Wissenschaft in der Erschließung der Feinstruktur der Materie vorgeführt werden. Während die Wissenschaft bis zum Ende des 19. Jahrhunderts nicht über die seit der Antike bekannten Fakten hinausgekommen war, ist mit der Entdeckung des elektrischen Stroms eine neue Ära angebrochen. Allerdings ist die Wissenschaft seit 1900 sehr heftig in Bewegung geraten, und alle seither gemachten Entdeckungen verändern unsere Welt, werfen unsere Vorstellungen um, zerstören unsere althergebrachten Begriffe von Zeit, Materie und Raum.

Unsere Handlungs- und Forschungsmöglichkeiten sind gewaltig erweitert worden. Unsere Sinne jedoch zeigen uns weiterhin nur Durchschnittswerte. Die modernste Physik baut samt und sonders auf dem Relais auf; von den Dingen, die sie untersucht, haben wir jeweils nur eine indirekte Kenntnis. Dennoch ist der Gedanke wunderbar, daß die Existenz der Moleküle, der Atome und der allerwinzigsten Elemente (positive und negative Elektronen, Neutronen usw.) nachgewiesen worden ist. Die entsprechenden Versuchsanordnungen sind im allgemeinen ganz einfach, und zweifellos wird das Publikum davon sehr beeindruckt sein. Es wird sehen können, wie ein Molekül unterschieden und gewogen wird, wie chemische Gebilde sich in einfache Körper zerlegen lassen und diese einfachen Körper wiederum in ihre atomaren Bestandteile. Bei den Gasentladungen soll das Entstehen von Kathodenstrahlen gezeigt werden. Ebenso soll die Physik der Röntgenstrahlen vorgeführt werden.

In einer Wilsonschen Kammer von riesigen Ausmaßen wird die Bewegung der Partikel im Wasserdampf sichtbar gemacht. Schließlich wird auch die kosmische Strahlung im Palais des Découvertes zugegen sein. Ihr Durchzug wird festgehalten, transformiert und über einen Verstärker akustisch wahrnehmbar gemacht.

Was die Chemie angeht, so wird die Ausstellung einen aktiven Teil enthalten, in dem das Vorführpersonal besonders frappierende Experimente nachstellt. Darin sollen die Etappen der wichtigsten Entdeckungen und deren Heranführung an die praktische Nutzung vorgeführt werden, damit dem Publikum deutlich wird, daß die industriellen Präparate und Synthesen in der Mehrzahl aus rein wissenschaftlichen Beschäftigungen hervorgegangen sind.

Die Beleuchtung der Säle wird durch Leuchtstoffröhren mit seltenen Gasen vorgenommen. Die Besucher werden zunächst die Entwicklung der Technik des Feuers sehen; sie werden selbst dazu aufgefordert, mit Hilfe eines geeigneten Meßapparates die zur Herstellung eines bestimmten Elementes benutzte Temperatur zu kontrollieren. Gold, Silber, Kupfer, Schwefel, Arsen, Wismut usw. werden im Urzustand gezeigt. Quecksilber wird in flüssiger Luft verfestigt. Mittels einer Quecksilberfontäne soll unter wechselnden Beleuchtungen ein dekoratives Motiv entstehen. Anschließend sind Karbon, Eisen und deren Verarbeitung sowie deren mikroskopische und radiologische Untersuchung an der Reihe. Die gesamte anorganische Chemie wird im übrigen zugänglich sein, aber auch die organische Chemie und deren immense Bedeutung für die industrielle Anwendung.

Die Ausstellungshallen für die Chemie sind so eingerichtet, daß ein Begehen die Verkettung der einzelnen Entdeckungen nachvollziehbar macht. Für die entscheidenden Experimente sind Labors nachgebaut, und soweit es sich um öffentlich nicht vorführbare oder um industrielle Realisationen handelt, ist ein Kinosaal für Filmprojektionen vorgesehen.

Von der biologischen Chemie zur allgemeinen Biologie ist der Übergang natürlich. Die Planer dieser Abteilung haben sich darauf beschränkt, aus dem unendlich weiten Feld der Biologie einige besonders bedeutsame Punkte zu wählen. Und zwar wollten sie ein lebendes Laboratorium einrichten. Hier ein Beispiel unter anderen für den vorgesehenen Präsentationsmodus: Um dem Publikum die elektrischen Phänomene und die Geräusche vorzuführen, von denen das Schlagen des Herzens begleitet wird, soll ein Besucher gebeten werden, zwei Elektroden anzufassen, währenddessen ihm ein Empfänger auf der Brust angebracht wird. Sämtliche Besucher werden augenblicklich die Herzgeräusche der Versuchsperson in Verstärkung hören und gleichzeitig mit Lichtstrahlen auf einem Schirm die Graphik der elektrischen Phänomene und die Graphik der Geräusche sehen. Ein großes Diorama soll den Platz des Lebens in der Physikochemie der Erde anzeigen, das heißt den Zyklus, den der Kohlenstoff vom Kohlendioxyd in der Luft über die Pflanzen, die Pflanzenfresser und die Fleischfresser durchläuft, um anschließend unter der Einwirkung diverser Bakterien, die Gärungen oder Atemoxydationen hervorrufen, aus organischen Abfällen wieder in die Atmosphäre zurückzukehren.

Auch die im Bereich der Energetik der Lebewesen gelungenen Erkenntnisse sollen dokumentiert werden. Pflanzliches und tierisches Erbgut der Hybriden, besondere Rassen, die Mendelschen Gesetze sowie diverse Darstellungen zur Sexualität, zur Parthenogenese, zur Entwicklung und Chirurgie des Eis, die Carrelschen Apparate gelangen zur Darstellung.

Versuche an lebenden Tieren (Blut, Vivisektion) sollen zu festgelegten Zeiten vorgeführt werden. Schließlich sollen die verschiedenen Methoden für das Studium der Bewegungen des Menschen sowie die Untersuchung der Elektrizität der Nervenfunktionen diese Ausstellung vervollständigen. Die Apparate sind so eingerichtet, daß eine möglichst große Zahl von Besuchern sie selbständig betätigen kann. Gemessen werden können damit physiologische Merkmale wie Blutdruck, Atemkapazität, Stoffwechselvorgänge, Sehen, Hören, Fühlen, Aufmerksamkeit, Gedächtnis, Reaktionen usf.

Wenden wir uns nun dem Himmel zu. Neben photographischen Wiedergaben der Himmelskörper, Sonne, Sterne, Spiralnebel, findet man Fernrohre, darunter eines mit 0 m 30 Öffnung; auch zwei Äquatorialfernrohre stehen dem Besucher zur Verfügung.

Zum Abschluß dieses summarischen Überblicks möchte ich noch einige Worte zur Präsentierung der Mathematik sagen. Wie oben schon angedeutet, war es nicht leicht, eine Ausstellungsform für eine rein abstrakte Wissenschaft zu finden, doch hat auch für diese undankbare Materie der Einfallsreichtum der Organisatoren Abhilfe schaffen können. Was haben sie sich ausgedacht? Sie dachten zunächst, dem Publikum vor Augen zu führen, was sie die Höhle des Mathematikers nennen. Es wäre dies ein kleiner Saal, in dem die sichtbaren Elemente des mathematischen Denkens zusammengetragen sind. Auf einer rings herumlaufenden Sockelplinthe sollte eine nicht eben triviale Dekoration verlaufen, die nur aus den Dezimalzahlen einiger transzendenter Zahlen besteht. Diese Elemente sind unerschöpflich: es ließe sich mit ihnen der ganze Himmel bedecken, und es würden immer noch ebenso viele übrigbleiben. Unten an diesem Sockel sollen die größten bekannten Primzahlen angeschrieben werden; die Liste der regelmäßigen Vielecke sowie bemerkenswerte Gleichungen oder Formeln. Oberhalb von ihnen werden auffällige Kurven angezeichnet, Zykloiden, Hyperbeln, Spiralen, Trochoiden, Teufelskurven, Schnecken, Kissoiden, Lemniskaten usw. Es sind dies äußerst originelle Muster, aus denen sich sehr viel Anregungen gewinnen lassen.

Außer der Höhle des Mathematikers kann man diverse Schautafeln zur Geschichte der Wissenschaft finden sowie Oberflächenmodelle sehr verschiedener Art.

Einige dieser Modelle sind von ganz besonderem Interesse. Und zwar sind dies solche, die Naturformen wiedergeben, in denen sich bekannte geometrische Formen oder mathematische Gesetze auffinden lassen: Muschelformen, eingerollte Hörner bestimmter Wiederkäuer, Spiralen in den Blüten der Topinamburen und in den Schuppen der Tannenzapfen. Zum anderen wird die Unendlichkeit der Flach- oder Linkskurven von den Organisatoren ausgenützt. Verschiedene Verfahren sollen eingesetzt werden, um die Erzeugung von Oberflächen augenfällig zu machen. Beispielsweise die Projektion auf einen dunklen Hintergrund oder von Lichtflächen erhellte Fäden. Mit dem gleichen Verfahren, durch Verschiebung dieser oberflächenerzeugenden Fäden, lassen sich auf kontinuierliche und spannende Weise Verformungen einer Kurve erreichen, die sich vor den Augen des Zuschauers wie ein lebendes Wesen windet, beugt und wieder aufrichtet. Sogar die Vorstellung eines vierdimensionalen Raumes soll versuchsweise vermittelt werden ... Schließlich sollen die wundervollen Maschinen zu sehen sein, die heute zur automatischen Durchführung der kompliziertesten Rechnungen eingesetzt werden, Apparate zur Lösung nicht nur sämtlicher arithmetischer Operationen, sondern auch von Gleichungen und Integralen.

Bestimmte Automaten sind in die Kategorie dieser Mechanismen einzuordnen.

Was die angewandte Mathematik angeht, so wird die Ausstellung gewiß verschiedene einfallsreiche Anordnungen enthalten, durch die die wichtigsten Gesetze der Wahrscheinlichkeitsrechnung veranschaulicht werden wie die Gaußsche Kurve oder die Lösung des Problems der Buffonschen Nadel.

Man sieht, so abstrakt eine Wissenschaft auch sein mag, mit Einfallsreichtum und dem Einsatz moderner Präsentationsmittel vermag man ihr dennoch einige sehr interessante Anschauungselemente abzugewinnen; und diese unmittelbare Anschauung von Ergebnissen, die in der Stille und strengen Abgeschiedenheit des Geistes erzielt wurden, mag beim Besucher wohl Bewunderung und Respekt für diejenigen wecken, die sich diesen Untersuchungen hingeben und deren geistige Anstrengung von der Öffentlichkeit meist kaum geahnt wird.

Alle Anstrengungen der Intelligenz können jedoch nicht sinnfällig gemacht werden, und wenn die Mathematik auch die Zurschaustellung einiger der Ergebnisse ihrer Wissenschaft hat leisten können, so verbleiben doch andere Wissenszweige ohne die Möglichkeit, sich den Augen darzubieten. Ich sagte oben, daß wir durch die Ausstellung handschriftlicher Korrekturen und verschiedener Phasen der stilistischen Arbeit versuchen würden, eine gewisse Vorstellung des Entstehens von Literatur zu geben, doch steht uns keinerlei Mittel zur Verfügung, um die Denkvorgänge selbst in ihrer Mannigfaltigkeit vorzuführen.

Der Dichter, der Romanautor, der Philosoph, der Historiker, sie sind hierbei einerlei. Jedoch läßt sich sagen – und damit möchte ich schließen –, daß die Ausstellung in ihrer Gesamtheit aufgrund ihres Zeitpunkts, nämlich des dreihundertjährigen Jubiläums des *Discours de la méthode*, durch den Geist, in dem sie zustande gekommen ist, und durch die Anstrengungen der Phantasie, die dafür nötig waren, Geschichte, Philosophie und Dichtung zugleich umfaßt.

[1937]

ORIENTEM VERSUS

Hirngespinste, Gedanken ganz Perspektive, Begriffe, deren Sinn sich dem klaren Blick des Denkens entzieht, mag ich nicht. Bei vagen Dingen werde ich ungeduldig. Darin liegt so etwas wie eine Krankheit, eine besondere Irritation, die sich letztlich gegen das Leben selbst wendet, denn Leben wäre ohne das Unbestimmte unmöglich. Die extreme, auf Zufälligkeit begründete Verschiedenartigkeit der Umstände trotzt aller Exaktheit; das Unvorhergesehene der Ereignisse – das sicherste und beständigste Gesetz der Welt – stellt also ein gewisses *Spiel* unserer Organisation dar, das der Lebensexistenz ein Überleben inmitten von Zufällen erlaubt und der Denkexistenz, sich in Abrede zu stellen und sich zu widersprechen.

Und doch entspannt sich meine ziemlich strenge Haltung und läßt sich zu mancherlei Wörtern verführen, wie ungenau und unauslotbar sie auch sein mögen, die mich hin zu einer Illusion von unermeßlichem Reichtum und Tiefe so erfreuen, daß ich mich hüte, dieser Verzauberung zu widerstehen. Ich entziehe ihnen damit jedwede Wichtigkeit: ich unterbinde ihren Gebrauch innerhalb einer kontinuierlichen Reflexion und verlege sie in die Augenblicke meiner Saumseligkeit.

Schon der Name NATUR berauscht mich geradezu, und ich weiß nicht mehr, was er bedeutet. Sollte ich das Geständnis wagen, daß das Wort PHILOSOPHIE mir magisch erscheint, wenn ich es ohne Wissen und ohne Gedanken an Schulen höre? In ihm selbst finde ich einen Zauber: den einer überaus schönen und überaus ruhigen Person, die Liebe in Weisheit oder auch Weisheit in Liebe verwandelt.

Aber inmitten all dieser sprachlichen Themen, deren unbestimmte Resonanz und Wert reinen Staunens ich meinem persönlichen Vergnügen vorbehalte, findet sich auch der Name ORIENT, der mir einen Schatz bedeutet.

Dazu muß ich eine grundlegende Bemerkung machen. Damit dieser Name in jemandes Vorstellung seine vollständige, umfassende Wirkung erzielen kann, darf dieser Jemand auf keinen Fall *jemals* in dieser so vage umrissenen, durch den Namen bezeichneten Gegend *gewesen sein*.

Auf möglichst wenig gelehrte, ungenaueste, ja sogar konfuseste Art sollte er sie durch Bild, Erzählung, Lektüre und einige Gegenstände kennen. So stellt man sich den Stoff von Träumen zusammen. Dazu bedarf es einer Vermischung von Raum und Zeit, von Halbwahrem und falscher Gewißheit, von kleinsten Details und übermäßig ausgedehnten Ansichten.

Gerade das ist der ORIENT in der Vorstellung.

Das Wort ORIENT für sich betrachtet kann vernünftigerweise nichts anderes als einen Punkt des *örtlichen Horizonts* bezeichnen. In jenen Zeiten jedoch, als die Kosmographie noch menschlicher war und die Erde das, was man sieht, und die Sonne noch jeden Tag aus dem Meer aufstieg, da richteten die Menschen in unseren Ländern die Bereiche all dessen, was sie an Wunderbarem, Seltsamem oder Einmaligem verstehen konnten, nach der Richtung des Aufgangs dieses gewaltig sichtbaren Gottes und Erzeugers aller Erscheinung aus. Die Luftspiegelung ist ein Phänomen der Optik, das mehr Dinge zeigt, als die vom Wunsch geleiteten Augen zu sehen vermögen. Was aber den Orient anbelangt, liegt kein Blendwerk vor: weit gefehlt, daß sich die Vorstellung darauf verwenden müßte zu erfinden, was sie sich als Erreger wünscht – wird sie, ganz im Gegenteil: schwach, verzichtet sie, all das zu unterstützen, was das überaus vernachlässigte Augenblicksgedächtnis ihr vorzustellen vorschlägt. Wer sich zum ORIENT hin orientiert, fühlt sich außerstande, im Flimmern der auf ihn eindringenden Namen und Bilder ein klar umrissenes Bild und einen abgeschlossenen Gedanken auseinanderzuhalten.

Es mag uns also genügen, auf dem Globus ein krummliniges Vieleck zu zeichnen, das durch den 20. und den 55. Längengrad Ost und durch den 40. und 20. Längengrad Nord begrenzt wird. Durch dieses Verfahren gewinnen wir einen recht ansehnlichen ORIENT. Ich weiß wohl, daß die Handelsentwicklungen jener Zeiten einen weit umfangreicheren ORIENT herausgebildet haben, in drei Stufen sozusagen: Naher, Mittlerer und Ferner Osten. Doch warum sollte man nunmehr vor Japan haltmachen? Es liegt etwas Absurdes in diesem Ausdruck *Ferner Osten*. Das Relative kennt keinerlei letzte Ferne. Ich werde mich also an mein sphärisches Vieleck halten und seine erstaunlichen Eigenschaften bewundern.

Die ganze Wissenschaft, fast die gesamte Kunst der Welt; die allerfeinsten Sinnesfreuden; die abstraktesten Erkenntnisse, sie alle erscheinen wie das natürliche Ergebnis dieser Ecke des Erdballs, so wie der Wein und das Korn, die Rose und der Jasmin, wie der Pistazienbaum und jene Sträucher, die Gummi, Myrrhe und Weihrauch absondern. Hier entfalteten sich die am stärksten organisierten Glaubensanschauungen, die am besten durchdachten Philosophien. Der Götzendienst brachte dort Ungeheuer von großer Pracht und Schönheit hervor; und die Strenge Kunstwerke von echter Reinheit. Wie viele einzigartige Städte hatten dort ihre Blüte, von Ninive bis Venedig und von Athen bis Ispahan ...

Dieser ORIENT DER VORSTELLUNG bietet dem berauschten Denken die köstlichste Unordnung und reichste Mischung von Namen, vorstellbaren Dingen, sagenumwobenen oder scheinbar verbürgten Ereignissen und Zeiten, Doktrinen, Werken oder Taten, von Individuen oder von Völkern... Ich versetze mich zwischen Traum und Wachen, wo sich weder Logik noch Chronologie den Attraktionen und Kombinationen – wie sie unseren Elementen der Erinnerung eigen sind – widersetzen, um sich so zum Augenblicksvergnügen selbst zu versammeln, und die, sobald diese sofortige, barocke, bizarre oder bezaubernde Wirkung sich eingestellt hat, verschwinden, und zwar bevor der Widerspruch, das Gefühl des Absurden oder des Willkürlichen sich hätten einstellen können.

Die Reiterscharen des Dschingis-Khan stampfen auf dem schicksalsschweren Territorium Eden. Die beiden verhängnisvollen Bäume dieses Gartens erinnern an alle unheilverkündenden und bemerkenswerten Bäume, etwa an jenen, der den rebellischen Absalom auf der Flucht an den Haaren ergreift; oder jenen anderen, an dem sich der berühmteste aller Verräter inmitten so vieler ungezählter Verräter der Geschichte aufhängen sollte. Und indem wir von den Bäumen zu den Pflanzen allgemein übergehen, treten der Lotos der Ägypter in Erscheinung und ihr Papyrus, nicht allzu weit vom Schreibrohr, alle beide verachtenswerte Helfershelfer der Leichtigkeit des Schreibens ...

Die Fauna meines ORIENTS ist nicht weniger reich an wunderbaren Arten wie die Flora; einige beschränken sich auf ein einziges Exemplar im Dunkel unbestimmter Jahrhunderte. Hier sieht man den lachenden Ibis, den Luchs, die Katze, das Krokodil; das reinrassige Pferd und den Falken Arabiens, dazu den Windhund der Wüste, der die Schildkröte, die nicht einmal Achilles besiegen konnte, weit hinter sich läßt.[1]

Welche Ansammlung zweifelhafter oder kunstvoller oder mit wichtigen Aufgaben beladener Tiere ... Der Simorg, das durchbohrende Einhorn, das eine wie das andere voll Sinn in den dekorativen Künsten; der babylonische Fisch, dessen Galle »das tote Auge des alten Tobias heilt«, wie Victor Hugo schreibt; das große Meeresungeheuer, das in seinem Magen bestürzte Passagiere befördert, sie jedoch kaum unterscheidet, den Propheten Jonas und Sindbad den Seefahrer; der Delphin des Arion und die Eule der Pallas Athene, ohne die Schlange zu vergessen, die zu überzeugen sucht und einflüstert, wie auch jene, die die wahrsagende Pythia umringelt; die Fragen stellende Sphinx, der um Liebe buhlende Stier, der Vogel Roch, der Adler des Olymps, der Rabe, der die Propheten ernährt, die Heuschrecke, durch die sie ernährt werden; Drachen, die die Andromedas überwachen, den Tod der Hippolytos verursachen und sich durch Perseus töten lassen; die Bellerophontes, die Heiligen Georgen, der Gott-Gegebene des Gozon[2] ... Und dabei vergaß ich noch die schrecklichen Löwen von Assyrien und jenen von Nemea, die Kraken von Kreta und die Hydra, und die schwarzen Vögel des Sumpfsees Stymphalides ... Doch wie könnte ich nun in jenem Zeitalter von Eisen und Feuer auf der einen Seite die von Dämonen aufgeblähten Schweine auslassen, deren unreine Herde zum Ersäufen getrieben wurde, auf der anderen Seite aber dann jene Taube in der Farbe des Morgenrots mit dem Ölzweig im Schnabel, die der Arche entfliegt und auf der versöhnten Erde die Hoffnung auf helle Tage und glückvollen Genuß weltweiter Ruhe und allgemeiner Sanftmut verbreitet?

Die Zahl dieser Tiere – einzigartig oder auch nicht – muß sich mit ihrem Gebrauch vermehren, denn die Dichtung, die darstellenden Künste, die Philologie, die Exegese, die Archäologie, die Religionswissenschaft und sogar die Naturgeschichte, die Paläontologie oder die Zoologie, sie alle nehmen – jede entsprechend ihren Methoden – darauf Bezug.

Ich habe sie nur deshalb heraufbeschworen, um an einem besonderen Punkt durch die Verwirrung einer improvisierten mentalen Menagerie diesen unglaublichen Reichtum von Leben in diesem Vieleck ORIENT spüren zu lassen. Ich sage sehr wohl: *von Leben*, wenngleich mehr als eines der soeben zitierten Tiere zur Gattung der Mythen gehört. Aber wenn auch die Sage nicht das Leben ist, so ist die Hervorbringung der Sage zumindest ein Akt des Lebens, der damit dessen Kraft noch stärker unter Beweis stellt. Sie verdeutlicht, daß selbst inmitten der fruchtbarsten, produktivsten Natur der Mensch sich nicht zurückhalten kann, zur Menge der gegebenen Kreaturen etwas von seiner eigenen Produktion hinzuzufügen: er nimmt die Schwingen des Adlers und den Körper des Löwen; er paßt dem Torso der Frau einen Fischschwanz an; dem Esel und dem Reptil schenkt er das Wort; er verbindet die Maschinen, die Waffen, die Wahrnehmungs- oder die Verteidigungsorgane, wie er sie bei den Lebewesen beobachtet, auf eine Weise, daß sich eine Kompositionskunst des Fabel-Bestiariums herauszubilden scheint und definiert werden könnte, um daraus den Zentauren zu bilden, die Cherubim, den Greif und den Faun, so wie man sie durch die Jahrhunderte hindurch in allen Teilen unseres ORIENTS findet.

Bei dieser reichen, fruchtbaren Abschweifung und inmitten so vieler aus der Art schlagender Abweichungen traten dennoch zwei privilegierte Familien auf: Logik und Klarheit ihrer

Erzeugnisse unterscheiden sie voneinander. Ich denke an die griechische Kunst und an die Kunst der Araber. Letztere führen bis zum Exzeß des bewußten Deliriums die Konstruktion von Figuren, und dies durch Häufung von Verfahren, deren Prinzip sie von der hellenistischen Schule der Geometrie übernommen hatten. Die freieste deduktive Einbildungskraft, die wunderbar mathematische Strenge mit den Vorschriften des Islam zu verbinden versteht, die die Suche nach Ähnlichkeit bei den Lebewesen in der darstellenden Kunst aus religiösen Gründen ächtet – sie erfindet die *Arabeske.* Ich bewundere diesen Akt der Gegenwehr. Aus der Kunst werden dadurch die Götzenanbetung, der Trompe-l'œil, die Anekdote, die Leichtgläubigkeit, die Simulation von Natur und Leben eliminiert – all das, was nicht *rein* ist, was nicht Erzeugungsakt ist, der seine inneren Ressourcen entwickelt, für sich seine eigenen Grenzen entdeckt, der darauf abzielt, ein System von Formen aufzubauen, die allein aus der wirklichen Notwendigkeit und der wirklichen Freiheit der von ihm *ins Werk gesetzten* Funktionen abgeleitet sind. Wird nicht in der Musik die *nachahmende Harmonie* für einen sekundären und groben Kunstgriff gehalten? Den Menschen und alles andere nachzuahmen, zu beschreiben, darzustellen *heißt nicht, die Natur in ihrem Wirken zu imitieren: es heißt, dessen Ergebnisse zu imitieren – was etwas ganz anderes ist.* Wenn man sich dem ähnlich machen will, was produziert (*Natura: Erzeugerin*), so muß man im Gegenteil den gesamten Bereich unseres Empfindungsvermögens und unseres Handelns ausnutzen, die Kombinationen ihrer Elemente verfolgen, deren vorgegebene Dinge und Lebewesen nur Einzigartigkeiten sind, nur Einzelfälle, die im Gegensatz zur Gesamtheit alles dessen stehen, was wir sehen und erfassen könnten.

Der Künstler der Arabeske, vor das Weiß der Mauer oder die Nacktheit der Leinwand gestellt, aufgerufen, schöpferisch zu wirken, ohne Rückgriff auf die Erinnerung an die Dinge, bedeckt diesen freien Raum, diese Wüste, mit einer formalen Vegetation, die mit nichts Ähnlichkeit besitzt, die sich durch einige Punkte einpflanzt, sich einigen Zahlen unterwirft; die durch Überschneidungen und Projektionen sich selbst befruchtet und endlos so fortschreiten kann, die sich differenzieren, wieder auf sich selbst zurückkommen kann. Unser Künstler bleibt die einzige Quelle. Er kann auf kein vorgängiges Bild im Geist der anderen zählen. Er kann nicht daran denken, irgend etwas *aus der Erinnerung zurückzurufen*: im Gegenteil, ihm obliegt es, ETWAS MIT EINEM NAMEN ZU BENENNEN …

Wie ich ihn beneide …

[1938]

HUNDERT JAHRE PHOTOGRAPHIE

Die *Académie française* ist geladen, bei dem feierlichen Gedenken zugegen zu sein, das für eine der großartigsten Erfindungen des 19. Jahrhunderts, eine ganz französische überdies[1], anberaumt wurde, und sie durfte nicht versäumen, sich dazu mit einer Würdigung jener großen Franzosen vernehmen zu lassen, die die Idee der Photographie gehabt haben, die als erste die Erscheinung der sichtbaren Dinge durch das Wirken des von ihnen ausgehenden Lichtes festzuhalten vermochten.

Die Literatur indessen, zu deren Pflege unsere Gesellschaft sich berufen fühlt, scheint mit dieser schönen Erfindung auf den ersten Blick keine sehr offenkundigen Zusammenhänge aufzuweisen, noch auch in Geist und Praxis durch sie in größerem Ausmaß verändert worden zu sein, als sie es durch so viele andere moderne Schöpfungen des menschlichen Genius wurde.

Wir wissen wohl, daß das Zeichnen, die Malerei und alle Künste der Nachahmung von der unmittelbaren Erfassung der Formen durch die lichtempfindliche Platte eine Förderung erfahren haben. Als es dank dieser Fixierung erst einmal möglich geworden war, in Bewegung befindliche Gestalten des näheren zu betrachten, stellten sich etliche Beobachtungen als Irrtümer heraus: man wurde gewahr, wieviel Imaginäres es doch im Galopp der Pferde und im Flug der Vögel gab, den die Künstler bis dahin zu erfassen geglaubt hatten.[2] Die Photographie gewöhnte das Auge daran, sich auf das einzustellen, was es sehen soll, und es mithin wirklich zu sehen; und sie legte dem Auge nahe, nicht mehr das zu sehen, was gar nicht existiert und was es vorher oft nur allzu tüchtig gesehen hatte.

Über ein solches Verfahren zur Reproduktion der äußeren Formen von Natur und Leben mittels eines einfachen physikalischen Energierelais zu verfügen erscheint im Gegensatz dazu für die Literatur keineswegs folgenreich oder gar förderlich.

Es könnte sogar zunächst den Anschein haben, als würde diese prächtige Erfindung die Kunst des Schreibens viel eher in ihrer Bedeutung schmälern und sie bei mancher Gelegenheit sogar von ihrem angestammten Platz verdrängen als ihr neue Ressourcen und verwertbare Lehren vermitteln wollen. Der Grad der Präzision, den die Sprache beanspruchen darf, wenn sie dazu eingesetzt wird, von einem Gegenstand visueller Wahrnehmungen eine Vorstellung zu geben, ist geradezu illusorisch. Wie ließe sich denn auch selbst bei größtem schriftstellerischem Geschick eine Landschaft oder ein Gesicht so schildern, daß das Geschriebene nicht ebenso viele verschiedene Vorstellungen hervorriefe, wie wir Leser haben? Man öffne einen Reisepaß, und die Frage ist sogleich entschieden: der mühselige Steckbrief hält keinen Vergleich aus mit dem daneben eingehefteten Konterfei.

Somit würde die Existenz der Photographie uns eher dazu bringen, auf das Beschreiben alles dessen zu verzichten, was sich von sich aus aufzeichnen läßt; und man muß wohl einräumen, daß die Fortentwicklung dieses Verfahrens und seiner Funktionen tatsächlich eine fortschreitende Verdrängung des Wortes durch das Bild zur Folge hat. Es nimmt sich sogar so aus, als sei in veröffentlichten Werken das Bild so sehr darauf bedacht, den Platz des Wortes einzunehmen, daß es einige seiner ärgsten Laster von ihm übernommen hat: Seichtheit und Geschwätzigkeit. Ich wage hinzuzufügen, daß bis hin zur Lüge, der großen und stets blühenden Domäne des Wortes, es nichts gibt, was die Photographie nicht bisweilen auch praktizierte.

Das Bromsilber, man kann es nicht leugnen, ist der Tinte in all den Fällen überlegen, in denen die bloße Anwesenheit der sichtbaren Dinge hinreicht, für sich spricht, ohne die Vermittlung eines dazwischentretenden Geistes, das heißt ohne Rückgriff auf die ganz konventionsbedingte Übertragung durch eine Sprache.

Doch ich für meinen Teil sehe darin nichts Schlechtes, vermag dabei vielmehr manchen Vorteil für die Literatur zu erkennen. Ich meine, daß diese Häufung photographischer Bilder, von der ich sprach, indirekt der Literatur zugute kommen könnte, wohlgemerkt der schönen Literatur, oder besser noch der Literatur, die wirklich schön genannt werden kann ... Wenn die Photographie und ihre Errungenschaften, Bewegung, Farbe und erst recht Relief, uns vom Beschreiben abbringen, so rufen sie uns damit doch nur die Grenzen der artikulierten Sprache in Erinnerung und legen uns Schriftstellern eine Nutzung unserer Mittel nahe, die ganz und gar ihrer eigentlichen Natur entspricht. Eine Literatur würde rein, wenn sie unter Hintansetzen all der Aufgaben, die von anderen Ausdrucks- oder Produktionsweisen wirksamer, als sie es vermag, erfüllt werden, sich dem widmete, was sie und nur sie erreichen kann. Sie hielte sich dann und entwickelte sich auf ihren wahrhaften Bahnen, deren eine zur Vervollkommnung der Rede führt, mit der das abstrakte Denken konstruiert oder dargestellt wird, während die andere sich auf die Vielfalt der poetischen Kombinationen und Resonanzen einläßt.

Ich möchte hier festhalten, daß in der Zeit, als die Photographie auftrat, die Literatur von der beschreibenden Manier heimgesucht wurde. In Vers wie in Prosa hatten das Dekor und die äußerlichen Aspekte des Lebens fast exzessiv viel Raum in den Werken eingenommen. Zwischen 1820 und 1840 ist dieses Dekor im allgemeinen noch imaginär. Es gab eine ganze Romantik der Landschaften und der Formen, in der die Phantasie frei und souverän über Personen und Dinge gebot, sich einen Orient oder ein Mittelalter nahezu ausschließlich aus der Sensibilität der Zeit heraus und mit nur ganz wenig Gelehrsamkeit zurechtlegte.

Da kam Daguerre. Die photographische Sichtweise ist entdeckt und verbreitet sich mit erstaunlicher Schnelligkeit über die Welt. Man erlebt eine Neubewertung sämtlicher visuellen Kenntnisse. Die Art zu sehen wandelt sich, während die Sitten und Gebräuche die Neuerung zu spüren bekommen, die unverzüglich aus den Laboratorien in die Praxis hinüberfindet und dem Leben neue Bedürfnisse und Gewohnheiten zuführt. Jedermann bekommt nun sein Porträt, was vordem eine seltene Gunst war. Der Wanderphotograph zieht durch die Lande. Jegliches Ereignis der Existenz wird mit dem Klischee festgehalten. Keine Eheschließung mehr, die nicht durch ein Bild des Paares im Hochzeitsstaat dingfest gemacht, keine Kindergeburt, bei der das Neugeborene nicht nach wenigen Tagen vor das Objektiv gebracht würde: in ein paar Jahrzehnten würde dann der Mensch, der daraus erwuchs, verwundert und gerührt vor dem Bild dieses Babys stehen, dessen Zukunft er nunmehr ausgeschöpft hat. In jeder Familie bewahrt man ein Album auf, eines jener Alben mit den anrührenden Porträtaufnahmen, den spaßigen Kostümen, den Augenblicken, aus denen nun mehr oder weniger Großes geworden ist, den Eltern, den Freunden oder auch den Unbekannten, die irgendeine mehr oder minder beiläufige Rolle in unserem Leben gespielt haben. Mit einem Wort, die Photographie hat eine regelrechte Illustrierung des Personenstandsregisters gebracht. Balzac, der auf Aushängeschildern und Grabsteinen nach besonderen, sprechenden Namen für seine unzähligen Geschöpfe forschte, hätte es sich gewiß nicht entgehen lassen, wenn er noch etwas länger gelebt hätte, als Anreiz für sein Genie in diesen Sammlungen konservierter Physiognomien zu blättern.

Mit der Photographie jedoch, und auf den Spuren Balzacs, hält auch der Realismus seinen Einzug in unsere Literatur. Aus der romantischen Vision von Menschen und Dingen verliert sich nach und nach die Magie. Das Dekor wird fadenscheinig, der Karton schimmert durch. Es treten neue Ansprüche hervor, die die klare Trennung der poetischen Fiktion von der auf die Wiedergabe des Wahren bedachten Erzählung verlangen. Ich will nicht sagen, daß das literarische System von Flaubert, von Zola oder von Maupassant seine Formel der Heraufkunft der Photographie verdankt, denn ich scheue die Suche nach Ursachen in dieser Materie, in der irgend etwas sich allemal finden läßt. Ich beschränke mich darauf, eine Epoche zu photographieren. Es ist gar nicht gesagt, daß die Gegenstände, die auf der Platte nahe beieinanderstehen, einen anderen Zusammenhang untereinander haben als diese Nähe. Je mehr man versucht ist, zwischen dem Phänomen *Realismus* und dem Phänomen *Photographie* tiefere Verbindungen anzusetzen, desto mehr gilt es darauf zu achten, daß man nicht einem zufälligen Zusammentreffen zuviel Bedeutung beimißt.

Indessen ist das Reich der Literatur nicht auf die Provinzen POESIE und ROMAN beschränkt. Es erstreckt sich auf die riesigen Gebiete GESCHICHTE und PHILOSOPHIE, deren unscharfe Grenzlinien sich bisweilen in den Gefilden der WISSENSCHAFT und den Wäldern der LEGENDE verlieren.

Und hier, in diesen unsicheren Regionen der Erkenntnis, gewinnen das Auftreten der Photographie und sogar der bloße Begriff der Photographie eine bemerkenswert präzise Bedeutung, führen sie doch in jene ehrwürdigen Disziplinen eine neue Gegebenheit ein, vielleicht auch eine neue Unruhe, eine Art neues Reagens, dessen Auswirkungen wohl noch nicht genügend bedacht worden sind.

Die GESCHICHTE ist eine Erzählung, der wir beifügen, was nötig ist, um sie vom Märchen zu unterscheiden. Wir legen alle unsere aktuelle Energie in sie hinein und alle Bildressourcen, die wir aus der Gegenwart beziehen. Wir richten unsere Sympathien und Antipathien auf sie aus, wir konstruieren auch Systeme von Ereignissen, und wir verleihen nach der Lust unseres Herzens und nach der Kraft unseres Denkens bestimmten Dingen eine bestimmte Existenz und Substanz: Personen, Institutionen, Affären oder auch Dramen, von denen die Dokumente uns lediglich eine verbale, bisweilen äußerst summarische Inhaltsangabe bieten. Für die einen wird die GESCHICHTE so zu einer Sammlung von Bilderalben, von Opernszenarien, von Schauspielen und Situationen, meist kritischer Art. Unter diesen Bildern, die unser Geist erstellt und deren Wirkung er unterliegt, sind manche, die uns Wunderdinge, Märchenpracht, Theaterzauber zeigen, allzu schön oder allzu unglaublich, und diese deuten wir dann häufig als Symbole, als poetische Überhöhungen realer Ereignisse. Für andere, mehr in abstrakter Weise Geschichtsneugierige wird sie zu einem Register menschlicher Erfahrungen, das es zu befragen gilt, wie man die Annalen der Meteorologie befragt und mit der gleichen Erwartung, im Vergangenen etwas für das Zukünftige auszumachen.

Der bloße Begriff der Photographie nun, führt man ihn in

unsere Überlegung zur Entstehung der geschichtlichen Erkenntnis und zu ihrem wahren Wert ein, legt alsbald die arglose Frage nahe: *Hätte sich, was mir da als Tatsache erzählt wird, auch photographieren lassen?*

Da die Geschichte nun einmal nur wahrnehmbare Dinge erkennen kann, da aber das sprachliche Zeugnis, im Wort überliefert, ihre Grundlage darstellt, muß alles, was ihre positive Tatsachenbehauptung ausmacht, sich in Gesehenes, in Momente direkten Zugriffs zerlegen lassen, die jeweils dem Akt eines möglichen technischen Operators entsprechen, eines Photographenreporterdämons. *Alles übrige ist Literatur.*[3] Alles übrige setzt sich zusammen aus Bestandteilen der Erzählung oder der These, die Produkte des Geistes sind und folglich Phantasien, Ausdeutungen oder Konstruktionen, Dinge ohne Körper, für das photographische Auge oder das phonographische Ohr ihrer Natur nach nicht wahrnehmbar, daher denn auch nicht beobachtbar und rein übertragbar. Daraus ergibt sich, daß alle Diskussionen, die über den kausalen Wert der Tatsachen, ihr Gewicht, ihre Bedeutsamkeit entstehen können, sich nur um nicht-historische Faktoren bewegen, nur Akte unserer kritischen oder erfinderischen Fähigkeiten sind, mehr oder weniger temperiert von Texten.

Ich will auf das Problem der Authentizität hier gar nicht näher eingehen. Zu diesem Punkt steuert die Photographie indessen auch neue Gründe bei, die zur Vorsicht raten. Bis dahin hielt man ein Faktum für gesichert, wenn eine größere Anzahl Zeugen es mit eigenen Augen gesehen hatte. Kein Tribunal, kein Historiker, die das nicht anerkannt hätten, selbst wider Willen. Vor einigen Jahren nun ist es geschehen, daß ein photographisches Klischee tatsächlich die formelle Aussage von gut hundert Personen zunichte gemacht hat, die schworen, mit eigenen Augen gesehen zu haben, wie ein Fakir sich an einem von ihm in die Luft geworfenen Seil, das dort wunderbarerweise haftenblieb, in die Höhe zog.

Doch würde uns all dies ganz natürlich zu einer irgendwie gearteten Philosophie der Photographie führen, die uns ihrerseits gar bald dazu verleiten würde, uns auf Philosophie überhaupt einzulassen, wären damit nicht meine Kompetenz, meine augenblickliche Mission und sämtliche Grenzen überschritten, die der Gegenstand selbst und diese feierliche Zusammenkunft zu beachten verlangen.

Ich will mich darauf beschränken, mit ein paar Worten zu streifen, was sich vielleicht über unsere Erfindung denken ließe, wenn man als Philosoph darüber nachdächte.

So ließe sich beispielsweise aus Anlaß der Photographie ein uraltes und schwieriges Problem wiederbeleben, wenn nicht verjüngen: die *Objektivität*. Die kleine Geschichte mit dem Fakir hat uns gezeigt, daß die unelegante und schier verzweifelte Lösung, über einen Vorfall das Zeugnis mehrerer einzuholen, um dessen objektive Existenz für alle zu sichern, durch eine einfache lichtempfindliche Platte ruiniert werden konnte. Man muß wohl zugeben, daß wir nicht die Augen auftun können, ohne in die unwillkürliche Bereitschaft zu verfallen, von den Dingen vor uns nur einen Teil zu sehen, dafür aber andere Dinge, die gar nicht vor uns sind. Das Photoklischee aber rückt beide Irrtümer, das *Zuwenig* wie auch das *Zuviel*, wieder zurecht: es zeigt uns, was wir sähen, wenn wir gleichmäßig empfindlich wären für alles, was das Licht uns aufprägt, und nur hierfür. Es wäre also nicht ausgeschlossen, die klassische Schwierigkeit, von der ich sprach, wenn schon nicht zu beseitigen, so doch dadurch ein wenig zurückzudrängen, daß man objektiven Wert all den Eindrücken zuweist, von denen wir eine Replik erhalten können, ein ähnliches Bild, ohne andere Instanzen zwischen dem Modell und seiner Darstellung als das unparteiische Licht.

Allerdings bestehen zwischen diesem und der Philosophie noch andere Verbindungen, sehr enge und sehr alte. Zu allen Zeiten haben die Philosophen, die Erkenntnistheoretiker wie auch die Mystiker, eine bemerkenswerte Neigung für die bekannteren Erscheinungen der Optik bekundet, die so häufig – und bisweilen in subtilster Weise – von ihnen genutzt wurden, um die Zusammenhänge zwischen dem Bewußtsein und seinen Gegenständen darzustellen oder die Illusionen wie auch die Erleuchtungen unseres Geistes zu beschreiben. Davon zeugt noch mancher Ausdruck in der Sprache. Wir sprechen im übertragenen Sinne von Klarheit, von Reflexion, von

Widerspiegelung und von Luzidität der Gedanken; und wir verfügen über eine ganze visuelle Rhetorik zum Nutzen des abstrakten Denkens. Nichts natürlicher als der Vergleich dessen, was wir für die Einfachheit unseres Bewußtseins – im Gegensatz zur Vielfalt unserer Erkenntnis – halten, mit der Quelle des Lichtes, das die unendliche Mannigfaltigkeit der sichtbaren Dinge offenbart, die allesamt einzig gebildet sind aus Myriaden von Abbildern der Sonne. Unzählige Spiegel von winziger, aber bekannter Größe machen das Blau des Himmels aus. Mehr noch: die Wechselfälle des Lichtes zwischen den Körpern weisen zahlreiche Effekte auf, bei denen man gar nicht anders konnte, als sie in die Nähe der Zustände zu bringen, wie sie uns aus unserem innersten Empfinden des Erkennens vertraut sind. Was aber die Denker am stärksten zur Nutzung verleitet hat und worüber sie die glänzendsten Variationen vollführt haben, das sind wohl die trügerischen Eigenschaften gewisser Lichterscheinungen. Was würde aus der Philosophie, wenn sie nicht stets erneut über Anschein und Täuschung disputieren könnte? Die Trugbilder, die Stäbe, die, kaum ins Wasser getaucht, gebrochen erscheinen und sich auf wunderbare Weise beim Herausziehen wieder geraderichten, all die Zauberstücke, die das Auge sich gefallen läßt, haben ihren Teil beigetragen zu dieser denkwürdigen und unerschöpflichen Ausweitung des Denkens.

Wie Sie sich denken können, würde ich es mir nicht durchgehen lassen, hier die berühmteste der Allegorien dieser Art zu übergehen. Was ist Platons vielbesprochene Höhle auch anderes als eine Dunkelkammer, die größte, denke ich, die jemals verwirklicht wurde. Hätte Platon die Öffnung seiner Grotte auf ein kleines Loch verringert und die Wand, die ihm als Schirm diente, mit einer lichtempfindlichen Schicht überzogen, er hätte nach dem Entwickeln seines Höhlengrundes einen riesigen Film bekommen; und Gott weiß, welche erstaunlichen Schlüsse er uns über die Natur unserer Erkenntnisse und das Wesen unserer Ideen noch hinterlassen hätte ...

Doch gibt es eigentlich keine philosophischere Emotion als jene, die man unter dem roten Licht empfindet, diesem recht diabolischen Rotlicht, das aus dem Feuer einer Zigarette einen grünen Diamanten macht, während man ängstlich gespannt darauf wartet, daß jenes geheimnisvolle *latente Bild*[4] sichtbar wird, über dessen Natur die Wissenschaft sich noch nicht endgültig hat einigen können.

Nach und nach, hier und da erscheinen einige Flecken, dem Stammeln eines Wesens ähnlich, das erwacht. Diese Fragmente vermehren sich, verbinden sich, vervollständigen sich; und angesichts dieser Herausbildung, die zunächst noch diskontinuierlich verläuft, sprunghaft und mit bedeutungslosen Elementen, die aber dann zu einer erkennbaren Komposition konvergiert, kann man eigentlich gar nicht anders, als an so manche sturzhafte Ausfällung zu denken, die sich im Geist abspielt, an Erinnerungen, die sich präzisieren, an Gewißheiten, die sich mit einem Schlag herauskristallisieren, auch an die Erzeugung gewisser privilegierter Verse, die sich von der ungeordneten inneren Sprache ablösen und unversehens Gestalt annehmen.

Welches Thema könnte für den Philosophen schließlich der Meditation würdiger sein als die Geschichte des ungeheuren Anwachsens der Zahl der Gestirne wie der kosmischen Strahlungen und Energien, die wir der Photographie verdanken?

Die Betrachtung dieses wahrhaft umwerfenden Fortschritts scheint mir eine recht seltsame Folgerung nahezulegen. Müßte man nicht in Zukunft das Universum definieren als ein einfaches Produkt derjenigen Mittel, über die der Mensch zu einem bestimmten Zeitpunkt verfügt, um sich unendlich vielfältige oder entfernte Geschehnisse sinnlich erfaßbar zu machen? Wenn die Anzahl der Sterne zu einem Begriff wird, der untrennbar mit der Angabe der Verfahren zusammenhängt, die diese Anzahl zu einem gegebenen Zeitpunkt festhalten und die Zählung ermöglichen, und wenn man dabei den jeweils erreichten Entwicklungsstand berücksichtigt, so könnte man fast sagen, daß diese Zahl des Universums eine Funktion der Zeit sei.

Diese immensen Ergebnisse müssen uns mit besonderer Bewegung an die beharrlichen Versuche, die ungezählten Neuansätze, die entsagungsvolle Ausdauer der Erfinder gemahnen. Ich denke an jene mit ganz geringem Aufwand betriebenen Forschungen, an die eigenhändig gefertigten Versuchsgeräte, an die in der Abgeschiedenheit erzielten Denkleistungen; aber ich denke auch und mit noch größerer Hochachtung an die Selbstlosigkeit, die sie dabei bewiesen haben: sie macht ihren Ruhm, der auch der der Nation ist, vollkommen.

[1939]

FREIE VÖLKER UND SKLAVENVOLK

Ansprache im Rundfunk am 12. 9. 1939

Meine Damen und Herren,

Heute darf nichts unterlassen werden, was dazu beitragen kann, jedermann – Freund wie Feind – die wahre Natur des begonnenen Krieges zu verdeutlichen und zu präzisieren.

Für Frankreich und für die Sache Frankreichs, welche die Sache aller Menschen ist, die würdig sind, Menschen zu heißen, ist es bedeutsam, daß die Umstände, die diesen Krieg zunächst möglich und sodann unausweichlich gemacht haben, ins hellste Licht gerückt werden. Diese Umstände lassen sich in wenigen Worten zusammenfassen: Der Krieg findet statt zwischen Ländern, die frei sind, und einem Land, das nicht frei ist.

Was ist ein freies Land? Es ist ein Land, in dem zwischen Staat und Einzelwesen eine wechselseitige Dienstpflicht besteht. In einem freien Land ist der Staat kein Götze: er ist eine notwendige Organisation, die ihre Notwendigkeit beständig zu rechtfertigen hat und von jedem einzelnen Bürger nur das verlangen darf, was ausdrücklich zum Wohle aller verlangt wird.

Oft sind solche Länder, in denen die öffentlichen Freiheiten der Macht des Staates das Gegengewicht halten, mit Verachtung, Hohn und heftiger Kritik bedacht worden. Doch alles Schlechte, das man über unsere Freiheiten sagen, dem Übermaß an Freiheit anlasten kann, vergeht im grellen Lichte der gegenwärtigen Explosion. In ihrem Widerschein wird auf tragische Weise eine sehr einfache Wahrheit sichtbar, daß nämlich ein freies Land auch eines ist, in dem unmöglich ein einziger über Frieden und Krieg allein entscheiden kann.

Halten Sie sich dies vor Augen: auf der einen Seite dieser

Mann, der ist, wie er ist, so und nicht anders; auf der anderen Seite ein ganzes Volk, das dem kleinsten Wink dieses Mannes gehorcht. Es genügt ihm ein winziger Akt, ein Druck auf einen Knopf oder eine Drehung an einem Schalter, um Europa in Brand zu setzen und über Millionen von Menschen unabsehbares Leid und schlimmstes Elend zu bringen.

Das ist es, was wir nicht fassen können, Franzosen oder Engländer, die wir sind. Wir kämpfen gegen Absurdes an. Es ist uns unbegreiflich, wie ein Volk – eines der bestausgebildeten, die es gibt, und eines der nachdenklichsten – sich der ungeheuerlichen Autorität eines einzelnen unterwerfen und ihm jenseits aller Vernunft stumm Gefolgschaft leisten kann. Dennoch existiert ein solches Volk, und seine Existenz bezeugt uns, daß der Gegensatz zwischen einem freien und einem unfreien Land keineswegs auf einem unterschiedlichen politischen Regime beruht, sondern vielmehr auf einem unaufhebbaren Kontrast der Charaktere. In unserer Zeit ist ein unfreies Land ein Land, in dem die Menschen nicht den Mut besitzen, frei zu sein – nicht einmal den Drang oder das Bedürfnis danach verspüren, ja wo es ihnen gar nicht in den Sinn kommt, daß sie frei sein könnten. Kaum, daß sie es dann wollten. Da liegt alle Triebfeder für den gegenwärtigen Krieg.

Man muß es wohl zugeben: wir verstehen die Deutschen ganz und gar nicht. Welch seltsames Volk, dieses große Volk! Es hat bewundernswerte und universell gültige Leistungen erbracht, und es liefert sich jemandem aus, der das Denken verfolgt. Es findet Gefallen an akribischen Studien, an methodisch erarbeiteten und sorgfältigst ausgeführten Vorhaben, es versteht sich vortrefflich auf gründliches Überlegen und durchdachtes Planen, und es überläßt sein Schicksal den verhängnisvollen Eingebungen eines Glücksspielers, den der Freudentaumel über eine Serie von Erfolgen ins Verderben führen muß.

Doch wie nur hat dieser es fertiggebracht, seine schrankenlose Macht einer Nation von so hoch entwickelter und umfassender Kultur aufzuzwingen? Er konnte ihr die freie Verfügung über sich selbst nicht rauben, ohne zuvor die Geister versklavt oder erniedrigt zu haben. Das hat er getan. Von der

Literatur über die Philosophie, den Glauben bis hin zu den bildenden Künsten hat sich dort drüben alles, was das Leben erhebt und seiner Erbärmlichkeit enthebt, auf schwer faßbar klägliche Existenzbedingungen eines ängstlich-disziplinierten Schaffens verkürzen müssen. Selbst Goethe ist kaum mehr geduldet. Lebte er, er wäre entweder in Haft oder mit uns.

Die Kirchen, die Universitäten, die Presse, die Volksvertretung, sämtliche Stimmen haben verstummen müssen vor einer einzigen übermächtigen Stimme, einer heftigen, schnarrenden Stimme, von deren Invektiven, Kommandos und Drohungen ganz Europa widerhallt. Auch wer die Sprache, die sie spricht, nicht versteht, erkennt, wie diese Stimme es darauf anlegt, die einen zu erschrecken, die anderen zu verführen und hinterhältig zu besänftigen, den Dünkel, den Egoismus und die materiellen Gelüste einer Nation über alles Maß hinaus zu steigern.

Bislang hat dieser unbeherrschte Spieler ein ums andere Mal gewonnen. Alle Gegner im Innern – Juden, Katholiken, Protestanten, Intellektuelle, Kommunisten und selbst die Chefs des Generalstabs der Armee – sind niedergeworfen: wie hätte er, wo ihm zu Hause nichts widerstand, weiterer Versuchung des Glücks widerstehen sollen? Alsbald zieht er gegen die schwächsten Staaten, die an seinen Grenzen liegen. Er kann sie sich einverleiben, ohne einen Schwertstreich zu tun.

Aber von so schnellen, so wenig kostspieligen, so erstaunlich den von ihm selbst gemachten Vorhersagen entsprechenden Erfolgen wird er berauscht. Nun hört er auf nichts mehr, nun nimmt das Gift der Eroberungssucht gänzlich von ihm Besitz. Und das heißt Krieg. Ein einzigartiger Krieg, ohne Vergleich mit anderen: Krieg der Vernunft gegen den Wahnsinn, Krieg der Bündnistreue gegen die Mißachtung von Treu und Glauben, Krieg des Geistes gegen die Unterdrückung allen Denkens; doch Krieg ohne allen Haß gegenüber jenen Massen gehorsamer deutscher Seelen, die in sich selbst keinerlei Widerstand finden gegen den Irrwitz, der in ihnen wütet; seltsamer Krieg, der die Befreiung der feindlichen Nation zum Ziel hat und der uns dazu zwingt, gegen Menschen zu kämpfen, die wir uns nicht erwehren können zu beklagen.

Doch es gilt nunmehr, ein Ende zu machen.

[1939]

MENSCH UND HANDLUNG

Mensch sein bedeutet Handeln – ohnedem ist er gar nichts.

Sein Wert bemißt sich genau nach seiner Handlungsfähigkeit. Der tiefste Geist, das intensivste Gefühl gewinnen ihren Wert nur im oder durch den aktiven Gebrauch, der davon gemacht wird und der sie unter Beweis stellt.

Wissen macht nur dann Sinn, wenn es durch ein Handlungsvermögen unter Beweis gestellt wird, erst dann verdient es den Namen Wissenschaft. Und selbst alle Künste sind nichts als Handlungen, deren Absicht und Ergebnis darin zu sehen ist, das kreative Vermögen des Handelns noch zu steigern.

Die Handlung verwandelt die Idee in ein Werk, und den Wunsch in den Besitz der gewünschten Sache. Sie kann jedoch auch den Handelnden selbst verwandeln, sie kann ihn lehren, aus sich selbst die Ressourcen an Kraft, Geschicklichkeit oder Intelligenz zu fördern, von deren Besitz er vordem nichts wußte; sie kann ihm zu einem schöneren, robusteren, geschmeidigeren Körper verhelfen, ihm eine kraftvollere Seele verschaffen, die sich selbst besser beherrscht; und zu einem Willen, der außergewöhnliche Arbeiten entwirft und verwirklicht. Das Meisterwerk des Menschen ist darin zu sehen, den Menschen zu steigern, die Grenzen seiner materiellen und geistigen Stärke zu erweitern.[1]

Gerade aus diesem Grund erhoben die Menschen der Antike die überragendsten Tatmenschen zu Halbgöttern: der Held ist der Mensch schlechthin. Und so verehrten sie auf besondere Weise die Athleten, wobei ihnen die Helden als Vorbild dienten.

Die Menschen der Antike hatten wohl verstanden, daß die edelste Handlungsart jene ist, deren Ziel in der Vervollkommnung der Handlung selbst besteht. Diesem höheren Ziel jedoch entgegen wirken die gesamten inneren Kräfte unserer Schwachheit: die Versuchungen der Leichtfertigkeit, der Ermüdung, der Langeweile, der Unbeständigkeit, Ablenkungen und die Scheu vor Kraftanstrengung. Es ist also wichtig – von Erniedrigung oder Entartung abgesehen –, den Kult der *Schwierigkeit* verständlich zu machen, aufzuwerten, zu verbreiten und zu pflegen. Sie allein ist das Salz, das verhindert, daß der Wert der Handlung verkommt. Die Perfektion der Handlung, die nur durch überwundene Zwänge und Erschwernisse erreicht werden kann, besteht in der gewonnenen Eleganz, in der Wirtschaftlichkeit der Mittel und der harmonischen Ausgeglichenheit des ganzen Lebewesens: wenngleich man Leichtigkeit scheuen soll, muß man ihren Anschein doch letztlich suchen.

Die gemeinschaftliche Handlung wird schließlich die Bildung des Menschen, die durch die individuelle Handlung vorgezeichnet ist, vollenden, denn der einsame Mensch ist nicht lebensfähig. Da sich die Individuen durch Intellekt und Gefühl voneinander unterscheiden und absetzen, können ihnen die diversen Disziplinen des Handelns überzeugend die Notwendigkeit zu Vereinigung und Koordination deutlich machen.

So wie die Kultur und die Entwicklung der individuellen Handlung aus dem menschlichen Wesen den vollkommenen Menschen[2] freisetzen, ebenso setzen Kultur und gemeinschaftliches Handeln aus der Masse der Menschen Kräftegruppierungen frei, die aufgrund der entsprechenden Eignung und Fähigkeit den härtesten und höchsten Pflichten – wie auch den gelungensten Verbindungen und spektakulärsten Spielen gewachsen sind.

[1941]

FRANKREICHS MANNIGFALTIGKEIT

Frankreich ist Vielfalt.

Ein Ausländer sagte einmal zu mir: *ihr Franzosen* ...

Verzeihung, sagte ich zu ihm. Nehmen Sie es mir bitte nicht übel, wenn ich Sie unterbreche. Was wollen Sie damit sagen? Beleuchten wir erst einmal den Weg, bevor wir weitergehen. Dieses *ihr Franzosen* ist mir nicht klar. Falls es sich bei Ihrer Rede um jene abstrakten Franzosen handelt, die der *Code civil* definiert, so sprechen Sie getrost weiter. Sind es aber Franzosen aus Fleisch und Blut, von denen Sie reden wollen, und denken Sie diese mit einem einzigen Terminus zu erfassen, um über sie massive Urteile abzugeben, so verargen Sie mir bitte nicht, wenn ich Sie darauf hinweise: Die Franzosen sind sich wenig ähnlich; ich will sagen, es gibt weniger Chancen, daß zwei zufällig ausgewählte Franzosen sich ähnlich sind, als bei irgendeiner anderen Auslosung unter jedem anderen Volk der Welt. Ich brauche mich nur umzusehen, im Theater, in der Académie oder bei einer beliebigen Zusammenkunft, um eine Menge bemerkenswert unterschiedlicher Typen, Akzente und Reaktionsweisen zu beobachten. Denn es gibt kaum eine stärker zusammengesetzte Nation. Ich werde Ihnen jetzt nicht sagen, es gebe bei uns Keltisches, Iberisches, Germanisches, Ligurisches und Sarazenisches, Normannisches und in Spuren auch Tatarisches, denn ich hätte rechte Mühe mit der Behauptung, ich kennte die genaue Bedeutung dieser Wörter. Ich verirre mich (und ich bin nicht der einzige) in der obskuren Frage der Rassen. Aber ich sehe sehr wohl, daß der Lothringer nicht dasselbe ist wie der Baske, daß der Provenzale, der Pikarde, der Bretone und der Katalane, der Flame und der Limousiner, der Korse und der Angeviner zutiefst unterschiedlich sind. Es entsteht daraus eine seltsame Einheit, die nach außen einigermaßen mysteriös erscheint. Man stellt manchmal diese Einheit als die Frucht einer langfristigen Politik hin; diese Politik hätte ihr Ziel nicht erreicht, wenn sie nicht durch die Gestalt und die Struktur des Territoriums nahegelegt oder aufgenötigt worden wäre. Frankreich macht die Franzosen.

»Rassismus«, soviel tritt deutlich zutage, ist ein Ausdruck der Schwäche und der Furcht, ist die Theorie, die einer Bevölkerung angemessen ist, welche befürchtet, aufgefressen, assimiliert oder zerstreut zu werden, denn sie fühlt sich im tiefsten unfähig, selber die fremden Elemente aufzusaugen oder zu assimilieren, mit denen sie in Berührung kommt. Sie kann sich nur zwei Arten vorstellen, sich dieser Elemente zu entledigen beziehungsweise sich zu bewahren: sie vernichten oder versklaven.

Frankreich hat im Gegenteil aus dem Kelten, dem Iberer, dem Ligurer, dem Germanen, dem Sarmaten und dem Sarazenen den Franzosen gemacht. Weder der Korse noch der Flame, weder der Katalane noch der Baske fehlen in seinem komplexen Molekül; es hat große Dichter, die aus Mecheln oder aus Athen kommen, und Paris verwandelt Scharen ausgesprochen exotischer Wesen in Pariser. Schließlich entwickelt sich gegenwärtig in seinen Kolonien und Protektoraten ein literarisches Leben, in dem sich seine Kultur mit denkbar verschiedenen Traditionen und Empfindungsweisen verbindet.

Darin liegt eine Kraft der Anverwandlung, die ein Volk der Furcht entheben kann, seine wesentlichen Merkmale und eigentümlichen Qualitäten durch Vermischung und Austausch mit anderen Arten von Menschen einzubüßen. Es erblickt im Gegenteil eine seiner Haupteigenschaften in der Fähigkeit, alles in die subtile Substanz seiner Natur einzuschmelzen, was in der Menschheit wahrhaft menschlich ist.

Ich schließe mit dieser Bemerkung: Wenn es denn Rassen gibt und wenn man überhaupt von Reinheit der Rasse sprechen kann, so ist deutlich: je reiner eine Rasse wäre, desto mehr wären die Einzelwesen, aus denen sie besteht, einander ähnlich. Aber die Ähnlichkeit der Individuen bringt Passivität mit sich, massenhafte Unterwerfung, Unfähigkeit zu selbständigem Handeln und jene verhängnisvolle Wirkung, die

Leichtgläubigkeit, die nach meiner Ansicht die notwendige Voraussetzung für Kalküle und Unterfangen der abscheulichsten Art sind.

[1944]

BEMERKUNGEN ZUR PHYSIOLOGIE

Verschiedentlich habe ich mir, etwas auf eigene Faust, eine Auffassung vom Individuum zurechtgelegt. In Sachen Physiologie ist meine Ansicht, daß wir in gewissem Sinn aufteilbar sind in elementare Funktionen, die sich durch die Tatsache bestimmen lassen, daß jeder der Teile des Organismus nur für eine Verrichtung geschaffen ist und auch nur diese eine Verrichtung durchführen kann.

So darf zum Beispiel eine Muskelfaser, glaube ich, nichts anderes können als sich zusammenziehen unter der Einwirkung eines Stoßes oder eines Tropfens Säure oder eines Stiches, um sodann in ihren Ausgangszustand zurückzukehren. Desgleichen können, vermute ich, die Bestandteile der Netzhaut, ganz gleich, was auf sie einwirkt, nur mit einer irgendwie gearteten Lichtempfindung reagieren.

Eine Handlung, die der Mensch vornimmt, setzt sich zusammen aus zahlreichen Faktoren, die untereinander koordiniert werden, um die beabsichtigte Handlung zu erzeugen. In diesem Zusammenhang fällt mir wieder ein, was ich einmal zu einem Ihrer Lehrer, dem inzwischen verstorbenen Professor Gley[1], gesagt habe: »Sie haben eine Abhandlung über Physiologie verfaßt. Was mich daran frappiert, ist, daß ich in jedem Kapitel eine andere Funktion untersucht finde, jedoch auf keiner Seite einen Hinweis darauf, wie das alles zusammenwirkt.«

Sieht man nun näher hin, so stellt man fest, daß es Handlungen gibt, die sich nicht miteinander vertragen. Es gibt Dinge, die wir einfach nicht zur selben Zeit machen können. Es wäre aufschlußreich, sie einmal zusammenzustellen. Warum ist es uns, um ein Beispiel zu nennen, nicht möglich, im Laufschritt nachzudenken?

Nehmen Sie einmal mehrere Personen, so wie sie hier vor mir sitzen. Angenommen, eine davon rechnet mit etwas, einem Akt etwa, den sie ausführen will, während die anderen daran nicht denken. Es ertönt der Ruf: »Feuer.« Jemand, der aus irgendeinem Grund geahnt haben mag, daß ein Brand ausbrechen könnte, wird sehr viel schneller aufgesprungen sein als die anderen, wenn der Schrei ertönt. Sein Verhalten ist schon vorgezeichnet, sein Handeln erfolgt erheblich rascher und zielstrebiger als das der anderen. Diese bedürfen einer längeren Reaktionszeit, um sich gewissermaßen innerlich aufzubauen. Unter welchen Bedingungen diese innere Zurüstung geschieht, darüber wissen wir nichts.

Der Wert einer geistigen Vorbereitung für eine bestimmte Handlung steht außer Frage. Ein anderes Beispiel: wenn ich mich darauf einstelle, über ein Hindernis zu springen, so gelange ich dorthin und bin vorbereitet durch etwas wie eine innere Modifikation, die veranlaßt wird durch bestimmte Vorstellungen und einen entsprechenden Entschluß. Wenn ich hingegen unerwartet vor das Hindernis gelange, so werde ich meinen Akt mit geringerer Schnelligkeit ausführen.

Können wir nun womöglich eine Vorbereitung dieser Art auch auf eine geistige Arbeit übertragen? Ich glaube, ja. Dazu möchte ich Ihnen eine recht merkwürdige Geschichte erzählen:

Ich habe einmal, als ich noch Student war, einen Russen gekannt, der Geige spielte. Wir aßen immer zusammen im selben Restaurant. Er sagte zu mir: »Ich komme nach Paris, weil ich Unterricht nehmen will, nur weiß ich nicht, ob ich finde, was ich will. Ich habe schon alle Titel. Natürlich spiele ich sehr gut, aber ich fühle, daß mir das letzte Geheimnis der Geige noch abgeht.« Darauf fragte ich ihn: »Wie hoffen Sie es zu finden?« Eines Tages, nachdem er vierundzwanzig Stunden weg gewesen war, kommt er ins Restaurant, völlig erschlagen, körperlich im Zustand eines Menschen am Ende seiner Kräfte. Ich sage zu ihm: »Was ist Ihnen denn, mein lieber Boris? Sie machen mir ja angst.« Er antwortet: »Ich bin überglücklich, ich habe das Geheimnis der Geige. Ich bin jetzt da, wo ich hinwollte.« Binnen vierundzwanzig Stunden hatte er das Geheimnis seines Spiels herausgefunden! Ich frage ihn: »Wie haben Sie das denn gemacht?« Und er erwidert: »Das ist mein Geheimnis. Es hat mich einiges gekostet, das sehen Sie mir ja an!« Ich wollte nicht weiter in ihn dringen und bin in die Nationalbibliothek gegangen. Dort habe ich gelesen, daß Paganini niemals so übte, wie es die anderen Geiger tun. Nie hat man ihn vor dem Konzert spielen hören. Ein Engländer, der das Geheimnis seiner Kunst herausbekommen wollte, folgte ihm von einer Stadt in die nächste, bestach die Hotelbesitzer und bohrte jedesmal ein Loch in die Tür zwischen seinem und Paganinis Zimmer. Jedesmal hörte er – nichts! Vielmehr, wenn Paganini aufzutreten hatte, so teilt uns dieser Engländer mit, dann schloß er vorher alle Fenster und Läden und streckte sich auf seinem Bett aus, mehr nicht.

Mein Freund hat mir sein Geheimnis nie verraten, aber ich bin überzeugt, nach einigem, was er durchblicken ließ und was ich mir selbst zurechtlege, daß mein Russe, genau wie Paganini, sich einer Gymnastik verschrieben hat, die erheblich schwieriger ist als alle gewöhnlichen Muskelübungen, nämlich einer INTRAMUSKULÄREN Gymnastik. Er streckte sich auf seinem Bett aus. Sehr wahrscheinlich kannte er das Stück auswendig, so wie das Gedächtnis es eben bietet, will sagen, er hörte die Töne, ja sogar die Klänge, alles, was das gewöhnliche Gedächtnis, auf einen Höchststand der Präzision gebracht, liefern kann. Was er dann getan haben dürfte, war wohl, daß er das Stück in seinen Muskeln spielte, ohne sich zu regen. Denken Sie einmal, was das für eine Hirnarbeit ist, wenn der Geiger in seinen Muskeln zu spielen ansetzt, ohne sich zu regen, ohne zu wissen, was er später tut, wenn er dann die Geige in Händen halten wird, wenn er den Erregungen und Reaktionen seiner Muskeln freien Lauf lassen wird. Ich denke mir, er wird zu einer meisterlichen Beherrschung des Instruments gelangen, mit der übrigens einhergeht jenes Hörgefühl, das man sich gut vorstellen kann, auch ohne etwas von Musik zu verstehen, wenn man den Geiger sieht, wie er den Kopf auf den Geigenkörper herabneigt und gleichsam im vorhinein vernimmt, was er an Schwingungen aus dem Instrument herauslocken will.

Mir scheint, ein Chirurg, der mit der größtmöglichen Präzision an eine Operation herangeht, könnte es ebenso machen. Ich weiß nicht, ob den Chirurgen schon einmal solche Gedanken gekommen sind oder ob das absurd ist.

Wenn eine Beobachtung etwas taugen soll, dann muß der Beobachter vom Gegenstand seiner Beobachtung unabhängig sein. Beim Traum ist es sicher so, daß er sich uns beim Erwachen verfälscht darstellt, und zwar weil wir an ihn zurückdenken und weil wir dabei eben wach sind. So, wie der Traum uns erscheint, ist er etwas Zurechtfabriziertes.[2]

Wenn wir nicht einschlafen können, so lassen sich dafür drei Ursachen anführen. Einmal die äußere Welt: Motorengeräusch auf der Straße, das Grölen eines Betrunkenen, Flintenschüsse ... Zum anderen das Empfinden von etwas Störendem, ein Schmerz: dann ist es Ihr Körper. Schließlich kann es auch an einer Sorge liegen, einer Angst, einem Kummer oder im Gegenteil an einer Hoffnung: dann ist es Ihr Geist.

Sollten wir einmal ein Wörterbuch machen, so könnten wir bei dem Wort *Körper* feststellen, daß es vier Bedeutungen hat:

An erster Stelle steht, was ich gerne MEIN-KÖRPER nenne, was ich mit meinen eigenen Wahrnehmungen sehe. Die Natur hat dem Menschen ja keinerlei Möglichkeit mitgegeben, sich selbst in der tiefer gelegenen Anatomie und Physiologie zu erkennen. Wir wissen, daß die Teile des uns bekannten Körpers nichts voneinander wissen; das ist wie ein großes Land, in dem es keine Verbindungen gäbe.

An zweiter Stelle kommt der Körper der anderen, der Körper, den Sie sehen, der in den Bildern vorkommt, die für Sie den Menschen darstellen, der Körper, dessen Formen in den bildenden Künsten genutzt werden.

An dritter Stelle kommt der Körper, wie sie ihn als Mediziner kennen und wie wir anderen ihn nicht kennen, in den Sie mit Ihren Instrumenten eindringen, den Sie sezieren, dessen inneren Bau Sie zu bestimmen suchen, den Sie unterm Mikroskop betrachten, dieses seltsame System aus Schwämmen, Behältnissen, Röhren und harten Teilen, die zusammen die innere Anatomie des Menschen ausmachen.

Die vierte Bedeutung ist weniger geläufig und selbstverständlich. Dieser Körper gehört dem Bereich der physikalischen Welt an. Seine Elemente sind die Elektronen, die Protonen, alles, was das gegenwärtig bekannte physikalische System ausmacht, mit allem, was Sie wollen, an Strahlungen. Weiterhin gehört er, wenn auch in geringerem Maße, dem chemischen Bereich an, bis zur Größe des Moleküls. Das zusammen macht aus unserem Körper etwas so Merkwürdiges wie ein Wirbel im Inneren einer Flüssigkeit, denn alles um ihn herum ist ja schließlich auch Elektronen, Strahlungen usw.

Wollten wir beim jetzigen Stand unserer Kenntnisse eine umfassende Vorstellung vom Körper gewinnen, so müßten wir in der Lage sein, diese verschiedenen Konzeptionen des Wortes *Körper* zusammenzuführen.

Nun habe ich Ihnen aber genug erzählt, und sicher genug Unnützes, um der Aufforderung Ihres Lehrers zu folgen, der mich auf dieses Pult gezerrt hat, bei all meiner Inkompetenz. Ich habe gesagt, was ich konnte, denn ich hatte ja nichts vorbereitet. Hätte ich übrigens solches getan, es wäre nur noch schlimmer geworden.

[1944]

DAS UNVORHERSEHBARE

Seit wohl hundertfünfzig Jahren ist mehr als ein Volk auf dieser Erde dem Wunsch oder dem Bedürfnis – ja auch der Raserei – ausgesetzt gewesen, sich eine soziale Struktur neu aufzubauen. Mehr als ein System, das aus dem überlegten Denken und als wissentliche Frucht von Überlegungen eines einzelnen entstanden ist, bot sich als Ersatz für die verschiedenen empirischen Lösungen des Problems an, Menschen in Gemeinschaft leben zu lassen. Aber erst in diesen letzten Jahren sieht man – was man noch nie zuvor sah – politische, rechtliche und wirtschaftliche Organisationstypen, die in absoluter geistiger Souveränität bei Lampenlicht entworfen wurden – wie Dichtungen oder andere aufwendige Werke des Geistes – und die nun kraftvoll und vollständig umgesetzt werden, indem sie ausgedehnten Landstrichen und Hunderten von Millionen Menschen auferlegt werden.

Das ist in der Tat ein »neues Faktum«.

Was darunter zu verstehen ist, muß ich erläutern. Ich war versucht, »transzendentes Faktum« zu sagen, aber der Gebrauch solcher Wörter widerstrebt mir, deren Resonanz den Geist erstaunt und ihn verführt oder in Warnstellung versetzt: zwei symmetrische Wirkungen, die tunlichst zu vermeiden sind.

Ich werde die Geschichte der Wissenschaften heranziehen, die ich in zwei Epochen einteile: die eine endet mit dem Jahr 1800, die andere geht bis heute. Von den Anfängen bis zu Volta hatten sich die naturwissenschaftliche Forschung und Spekulation immer nur auf dieselben Phänomene bezogen: so hatte man zum Beispiel nie beobachtet, konnte es sich einfach nicht vorstellen, daß mechanische oder chemische Wirkungen, Licht- und Wärmeeffekte über den Weg einer raffiniert gespannten Leitung in Erscheinung treten könnten. Übrigens schloß schon die Vorstellung selbst, die man sich von Wissenschaft machte, implizit *die Möglichkeit von absolut unmöglich vorhersehbaren Fakten* aus.

Bei diesem Stand des Wissens konnte man von *Universum*, *Einheit* der Natur sprechen, ohne daran zu zweifeln, daß man eigentlich nicht wußte, was man da sagte. Es gab eine *Zeit*, einen *Raum*, eine *Materie*, ein *Licht*, eine recht klare Unterscheidung zwischen der anorganischen und der anderen Welt, der Ausdruck *alles wissen* – komplementär zum Wort *Universum* – schien einen Sinn zu haben, ein völlig klarer Grenzbegriff zu sein. Laplace konnte sich einen Geist vorstellen, der hinreichend stark war, um von einer begrenzten Zahl von Beobachtungen alle möglichen Phänomene – vergangene oder zukünftige – zu umfassen oder abzuleiten.

Aber kaum hatte man den elektrischen Strom erhalten, *beginnt* das Zeitalter der *völlig neuen Fakten*. Jedes von ihnen greift auf seine Art das Theoriegebäude der universalen Dynamik an, das man in absoluter Allgemeingültigkeit entworfen zu haben glaubte. Der Begriff der *physikalischen Theorie* selbst wurde schwerwiegend, wenn nicht gar definitiv kompromittiert; einerseits verliert die gesamte mentale Bilderwelt, die so gute Dienste geleistet hatte, ihre ganze Wirksamkeit, seit man nun nicht mehr über Hyper-Phänomene spekuliert, die den direkt beobachtbaren Phänomenen ähnlich sein sollten, sondern über »Dinge«, die keinerlei Ähnlichkeit mit den uns vertrauten Dingen aufweisen und von denen wir nur Signale empfangen, die wir entsprechend unserem Können interpretieren; andererseits erweisen sich unsere Sprache, und somit unsere Logik, unsere Begriffe, unsere Kausalität, unsere Prinzipien als fehlerhaft; dieses ganze intellektuelle Material schafft nicht den Weg in den Kern des Atoms; alles ist hier ohne Beispiel, ohne Gestalt. Diskutierbare Wahrscheinlichkeiten ersetzen die klar abgegrenzten und isolierten Fakten, und die grundlegende Unterscheidung zwischen der Beobachtung und ihrem Gegenstand ist unverständlich geworden.

Was ist geschehen? Es ist die Tatsache, daß *unsere Mittel der Forschung und des Handelns nunmehr unsere Mittel der Darstellung und des Verstehens weit hinter sich zurücklassen.*

Das ist das ungeheure *neue Faktum*, das aus all jenen *neuen Fakten* hervortritt. Dieses hier ist positiv *transzendent*.

Das Wirksamwerden all dieser absoluten Neuheiten, die sich in allen Bereichen manifestieren – denn alle Dingbereiche hängen von jetzt an in gewisser Weise von der Industrie ab, die der Wissenschaft so folgt wie der Hai seinem Lotsenfisch –, muß zwangsläufig eine eigenartige Veränderung der Vorstellung, die wir von der Zukunft haben, zur Folge haben.*

Das (historisch) Vergangene stellt man sich auf Grundlage von Schriften vor.[1] Die Zukunft (jene von gestern) war eine persönliche Verbindung dieser mehr oder minder dokumentierten Vorstellung mit dem Wissen, das man von der Gegenwart haben konnte, eine Art ungenauer Kalkül, in dem die Gefühle, die Hoffnungen, die Intuitionen von jedermann notwendigerweise eine unbestimmte, jedoch beträchtliche Rolle spielten. Aber jede Vorhersicht ist konservativ, sie verlangt, daß man sich in der von ihr entworfenen Zukunft wiedererkennt. Deshalb schrieb ich schon vor langer Zeit: »Wir gehen rückwärts in die Zukunft.«[2] Das liegt daran, daß jede Idee, die wir haben, sich aus Ideen zusammensetzt, die schon einmal dienlich waren. Jeder Ausdruck ist ein Arrangement von vorgängigen Wörtern. Die Möglichkeit, sich eine Zukunft vorzustellen, impliziert, daß diese Hervorbringung des Geistes sich in molekulare Erinnerungen auflöst. Das genau verkünden banale Formeln wie »Der Mensch ist immer derselbe«, »die Geschichte wiederholt sich« usw. Und *dank der groben Vereinfachungen, die Geschichte zu machen erlauben*, nahm man leicht Rückläufe oder Wiederholungen von Ereignissen wahr, analoge Situationen, auf die sich so viele Geschichtsphilosophien, wie man will, gründeten und fast alles, was an vorgefertigten Thesen und Ausdrücken für die Politik nötig ist, damit sie sich selbst verstehen, sich Programme und Handlungsrichtlinien vorgeben, ihre Ziele rechtfertigen und ihre Ideale festlegen konnte. Damals hieß es ziemlich oft: »Die Geschichte ist die Experimentalpolitik«. Damit aber miß-

* Es handelt sich hier wohlverstanden um die *verwendbare Zukunft*, jene, in die imaginäre, aber mutmaßlich realisierbare Projekte und Präzisierungen verlegt werden.

brauchte man den guten Namen der echten Experimente; damit vermischte man das, was man in den Beziehungen von Fakten an rein traditioneller Wichtigkeit findet, mit der direkten Beobachtung eines *isolierbaren* Systems, auf das man klar bestimmte Handlungen ausüben kann im Hinblick auf einen fest umrissenen Zweck oder eine bestimmte Reaktion. Übrigens scheint die menschliche Rasse, bei der schon seit geraumer Zeit Geschichte betrieben wird, von der Erfahrung des historischen Typs nicht groß profitiert zu haben. Man könnte das Gegenteil für richtig halten. Nebenbei möchte ich feststellen, daß mir nicht bekannt ist, ob eine »objektive« Untersuchung des politischen Denkens im allgemeinen je vorgelegt wurde. Das wäre ein sehr schönes Thema. Es wäre von Interesse, den unverzichtbaren Gebrauch von Reizmitteln in Gestalt abstrakt-unbestimmter Wörter, denen aber kräftige oder gewalttätige Bilder illustrierend beigegeben sind, einmal offenzulegen; andererseits könnte man die Vorstellungen oder eher die leitenden Metaphysiken untersuchen, die das wert sind, was sie wert sind, zum Beispiel unterstellt jede von ihnen einen bestimmten *Begriff vom Menschen*; die Sammlung und die Vergleiche, die sich daraus ergeben würden, könnten uns etwas über die Qualität jener Köpfe lehren, die sich damit beschäftigen, die Welt zu führen.

Derart kann jede Vorhersage, die wir treffen können, aufgrund ihrer eigenen Natur nur mehr oder weniger historisch sein und schließt folglich all das aus, was so neu wäre, daß nicht einmal unser Wortschatz Termini dafür bereitstellen könnte, um unsere Mutmaßungen darüber auszudrücken. Unser Wortschatz ist in der Tat nichts als Geschichte, die auf assimilierbare, verwendbare und lebende Elemente zurückgeführt werden kann. Nun jedoch müssen wir mit dem *Neuen* rechnen, und zwar, wie ich sagte, von irreduzibler Art. Unsere Zukunft ist mit *wesentlicher Unvorhersehbarkeit* ausgestattet, und das ist die einzige Vorhersage, die wir machen können.

All dies ist vom Paradox gekennzeichnet. Man versetze sich jedoch in Gedanken in eine nur wenig zurückliegende Zeit, die ich erlebt habe, sagen wir ins Jahr 1890, und man mache sich einmal klar, was sich für das Jahr 1944 vorausschauend vorstellen konnten

1. die besten Köpfe jener Epoche; 2. die dahingehend begabtesten Hirne, die phantastische Entwicklung der Erfindungen oder der ihnen bekannten Organisationen hervorzubringen, und man wird finden, 1. daß nichts um diese Geister herum ihnen auch nur den kleinsten Hinweis, das kleinste Körnchen Wissen von jenen wundervollen Neuheiten (wie wir sie heute kennen) vermittelte, 2. und daß obendrein nichts in der eigentlichen Substanz ihrer schöpferischen Sensibilität, ihrer Träume schaffenden Kräfte sie überhaupt ahnen ließ, was an völlig Unvorhersehbarem sich ereignen würde.

Die Unvorhersehbarkeit in allen Lebensbereichen ergibt sich als Folge der Eroberung der ganzen Lebenswelt durch die Macht der Wissenschaft, durch das Eindringen des effektiven Wissens, das tendenziell die Umwelt des Menschen und den Menschen selbst in einem nicht bekannten Maß verändert, unter nicht bekannten Risiken, einer nicht bekannten Abweichung von den anfänglichen Bedingungen des Daseins und der Lebenserhaltung. Das Leben wird dabei insgesamt zum Gegenstand eines Experiments, von dem man nur eines sagen kann, daß es uns tendenziell immer mehr von dem wegführt, was wir waren und was wir zu sein glauben, und daß es uns dahin führt, wohin wir nicht zu gehen gedenken und wohin zu gehen wir uns nicht im geringsten vorstellen können.

[1944]

EIN NICHTS VON EREIGNIS

Die GESCHICHTE erzählt vorzugsweise von dem, was niemand gesehen hat, und enthält sich dessen, was jemand überhaupt hätte sehen können ... Es gäbe keine GESCHICHTE, wenn wir das Vergangene auf Ergebnisse der Erinnerung beschränkten, auf das mit Augen Gesehene und mit Ohren Gehörte. Im Bereich der Historie ist es fast unmöglich, nicht schöpferisch zu werden. Und genau das möchte ich nachgerade tun, und zwar im Hinblick auf die Befreiung von Paris – meine Eindrücke so mitteilen, wie sie waren.

... Ich wohne in einem Stadtviertel von Paris, das wegen seiner Lage, Bedeutung, Modernität, des Reizes seiner Erscheinung bevorzugt »besetzt« worden war.[1] Dabei handelte es sich allerdings weitgehend nur um Dienststellen, Plakate und Hinweisschilder, um Männer in Grün und junge Mädchen in Grau. Jeden Tag gegen Mittag wartete an den beiden Toren meines Hauses ein großes kastenförmiges Auto, verschluckte Individuen, die blicklos vor sich hin starrten und die man sich scheute anzuschauen. Die Straße, die von der Avenue Foch zum Hügel Col Lauriston hin abgeht und in die Avenue Kléber mündet, zwischen dem Haus, in dem Briand starb, und der schreckeneinflößenden Barrikade spanischer Reiter, war beidseits in einen Verteidigungszustand versetzt worden, zerschnitten durch Reihen von Steinplatten, in erwartungsvoller Spannung auf irgendwelchen Hinterhalt oder Heiligen; diese Straße grenzt an ein hoch gelegenes Wasserreservoir der Stadt, das von einer kleinen Garnison bewacht wird. Einen Angriff auf diese Einrichtung konnte ich mir gut vorstellen. Die Tage gingen dahin. Ich fand Paris völlig verändert, und von Angesicht zu Angesicht erhellten sich die Blicke zusehends. Dem äußeren Anschein nach aber hatte sich nichts verändert. Ich versah weiterhin mein Amt, das darin bestand, nach Art der Penelope endlos ein geistiges Netz zu spinnen ...[2] Doch diese ständige Pflicht wurde von Tag zu Tag fortschreitend mehr durch heraufziehende einschneidende Ereignisse berührt. Es war so etwas wie das Anbrechen der Schneeschmelze oder wie der erwachende Instinkt der Zugvögel zum Aufbruch, das sich in der Seele rührte, die voll Erstaunen die Kräfte wiederzugewinnen begann, die Pläne, Perspektiven eines *freien Lebewesens*. Dann plötzlich eines Morgens war das Viertel voller Transportwagen. Die unterschiedlichsten Sachen wurden aufgeladen: Möbel, Kisten mit Champagner oder Biskuits, Koffer, Schreibtische, ja sogar angeschlagene Waschbecken ... Und entfernt war Kanonendonner zu hören. Dann kam der Abend des 24. August. Aus einem Gewirr von Eindrücken will ich nur einen für die Tage typischen herausgreifen, wenn eigentlich auch keine Einzelheit aus dem Ganzen herausgerissen werden dürfte. Während der Himmel über Paris immer wieder von kurzen Blitzen erhellt war, erfüllt von dunklem Grummeln und Maschinengewehrsalven, während sich in Richtung Neuilly eine purpurlohende Fläche von den Feuersbrünsten ausbreitete und ich nach Nachrichten aus dem Äther suchte – da erklang plötzlich eine göttliche Stimme, die an der *Berliner Oper* ein mir unbekanntes italienisches Lied sang, ein Stück Musik, deren reiner Satz sich wie ein klarer Gedanke über all den tosenden Lärm dieser Kampfesstätte erhob, den eine solche auf eine Großstadt verübte Gewalttat mit sich bringt.

Doch welche seltsame, wundervolle Unordnung, denke ich, erfaßt alle Geister dann am nächsten Morgen ... die ganze Freude einer Befreiung, vermischt mit allen Gefühlen eines noch nicht beendeten Kampfes. Fahnen in den Fenstern, Schußwechsel zwischen den Dächern und der Straße; eine Fülle von Menschen, die lachen, sich zulachen, fröhlich herumgehen und dann plötzlich zum Schutz sich in die Hauseingänge drängen. Es war ein außergewöhnlicher Wirrwarr widersprüchlicher, gleich starker Gefühle, die sich alle gleichermaßen jeder klaren Überlegung sperrten, jeder Wiederaufnahme durch vernünftiges Denken. Dieses Chaos beobachtete ich an mir selbst: das, was man sieht, was sich darbietet, was gerade gewesen ist, und das, was man vorhersieht, das ängstliche Herz, das sich auf einmal befreit, freudig schlägt, wieder die Gewalt über sich bekommt, und dann der *Augenblick*, der alle lebendigen Werte niederstößt, vereinfacht, übertreibt und austauscht, deren Möglichkeiten uns ausmachen – *der uns beherrschende Augenblick*.

... Und dann gab es noch jenen Truppenaufmarsch, zu dem ich zu den Champs-Élysées hinüberging. Zwischen all dem mächtigen Grün der Bäume die vielfarbige Saat der Menschen; das Leben in der Menge, impressionistisch anzuschauen.

Ich beobachtete allseits und auch bei mir selbst, wie starke Emotionen die Lebewesen gleichmachten, die Unterschiede des Alters, der Bildung, der Lebensbedingungen aufhoben. Ein jeder war erleichtert, von demselben Atem emporgehoben, und das Wort EINMÜTIG AUS EINER SEELE hatte eine positive Bedeutung bekommen. Ich sah eine junge Mutter, wie sie ihr Kind den vorbeimarschierenden Truppen entgegenhob, als wollte sie es an der Begeisterung und dem allgemeinen Mitgerissensein teilhaben lassen oder es der Nation als Opfer darbieten. Man atmete aus vollen Lungen eine völlig andere Luft als jene noch vor wenigen Tagen. Es gibt eine Physiologie der Umstände, wie es eine Meteorologie der Ereignisse gibt – eine Untersuchung und Gesamtsicht der denkwürdigen Daten würde dies belegen.

Ich will hier nicht im einzelnen beschreiben, was sich unter meinen Augen ereignete: der elektrisierende Schlag, als die erste Trikolore an einem Fenster aufgepflanzt wurde; die Ankunft der Panzer, die kriegerisch nun im Triumph zurückkehrten; der Angriff auf das Reservoir ganz in der Nähe und dessen Einnahme, dann das kleine Gedränge der Gefangenen, wie sie immer zu zweit mit den Armen im Nacken zur Menge herunterkamen. Es gab, es wird wohl unzählige Berichte von Szenen dieser Art geben, auch andere, weitaus dramatischere und entscheidendere. Doch mit eigenen Augen habe ich nur meine kleine Ecke in Paris gesehen, und ich überlasse es dem Historiker, der im allgemeinen gar nichts gesehen hat, das Gesamtbild auszumalen. Jedoch versichert man mir, daß – die örtlichen Aspekte jener kritischen Stunden unserer eigenen

Rückgewinnung betreffend und einmal Dekor und Handeln beiseite gelassen – dieselbe kraftvolle Wiederauferstehung, dieselbe überschäumende Begeisterung, dieselbe stürmische Fröhlichkeit die Bewohner aller Stadtteile der Hauptstadt ergriffen hatten.

Ich habe mich wieder ans Werk gemacht, und wie ich so – ohne sie zu sehen – eine schon begonnene Seite betrachtete[3], da überkam mich plötzlich ein Lachen, ein Lachen, das aus meinen Hintergedanken hervorbrach auf den unbewachten Wegen meiner Geistesabwesenheit. Und das Lachen: »Fort sind sie«, sagte ich mir, »sie sind fort.« Vier Jahre ihres Wirkens im stillen, ihres eisernen Willens, ihrer wohlkalkulierten Repression, vier Jahre reibungsloser Organisation im Detail, von Nutzungsplanungen, Verteidigungsbauten, von Laufgräben, von Schikanen und Gott weiß wie vielen Papieren, Dokumenten, Berichten, graphischen Tabellen und Berechnungen... Paris, fort sind sie, wieviel Mühsal verflüchtigt sich. Verflogen in wenigen Stunden. Und das Lachen des freien Menschen wurde nachdenklich.

[1944]

FREI ATMEN

Die Freiheit ist ein Gefühl. Das spürt man beim Atmen. Die Vorstellung, daß wir frei sind, öffnet die Zukunft des Augenblicks. Sie bewirkt, daß in unseren Lungen sich gleichsam innere Flügel bis zu einem äußersten Punkt ausbreiten, deren berauschend erhebende Kraft uns trägt. Durch ein großes, erfrischendes, tiefes Atemholen an der universalen Quelle, wo wir alle schöpfen, wovon wir einen weiteren Lebensmoment zehren, wird das ganze Lebewesen befreit fortgetragen von einer kostbaren Wiedergeburt seiner wahren Willenskräfte. Es nimmt sich in Besitz. Es läßt die ganze Spannkraft seiner Hoffnungen und seiner Pläne in sich spielen. Es gewinnt die Integrität seines gesprochenen Wortes wieder. Es kann zu allen wieder so sprechen wie zu sich selbst. Es empfindet erneut den vollen Wert seiner Schritte, da ihnen keine Barrieren oder Verbote mehr den Weg versperren, und es schaut frohgemut jenen wackeren Frauen zu, die sich eilends bemühen, einen scheußlichen Wald spanischer Reiter mit kurzen Sägestößen in kleine nützliche Holzscheite zu verwandeln. Dieser ganze nun zerschlagene, zermalmte, verlassene Verteidigungsapparat, diese Trümmerhaufen nutzloser Kasematten, diese herumstehenden, zerschossenen und demontierten Panzer, die von Einschußlöchern übersäten Häuserfassaden, durch Explosionen beschädigt, durch das Feuer angegriffen – all das läßt an eine außergewöhnliche, aus dem Leben selbst hervorgegangene Kraft denken, gegen die die aufwendigen Hindernisse, die detailliertesten Vorkehrungen, das schrecklichste Kriegsgerät in den Händen entschlossenster Männer, der Beton, die automatischen Schußwaffen, die unterirdischen Gräben und alles, was sich der härteste Wille vorstellen und schaffen kann, um eine Revolte niederzuschlagen, am Ende nichts ausrichten konnten. Wir haben gesehen und miterlebt, was eine riesige und berühmte Stadt vermag, die atmen will. Und auf einmal nimmt jenes so vage Wort, SEELE, eine wunderbare Bedeutung an.

Doch gerade indem der Geist nun wieder zu sich kommt, gewinnt er seine ureigenen Rechte zurück und setzt sie gegen diesen historischen Augenblick selbst ein, der sie ihm zurückgibt. Nicht die Freude am Leben oder Wiedererleben sollte von ihm Besitz ergreifen. Vielmehr muß in seinem Innern sein höheres Gesetz wieder aufleben, das darin besteht, sich nicht an den Augenblick zu verlieren und sich nicht völlig seiner Freude hinzugeben. Auch muß er sich vor den Auswirkungen des Schocks und der Überraschung hüten, die solche außergewöhnlichen Ereignisse auf den Geisteszustand ausüben. Die Ereignisse sind nur der Schaum der Dinge.[1] Die darüber angestellten Überlegungen sind trügerisch, die angeblichen Lehren, die man aus diesen blendenden Fakten zieht, sind willkürlich und zudem nicht ungefährlich. Wir wissen nur allzu gut, was uns 1940 wie auch schon 1914 die »Lehren« der früheren Kriege gekostet haben. Im übrigen genügt es, an die ungeheure Menge von Koinzidenzen zu denken, aus denen jedes »Ereignis« sich zusammensetzt, um sich klarzuwerden, daß es darüber nichts zu räsonieren gibt; wer trotzdem über sie nachdenkt, kann es nur mittels grober Vereinfachung und verbaler, oberflächlicher Analogien, die sie zulassen. Heute jedoch muß der Geist seine ganze Klarheit behalten. Sofern der französische Geist jene Tugenden der Klarheit besitzt, die man ihm nachsagt, so hat sich ihm nie eine dringendere Gelegenheit dazu geboten. Es geht darum, ein völlig neues Zeitalter zu entwerfen. Wir stehen vor einem weltweiten Chaos von Vorstellungen und Fragen. Eine Vielzahl völlig unbekannter Situationen und Probleme werden sich jetzt einstellen, denen gegenüber fast alles, was uns die Vergangenheit lehrt, mehr zu fürchten denn zu bedenken ist. Man muß von einer vertieften Analyse der Gegenwart ausgehen, nicht um die Ereignisse beziehungsweise deren Konsequenzen – über die man sich immer täuscht – vorauszusehen, sondern um alles Erforderliche vorzubereiten, bereitzustellen oder zu schaffen, damit man solche Ereignisse abwehren, ihnen widerstehen, sie nutzbar machen kann. Ein gutes Beispiel dafür bieten die Ressourcen der Organismen gegenüber unvorhergesehenen und abrupten Veränderungen der Umwelt.

Diese nur angedeuteten Betrachtungen kann ich gegenwärtig nicht fortführen und beschränke mich darauf, das zu wiederholen, was ich schon recht oft gesagt habe: Hüten wir uns, rückwärtsgewandt in die Zukunft zu treten ...[2] Deshalb liebe ich es nicht allzusehr, wenn man davon spricht, Frankreich wiederaufzubauen: das hieße, ein Frankreich zu bauen, wie ich es gern gehabt hätte.

[1944]

VOR DER ZUKUNFT ...

Ein alter Herr hält Umschau um sich her. Er fragt, während er den jungen Leuten so zusieht, mit Neugier, mit Melancholie, mit jener Verbindung von Abgeklärtheit und Zuneigung, wie sie sich oftmals einstellt, wenn das Leben zur Neige geht, was diese neuen Wesen wohl denken, die noch ihre ganze Zukunft vor sich in Angriff zu nehmen haben, was sie hoffen, was sie fürchten, was sie anfangen möchten mit ihren Kräften. Bald indessen bildet sich diese Frage zurück (kommt man doch stets wieder zu sich selbst zurück), und man fragt sich: Was würde ich wohl denken, und was wäre mein Ideal, wenn ich in ihrem Alter wäre? Das hat nun aber für den alten Mann etwas Verstörendes, und er muß an einen Satz denken, den er selbst einst gesagt hat und der wohl der sonderbarste und am schwersten erträgliche Gedanke von der Welt ist: ES WIRD MENSCHEN NACH UNS GEBEN ...

Es gilt jedoch nicht etwa, das Geheimnis der Jugend zu ergründen, nach dem sie ja selbst noch sucht, wohl aber sich wenigstens die Lage zu verdeutlichen, die sich ihr bietet, den Zustand der Menschenwelt, oder doch wenigstens jenes Teils der Menschenwelt, in dem ihre Erfahrung mit dem Leben beginnt. Ich setze einmal an, es handle sich um einen jungen Europäer.

Eine erste Feststellung ist unausweichlich: *die Alte Welt liegt in Trümmern.* Nicht nur herrschen, soweit sich der kleine alte Kontinent erstreckt, Elend, Zerstörung und Tod, sondern auch all die geistigen Reichtümer, die so viele Jahrhunderte der Kultur angehäuft hatten, sind im Innersten getroffen. Seit der Auflösung der antiken Zivilisation hatte sich nichts Vergleichbares ereignet. Mehr noch: diesmal ist es unsere Zivilisation selbst, die ihren eigenen Ruin erzeugt; die Last ihrer Früchte kann sie nicht mehr tragen. Es wäre zu lang, dies hier im einzelnen zu entwickeln. Ich habe an anderer Stelle erklärt (oder geglaubt zu erklären), was der europäische Geist ist: das Ergebnis eines Zusammenwirkens von Umständen, wie sie nie wieder auftreten werden. Dieses Ergebnis habe ich in seiner Originalität und Einmaligkeit zu analysieren versucht, wurde Europa doch dabei zum aktivsten Forschungslaboratorium, zur emsigsten Ideenschmiede geistiger und ästhetischer Werte, zum Gehirn einer Welt, dem all die Entdeckungen entstammen, die einen Wandel im Geschick der Menschheit herbeigeführt haben. Was für mein Empfinden indessen kennzeichnend ist für diese durch so viele Werke aller Arten so großartig bewiesene Schöpferkraft, das ist die erstaunliche *Fähigkeit zum Aushalten von Widersprüchen*, die der europäische Genius aufzubieten vermochte. Ich glaube, daß die Zusammendrängung von Menschen verschiedener Rassen, die unter dem Druck orientalischer Stämme nach Westen bis an den unüberschreitbaren Ozean getrieben wurden, diese Individuen gezwungen hat, mit ihren einander ergänzenden Eigenschaften sich auf dem kleinen Ausläufer des asiatischen Kontinents einzurichten, sich zu vermengen, sich gegenseitig zu beeinflussen, *sich zu verstehen*. In Sachen Antrieb zur Intelligenz ist Unreinheit fruchtbarer als Reinheit, verdankt sich Reichtum der Vermischung des Ungleichen. Man stellt fest, daß reine Rassen intellektuell unterlegen sind, zumindest unvollständiger. Doch führen Berührung und Austausch zwischen verschieden gearteten Typen (wofern sie nicht allzu unverträglich sind), ob sie es wollen oder nicht, notwendig zu einer Ausweitung ihres menschlichen Horizonts, zeigen den einen wie den anderen, daß man leben kann, und sogar gut leben kann, auch wenn Gesetze, Sitten und Ansichten einander widerstreiten. Dies ließe sich mühelos an den verschiedenen europäischen Wortschätzen aufzeigen, von denen jeder mit Ausdrücken durchdrungen ist, die den anderen entlehnt, ihm aber unentbehrlich geworden sind. Der europäische Intellekt hat mithin eine Verbindung zu schaffen vermocht zwischen Traum und strenger Methodik, zwischen freier Phantasie und genauer Beobachtung des Wirklichen, zwischen der kühnsten Spekulation und dem unbestechlich kritischen Sinn. Man denke an jene Wunder des Gleichgewichts zwischen den menschlichen Fähigkeiten, Intuition und Analyse, Durchdringung und Erfindung, wie sie Geister wie Platon oder Leonardo da Vinci vollbracht haben. Selbst die Mystik hat sich mit der Logik eingerichtet, bei den großen *doctores* des Mittelalters, deren Problem war, Aristoteles mit der Bibel und mit den Kirchenvätern zu vermitteln. Schließlich hat der unbeirrbare Wille, niemals Erkenntnis von Erfahrung, Geist von Handeln zu trennen und *Wahrheitswert* stets nur *überprüfbarem* Wissen zuzubilligen, die positive Wissenschaft begründet.

Solches war die Frucht der glücklichen Vereinigung ganz verschiedenartiger menschlicher Faktoren, die sich nacheinander konzentriert fanden auf einem bei seiner Kleinheit bemerkenswert vielfältigen Territorium, auf dem kein Punkt sehr weit entfernt ist vom Meer, dessen Klima das gemäßigtste der Erde ist und das über nahezu alle Bodenschätze verfügt. Auf diesem Schauplatz sind die Geometrie und das Recht entstanden, sind die Gleichheit der Menschen vor der Gottheit und der unbegrenzte Wert jeder einzelnen Seele der Welt verkündet und vorgeführt worden.

Doch können sich auch die größten Dinge durch ihre eigene Fortentwicklung zugrunde richten, nicht anders, als sich große Menschen durch Übermaß oder Mißbrauch der Eigenschaften, die sie groß machten, selbst ins Verderben bringen. Europa hat es nicht verstanden, die Auswirkungen seiner Vielfalt auf die immensen Vorteile zu begrenzen, die es daraus gewann. Während sich Jahrhunderte hindurch die großartige Synthese seiner geistigen und künstlerischen Fähigkeiten vollzog, wurden durch Rassen- und Glaubensgegensätze, durch bittere Erinnerungen, durch ineinandergreifende Begehrlichkeiten und die dunklen Tiefen des schlechten Gewissens die Mächte der Zwietracht genährt, und die Anlässe zu bewaffneten Konflikten häuften sich. Ich habe einst geschrieben: »Geschichte ist das giftigste Elaborat, das die Chemie des Intellekts produziert hat.«[1] Es genügt, auch nur einen knappen Abriß der Geschichte Europas aufzuschlagen, um zu verstehen, was ich meine ... Was sage ich – es genügt, eine Zeitung aufzuschlagen. Die Historiker haben die althergebrachte, pathetische Gewohnheit, lediglich die »Ereignisse« zu beleuchten;

die weithin spürbaren Ereignisse aber sind nun einmal so gut wie immer gewaltsam, und so sind es denn auch schließlich diese Chronologien der Gewalt, die den Bestand an allgemein verbreiteten historischen Erinnerungen ausmachen. *Im Gedächtnis bleibt das, was genügend Erregungspotential enthält, um jederzeit wieder angefacht werden zu können.* Da ist keine unserer europäischen Nationen, die nicht in früheren Zeiten Gegenstand von Provokationen und Übergriffen gewesen wäre, die nicht bittere Schmach und Verluste erlitten hätte, die nicht Sehnsucht nach vergangener Größe kennte, ebenso wie Begehrlichkeit nach dem Gut der anderen; und es mangelt auch nie an Politikern oder Parteien, die beim geringsten Anlaß aus diesem blutigen Reservoir alles hervorholen, was sie brauchen, um den Haß neu zu schüren, die Wunden wieder aufzureißen, die edelsten und natürlichsten Gefühle des Menschen zu pervertieren.

Was der junge Europäer daher dank diesem unglücklichen, *schlechten* Gedächtnis bei seiner Geburt vorfindet, ist eine erdrückende Erblast. Keine Wiege in Europa, um die nicht die Gespenster mit sämtlichen seit fünfzehn Jahrhunderten getragenen Harnischen oder Waffenröcken stünden. Ein Verhängnis waltet über dem europäischen Leben, vergleichbar dem, das auf der beklagenswerten Sippe der Atriden lag.

Andererseits gewahrt unsere Jugend um sich her das blendende, schwindelerregende Schauspiel der modernen Welt. Unsere Erde ist ein Aufenthaltsort, an dem es mit jedem Jahrzehnt unaufhaltsam enger wird. Die Übermittlung von Signalen und immer schnellere Transporte erlauben es bereits, die Oberfläche des Globus als eine einzige überdimensionierte Stadt anzusehen, mit all dem seltsamen Nebeneinander verschiedenster Lebensformen, die sich in der riesigen *City* aneinander reiben oder stoßen. Vergleichbar dem vergangenen 27. August, als man in Paris die ganze Freude der Befreiung spürte und zugleich noch die Beklemmung einer Schlacht: in den Fenstern hingen bereits die Fahnen, aber von den Dächern und auf den Gehsteigen wurde noch geschossen; eine Menge Leute liefen lachend und jubelnd umher und flüchteten sich plötzlich wieder in die Hauseingänge. Man hatte lauter wirre, widersprüchliche Empfindungen, alle gleichermaßen intensiv, und alle gleichermaßen jeglicher Reflexion, jeglicher Wiederaufnahme geordneten Denkens widerstreitend.

Dieses Tableau eines Tages[2] in einer Großstadt scheint mir recht gut den Zustand der modernen Welt wiederzugeben: man braucht nur ein klein wenig den Maßstab zu verändern. Schlagen Sie einen Atlas auf, sehen Sie sich eine Erdkarte an, und drehen Sie gleichzeitig am Radioknopf... Sie werden *alsbald* zu etwas wie einem Übermenschen. Aber einem kleinlauten Übermenschen. Sie beherrschen die Welt? Nein, Sie beherrschen die Oberfläche der Dinge. In einem Augenblick werden Sie gewahr: Krieg und Frieden, Zufall und Wille, Arbeit, die Leben schafft, und Arbeit, die Tod schafft, Wahrheit vor Ort und Lüge an aller Orten Horizont ... Und Sie können an sich selbst feststellen, daß Sie, je mehr Sie über alle Vorgänge informiert sind, desto weniger irgend etwas davon verstehen.

Die »moderne Welt« ist eine Welt, die für sich selbst immer schwerer verständlich wird. *Eine Welt, aus der immer stärker jegliche Möglichkeit nützlicher Vorhersage ausgeschlossen ist.* Die wissenschaftliche Ausstattung der *City Erde* ist so umfassend geworden, daß man sie als ein immer empfindlicheres und reizbareres Nervensystem auffassen kann, das sie sich zugelegt hat, das nun aber Verlangen nach Abwechslung verspürt und sich diese Abwechslung, nach der sie verlangt, auch verschafft. Doch der Mensch ist geschaffen worden in einer Zeit, in der die Arme, die Beine und die Augen noch ausreichten für alle seine Bedürfnisse, und sein Organismus bleibt in seinen Tiefen am alten Raum und an der alten Zeit orientiert, welche die Intelligenz als antiquiert hat erscheinen lassen.[3] Sämtliche Werte unseres materiellen und geistigen Besitztums sind heute von einer nicht nur zufällig-äußerlichen, sondern ihr Wesen treffenden Instabilität gezeichnet. Wir können sicher sein, daß schon binnen weniger Monate die Wissenschaft uns vollkommen neue Tatsachen bescheren wird, deren Folgen die Daseinsbedingungen verändern werden. Als ich zwanzig Jahre alt war, konnten wir uns weder das Radio noch das Radium vorstellen. Vom Jahre 1890 aus war 1944 gänzlich unausdenkbar, während von 1790 aus sich das Jahr 1844 noch recht wohl ausmalen ließ. Unser junger Mensch vermag kaum, sich Gedanken über die Zukunft zu machen, wenn man davon ausgeht, daß die Zukunft modernen Zuschnitts dem Auftreten *völlig neuer Fakten* vorbehalten ist. Dieser junge Mensch steht dem *Unvorhersehbaren* gegenüber, was etwas ganz anderes ist als das *Unvorhergesehene* von einst. Ehedem gab es Wörter und Wahrscheinlichkeitstabellen für alles, was auftreten konnte: der menschliche Geist hatte alles Menschenmögliche verzeichnet oder vorgedacht. Das Phantastische selbst war nur eine naive Weiterbildung des Wirklichen, hervorgerufen durch die alten Sehnsüchte des Primitiven und abgeleitet aus seinen Träumen. Jetzt aber stehen wir vor unbekanntem Neuland, jedem beliebigen Laboratoriumszufall[4] ausgeliefert. Wir beginnen einzusehen, daß unser Wissen unausweichlich das hervorbringen muß, was zu seiner eigenen Abwertung erforderlich ist, und daß die Menschheit, ausgerüstet mit immer mächtigeren Werkzeugen und immer weiter von ihren ursprünglichen Daseinsbedingungen entfernt, sich auf einen Weg des Unmaßes begibt. Das Intensive ruft nach dem noch Intensiveren. Die Geschwindigkeit verlangt nach noch mehr Geschwindigkeit... Was wird aus den Gleichgewichtszuständen des Empfindungslebens und des Lebens überhaupt?

Vielleicht ist dieses Bild zu düster. Doch was soll ein alter Europäer anderes denken, angesichts des Zustands, in dem dieses Europa sich gegenwärtig befindet? Und was kann er billigerweise bei einem jungen Menschen dieser Gegenwart für Gedanken annehmen?

Mag sein, die Jugend braucht, weil sie die Jugend ist, nicht so ausführlich nachzudenken, bevor sie lebt. Der alte Herr sagt sich, es gibt eine Wahrheit der alten Herren, die unter Umständen nicht die Wahrheit der jungen Menschen ist. Diese heftigen Erregungen, dieser Überfluß an physikalischen Energien, dieser Umsturz der Anschauungen und Begriffe, all das ist es schließlich auch wert, daß man sich ihm stellt. Der Mensch glaubte, er kenne sich schon. Mensch sein war eine Art Tradition, und auch die »Natur« um ihn her war eine Tradition. Ist es nicht Zeit, all dies zu verändern, sich mit allen Risiken auf ein neues Zeitalter der Welt einzulassen? Ist es nicht würdig eines Menschen, zu verstehen, daß der Mensch ein Abenteuer ist?

[1944]

ULTIMA VERBA

Arrête! Arrête-toi! vainqueur, sur ce moment si haut de la victoire. Prends un temps de silence et te demande ce qu'il te faut penser sur ce sommet, ce qu'il te faut penser qui ne soit pas sans conséquence.

C'est un vœu, un serment, un acte sans retour, un monument de l'âme, et comme une prière solennelle, que tu dois, sur les morts et sur les vivants, prononcer et instituer, afin que ce moment silencieux si beau ne périsse pas comme un autre.

Déclare en toi et grave dans ton cœur:

QUE LE JOUR NE LUISE JAMAIS OÙ LE SOUVENIR DE CE JOUR DE VICTOIRE PUISSE APPORTER UNE AMERTUME ET UN RETOUR FUNESTE VERS LA PRÉSENTE JOIE; QUE JAMAIS REVIVANT CE QUI EST AUJOURD'HUI NE TE VIENNE À L'ESPRIT CETTE LOURDE PAROLE:
À QUOI BON?

[1945]

ULTIMA VERBA

Halt ein, verweile doch, du Sieger, in diesem höchsten triumphalen Augenblick. Vergönne dir eine Zeit der Stille und frage dich, was jetzt zu denken ansteht, auf diesem Gipfel, was jetzt zu denken wäre, das nicht ohne Folgen bliebe.

Es muss ein Schwur sein, ein Gelübde, ein unumkehrbarer Akt, ein Monument der Seele und wie ein feierliches Gebet, das du über Tote und Lebende sprechen und beständig wiedersprechen sollst, damit dieser grosse Augenblick der Stille nicht vergeht wie irgendein anderer.

So sprich denn bei dir und grab dir ins Herz:

NIE SOLL DER TAG ANBRECHEN, AN DEM DAS GEDENKEN AN DIESEN TAG DES SIEGS DIR BITTERNIS WACHRIEFE UND RÜCKBLICK IN LEID AUF DIE FREUDE DER GEGENWART; NIE SOLL – WENN DU ERNEUT DANN DAS HEUTE DURCHLEBST – DAS SCHLIMME WORT DIR IN DEN SINN KOMMEN:

WOZU?

ANHANG

EDITORISCHE NACHBEMERKUNG

Band 7 der *Frankfurter Ausgabe* bringt die zeit- und kulturkritischen Essays, die Valéry zur Geistesgeschichte Europas im ausgehenden 19. Jahrhundert und in der 1. Hälfte des 20. Jahrhunderts schrieb und die seinen kritischen Weitblick, seine politische Frühreife schon vor der Jahrhundertwende und dann in den zwanziger Jahren deutlich werden ließen.

Der Inhalt gliedert sich in drei Teile: Während der mittlere Teil integral die Essays *Blicke auf die gegenwärtige Welt* (1945) in Valérys eigener Zusammenstellung bringt, versammelt der erste Teil die großen Texte zur Methode, Krise, Politik und Freiheit des europäischen Geistes und stellt die Frage nach den Werten eines freiheitlichen Geisteslebens. Der letzte Teil präsentiert dann sehr verschiedenartige, zumeist kleinere Schriften, die nahe an Ereignissen oder Gelegenheiten geschrieben wurden.

Den frühen Essay »Eine methodische Eroberung« (1897) schrieb Valéry mit 25 Jahren, ein halbes Jahrhundert später lag er erstmals in der deutschen Übersetzung von Max Rychner vor, wurde aber – obgleich er zentral Deutschland (wie Japan und Italien) betrifft – hierzulande (zu) schnell vergessen. Valéry betrachtet höchst kritisch die Disziplin einer wissenschaftlichen Methode (ihre Ambivalenz ist ihm vertraut), die wirtschaftliche, kommerzielle Expansion von Staaten auf der Grundlage militärischer Disziplin, die umfassende Person des Staates, die allgemeine Entwicklung zu immer stärkerer Planung und Rationalisierung, den Sieg der Mittelmäßigkeit in allen gesellschaftlichen Bereichen. Fast zwei Jahrzehnte später – nach einem weiteren Krieg zwischen Frankreich und Deutschland – schreibt er die »Krise des Geistes«, des europäischen Geistes. Der erste oft zitierte Satz gibt die Richtung an: »Wir Kulturvölker, wie wissen jetzt, daß wir sterblich sind.« Und er definiert, was ein Europäer ist – aus seinem griechischen, römischen und christlichen Kulturerbe. Diese kulturpolitischen und kulturkritischen Essays verlangen eine neue Lektüre, wenn der Leser etwa auf Ausdrücke wie »die Ausbeutung unseres Planeten« stößt oder von der zunehmenden Vergiftung und Bodenerfassung unserer Erde liest. Erstmalig auf deutsch erscheinen Texte wie »Über die Krise der Intelligenz«, die »Rede zur Geschichte«, »Die Bilanz der

Intelligenz« und »Ist Geist ein Luxus?«, die nach der wesentlichen Funktion von Intellektuellen und geistiger Tätigkeit in einem sozialen Wertesystem fragen – Intelligenz als Fähigkeit und Intelligenz als Klasse.

Die Sammlung *Blicke auf die gegenwärtige Welt* (1945) wird in der Frankfurter Ausgabe in deutscher Übersetzung zum erstenmal vorgelegt, von einigen wenigen Beiträgen abgesehen. Die Thematiken reichen von fernöstlichen oder nordamerikanischen Kulturkontakten bis Europa, bis nach Frankreich mit seinen Regionen, nach Paris und der Académie française, von besonderen beruflichen und organisatorischen Tätigkeiten bis zu Geschichte, Diktatur, Literatur und Fortschritt – wobei der Gedanke von der Freiheit des Geistes leitmotivisch fast in allen Essays thematisiert wird. In dem Bericht über Aufgaben und Ziele des neu gegründeten *Centre Universitaire Méditerranéen*, den Valéry bei seiner Berufung zur Leitung abfaßte, versteht er organisatorische, interkulturelle und interdisziplinäre Perspektiven und Erfordernisse glücklich zu vereinen. Auch der letzte Beitrag dieser Sammlung, deren Zusammenstellung Valéry von 1931 (erste Auflage) bis zum Ende des Krieges immer wieder überdachte, hebt überdeutlich »Die Freiheit des Geistes« als das höchste Gut heraus.

Die kleineren Beiträge des letzten Abschnitts in diesem Band – fast alle zum erstenmal in deutscher Übertragung – führen vertraute Thematiken im Detail noch genauer aus, so etwa Aphorismen über die politischen Parteien, die Stellungnahme zu den »zwei Kulturen«, der Vorschlag einer internationalen Gesellschaft der Intellektuellen, Vorworte zu zwei Büchern über Revolution und Weltfrieden, über Physiologie und die Vorstellung vom Orient. Auch die autobiographische Darstellung findet hier ihren notwendigen Platz, so in den langen »Mediterranen Eingebungen« und den kurzen Bildeindrükken vom Rückzug der deutschen Besatzungstruppen aus Paris (»Ein Nichts von Ereignis«, »Frei atmen«). Am Ende dieser *Werke*-Ausgabe stehen dann Valérys »Ultima verba«.

Alle Übersetzungen wurden wie bei den anderen Bänden dieser Ausgabe gewissenhaft durchgesehen und überarbeitet. Die Anmerkungen im Anhang sollen Lesehilfe geben, sofern der Leser diese werkimmanenten Querverweise und enzyklopädischen wie literarischen Hintergründe verfolgen will. Hinsichtlich der internationalen Forschung zum Werk Valérys wurden nicht nur neueste Ergebnisse eingebracht, sondern punktuell auch Defizite benannt. Das Namens- und Werkregister dient einer schnellen Orientierung und verdeutlicht Valérys Lektüre wie auch seine persönlichen Beziehungen zu zeitgenössischen Intellektuellen.

Hinsichtlich der gesamten *Frankfurter Ausgabe* in 7 Bänden ist festzustellen, daß nunmehr rund 95% aller in den beiden Bänden der *Œuvres* enthaltenen Werke in deutscher Übersetzung vorliegt, wenn man den reinen Textteil einmal vergleicht. Allerdings kommt hinzu, daß der Herausgeber nicht nur aus *Vues* viele kürzere Texte schon zusätzlich aufgenommen hat, sondern darüber hinaus auch weitere, nicht in der Pléiade-Ausgabe enthaltene Texte aufgespürt und der deutschen Leserschaft vorgelegt hat (Texte aus dem *Faust*-Zyklus sowie »Erinnerung an Rilke«, »An Rainer Maria Rilke«, Vorworte zu Gabriela Mistral und Miguel Asturias, »Zu den ›Heften‹ von Leonardo da Vinci«, »Das Schriftwerk von Leonardo da Vinci«, »Das künstlerische Schaffen«, »Überlegungen zur Kunst«, »Erinnerungen Renoirs«, »Bemerkungen zur Physiologie«, »Sind Geisteswissenschaften und Naturwissenschaften grundverschieden?«, »Freie Völker und Sklavenvolk« und »Vor der Zukunft«.). Die Rezeption der Werke von Valéry kann also im deutschsprachigen Raum auf einer umfassenden Textgrundlage eine neue Qualität gewinnen.

Zur Orientierung des Lesers in der *Frankfurter Ausgabe*, deren Bände thematisch gegliedert sind, hat der Herausgeber eine Zeittafel zu Leben und Werk von Paul Valéry erstellt. Alle dort auf deutsch angeführten Titel – und es sind nur die wichtigen – finden sich in den 7 Bänden der *Werke*.

Jürgen Schmidt-Radefeldt

VERZEICHNIS DER ABKÜRZUNGEN

Œuvres:	Paul Valéry, *Œuvres*. Édition établie et annotée par Jean Hytier (Bibliothèque de la Pléiade), Gallimard, Paris, 2 Bände (I und II) 1957 und 1960, Neuaufl. 1980 und 1984.
Vues:	Paul Valéry, *Vues*, La Table Ronde, Paris 1948.
C.:	Paul Valéry, *Cahiers*. Édition en facsimilé du C.N.R.S., Centre National de la Recherche Scientifique, Paris; Préface de Louis de Broglie, 1957 bis 1961, 29 Bände.
C. Pl.*:*	Paul Valéry, *Cahiers*. Édition établie, présentée et annotée par Judith Robinson (Bibliothèque de la Pléiade), Gallimard, Paris, 2 Bände (I und II) 1973 und 1974.
C. Éd. int.*:*	Paul Valéry, *Cahiers 1894-1914*. Édition intégrale, établie, présentée et annotée sous la co-responsabilité de Nicole Celeyrette-Pietri et Judith Robinson-Valéry, Gallimard, Paris, 12 Bände, Bd. 1 (1987), Bd. 2 (1988), Bd. 3 (1990), Bd. 4 (1992), Bd. 5 (1994) ff.
Briefe:	Paul Valéry, *Briefe*. Aus dem Französischen übersetzt, mit einem Nachwort und Anmerkungen von Wolfgang A. Peters, Insel-Verlag, Wiesbaden 1954 (Titel der Originalausgabe: *Lettres à quelques-uns*, Paris 1952).
Briefwechsel:	André Gide – Paul Valéry, *Briefwechsel 1890-1942*, eingeleitet und kommentiert von Robert Mallet, mit einem Nachwort von Daniel Moutote. Aus dem Französischen von Hella und Paul Noack, S. Fischer Verlag, Frankfurt am Main 1987.
Cahiers/Hefte:	Paul Valéry, *Cahiers/Hefte*. Herausgegeben von Hartmut Köhler und Jürgen Schmidt-Radefeldt, 6 Bände, S. Fischer Verlag, Frankfurt am Main: Band 1, 1987; Band 2, 1988; Band 3, 1989; Band 4, 1990; Band 5, 1992; Band 6, 1993; (Titel der Originalausgabe: *Cahiers*, 2 Bände, Paris 1973 und 1974).
Werke:	Paul Valéry, *Werke. Frankfurter Ausgabe in 7 Bänden.*

Herausgegeben von Jürgen Schmidt-Radefeldt: Band 1, hg. von K. A. Blüher u. J. Schmidt-Radefeldt, *Dichtung und Prosa*, 1992; Band 2, hg. von K. A. Blüher, *Dialoge und Theater*, 1990; Band 3, *Zur Literatur*, 1989; Band 4, *Zur Philosophie und Wissenschaft*, 1989; Band 5, *Zur Theorie der Dichtkunst und Vermischte Gedanken*, 1991; Band 6, *Zur Ästhetik und Philosophie der Künste*, 1995; Band 7, *Zur Zeitgeschichte und Politik*, 1995.

ANMERKUNGEN

EINE METHODISCHE EROBERUNG

Übersetzung: Max Rychner
Dieser Essay erschien zuerst 1897 unter dem Titel »La conquête allemande. Essai sur l'expansion germanique« (in: *The New Review* 92, Januar 1897, S. 99-112), danach 1915 im *Mercure de France* (Nr. 417, 1915, S. 51-66) sowie 1924 unter dem neuen Titel »Une conquête méthodique« (im Verlag Edouard Champion, Paris, mit einer Vorbemerkung Valérys zur Entstehungsgeschichte).
Die deutsche Übersetzung, die wir zugrunde legen, erschien 1946 im Europa Verlag, Zürich/New York, mit einem Nachwort des Übersetzers Max Rychner (aufgenommen in: Max Rychner, *Zur europäischen Literatur zwischen zwei Weltkriegen*, »Voraussagen 1896«, Atlantis Verlag, Zürich, S. 161-164, sowie in: ders., *Zeitgenössische Literatur. Charakteristiken und Kritiken*, Manesse Verlag, Zürich 1947). – Weitere Literatur: Robert Pickering, *Genèse du concept valéryen ›pouvoir‹ et ›concept méthodique‹ de l'écriture*, Minard, Paris 1990). Allgemein zur politischen Einstellung Valérys vgl. François Valéry, »Valéry und die Politik«, in: *Herausforderung der Moderne. Annäherungen an Paul Valéry*, hg. von C. H. Buchner/E. Köhn, S. Fischer, Frankfurt am Main 1991, S. 425-439, wie auch die Aufsätze über Valéry zwischen den drei Kriegen (François Valéry), Valéry und Deutschland (Philippe-Jean Quillien) und Valéry und Spanien (Monique Allain-Castrillo) in: *Paul Valéry et le Politique*, L'Harmattan, Paris 1994.
Gerade der Essay »Eine methodische Eroberung«, in dem Valéry schon 1896 die Geschichte des 20. Jahrhunderts und die weltwirtschaftliche Rolle Deutschlands, Japans und Italiens mit außergewöhnlicher Hellsichtigkeit voraussah, weiterhin die Entwicklung zur Planzukunft, die Disziplinierung des Individuums, die zunehmende Gleichmachung und Mittelmäßigkeit im Gesellschaftlichen, die vergiftende Dichotomie von Freund- und Feindbildern, die zunehmende Gewalt des Staates gegenüber dem Individuum, wie auch den »totalen Krieg« (M. Rychner) – und dieses alles unter dem Aspekt des »Methodischen« – hat mit allen aufgezeigten Konsequenzen weiterhin bedrückende Aktualität; daß Valéry dabei jedoch keineswegs moralisiert oder anklagt, sondern eine gewisse Bewunderung für

Deutschland nicht verleugnet, beweist eine außerordentlich objektive Denkungsart.
Noch 1941 stellt Valéry fest, daß ihm Auftragsarbeiten wie dieser Essay insofern nützlich waren, als sie ihn zwangen, extrem auseinanderliegende Lebens- und Gedankenbereiche zu verbinden – hier die Politik, Wirtschaft, Methode, Strategie usw. mit sozial-psychologischen Verhaltensweisen, d. h. »die Annäherung der Strategie und der organisierten, disziplinierten Ökonomie« (*Cahiers/Hefte*, Bd. I, S. 379); vgl. auch »Aktuelle Erinnerung« (in diesem Band), wo Valéry die Entstehungsgeschichte dieses Essays in Erinnerung ruft.
In: *Œuvres* I, S. 971-987, »Une conquête méthodique«.

1 »Für die Zuspätkommenden (bleiben nur) die Knochen«.

2 Diese Reihe von Artikeln faßte Ernest Edwin Williams in einem Buch *Made in Germany* (Heinemann, London 1896) zusammen; es legt eine (Ab)Rechnung (»bill« wie Valéry schreibt) mit Deutschland vor, insofern es detailliert die wichtigsten Wirtschaftsbereiche behandelt (Eisen und Stahl, Schiffahrt, Maschinen, Textilien, Chemie, dazu kleinere Handwerks- und Handelsbereiche wie Spielzeug, Glas, Leder, Druckwesen, Musikinstrumente); Williams sprach nicht nur von einer »German Revolution«, sondern verglich die deutsche mit der englischen Wirtschaft und betitelte die beiden letzten Kapitel »Why Germany beats us« und »What we must do to be saved«. – Valéry, der sich im April/Mai 1896 in London aufhielt, wo er für *The New Review* auch Artikel über Südafrika aus dem Englischen ins Französische übersetzte, kannte dieses Buch sehr genau.

3 Valéry bezeichnet seinen Essay (wie auch später 1938 in »Aktuelle Erinnerung«, in diesem Band) als »une sorte de conclusion philosophique, genre français«. Auf die Entstehungsgeschichte dieses Werkes kommt er mehrfach zurück: so 1915 in Briefen an Victor Cambon (in: *Œuvres* I, S. 1809-1811), an Arnold Bennett und André Fontainas (in: *Briefe*, S. 94-97) wie auch in einem Interview mit Frédéric Lefèvre (in: *Œuvres* I, S. 1810-1811), wo er diesen Text als einen seiner wenigen Versuche in »politischer Philosophie« bezeichnet.

4 Das Buch *Le danger allemand. Étude sur le développement industriel et commercial de l'Allemagne* von Maurice Schwob erschien 1896 (Paris: Ed. L. Chailly).

5 Im frz. Text auf deutsch »Vaterland«. Nur gelegentlich finden sich deutsche Wörter im Werk Valérys; seine Englischkennt-

nisse waren demgegenüber umfassender, da er sie schon auf dem Gymnasium erworben hatte.

6 Valéry verwendet hier die dt. Lehnwörter *landwehr* und *landsturm*.

7 Der preußische Generalfeldmarschall Helmut Graf von Moltke (1800-1891) wird in den frühen *Cahiers* mehrfach neben Napoleon, Talleyrand, Rhodes – aber auch Faraday, Poincaré, Degas und Rimbaud gestellt; Valéry charakterisiert ihn einmal als »Moltke le régulier« (*C.* Éd. Int., Bd. I, S. 424). Moltke als »Schlachtenlenker« und Sieger von Königgrätz (1866) und Sedan (1870) war *der* erfolgreiche Stratege von Preußen-Deutschland. Königgrätz war die größte Schlacht im 19. Jahrhundert (221 000 Mann auf preußischer, 215 000 auf österreichischer Seite), es war der erste eigentlich moderne Krieg, wofür der Aufmarsch per Eisenbahn nur ein Indiz ist. Moltke war jedoch nicht nur der Stratege mit einer einzigartigen Planungsmaschinerie, auch als Topograph im Osten Preußens (Maßstabskarten 1:25000) zeichnete er sich aus; vgl. G. Ritter, *Staatskunst und Kriegshandwerk. Das Problem des Militarismus in Deutschland*, Bd. 1, München 1954; Franz Herre, *Moltke. Der Mann und sein Jahrhundert*, Stuttgart 1984.

8 Das Deutsche Reich kaufte die Karolinen von Spanien 1899; die sogenannte »Krügerdepesche« schickte der Kaiser 1896 an den Präsidenten der Burenrepublik als Glückwunsch zur erfolgreichen Liquidation des Jameson-Einfalls in Transvaal, was in England Verstimmung auslöste; Beira und die Delagoa-Bucht liegen in Mozambik. Valérys Hinweise verdeutlichen den internationalen Argwohn gegenüber allen kolonialimperialistischen Anstrengungen Deutschlands zu jener Zeit.

9 »In allen Wissensbereichen, über alles Wissenswerte«, Devise des ital. Renaissance-Menschen Pico della Mirandola (1463-1494); vgl. auch »Der ›Centre universitaire méditerranéen‹« (in diesem Band, Anm. 4 dazu).

10 In eben diesem Sinn definiert Valéry mehrfach »Wissenschaft«, vgl. *Cahiers/Hefte*, Bd. 5, S. 363, 385, 391, 455.

11 Vermutlich denkt Valéry hier an Entwürfe wie die *Ars magna et ultima* (1275) von Ramón Llull, die Philosophie einer rationalen, universalen Grammatik und Logik von Antoine Arnauld und Pierre Nicole (*La Logique ou L'Art de penser*, 1662), an Leibnizens *Characteristica universalis*, das Alphabet des Denkens oder auch an die Zeichentheorie eines »Ideologen« wie Destutt de

Tracy (vgl. dazu Nicole de Celeyrette-Pietri, *Valéry et le moi*, Paris 1979, S. 17-19; J. Schmidt-Radefeldt, »Questions de méthodes et l'Art de penser«, in: *Remanences* 4/5 [Juni 1995], S. 97-103).

12 Der frz. Romancier Honoré de Balzac zielte mit seinem Werk *La Condition humaine* auf eine Gesamtdarstellung der menschlichen Gesellschaft sowie typischer Grundformen menschlichen Verhaltens (vgl. dazu W. Jung, *Theorie und Praxis des Typischen bei Balzac*, 1983). – Richard Wagner verfolgte ein Gesamtkunstwerk als Synthese der Einzelkünste (*Das Kunstwerk der Zukunft*, 1849), wobei der Künstler das fortgeschrittene, »durch die Wissenschaft errungene Bewußtsein« zu gestalten habe.

DIE KRISE DES GEISTES

Übersetzung: Herbert Steiner und Frank Rümelin, in: Paul Valéry, *Die Krise des Geistes. Drei Essays*, Insel Verlag, Wiesbaden 1956.
Die beiden ersten Texte erschienen zuerst auf englisch unter dem Titel »The spiritual crisis« (Erster Brief) und »The intellectual crisis« (Zweiter Brief) in der Zeitschrift *The Athenaeum* (London) im April und Mai 1919, und zwar in der Rubrik *Foreign Literature – Letters from France* (deshalb sind es Briefe); in der *Nouvelle Revue Française* (August 1919, S. 321-337) wurden sie dann unter den Titel »La Crise de l'Esprit« gestellt. Das Vorwort des Verlags betonte, daß diese Briefe an einen englischen Leserkreis gerichtet waren. Der dritte Text wurde später ergänzt (s. u.).
Die Zeitschrift *Athenaeum* (gegr. 1828) wurde in den Jahren 1919-1921 von dem englischen Kritiker John Middleton Murry herausgegeben; Valéry erhielt und las sie gelegentlich, erschien doch im selben Jahrgang noch eine Übersetzung von ihm aus dem Englischen über die Einsteinsche Relativitätstheorie (*La théorie de la gravitation selon Einstein*), die gleichfalls im selben Jahr von der *Nouvelle Revue Française* (Nr. 75, 1919, S. 1118-1122, unter dem Titel »Un article de l'Athenaeum«) abgedruckt wurde.
Der geistesgeschichtliche und europäische Stellenwert der »Krise des Geistes« wird auch daran deutlich, daß der erste Brief als Faksimile der Handschrift Valérys in einer Festschrift zu seinem 55. Geburtstag 1926 (*Paul Valéry*, Éditions de la Revue Le Capitole, Paris 1926, S. 47ff., jedoch nicht paginiert) abgedruckt wurde. Der Gedanke an ein kulturelles und politisches EUROPA (ebenso wie der

des Pazifismus) sind konstante Leitlinien bei Valéry, vgl. auch die Rede im PEN-Club (*Werke*, Bd. 5, S. 44); vgl. auch Victoria Ocampo, »Valéry, parfait symbole de l'Europe«, in: *Paul Valéry vivant* (Paris 1946, S. 89-94).

Die deutsche Übersetzung der »Krise des Geistes« von Herbert Steiner erschien zuerst in *Corona* 1 (1930/31) 5, S. 531-545), und wurde später zusammen mit dem Artikel »Europa« (in: *Europäische Revue* 2, 1937) im Insel Verlag als »Die Krise des Geistes. Drei Essays« von Herbert Steiner herausgegeben, der Valéry persönlich kannte und ein Nachwort dazu schrieb.

In: *Œuvres* I, S. 988-1014, »La crise de l'esprit«.

1 Dieser erste Satz, den ein tief enttäuschter Europäer Valéry am Ende des Ersten Weltkriegs (11. November 1918) formulierte – »Nous autres, civilisations, nous savons maintenant que nous sommes mortelles.« –, sollte Berühmtheit erlangen: Paul Desjardins machte ihn zum Thema einer seiner bekannten Dekaden in Pontigny (14.-24. August 1934), an der Valéry jedoch nicht teilnehmen konnte; er schrieb einen Brief dazu an Desjardins (vom 29. April 1934, in: *Briefe*, S. 200-201), in dem er detaillierte Interpretationshilfe zur Thematik gab. Ein Bezug zu Oswald Spenglers *Der Untergang des Abendlandes* (1918; der Titel des Buchs stand seit 1912 fest) ist möglich, jedoch nicht zwingend.

2 Der Name dieser römischen Provinz (heute Portugal) hier mag ein Vorausblick darauf sein, daß Valéry 1935 Mitglied der Akademie der Wissenschaften in Lissabon und 1937 Ehrendoktor der Universität Coimbra wird.

3 »Und wenn er Gier und Lüste überwunden hat, / Wird weiterhin Sieger sein der Herrscher Geist.« Das Zitat findet sich im Hymnenbuch *Cathemerinon* (VII, Hymnus ieiunantium, Z. 199-200) von Prudentius (Aurelius P. Clemens), dem christlichen (spanischen) Horaz (348-405) (Anm. Heinz Berthold).

4 Hamlet auf der Terrasse, dem Erdwall von Helsingör, führt direkt zur »Station sur la terrasse«, vgl. *Cahiers/Hefte*, Bd. 2, S. 616-619 (mit Faksimile Abb.).

5 Mit eben diesem Zitat von Leonardo da Vinci beendet Valéry seine »Einführung in die Methode von Leonardo da Vinci«; vgl. *Werke*, Bd. 6, S. 61, sowie dort Anm. 24.

6 Zum Begriff »Idole et Idolâtrie« vgl. im Sachregister der *C. Pl.*, Bd. II, hg. von Judith Robinson; auch E. M. Cioran, »Valéry und seine Idole«, in: ders., *Über das reaktionäre Denken*, Suhr-

kamp, Frankfurt am Main 1990, S. 87-115. Diesen Text verfaßte Cioran ursprünglich für eine amerikanische Ausgabe von Texten Valérys und stellte darin dessen Idole (Leonardo, Poe und Mallarmé) heraus.

7 Anspielung auf Valérys »théorie des points de vue«, vgl. *Cahiers/Hefte.*

8 Dazu »Amerika – Projektion des europäischen Geistes« (in diesem Band).

9 Zu diesem Begriff des »Cap« vgl. Jacques Derrida, *Das andere Kap. Die vertagte Demokratie. Zwei Essays*, Suhrkamp, Frankfurt am Main 1992, sowie J. Schmidt-Radefeldt »Das andere Kap *Europa*. Derrida denkt Valéry um und weiter«, in: *Forschungen zu Paul Valéry* 5 (1992), S. 33-42.

10 Wenn Valéry hier schon 1919 von der »Ausbeutung unseres Planeten« (»exploitation du capital planétaire«) und der drohenden »Vereinheitlichung durch technische Methoden« spricht (dazu auch 1896 »Eine methodische Eroberung«, in diesem Band), so beweist dies erneut seine außergewöhnliche zeitkritische Einstellung.

11 Der anschließende Text (frz. Titel »Note [ou l'Européen]«) war Teil eines Vortrags, den Valéry am 15. November 1922 an der Universität Zürich hielt. Er erschien zuerst unter dem Titel »Caractères de l'esprit européen« in der *Revue universelle* 15 (1924), S. 129-142, und wurde als Ergänzung zur »Krise des Geistes« konzipiert. Die Folgen des Krieges werden erneut europäisch und pazifistisch gesehen, womit sich Valéry weitsichtig und mutig gegen manche Zeitgenossen im In- und Ausland stellte. Die deutsche Übersetzung erschien erstmals 1937 unter dem Titel »Europa« in der *Europäischen Revue* 2 (1937), S. 341-353, ohne Angabe des Übersetzers, der vermutlich, wie in der Insel-Ausgabe, Frank Rümelin war.

12 Anspielung auf den Fragekatalog von Ramón Llull, den Valéry mehrfach zitiert.

13 Die Problematik des Turmbaus zu Babel zog offensichtlich auch Valéry in Bann, der in seinen *Cahiers/Heften* immer wieder das Projekt einer vollkommenen Sprache umkreist; in Umberto Ecos *Die Suche nach der vollkommenen Sprache* (Hanser, München 1994) hätte auch Valéry seinen Platz gehabt.

14 Diese »Ville par excellence« (so im frz. Text) ist zweifellos Rom.

15 Vgl. dazu den Beitrag in diesem Band.

ÜBER DIE KRISE DER INTELLIGENZ

Übersetzung: Karl August Horst, in: *Neue Schweizer Rundschau* 19 (1926), S. 7-23.

Diesen Essay schrieb Valéry als Antwort auf die (Um)Frage von Jean Laporte »Y a-t-il une crise des professions libérales?« (Gibt es eine Krise der freien Berufe?) in der Zeitschrift *Revue de France* 1925. Die öffentliche Diskussion wurde von diversen Berufsschichten aufgenommen. Beiträge zum Thema schrieben Vertreter der Kirche, der Armee, der Universität (Gustave Lanson u. a.), der Presse, der Belletristik (Romanciers wie Marcel Prévost, Drieu La Rochelle), der lyrischen Dichtung (wie Abel Bonnard, Anna de Noailles), der Künste, der Medizin, der Jurisprudenz, des Magistrats und der Diplomatie. Valérys Beitrag erschien unter dem Titel »Sur la crise de l'intelligence« (*la Revue de France*, 15. Juni 1925, S. 617-636), im folgenden Jahr erneut mit verändertem Titel als *Propos sur l'intelligence* (À l'Enseigne de la Porte, Paris 1926).

In: *Œuvres* I, S. 1040-1057, »Propos sur l'intelligence«.

1 Der Begriff *Intelligentsia* oder *Intelligenzija* entstand um 1860 im zaristischen Rußland, bezeichnete die radikale, revolutionäre, großenteils nihilistische geistige Elite der russ. Bildungsschicht; vgl. *Die russische Intelligentsia*, hg. von R. Pipes, Stuttgart 1962.

2 Die erstaunlich weitsichtige Zeitkritik Valérys wird gerade an diesem Phänomen der Maschinenhaftigkeit, insbesondere der Rückwirkung der Maschine auf den Menschen, erneut deutlich; vgl. auch J. Schmidt-Radefeldt, »Kybernetische Denkansätze bei Paul Valéry?«, in: *Poetica* 14 (1982), S. 134-170.

3 Frz. »l'homme par cellule«: die hier vorgelegte Diagnose hat eine Analogie in der Beschreibung wuchernder Krebszellen; vgl. dazu die Beiträge »Valéry und die lebende Zelle« und »Valéry vor der Entwicklung der Neurologie«, in: Judith Robinson-Valéry (Hg.), *Funktionen des Geistes. Paul Valéry und die Wissenschaften*, Frankfurt/New York 1993, S. 33-54 und 164-188.

4 Pierre Ronsard (1524-1585), Mitbegründer der Dichtergruppe der *Pléiade*.

5 Frz. »terres libres«: die Quelle dieses Hinweises konnte nicht gefunden werden; vgl. auch Anm. 10 zu »Bilanz der Intelligenz« (unten).

6 Frz. »professionnels« hat eine weitere Bedeutung.

7 Wenngleich Valéry Rechtswissenschaft studiert hatte, verwendet er selten juristische Fachwörter wie hier *fongibles* (lat. *fungibilis*: »austauschbare, ersetzbare« vertretbare Sache, die im Verkehr nach Maß, Zahl und Gewicht bestimmt zu werden pflegt).

8 Beide frz. Begriffe »mandarins« und »clercs« (»Geistliche, Gelehrte«) verwendet Valéry synonym zu »Intellektuelle«; entsprechend in diesem Sinne Julien Benda (*La trahison des clercs*, 1927, dt. 1948/1978, *Der Verrat der Intellektuellen*) und Simone de Beauvoir (*Les mandarins*, 1954, dt. 1955).

9 Zu Valérys grundlegender Kritik an Diplomen und am Unterrichtswesen Frankreichs vgl. die Rubrik »Unterricht« in: *Cahiers/Hefte*, Bd. 5, sowie J. Schmidt-Radefeldt, »Les principes de l'enseignement suivant Paul Valéry et quelques contemporains«, in: *Valéry et le monde actuel*, hg. von Huguette Laurenti, Minard, Paris 1993, S. 133-151.

10 »Ich bin Arbeiter«; zu Veronese vgl. *Werke*, Bd. 6.

DIE POLITIK DES GEISTES

Übersetzung: Franz Joseph Krebs, in: *Akzente* 33 (1986), S. 15-39. Diesen Vortrag hielt Valéry am 16. November 1932 in der Université des Annales (abgedruckt in der Zeitschrift *Conferencia*, Februar 1934). In den *Cahiers* (*C.*, Bd. XV, S. 735) findet sich ein erster Entwurf mit demselben Titel, datiert 24. 7. 1932. Inhaltlich schließt der Vortrag eng an »Die Krise des Geistes« an, zumal Valéry einige – leicht veränderte – Passagen von dort aufnahm, die ihm von größter Wichtigkeit erschienen; da diese Abschnitte hier in einem neuen Kontext erscheinen, haben wir sie in der vorliegenden Übersetzung von F. J. Krebs belassen.
In: *Œuvres* I, S. 1014-1040, »La politique de l'esprit. Notre souverain bien«.

1 Auf Einladung des Ministers der Marine Émile Borel nahm Valéry Anfang Juni 1925 an einer Flottenfahrt im westlichen Mittelmeer/Atlantik auf dem Kreuzer *Provence* teil (vgl. dazu *Œuvres* I, S. 48); einige Aquarelle dieses imposanten Schlachtschiffs finden sich in: *C.* Bd. X, S. 824f. Vier Jahre später wurde Valéry nochmals zu einer anderen Kreuzfahrt auf dem Mittelmeer eingeladen.

2 Frz. »puissance de transformation«, vgl. auch andere Definitionen von *esprit* in den *Cahiers/Heften.*

3 Frz. »structure fiduciaire«; zu *fiducia* vgl. *Cahiers/Hefte*; zur Funktion der Fiducia in der Geschichte, Religion, Politik und im Recht vgl. Régine Pietra, *Valéry – directions spatiales et parcours verbal*, Minard, Paris 1981, S. 278-310.

4 Nachdem schon im Juni 1928 der Franc abgewertet worden war, erlebte Frankreich ab 1929 (Rücktritt des Ministerpräsidenten Raymond Poincaré) bis 1931 eine Wirtschaftskrise. Die Weltwirtschaftskrise begann mit dem »schwarzen Freitag« an der Börse in New York am 25. Oktober 1930.

5 Anspielung auf die Definition von Degas in »Tanz, Zeichnung und Degas«, in: *Werke* Bd. 6.

6 Dieses Wort »Nous entrons dans l'avenir à reculons« wurde im Juni 1932 als Dissertationsthema den Bewerbern im Auswärtigen Amt in Paris gestellt, vgl. *Œuvres* I, S. 57 (s. auch oben).

BILANZ DER INTELLIGENZ

Übersetzung: Hartmut Köhler
Valéry hielt diesen Vortrag am 16. Januar 1935 in der Université des Annales (Paris); er wurde im November desselben Jahres in deren Zeitschrift *Conferencia* veröffentlicht.
In: *Œuvres* I, S. 1058-1084, »Le bilan de l'intelligence«.

1 Valéry verfolgte mit großem Interesse die bahnbrechenden Erfindungen der Telegraphie und Television in den zwanziger Jahren (das Wort *télévision* ist seit 1929 im Französischen belegt), jedoch fand er sich noch mehr betroffen durch deren Rückwirkungen auf den Menschen (vergleichbar der Zeitkritik eines Theodor W. Adorno oder Günther Anders). Im folgenden spricht Valéry wohl als erster von einem »accroissement sans limite« (Wachstum ohne Grenzen).

2 Dieser Gedanke findet sich auch 1923 in den *Cahiers/Heften*, Bd. 5, S. 386. Als solche »Totengespräche« konzipierte Valéry mehrere Dialoge, vgl. *Werke*, Bd. 2.

3 Zu den Zusammenhängen von Mensch und Gehirn vgl. auch den Beitrag von François Lhermitte in: *Funktionen des Geistes. Paul Valéry und die Wissenschaften*, a. a. O.

4 Frz. »époque de transition«: als ungenannter Freund kämen hier André Gide, Pierre Louÿs oder Gustave Fourment in Frage.

5 Möglicherweise spielt Valéry hier auf seine eigenen Lebensdaten an: geboren 1871, Beginn der *Cahiers* 1892 in Paris.

6 Diese Tradition von »brain trusts« (frz. »trust de cerveaux«) ist weiterhin die Praxis in den U.S.A.

7 Vgl. J. Derrida, *Das andere Kap. Die vertagte Demokratie. Zwei Essays zu Europa*, a. a. O.

8 Der Kulturpessimismus Valérys findet sich verstärkt in späteren Lebensjahren vor allem in »Suite« und »Schlimme Gedanken und andere«, in: *Werke*, Bd. 5; man wird auch an Michel Foucaults Schlußsatz in *Les mots et les choses* (1966, dt.: *Die Ordnung der Dinge*) erinnert.

9 Frz. »exploitation toujours plus efficace, plus approfondie des énergies naturelles«: dieser Hinweis auf die Verschwendung der Ressourcen ist am Ende des Jahrtausends noch aktueller als 1935. Valéry nimmt in diesem wie auch im folgenden Abschnitt Passagen aus »Die Krise der Intelligenz« (in diesem Band) teilweise wörtlich wieder auf.

10 Vgl. dazu oben (»Die Krise der Intelligenz«); im Gegensatz jedoch zu jener Stelle behauptet Valéry hier, er selbst habe auf die »terres libres« vor über vierzig Jahren schon hingewiesen.

11 Diese Beschreibung von Erziehung im Europa der dreißiger Jahre bezieht sich gerade auch auf das deutsche Reich unter dem Nationalsozialismus; Vortragsreisen nach Berlin (1926), Belgien (1924, 1926, 1932), nach Zürich, Wien (1932), Spanien (1933) und Italien (einschließlich eines Besuchs bei Mussolini am 26. Mai 1933) sowie die Kontakte durch die *Coopération intellectuelle* des Völkerbunds vermittelten Valéry europäische Erfahrungen.

12 Zu den *Humaniora* wie auch zu Valérys Kritik an jederart Diplom vgl. *Cahiers/Hefte*, Bd. 5, Rubrik »Unterricht«.

13 Frz. »Baccalauréat« oder »bac« (Schuljargon) entspricht dem Abitur/Reifeprüfung an Gymnasien.

14 Charles Rollin (1661-1741), von Voltaire und Montesquieu verehrt, war Theologe, Historiker, Politiker und Schriftsteller; er lehrte seit 1687 am Collège de France. Noch im Alter von 78 Jahren trat er mutig als Appellant gegen die Bulle Unigenitus (»Vom eingeborenen [Sohn Gottes]«) ein, die der Papst Clemens XI. auf Drängen des frz. Königs Ludwig XIV. gegen P. Quesnel und den Jansenismus erließ.

15 Valéry vertritt hier einen heute noch in Frankreich (Paris) anzu-

treffenden dirigistischen, partiell puristischen Standpunkt von Sprachnormen.

16 Wörtlich: »Der Wert hängt nicht von der Zahl der Lebensjahre ab.«

17 Mehrfach bezeichnet Valéry die frz. Orthographie zu Recht als »unsinnig« und »eigenwillig«. Allerdings gibt es wohl keine natürliche Sprache, bei der Schrift- und Lautzeichen in einer absoluten 1:1 Relation (Phonem-Graphem) stünden (selbst nicht im Lateinischen, Italienischen oder dem Esperanto, die dem Ideal vielleicht am nächsten kommen).

18 Vgl. »Über das Sprechen von Versen« (in: *Werke*, Bd. 1, S. 473-481). Das Deklamieren (und Auswendiglernen) wie auch die Orthoepie (korrekte, normgerechte Aussprache) werden gemeinhin als sekundär betrachtet.

19 Valéry machte es sich zu einer obersten Maxime, gegenüber dem unzureichenden, defizitären Zeichensystem Sprache sich kritisch zu verhalten: vgl. *Cahiers/Hefte*, Bd. 1, S. 476: »Die Sprache hat das Denken nie zu Gesicht bekommen«, und Bd. 1, S. 472: »Wir kennen unser Gehirn ausschließlich vom Hörensagen.«

IST GEIST EIN LUXUS? ODER DIE NOTWENDIGKEIT DES NUTZLOSEN

Übersetzung: Hartmut Köhler

Wenngleich dieser Text schon 1937 im Rahmen von Valérys Mitarbeit am *Institut international de Coopération intellectuelle* (Société des Nations, Palais Royal, Paris) verfaßt wurde, erschien er erst 1945 in den *Suites Françaises* (Chroniques du ›Figaro‹, hg. von Léon Cotnareanu, zwei Bände, New York 1945).

In: *Vues*, S. 89-93, »L'esprit est-il un luxe? ou La nécessité de l'inutile«.

1 Das vom *Institut de la Coopération intellectuelle* gestellte Rahmenthema war »Le destin prochain des Lettres« (Die nahe Zukunft der Literatur). Zu Valérys Mitarbeit in der *Coopération* vgl. Hélène Vacaresco, »Paul Valéry à la Coopération Intellectuelle«, in: *Paul Valéry vivant*, Cahiers du Sud, Marseille 1946).

2 Ideengeschichtlich denkt Valéry hier wohl an den *Liberalismus* (Herrschaft der Vernunft und Verwirklichung individueller Freiheit, Menschenrechte) sowie einer freien Wirtschaft einer-

seits, an den *Sozialismus* als Gegner einer kapitalistischen Gesellschaftsordnung andererseits; als Namen für die Position eines wissenschaftlichen Sozialismus wären Engels und Marx zu nennen, als ein Vertreter der Freiheit und des gesellschaftlichen Pluralismus John Stuart Mill (1806-1873).

BLICKE AUF DIE GEGENWÄRTIGE WELT

Diese Sammlung von Essais zur Zeitgeschichte und Politik erschien unter dem Titel *Regards sur le monde actuel* 1931 bei Gallimard, Paris. Spätere erheblich erweiterte und auch inhaltlich veränderte Auflagen (mit dem Titelzusatz: *et autres essais*) wurden 1933, 1938 (*Œuvres* J) und 1945 vorgelegt, wobei die letzte Ausgabe von Valéry 1939/40 konzipiert und in den Druckfahnen von ihm durchgesehen war. Die Textfassung dieser letzten Form wurde (anders als in der Pléiade-Ausgabe) der *Frankfurter Ausgabe* zugrunde gelegt. Valéry konnte kein allerletztes Vorwort zu den *Regards sur le monde actuel* mehr redigieren, jedoch betont er in seinen Notizen dazu, daß alle Artikel durch die Jahreszahl ihres Entstehens gekennzeichnet werden sollten – aus diesem Grunde hat der Herausgeber strikt die chronologische Ordnung gewählt. Alle kürzeren Texte früherer Ausgaben der *Regards* sind ebenfalls unten in diesem Band 7 aufgenommen.

VORWORT

Übersetzung: Rudolf Alexander Schröder, in: *Corona* II (1931), S. 129-147.
Es sei besonders darauf hingewiesen, daß die deutsche Übersetzung dieses Textes (wie auch des folgenden) in Anbetracht der politischen Verhältnisse in Deutschland erstaunlich kurz nach dem Erscheinen in Frankreich vorlag.
In: *Œuvres* II, S. 913-928, »Avant-Propos«.

1 Vgl. »Eine methodische Eroberung« (in diesem Band).
2 In diesem Band.

Übersetzung: Ernst Haerle, in: *Corona* IV (1933/34), S. 311-317.
Valéry schrieb diesen Text 1895 »während des ersten chinesisch-japanischen Kriegs« (wie er selbst betont). 1928 erschien ein Faksimile-Druck der Handschrift als Privatdruck, von Julien P. Monod veröffentlicht. In den *Regards sur le monde actuel* wurde *Le Yalou* erst 1938 aufgenommen, wohl wegen seines teilweise recht poetischen Sprachduktus. Es handelt sich um Valérys erstes metapolitisches Werk zur Thematik Orient und China – im erklärten Gegensatz zu Europa und dessen Größe und Niedergang. Der distanzierte Blick des Chinesen läßt Europa in einem völlig anderen Licht erscheinen, ohne daß das poetische Geheimnis um die Ansicht des Meers und die des Chinesen gelöst würden. Mediterrane Eingebungen des Dichters (vgl. »Le Cimetière marin« u. a.) werden hier zum erstenmal niedergeschrieben. Zum Verständnis des Werks vgl. Silvio Yeschua »*Le Yalou*: Enigmes, forme, signification«, in: ders., *Le texte, le secret et l'exégèse*, Champion, Paris 1992, S. 67-85.
In den *Cahiers* verbindet Valéry *Yalou* mit militärischer und geistiger Strategie sowie mit der Ästhetik (»esthétique navale«, vgl. *C.* éd. int., Bd. I, S. 413-415, dazu auch eine Rekonstruktionszeichnung der Position von Schlachtschiffen ebd., S. 228). – *Yalu* ist der Name des Grenzflusses, an dem die Seeschlacht zwischen China und Japan stattfand. Valérys konkrete Quelle – von der er weit abrückt – war der Bericht des Leutnants J. Lafay: »La bataille navale du Yalou d'après les renseignements français et étrangers les plus récents« (in: *Revue maritime et coloniale*, Januar 1895, Bd. 124, S. 5-24). In einem Brief an Gide (24. Juli 1899) spricht Valéry von einem *Teste en Chine* (*Briefwechsel*, S. 409), vermutlich *Le Yalou*; vgl. auch im Register von *C.* éd. int.
In: *Œuvres* II, S. 1016-1021, »Le Yalou«.

1 Dieses Zitat findet sich wortwörtlich auch in: *C.* éd. int., Bd. I, S. 170. Valéry entnahm es dem Artikel »The Japanese smile« (in: *Atlantic Monthly*, Mai 1893); in den *Cahiers* spricht er von einem »sourire incassable« – einem unzerbrechlichen Lächeln. – Der Graf und General Koyato Torio (1847-1905) war Ratgeber des japanischen Kaisers und Kenner der japanischen, chinesischen und buddhistischen Kultur.

NOTIZEN ÜBER GRÖSSE UND NIEDERGANG EUROPAS

Übersetzung: Hartmut Köhler
Unter der Überschrift »Notes sur la grandeur et la décadence de l'Europe« wurde dieser Essay zuerst in der *Revue des Vivants* 1927 abgedruckt, erschien als Buch im selben Jahr bei Champion, Paris, und wurde in alle Ausgaben der *Regards sur le monde actuel* aufgenommen.
In: *Œuvres* II, S. 929-935, »Notes sur la grandeur et la décadence de l'Europe«.

1 Der Übersetzer versucht hier eine Nachbildung von frz. »jouer aux Armagnacs et aux Bourguignons«.
2 Besonders in der Rubrik »Geschichte und Politik« der *Cahiers/Hefte* (Bd. 5, S. 469 ff.) umkreist Valéry den Begriff »Nation«; vgl. dort auch die Faksimile-Seite 534.

ÜBER GESCHICHTE

Übersetzung: Hartmut Köhler
Inhaltlich schließt dieser Artikel direkt an die vorhergehenden »Notizen über Größe und Niedergang Europas« an, wurde entsprechend auch in den Ausgaben der *Regards* 1931 und 1933 direkt als Teil davon gesetzt; er entstand 1928.
Die hier von Valéry vertretene, von vielen Historikern als Affront betrachtete Auffassung von Geschichte entfachte große Diskussionen. Ergänzend dazu liest man Briefe an André Lebey (vom 30. August 1906 und September 1906), an André Gide vom 15. März 1897 und 15. Juli 1908 (*Briefe, Briefwechsel*), an Anatole de Monzie vom 25. August 1942 sowie das thesenartige Gespräch, das Lo Duca mit Valéry 1938 darüber geführt hat (*Œuvres* II, S. 1542-1550); vgl. auch Karl Löwith, »Kritik der Geschichte und Geschichtsschreibung«, in: *Herausforderung der Moderne. Annäherungen an Paul Valéry*, hg. von Carl H. Buchner und Eckhardt Köhn, S. Fischer, Frankfurt am Main 1991, S. 314-337.
In: *Œuvres* II, S. 935-938, »De l'histoire«.

1 Vgl. dazu »Das Unvorhersehbare«, in diesem Band.

BILDER VON FRANKREICH

Übersetzung: Fritz Paepcke, in: Paul Valéry, *Regards sur la France. Gedanken über Frankreich*. Zweisprachige Ausgabe, Edition Langewiesche-Brandt, Ebenhausen 1966, S. 6-53. Der Übersetzer gibt dazu ein Vorwort und einen Kommentar zu den Übersetzungsproblemen (S. 131-139).
Valéry schrieb diesen Text als Einleitung zu dem Bildband über Frankreich *La France. Architecture et paysages* (Paris 1927), der danach unter dem Titel »Introduction aux images de la France« in die *Regards* aufgenommen wurde. Martin Hürlimann hatte Valéry zuvor eine Auswahl seiner Landschaftsfotografien von Frankreich gezeigt, die er kurz nach dem Ersten Weltkrieg gemacht hatte, und ein gemeinsames Buchprojekt wurde in der Librairie des Arts décoratifs, Paris, abgesprochen. Auf deutsch erschien dieser Bildband mit Valérys Text 1951 (*Frankreich. Bilder seiner Landschaft und Kultur*, Zürich, Reihe *Orbis terrarum* 8).
In: *Œuvres* II, S. 991-1006, »Images de la France«.

1 Dieser allgemeinen französischen Entwicklung entspricht auch die Semantik: das erste Wort (lat. *cathedra*) erfuhr eine Bedeutungsverengung i. S. »Lehrstuhl, Katheder« (es wird jedoch in Nordost- und Süd-Frankreich noch in allgemeiner Bedeutung »Stuhl« verwendet), das letztere davon abgeleitete Wort (*chaeze*, 1420) bedeutet »Stuhl«.

FUNKTION DER STADT PARIS

Übersetzung: Fritz Paepcke, in: Paul Valéry, *Regards sur la France. Gedanken über Frankreich*. Zweisprachige Ausgabe, Edition Langewiesche-Brandt, Ebenhausen 1966, S. 54-63.
Der Text erschien zuerst 1927 im Band *Tableaux de Paris* (Verlag Émile-Paul, Paris) zusammen mit unveröffentlichten Werken von Colette, Jean Cocteau u.a. sowie Kupferstichen und Lithographien von Abel Bonnard, Daragnès u.a. Der Text ist in allen Ausgaben der *Regards* enthalten.
In: *Œuvres* II, S. 1007-1010, »Fonction de Paris«.

BEMERKUNGEN ÜBER DEN FORTSCHRITT

Übersetzung: Carlo Schmid; in: Paul Valéry, *Über Kunst. Essays*, Suhrkamp Verlag, Frankfurt am Main 1959, S. 118-127.
Der Essay erschien am 10. Dezember 1929 in *Lumière et Radio* und wurde dann in die Sammlung *Pièces sur l'art* (1931, 1934, 1936) sowie in die *Regards* aufgenommen.
Über den wirklichen und den sogenannten Fortschritt hat sich Valéry häufig Gedanken gemacht; er unterscheidet dabei klar zwischen »Fortschritt« und »Neuheit«: »Le progrès (dans le sens précis de ce mot) est aux antipodes de la nouveauté« (*C.* VII, S. 30 [1918]).
In: *Œuvres* II, S. 1022-1027, »Propos sur le progrès«.

1 Dieser vorangehende Absatz fehlte in der Übersetzung von Carlo Schmid.
2 Dieser vorangehende Absatz fehlte in der Übersetzung von Carlo Schmid.
3 Valéry zitiert hier Joseph de Maistre (1753-1821) leicht verändert; in den *Soirées de Saint-Petersbourg* heißt es »C'est l'imagination qui perd les batailles« (»Die Phantasie verliert die Schlachten«).
4 Die revolutionäre Wirkung von Elektrizität und Licht (auch die Frage der Wellen- oder Korpuskulartheorie) hat Valéry mehrfach thematisiert, vgl. dazu *Werke*, Bd. 4.

FRANKREICH ARBEITET

Übersetzung: Hartmut Köhler
Als Vorwort findet sich dieser Text in *Mineurs* von Pierre Hamp 1932 (Faszikel 1, Mai 1932, S. 7-12) und zugleich in *Le Visage de la France. La France travaille* (Paris, Editions de France, Bd. 1 [1932], Bd. 2 [1934]); von daher erhielt der Beitrag seinen Titel.
In: *Œuvres* II, S. 1100-1106, »La France travaille«.

1 Diese Formulierung (les événements ... ne sont à mes yeux que les crêtes et les écumes de la surface des choses) wiederholt Valéry mehrfach.
2 Zur Rolle der Hand vgl. »Rede an die Chirurgen« (*Werke*, Bd. 4, S. 181-200), sowie G. Antoine »Quelques linéaments du *Traité de la main* que Valéry rêva d'écrire«, in: *Valéry contemporain*, Klincksieck, Paris 1974, S. 177-192; J. Schmidt-Radefeldt, »Langage du

corps, corps du langage«, in: *Bulletin des Études Valéryennes* 67/68 (1994), S. 259-273.

3 In Grasse verbrachte Valéry mit der Familie die Ferien 1930 (und traf dort H. G. Wells und Pétain), in Vence bewohnte Catherine Pozzi ihre 1922 gekaufte Villa »La Collinette« (sie nannte sie »Les Collines«), später (1949) wohnte dort auch Chagall (vgl. *Cahiers/Hefte*, Bd. 5, S. 143 und 144, sowie Catherine Pozzi, *Journal 1913-1934*, Paris 1987, dt.: C. Pozzi, *»Paul Valéry – Glück, Dämon, Verrückter«. Tagebuch 1920-1928*, hg. und aus dem Französischen übersetzt von Max Looser, Insel Verlag Frankfurt am Main und Leipzig 1995).

4 Dt. Fachbegriff »im Trockenverband« (A. d. Ü.).

5 Vgl. *Werke*, Bd. 6, S. 544, Anm. 57; *Cahiers/Hefte*, Bd. 1, S. 622, Anm. 35.

DER ›CENTRE UNIVERSITAIRE MEDITERRANÉEN‹

Übersetzung: Hartmut Köhler

Im Juli 1933 verfaßte Valéry diesen Bericht, der als *Projet d'organisation du Centre Universitaire Méditerranéen à Nice* von ihm und Maurice Mignon vorgelegt wurde. Der Erziehungsminister Anatole de Monzie hatte die Neugründung eines Hochschulkollegs in Nizza (an der Universität Aix) beschlossen, Valéry wurde am 21. Juli 1933 zum Geschäftsführenden Direktor und Organisator (neben dem Direktor Mignon) ernannt.

In diesem Projektentwurf begründet Valéry detailliert die Ziele eines C. U. M. – in vielem vergleichbar dem Collège de France –, das seinen internationalen und interdisziplinären Ansprüchen und Neigungen in weitem Maße entsprach. Einen Bericht über die Arbeit des C. U. M. und Valérys Tätigkeit dort gibt Maurice Mignon: »Paul Valéry au Centre Universitaire Méditerranéen«, in: *Paul Valéry vivant*, Cahiers du Sud, Marseille 1946, S. 144-151.

Valéry leitete das *Centre Universitaire Méditerranéen* vom 1. Dezember 1933 bis zum 4. März 1941, bis ihn das Vichy-Regime auf rüde Art und ohne Nennung von Gründen seines Postens enthob. Am 1. März 1945 wurde er dann (bis zu seinem Tod am 20. Juli 1945) wieder in seine alte Funktion eingesetzt.

In: *Œuvres* II, S. 1128-1144, »Le Centre Universitaire Méditerranéen«.

1 Ausschuß für Fortbildung.

2 Valéry hielt nicht allzuviel von Diplomen (vgl. *Cahiers/Hefte*, Bd. 5, »Unterricht«), die universitären Angelegenheiten überließ er völlig dem Direktor Mignon.

3 Vgl. »Über das Sprechen von Versen«, in: *Werke*, Bd. 1, S. 482-486.

4 An diesem Punkt wird die strukturelle Analogie zum Collège de France besonders deutlich.

5 Diese Devise »Über alles Wissenswerte« geht auf den ital. Humanisten Pico della Mirandola (1463-1494) zurück; Voltaire sollte sie dann ironisierend ergänzen (..., *et quibusdam aliis*, »und noch weit mehr«) und zum Sprichwort werden lassen.

6 Das Kolloquium *Mare nostrum. Valéry et le monde méditerranéen*, von Huguette Laurenti organisiert (als Buch bei Minard, Paris 1989), stellt Valérys mediterranen Kulturbegriff von der iberischen Halbinsel bis hin zu Griechenland unter Beweis; dazu auch Daniel Moutote »La poésie grecque dans l'œuvre de Paul Valéry«, in: *Valéry et la littérature du passé*, hg. von Walter Ince, University of Southampton 1984, S. 45-68. Vgl. auch allgemein: Fernand Braudel, *Das Mittelmeer und die mediterrane Welt in der Epoche Philipps II.*, Suhrkamp Verlag, Frankfurt am Main 1990.

7 Dieser mit *Thetis* betitelte Vortrag über die Schönste der Nereiden wird hier nur vorgestellt. Thetis trat bereits in dem Gedicht »Naissance de Vénus« auf (*Werke*, Bd. 1, S. 12-13).

8 Dahinter ist unschwer Valéry selbst zu erkennen, vgl. »Die Politik des Geistes« (in diesem Band).

9 Vorträge des C. U. M. erschienen in der Reihe Conférences du Centre universitaire méditerranéen de Nice (Verlag Hermann, Paris), z.B. *Sur la théorie mathématique des jeux de hasard et de réflexion*, hg. von René de Possel, 1936; *Rôle du pythagorisme dans l'évolution des idées* von Léon Brunschvig. Kongresse führten in Nizza verschiedenste Organisatoren durch, so das *Comité permanent des Lettres et des Arts de la Société des Nations* (am 3. April 1935 und noch öfter), das *Comité d'Etudes des Questions de Télévision*. Themen solcher Kolloquien waren die Neuropsychiatrie (1937), der Regionalismus, die Romanistik u.a.m. Die Reihe *Annales du C.U.M.* (Nice) erschien in den Jahren 1946 und 1947.

BETRACHTUNGEN ÜBER DIE DIKTATUR

Übersetzung: Bernd Schwibs
Valéry schrieb diese Einleitung 1934 zum Band *Dictatures et Dictateurs*, den Frédéric Drach mit 200 Fotografien und Dokumenten für die Vierteljahresschrift *Témoignages de notre temps* (Juni 1934, Heft 7) zusammenstellte. Neben Texten über verschiedene Diktaturen im Altertum, Mittelalter und in der Neuzeit wurden exemplarisch vorgestellt: Mussolini, Salazar, Gomez (Cuba), Kémal Attatürk, Horthy, Pilsudsky, Roosevelt und Hitler.
Dieser wie auch der folgende Beitrag der *Regards* zeigen Valéry als einen Schriftsteller, der allzu idealistisch seine Analyse des menschlichen Geistes und optimaler Sozialstrukturen zugrunde legt – im Glauben an das Gute im Geist eines Diktators. Valéry war zeitlebens fasziniert durch große Staatsmänner, mit Mussolini hat er zweimal persönlich gesprochen (20. April 1924 und 26. Mai 1933). Die faktische Brutalität der Macht, Genozid, Pogrom oder Holocaust durch diktatorische Regime vermochte er nicht zu sehen; die konkrete Kenntnis vom Ausmaß des Unmenschlich-Schrecklichen nach 1945 hätte ihn seine Einstellung sicher revidieren lassen.
In: *Œuvres* II, S. 977-981, »Au sujet de la dictature«.

DIE IDEE DER DIKTATUR

Übersetzung: Bernd Schwibs
Valéry schrieb den Text als Vorwort zur französischen Ausgabe des Buches von Antonio Ferro, *Salazar. Le Portugal et son chef* (Grasset, Paris 1934, *Note en guise de préambule sur l'idée de dictature*, S. 7-19). Zu dieser Zeit, Anfang der dreißiger Jahre, erschienen die finanzwirtschaftlichen Reformen und Ziele des Wirtschaftsprofessors Antonio Salazar für Portugal noch von den besten Absichten getragen. Der hier vorgelegte Abstraktionsgrad zur Diktatur ist wohl wenig vergleichbar mit Friedrich Sieburg (er war von 1926 bis 1942 Pariser Korrespondent der liberal-konservativen *Frankfurter Zeitung*), der das recht vordergründige Buch *Neues Portugal – Bildnis eines alten Landes* (Societäts Verlag, Frankfurt am Main 1937) veröffentlichte und darin nicht nur Salazar lobhudelte und Vorurteile festschrieb, sondern auch die Nazi-Außenpolitik gegenüber Frankreich stützte (das Buch erschien bereits 1937 auf französisch).
In: *Œuvres* II, S. 970-976, »L'Idée de dictature«.

1 Im Juni 1935 wurde Valéry zum Mitglied der Akademie der Wissenschaften, Lissabon, ernannt. Zwei Jahre später unternahm er eine Vortragsreise durch Portugal und erhielt am 4. Mai 1937 die Ehrendoktorwürde der Universität Coimbra.

FUNKTION UND GEHEIMNIS DER ACADÉMIE FRANÇAISE

Übersetzung: Fritz Paepcke, in: Paul Valéry, *Regards sur la France. Gedanken über Frankreich.* Zweisprachige Ausgabe, Edition Langewiesche-Brandt, Ebenhausen 1966, S. 104-130.
Zur 300-Jahr-Feier der Académie française (1635 von Richelieu gegründet) brachte diese einen Sammelband heraus: *1635-1935 Trois siècles de l'Académie Française par les Quarante* (Firmin-Didot et Cie, Paris 1935), in dem Valérys Beitrag an letzter Stelle zu finden ist (zwei Sessel der vierzig Unsterblichen waren zu jener Zeit vakant). Die wesentliche Aufgabe der Académie française besteht darin, die Sprachkultur Frankreichs zu pflegen.
In der Pléiade-Ausgabe führt der Herausgeber als »piquant« an, daß der junge Valéry auf eine Umfrage des *Mercure de France* 1896 auf die Frage »Welche zehn Unsterblichen sollte man aus der Académie verstoßen?« geantwortet hatte: »Die Académie ist nicht meine Stärke« (analog einem bekannten Diktum des Monsieur Teste).
Geschichtliche Hintergründe der Académie française anhand von Dokumenten gibt Richard Baum, *Sprachkultur in Frankreich. Texte aus dem Wirkungsbereich der Académie française*, Romanistischer Verlag, Bonn 1989.
In: *Œuvres* II, S. 1119-1127, »Fonction et mystère de l'Académie«.

1 Das Institut de France besteht aus 5 Akademien: Académie française, Académie des sciences, Académie des sciences morales et politiques, Académie des beaux arts und Académie des inscriptions et belles lettres.
2 Neben der jährlichen Verleihung von Literaturpreisen und der ständigen Überarbeitung und Vorlage eines *Dictionnaire de l'Académie* (1694 die erste, 1935 die achte veränderte Auflage) obliegt der Académie die nicht minder schwierige Aufgabe, eine Grammatik vorzulegen; die erste erschien 1932.
3 Valéry denkt hier wohl an seine eigene Wahl 1927: vgl. »Rede

zum Dank an die Académie française« (*Werke*, Bd. 3, sowie dort die Anm. 1, S. 514).

4 Die Académie française besteht bekanntlich aus »vierzig Unsterblichen«, »les quarante immortels«.

5 Nicht dazu gehörten etwa Balzac, Zola, Baudelaire und auch jene, die eine Aufnahme ausdrücklich ablehnten, wie Jean Paul Sartre.

GEGENWÄRTIGKEIT VON PARIS

Übersetzung: Hartmut Köhler
Dieser Text erschien zuerst in den *Œuvres* (Band J, 1938), ist in der Ausgabe der *Regards sur le monde actuel* (1945) mit 1937 datiert; er wurde auch in einem Band mit 12 Aquarellen Pariser Bauwerke von Florès (G. le Prat, Paris 1940) abgedruckt.
Zur Thematik »Paris« vgl. auch K.-H. Stierle, *Mythos von Paris*, Hanser, München 1993.
In: *Œuvres* II, S. 1011-1014, »Présence de Paris«.

1 Frz. »voué à ce camp de concentration«: dieser Ausdruck erstaunt in einem Text von 1937, steht jedoch hier ohne seine historische Belastung.

METIER DES MENSCHEN

Übersetzung: Hartmut Köhler
Dieses Vorwort (Lettre-préface) schrieb Valéry zu dem Buch *Métier d'homme* von R. Dautry (Plon, Paris 1937).
In: *Œuvres* II, S. 1107-1113, »Métier d'homme«.

1 »Heh – *ich* kenn' mich aus in Buchbinderkunst.«

2 *métier de roi* »König(licher) Beruf«, *métier à tisser* »Webstuhl«.

UNSER SCHICKSAL UND DIE LITERATUR

Übersetzung: Hartmut Köhler
Im Rahmen seiner aktiven Mitarbeit im *Institut international de Coopération intellectuelle* des Völkerbunds präsidierte Valéry verschiedene

Kolloquien, so zweimal in Paris sowie in Madrid (3.-7. Mai 1933), zu dem Valéry diesen Vortrag schrieb; das Thema war »die Zukunft der Kultur und der Literatur«. Valérys Text erschien erstmals in: *Conferencia* 1937 (Bd. 2, S. 341-354) und wurde 1945 in *Regards sur le monde actuel* aufgenommen.

Vgl. zu dieser Mitarbeit Valérys am I. I. C. I. auch »Ist Geist ein Luxus?...«, »Für eine ›Société des esprits‹. Brief an Salvador de Madariaga« (in diesem Band), sowie den von Jean-Jacques Mayoux herausgegebenen Band *Rapport de l'Institut International de Coopération Intellectuelle 1925-1946.*

In: *Œuvres* II, S. 1059-1076, »Notre Destin et les Lettres«.

1 Die Enkelin Martine Rouart wurde am 2. Januar 1935 geboren, ein Foto mit ihrem Großvater gibt Agathe Rouart-Valéry in ihrem Foto-Band *Paul Valéry*, Gallimard, Paris 1966, S. 142.

2 Vgl. zu *Rothomago* im *Briefwechsel* (S. 287, Brief an Gide v. 18. August 1895) sowie *Cahiers/Hefte*, Bd. I, S. 199.

3 Dieser Dialogbeitrag (Mephisto) zeigt, daß sich Valéry schon Anfang der dreißiger Jahre mit dem Projekt *Mon Faust* befaßte.

4 Wiederholt zitiert Valéry diesen Satz, zuerst in: »Die Politik des Geistes« (vgl. dort die Anm. 6).

5 Vgl. auch »Das Unvorhersehbare« (in diesem Band).

6 Ohne daß die Medien Anfang der dreißiger Jahre schon sehr entwickelt gewesen wären, erkennt Valéry ihre ungeheure, beängstigende Wirkungskraft.

7 Im frz. Text »la vision à distance« (nicht *télévision*), also ein weitreichenderer, ursprünglicherer Begriff.

8 Jules Verne (1828-1905), einer der ersten Science-fiction-Autoren, hat auch den Eiffel-Turm vorausgesagt, wie sein erst jetzt veröffentlichtes Buch *Paris au XXe siècle* (Hachette, Paris 1994) beweist. – Die *ondes musicales* (auch *ondes Martenot* genannt) bezeichnen ein elektronisches Klavier, das 1928 von Maurice Martenot erfunden wurde.

9 Valéry rezensierte 1899 das Buch von H. G. Wells *The Time Machine* (1895, in der frz. Übersetzung *La Machine à explorer le temps*) derart frei, daß es mehr eine eigene erste Zeit-Theorie als eine Besprechung ist (in: *Œuvres* II, S. 1454-1460); vgl. *Cahiers/Hefte*, Bd. 4, S. 7 und 609.

10 Diese grundlegende Skepsis gegenüber jeder (auch seiner eigenen, als eines *circulus vitiosus* verstandenen) »Analyse und Beschreibung des Geistes«, wie sie die *Cahiers* durchgehend mani-

festieren, mag ihn wohl auch von einer Publikation abgehalten haben.

FLUKTUATIONEN ÜBER DIE FREIHEIT

Übersetzung: Hartmut Köhler
Der Text erschien im Sammelband *La France veut la liberté* (Paris: Plon 1938) zusammen mit Texten von Pierre Forest, E. Giscard d'Estaing, Maurice Schumann, Daniel Rops u.a. Der Ausgangspunkt war für Valéry der Begriff *Liberté*, und so veröffentlichte diese thematischen Texte zuerst der *Figaro* (9. Juli 1938, später aufgenommen in: *Chroniques du Figaro*, hg. von Léon Cotnareanu, 2 Bde., New York 1945). In: *Œuvres* II, S. 951-969, »Fluctuations sur la liberté«.

1 Zu den Engeln bei Thomas von Aquin vgl. *Werke*, Bd. 5, S. 514, Anm. 13.

2 Die Problematik des ICH behandelt Nicole Celeyrette-Pietri, *Valéry et le moi*, Klincksieck, Paris 1979, wie auch Ulrike Heetfeld, *Das ›moi pur‹ in den* Cahiers *Paul Valérys. Untersuchungen zu einem philosophischen Experiment*, Frankfurt am Main 1986.

3 Valéry entwarf eine Theorie der Reflexivität/reflexiver Pronomina, dazu J. Schmidt-Radefeldt, *Paul Valéry linguiste dans les ›Cahiers‹*, Klincksieck, Paris 1970, S. 160-171.

4 Die Bedeutungsgeschichte der beiden Wörter ist interessant: frz. *ingénu* (lat. *ingenuus*) bezeichnet im 16. Jahrhundert »jemand, der die Würde des Freigeborenen hat« (heute mit der Konnotation des Naiven, Unbefangenen, Unschuldigen), wogegen *libertin* im 16. Jahrhundert noch den »Ketzer«, ab 17. Jahrhundert dann »einen amoralischen Menschen« bezeichnet.

5 Valéry versteht unter »Freiheit des Geistes« vorrangig die Rede- und Meinungsfreiheit des Bürgers; vgl. zur Situation dieser Rechte in der ersten Hälfte des 20. Jahrhunderts etwa Georg Jellinek, *Die Erklärung der Menschen- und Bürgerrechte*, München 1895, 4. Aufl. 1927, und Fritz Hartung, *Die Entwicklung der Menschen- und Bürgerrechte von 1776 bis zur Gegenwart*, Göttingen ^{2}1954.

6 Frz. »L'esprit libre se sent inaliénable.«

7 Der Artikel »Frei atmen« geht auf jenes Freiheitsgefühl ein, das die Bewohner von Paris nach dem Abzug der deutschen Truppen empfanden (in diesem Band).

8 Zum »Prinzip der kleinsten Aktion« vgl. *Cahiers/Hefte*, Bd. 5, S. 382, 401 und 668, Anm. 13.

9 Der frz. Sozialtheoretiker und Politiker Louis Auguste Blanqui (1805-1881) führte die Arbeiterdemonstrationen Februar/Mai 1848, spielte eine große Rolle in der *Commune* und verbrachte wegen seiner radikal-syndikalistischen Ideen 36 Jahre im Gefängnis.

10 »Der Staat bin ich« – »L'État c'est moi«: Berühmter Ausspruch von Ludwig XIV.

11 »Vergebens für die Götter flieht sie [sc. die Zeit] mit leichtem Schritt«, zitiert aus *Adonis* von La Fontaine (vgl. ebenso in: *Werke*, Bd. 3, S. 62).

12 Auch dieser Dialog verweist auf *Mon Faust* (Schülerszene, 2. Akt, *Werke*, Bd. 2).

13 In der Zeit der gemäßigt royalistischen Regentschaft Ludwigs XVIII. (1814-1824), als sich ein gewisser Liberalismus in Frankreich entwickelte, wurde nach der Ermordung des Duc de Berry (Februar 1820) ein neues Wahlgesetz erlassen, ein Ausnahmegesetz; dies führte dann erneut zum Anstieg der ultraroyalistischen Stimmen.

14 Anspielung auf Balzacs Roman *La peau de chagrin* (1831).

15 Auch mit dieser Zeit- und Gesellschaftskritik der Werbung (zu dieser Zeit noch in ihren Anfängen) stellt Valéry erneut seinen kritischen Weitblick unter Beweis.

AKTUELLE ERINNERUNG

Übersetzung: Hartmut Köhler
Dieser Text erschien am 9. Februar 1939 in der Zeitung *Marianne*; er ruft die Entstehung des 1896 in England geschriebenen Artikels »La conquête méthodique« in Erinnerung (in diesem Band).
In: *Œuvres* II, S. 982-986, »Souvenir actuel«.

1 Valéry hielt sich mehrfach in England auf: 1878 für einige Tage mit seinen Eltern in London, 1894, dann im Frühjahr 1896 (zur Übersetzung mehrerer Artikel über Süd-Afrika für die Chartered Company); danach erst wieder 1922 (als er Joseph Conrad traf), 1927 in London, Oxford, Cambridge; 1931 erhält er den Ehrendoktor der Universität Oxford; vgl. auch »En Angleterre«, in: Frédéric Lefèvre, *Entretiens avec Paul Valéry*, Chamontin, Paris 1926, S. 13-18.

2 Paul Verlaine: »Londres fume et crie. Ô quelle ville de la Bible.« (»Sonnet boiteux«, in: *Œuvres poétiques complètes* [Bibliothèques de la Pléiade], Gallimard, Paris 1962, S. 323).

3 Vgl. dazu den Text »London-Bridge«, in: »Verschwiegenes«, *Werke*, Bd 5, S. 325-327.

4 Der engl. Dichter und Kritiker William Ernest Henley (1849-1903) gab die Zeitschrift *The New Review* heraus; er war von Kindheit an verkrüppelt, von seiner »masque de lion« spricht Valéry auch in dem Gespräch »En Angleterre« (s. Anm. 1 oben).

5 Die Redewendung »seinen Ohren nicht trauen« verweist darauf, daß der Mensch seine Sprache nur *vom Hörensagen kennt* (*Cahiers/Hefte*, Bd. 1, S. 514).

6 Offensichtlich Aussprache für »*absinthe*«.

7 Der Dichter und Politiker Alphonse de Lamartine (1790-1869) lehnte – anders als Victor Hugo u. a. – Argot in der Belletristik ab.

8 Valéry hatte ein frühes Interesse an militärischer (und mentaler) Strategie, vgl. auch die Anm. zu »Yalu« (oben) sowie seine Rezension 1897 des Buches *Education et instruction des troupes* von Loukhiane Carlovitch, in: *Œuvres* II, S. 1447-1449.

9 Vgl. »Eine methodische Eroberung« (in diesem Band).

BLICK AUF DIE FRANZÖSISCHE LITERATUR

Übersetzung: Hartmut Köhler
Dieser Beitrag erschien zuerst 1938 in *Regards sur le monde actuel*, zugleich auch in einem Sammelband, den die Regierung Frankreichs zu Ehren des Besuchs von König George VI. von England und seiner Tochter Elisabeth 1938 veröffentlichte.
In: *Œuvres* II, S. 1113-1115, »Coup d'œil sur les Lettres françaises«.

1 Anspielung auf das berühmte Sonett Michelangelos, das Valéry mehrfach zitiert; vgl. dazu die Anm. 54 zu »Tanz, Zeichnung und Degas« in: *Werke*, Bd. 6.

2 Es erstaunt, daß Valéry hier offenbar auch den Surrealismus (André Breton) lobend erwähnt; vgl. *Cahiers/Hefte*, Bd. 6, S. 679 und 682; allgemein zum Verhältnis von Valéry und Surrealismus: Peter Bürger, *Prosa der Moderne*, Suhrkamp Verlag, Frankfurt am Main 1988, S. 212-235.

AMERIKA – PROJEKTION DES EUROPÄISCHEN GEISTES

Übersetzung: Hartmut Köhler
Diesen Text schrieb Valéry 1938 für die mexikanischen Leser der Zeitschrift *Sintesis* (*Proyección del espíritu europeo,* Mai 1938), er erschien in Frankreich zuerst in den *Regards sur le monde actuel* 1945. Im selben Jahr veröffentlichte ihn – unter Auslassung des ersten Absatzes – die Zeitschrift *Variété* (Paris) in ihrem ersten Heft auf französisch und englisch (von C. A. Hackett übersetzt).
In: *Œuvres* II, S. 987-990, »L'Amérique, projection de l'esprit européen«.

1 Mehrfach zitierter Ausspruch Valérys, mit dem »Die Krise des Geistes« (in diesem Band) beginnt; vgl. auch *Cahiers/Hefte*, Bd. 5, S. 527.

KUNST UND GEISTESLEBEN IN FRANKREICH

Übersetzung: Fritz Paepcke, in: Paul Valéry, *Regards sur la France. Gedanken über Frankreich.* Zweisprachige Ausgabe, Edition Langewiesche-Brandt, Ebenhausen 1966, S. 64-103.
Diesen Vortrag hielt Valéry am 30. November 1939 in der Université des Annales unter dem Titel *La Pensée et l'Art français*, er erschien noch im selben Jahr in der Zeitschrift *Conferencia*, danach in dem Sammelwerk *La France et la Civilisation contemporaine* (Flammarion, Paris 1941) und in den *Regards sur le monde actuel.*
In: *Œuvres* II, S. 1046-1058, »Pensée et Art français«.

KRIEGSWIRTSCHAFT DES GEISTES

Übersetzung: Hartmut Köhler
Dieser Artikel erschien in der Zeitung *Le Temps* vom 30. 12. 1939, dann in den *Regards sur le monde actuel.* Zu diesem Text vgl. auch Valérys mutige Radio-Ansprache vom 12. 9. 1939 zum Beginn des Zweiten Weltkriegs (in diesem Band).
In: *Œuvres* II, S. 1116-1118, »Économie de guerre de l'Esprit«.

1 Konkret mag Valéry hier an Thomas und Heinrich Mann, Stefan Zweig, Albert Einstein u. a. gedacht haben sowie an das, was er über Deutschland bei den Treffen der *Coopération Intellectuelle* gehört hatte.

DIE FREIHEIT DES GEISTES

Übersetzung: Hartmut Köhler
Valéry hielt diesen Vortrag am 24. März 1939 in der Université des Annales; er wurde in zwei Teilen in *Conferencia* 22 und 23 (1939) abgedruckt.
In: *Œuvres* II, S. 1077-1099, »La Liberté de l'Esprit«.

1 Dieser Vergleich zwischen Gehen/Tanzen, Sprechen/Dichten geht auf François de Malherbe (1555-1628) zurück, vgl. *Werke*, Bd. 5, S. 537.
2 Zu Nietzsche vgl. *Werke*, Bd. 4.
3 Die Börsensprache erinnert an die beruflichen Tätigkeiten eines Monsieur Teste, vgl. *Werke*, Bd. 1, S. 308.
4 Zur Kommunikation vermittels Zeichen vgl. verschiedene Beiträge in dem Kongreßband *Poétique et Communication. Paul Valéry.* Colloque international de Kiel, hg. von Karl-Alfred Blüher und Jürgen Schmidt-Radefeldt, Klincksieck, Paris 1979, und *Œuvres & Critiques* IX (1984), 1: *Paul Valéry: Perspectives de la réception*, hg. von K. A. Blüher.
5 Vgl. »Der ›Centre Universitaire Méditerranéen‹« und »Mediterrane Eingebungen« (in diesem Band).
6 Der in der ersten Hälfte des 13. Jahrhunderts lebende frz. Architekt und Zeichner Villard de Honnecourt hinterließ ein Manuskript von 33 Seiten (in der Bibliothèque Nationale, Paris), das Skizzen und Baupläne der Kathedralen von Laon, Reims, Paris u. a. enthält.
7 Der Begriff *Kapital* gehört in die von Jacques Derrida in *Das andere Kap* (a. a. O.) aufgezeigte Wortfamilie, vgl. Jürgen Schmidt-Radefeldt, »Das andere Kap *Europa*. Derrida denkt Valéry um und weiter«, in: *Forschungen zu Paul Valéry* 5 (1992), S. 33-42.
8 Textpassagen partiell identisch mit »Fluktuationen über die Freiheit«.
9 Vgl. »Die Krise des Geistes« (in diesem Band).
10 Am 18. November 1934 reiste Valéry nach London, auf einem

Bankett hielt er eine Ansprache nach Chamberlain, trug am King's College vor und besuchte eine Theateraufführung von Shakespeares *Hamlet*.

TEXTE ZUR ZEITGESCHICHTE, KULTUR UND POLITIK

Die folgenden kleineren Schriften Valérys wurden vom Herausgeber zusammengestellt, um mit diesem letzten Band der *Frankfurter Ausgabe* das Gesamtwerk Valérys zu vervollständigen: einerseits folgen hier jene Arbeiten, die in der letzten Ausgabe der *Regards sur le monde actuel* (1945) nicht aufgenommen waren, andererseits kürzere Beiträge der *Œuvres* oder postum erschienene Aufsätze.

VERMISCHTE GEDANKEN. HYPOTHESE. PARTEIEN

Übersetzung: Jürgen Schmidt-Radefeldt und Bernd Schwibs
Diese drei Artikel erschienen 1929 zusammen unter dem Titel *Réflexions* in der Zeitschrift *Revue des Vivants* (März 1929, S. 371-380) sowie in den *Remarques extérieures* (Éditions des Cahiers libres 1929) und wurden dann einmalig 1938 in die *Regards* (*Œuvres*, Bd. J) aufgenommen.
Zur Thematik Politik vgl. *Cahiers/Hefte*, Bd. 5, S. 469ff. »Geschichte und Politik«, weiterhin François Valéry, »Paul Valéry und die Politik« (in: *Herausforderung der Moderne. Annäherungen an Paul Valéry*, hg. von C. H. Buchner und E. Köhn, S. Fischer, Frankfurt am Main 1991, S. 425-439) sowie Paul Valéry, *Les principes d'an-archie pure et appliquée*, Gallimard, Paris 1984, und Guy Thuillier, »Paul Valéry et la politique«, in: *Revue administrative* 1962-1966.
In: *Œuvres* II, S. 938-950, »Réflexions mêlées. Hypothèse. Des partis«.

1 Offensichtlich hält sich Valéry nicht an die Vorlage; Napoleon sagte (in: *Mémorial de Sainte-Hélène*, zit. von Las Cases): »La haute politique n'est que le bon sens appliqué aux grandes choses.« (»Hohe Politik ist nichts anderes, als den gesunden Menschenverstand auf große Dinge anzuwenden.«)
2 Verändert in *Cahiers/Hefte*, Bd. 5, S. 481.

3 Ebenso in *Cahiers/Hefte*, Bd. 5, S. 478.
4 Leicht verändert in *Cahiers/Hefte*, Bd. 5, S. 481.
5 Leicht verändert in *Cahiers/Hefte* Bd. 5. S. 487.

SIND GEISTESWISSENSCHAFTEN UND NATURWISSENSCHAFTEN GRUNDVERSCHIEDEN?

Übersetzung: Jürgen Schmidt-Radefeldt
Der Text ist die Antwort auf eine Umfrage im Jahre 1931, ob zwischen Geistes- und Naturwissenschaften aufgrund ihrer Methode, ihres Geistes, ihres Gegenstandsbereiches wesentliche Unterschiede bestünden.
Ähnlich wie im Wiener Kreis um Carnap, Schlick, Neurath, Hahn u. a. (mit der Zeitschrift *Erkenntnis*) und seine Vorläufer Ernst Mach, Wittgenstein oder Ch. W. Morris u. a., wurde die Frage um die Suche nach einer verbindenden Gesamtwissenschaft auch in Frankreich gestellt und verfolgt, so von André Lalande, Léon Brunschvicg, Henri Wallon, Henri Pieron, Abel Rey u. a. (in der Zeitschrift *Synthèse*). Der Organisator Henri Berr hatte die (Um)frage gewissermaßen schon vorab beantwortet, wenn er im Vorwort der Zeitschrift feststellt, »Nous postulons l'unité« (»Wir postulieren die Einheit«); die scharfe Trennung zwischen Geistes- und Naturwissenschaft sei vor allem in Deutschland verbreitet, nicht in Frankreich. Die Neopositivisten bzw. Philosophen des logischen Empirismus (und ihre Suche nach einer Einheitswissenschaft) waren zwischen den zwei Kriegen in Frankreich durch Übersetzungen bekannt (vgl. das Vorwort von Jean Sebestik und Antonia Soulez, in: dies. (Hg.), *Le Cercle de Vienne. Doctrines et Controverses*, Klincksieck, Paris 1986, darin auch Alain Boyer, »L'Utopie unificatrice et le Cercle de Vienne«, S. 253-269). Auf dem 9. Internationalen Philosophiekongreß (»Descartes Kongreß«) 1937, auf dem Valéry seine berühmte Descartes-Rede hielt (*Werke*, Bd. 4, S. 14-35), gab es eine Sektion zur »Unité de la Science«, wo sich die über ganz Europa verstreuten Wissenschaftler des Wiener Kreises ein letztes Mal trafen. Vgl. J. Schmidt-Radefeldt, »Les deux cultures et l'approche transdisciplinaire de Paul Valéry«, in: *Un nouveau regard sur Valéry*, hg. von N. Celeyrette-Pietri und B. Stimpson, Minard, Paris 1995, sowie Judith Robinson-Valéry, »Valéry et le cercle de Vienne: Lectures, affinités et différences«, in *SUD* 18 (1988), S. 31-46.
Valéry hat mehrfach auf Umfragen geantwortet, so auf jene, warum

er denn schreibe (»Pourquoi écrivez-vous?«), oder zu Themen wie Selbstmord, die Jahrhundertwende (»Sur 1900«), die Gegensätze zwischen Orient und Okzident, Lyrik und Poetik oder zur Problematik einer politischen Macht Europa (vgl. *Œuvres* II, S. 1425-1609). Der Beitrag dieser Umfrage zu den »beiden Kulturen« (wie C. P. Snow sie dann nannte) findet sich nicht in den *Œuvres*.
In: *Revue de Synthèse*, 1. Oktober 1931, S. 9-11, »Les sciences de l'esprit sont-elles essentiellement différentes des sciences de la nature?«

1 Zu Verifikation und Wissenschaft vgl. die Rubrik »Wissenschaft« in den *Cahiers/Heften*, Bd. 5, S. 368 und 385; mehrfach kommt Valéry dort auf diese Definition von »Wissenschaft« zurück.
2 Zur Theorie der »Blickpunkte« vgl. *Cahiers/Hefte*, Register.
3 Diesen Fundamentalversuch zur Kontaktelektrizität führte Graf Allessandro Volta 1794 mit einer Zink- und einer Kupferplatte durch.
4 Descartes und Leibniz sind zentrale Bezugspunkte in Valérys Philosophie; man denke hier an die physikalische Mechanik wie auch an »Regelhaftigkeit« und Grenzen des Denkens und Erkennens, an das Buch *Passions de l'âme* (1649) von Descartes oder Leibnizens Monadologie und die »prästabilierte Harmonie«; vgl. auch das Themenheft »Valéry und die Philosophie«, *Forschungen zu Paul Valéry* 5 (1992).
5 Hervorhebung durch den Übersetzer.

ERWIDERUNG AUF DIE REDE VON MARSCHALL PÉTAIN

Übersetzung: Hartmut Köhler
Marschall Pétain war als Nachfolger des verstorbenen Marschalls Foch 1929 in die Académie française gewählt worden. Nach der Aufnahme-Rede will es der Brauch, daß ein älteres Mitglied der Académie eine Erwiderungsrede (Laudatio) hält. Valéry selbst war am 19. November 1925 (aufgrund einer ihm vom Marschall Foch angeratenen Taktik) als Nachfolger von Anatole France gewählt worden (vgl. *Œuvres* I, S. 49, und *Werke*, Bd. 3 »Rede zum Dank an die Académie française«), und so hielt er diese Rede am 22. Januar 1931 in der Académie française; sie erschien in *Le Temps* am nächsten Tag zusammen mit der Rede des Marschall Pétain; beide wurden 1931 erneut von der NRF und dem Verlag Plon, Paris, veröffentlicht.

Die Stadt Paris stellte 1942 (veröffentlicht 1944) eine Hommage für Marschall Pétain zusammen, zu der auch Valéry einige persönliche Erinnerungen beitrug, so etwa jene, daß ihn ein ungenannter Politiker und Mitglied der Académie von seiner Redepflicht (jener Pétain-Laudatio) entbinden wollte, daß jedoch die »Autorität dieses Mannes aus Marmor mit seinen blauen Augen« ihm geradezu befohlen hätte, nicht zurückzutreten. Beide, Pétain und Valéry, arbeiteten dann fast ein Jahr parallel an ihren Reden. Pétain, der 1914 schon 58 Jahre alt und zweifellos »eine außergewöhnliche Existenz« war, hat Valéry höchste Achtung eingeflößt. Demgegenüber hat Valéry öffentlich klar Stellung bezogen gegen den Hitlerismus und gegen jedwede Kollaboration der Vichy-Regierung mit Hitler: Es ist der Intervention Valérys in der Académie française zu verdanken, daß dem Marschall Pétain (entgegen dem Wunsch von Abel Bonnard) keine Glückwünsche zum Abschluß der Verträge von Montoire (24. Oktober 1940, Gespräche zwischen Hitler und Pétain) ausgesprochen wurden; danach hat die Académie française nie wieder eine politische Kollaboration mit Hitler-Deutschland befürworten wollen.
(Henri) Philippe Pétain (1856-1951), frz. Marschall und Politiker, im Ersten Weltkrieg General und Kommandeur eines Korps, dann der 2. Armee, verfocht die Defensivstrategie des Stellungskriegs. Als Verteidiger von Verdun 1916/17 wurde er zum Nationalhelden, übernahm dann anstelle von G. Nivelle den Oberbefehl über das frz. Heer und überwand die innere Krise (Meuterei und Befehlsverweigerungen), insbesondere bei den Fronttruppen. Nach dem Sieg der Entente wurde Pétain zwischen 1920 und 1931 Vizepräsident des Obersten Kriegsrats und Generalinspekteur. Valéry spricht dies alles in seiner Rede an. Zu den Zitaten des Marschall Pétain vgl. dessen *Actes et Écrits*, hg. von J. Isorni, Paris 1974.
In: *Œuvres* I, S. 1098-1128 »Réponse au remerciement du Maréchal Pétain à l'Académie française«.

1 Marschall Foch (1851-1929) war der Vorgänger Pétains in der Académie française. Er zeichnete sich in den Kämpfen an der Marne und in Flandern (1914) aus, leitete die Schlachten an der Somme (1916 und 1918) und führte die Truppen der Entente 1918 zum Sieg. Fochs Forderung auf der Friedenskonferenz, die frz. Militärgrenze bis zum Rhein vorzuverlegen, scheiterte am Widerspruch von Clémenceau und den Regierungen der Alliierten; vgl. Maréchal Foch, *Mémoires pour servir à l'histoire de la guerre de 1914-1918*, 2 Bde., Plon, Paris 1931, und

A. L. Grasset, *Foch ou la volonté de vaincre*, Paris 1964. Gabriel Hanotaux, ebenfalls Mitglied der Académie française, schrieb mehrere Bücher zur Kriegs- und Zeitgeschichte (Verlag Plon, Paris), die Valéry möglicherweise konsultiert hat. Vgl. zu Valérys Verhältnis gegenüber Pétain auch *Cahiers/Hefte*, Bd. 5, S. 679f.

2 Frz. Wortspiel »Vaincre, c'est convaincre« (wörtlich: siegen heißt überzeugen/überreden/überführen).

3 Der nachfolgende Text wurde zu Teilen unter der Überschrift »l'avant- et l'après-guerre« in die erste Ausgabe der *Regards sur le monde actuel* (Paris 1931, S. 193-214) aufgenommen, in spätere Ausgaben nicht. Der Name Pétain erscheint auf diesen Seiten nicht.

4 Nach dem Vorfrieden in Versailles wurde der deutsch-französische Krieg am 10. Mai 1871 in Frankfurt durch den Friedensvertrag beendet.

5 In der belgischen Stadt Ypern (Westflandern) fanden eine erste Schlacht im Oktober 1914 (»Wettlauf zum Meer«), eine zweite im April/Mai 1915 (Verwendung von Kampfgas im Stellungskrieg) und eine dritte Schlacht im Juni/Nov. 1917 statt; diese letzte lief sich im Schlamm fest und bewirkte eine Entlastung der Alliierten an der italienischen Front.

6 Die Schlacht von Verdun (Februar-Dezember 1916) wurde durch Pétain (und Nivelle) zum Symbol des nationalen Widerstands Frankreichs, zu einer verfehlten »Ausblutungsstrategie« des deutschen Generalstabs unter Erich von Falkenhayn: etwa 700000 Tote waren auf beiden Seiten zu beklagen.

7 Frz. »usure«, vielleicht auch als »Ausblutung« zu verstehen, vgl. Anm. 6.

8 Anspielung auf ein Wort von Malézieu, der zu Voltaire über dessen Epos *La Henriade* gesagt haben soll, dieses Werk sei nicht für das französische Volk geschaffen, da der Franzose keinen Sinn für das Epische habe (Voltaire, *Essai sur la poésie épique*).

9 Das Landgut lag in Villeneuve-Loubet, unweit von Antibes.

10 H. de Balzac, *La peau de chagrin* (*Das Chagrinleder*), in: *La comédie humaine* (Bibliothèque de la Pléiade), Bd. X, Gallimard, Paris, S. 197.

REDE ZUR GESCHICHTE

Übersetzung: Hartmut Köhler
Diese Rede hielt Valéry anläßlich der Preisverleihung zum Schulabschluß vor den Schülern des Lycée Janson-de-Sailly am 13. Juli 1932; sie wurde noch im selben Jahr im Verlag Presses modernes veröffentlicht. Ein Ausschnitt daraus (er beginnt mit der Erzählung von Degas und geht bis zum Ende) erschien unter dem Titel *Le Fait historique* (in: *Œuvres*, Bd. D, *Variété*, 1934, S. 153-165). Valérys kritische Einstellung zur Geschichte (und Geschichtswissenschaft), bereits vorher in dem Artikel »De l'histoire«, 1927 (dt. »Über Geschichte«, in diesem Band) zum Ausdruck gebracht, löste Ende der zwanziger Jahre eine vehemente Diskussion mit Geschichtswissenschaftlern aus. Auch in Briefen an André Gide (vom 15. März 1897 und 15. Juli 1908 in: *Briefwechsel*) sowie an André Lebey (30. August 1906 und September 1906 in: *Briefe*) und an Anatole de Monzie (25. August 1942, in: *Œuvres* II, S. 1548-1550) ließ sich Valéry über Geschichte aus; ein thesenhaftes »Gespräch über Geschichte« führte er 1938 mit Lo Duca, das jedoch erst postum 1957 veröffentlicht wurde (vgl. *Œuvres* II, S. 1546-1548). Vgl. auch *Cahiers/Hefte*, Bd. 5, »Geschichte und Politik«.
In: *Œuvres* I, S. 1128-1138, »Discours de l'histoire«.

1 Offensichtlich ist die vorangegangene Rede des Schulleiters M. Lanson gemeint, der über die Französische Revolution gesprochen hatte.

2 Vgl. dazu *Werke*, Bd. 6 »Tanz, Zeichnung und Degas«.

3 Der frz. Schriftsteller Joseph de Maistre (1753-1821) gilt als christlicher Gegenrevolutionär. Der liberal-antiklerikale Historiker Jules Michelet (1798-1874) lehrte am Collège de France und schrieb Monumentalwerke wie *Histoire de France* (1833-1846), *Histoire de la Révolution française* (1847-1853). Der bekannte Philosoph, Kritiker und Historiker Hippolyte Taine (1828-1893) schrieb *Origines de la France contemporaine* (1875-1894) u. a. Tocqueville (1805-1859) veröffentlichte das vielgelesene Buch *De la démocratie en Amérique* (1835-1840), dazu *L'Ancien régime et la Révolution* (1856), in dem er die Französische Revolution als Erfüllung auch monarchistischer Tendenzen (z. B. des Zentralismus) herausstellte. Der Historiker und Philosoph Alphonse Aulard (1849-1928) veröffentlichte Bücher zur Französischen Revolution (*Les Orateurs de l'Assemblée constituante*,

1882), übersetzte aus dem Lateinischen (Apuleius, Petronius) und gab ab 1887 die Zeitschrift *La Révolution française* heraus. Albert Mathiez (1874-1932) verschrieb sich der Rehabilitierung Robbespierres; er verfaßte Bücher über den Club des Cordeliers (1910), über parlamentarische Korruption zur Zeit der *Terreur* (1912), über Robespierre (1925) und Danton (1926), über die Girondisten und die Montagnards sowie über das Direktorium.

4 Anspielung auf den durch Valéry entfachten Historiker-Streit jener Zeit (s.o.); vgl. auch L. E. Halkin »Paul Valéry et l'histoire«, in: *La Vie intellectuelle* 13 (1945), S. 180-190, und M. Crubellier »Paul Valéry, contempteur de l'histoire?«, in: *La Vie intellectuelle* 14 (1946), S. 147-161.

5 »Rhetorik« wurde früher das Jahr vor der Abschlußklasse im französischen Gymnasium (Lycée) genannt.

6 Das Institut de France umfaßt seit 1795 die fünf Pariser Akademien der Wissenschaften, Künste und Politik; ihr gemeinsamer Sitz ist das Collège des Quatre-Nations am Quai Conti.

7 Valéry hat diesen Ausspruch »Nous entrons dans l'avenir à reculons« (»Wir gehen rückwärts in die Zukunft«) in verschiedenen Werken wieder aufgenommen, z.B. am Ende von »Die Politik des Geistes« (vgl. auch unten). Im postumen Werk *Agathe* (*Werke*, Bd. 1, S. 288-289) liest man: »Tu te reconnais à reculons« (»Rückwärts schreitend erkennst du dich«). Vgl. auch Friedrich Balke, »Rückwärts in die Zukunft. Über den Zusammenhang von Metageschichte und Metapolitik bei Paul Valéry«, in: *Neue Rundschau* 105 (1994), S. 89-103.

FÜR EINE ›SOCIÉTÉ DES ESPRITS‹ BRIEF AN S. DE MADARIAGA

Übersetzung: Hartmut Köhler
Dieser Antwortbrief Valérys an Salvador de Madariaga findet sich in einer Sammlung *Correspondance: Pour une Société des Esprits* (Institut International de Coopération Intellectuelle, Paris 1933), die durch den Völkerbund gefördert wurde und die »Vereinigung der Intellektuellen« hinsichtlich der Zukunft des vielfältigen europäischen Geisteslebens thematisierte; weitere Briefe verfaßten Henri Focillon, Salvador de Madariaga, Gilbert Murray, Miguel Ozorio de Almeyda, Alfonso Reyes und Tsai Yuan Pei. Einen umfassenden Überblick gibt

Monique Allain-Castrillo, »Clio ineffable – le relief du politique valéryen sur fond d'Espagne«, in: *Paul Valéry et le Politique*, Paris 1994, S. 139-255, ebenso in *Bulletin des Études Valéryennes* 59/60 (1992), S. 127-249. Der zweite Band der *Correspondance: Pour une Société des Esprits* brachte dann einen Briefwechsel zwischen Sigmund Freud und Albert Einstein.
Valérys Brief wurde in *Vues* aufgenommen, dazu dort auch ein ergänzender Text »Société des Nations et Société des Esprits«.
In: *Œuvres* I, S. 1138-1146, »Lettre sur la Société des Esprits«.

1 Zitat aus des Gedichts *Modern love* (Vers 48) von George Meredith; vgl. auch *Briefwechsel*, S. 240.
2 Die sich in den Schwanz beißende Schlange findet sich als Thema wie als Zeichnung wiederholt in den *Cahiers*.

VORWORT ZU ›LA LUTTE POUR LA PAIX‹

Übersetzung: Hartmut Köhler
Dieses Vorwort verfaßte Valéry im Oktober 1933 (so datiert), es erschien in *La lutte pour la paix* (Alcan, Paris 1934, S. IX-XI, dt. *Der Kampf für den Frieden*) von Mariano H. Carnéjo. Die Anrede »Monsieur le Ministre et cher Confrère« findet sich nur im Buch selbst, das den Friedensvertrag von Locarno, die kleine Entente, Roosevelt und Hitler wie auch das Ende des europäischen Imperialismus behandelt.
Wenngleich dieser Text recht kurz ist, schließt er sich doch würdig an Erasmus v. Rotterdam, William Penn, Kant (*Zum ewigen Frieden*), Novalis, Lessing, Herder und Bertha von Suttner an.
Der Beitrag zeigt Valéry nicht nur als einen rationalistischen Pazifisten (und Propheten des Zweiten Weltkriegs), sondern erneut als Kritiker eines Völkerbunds, der in überholten Denktraditionen befangen blieb. Präsident Wilson hatte vor dem Kongreß im Januar 1918 in »vierzehn Punkten« ein Programm des Weltfriedens vorgelegt, der letzte Punkt propagierte die Idee des Völkerbunds, einer allgemeinen »Vereinigung der Nationen«. 1920 wurde der Völkerbund gegründet, nach 1945 als Vereinte Nationen in anderer Form fortgeführt. – Im Goldenen Buch des Völkerbunds in Genf kann man Valérys Eintragung lesen: »La paix véritable sera – quand l'idée même de la guerre ne pourra même plus se présenter aux esprits. On ne songe plus à immoler Iphigénie pour obtenir qu'une épidémie cesse son ra-

vage. C'est à quoi il faut penser, (sans négliger le présent). PAUL VALERY.«
In: *Œuvres* I, S. 1146-1147, »Préface à La Lutte pour la Paix«.

MEDITERRANE EINGEBUNGEN

Übersetzung: Karl August Horst
Der Vortrag, in der Université des Annales am 24. November 1933 gehalten, erschien in der Zeitschrift *Conferencia* 5 (1934), S. 221-233. Dieser stark autobiographische Text (in den *Œuvres* nicht sehr glücklich unter die *Essais quasi politiques* eingeordnet) steht in *Variété* III (1936). Er ergänzt die anderen autobiographischen Schriften wie »la Rive du Languedoc« (in: *Vues*), »die Nacht von Genua« am 9. 9. 1892 (in *Œuvres* II, S. 1434), »Souvenirs du Jardin des Plantes de Montpellier« (Montpellier 1925) und vor allem »Propos me concernant« (in: Berne-Joffroy, *Présence de Valéry*, Plon, Paris 1944, wiederabgedruckt in *Œuvres* Bd. II, S. 1507-1538). Einen Lebenslauf Valérys findet der deutsche Leser in *Briefe*, S. 20, sowie in »Zeittafel zu Leben und Werk Paul Valérys« (in diesem Band). Karl Löwith (*Paul Valéry. Grundzüge seines Denkens*, Göttingen 1971, S. 108-113) hatte bereits einen Teil dieses Textes übersetzt, jedoch hat der Herausgeber auf die von K. A. Horst für ein früheres Editionsprojekt der Werke Valérys vorgelegte Übersetzung zurückgegriffen und sie überarbeitet.
In: *Œuvres* I, S. 1084-1098, »Inspirations méditerranéennes«.

1 Joseph Vernet (1714-1789) malte vor allem Seehäfen Frankreichs; vgl. *Werke*, Bd. 6, »Blicke aufs Meer«, dort Anm. 5.
2 Für Claude Lorrain empfand Valéry große Verehrung, vgl. vor allem den Hymnus des anbrechenden Tages (in vielen *PPA*, den *Kleinen Abstrakten Gedichten*, insbesondere *Cahiers/Hefte*, Bd. 6, S. 465).
3 »Ohne Gefahr zu siegen heißt ohne Ruhm zu triumphieren« (Corneille, *Le Cid*, Zeile 434).
4 Japanische Holzschnitte wie die von Katsushika Hokusai (1760-1849) hatten in Frankreich seit der Weltausstellung 1867 Berühmtheit und Einfluß auf die Impressionisten erlangt (Manet, van Gogh u. a.). Der Romancier Edmond de Goncourt widmete Hokusai eine pathetische Hommage; vgl. *La Peinture japonaise*, Text von Akiyamu Terukazu, Skira, Genf 1977.

5 Was Valéry hier als »poème involontaire« bezeichnet, sind seine *Kleinen Abstrakten Gedichte* in den *Cahiers/Heften*, Bd. 6, wo auch der nachfolgende Text »Schwimmen« (Nage) leicht verändert zu finden ist (ebd., S. 445 f.).

6 Valéry bevorzugte demgegenüber die *Bucolica* Vergils, vgl. *Werke*, Bd. 1, S. 558 ff.

7 Zur Thematik des Ich, vgl. Anm. 2 zu »Fluktuationen über die Freiheit«.

BRIEFVORWORT ZU GRAF KEYSERLING ›LA RÉVOLUTION MONDIALE‹

Übersetzung: Hartmut Köhler

Dieses *Lettre-Préface* schrieb Valéry am 12. Januar 1934 für Graf Hermann von Keyserling, *La Révolution mondiale et la responsabilité de l'Esprit* (Stock, Paris 1934); vgl. dazu *Cahiers/Hefte*, Bd. 1, S. 610, Anm. 184.

Das philosophische Werk von Graf Keyserling (1880-1946), dessen Ziel eine Erneuerung des modernen Lebens durch eine »neue Synthese von Geist und Seele« war, fand gerade auch in Frankreich durch viele Übersetzungen ein großes Echo; so wurden Werke wie *Figures symboliques*, *Psychanalyse de l'Amérique*, *Méditations sudaméricaines* und *La Vie intime* von Albert Thibaudet, Henri Bergson, Gabriel Marcel und Léon Brunschvicg sehr gelobt.

In: Comte Hermann de Keyserling, *La Révolution mondiale et la responsabilité de l'Esprit*, Stock, Paris 1934, S. 11-14.

DER WUNSCH, EIN ANDERER ZU SEIN

Übersetzung: Hartmut Köhler

Dieser Aufsatz erschien zuerst in dem Journal *Gnome et Rhône* 7 (1934) 39, S. 1-2.

In: *Vues*, S. 243-247, »Le vouloir être un autre«.

1 Zu Vogelflug und Fluggeräten bei Leonardo da Vinci vgl. *Werke*, Bd. 6.

LOBLIED AUF DAS WASSER

Übersetzung: Jürgen Schmidt-Radefeldt
Die Firma *Perrier* verlegte im Mai 1935 eine Broschüre *Au Gaz naturel* ... Préface de Paul Valéry de l'Académie française. Textes de Paul Reboux, du Docteur Albert Gervais et du Baron Fouquier, hg. von La Source Perrier. Es handelt sich also im Grunde um einen poetischen Werbetext für das Mineralwasser, das einst »Champagner unter den Tafelwässern« genannt wurde und dessen Reinheit höchstes Gebot ist.
In: *Œuvres* I, S. 202-204, »Louanges de l'eau«.

1 Das Wortspiel von frz. *altérer* (»anders werden«) und *désaltérer* (»seinen Durst löschen«) sowie die etymologische Bedeutung (von Valéry bekanntlich gern reaktiviert) von frz. *corrompre* (»korrumpieren, verderben«; auch »gären« bei Wein) sind im Deutschen nicht wiederzugeben.

DAS PROBLEM EINER AUSSTELLUNG

Übersetzung: Hartmut Köhler
Diesen Text schrieb Valéry (wie auch jenes »Vorwort zu dem ›Museum der Literatur‹«, in: *Werke*, Bd. 6) für die internationale Ausstellung der Künste und Techniken in Paris 1937. Julien Cain, der Administrateur der Bibliothèque Nationale, war hauptverantwortlich, Valéry verantwortlich für die Zweite Abteilung, 1. Gruppe »Expressions de la Pensée« hinsichtlich Auswahl, Organisation und Erkenntniswert.
In: *Œuvres* II, S. 1150-1156, »Un problème d'exposition«.

1 Zu Jean Perrin vgl. *Werke*, Bd. 4, S. 264ff.
2 Hier deutet Valéry nicht nur editionsphilologische Probleme an, sondern gerade auch heutige Fragen der »critique génétique«; vgl. dazu das Themenheft der *Forschungen zu Paul Valéry* 6 (1993) sowie Almuth Grésillon, *Eléments de critique génétique. Lire les manuscrits modernes*, PUF, Paris 1994.

ORIENTEM VERSUS

Übersetzung: Jürgen Schmidt-Radefeldt
Der Beitrag erschien erstmals in der Zeitschrift *Verve* 3 (Oktober/Dezember 1938).
Mitte der zwanziger Jahre führten die *Cahiers du mois* eine Umfrage zu fünf Themenkreisen »Les appels de l'Orient« durch, bei der neben Valéry André Gide, Léon Brunschvicg und viele andere befragt wurden (Valérys Antworten darauf in *Œuvres* II, S. 1557-1558). In seinen Briefen (*Briefe* an Jean Herbert vom 18. September 1941 oder an Pierre Féline 1936 und 1937) kommt Valéry auf den Gegensatz Orient und Okzident zu sprechen; vgl. Michel Théron »L'Orient valéryen«, in: *Mélange c'est l'esprit*, hg. von Serge Bourjea, Minard, Paris 1989, S. 265-284, sowie »Orient und Okzident«, in: *Werke*, Bd. 3, S. 443-452.
In: *Œuvres* II, S. 1040-1045, »Orientem Versus«.

1 Von der Aporie des Wettlaufs zwischen Achill und der Schildkröte wurde Valéry immer wieder in seinen *Cahiers* gefesselt, vgl. J. Schmidt-Radefeldt, »Die Aporien Zenons bei Paul Valéry«, in: *Romanische Forschungen* 83 (1971), S. 52-69.
2 Zur fiktiven Gestalt Gozon vgl. *Werke*, Bd. 1, S. 419.

HUNDERT JAHRE PHOTOGRAPHIE

Übersetzung: Hartmut Köhler
Das Institut de France veranstaltete in der Sorbonne am 7. Januar 1939 eine Feier »100 Jahre Photographie«. Valéry hielt diese kurze Rede, die noch im selben Jahr unter dem Titel *Centenaire de la photographie à la Sorbonne* im Verlag des Institut de France erschien (Firmin-Didot et Cie, Paris 1939).
Die Feier galt Louis Jacques M. Daguerre (1787-1851), dem es 1837 zum erstenmal gelungen war, Bilder auf Kupferplatten mittels Natriumchlorid zu fixieren; seine Erfindung machte François Arago am 7. Januar 1839 in der Académie des Sciences bekannt.
Ergänzend dazu »Cinématographe« (zuerst in *Cinéma. Cahiers de l'Institut des Hautes Études Cinématographiques* 1 [1944], auch in *Œuvres* I, S. 1583).
In: *Vues*, S. 366-375, »Centenaire de la photographie«.

1 Zur europäischen Vorgeschichte der Photographie wären die *camara obscura* (Giovanni Battista della Porta *Magiae naturalis,* 1558) und die Entdeckung der Lichtempfindlichkeit der Silbersalze (durch Johann Heinrich Schulze 1725) zu nennen. Zeitgleich mit Daguerre entdeckte William Henry Fox Talbot das Negativ-Positiv-Verfahren und stellte seine »photogenischen Zeichnungen« den Mitgliedern der Royal Institution in London vor. Die erste photographische Aufnahme machte Nicéphore Niépce (1765-1833), er nannte sie »Heliographie«.

2 Valéry denkt hier an die Chronophotographie eines galoppierenden Pferdes von Muybridge (1878), eines Vogels im Flug von Marey (1890), vielleicht auch an Pferde-Skulpturen von Degas oder Vogelzeichnungen von Leonardo oder Hokusai (1802); vgl. das Kapitel »Pferd, Tanz und Foto« (in: »Tanz, Zeichnung und Degas«, *Werke*, Bd. 6).

3 Anspielung auf Verlaine (*Art poétique*): »Et tout le reste est littérature«.

4 Ein *latentes Bild* ist durch die Belichtung auf der photographischen Schicht erzeugt, jedoch noch nicht entwickelt und zeigt daher keine Schwärzungen.

FREIE VÖLKER UND SKLAVENVOLK

Übersetzung: Hartmut Köhler

Diese mutige, aufsehenerregende Rede hielt Valéry am 12. September 1939 im Radio, zwei Tage später konnte man sie in der Tageszeitung *Le Temps* lesen; sie wurde erneut abgedruckt in der Zeitschrift *Revue Pédagogique* (122 [1939] 7, S. 193-195). Wenngleich Valéry hier wesentliche Gründe, die den Zweiten Weltkrieg möglich machten, bei Namen nennt, so konnte er sich doch von dem Ausmaß der Greueltaten des Nazi-Regimes noch kein Bild machen, auch nicht voraussehen, daß Paris einmal von deutschen Truppen besetzt sein würde.

Zur Thematik des Krieges vgl. *Cahiers/Hefte*, Bd. 5 (»Geschichte und Politik«), und Hartmut Köhler »Valéry e la guerra«, in: *Micromégas* 10 (1983) 27-28, S. 247-256.

In: *Le Temps* vom 14. September 1939, S. 2, »Une Allocution de M. Paul Valéry«.

MENSCH UND HANDLUNG

Übersetzung: Jürgen Schmidt-Radefeldt
Dieser Text erschien zuerst am 5. Juli 1941 in der Zeitung *Stade Roland-Garros*.
In: *Vues*, S. 235-236, »L'homme et l'action«.

1 Dahinter ist Valérys Nietzsche-Lektüre erkennbar (»The way to *Übermensch*«, *Cahiers/Hefte*, Bd. 1).
2 Frz. »l'homme complet«: ein Ziel, auf das Valéry mehrfach in seinen *Cahiers/Heften* zurückkommt.

FRANKREICHS MANNIGFALTIGKEIT

Übersetzung: Hartmut Köhler
Diesen Text zum Lobe der Vielfältigkeit einer Nation, eines Volkes, einer Kultur und dezidiert gegen den Rassismus schrieb Valéry in den vierziger Jahren; er wurde postum veröffentlicht.
In: *Vues*, S. 9-11, »Diversité de la France«.

BEMERKUNGEN ZUR PHYSIOLOGIE

Übersetzung: Hartmut Köhler
Der Arzt und Schriftsteller Pasteur Vallery-Radot (1886-1970), Mitglied der Académie française wie Valéry, hatte im besetzten Paris berühmte Wissenschaftler zu Vortragsreihen geladen, um der Absicht der Besatzer, »minimiser le génie français« – »das Genie Frankreichs zu bagatellisieren«, entgegenzuwirken: die erste Reihe über infektiöse Pathologie fand 1941 statt (*Les initiateurs français en pathologie infectieuse*, Flammarion, Paris 1942), die zweite thematisierte den Beitrag Frankreichs zur Geschichte der Medizin (*Ce que la France a apporté à la médecine depuis le début du XXe siècle*, die Beiträge konnten erst 1946 nach dem Krieg bei Flammarion erscheinen); zur dritten und letzten Reihe wurde Valéry um eine Einleitung gebeten. Am 29. November 1944 hielt er diesen kurzen Vortrag, der bei den jugendlichen Hörern großen Beifall fand.
In: *Les grandes découvertes françaises en biologie médicale de 1877 à nos jours*, Flammarion, Paris 1949, S. 7-12, »Propos sur la physiologie«.

1 Emile Gley (1852-1930), Physiologe und Professor für Allgemeine Biologie am Collège de France, traf Valéry Ende der zwanziger Jahre, vgl. *Cahiers/Hefte*, Bd. 3, S. 323 und 488.

2 Vgl. hierzu die »Studien und Fragmente über den Traum« (wie auch *Cahiers/Hefte*, Bd. 4, »Traum«) und zu den 4 Körperbegriffen »Einfache Überlegungen zum Körper« (die Valéry noch 1943 niederschrieb) in: *Werke*, Bd. 4.

DAS UNVORHERSEHBARE

Übersetzung: Jürgen Schmidt-Radefeldt
Diesen Text schrieb Valéry für die Zeitschrift *Revue de l'économie contemporaine* 3 (März 1944) 23.
In: *Vues*, S. 39-44, »L'imprévisible«.

1 Frz. »Le passé (historique) est une imagination sur écritures.«

2 Dieser Satz »Nous entrons dans l'avenir à reculons« ist für Valéry selbst zum geflügelten Wort geworden; vgl. oben.

EIN NICHTS VON EREIGNIS

Übersetzung: Jürgen Schmidt-Radefeldt
Für den Sammelband *Jours de Gloire. Histoire de la Libération de Paris* (Paris, Lambustier s.d., aufgrund der Druckfahnen im Valerianum Paris das Jahr 1945), in dem auch Artikel vom General Koenig, von Colette, Paul Éluard, André Billy, Alexandre Arnoux, Charles Vildrac u.a. sich finden, verfaßte Valéry diese Erinnerungen an die denkwürdige Befreiung von Paris am 25. August 1944.
In: *Vues*, S. 393-396, »Un rien d'événement«.

1 Valéry wohnte im 16. Arrondissement von Paris, nahe dem Arc-de-Triomphe, heute Rue Paul Valéry.

2 Dieses *office* (auch »Dienst«, »Amt«) meint das Schreiben der *Cahiers*, dem sich Valéry von 1894 bis zu seinem Tode am 20. Juli 1945 täglich in der Frühe widmete.

3 Frz. »je regardais sans la voir une page commencée«: erinnert an Valérys Kommentar zur Federzeichnung seines Schreibtischs: »passe dans mes regards sans briser leur absence«, erste Abb. in *Cahiers/Hefte*, Bd. 1, S. 32.

FREI ATMEN

Übersetzung: Jürgen Schmidt-Radefeldt
Der Text erschien in der Tageszeitung *Le Figaro* vom 2. September 1944.
In: *Œuvres* II, S. 1157-1159, »Respirer«.

1 Vgl. dazu »Über Geschichte« (in diesem Band).
2 Dieselbe Beschreibung findet sich auch in »Ein Nichts von Ereignis«.

VOR DER ZUKUNFT …

Übersetzung: Hartmut Köhler
Dieser Text war zur Veröffentlichung in *Harper's Bazaar* vorgesehen (erschien dort aber nicht). Valéry schrieb ihn im Oktober 1944 nieder. Ph. J. Quillien hat diesen Text wiedergefunden, er nannte ihn Valérys »Testament«. Vor allem an die jungen Europäer wendet sich Valéry, wenn er klar gegen Rassismus Stellung bezieht. Es ist der Versuch, seine Enttäuschung zu überwinden, nachdem drei Kriege zwischen Frankreich und Deutschland sein Leben entscheidend prägten.
In: *Bulletin des Études Valéryennes* 59/69 (1992), S. 109-113, »Devant l'avenir …«.

1 Vgl. »Über Geschichte« (in diesem Band, S. 173: Valéry zitiert sich ungenau, wenn er hier von »le plus toxique«, dem giftigsten Elaborat, schreibt).
2 Vgl. »Ein Nichts von Ereignis« (in diesem Band).
3 Das Thema der »Antiquiertheit des Menschen (Günther Anders) wird hier von Valéry (erneut) beim Namen genannt.
4 Frz. »incident de hasard«: was heutzutage nicht nur ein zufälliges Ereignis, sondern leicht auch ein Unfall mit unermeßlichen Folgen für die Menschheit sein kann.

ULTIMA VERBA

Übersetzung: Hartmut Köhler und Jürgen Schmidt-Radefeldt
Diese »letzten Worte« Valérys las man in der Zeitung *Carrefour* am 12. Mai 1945; ihre Eindringlichkeit muß sich auf französisch vermitteln.

Ein ähnliches *Taedium vitae* hat Valéry auch von seiner genuesischen Mutter Fanny Grassi überliefert: *Stufo di tutto* (»Ich habe alles so satt«). – Die letzten handschriftlichen Seiten Valérys, die er in seine *Cahiers* schrieb, haben wir im Faksimile in Band 4, S. 604-605, der *Cahiers/Hefte* vom Juli 1945 wiedergegeben. Es spiegelt jenes »kulturelle Altwerden« (Jean Améry) eines Autors wider, der die Werte seiner Zeit verloren sieht und auf seine Möglichkeiten (für Valéry zeitlebens ein höchstes Gut) verzichtet.
In: *Œuvres* II, S. 1159, »Ultima verba«.

DANKSAGUNG

Fünfzig Jahre nach Valérys Tod liegt nunmehr eine Gesamtausgabe seiner *Werke* nahezu vollständig auf deutsch vor – nachdem bereits Mitte der zwanziger Jahre Rainer Maria Rilke seinem Verleger Anton Kippenberg ein solches Projekt vorgeschlagen hatte. Mein Dank gilt dem Insel Verlag für sein Engagement und die Zusammenarbeit über viele Jahre.

Doch auch die Valéry-Forscher haben sich sichtbar oder unsichtbar mit ihrer Kompetenz an diesem Unternehmen beteiligt: Karl Alfred Blüher übernahm die Herausgabe von Band 2 und erstellte mit mir gemeinsam den ersten Band. Hartmut Köhler übernahm – nach Abschluß der Ausgabe der *Cahiers/Hefte* 1993 – vermehrt Übersetzungen und brachte damit das Projekt entscheidend voran.

Die Leiterin der Manuskriptabteilung in der Bibliothèque Nationale Florence de Lussy, die Herausgeberin der *Cahiers* Judith Robinson-Valéry und die jetzige Herausgeberin der *Cahiers 1894-1912* Nicole Celeyrette-Pietri trugen zu den Anmerkungen manch nützlichen Hinweis bei. Besonderer Dank gilt aber den Erben Paul Valérys, Claude Valéry (†), Agathe Valéry-Rouart und François Valéry, die die Druckrechte für nicht in den *Œuvres* enthaltene Texte freizügig und problemlos gaben. Den hier genannten wie auch den vielen ungenannten Valéry-Forschern, die ihren Rat selbstlos in das Projekt dieser Ausgabe einbrachten, dankt der Herausgeber.

Jürgen Schmidt-Radefeldt

ZEITTAFEL ZU LEBEN UND WERK PAUL VALÉRYS

1871 30. Oktober: Paul Valéry wird als zweiter Sohn des Ehepaares Barthélémy Valéry und Fanny geb. Grassi, in Sète (Cette, 65, Grande Rue) an der französischen Mittelmeerküste geboren.

1884 Umzug der Familie nach Montpellier; erste poetische Versuche und Beginn der Freundschaft mit Gustave Fourment.

1886 Lesen, Zeichnen und Schreiben werden zu vorrangigen Aktivitäten des jungen Valéry.

1887 März: Tod des Vaters.

1888 Juli: Abschluß der Schule mit dem Baccalauréat; Militärdienst und Beginn des Jura-Studiums an der Universität Montpellier.

1889 Begegnung mit der Literatur des Symbolismus; Lektüre u.a. von Poe und Huysmans. Valéry schreibt *Über die literarische Technik*.

1890 Freundschaft mit Pierre Louÿs und André Gide (*Briefwechsel* über viele Jahre).

1891 Erste Veröffentlichungen von Lyrik, Valéry schreibt das *Paradoxon des Architekten*. In Paris macht er die entscheidende Bekanntschaft von Stéphane Mallarmé.

1892 8./9. Oktober: »Nacht von Genua«, in der Valéry sich entschließt, von einer literarischen Karriere Abstand zu nehmen.

1893 Der acht Jahre ältere Bruder Jules wird Professor für Rechtswissenschaft an der Universität Montpellier; die Familie Valéry wohnt jetzt 9, Rue de la Vieille-Intendance.

1894 Valéry beginnt, täglich an den *Cahiers* zu schreiben; bis 1945 wird er 261 *Cahiers*, dazu fast 80 *carnets d'écrivain* und verschiedenste *Werke* verfassen.

1895 Die *Einführung in die Methode des Leonardo da Vinci* entsteht, die später 1919 und 1929 durch weitere Werke ergänzt wird. Ab April arbeitet Valéry im Kriegsministerium in Paris.

1896 Englandreise; *Der Abend mit Monsieur Teste* erscheint als erster Teil des Teste-Zyklus. Zusammentreffen mit Degas bei Henri Rouart.

1897 *Eine methodische Eroberung* erscheint in *The New Review.* April: Ernennung zum Sekretär im Kriegsministerium.

1898 Letzter Besuch bei Mallarmé, der am 9. September stirbt. Durch Vermittlung von Degas macht Valéry die Bekanntschaft von Manet.

1900 31. Mai: Paul Valéry heiratet Jeannie Gobillard; aus der Ehe gehen drei Kinder hervor: Agathe, Claude und François. Juli: Valéry verläßt das Kriegsministerium und wird Privatsekretär von Edouard Lebey, dem Leiter der Presseagentur *Havas*. Mehr als zwanzig Jahre arbeitet er in dieser Stellung, die ihm große Freiheiten läßt.

1902 Juli: Umzug in die Rue de Villejust 40, 3. Etage (heute Rue Paul Valéry). Gide erhält Einblick in die *Cahiers*.

1908 Konzertbesuch von *La Mer* (Debussy), Bekanntschaft mit Ravel, Besuch bei Monet in Giverny.

1912 Eine erste Fassung von *Agathe* erscheint, ebenso *Studien und Fragmente über den Traum*.

1913 Im neuen Théâtre des Champs-Elysées erlebt Valéry Ballettaufführungen mit Diaghilev, Nijinski, ebenso die Uraufführung von *Sacre du printemps* (Strawinsky).

1917 *Die junge Parze* erscheint. Am 26. September stirbt Degas.

1919 *Die Krise des Geistes* als zweiter großer zeitkritischer Essay (nach *Eine methodische Eroberung* 1897) erscheint; weitere Arbeiten zur politisch-kulturellen Analyse der Zeit folgen. Valéry übersetzt einen Artikel über Einsteins Relativitätstheorie aus dem Englischen (*N.R.F.* 75, 1919).

1920 Das Gedicht *Der Friedhof am Meer* erscheint, ebenso *Album alter Verse*. 28. Juni: Beginn der leidenschaftlichen Beziehung zu der Schriftstellerin Catherine Pozzi (bis 1928).

1921 In einer ersten Fassung erscheint *Eupalinos oder Der Architekt*; Rilke liest diesen Dialog wie auch den *Cimetière marin* und sucht über Gide die Verbindung zu Valéry. Über E. A. Poe verfaßt Valéry *Zu ›Heureka‹*.

1922 Die Gedichtsammlung *Charmes/Carmina* und *Die Seele und der Tanz* erscheinen. Am 14. Februar stirbt M. Lebey. Valéry trägt über *Die Krise des Geistes* in Zürich vor.

1923 Eine vollständige Ausgabe von *Eupalinos* und die *Variation über einen Gedanken Pascals* erscheinen. Valéry wird zum Chevalier de la Légion d'Honneur ernannt. Vortragsreisen führen ihn nach Belgien, Genf (er trifft Rilke in Muzot), Mailand, Rom, Madrid, Barcelona.

1924 Valéry wird nach dem verstorbenen Anatole France Präsident des französischen PEN-Clubs (bis 1934). Es erscheinen das *Cahier B 1910* (im Faksimile, das einzige zu seinen Lebzeiten), *Fragmente über Mallarmé, Variété I.*

1925 19. November: Wahl in die Académie française.

1926 *Monsieur Teste* und die *Windstriche* erscheinen. Am 13. September zweites Treffen am Genfer See mit Rilke (der am 26. Dezember stirbt). Erste Reise nach Wien, Prag und Berlin.

1927 23. Juni: Valéry wird in die Académie française aufgenommen (Nachfolge von Anatole France), er hält eine *Rede zum Dank an die Académie française*; vertiefte Kontakte zu Künstlern und Wissenschaftlern aller Disziplinen. *Vier Briefe über Nietzsche, Stendhal, Rede über die Dichtkunst* und *Weitere Windstriche* erscheinen.

1928 28. Januar: Vortrag *Über das künstlerische Schaffen.* In Genf präsidiert Valéry der *Coopération intellectuelle* zum Thema Übersetzungen. *Poésie pure* und *Yalou* (als Faksimile) erscheinen.

1929 Valéry hört die Vorträge Einsteins am 9. und 12. Nov. in Paris; er bringt Einstein mit Bergson in Verbindung. *Variété II, Literatur* und *Kleiner Brief über die Mythen* erscheinen.

1931 Verleihung der Auszeichnung Commandeur de la Légion d'Honneur im Invalidendom. Im Oktober Englandreise und Ehrendoktor der Universität Oxford. Vortrag *Über Corot. Amphion* wird in der Oper von Paris aufgeführt, *Verschwiegenes* und die erste Auflage der *Blicke auf die gegenwärtige Welt* erscheinen.

1932 4. Januar: Valéry trifft Stefan Zweig. *Die fixe Idee oder Zwei Männer am Meer* erscheint. 30. April: Rede zu Ehren Goethes an der Sorbonne, danach in Zürich. 12.-14. Mai: Teilnahme an einer Goethe-Konferenz in Frankfurt a. M. und Auszeichnung durch die Goethe-Medaille. Im Juli hält Valéry eine *Rede über die Geschichte, Die Politik des Geistes* erscheint. Er verfaßt das Katalogvorwort *Der Triumphzug Manets* zu einer Ausstellung.

1933 Ernennung zum Leiter des *Centre Universitaire Méditerranéen* in Nizza, Valéry gibt einen Bericht über Aufgaben und Ziele dieses Studienzentrums. Der Text *Suite* erscheint. Valéry hält Vorträge in Italien.

1934 *Der Unendlichkeitsfaktor in der Ästhetik* erscheint.

1935 Mitglied der Akademie der Wissenschaften in Lissabon. Vortragsreisen in Europa. Übernahme der Präsidentschaft der

Commission de Synthèse de la Coopération intellectuelle für die Planung der Ausstellung in Paris 1937 »Expressions de la Pensée« (dazu zwei Jahre später der Text *Das Problem einer Ausstellung*). *Die Bilanz der Intelligenz* erscheint. In dem Essay *Allgemeines zum Begriff der Kunst* stellt Valéry 14 Grundpositionen seiner Kunstauffassung zusammen. Vier Inschriften für die Giebelseiten des Palais de Chaillot soll er entwerfen (1938 wurden sie angebracht).

1936 *Tanz, Zeichnung und Degas* und *Variété III* erscheinen. Reisen nach Warschau, Krakau, München und Straßburg.

1937 Auf dem 9. Internationalen Philosophiekongreß im Juli in Paris hält Valéry die Rede über *Descartes*, auf dem 2. Internationalen Kongreß zur Ästhetik und Kunstwissenschaft die *Rede über Ästhetik*. Er wird Ehrendoktor der Universität Coimbra. *Augenblicke* und *Der Mensch und die Muschel* erscheinen. Beginn einer leidenschaftlichen Beziehung zu Mme. Jean Voilier (d.i. die Rechtsanwältin Jeanne Loviton). – Am 19. Oktober: Ruf auf den Lehrstuhl für Poetik am Collège de France, Vorlesungen über »Poiétique«, Sprache, Denken, Wissenschaftsphilosophie und die Politik des literarischen Schaffens (bis 1945). Die *Antrittsvorlesung über Poetik am Collège die France* erscheint.

1938 *Rede an die Chirurgen* auf dem Mediziner-Kongreß in Paris; *Variété IV* und *Existenz des Symbolismus* erscheinen.

1939 Am 7. Januar spricht Valéry in der Sorbonne zur Hundertjahrfeier der Photographie, im März über *Die Freiheit des Geistes* und am 30. Dezember erscheint *Kriegswirtschaft des Geistes*. – Am 12. Sept. hält Valéry eine Rundfunkrede zum Beginn des Zweiten Weltkriegs (*Freie Völker und Sklavenvolk*). Valérys Sohn François wird zum Krieg eingezogen. *Dichtkunst und abstraktes Denken* erscheint. Valéry und Strawinsky sprechen über dessen musikalische Poetik-Vorlesung.

1940 Zwei Akte *Mein Faust* (*III. Faust*) erscheinen.

1941 Die Leitung des Universitätszentrums in Nizza wird ihm durch die Vichy-Regierung gekündigt. Valéry hält eine *Rede auf Bergson*.

1942 *Schlimme Gedanken und andere* erscheinen (obgleich die deutsche Besatzung in Paris kein Papier bewilligt hatte). *Meine ›Poetik‹* erscheint.

1943 Ausstellung von Kupferstichen, Ölbildern, Zeichnungen und Aquarellen Valérys bei Christofle, Rue Royale.

1944 Die *Cantate du Narcisse* wird am 14. Januar uraufgeführt, *Variété V* erscheint. Valéry liest aus *Mein Faust* bei Jean Voilier.

1945 Die *Blicke auf die gegenwärtige Welt* (endgültige Ausgabe), die *Reden über Bergson*, *Voltaire*, das *Gespräch über den Baum* und kleinere Texte zur Befreiung von Paris erscheinen. 17. April: Szenen aus *Mein Faust* und *Der Einsame* werden in der Comédie-Française gespielt. – 20. Juli: Valéry stirbt. Charles de Gaulle ordnet ein Staatsbegräbnis an. Am 27. Juli werden Valérys sterbliche Reste nach Sète auf den Friedhof am Meer gebracht.

Postum sind in Buchform erschienen: *Gebrochene Geschichten*, *Agathe*, *Der Engel*, *Vues* (1948, 1993), *Briefe*, *Briefwechsel* (André Gide/Paul Valéry). – Weiterhin viele kleinere Arbeiten, die in die *Œuvres* von Jean Hytier zumeist in die Anmerkungen aufgenommen wurden, dann *Correspondance 1887-1933* (Paul Valéry/Gustave Fourment, 1957), *Alphabet* (1976), *Edgar Poe: Fragments des Marginalia traduits et commentés* (1980), *Une chambre conjecturale* (1981), *Autobiographie* (1983), *Le vieil homme* (1984), *Lettres et notes sur Nietzsche* (1987), *Prime Prose* (1988), *Lettres à Marguérite Fournier 1938-1944* (1988); – *Cahiers* (als Faksimile, Éds. du C.N.R.S., 29 Bde.), *Cahiers* (hg. Judith Robinson, Bibliothèque de la Pléiade, 2 Bde.) als Übersetzung *Cahiers/Hefte* (hg. Hartmut Köhler/J. Schmidt-Radefeldt, 7 Bde.), *Cahiers 1894-1914* (hg. Judith Robinson-Valéry/Nicole Celeyrette-Pietri, 12 Bde.).

NACHWEISE ZU DEN EINZELNEN TEXTEN

Une conquête méthodique: Œuvres I. © Éditions Gallimard, Paris 1957.
Eine methodische Eroberung: Ü. Max Rychner. © Mit freundlicher Genehmigung der Erben des Übersetzers.

La crise de l'esprit: Œuvres I. © Éditions Gallimard, Paris 1957.
Die Krise des Geistes: Ü. Herbert Steiner und Frank Rümelin. © Insel Verlag Frankfurt am Main 1956.

Propos sur l'intelligence: Œuvres I. © Éditions Gallimard, Paris 1957.
Über die Krise der Intelligenz: Ü. Karl August Horst. © Mit freundlicher Genehmigung der Erben des Übersetzers.

La politique de l'esprit. Notre souverain bien: Œuvres I. © Éditions Gallimard, Paris 1957.
Die Politik des Geistes: Ü. Franz Joseph Krebs. Abdruck mit freundlicher Genehmigung des Übersetzers.

Le bilan de l'intelligence: Œuvres I. © Éditions Gallimard, Paris 1957.
Bilanz der Intelligenz: Ü. Hartmut Köhler © Insel Verlag Frankfurt am Main und Leipzig 1995.

L'esprit est-il un luxe? ou La nécessité de l'inutile: Rechte bei den Erben Paul Valérys.
Ist Geist ein Luxus? oder Die Notwendigkeit des Nutzlosen: Ü. Hartmut Köhler. © Insel Verlag Frankfurt am Main und Leipzig 1995.

Avant-propos (Regards sur le monde actuel et autres essais): Œuvres II. © Éditions Gallimard, Paris 1960.
Vorwort (Blicke auf die gegenwärtige Welt): Ü. Rudolf Alexander Schröder. Abdruck mit freundlicher Genehmigung der Erben des Übersetzers.

Le Yalou: Œuvres II. © Éditions Gallimard, Paris 1960.
Yalu: Ü. Ernst Haerle. Abdruck mit freundlicher Genehmigung der Erben des Übersetzers.

Notes sur la grandeur et la décadence de l'Europe: Œuvres II. © Éditions Gallimard, Paris 1960.
Notizen über Größe und Niedergang Europas: Ü. Hartmut Köhler. © Insel Verlag Frankfurt am Main und Leipzig 1995.

De l'histoire: Œuvres II. © Éditions Gallimard, Paris 1960.
Über Geschichte: Ü. Hartmut Köhler. © Insel Verlag Frankfurt am Main und Leipzig 1995.

Images de la France: Œuvres II. © Éditions Gallimard, Paris 1960.
Bilder von Frankreich: Ü. Fritz Paepcke. Abdruck mit freundlicher Genehmigung der Langewiesche-Brandt K. G.

Fonction de Paris: Œuvres II. © Éditions Gallimard, Paris 1960.
Funktion der Stadt Paris: Ü. Fritz Paepcke. Abdruck mit freundlicher Genehmigung der Langewiesche-Brandt K. G.

Propos sur le progrès: Œuvres II. © Éditions Gallimard, Paris 1960.
Bemerkungen über den Fortschritt: Ü. Carlo Schmid. Suhrkamp Verlag Frankfurt am Main 1959.

La France travaille: Œuvres II. © Éditions Gallimard, Paris 1960.
Frankreich arbeitet: Ü. Hartmut Köhler. © Insel Verlag Frankfurt am Main und Leipzig 1995.

Le Centre Universitaire Méditerranéen: Œuvres II. © Éditions Gallimard, Paris 1960.
Der ›Centre Universitaire Méditerranéen‹: Ü. Hartmut Köhler. © Insel Verlag Frankfurt am Main und Leipzig 1995.

Au sujet de la dictature: Œuvres II. © Éditions Gallimard, Paris 1960.
Betrachtungen über die Diktatur: Ü. Bernd Schwibs. © Insel Verlag Frankfurt am Main und Leipzig 1995.

L'idée de dictature: Œuvres II. © Éditions Gallimard, Paris 1960.
Die Idee der Diktatur: Ü. Bernd Schwibs. © Insel Verlag Frankfurt am Main und Leipzig 1995.

Fonction et mystère de l'Académie: Œuvres II. © Éditions Gallimard, Paris 1960.
Funktion und Geheimnis der Académie française: Ü. Fritz Paepcke. Abdruck mit freundlicher Genehmigung der Langewiesche-Brandt K. G.

Présence de Paris: Œuvres II. © Éditions Gallimard, Paris 1960.
Gegenwärtigkeit von Paris: Ü. Hartmut Köhler. © Insel Verlag Frankfurt am Main und Leipzig 1995.

Métier d'homme: Œuvres II. © Éditions Gallimard, Paris 1960.
Metier des Menschen: Ü. Hartmut Köhler. © Insel Verlag Frankfurt am Main und Leipzig 1995.

Notre Destin et les Lettres: Œuvres II. © Éditions Gallimard, Paris 1960.
Unser Schicksal und die Literatur: Ü. Hartmut Köhler. © Insel Verlag Frankfurt am Main und Leipzig 1995.

Fluctuations sur la liberté: Œuvres II. © Éditions Gallimard, Paris 1960.
Fluktuationen über die Freiheit: Ü. Hartmut Köhler. © Insel Verlag Frankfurt am Main und Leipzig 1995.

Souvenir actuel: Œuvres II. © Éditions Gallimard, Paris 1960.
Aktuelle Erinnerung: Ü. Hartmut Köhler. © Insel Verlag Frankfurt am Main und Leipzig 1995.

Coup d'œil sur les Lettres françaises: Œuvres II. © Éditions Gallimard, Paris 1960.
Blick auf die französische Literatur: Ü. Hartmut Köhler. © Insel Verlag Frankfurt am Main und Leipzig 1995.

L'Amérique, projection de l'esprit européen: Œuvres II. © Éditions Gallimard, Paris 1960.
Amerika – Projektion des europäischen Geistes: Ü. Hartmut Köhler. © Insel Verlag Frankfurt am Main und Leipzig 1995.

Pensée et Art français: Œuvres II. © Éditions Gallimard, Paris 1960.
Kunst und Geistesleben in Frankreich: Ü. Fritz Paepcke. Abdruck mit freundlicher Genehmigung der Langewiesche-Brandt K. G.

Économie de guerre de l'Esprit: Œuvres II. © Éditions Gallimard, Paris 1960.
Kriegswirtschaft des Geistes: Ü. Hartmut Köhler. © Insel Verlag Frankfurt am Main und Leipzig 1995.

La Liberté de l'Esprit: Œuvres II. © Éditions Gallimard, Paris 1960.
Die Freiheit des Geistes: Ü. Hartmut Köhler. © Insel Verlag Frankfurt am Main und Leipzig 1995.

Réflexions mêlées: Œuvres II. © Éditions Gallimard, Paris 1960.
Vermischte Gedanken: Ü. Jürgen Schmidt-Radefeldt. © Insel Verlag Frankfurt am Main und Leipzig 1995.

Hypothèse: Œuvres II. © Éditions Gallimard, Paris 1960.
Hypothese: Ü. Bernd Schwibs. © Insel Verlag Frankfurt am Main und Leipzig 1995.

Des partis: Œuvres II. © Éditions Gallimard, Paris 1960.
Parteien: Ü. Bernd Schwibs. © Insel Verlag Frankfurt am Main und Leipzig 1995.

Les sciences de l'esprit sont-elles essentiellement différentes des sciences de la nature?: Rechte bei den Erben Paul Valérys.
Sind Geisteswissenschaften und Naturwissenschaften grundverschieden?: Ü. Jürgen Schmidt-Radefeldt. © Insel Verlag Frankfurt am Main und Leipzig 1995.

Réponse au remerciement du Maréchal Pétain à l'Académie française: Œuvres I. © Éditions Gallimard, Paris 1957.
Erwiderung auf die Rede von Marschall Pétain: Ü. Hartmut Köhler. © Insel Verlag Frankfurt am Main und Leipzig 1995.

Discours de l'histoire: Œuvres I. © Éditions Gallimard, Paris 1957.
Rede zur Geschichte: Ü. Hartmut Köhler. © Insel Verlag Frankfurt am Main und Leipzig 1995.

Lettre sur la Société des Esprits: Œuvres I. © Éditions Gallimard, Paris 1957.
Für eine ›Société des Esprits‹. Brief an S. de Madariaga: Ü. Hartmut Köhler. © Insel Verlag Frankfurt am Main und Leipzig 1995.

Préface à La Lutte pour la Paix: Œuvres I. © Éditions Gallimard, Paris 1957.
Vorwort zu ›La Lutte pour la Paix‹: Ü. Hartmut Köhler. © Insel Verlag Frankfurt am Main und Leipzig 1995.

Inspirations méditerranéennes: Œuvres I. © Éditions Gallimard, Paris 1957.
Mediterrane Eingebungen: Ü. Karl August Horst. Abdruck mit freundlicher Genehmigung der Erben des Übersetzers.

Lettre-préface à La Révolution mondiale et la responsabilité de l'Esprit: Rechte bei den Erben Paul Valérys.
Briefvorwort zu Graf Keyserling ›La Révolution mondiale‹: Ü. Hartmut Köhler. © Insel Verlag Frankfurt am Main und Leipzig 1995.

Le vouloir être un autre: Rechte bei den Erben Paul Valérys.
Der Wunsch, ein anderer zu sein: Ü. Hartmut Köhler. © Insel Verlag Frankfurt am Main und Leipzig 1995.

Louanges de l'eau: Œuvres I. © Éditions Gallimard, Paris 1957.
Loblied auf das Wasser: Ü. Jürgen Schmidt-Radefeldt. © Insel Verlag Frankfurt am Main und Leipzig 1995.

Un problème d'exposition: Œuvres II. © Éditions Gallimard, Paris 1960.
Das Problem einer Ausstellung: Ü. Hartmut Köhler. © Insel Verlag Frankfurt am Main und Leipzig 1995.

Orientem Versus: Œuvres II. © Éditions Gallimard, Paris 1960.
Orientem Versus: Ü. Jürgen Schmidt-Radefeldt. © Insel Verlag Frankfurt am Main und Leipzig 1995.

Centenaire de la photographie: Rechte bei den Erben Paul Valérys.
Hundert Jahre Photographie: Ü. Hartmut Köhler. © Insel Verlag Frankfurt am Main und Leipzig 1995.

Une Allocution de M. Paul Valéry: Rechte bei den Erben Paul Valérys.
Freie Völker und Sklavenvolk: Ü. Hartmut Köhler. © Insel Verlag Frankfurt am Main und Leipzig 1995.

L'homme et l'action: Rechte bei den Erben Paul Valérys.
Mensch und Handlung: Ü. Jürgen Schmidt-Radefeldt. © Insel Verlag Frankfurt am Main und Leipzig 1995.

Diversité de la France: Rechte bei den Erben Paul Valérys.
Frankreichs Mannigfaltigkeit: Ü. Hartmut Köhler. © Insel Verlag Frankfurt am Main und Leipzig 1995.

Propos sur la physiologie: Rechte bei den Erben Paul Valérys.
Bemerkungen zur Physiologie: Ü. Hartmut Köhler. © Insel Verlag Frankfurt am Main und Leipzig 1995.

L'imprévisible: Rechte bei den Erben Paul Valérys.
Das Unvorhersehbare: Ü. Jürgen Schmidt-Radefeldt. © Insel Verlag Frankfurt am Main und Leipzig 1995.

Un rien d'événement: Rechte bei den Erben Paul Valérys.
Ein Nichts von Ereignis: Ü. Jürgen Schmidt-Radefeldt. © Insel Verlag Frankfurt am Main und Leipzig 1995.

Respirer: Œuvres II. © Éditions Gallimard, Paris 1960.
Frei atmen: Ü. Jürgen Schmidt-Radefeldt. © Insel Verlag Frankfurt am Main und Leipzig 1995.

Devant l'avenir . . .: Rechte bei den Erben Paul Valérys.
Vor der Zukunft . . .: Ü. Hartmut Köhler. © Insel Verlag Frankfurt am Main und Leipzig 1995.

Ultima verba: Œuvres II. © Éditions Gallimard, Paris 1960.
Ultima verba: Ü. Hartmut Köhler und Jürgen Schmidt-Radefeldt. © Insel Verlag Frankfurt am Main und Leipzig 1995.

NAMEN- UND WERKREGISTER

(Dieses Register bezieht sich nur auf den Textteil, nicht auf den Anhang)

INHALT

ZUR KRISE DES EUROPÄISCHEN GEISTES

BLICKE AUF DIE GEGENWÄRTIGE WELT

TEXTE ZUR ZEITGESCHICHTE, KULTUR UND POLITIK

ANHANG

PAUL VALÉRY
WERKE

Frankfurter Ausgabe
in 7 Bänden

Band 1
Dichtung und Prosa

Band 2
Dialoge und Theater

Band 3
Zur Literatur

Band 4
Zur Philosophie und Wissenschaft

Band 5
Zur Theorie der Dichtkunst
und Vermischte Gedanken

Band 6
Zur Ästhetik und Philosophie der Künste

Band 7
Zur Zeitgeschichte und Politik